Predigen in Person

Arbeiten zur Praktischen Theologie

Herausgegeben von
Wilfried Engemann, Christian Grethlein
und Jan Hermelink

Band 53

Christian Plate

Predigen in Person

Theorie und Praxis der Predigt im Gesamtwerk Otto Haendlers

EVANGELISCHE VERLAGSANSTALT
Leipzig

Christian Plate, Dr. theol., Jahrgang 1981, studierte Evangelische Theologie in Münster und Wien und arbeitete als Wissenschaftlicher Mitarbeiter im Rahmen eines von Wilfried Engemann geleiteten DFG-Projekts an der Herausgabe ausgewählter Schriften Otto Haendlers zur Praktischen Theologie. 2013 wurde er auf der Grundlage dieser Arbeit von der Universität Wien promoviert. Derzeit ist er als Vikar in der Evangelischen Kirche von Westfalen tätig.

Bibliographische Information der Deutschen Nationalbibliothek
Die Deutsche Nationalbibliothek verzeichnet diese Publikation in der Deutschen Nationalbibliographie; detaillierte bibliographische Daten sind im Internet über http://dnb.dnb.de abrufbar.

Printed in Germany · H 7752

Das Buch wurde auf alterungsbeständigem Papier gedruckt.

Cover: Jochen Busch, Leipzig
Satz: Christian Plate, Münster
Druck und Binden: Hubert & Co., Göttingen

ISBN 978-3-374-03745-2
www.eva-leipzig.de

Vorwort

Der Name Otto Haendler ist in der Praktischen Theologie aufs Engste mit der Frage nach dem Subjekt des Predigers verbunden. Als seine Homiletik 1941 unter dem Titel „Die Predigt. Tiefenpsychologische Grundlagen und Grundfragen" (fortan kurz „Predigt" genannt) in der ersten Auflage erschien, betrat er mit dem konsequenten Aufbau seiner Arbeit von genau diesem Ansatzpunkt aus absolutes Neuland. Sowohl die ablehnende Haltung, die sein Werk gleich nach dem Erscheinen von einem großen Teil der Fachwelt erfuhr, als auch sein späterer Siegeszug bis weit über die Grenzen der Homiletik hinaus lassen nach dem eigentlichen Kern der Homiletik Otto Haendlers, ihren theologie-, geistes- und lebensgeschichtlichen Entstehungsbedingungen sowie ihrem Bezug zu seiner eigenen Predigtpraxis fragen. Bei dem Versuch einer genaueren Erforschung der Theorie und Praxis der Predigt bei Otto Haendler greift die vorliegende Arbeit dabei erstmals auf das gesamte unveröffentlichte Werk Otto Haendlers zurück, so wie es sich aus seinem *Nachlass*, der im Archiv der Humboldt-Universität zu Berlin aufbewahrt wird, und einem von Kerstin Voigt im Rahmen ihrer Dissertation angelegten Privatarchiv (fortan als *„Quelle Voigt"* bezeichnet) rekonstruieren lässt. In Kürze wird eine von Wilfried Engemann herausgegebene und vom Verfasser mitverantwortete Werkeedition diese Schriften einem breiteren Publikum zugänglich machen. Vor diesem Hintergrund kann die vorliegende Arbeit, die sowohl einen Beitrag zur Geschichte der Praktischen Theologie als auch zur homiletischen Theorienbildung leisten will, auch als Auftakt zu einer breiteren Beschäftigung mit Otto Haendler verstanden werden.

Diese Arbeit wurde im Sommersemester 2013 von der Evangelisch-Theologischen Fakultät der Universität Wien als Dissertation angenommen. An erster Stelle möchte ich aus diesem Grund meinem theologischen Lehrer und Doktorvater Prof. Dr. Wilfried Engemann danken. Als Leiter eines von der DFG geförderten Forschungsprojekts zu Otto Haendler hat er es verstanden, seinem Wissenschaftlichen Mitarbeiter die Möglichkeit zu eigenständiger Forschung zu eröffnen und das Entstehen dieser Arbeit, angefangen von den ersten Ideen bis zur ihrer Erstbegutachtung, mit fachlicher Expertise, kontinuierlicher Betreuung und dem Gewähren größtmöglicher Freiheit auf hervorragende Weise zu begleiten. Danken möchte ich auch Prof. Dr. Alexander Deeg für das Erstellen des Zweitgutachtens, das diese Arbeit in einer Tiefe wahrgenommen hat, die für die Drucklegung von großem Wert war, sowie den Herausgebern der „Arbeiten zur Praktischen Theologie“ für die Aufnahme der Arbeit in diese Reihe. Ohne die Möglichkeit der Einsichtnahme in das umfangreiche und größtenteils unsystematisierte Archivmaterial hätte diese Arbeit nicht erstellt werden können. Aus diesem Grund gilt mein ganz besonderer Dank DR. WINFRIED SCHULTZE und ILONA KALB vom Archiv der Humboldt-Universität zu Berlin für die Schaffung optimaler Forschungsbedingungen über Jahre hinweg sowie DR. KERSTIN VOIGT für die Einsichtnahme in ihr Privatarchiv. Danken möchte ich auch meinem Kollegen am Münsteraner Lehrstuhl, DR. SEBASTIAN KUHLMANN, für die zahlreichen fruchtbaren Gespräche rund um die Thematik dieser Arbeit und weit über sie hinaus.

Ein abschließender, von Herzen kommender Dank gilt meiner Ehefrau, KATHRIN PLATE, die mit theologischem wie germanistischem Rat zur Ducklegung dieser Arbeit wesentlich beigetragen hat. Sie als „treueste Mitarbeiterin“ zu bezeichnen, wie es Otto Haendler im Blick auf seine Frau in der Zueignung seiner „Predigt“ getan hat, wäre aufgrund des dadurch implizierten Arbeitsverhältnisses vermessen, soll aufgrund des darin zum Ausdruck gebrachten Bewusstseins einer tiefen Dankbarkeit an dieser Stelle jedoch wiederholt werden.

Münster, im Januar 2014 CHRISTIAN PLATE

INHALT

VORBEMERKUNGEN ... 1
1. Fragestellung und Gegenstand der Arbeit ... 1
2. Zum bisherigen Forschungsstand ... 3
3. Aufbau und Methodik der Arbeit ... 5

I. PREDIGT UND HOMILETIK IM KONTEXT ... 7
1. Der Beitrag Otto Haendlers zur (Praktischen) Theologie ... 7
   1.1 Beiträge zur Praktischen Theologie ... 7
      1.1.1 Homiletik ... 7
      1.1.2 Poimenik ... 10
      1.1.3 Kybernetik ... 11
      1.1.4 Praktische Theologie als Strukturtheologie ... 12
      1.1.5 Meditation ... 14
   1.2. Beiträge zur Theologie ... 15
      1.2.1 Ausarbeitung einer konsequenten Vermittlungstheologie ... 15
      1.2.2 Paradigma einer Humanisierung der Theologie ... 16
   1.3 Ertrag ... 17
2. Biographische Entwicklungsimpulse ... 18
   2.1 Kindheit, Schulzeit und Wehrdienst in Löwenhagen, Bromberg und Potsdam (1890–1909) ... 19
   2.2 Studium in Tübingen und Berlin (1909–1913) ... 23
   2.3 Pastorale Ausbildung am Domkandidatenstift zu Berlin (1913–1914) ... 26
   2.4 Der Erste Weltkrieg (1914–1918) ... 31
   2.5 Pfarramt in Gumtow (1919–1925) ... 35
   2.6 Pfarramt in Stralsund und Dozent an der Universität Greifswald (1925–1931) ... 37
   2.7 Studiendirektor am Predigerseminar Stettin-Kückenmühle (1931–1935) ... 41
   2.8 Pfarramt in Neuenkirchen bei Greifswald und Dozent an der Universität Greifwald (1935–1949) ... 49
   2.9 Professor für Praktische Theologie an der Universität Greifswald (1945–1951) ... 59
   2.10 Professor für Praktische Theologie an der Humboldt-Universität zu Berlin (1951–1959) ... 61

2.11 Emeritus (1959–1981) 66
2.12 Ertrag 69
3. Homiletische Entwicklungsimpulse 71
3.1 Die „moderne Predigt“ 73
3.2 Der Erste Weltkrieg und die Dialektische Theologie 74
3.3 Alternativen zur Dialektischen Theologie 77
3.4 Homiletik unter dem Eindruck des Nationalsozialismus 79
3.5 Homiletik nach 1945 81
3.6 Ertrag 84
4. Geistesgeschichtliche Entwicklungsimpulse 85
4.1 Die Berneuchener Bewegung 86
4.2 Die Tiefenpsychologie Carl Gustav Jungs 88
4.3 Die Lebens- und Existenzphilosophie 93
4.4 Der Strukturalismus 95
4.5 Ertrag 96
5. Zusammenfassung 98

II. DIE THEORIE DER PREDIGT NACH OTTO HAENDLER 99
1. Zur Entwicklung des homiletischen Werks Otto Haendlers 99
1.1 „Die Idee der Kirche in der Predigt“ (1930) 99
1.2 „Die Predigt“ (1941, ^{2}1949, ^{3}1960) 101
1.3 „Grundriss der Praktischen Theologie“ (1957) 105
1.4 Aufsätze und Vorträge (1928–1952) 108
1.5 Ertrag 111
2. Die Theologie der Predigt 112
2.1 „Verkündigung“ – Zum Wesen, Ort und Subjekt der Predigt 112
2.2 „Wirklichkeit Gottes“ – Zum Inhalt und zur Norm der Predigt 116
2.3 „Erhellende gestaltende Rede“ –Zur Gestalt der Predigt 120
2.4 Ertrag 121
3. Die Aufgabe der Predigt 123
3.1 Pädagogische Bestimmung 123
3.2 Poimenische Bestimmung 127
3.3 Geistliche Bestimmung 129
3.4 Korrelative Bestimmung 130
3.5 Ertrag 132
4. Das Subjekt des Predigers als konstituierendes Element der Predigt 133
4.1 Die grundsätzliche Bedeutung des Subjekts des Predigers für die Predigt 135
4.2 Der Weg zum Selbst als Prozess der Predigtvorbereitung 137
4.2.1 Zum Umgang des Predigers mit vorgegebenen inneren Bedingungen 142
4.2.2 Zum Umgang des Predigers mit vorgegebenen äußeren Bedingungen 148

4.3 Praktische Möglichkeiten der Umsetzung: Gesprächstherapie und Meditation ... 150
4.3.1 Das Meditationsverständnis Otto Haendlers ... 151
4.3.2 Praktische Schritte zur Meditation ... 152
4.3.3 Die Bedeutung der Meditation für die Predigt ... 153
4.4 Ertrag ... 154
5. Der Predigttext als konkretisierendes Element der Predigt ... 157
5.1 Zum Schriftverständnis Otto Haendlers ... 161
5.2 Text- und Themapredigten ... 162
5.3 Der Weg des Predigers zum Text ... 164
5.4 Das Problem der Textwahl ... 168
5.5 Ertrag ... 170
6. Predigthörer und Predigtsituation als korrelative Elemente der Predigt ... 172
6.1 Anthropologie als Grundbedingung der Predigt ... 175
6.1.1 Der Mensch im Spannungsverhältnis von Denken und Glauben ... 177
6.1.2 Der Mensch im Spannungsverhältnis von Angst und Glaube ... 180
6.1.3 Der Mensch im Spannungsverhältnis von Leib und Seele ... 182
6.1.4 Der Mensch im Spannungsverhältnis von Glaube und Unglaube ... 183
6.1.5 Der Mensch im Spannungsverhältnis von Ich-Verlust und Selbstwerdung ... 185
6.1.6 Der Mensch im Spannungsverhältnis von Kirche und Staat, Politik und Glaube ... 188
6.2 Zeitgenossenschaft als Grundbedingungder Predigt ... 189
6.2.1 Zum Umgang mit Erwartungen der Hörer ... 192
6.2.2 Zum Umgang mit den „Fremd- und Heimatgefühlen“ der Hörer ... 194
6.2.3 Zur Auswirkung der Beziehung von Prediger und Hörer auf die Predigt ... 196
6.3 Die „Priesterliche Predigt“ als Konsequenz der Grundbedingungen ... 200
6.4 Ertrag ... 202
7. Predigtgestaltung ... 204
7.1 Phase I: Suche nach einem geeigneten Predigtansatz ... 204
7.2 Phase II: Exegese, „Findung“ und Meditation als sich ergänzende Zugänge zum Predigttext ... 205
7.3 Phase III: Die Produktion der Predigt ... 208
7.4 Phase IV: Der Predigtvortrag ... 211
7.5 Mögliche Fehler bei der Predigtgestaltung ... 214
7.6 Ertrag ... 215
8. Zusammenfassung ... 218

III. DIE PRAXIS DER PREDIGT BEI OTTO HAENDLER IM LICHTE IHRER THEORIE ... 221
1. Die Predigten Otto Haendlers im Kontext seiner Biographie ... 223
1.1 Predigten aus den ersten Amtsjahren (1914–1919) ... 224
1.2 Predigten aus Gumtow (1919–1925) ... 225
1.3 Predigten aus Stralsund (1925–1931) ... 226
1.4 Predigten aus den 30er und 40er Jahren ... 231
1.5 Predigten aus dem akademischen Kontext (1949–1977) ... 234
1.6 Ertrag ... 239
2. Kongruent Predigen – Predigen unter der Bedingung der eigenen Persönlichkeit ... 241
2.1 Direkte Thematisierung: Das „Ich" auf der Kanzel ... 242
2.2 Indirekte Thematisierung: Die Persönlichkeitsstruktur des Predigers ... 244
2.3 Ertrag ... 248
3. Priesterlich Predigen – Predigen für einen Menschen ... 250
3.1 Anthropologie und Zeitgenossenschaft ... 250
3.2 Glaubenshilfe ... 252
3.3 Lebenshilfe ... 255
3.4 Ertrag ... 257
4. Schriftgemäß Predigen – Predigen mit einem Text ... 258
4.1 Die Mottopredigt ... 259
4.2 Die klassische Textpredigt ... 260
4.3 Die Homilie ... 261
4.4 Die Predigt alttestamentlicher Texte ... 262
4.5 Ertrag ... 264
5. Zusammenfassung ... 265

IV. KRITISCHE WÜRDIGUNG UND AUSBLICK ... 267
1. Rezeption ... 267
1.1 Kritik und Entgegnung – Die 40er Jahre ... 267
1.2 Erste Würdigungen – Die 50er und 60er Jahre ... 269
1.3 Der Durchbruch – Die 70er Jahre ... 276
1.4 Verschiebung der Wahrnehmung – Die 80er Jahre ... 280
1.5 Erneute Wahrnehmung – Von den 90er Jahren bis zur Gegenwart ... 281
1.6 Ertrag ... 284
2. Kritische Würdigung und Ausblick ... 285
2.1 Zum Umgang Otto Haendlers mit Referenzwissenschaften ... 285
2.2 Zum homiletischen Grundansatz Otto Haendlers ... 287
2.3 Zur Bestimmung der Predigtaufgabe nach Otto Haendler ... 290
2.4 Zum Umgang Otto Haendlers mit dem Predigthörer ... 292
2.5 Zum Umgang Otto Haendlers mit dem Predigttext ... 294

ANHANG ... 297
1. Deutsche Zusammenfassung ... 297
2. English Summary ... 300
3. Literaturverzeichnis ... 302
3.1 Quellen ... 302
3.2 Primärliteratur ... 303
3.2.1 Veröffentlichte Schriften Otto Haendlers ... 303
3.2.2 Unveröffentlichte Schriften Otto Haendlers ... 304
3.2.3 Predigten Otto Haendlers ... 304
3.2.3.1 Predigtmonographien ... 304
3.2.3.2 Gemeindepredigten ... 305
3.2.3.3 Akademische Predigten ... 306
3.2.3.4 Kasualansprachen ... 307
3.3 Sekundärliteratur ... 310
4. Personenregister ... 327
5. Sachregister ... 331

VORBEMERKUNGEN

1. Fragestellung und Gegenstand der Arbeit

Die vorliegende Arbeit fragt nach der Theorie und Praxis der Predigt bei Otto Haendler und möchte damit sowohl einen Beitrag zur Geschichte der Praktischen Theologie als auch zur homiletischen Theorienbildung leisten. Dabei werden folgende *Fragestellungen* eine entscheidende Rolle spielen: Aus welchen Quellen speist sich die Homiletik Otto Haendlers und wen hat sie wiederum beeinflusst? Was ist das Besondere an seiner Predigtlehre, was das Überkommene? Worin liegt ihr Kern? War Otto Haendler, wie es seine Schüler Joachim Scharfenberg und Klaus Winkler meinen, ein „unzeitgemäßer Denker“[1] und wenn ja, worin äußert sich dies? Wie reagierte Otto Haendler auf die gesellschaftlichen und zeitgeschichtlichen Herausforderungen einer der bewegtesten Zeiten deutscher Geschichte, die das Kaiserreich, die Weimarer Republik und die beiden deutschen Diktaturen umfasst? Gibt es Interdependenzen zwischen seiner Homiletik und seinen eigenen Predigten? Lässt sich gar seine Homiletik von seinen Predigten aus besser verstehen, oder umgekehrt? Welche Schlüsse lassen sich aus aus den Gedanken Otto Haenlders für gegenwärtige Herausforderungen ziehen?

Gegenstand der Arbeit ist das gesamte veröffentlichte und unveröffentlichte homiletische Oevre Otto Haendlers. Alle unveröffentlichten Texte entstammen dabei entweder dem im Archiv der Humboldt-Universität zu Berlin aufbewahrten Nachlass Otto Haendlers (fortan kurz „NL Haendler“) oder einem von Kerstin Voigt im Rahmen ihrer Dissertation angelegten Privatarchiv (fortan kurz „Quelle Voigt“).

Die Homiletik Otto Haendlers lässt sich dabei von seinen beiden homiletischen Monographien, „Die Idee der Kirche in der Predigt“[2] und „Die Predigt“[3], von den homiletischen Abschnitten in seinem „Grundriss der Praktischen Theologie“[4] sowie von vier Aufsätzen[5] und drei Vorträgen[6] aus erschließen. Im Blick

---

[1] JOACHIM SCHARFENBERG/KLAUS WINKLER: Vorwort, in: Otto Haendler: Tiefenpsychologie, Theologie und Seelsorge. Ausgewählte Aufsätze, hg. von Joachim Scharfenberg und Klaus Winkler, Göttingen 1971, 7.

[2] OTTO HAENDLER: Die Idee der Kirche in der Predigt, Greifswald 1930 (Habil. masch.), Archiv der HU Berlin, NL Haendler F 21.

[3] DERS.: Die Predigt. Tiefenpsychologische Grundlagen und Grundfragen, Berlin ³1960.

[4] DERS.: Grundriss der Praktischen Theologie, Berlin 1959.

auf die Predigtpraxis Otto Haendler liegt dieser Arbeit eine begründete Auswahl aus den 17 veröffentlichten und ca. 250 erhaltenen unveröffentlichten Predigten aus unterschiedlichsten Zeiträumen und pastoralen Handlungsfeldern zugrunde (zu den genaueren Auswahlkriterien vgl. Kap. III.). Insgesamt stützt sich diese Arbeit auf 78 Predigten aus einem Zeitraum von 1914 bis 1977: 35 Gemeindepredigten (darunter zwei Predigtbände)[7], 19 Predigten aus dem akademischen Kontext (Universitätsgottesdienste, Tagungen und Berneuchener „Geistliche Wochen“) sowie 24 Kasualansprachen (Taufen, Konfirmationen, Trauungen, Hochzeitsjubiläen, Beerdigungen und gesellschaftliche Anlässe). Alle im Blick auf diese Predigten im Folgenden verwendeten Kürzel lassen sich dem Anhang entnehmen.

---

5 DERS.: Zeitgemäße Predigt, in: Die Innere Mission in Pommern 8 (1928), 1-6; DERS.: Zur Theologie der Erntedankfestverkündigung, in: Die Dorfkirche 31 (1938) 9, 254-262; DERS.: Über die Meditation des Predigttextes, in: Pfarramt und Theologie. Praktisch-Theologischer Teil (1943/44) 9/10, 74 f.; DERS.: Der lebendige Gott in der Verkündigung, in: Die Kirche. Evangelische Wochenzeitung 7 (1952) 7.

6 DERS.: Ziel und Weg der Kriegspredigt heute. Bericht über die Marinepfarrer-Arbeitstagung in Paris. 3. Referat, in: Mitteilungen für die ev. Pfarrer der Kriegsmarine 5 (1944) 7, 1-6; DERS.: Vortrag „Gegenwartsnahe Predigt“, gehalten am 1. Dezember 1948 auf der Superintendentenkonferenz in Greifswald, Archiv der HU Berlin, NL Haendler B 54, 1 f.

7 DERS.: Evangelisches Christentum dargestellt aufgrund der Erklärungen D. Martin Luthers zu den fünf Hauptstücken des Kleinen Katechismus in 12 Predigten, Stralsund 1929 (masch.), Archiv der HU Berlin, NL Haendler F 24; DERS.: Petrus. Vom Überkommenen zum Überkommenden, Berlin 1953.

2. Zum bisherigen Forschungsstand

Der bisherige Forschungsstand zur Homiletik Otto Haendlers ist trotz der durchgehenden Würdigung seines Grundansatzes[1] äußerst gering. An erster Stelle ist hier die Dissertation von KERSTIN VOIGT[2] zu nennen, die, wie der Titel

---

1 Vgl. hierzu exemplarisch in chronologischer Auswahl: ERNST-RÜDIGER KIESOW: Dialektisches Denken in der Predigt. An Beispielen aus der Predigtliteratur der Gegenwart, Berlin 1957, 50, 67, 115; ALFRED DEDO MÜLLER: Aufgaben und Probleme der Praktischen Theologie der Gegenwart, in: StGen 14 (1961) 2, 97; DIETRICH RÖSSLER: Die Tiefenpsychologie als theologisches Problem, in: EvTh 21 (1961), 170; RUDOLF BOHREN: Predigt und Gemeinde. Beiträge zur Praktischen Theologie, Zürich/Stuttgart 1963, 49 f.; WOLFGANG TRILLHAAS: Evangelische Predigtlehre, München [5]1964, 187; ALFRED NIEBERGALL: Homiletik heute. Bericht über die homiletische Literatur seit 1945, in: ThR 34 (1969), 89–93; LEONHARD FENDT: Homiletik, Berlin [2]1970, 22–25, 33; FERDINAND KLOSTERMANN: Der Träger der Verkündigung, in: Bruno Dreher u. a. (Hg.): Handbuch der Verkündigung, Bd. 1, Freiburg i. Br. u. a. 1970, 406–409; RICHARD RIESS: Zur pastoralpsychologischen Problematik des Predigers, in: Dietrich Stollberg u. a. (Hg.): Praxis ecclesiae. Praktische Theologie als Hermeneutik, Katechetik und Homiletik im Dienste der Kirche, Festschrift für Kurt Frör zum 65. Geburtstag, München 1970, 298; WALTER UHSADEL: Die Lehre von der Predigt, in: Bruno Dreher u. a. (Hg.): Handbuch der Verkündigung, Bd. 2, Freiburg i. Br. u. a. 1970, 324; AXEL DENECKE: Persönlich Predigen. Anleitungen und Modelle für die Praxis, Gütersloh 1979, 30–33, 51; WILHELM GRÄB: Predigt als Mitteilung des Glaubens, Gütersloh 1988, 260; JÜRGEN HENKYS: Ansätze des Predigtverständnisses, in: Karl-Heinrich Bieritz u. a. (Hg.): Handbuch der Predigt, Berlin 1990, 44–47; HANS-MARTIN MÜLLER: Homiletik. Eine evangelische Predigtlehre, Berlin/New York 1996, 151–155; GODWIN LÄMMERMANN: Zeitgenössisch Predigen. Homiletische Analysen mit Predigtbeispielen, Stuttgart 1999, 61; MICHAEL MEYER-BLANCK/BIRGIT WEYL: Arbeitsbuch Praktische Theologie. Ein Begleitbuch zu Studium und Examen in 25 Einheiten, Gütersloh 1999, 16; KLAUS RASCHZOK: Homiletische Gleichnisse. Vom seelsorglichen Dienst der Predigtlehre am Prediger, in: Manfred Josuttis u. a. (Hg.): Auf dem Weg zu einer seelsorglichen Kirche. Theologische Bausteine, Festschrift für Christian Möller zum 60. Geburtstag, Göttingen 2000, 56 f.; HELMUT SANTER: Persönlichkeit und Gottesbild. Religionspsychologische Impulse für eine Praktische Theologie, Göttingen 2003, 45–71; EBERHARD WINKLER: Ernst-Rüdiger Kiesows Beitrag zur „empirischen Wende" in der Praktischen Theologie, in: Heinrich Holze (Hg.): Die Theologische Fakultät Rostock unter zwei Diktaturen. Studien zur Geschichte 1933–1989, Festschrift für Gert Haendler zum 80. Geburtstag, Münster 2004, 362; HELMUT SCHWIER/SIEGHARD GALL: Predigt hören. Befunde und Ergebnisse der Heidelberger Umfrage zur Predigtrezeption, Berlin 2008, 244 f.; WILFRIED ENGEMANN: Einführung in die Homiletik, Tübingen/Basel [2]2011, 36, 38–43, 46–49, 58 f., 74, 181, 257, 400.

2 KERSTIN VOIGT: Otto Haendler – Leben und Werk. Eine Untersuchung der Strukturen seines Seelsorgeverständnisses, Frankfurt a. M. u. a. 1993. Fokussiert auf das Verhältnis Otto Haendlers zum sog. „Dritten Reich" hat Kerstin Voigt wesentliche Ergebnisse ihrer Dissertation noch einmal in einem knapen Aufsatz zusammengefasst: DIES.: Otto Haendler – Die Innenwendung, in: Klaus Raschzock (Hg.): Zwischen Volk und Bekenntnis. Praktische Theologie im Dritten Reich, Leipzig 2000, 97–110.

bereits verrät, einen knappen Überblick über das Leben und Werk Otto Haendlers bietet, um von da aus nach der Genese seines Seelsorgeverständnisses zu fragen. Die Dissertation von Kerstin Voigt ist für die vorliegende Arbeit vor allem aufgrund ihrer gründlichen biographischen und bibliographischen Recherchen von großem Wert: Nach Vorarbeiten von Klaus Winkler[3] präsentierte Kerstin Voigt als erste eine umfassende Bibliographie und arbeitete für die Erstellung ihrer Biographie auch am Nachlass Otto Haendlers. Kerstin Voigt hat somit eine erste Bresche geschlagen, der die vorliegende Arbeit dankbar folgen kann, um das Leben und homiletische Werk Otto Haendlers einer genaueren Analyse zu unterziehen. Bis auf eine kurze Skizzierung wesentlicher Einsichten der „Predigt" Otto Haendlers und ihrer Rezeption bietet die Arbeit von Kerstin Voigt für die hier interessierende homiletische Fragestellungen jedoch nur wenig.

Wesentlich auf Kerstin Voigt baut auch der wichtige Aufsatz von MICHAEL MEYER-BLANK[4] zu Otto Haendler auf. Wie Voigt reißt er im Rahmen einer kompendiumartigen Zusammenstellung historischer Klassiker der Praktischen Theologie auch die Homiletik Otto Haendlers kurz an und arbeitet wesentliche Merkmale heraus. Meyer-Blanck muss es dem Genre des Aufsatzes entsprechend jedoch bei einer knappen, motivischen Darstellung belassen und kann die Homiletik Otto Haendlers nicht in gebührendem Umfang würdigen.

Dass die Darstellung des aktuellen Forschungsstandes zur Homiletik Otto Haendlers an dieser Stelle enden muss, macht die Relevanz der vorliegenden Arbeit noch einmal deutlich.

---

3 KLAUS WINKLER: Bibliographie Otto Haendler, in: Ernst-Rüdiger Kiesow/Joachim Scharfenberg (Hg): Forschung und Erfahrung im Dienste der Seelsorge. Festgabe für Otto Haendler zum 70. Geburtstag, Göttingen 1961, 151–154.

4 MICHAEL MEYER-BLANCK: Tiefenpsychologie und Strukturtheologie: Otto Haendler, in: Christian Grethlein/ders. (Hg.): Geschichte der Praktischen Theologie. Dargestellt anhand ihrer Klassiker, Leipzig 2000, 389–432. Knapp fasst Meyer-Blanck seine Ergebnisse auch im entsprechenden Artikel zu Otto Haendler in der RGG[4] zusammen: DERS.: Art. „Haendler", in: RGG[4] 3 (2000), 1371 f.

3. Aufbau und Methodik der Arbeit

Die vorliegende Arbeit wird ihrer Fragestellung in vier großen Hauptkapiteln nachgehen. In einem *ersten Hauptkapitel* wird als Auftakt eine knappe Skizze des Beitrages Otto Haendlers zur (Praktischen) Theologie geboten, um von da aus nach Entwicklungsimpulsen seiner Homiletik vor ihrem biographischen, homiletischen und geistesgeschichtlichen Hintergrund zu fragen. Über die bereits existierenden biographischen Arbeiten von Kerstin Voigt und Michael Meyer-Blanck (s. u.) hinausgehend wird hier erstmals unter Einbeziehung aller zur Verfügung stehenden Quellen ein umfangreicher Abriss seines Lebens geboten werden, freilich fokussiert auf seine Bedeutung für Homiletik und Predigt. Anschließend wird die Ausgangslage der Homiletik im 20. Jahrhundert genauer analysiert, um eine Einordnung der Homiletik Haendlers zu erleichtern, sowie wesentliche Bezugspunkte zur außertheologischen Geisteswelt aufgezeigt, die für die Entwicklung der Homiletik Otto Haendlers als grundlegend anzusehen sind.

Die so gewonnenen Erkenntnisse sollen Schlaglichter auf das *zweite Hauptkapitel* werfen, das sich der Darstellung und Analyse der Homiletik Otto Haendlers widmet. Methodisch sollen dabei die klassischen homiletischen Topoi „Theologie“ und „Aufgabe der Predigt“, das Beziehungsgeflecht von Prediger, Text und Hörer sowie Anweisungen zur konkreten Predigtgestaltung leitend sein. Hier werden neben seiner bislang unveröffentlichten Habilitationsschrift erstmals auch Aufsätze und unveröffentlichte Vorträge Haendlers zur Homiletik berücksichtigt werden.

Von dort aus wird sich schließlich ein *drittes Hauptkapitel* mit der Analyse ausgewählter, zum größten Teil unveröffentlichter Predigten Otto Haendlers beschäftigen und dabei sowohl nach der praktischen Umsetzung seiner homiletischen Forderungen rund um die klassischen Topoi „Prediger“, „Text“ und „Hörer“ fragen als auch nach möglichen Auswirkungen seiner Biographie auf seine Predigtpraxis.

Das *vierte* und letzte *Hauptkapitel* wird schließlich wesentliche Rezeptionswege seiner Homiletik nachzeichnen, eine kritische Würdigung der Gedanken Haendlers bieten und einen Ausblick auf eine mögliche Bedeutung der Aussagen Haendlers zur Predigt für gegenwärtige Herausforderungen wagen.

Weitere Hinweise zur Methodik finden sich jeweils zu Beginn eines jeden Hauptkapitels.

I. Predigt und Homiletik im Kontext

Da jedes literarische und wissenschaftliche Werk bestimmten Entwicklungsimpulsen unterworfen ist, die wesentlich etwas mit den konkreten Lebensumständen des betreffenden Autors zu tun haben, wird das folgende Kapitel einen genaueren Blick auf das Leben Otto Haendlers (2.), auf die vor und während seiner Zeit prägende homiletische Literatur (3.) sowie auf das geistesgeschichtliche Umfeld (4.) werfen. Auf diese Weise soll eine Kontextualisierung der Homiletik Otto Haendlers gewagt werden, vor deren Hintergrund die weiteren Ergebnisse dieser Arbeit betrachtet werden wollen. Diesen Ausführungen soll jedoch als Auftakt ein rasterartiger Blick auf den Beitrag Otto Haendlers zur (Praktischen) Theologie (1.) voran gestellt werden, der vor einer genaueren Analyse seines Lebens und Werks ein Grundgespür für seine Theologie und die sie prägenden Themen und Prämissen vermitteln soll.

1. Der Beitrag Otto Haendlers zur (Praktischen) Theologie

Otto Haendler hat auf den unterschiedlichsten Feldern der Praktischen Theologie gewirkt und dazu ein breites Spektrum an Medien genutzt: Neben elf veröffentlichten und drei unveröffentlichten Monographien zu homiletischen, poimenischen, pastoralpsychologischen und erbaulichen Themen hat er zahlreiche Aufsätze, Rezensionen und Artikel in Zeitungen und Gemeindeblättern veröffentlicht und darüber hinaus durch eine umfangreiche Lehr- und Vortragstätigkeit im akademischen und kirchlichen Bereich für die Verbreitung seiner Ideen gesorgt. Grob kann dabei zwischen speziell praktisch-theologischen und allgemein-theologischen Beiträgen unterschieden werden.

1.1 Beiträge zur Praktischen Theologie

1.1.1 Homiletik

Der Name Otto Haendler steht innerhalb der *Homiletik* als Synonym für die Herausstellung der Bedeutung der *Person des Predigers* für den Predigtprozess im Sinne einer Auseinandersetzung des Predigers mit seiner eigenen Persönlichkeit. In einer Zeit, in der die Homiletik im Gefolge der Dialektischen Theologie diesen wichtigen Faktor des Predigtgeschehens zugunsten einer Wort-

Gottes-Theologie weitestgehend ausgeblendet worden ist,[1] stellte Haendler schon 1930 in seiner Habilitationsschrift nüchtern fest: „[A]us dem Zwange psychologischer Wirkung unserer Worte kommen wir auf keine Weise heraus. [...] Der Fehler der dialektischen Theologie hinsichtlich dieses Punktes liegt darin, dass sie diese Unentrinnbarkeit nicht sieht."[2] 1941 klang diese Einschätzung Haendlers in der ersten Auflage seiner „Predigt" dann so: „Es ist ein Irrtum, zu meinen, man könne das Subjekt in der Predigt irgendwie verbannen."[3]

Die „Unzeitgemäßheit" dieses Gedankens liegt dabei nicht so sehr in dem gesteigerten Interesse an der Person des Predigers (dies wiesen auch schon Theologen wie Schleiermacher, Tholuck und Baumgarten auf), sondern vor allem in dem Heranziehen der vergleichsweise jungen Psychologie als Begründungsmatrix. Haendler ist damit nach OSKAR PFISTER einer der ersten evangelischen Theologen, die die Psychologie als vollwertige und eigenständige Gesprächspartnerin der Theologie ernst nahmen. Kam Pfister von der Rezeption der Psychoanalyse Sigmund Freuds auf dem Feld der Poimenik her, führte Haendler diesen Gesprächsfaden fokussiert auf die Tiefenpsychologie C. G. JUNGS auf dem Feld der Homiletik fruchtbar fort.

Aus der Beschäftigung mit den Schriften Jungs arbeitete Haendler vor allem die Forderung der Selbst-Werdung des Subjekts als entscheidend heraus: Wenn es für den Menschen nach Jung elementar ist, zu sich selbst zu kommen, d. h. unbewusste und bewusste Seinsinhalte miteinander in Einklang zu bringen, um ein glückliches und freies Leben führen zu können, muss dies nach Haendler ebenfalls uneingeschränkt für den Menschen als Prediger gelten: „Wenn jemand Sonntag für Sonntag mit *seinem* Munde, mit Worten *seiner* Sprache, mit Hilfe *seiner* Erfahrung und Erkenntnis das Evangelium verkündet, so ist seine Person um der Sache willen so wichtig, dass wir ihr die größte Aufmerksamkeit zuwenden müssen."[4] Es geht Haendler also um der Botschaft des Evangeliums willen um ein Ernstnehmen bzw. ein Ernstmachen mit der *conditio humana* des Predigers: „Ich bin verurteilt, so zu predigen, wie ich bin. Es kann nicht mehr, und es soll nicht weniger sein. Und zugleich: Ich darf so predigen, wie ich bin. Es braucht nicht weniger zu sein, und es kann nicht mehr sein."[5] Der Prediger kann nach Haendler also nicht hinter seine eigene Persönlichkeit zurücktreten, kann sie nicht temporär ausschalten, wie es seitens der Dialektischen Theologie für den Predigtvortrag gefordert worden ist. Er hat keine andere Möglichkeit, als unter der Bedingung seiner Persönlichkeit, seines Selbst zu predigen. Die Kenntnis der eigenen Person, das Aufdecken verborgener Motivations- und Verdrängungssysteme, die gezielte Nutzbarmachung der sich sonst ungezielt

---

1 Vgl. hierzu z. B. EDUARD THURNEYSEN: Die Aufgabe der Predigt, in: Gert Hummel (Hg.): Aufgabe der Predigt, Darmstadt 1971, 105–118.

2 OTTO HAENDLER: Die Idee der Kirche, 19.

3 DERS.: Die Predigt. Tiefenpsychologische Grundlagen und Grundfragen, Berlin 1941, 46.

4 A. a. O., 17.

5 A. a. O., 274.

verwirklichenden Kräfte des Unbewussten, der Umgang mit eigenen Lieblingsgedanken, kurz: die Arbeit an der eigenen Persönlichkeit muss nach Haendler unbedingt gefördert werden, wenn es gelingen soll, in der Predigt „wirklich das zu sagen, was man sagen will“[6], d. h. nicht nur sich selbst, sondern vermittelt durch die eigene Persönlichkeit das Evangelium zu predigen. Die Persönlichkeit sei darum nicht etwas, was die Predigt des Evangeliums verhindert oder ihr im Wege steht, sondern im Gegenteil: Das Evangelium könne sich nur unter der Bedingung der eigenen Persönlichkeit entfalten. Mit dieser Feststellung geht die Überzeugung Haendlers einher, dass der Prediger sich wesentliche Glaubensinhalte erst existenziell angeeignet haben muss, bevor er sie wirksam auf die Kanzel bringen kann. Glaube ist damit für Haendler nicht etwas *Un*bedingtes, von außen an den Gläubigen Herangetragenes, sondern etwas durch die eigene Person, die eigene Lebensgeschichte zutiefst *Be*dingtes.[7] Und dies hat wiederum Auswirkungen auf die Hörer: Sie sollen nach Haendler durch die Predigt nicht zum Glauben überredet werden, oder gar im Prediger ein nachzuahmendes Vorbild vorgestellt bekommen, sondern in Anlehnung an Schleiermacher im Prediger einen Menschen sehen, der ihnen seinen Glauben zur Verfügung stellt, um dadurch ihren Glauben zu befruchten.

Diese tiefenpsychologisch begründete Fokussierung auf die Person des Predigers brachte Haendler zeitlebens den Vorwurf ein, die Psychologie ohne kritische Distanz zu rezipieren und damit die Theologie an die Psychologie zu verkaufen.[8] Die Theologiegeschichte lässt Haendler im Nachhinein über diese Kritik erhaben wirken, haben seine Gedanken doch beispielsweise in der Entwicklung einer Theorie der Predigerpersönlichkeit durch FRITZ RIEMANN[9] eine fruchtbare Fortführung gefunden und wesentliche Einsichten der Seelsorgebewegung der 70er Jahre vorweggenommen. So konnten sich beispielsweise Autoren wie HANS-JOACHIM THILO und KLAUS WINKLER auf Haendlers Arbeiten zur Person des Predigers berufen, wenn sie innerhalb der Poimenik die „Selbsterfahrung und Selbsterkenntnis des Gesprächsleiters“[10] in den Blick nahmen oder die Theorie des „persönlichkeitsspezifischen Credos“[11] entwickelten.

---

[6] A. a. O., 275.

[7] Vgl. exemplarisch DERS.: Angst und Glaube, Berlin ^{3}1954, 104 sowie ausführlicher Kap. II.7.1.3.

[8] Die nicht enden wollende Auseinandersetzung mit Kritikern, die sich um eine „Psychologisierung“ der Theologie sorgten, spiegelt sich sehr anschaulich in den Vorworten zur zweiten und dritten Auflage der „Predigt“ wieder (a. a. O., IX–XII). Zur Kritik an einer „einseitigen“ Rezeption der Psychologie vgl. exemplarisch MARTIN DOERNE: Predigtlehre als Psychotherapie. Zu Otto Haendlers, Die Predigt, Tiefenpsychologische Grundlagen und Grundfragen, in: PBl 85 (1942/43) 3, 90–103.

[9] FRITZ RIEMANN: Die Persönlichkeit des Predigers aus tiefenpsychologischer Sicht, in: Richard Riess (Hg.): Perspektiven der Pastoralpsychologie, Göttingen 1974, 152–166.

[10] HANS-JOACHIM THILO: Beratende Seelsorge. Tiefenpsychologische Methodik dargestellt am Kasualgespräch, Göttingen ^{3}1986, 28–39.

[11] Vgl. KLAUS WINKLER: Das persönlichkeitsspezifische Credo, in: WzM 34 (1982), 159–163 sowie DERS.: Seelsorgelehre, Berlin ^{2}2000, 274–278.

1.1.2 Poimenik

Diese Rezeptionsspur leitet zu einem zweiten wesentlichen Feld über, auf dem Haendler vor allem in seiner Berliner Zeit ebenfalls wichtige Beiträge geleistet hat: der *Poimenik*. Auch hier bemüht sich Haendler um die Kultivierung eines Gesprächs zwischen Theologie und Tiefenpsychologie. Er sieht dabei die Seelsorge einerseits, wie z. B. auch Eduard Thurneysen, ganz klassisch in enger Verbindung zur Verkündigung,[12] erweitert sie andererseits jedoch unter dem Einfluss der Psychologie um ein neues Element: „Seelsorge ist nicht nur Verkündigung, sondern zugleich konkrete Verarbeitung dessen, was in der Verkündigung geschieht."[13] Es geht demnach in der Seelsorge nach Haendlers Verständnis nicht nur um die Vermittlung religiöser Inhalte, sondern auch und zumal um die Arbeit am eigenen Leben, um Sinnsuche und Sinndeutung. Dies hängt mit seiner grundsätzlichen Einschätzung zusammen, nach der Glaubensinhalte immer auch eine psychologische Dimension besitzen.[14]

Dieser *inkarnatorische Ansatz* einer Seelsorgelehre, die die Bedeutung zentraler christlicher Inhalte für das Leben und Erleben des Menschen aufzuzeigen versucht, ist ein wesentlicher Beitrag Otto Haendlers zu einer modernen Poimenik,[15] die in der *Glaubenshilfe* und *Lebenshilfe*[16] ein wesentliches Beratungsziel sieht. Dieser Zug kommt besonders deutlich in seiner Definition des Ziels der Seelsorge zum Vorschein: „Das Seelsorgegespräch hat zur Norm die Wahrheit und die Liebe, seine Kunst ist der Kontakt, sein Ziel die Freiheit eines Christenmenschen."[17] Oder anders formuliert: „Das Ziel [...] jeder Seelsorge ist der reifende Christ, und zwar in den drei Richtungen: Wachsen im Glauben, Wurzeln im Leben und Wirken in der Welt."[18] Die „Aneignung der Freiheit", um es mit einem Begriff von Wilfried Engemann[19] zu sagen, verwirklicht sich dabei für Haendler vor allem in der Selbst-Werdung des Subjekts, auf dessen Weg der Seelsorger als Helfer, Begleiter und Hebamme fungieren soll.

---

[12] In ihrer verkündigenden Eigenschaft habe Seelsorge die Aufgabe, dem Ratsuchenden die Dimension Gottes (wieder) aufzuschließen und ihn so (wieder) zu einem rechten Verhältnis zur Welt zu bringen: „In diesem Sinne ist Seelsorge spezialisierte Verkündigung" (vgl. OTTO HAENDLER: Grundriss, 315).

[13] A. a. O., 309.

[14] Vgl. a. a. O. 330: „[T]heologische Gehalte, d. h. Inhalte des Glaubens, die im Leben des Menschen Bedeutung gewonnen haben, haben für ihn nicht nur Bedeutung für seinen Glauben, sondern wirken sich auch rein psychologisch in seinem Leben aus."

[15] Der inkarnatorische Ansatz wurde z. B. von HANS-JOACHIM THILO: Seelsorge, 15–18 aufgegriffen. Vgl. hierzu auch MARTIN NICOL: Gespräch als Seelsorge. Theologische Fragmente zu einer Kultur des Gesprächs, Göttingen 1990, 149–155.

[16] So z. B. bei WALTER UHSADEL: Evangelische Seelsorge. Praktische Theologie, Bd. 3, Heidelberg 1966, 54.

[17] OTTO HAENDLER: Grundriss, 369.

[18] DERS.: Ungelöste Fragen und Seelsorge, in: Rundbrief für die Mitarbeiter des Instituts für Seelsorgekunde 3 (1952), 5.

[19] Vgl. exemplarisch WILFRIED ENGEMANN: Aneignung der Freiheit. Lebenskunst und Willensarbeit in der Seelsorge, in: WzM 58 (2006), 28–48.

Wie schon in der Homiletik so ist also auch in der Poimenik die Fokussierung auf das Subjekt, hier das des Seelsorgers und des Ratsuchenden, der entscheidende Ansatzpunkt Haendlers. Seelsorge ist darum für ihn wesentlich Gespräch zweier Individuen über den Glauben und das Leben. Sehr modern betont er dabei immer wieder die Wichtigkeit einer ganzheitlichen Perspektive[20] auf den Menschen, d. h. das Ernstnehmen der Verflechtung von geistlichen, seelischen und leiblichen Prozessen, um so dem Menschen sein Leben im Lichte der christlichen Botschaft aufzuschließen. Philosophisch betrachtet knüpft Haendler hier an die Tradition der Redeweise vom „ganzen Menschen" innerhalb der Anthropologie an.[21] Aus diesem Grund stellt sich für ihn die Frage überhaupt nicht, ob man in die Seelsorge psychologische Erkenntnisse einfließen lassen sollte oder nicht, da für ihn zum einen Seelsorge als Gespräch, ob sie will oder nicht, prinzipiell immer auch eine psychologische Dimension besitzt,[22] und zum anderen – wie oben schon kurz angerissen – jeder Glaube, ob er will oder nicht, immer auch ein „psychisches Geschehen ist, nicht obwohl, sondern indem es Glaubensgeschehen ist."[23] Diese psychologische Dimension des Seelsorgegesprächs gilt es nach Haendler jedoch nicht nur kognitiv zu begreifen, sondern vor allem aktiv zu ergreifen, was auf Seiten des Seelsorgers eine gewisse psychologische Ausbildung voraussetzt (z. B. Kenntnisse in Traumdeutung, Psychotherapie etc.) – eine Forderung, die als Beitrag Haendlers zur Diskussion um das Pfarrerbild innerhalb der Praktischen Theologie und der Kirche gewertet werden darf.

1.1.3 Kybernetik

Die Kirche bildet den eigentümlichen Ansatzpunkt der Praktischen Theologie Otto Haendlers, wenn er beispielsweise seinen „Grundriss" von ihr aus aufbaut und in ihr den Zielpunkt seiner Habilitationsschrift sieht. Damit steht Haendler nicht nur in der Tradition der großen praktisch-theologischen Entwürfe Friedrich Daniel E. Schleiermachers, Carl Immanuel Nitzschs oder Ernst-Christian Achelis', sondern weiß sich auch der Dialektischen Theologie wie der Berneuchener Bewegung verbunden. Für Haendler ist die Kirche dabei als soziologische Größe vor allem aufgrund ihrer integrierenden Kraft (Menschen können in

[20] Zur genaueren Differenzierung des hir zugrunde gelegten Ganzheitsbegriffs vgl. EBERHARD JÜNGEL: Ganzheitsbegriffe – in theologischer Perspektive, in: Volker Drehsen u. a. (Hg.): Der ‚ganze Mensch'. Perspektiven lebensgeschichtlicher Individualität, Festschrift für Dietrich Rössler, Berlin/New York 1997, 353–368. Jüngel unterscheidet darin u. a. ein Ganzheitsverständnis als Vollkommenheit, als numerische Vollständigkeit, als Summe von Begriff und Gegenbegriff oder als Einheit der Teile bzw. Umfang des Mannigfaltigen (Kant). Haendlers Gebrauch des Ganzheitsbegriffs trifft eher letztere Differenzierung, weil er unter ihm (in Berneuchener Tradition) vor allem den Menschen als Einheit von Leib und Seele, Emotion und Verstand versteht.

[21] Vgl. hierzu DIETRICH RÖSSLER: Art. „Ganzer Mensch", in: HWP 5 (1980), 1106–1111.

[22] Vgl. OTTO HAENDLER.: Grundriss, 130.

[23] A. a. O., 330.

ihr ungeachtet ihrer Herkunft, ihres Frömmigkeitsstils oder ihrer politischen Gesinnung eine gemeinsame Heimat finden) sowie als theologische Größe aufgrund ihrer vermittelnden Funktion (zwischen der Wirklichkeit Gottes und der des Menschen tragender Bedeutung für seine Praktische Theologie. Haendler hat dabei weder ausschließlich die empirische noch die ideelle Kirche im Blick, sondern die gegenwärtige Kirche, die immer beide Elemente in sich vereine.

Vereinfacht dargestellt ist der zentrale Beitrag Otto Haendlers zur Praktischen Theologie in diesem Sinne auf dem Feld der Kybernetik in dem Umstand zu sehen, dass er mittels der Wiederbelebung einer alten Idee auf neue Herausforderungen reagieren möchte - ein konservativer Grundgedanke, der sich durch sein gesamtes Werk zieht. Dabei schwebt Haendler nicht eine abgeschottete Kirche vor, sondern eine „Kirche der offenen Tür"[24], d. h. eine Kirche, die die Kommunikation ihrer Botschaft weder auf einen bestimmten Kreis beschränkt noch bestimmte Gruppen aufgrund unvereinbarer Ansichten aus der Diskussion ausschließt - ein vor dem geschichtlichen Hintergrund von Nationalsozialismus und Sozialismus nicht ganz unproblemtischer Grundansatz.

1.1.4 Praktische Theologie als Strukturtheologie

Ein weiterer wesentlicher Beitrag Otto Haendlers zur Praktischen Theologie, der jedoch kaum rezipiert worden ist,[25] kann in der Rezeption wesentlicher Gedanken des Strukturalismus gesehen werden, der bei Haendler vor allem unter dem Begriff der Praktischen Theologie als „Strukturtheologie"[26] begegnet. Hinter diesem Begriff verbirgt sich eine systemtheoretische Unterscheidung von „Organ" und „Organismus", also von dienendem Teil und aus sich selbst heraus wirkendem Ganzen: „Alles, was Struktur hat, steht sowohl nach innen wie nach außen in einer doppelten Relation [...]. Jedes lebendige Ganze ist einmal in sich lebendig und insofern *Organismus*. Zugleich aber ist es als solcher Organismus nur in einem größeren Ganzen, das wiederum in sich Organismus ist, und in diesem ist es Organ."[27] Haendler verdeutlicht diese systemtheoretische Unterscheidung, die den heutigen Leser stark an die Theorie der selbstreferentiellen Systeme nach Niklas Luhmann erinnern dürfte, an einem Bild: Das menschliche Herz ist im Hinblick auf seine Stellung im menschlichen Körper Organ, im Hinblick auf die es ausmachenden anatomischen Bestandteile, wie beispielsweise Herzklappen, Herzkammern, Coronaraterien etc., Organismus. Es geht Haendler also auch in der Strukturtheologie wie schon in seiner Homiletik und Poimenik

---

[24] Vgl. hierzu DERS.: Praktische Theologie und offene Kirche, in: Quat. 19 (1954/55), 17.

[25] Kerstin Voigt macht hierfür zum einen die „Mehrdimensionalität und Komplexität" des Strukturbegriffes verantwortlich, zum anderen aber auch das Fehlen einer eindeutigen und klaren Definition dieses Begriffes durch Haendler selbst, so dass er blass und unverständlich bleiben muss (vgl. KERSTIN VOIGT: Otto Haendler, 123 f.). Ähnlich urteilt auch MICHAEL MEYER-BLANCK: Tiefenpsychologie, 414 f.

[26] So z. B. OTTO HAENDLER: Grundriss, 1.

[27] A. a. O., 10 f.

um das Durchhalten einer *ganzheitlichen Betrachtungsperspektive*. War es in der Homiletik und Poimenik vor allem die Zusammenschau von subjektiven und objektiven Elementen im Blick auf die Predigtaufgaben bzw. den Gegenstand der Seelsorge, so wird dieser *An*satz im Rahmen seiner Strukturtheologie zu einem *Grund*satz weiterentwickelt: Jeder Gegenstand des praktisch-theologischen Erkennens soll in der Zusammenschau seiner Funktion als abhängiges Teil und aus sich selbst heraus wirkendes Ganzes betrachtet werden. Bei der Strukturtheologie handelt es sich somit um eine *Erkenntnistheorie*, die Haendler mit dem Begriff des „organischen Erkennens“[28] betitelt.

Was verbirgt sich nun aber genauer unter dem Strukturbegriff selbst? Unter der Struktur eines Gegenstandes versteht Haendler die organische Einheit dessen, was den Gegenstand ausmacht, bzw. was in seinem Begriff enthalten ist, und den natürlichen Gesetzen, die diesen Gegenstand zusammenhalten: „Wollen wir einen Gegenstand organisch erkennen, so gehört dazu in Einheit sein Bestand und die Totalität der Gesetze, nach denen sein Leben sich gestaltet. Dies alles miteinander verbunden nennen wir seine *Struktur*.“[29] Struktur besteht damit für Haendler aus einem statischen (dem Sein und So-Sein eines Gegenstandes) und einem dynamischen Element (den ihn bestimmenden immanenten Gesetzen). Erst die Zusammenschau aus Statischem und Dynamischem ermögliche es dem Betrachter, vollständige Aussagen über einen Gegenstand zu treffen. Verbindet man die Erkenntnistheorie des organischen Denkens mit dem Strukturbegriff, so kann man sagen, dass die Strukturtheologie Haendlers ein ontologisches Moment besitzt.

Für welche Gegenstände interessiert sich aber diese Ontologie? Haendlers Antwort auf dieses Frage verfolgt wiederum einen ganzheitlichen Ansatz: „Praktische Theologie [...] ist [...] Strukturtheologie der gegenwärtigen Kirche“[30]. Praktische Theologie als Strukturtheologie, d. h. als Ontologie, beschäftigt sich also nicht nur mit den konkreten Praxisvollzügen der Kirche wie etwa Predigt, Seelsorge und Katechetik, sondern impliziert immer auch eine grundsätzliche Sicht auf das Ganze, auf das Wesen, auf die „Idee der Kirche“ – so der Titelanfang seiner 1930 abgegebenen Habilitationsschrift. So wie das Organ nach Haendler nie losgelöst vom Gesamtorganismus betrachtet und umgekehrt der Gesamtorganismus nie von der Summe seiner Organe abgetrennt werden kann, so spricht auch die Praktische Theologie prinzipiell „von der Kirche als *Ganzem*, wenn sie von ihrer Praxis spricht.“[31] Sie lehre darum nicht nur das „Wie“ der Praxis, sondern auch und zumal das Wesen und Lebensgesetz der Kirche, sei also nicht nur eine rein technisch verstandene Theorie der Praxis (hier greift nach Haendler die Schleiermachersche Theorie der Praktischen Theologie als τεχνή zu kurz), sondern holistische Ontologie. In seinem Aufsatz „Praktische Theologie und offene Kirche“ von 1954 kann er deshalb festhalten: „Wir verstehen des-

[28] A. a. O., 10.
[29] Ebd.
[30] A. a. O., 1.
[31] A. a. O., 2.

halb Praktische Theologie als die Wissenschaft von der gegenwärtigen Kirche als einem lebendigen Organismus. In der Form einer knappen These heißt das: Praktische Theologie ist die Wissenschaft von der Kirche als Organismus."[32] Vor allem Haendlers „Grundriss der Praktischen Theologie" kann als ein Versuch verstanden werden, diese Betrachtungsperspektiven Punkt für Punkt durchzuspielen.

1.1.5 Meditation

Zum Schluss soll ein Beitrag Haendlers zur Praktischen Theologie Erwähnung finden, der ihm selbst vor allem in den letzten Jahrzehnten seines Wirkens wohl als der wichtigste erschienen ist: die *Meditation*. Haendler gebührt das Verdienst, die Meditation aus ihrem Schattendasein befreit und ihre fruchtbare Bedeutung für Spiritualität und Pfarrdienst herausgestellt zu haben. Für Haendlers Anliegen einer Vermittlung von Person und Sache, von Subjektivität und Objektivität sowie einer ganzheitlichen Erkenntnis kann die Meditation als passgenaue methodische Entsprechung gesehen werden. Er kam schon früh vermittelt durch die Berneuchener Bewegung und die Michaelsbruderschaft, hier vor allem durch Karl Happich, mit der Meditation in Kontakt und erkannte ihr Potential. In ihr vereinen sich für Haendler persönlicher Zugang und Gerichtetsein auf einen Gegenstand sowie Außen- und Tiefendimension. Vor allem Letztere gilt es nach Haendler immer wieder zu entdecken, sei es bezogen auf die Tiefendimension eines Bibeltextes, die nur durch eine existenzielle Thematisierung aufgedeckt werden könne, oder auf die Tiefendimension des eigenen persönlichen Glaubens, die durch Ängste und Unglauben genauso geprägt werde wie durch biblische Geschichten und die Beziehung zu dem lebendigen Gott.

Die Meditation ist für Otto Haendler damit der Schlüssel zur Überwindung gleich zweier grundsätzlicher Defizite, die er in der aktuellen Situation des Menschen gegeben sieht: 1. die Überwindung eines „blutleeren" Glaubens, der Gott bloß als theologische oder weltanschauliche Vorstellung, nicht aber als lebendiges „Du" und damit als Quelle echter Erfahrung ernst nimmt, und 2. die Überwindung der vielen Menschen verschlossenen Seinsperspektive des eigenen Unbewussten. Die Meditation stellt somit für Haendler letztlich ein Befreiungsgeschehen dar, das dem Menschen sein eigenes Leben aufzuschließen, eine lebendige Beziehung zu Gott wie zu seinem eigenen Selbst zu eröffnen und auf diese Weise verborgene Ressourcen wieder nutzbar zu machen vermag. Die (Wieder-) Entdeckung der Meditation kann damit als paradigmatische Zusammenfassung des Beitrags Otto Haendlers zur Praktischen Theologie verstanden werden.

---

[32] DERS.: Offene Kirche, 15.

1.2. Beiträge zur Theologie

1.2.1 Ausarbeitung einer konsequenten Vermittlungstheologie

Das für die Theologie Otto Haendlers so prägende Denken in Spannungsverhältnissen mündet in eine dezidierte *Vermittlungstheologie.* Sowohl im Umgang mit zeitgeschichtlichen Herausforderungen als auch im Umgang mit theologischen Fragestellungen hat der Versuch einer konsequent ganzheitlichen Betrachtungsweise Otto Haendler zur Abwehr eines Denkens in sich gegenseitig ausschließenden Alternativen geführt. So war es ihm etwa stets ein Anliegen, die biblische und die psychologische Anthropologie, den Ansatz beim Individuum und den Ansatz bei der Kirche, ein naturwissenschaftliches Weltbild und eine christliche Spiritualität, die Jungsche Tiefenpsychologie und die Berneuchener Spiritualität sowie den klassischen Verkündigungsbegriff und die Erfordernisse einer Seelsorge als Gespräch miteinander zu vermitteln. Das *Denken in Spannungsverhältnissen* ist somit für die Theologie Otto Hanelders konstitutiv und muss vor dem Hintergrund einer Zeit, in der in der Regel einseitige Entscheidungen und Positionierungen gefordert wurden, als eigener Zugang Hanelders bewertet werden.

Für die Einnahme dieser Vermittlungsposition sind zwei wesentliche Grundlinien in seinem Denken verantwortlich: 1. die tiefenpsychologische Bildung, die Haendler schon früh gelehrt hat, dass Phänomene in der menschlichen Seele niemals nur auf einen einzelnen Grund zurückgeführt werdne können, sondenr stets auf einer Reihe von Bedingungsfaktoren beruhen, und 2. der theologische Ansatz bei der Inkarnation, d. h. bei dem Paradoxon, dass Gott, der Unendliche, ins Endliche eingegangen ist. Die Vermittlungstheologie Otto Haendlers ist damit weder als Verlegenheit noch als mangelnde theologische Originalität oder gar Konfliktscheue zu bewerten, sondern als eine begründete, elaborierte Grundposition theologischen Denkens. Inhaltlich kommt die bei Haendler anzutreffende Vermittlungstheologie dabei in vielen Punkten der Methode der Korrelation bei Paul Tillich gleich, der ebenfalls in vermittelnden Gegensatzpaaren denkt (Vernunft und Offenbarung, Existenz und Christus, Leben und Geist, Geschichte und Reich Gottes).

Besonders deutlich wird dieses Denken in der Forderung Otto Haendlers nach einer theologischen Durchdringung der Welt bzw. nach einer Vermittlung von *Kirche und Welt, Horizontaler und Vertikaler.*[33] Nach Haendler hat sich die Theologie viel zu spät um ihr Weltverhältnis gekümmert und muss nun feststellen, dass einige ihrer wesentlichen Probleme von einer fehlenden Anschlussfähigkeit theologischer Inhalte an das sich in der tatsächlichen Welt abspielende Leben der Menschen herrühren. An unterschiedlichsten Orten plädiert Haendler darum für eine „Erdung" der Theologie, d. h. für eine bewusste Gestaltung des Spannungsverhältnisses von Theologie und Leben. Ein Leitbild erblickt er dabei

[33] Vgl. hierzu exemplarisch, weil besonders deutlich: DERS.: Praktische Theologie als theologisches Problem, in: ThLZ 79 (1954) 11, 665 f.

im Glauben, denn auch er spielt sich ja zwischen Himmel und Erde ab.[34] Die Mitte des Denkens Otto Haendlers bildet dabei stets die Wirklichkeit Gottes, die er im Sinne seiner soeben beschriebenen grundsätzlichen Herangehensweise primär trinitarisch versteht. So spricht er sich beispielsweise an verschiedenen Stellen gegen eine absolute Dominanz der Christologie aus, die seiner Meinung nach dem modernen Menschen einen Zugang zum christlichen Glauben erschwert.[35] Seine Aussagen dürfen dabei keinesfalls als Geringschätzung einer Christus-Frömmigkeit oder gar des Christusgeschehens an sich verstanden werden: Die Inkarnation Gottes in Jesus Christus ist und bleibt auch für Haendler das entscheidende Heilsereignis und Christus selbst die Mitte der Predigt – das zeigt sich auch und vor allem, wie noch genauer zu zeigen sein wird, in seinen frühen Predigten. Haendler versucht vielmehr auf die Gefahren aufmerksam zu machen, die in einer Verkürzung des Gottesbegriffs liegen könnten, und macht dabei unmissverständlich deutlich: „Die protestantische Theologie ist nicht exklusiv christozentrisch, sondern inklusiv christozentrisch“[36] – ein Beitrag, der auch die heutige Praktische Theologie dazu ermutigen könnte, ihr (tatsächlich) zugrunde gelegtes Gottesbild kritisch zu hinterfragen.

1.2.2 Paradigma einer Humanisierung der Theologie

Eines der zentralen Anliegen Otto Haendlers kann am ehesten mit dem Begriff der *„Humanisierung“ der Theologie*, d. h. mit einer konsequenten Würdigung der conditio humana umschrieben werden. Der Begriff der „Humanisierung“ darf dabei nicht dahingehend missverstanden werden, dass Haendler Pate für eine Degradierung des Gottesbegriffes innerhalb der Praktischen Theologie steht oder gar den Menschen an Gottes Stelle setzt: Das Gegenteil ist der Fall! In Haendlers Praktischer Theologie begegnet dem Leserein Entwurf, der von der Prämisse ausgeht, dass sich dem Menschen das Evangelium von der freimachenden Gnade nur auf menschliche Weise, d. h. durch Menschenwort erschließen kann. Diese Prämisse will dabei keinesfalls das sola gratia kritisieren: Der Mensch ist und bleibt auch für Haendler ein auf die Gnade Gottes angewiesener Mensch, der sich sein Heil nicht aus eigener Kraft erwerben kann (CA 4). Nur vollzieht sich die Gnade Gottes für Haendler nicht im luftleeren Raum, sondern vermittelt durch die Inkarnation Jesu Christi unter den Bedingungen der Welt. Sie trifft also auf einen Menschen aus Fleisch und Blut. Für Haendler ist der entscheidende Ansatzpunkt der Theologie darum immer der Mensch: „Somit geht es letztlich heute in allen Fällen um nichts Geringeres als um das Problem der Anthropologie, nämlich um die Erkenntnis, daß die Hinwendung zum lebendigen Gott Ur- und Grundfrage allen Seins und Gedeihens ist und zwar unmittelbar und ganz konkret in den Tagesanliegen.“[37]

---

34 Vgl. a. a. O., 666.

35 Vgl. DERS.: Die Predigt, 197 f.

36 A. a. O., 156.

37 DERS.: Grundriss, 311.

1.3 Ertrag

Der Beitrag Otto Haendlers zur Theologie im Allgemeinen und zur Praktischen Theologie im Speziellen kann am ehesten mit dem Begriff der „Humanisierung“ beschrieben werden: In der Homiletik führte ihn dieses Konzept zu einer besonderen Wertschätzung der Person des Predigers, in der Poimenik zu der Erkenntnis der Bedeutung von Lebensreifung im Beratungsgespräch, in der Kybernetik zu der Notwendigkeit einer integrativen Idee der Kirche und in seinem theologischen Denken zu der Arbeit mit Spannungsverhältnissen, Korrelationen und Vermittlungen. In Otto Haendler begegnet damit ein eigenständiger und eigenwilliger Denker, dessen Theologie in ihrer Tiefe und Vielfalt noch gänzlich unerforscht ist.

2. Biographische Entwicklungsimpulse

Dass das literarische Werk eines Menschen eng mit dessen Leben und den Bedingungen, unter denen es sich vollzieht, verbunden ist, wurde eingangs bereits erwähnt und stellt die Grundthese des folgenden Kapitels dar. Problematisch wird das Aufzeigen von Parallelen zwischen dem Werk und dem Leben eines Menschen jedoch immer dann, wenn der Anspruch erhoben wird, von einem scheinbar objektiven Standpunkt aus biographische Vollzüge eindeutig bewerten zu können. Häufig ist es dann nämlich nicht das Leben eines anderen Menschen, das ein bestimmter Biograph zu Papier bringt, sondern lediglich das eigene, gebrochen durch die Prismen der Projektion und Übertragung. Vor dem Hintergrund dieser Grundproblematik, der jede biographische Forschung zwangsläufig unterworfen ist, haben Geisteswissenschaftler wie WILHELM DILTHEY mit Recht die Gretchenfrage gestellt: „Ist Biographie möglich?“[1] Da jedoch diese Problematik keinesfalls nur die biographische Forschung betrifft, sondern vielmehr ein Grundproblem des menschlichen Erkenntnisvermögens darstellt, und spätestens seit der Aufklärung deutlich geworden ist, dass jedwede wissenschaftliche Objektivität immer nur unter den Bedingungen eines Subjekts und seiner Verstehensvoraussetzungen zu haben ist (vgl. hierzu näher Kap. II.3.1), geht dieses Kapitel das Wagnis „Biographie“ eingedenk aller damit verbundenen Probleme ein und findet in Wilhelm Dilthey einen befürwortenden Gewährsmann:

> „Erfassen wir die Summe aller Leistungen des Verstehens, so tut sich in ihm gegenüber der Subjektivität des Erlebnisses die Objektivierung des Lebens auf. Neben dem Erlebten wird die Anschauung von der Objektivität des Lebens, seiner Veräußerlichung und mannigfachen strukturellen Zusammenhänge zur Grundlage der Geschichtswissenschaften.“[2]

Es geht der folgenden Darstellung aus diesem Grund nicht um das Aufzeigen eindeutiger Kausalzusammenhänge zwischen dem Leben und dem Werk Otto Haendlers, die auf jeden Fall in der geschilderten Art und Weise zu genau dem eruierten Zeitpunkt zu diesem oder jenem Zug seiner Homiletik geführt haben. Das folgende Kapitel möchte vielmehr Wahrscheinlichkeitsräume aufspannen und Deutungsperspektiven anbieten, die auf der Basis bestimmter Quellen mit einem gewissen historischen Abstand als möglich bis wahrscheinlich bewertet werden können. Es soll im Folgenden also keine abschließende Bewertung eines Lebens verfasst werden, das sich per Definition jeder Bilanzierung von außen entzieht, sondern der Versuch unternommen werden, verantwortlich Parallelen zwischen dem Leben und dem homiletischen Werk Otto Haendlers zu ziehen. Mit WOLFGANG HILDESHEIMER gesprochen versucht das folgende Kapitel, sich der

---

1 WILHELM DILTHEY: Der Aufbau der geschichtlichen Welt in den Geisteswissenschaften, in: ders.: Gesammelte Schriften, Bd. 7, hg. v. Bernhard Groethuysen, Stuttgart [3]1961, 61.

2 A. a. O., 146.

„Subjektivität des Biographen“[3] bewusst zu sein und „das kultivierte Scheitern“ zur „biographischen Maxime“[4] zu erheben. Die folgenden Ausführungen bauen dabei auf den Biographien von KERSTIN VOIGT und MICHAEL MEYER-BLANCK auf,[5] werden jedoch durch umfangreiche Recherchen in den Personal- und Dekanats- bzw. Konsistorialakten der Evangelisch-Lutherischen Kirche in Norddeutschland,[6] der Ernst-Moritz-Arndt-Universität Greifswald,[7] der Humboldt-Universität zu Berlin,[8] im Nachlass Otto Haendlers[9] sowie durch weitere Literatur entscheidend erweitert und komplett neu gestaltet.

2.1 Kindheit, Schulzeit und Wehrdienst in Löwenhagen, Bromberg und Potsdam (1890–1909)

JOHANNES MAXIMILIAN WILHELM OTTO HAENDLER wurde am 18. April 1890 als ältestes Kind[10] der Eheleute Elisabeth, geborene Strauß (1863-1925), und Wilhelm Haendler (1863-1938)[11] in *Löwenhagen* (heute russ. Komsomolsk) geboren, einer kleinen Landgemeinde im ostpreußischen Kreis Königsberg, die vor allem durch das nahe gelegene Schloss Friedrichstein der Grafen von Dönhoff bekannt geworden ist. Dass Predigt und Homiletik im Leben des nur kurz „Otto“ gerufenen Kindes einmal zu wichtigen Themen werden sollten, dürfte schon zu dieser Zeit nicht gänzlich unwahrscheinlich gewesen sein, stammte er doch aus einer Berliner Theologendynastie: Sein Vater war zuletzt Generalsuperintendent von Berlin-Land und Propst an St. Nikolai zu Berlin, sein Großvater väterlicherseits, Maximilian Haendler, Konsistorialrat in Berlin, sein Großvater mütterlicherseits, Otto Strauß, Superintendent in Berlin und sein Urgroßvater, Friedrich Abraham Strauß, Haendlers Vor-Vorgänger auf dem Berliner Lehrstuhl für Praktische Theologie sowie Oberhofprediger. Zum Zeitpunkt der Geburt Otto Haend-

---

3 WOLFGANG HILDESHEIMER: Die Subjektivität des Biographen, in: ders.: Das Ende der Fiktionen. Reden aus fünfundzwanzig Jahren, Frankfurt a. M. 1984, 123-138.

4 CORNELIA NALEPKA: Kalkuliertes Scheitern als biographische Maxime. Zu Wolfgang Hildesheimer: ‚Die Subjektivität des Biographen‘, in: Bernhard Fez/Wilhelm Hemecker (Hg.): Theorie der Biographie. Grundlagentexte und Kommentare, Berlin/New York 2011, 297-301.

5 KERSTIN VOIGT: Otto Haendler, 13-26; MICHAEL MEYER-BLANCK: Tiefenpsychologie, 389-431.

6 Archiv der Evangelisch-Lutherischen Kirche in Norddeutschland, PA Otto Haendler.

7 Archiv der EMAU Greifswald, Theol. Fak. 122, PA 336, Bd. 1-5.

8 Archiv der HU Berlin, Theol. Fak. 115, PA Otto Haendler, Bd. 2.

9 Archiv der HU Berlin, NL Haendler.

10 Otto Haendler hatte eine jüngere Schwester Elli (verheiratete Willigmann), die am 29. Juli 1891 geboren wurde.

11 Wilhelm Haendler: geboren und aufgewachsen in Berlin, 1887-1888 Schlossprediger in Ernstbrunn, anschließend Domhilfsprediger in Berlin, 1888-1890 Pfarrer in Löwenhagen, 1890-1903 Pfarrer in Bromberg, 1903-1911 Superintendent von Potsdamm und Oberpfarrer an St. Nikolai, 1911-1933 Generalsuperintendent von Berlin-Land und Propst an St. Nikolai, seit 1920 nebenamtlich Stiftspropst zu Heiligengrabe (vgl. hierzu KERSTIN VOIGT: Otto Haendler, 13 f.).

lers war sein Vater bereits seit 1888 Pfarrer in Löwenhagen.[12] Am 6. Mai 1891 taufte er seinen Sohn Otto in der dortigen Dorfkirche. Nur zwei Jahre später nahm er eine Pfarrstelle in *Bromberg* (heute pol. Bydgoszcz) in Posen an.[13] In der an der Weichsel gelegenen mittleren Großstadt verbrachte Otto Haendler seine Kindheit und besuchte die dortige Vorschule sowie die ersten Jahre des am Weltzienplatz gelegenen Königlichen Gymnasiums. Im Alter von 13 Jahren stand ihm und seiner Familie ein erneuter Umzug bevor, da sein Vater 1903 zum Superintendenten von *Potsdam* und Oberpfarrer an St. Nikolai berufen worden war. In Potsdam angekommen wechselte Otto Haendler auf das Viktoria-Gymnasium (heute Hermann-von-Helmholtz-Gymnasium).[14] Ein Mitschüler, zu dem sich in dieser Zeit eine lebenslange Freundschaft entwickelte, war der später berühmt gewordene Pianist und Komponist WILHELM KEMPFF (1895–1991), dessen Vater gleichen Namens als Kantor an St. Nikolai tätig war.[15] In Potsdam verbrachte Otto Haendler seine Jugendzeit und wurde dort 1905 konfirmiert (seine Konfirmationssprüche stammen aus Jes 54,10 und 1. Tim 6,12).

Zu der kurz umrissenen „genealogischen" Disposition im Blick auf eine mögliche Affinität Otto Haendlers zu theologischen Fragestellungen trat in dieser für ihn prägenden Zeit eine „pädagogische" hinzu: Wilhelm Haendler legte sehr großen Wert darauf, dass seine Familie mit anderen Theologen-Familien zu kleinen Symposien zusammen kam, auf denen ab einem gewissen Alter auch die jugendlichen Kinder der anwesenden Pastoren und Konsistorialräte ihre Ideen und Meinungen anbringen konnten und sollten. Auf einem dieser Treffen im väterlichen Kreis muss wohl auch die erste Begegnung mit dem jungen PAUL TILLICH (1886–1965) stattgefunden haben. Beide Väter kannten sich über das

---

[12] Die Pfarrgemeinde Löwenhagen stand unter dem Patronat der Reichsgrafen von Dönhoff. Die kleine Pfarrkirche wurde zusammen mit der unter ihr liegenden Gruft der Reichsgrafen und dem nahe gelegenen Schloss Friedrichstein 1945 durch die Rote Armee vollständig zerstört. Lediglich das Pfarrhaus, in dem Otto Haendler geboren wurde und seine ersten Lebensjahre verbrachte, existiert auch heute noch (vgl. hierzu HEINRICH LANGE: Friedrichstein nach 1945, in: Kilian Heck/Christian Thielemann (Hg.): Friedrichstein. Das Schloss der Grafen von Dönhoff in Ostpreußen, München/Berlin 2006, 83–98; KILIAN HECK: Andere Dönhoffsche Orte in Ostpreußen, in: a. a. O., 117–180).

[13] In Bromberg gab es zwei evangelische Kirchen: Die alte evangelische Kirche aus dem Jahre 1787 wich der 1897 eingeweihten Christuskirche am Elisabeth-Markt. 1903 wurde aufgrund der gestiegenen Gemeindegliederzahlen eine weitere evangelische Pfarrkirche gebaut. Wilhelm Haendler wird sehr wahrscheinlich an beiden Kirchen Dienst getan haben (vgl. hierzu MARIAN HEPKE: Bromberg – Buch der Erinnerung, Münster 1966, 52 f.).

[14] Aus der beglaubigten Abschrift des Abiturzeugnisses Otto Haendlers in seiner Greifswalder Personalakte (vgl. Archiv der EMAU Greifswald, PA 336, Bd. 5, 4) geht eindeutig hervor, dass er das Viktoria-Gymnasium zu Potsdam besuchte und nicht, wie Kerstin Voigt meint, das Friedrich-Wilhelm-Gymnasium (vgl. KERSTIN VOIGT: Otto Haendler, 15).

[15] So besuchte etwa Wilhelm Kempff die Familie Haendler häufig in Neuenkirchen, und sein Sohn Roland wurde am 6. September 1940 von Otto Haendler getauft. Die sehr persönlich gehaltene Taufpredigt (K 2) gibt Zeugnis von der tiefen Verbundenheit beider Familien.

Berliner Konsistorium, in dem Johannis Tillich als Konsistorialrat tätig war, und waren einander in Freundschaft verbunden. Schon früh zeigte sich Haendler nach eigenen Angaben beeindruckt von der Gewandtheit des Geistes Tillichs[16] – eine Einschätzung, die er zeitlebens beibehalten und die ihm in seinem eigenen theologischen Denken beeinflussen wird.

Exkurs: Eine Verwandtschaft des Denkens Otto Haendlers mit dem Paul Tillichs (1886–1965)[17] lässt sich an verschiedenen Punkten zeigen. Beide wählen ihren theologischen Ansatzpunkt beim Individuum bzw. bei der Inkarnation Gottes und wollen eine Theologie, die nicht „Gott neben die Welt, die Religion neben die Kultur"[18] stellt, sondern die Gott in der Welt verortet. Damit einher geht die Einnahme einer vermittelnden Grundhaltung: Spricht sich Tillich für einen möglichst universalen Gottesbegriff aus (Gott sei kein Seiendes unter Seiendem, sondern das Sein selbst, er umfasse sogar seinen eigenen Gegenbegriff), so macht auch Haendler immer wieder deutlich, dass stets eine ganzheitliche, d. h. alle Seiten einbeziehende Betrachtungsperspektive im Blick auf praktisch-theologische Fragestellungen eingenommen werden sollte. Auch im Blick auf die Verarbeitung des Themas „Angst" ähneln sich die Aussagen beider Autoren, ohne dass eine direkte Abhängigkeit nachweisbar wäre: Für Tillich ist Angst primär „das existenzielle Gewahrwerden des Nichtseins"[19], für Haendler ist Angst in Form der Urangst das „in-der-Welt-Sein als solches"[20]. Auch in der Bemühung um eine feinere Differenzierung der Angst kommen beide zu ähnlichen Schlüssen. Schließlich trifft sich Tillichs ontologische Methode der Korrelation, wie noch genauer zu zeigen sein wird, in vielen Punkten mit der organischen Strukturtheologie Haendlers sowie mit seinem vermittlungstheologischen Ansatz. Vor allem das grundsätzliche Denken in Spannungsverhältnissen und aufeinander bezogenen und miteinander vermittelten Gegenbegriffen wie Vernunft und Glaube, Mensch und Gott, Leib und Seele etc. ist beiden Theologen gemein.

Vor allem war es jedoch die Figur des Vaters, die Otto Haendler in seinen ersten beiden Lebensjahrzehnten stark prägte. Die tiefe biblische Frömmigkeit Wilhelm Haendlers, sein ausgeglichenes, freundliches Gemüt, das stets um Vermittlung bemüht war, seine preußische Gesinnung, seine musikalische Begabung sowie sein Interesse am Einzelnen lieferten wesentliche Impulse für das theologische Denken Otto Haendlers. Dies wird u. a. in einer Predigt deutlich, die Otto Haendler 1938 anlässlich der Beerdigung seines Vaters in Berlin hielt. Dort ist zu lesen:

„Wir lebten zusammen mit einem Manne, der vom Morgen bis zum Abend – ich möchte sagen unaufhörlich – lebte aus Bibelworten und Liedversen, und bei dem das nicht in einem Augenblick unnatürlich oder gewollt klang. Es kam aus dem Urgrund seiner See-

[16] Vgl. Otto Haendler: Paul Tillich – der Mensch. Rede, gehalten am 16.10.1966, in: Evangelisches Verlagswerk (Hg.): Werk und Wirken Paul Tillichs. Ein Gedenkbuch, Stuttgart 1967, 61–63.

[17] Vgl. Gunther Wenz: Paul Tillich. Fraglichkeit und Sinnerfüllung, in: Peter Neuner/ders. (Hg.): Theologen des 20. Jahrhunderts. Eine Einführung, Darmstadt 2002, 109–123.

[18] Paul Tillich: Kirche und Kultur, in: ders.: Die religiöse Substanz der Kultur. Schriften zur Theologie der Kultur, Gesammelte Werke Bd. 9, Stuttgart 1967, 34.

[19] Ders.: Der Mut zum Sein, Stuttgart 1953, 30.

[20] Otto Haendler: Angst und Glaube, Berlin 1952, 53.

le. [...] Und wenn von den Berufsaufgaben des Generalsuperintendenten und Propstes, des Pfarrers und Seelsorgers eine seinem Wesen nach die eigentliche war, so ist es ganz gewiss die Seelsorge gewesen. Seelsorger war er von Anfang an. [...] Wir haben es oft ganz eigen empfunden, wie in einer eigentümlichen Weise unser Vater eine Art Mittelpunkt war für viele, die im Tiefsten etwas für ihre Seele suchten. [...] Seine Predigt ist ganz von seinem eigensten Wesen geprägt gewesen, ganz persönlich und ganz objektiv. Sie war Zeugnis von Christus, stark, männlich und wahr und in lebendiger Fülle. Sie stellte die ganze Breite des Lebens in dieses Licht."[21]

In diesen Worten wird die tiefe Frömmigkeit und Geistigkeit Wilhelm Haendlers wie auch sein Interesse an der menschlichen Seele deutlich, die gerade dadurch Eindruck auf seinen Sohn gemacht haben muss, dass er sie als echt, als nicht gekünstelt oder aufgesetzt, sondern als mit seiner Person kongruent empfunden hat – Begriffe, die in der Homiletik Otto Haendlers eine entscheidende Rolle spielen werden.

Eine weitere, für sein späteres Leben prägende und impulsgebende Strömung ist in der *Jugendbewegung* zu sehen. In welcher Form und Intensität Otto Haendler bereits in seiner Jugendzeit mit jugendbewegtem oder bündischem Gedankengut in Kontakt gekommen ist, lässt sich nur noch vorsichtig rekonstruieren. So erwähnt Otto Haendler etwa in einer 1929 gehaltenen Konfirmationspredigt, dass er schon in seiner Jugend Mitglied des evangelischen Jugendbundes gewesen und diesem auch heute noch tief verbunden sei.[22] Wenn er sich darüber hinaus in seinem 1953 veröffentlichten „Petrus" deutlich an das „Rucksackwandern"[23] in seiner Jugend erinnert und man die Tatsache hinzunimmt, dass der für die Geschichte der Jugendbewegung so bedeutende Verein des „Wandervogels" 1896 im nur gut 20 Kilometer von Potsdam entfernten Berlin-Steglitz gegründet wurde, so spricht vieles dafür, dass die Anfänge der Auseinandersetzung Haendlers mit dieser geistigen Strömung bis in seine Jugendzeit zurückreichen.

Nach dem 1908 bestandenen Abitur (im Fach Religionslehre erreichte er das Gesamturteil „gut") dürfte es die Familie Haendler aufgrund der oben skizzierten Einflüsse nicht sonderlich überrascht haben, dass sich ihr Sohn Otto zum Sommersemester als Student der Evangelischen Theologie an der Friedrich-Wilhelms-Universität Berlin einschrieb. Diese Einschreibng erfolgte jedoch bloß proforma, da er zuvor seinen Wehrdienst leisten musste. Er machte dabei von einem Privileg Gebrauch, das Abiturienten aus begütertem Haus nach dem

---

21 K 18, 4–8. Ähnlich klingt auch der Nachruf des Berliner Konsistoriums: „Er war ausgestattet mit reichen Gaben des Geistes, starkem künstlerischem Verständnis, unermüdlichem Fleiß, feinfühligem Geschick in der Behandlung von Menschen wie in der Behandlung äußerer Geschäfte. Der weithin ausstrahlende Mittelpunkt seiner Persönlichkeit lag aber in seiner tiefen, lauteren Innerlichkeit, seinem glaubensmutigen Gebetsleben. Wer ihn kannte, der fühlte sich von ihm in der Stille angerührt" (Kirchliches Amtsblatt der Kirchenprovinz Mark Brandenburg 1 [1939], 1).

22 K 3, 1.

23 Petr, 96.

Wehrgesetz zustand: dem sog. „Einjährig-Freiwilligendienst".[24] Der Kandidat verpflichtete sich nach einer militärischen Prüfung dazu, Ausrüstung und Verpflegung für die Dauer seines Wehrdienstes selbst zu finanzieren. Dafür wurde seine Wehrdienstzeit auf ein Jahr verkürzt, und er durfte Dienstort und Waffengattung frei wählen. Nach Abschluss der Wehrzeit und zwei weiteren abgeleisteten Manövern wurde der Kandidat zum Leutnant der Reserve befördert. Mit diesem Verfahren wollte die Reichsregierung den Einfluss des gebildeten Bürgertums auf das traditionell vom Adel gestellte Offizierkorps erhöhen. Laut Personalakte[25] diente Otto Haendler vom 1. April 1908 bis zum 31. März 1909 im Königlich Preußischen 5. Garde-Regiment zu Fuß (mit Sitz in Spandau) am Standort Potsdam und leistete 1910 und 1911 in den Semesterferien seine beiden achtwöchigen Pflichtmanöver ab, worauf er in den Rang eines Leutnants der Reserve erhoben wurde.

2.2 Studium in Tübingen und Berlin (1909–1913)

Nach geleistetem Wehrdienst zog es Otto Haendler für die ersten wirklichen Studiensemester (im Wintersemester 1908/09 hatte er neben seinem Wehrdiesnt lediglich eine Vorlesung zur Geschichte der protestantischen Theologie bei Karl Holl in Berlin gehört) zum Wintersemester 1909/10 nach *Tübingen* und damit vergleichsweise weit weg vom elterlichen Haus in Potsdam. 1909 verbrachte dort auch Romano Guardini (1885-1965) sein letztes Studienjahr, zu dem sich in späteren Jahren eine theologische Verbundenheit Haendlers aufbauen sollte. Ob sie einander schon in der Tübinger Studienzeit wahrgenommen haben, ist eher unwahrscheinlich. Deutlich ist hingegen, dass sich Otto Haendler in Tübingen vor allem von Adolf Schlatter (1852-1932) tief beeindruckt gezeigt hat. So bekennt er beispielsweise in einer anlässlich einer Trauung gehaltenen Predigt: „Dieser 16. August 1952 ist der 100. Geburtstag des großen Professors der Theologie Adolf Schlatter. Er ist eures Vaters und mein erster theologischer Lehrer gewesen, und ich glaube, wie für mich, so auch für euren Vater der eindruckvollste und nachhaltigste."[26] Vor dem Hintergrund dieses Bekenntnisses verwundert es nicht, dass bei dogmatischen Fragestellungen in der „Predigt" Otto Haendlers die Dogmatik Adolf Schlatters stets den ersten Anlaufpunkt darstellt.[27] Doch es war bei Weitem nicht nur der Exeget und Dogmatiker Schlatter, der den jungen Haendler nachhaltig beeindruckt hat, sondern auch und vor allem der Prediger Schlatter. Noch in seinem „Grundriss" charakterisiert Haendler dessen Predigten darum als geniale Verbindung von „tiefer Theologie, originalen Gedanken und unmittelbarer praktischer Hilfe zu einem

---

[24] Zum Einjährig-Freiwilligen-Dienst vgl. Lothar Mertens: Das Einjährig-Freiwilligen Privileg. Der Militärdienst im Zeitgeist des deutschen Kaiserreichs, in: ZRGG 42 (1990), 316-329.

[25] Vgl. Archiv der EMAU Greifswald, PA 336, Bd. 1, 76 sowie Bd. 3.

[26] K 7, 7.

[27] Vgl. z. B. Otto Haendler: Die Predigt, 21, 35, 146, 200, 208.

Leben aus der Fülle der Offenbarung Gottes in Christus"[28] - Begriffe, die, wie noch genauer zu zeigen sein wird, auch den Kern der Homiletik Otto Haendlers ausmachen.

Exkurs: Wenngleich die Theologie ADOLF SCHLATTERS (1852-1938)[29] eine große Schnittmenge mit den Anliegen der positiven Theologie aufweist, ist er dennoch keiner Richtung eindeutig zuzuordnen und bleibt ein eigenständiger Denker. Die zentrale Stellung der Bibel, die Verortung des praktischen Glaubensvollzugs vor der Glaubenslehre, die Offenbarung Gottes in der Schöpfung sowie die Betonung der Rechtfertigung allein aus Glaube als heilsgeschichtliche Tatsache zeichnen sein Werk aus. In Tübingen erreichte Schlatter zur Zeit des Studienaufenthalts Otto Haendlers den Höhepunkt seines Schaffens. Vor allem die in seinen gut besuchten Vorlesungen dargelegte Vereinbarkeit von Glaube und Wissenschaft dürfte auch Haendlers theologisches Denken entscheidend geprägt haben. Schlatter bemühte sich dabei, die Realitätskonformität und Rationalität des christlichen Glaubens aufzuzeigen, d. h. Glaube und Wirklichkeit miteinander in Verbindung zu bringen - ebenfalls ein Grundanliegen Haendlers, wenngleich er letztlich zu anderen Schlüssen gekommen ist als Schlatter.

Nach drei Semestern wechselte der nunmehr 21-jährige Otto Haendler im Jahre 1911 an die Friedrich-Wilhelms-Universität zu *Berlin*, die damals als heimliches Zentrum der Evangelischen Theologie galt, und kehrte damit auch in das häusliche Umfeld seiner Eltern zurück, da sein Vater im selben Jahr zum Generalsuperintendent von Berlin-Land und Propst an St. Nikolai berufen worden war. In Berlin traf er schließlich auch auf den gleichaltrigen ALFRED DEDO MÜLLER (1890--1972), zu dem sich im Laufe der Jahre eine enge Freundschaft und tiefe theologische Verbundenheit entwickeln sollte.

Prägend für das geistige Klima an der Friedrich-Wilhelms-Universität war zu dieser Zeit die *Lebensphilosophie*, die von WILHELM DILTHEY (1833-1911, lehrte von 1882-1908 in Berlin) und GEORG SIMMEL (1858-1918, lehrte von 1885-1914 in Berlin) verkörpert wurde. Beide sahen in der Konzentration des philosophischen Rationalismus auf die Vernunft eine Verengung und stellten einem naturwissenschaftlich-mechanischen Menschenbild ein dezidiert geisteswissenschaftliches Bild des „ganzen Menschen"[30] gegenüber. Wie in einem eigenen Unterkapitel noch genauer zu zeigen sein wird (vgl. Kap. I.4.3), hat die Lebensphilosophie mit ihrem beim Individuum ansetzenden, psychologischen Charakter das Denken Otto Haendlers mittelbar stark beeinflusst. Ob er bereits in seiner Berliner Studienzeit von ihr Notiz genommen hat, lässt sich nicht mehr eindeutig rekonstruieren. Im Blick auf seine akademischen theologischen Lehrer fällt dies leichter: Nach eigenen Aussagen Haendlers waren es vor allem ADOLF VON HARNACK (1851-1930), REINHOLD SEEBERG (1859-1935) und KARL HOLL (1866-1929), die prägend auf ihn wirkten.

---

[28] DERS.: Grundriss, 264.

[29] Vgl. zur folgenden Darstellung WERNER NEUNER: Art. „Adolf Schlatter", in: TRE 30 (1999), 135-143.

[30] Zum philosophischen Begriff des „ganzen Menschen" vgl. DIETRICH RÖSSLER: Art. „Ganzer Mensch", in: HWP 5 (1980), 1106-1111.

Exkurs: Als Vertreter des wilhelminischen Kulturprotestantismus bzw. der liberalen Theologie wollte Adolf von Harnack (1851–1930)[31] den Erweis einer Vereinbarkeit von Christentum und moderner Kultur erbringen. Fokussiert auf eine Vereinbarung von Theologie und Psychologie bzw. von christlicher Frömmigkeit und naturwissenschaftlichem Denken vertritt Haendler ein ganz ähnliches Anliegen in seinem Gesamtwerk. Wie Haendler litt Harnack unter der Abwendung zahlreicher Menschen von der Evangelischen Kirche, die ihnen nicht mehr zeitgemäß erschien. Bei gleichzeitigem Warnen vor einem übersteigerten Individualismus setzen beide beim Individuum an. So kann Harnack beispielsweise im Zusammenhang der Reich-Gottes-Predigt Jesu festhalten: „Das Reich Gottes kommt, indem es zu den einzelnen kommt [...]. Das Reich Gottes ist Gottesherrschaft, gewiß – aber es ist die Herrschaft des heiligen Gottes in den einzelnen Herzen“[32]. Einig sind sich Haendler und Harnack auch in ihrer Wertschätzung des Protestantismus als tiefste Klarheitsstufe des Evangeliums sowie in ihrem Warnen vor einer „Katholisierung“ zentral evangelischer Einsichten (Haendler betont dies besonders in seinen Stralsunder Katechismuspredigten) – eine polemische Grundhaltung, die beide Theologen zuweilen zu voreiligen Schlüssen kommen lässt. Dass Haendler die zentralen Inhalte des Christentums dabei nicht als starre Dogmatik, sondern als eine dem Menschen zum Leben dienende frohe Botschaft begreift, dürfte er ebenfalls mit Harnack gemein haben.[33]

Haendlers späterer Doktorvater Reinhold Seeberg (1859–1935)[34] war ein Vertreter der positiven Theologie, die versuchte, bei gleichzeitigem Respekt vor der Tradition und der Idee der Offenbarung neue Wege in der Kommunikation des Evangeliums angesichts der Herausforderungen der Moderne zu wagen – ein Anliegen, dem sich auch Haendler verpflichtet wusste. Seeberg stand damit in Opposition zur liberalen Theologie Adolf von Harnacks. In seinem Werk spielt eine pessimistische Zeitanalyse des evangelischen Christentums eine entscheidende Rolle, die nur durch eine Rückbesinnung auf die Tradition der Evangelischen Kirche (in polemischer Abgrenzung zur Katholischen) überwunden werden könne. Vor allem in seinen Stralsunder Katechismuspredigten wie auch in seiner Habilitationsschrift ist auch bei Haendler solch ein Denken in Ansätzen zu erkennen. Wenngleich Seeberg zu Lebzeiten zu den berühmtesten Theologen Deutschlands zählte und viele Schüler anzog (darunter auch Dietrich Bonhoeffer, der bei ihm promovierte), wurde er durch seine extrem militaristische Haltung sowie seine antisemitischen Äußerungen (wenngleich er Gewalt gegen Juden ablehnte) auch zum Vordenker einer expansionistischen Ost-Politik, eines deutschen Kolonialismus, einer „Eugenik“ sowie eines kirchlichen Nationalsozialismus, was ihm nachträglich die Bezeichnung „Theologe des deutschen Imperialismus“[35] einbrachte.

---

[31] Vgl. zur folgenden Darstellung Gunther Wenz: Adolf von Harnack. Herzensfrömmigkeit und Wissenschaftsorganisator, in: Peter Neuner/ders. (Hg.): Theologen des 20. Jahrhunderts. Eine Einführung, Darmstadt 2002, 33–52.

[32] Adolf von Harnack: Das Wesen des Christentums. Sechzehn Vorlesungen vor Studierenden aller Facultäten im Wintersemester 1899/1900 an der Universität Berlin gehalten, Berlin 1900, 90.

[33] A. a. O., 156 f.: „Das Evangelium ist keine theoretische Lehre, keine Weisheitslehre; [...] es ist eine frohe Botschaft, die uns des ewigen Lebens versichert und uns sagt, was die Dinge und die Kräfte wert sind.“

[34] Vgl. zu den folgenden Ausführungen Traugott Jähnichen: Art. „Reinhold Seeberg“, in: BBKL 9 (1995), 1307–1310; Arnulf von Scheliha: Art. „Reinhold Seeberg“, in: TRE 30 (1999), 729–733; Friedrich Wilhelm Graf: Reinhold Seeberg, in: Wolf-Dieter Hauschild (Hg.): Profile des Luthertums. Biographien zum 20. Jahrhundert, Gütersloh 1998, 617–676.

[35] So Günther Brackelmann: Protestantische Kriegstheologie im Ersten Weltkrieg. Reinhold Seeberg als Theologe des deutschen Imperialismus, Bielefeld 1974.

Der von Adolf Schlatter geprägte Lutherforscher KARL HOLL (1866–1929) bestritt den Versuch, unabhängig von theologischen Strömungen, seien sie positiv-modern oder liberal, Martin Luther ohne die von Melanchthon und anderen vorgenommene Überzeichnung wahrzunehmen.[36] Holl konzentrierte sich dazu auf die Persönlichkeit Luthers und fragte nach seinen Ängsten, Gewissenskonflikten und Überzeugungen. Er zeichnete so ein Lutherbild, das zu einer wahren Lutherrenaissance führen sollte: Luther der Einzelne, der gegen Papst und Kirche seine Gewissensentscheidung durchsetzte. Für Otto Haendler dürften bei Karl Holl vor allem seine Fokussierung auf die Persönlichkeit sowie seine Hochschätzung Luthers prägend gewesen sein. Es darf dabei jedoch nicht verschwiegen werden, dass sich Holl im Blick auf die Rolle der Persönlichkeit in der Predigt eher reserviert zeigte.[37]

Nach weiteren fünf Semestern Studium legte Otto Haendler schließlich am 23. September 1913 das *Erste Theologische Examen* vor dem Berliner Konsistorium mit dem Prädikat „recht gut" ab. Im Fach Praktische Theologie erreichte er die Note „im Ganzen gut". Seine Examenspredigt, die vor dem Prüfungsausschuss vorgetragen werden musste, wurde ebenfalls mit „recht gut" benotet und mit folgendem Kommentar versehen: „Die Predigt wurde in würdiger Haltung und fließend mit wohllautender, deutlicher Stimme und sehr guter Betonung vorgetragen. Gestikulation trat nicht hervor."[38]

2.3 Pastorale Ausbildung am Domkandidatenstift zu Berlin (1913–1914)

Mit bestandenem Examen begann Otto Haendler seine pastorale Ausbildung und trat dazu 1913 in das *Domkandidatenstift zu Berlin* ein, an dem schon sein Vater kurzzeitig als Domhilfsprediger gewirkt hatte.[39]

Exkurs:[40] Das 1854 gegründete Domkandidatenstift war ursprünglich als Antwort des frommen preußischen Königs FRIEDRICH WILHELM IV. auf die desolate kirchliche Versorgungssituation in der schnell wachsenden Hauptstadt gedacht (zu dieser Zeit gab es in Berlin Parochien von 80.000 Gläubigen, die von nur zwei Geistlichen betreut wurden). Das Domkandidatenstift sollte geeignete Kandidaten, ursprünglich reformierter, später auch unierter Prägung, hervorbringen, die den Herausforderungen der Großstadtseelsorge gewachsen waren. Dazu setzte der vom König mit der Gründung des Stifts beauftragte Hofprediger WILHELM HOFFMANN auf eine enge Verzahnung von Theorie und Praxis: Die

36 Vgl. zu den folgenden Ausführungen THOMAS UECKER: Art. „Karl Holl", in: BBKL 2 (1990), 1001–1003; BERNHARD LOHSE: Karl Holl, in: Wolf-Dieter Hauschild (Hg.): Profile des Luthertums. Biographien zum 20. Jahrhundert, Gütersloh 1998, 321–335.

37 KARL HOLL: Was können wir für die Neugestaltung unseres evangelischen Gottesdienstes von Luther lernen?, in: LuJ 6 (1924), 8: „Die Predigt hat wirklich keine andere Aufgabe als die, Gott zu vergegenwärtigen. Sie soll nicht reden von den religiösen oder anderen Meinungen der Menschen, sondern uns vor das Angesicht Gottes stellen; man soll in ihr den Menschen, der redet, völlig vergessen können."

38 Kopie des Examenszeugnisses (Archiv der EMAU Greifswald, PA 336, Bd. 5, 6).

39 Vgl. KERSTIN VOIGT: Otto Haendler, 14.

40 Zu den folgenden Ausführungen zum Domkandidatenstift vgl. GÜNTHER DEHN: Die alte Zeit, die vorigen Jahre. Lebenserinnerungen, München 1962, 117–163; BRUNO DOEHRING: Das Domkandidatenstift zu Berlin. Ein geschichtlicher Rückblick zur Hundertjahrfeier, Berlin 1954, 9–55.

Ausbildung sollte weder ein zweites wissenschaftliches Studium beinhalten, noch sich in der Vermittlung bloßer Technika erschöpfen, sondern auf der Basis einer geistlichen Lebensgemeinschaft direkt an der Persönlichkeit der Kandidaten arbeiten. Aus diesem Grund spielte der Austausch über geistliche, exegetische und dogmatische Fragestellungen sowie über Erfahrungen aus der praktischen Gemeindearbeit eine entscheidende Rolle in der pastoralen Ausbildung. Das ursprüngliche Kernziel des Domkandidatenstifts bestand somit im letzten Sinne in der Persönlichkeitsbildung – ein auch für die Homiletik und Praktische Theologie Otto Haendlers zentraler Gedanke, dessen Wurzeln bis in die Zeit seiner pastoralen Ausbildung zurückreichen.

Organisatorisch betrachtet wurde das Domkandidatenstift von einem Ephorus zusammen mit einem Inspektor geleitet, der wiederum von zwei Adjunkten unterstützt wurde. Während der Ephorus zugleich Hofprediger war (er durfte im Dom predigen), waren Inspektor und Adjunkte Domhilfsprediger (sie durften nur im Johanniter-Siechenhaus in Berlin-Lichtenfelde predigen, ggf. aber Vertretungsdienste im Dom übernehmen). Das im Monbijou-Park an der Oranienburger Straße gelegene, von August Friedrich Stiller konzipierte und erst 1874 vollendete Stiftshaus mit angeschlossener Kapelle wurde im Zweiten Weltkrieg stark zerstört und 1972 abgerissen.

Über die Zeit Otto Haendlers im Domkandidatenstift sind keine Dokumente erhalten. Die Erinnerungen des Praktischen Theologen GÜNTHER DEHN,[41] der selbst von 1906-1911 als Kandidat, Adjunkt und Inspektor im Domkandidatenstift lebte, und dessen Predigten von Haendler später in seiner Habilitationsschrift als Paradigma der sozialistischen Predigt untersucht worden sind,[42] lassen jedoch eine vorsichtige Rekonstruktion der äußeren Rahmenbedingungen der pastoralen Ausbildung Haendlers zu: Als Kandidat zog Otto Haendler für die einjährige Ausbildung in das im Monbijou-Park an der Oranienburger Straße gelegene Stiftshaus ein. Immer zwei Kandidaten (nach Phil 4,3 „Syzygen" genannt) teilten sich dabei drei Räume im ersten oder zweiten Obergeschoss: zwei geräumige Arbeitszimmer, die von einem gemeinsamen Schlafzimmer verbunden waren – eine Aufteilung, die die Prioritäten dieses Instituts deutlich zum Vorschein treten ließ. Der Tagesablauf der Kandidaten, die sich gegenseitig mit „Bruder" anredeten, begann und endete mit einer Andacht in der hauseigenen Stiftskapelle und wurde durch den Rhythmus gemeinsamer Mahlzeiten bestimmt (erstes und zweites Frühstück, Mittagessen, Kaffeetrinken und Abendbrot), die von einer Hausmutter zubereitet wurden. In den hinteren, parterre gelegenen Räumen des Stiftsgebäude wohnte der Ephorus – zur Zeit Otto Haendlers ERNST VON DRYANDER (von 1897 bis 1918 Ephorus), der zugleich Oberhofprediger sowie geistlicher Vizepräsident und damit höchster Geistlicher der Evangelischen Landeskirche der älteren Provinz Preußen war und über exzellente Verbindungen zum Kaiserhaus verfügte.

41 Vgl. zu den folgenden Ausführungen zur Ausbildung im Domkandidatenstift GÜNTHER DEHN: Die alte Zeit, 7–165.

42 Vgl. OTTO HAENDLER: Die Idee der Kirche, 302–306.

Exkurs:[43] Der in Halle a. d. S. geborene Pfarrerssohn ERNST VON DRYANDER (1843–1922) studierte Evangelische Theologie in Halle und Tübingen und wurde maßgeblich durch den Erweckungstheologen August Tholuck beeinflusst, hier vor allem durch seine Theorie der „psychologischen Predigt". Nach Stationen als Hauslehrer in Hamburg, Kandidat und Adjunkt am Domkandidatenstift zu Berlin unter Rudolf Kögel sowie zahlreichen Studienreisen ins europäische Ausland wurde er 1872 Pfarrer in Torgau und 1874 in Bonn, wo er den jungen Kronprinzen Wilhelm kennen lernte, der dort ab 1877 studierte. Seit dieser Zeit war der Kontakt Ernst Dryanders zum Kaiserhaus besonders eng: 1882 wurde er Pfarrer an der Dreifaltigkeitskirche zu Berlin und Superintendent der Synode Friedrichswerder, 1892 Generalsuperintendent der Kurmark, 1890 vertretungsweise und ab 1897 dauerhaft Oberhofprediger und Ephorus des Domkandidatenstifts, 1903 Mitglied des Oberkirchenrats und 1907 schließlich geistlicher Vizepräsident der Evangelischen Landeskirche der Älteren Provinzen Preußens. Im Rahmen seiner mannigfaltigen Aufgaben am Hof war er u. a. für die Erteilung des Konfirmandenunterrichts der Prinzen zuständig und vertrat die preußische Landeskirche im In- und Ausland (so legte er beispielsweise 1907 in Jerusalem den Grundstein der Himmelfahrtskirche und des Auguste-Viktoria-Hospitals). 1918 wurde er aufgrund seiner Leistungen in den Adelsstand erhoben. Auch nach dem Zusammenbruch des Deutschen Kaiserreichs hielt er die Verbindung zu dem in die Niederlande exilierten Kaiserpaar aufrecht und hielt beispielsweise 1921 die Trauerfeier für die verstorbene Kaiserin Auguste Viktoria im Haus Doorn.

Der große Schwerpunkt der praktischen Ausbildung im Domkandidatenstift bestand in der Seelsorge – hier war noch der alte Geist zu spüren, aus dem heraus das Stift ursprünglich gegründet worden war. Jeder Kandidat musste mindestens 30 Seelsorgebesuche im Monat vorweisen, über seinen Seelsorgebezirk Akten anlegen und am Jahresende Bericht erstatten. Da die Oberpfarr- und Domgemeinde zu Berlin bis auf den heutigen Tag eine Personalgemeinde darstellt und ihre Gemeindeglieder über die ganze Stadt verteilt leben,[44] führten die Seelsorgebesuche die Kandidaten durch das gesamte Stadtgebiet. Daneben predigten sie in der Stiftskapelle. Seine ersten intensiven pastoralen Erfahrun-

43 Vgl. zur folgenden Darstellung FRIEDRICH WILHELM BAUTZ: Art. „Ernst von Dryander", in: BBKL 1 (1990), 1398–1399; BRUNO DOEHRING: Das Domkandidatenstift, 26–33.

44 Nachdem Kurfürst Johann Sigismund von Brandenburg im Rahmen des Erbfolgestreits um das Herzogtum Jülich-Kleve-Berg 1613 zur reformierten Konfession übergetreten war, bekam auch die Berliner Domgemeinde als Hofkirche der Hohenzollern eine reformierte Prägung und wurde als Personalgemeinde parochieübergreifend für alle Reformierten im ansonsten überwiegend lutherisch geprägten Berlin zuständig. Mit der Einführung der Preußischen Union 1817 unter König Friedrich-Wilhelm III. wurde die Berliner Domgemeinde schließlich zur ersten unierten Mustergemeinde in Preußen umgestaltet und stand fortan auch lutherischen Geistlichen und Gemeindegliedern offen. Eine Mitgliedschaft musste jedoch, wenn sie nicht schon bestand, nach wie vor eigens beantragt werden. 1899 wurden darüber hinaus einzelne Gemeindebezirke in Charlottenburg und Schöneberg eingepfarrt, so dass die Domgemeinde zusätzlich den Charakter einer Parochialgemeinde erhielt. Von 1870 bis zum Zweiten Weltkrieg zählte die Domgemeinde ca. 12.000 Gemeindeglieder, die sich über ganz Berlin verteilten (vgl. hierzu FRIEDRICH-WILHELM HÜNERBEIN: Domgemeinde und Hofgesellschaft – zur Soziologie der Domgemeinde, in: Helmut Engel/Wilhelm Hüffmeier (Hg.): Der Berliner Dom. Geschichte und Gegenwart der Oberpfarr- und Domkirche zu Berlin, Berlin 2001, 130–137; WILHELM HÜFFMEIER: Die Hof- und Domprediger als Theologen, in: a. a. O., 139–141).

gen sammelte Otto Haendler somit in der Seelsorge, was auch für seine Homiletik von Bedeutung sein wird. Zu der praktischen Ausbildung kam eine theoretische in Form von exegetischen und dogmatischen Übungen, die vom Inspektor und seinen beiden Adjunkten geleitet wurde. Einmal in der Woche fand die sog. Ephoralkonferenz, in der praktische oder wissenschaftliche Arbeiten und Referate besprochen wurden, sowie die Predigtkonferenz statt. Zu dieser kam am Freitagabend Ernst von Dryander in die Stiftskapelle und hörte die Predigt eines Kandidaten. Danach versammelte man sich im Zimmer eines zweiten Kandidaten, der eine Rezension zu der gehaltenen Predigt verfasst hatte (in der Regel der Kandidat, der eine Woche zuvor die Predigt gehalten hatte). Günther Dehn erinnert sich: „In der Sitzung mit dem Ephorus verlas dann der Rezensent eine Kritik, für die er allein verantwortlich war. Das letzte Wort hatte der Ephorus. Er war meist nicht so scharf wie die Brüder und suchte zu retten, was sich nur retten ließ."[45] Ernst von Dryander pflegte dabei einen sehr ausgeglichenen Lehrstil: „Er suchte nicht zu prägen, weder kirchenpolitisch noch homiletisch, sonder er bot seine Gedanken zur freien Verfügung an"[46] - eine grundsätzliche Haltung, die auch Otto Haendler als Hochschullehrer einnehmen wird. Es waren also nicht Vorträge oder Veröffentlichungen, durch die Dryander auf die jungen Kandidaten wirkte, sondern etwas anderes, viel Eigentümlicheres und dadurch Prägenderes: seine Persönlichkeit! Diese schlug sich auch in seinem eigenen Predigtstil nieder, wie sich Günther Dehn erinnert: „Dryanders Predigten waren einfach, ohne Feststil. Er redete so, wie er das auch im täglichen Leben tat, immer allerdings in einer gepflegten Sprache."[47]

Der Einfluss Ernst von Dryanders auf die spätere Homiletik und Predigttätigkeit Haendlers kann gar nicht hoch genug bewertet werden, da der junge Otto Haendler in einer biographisch wichtigen Zeit bei Dryander mit einer Predigtlehre konfrontiert wurde, in der viele seiner späteren homiletischen Grundgedanken schon angelegt waren. So spricht sich Dryander beispielsweise im Rahmen einer sorgfältigen Predigtvorbereitung neben der exegetischen Arbeit auch und vor allem für eine Arbeit an der eigenen Persönlichkeit aus, fordert eine seelsorgliche Predigt sowie die Wertschätzung des Zusammenhangs von Predigt und Liturgie und macht auf die Bedeutung einer ganzheitlichen Fokussierung auf den Menschen als Prediger und Hörer aufmerksam.[48] Es mag eine Ironie der Geschichte sein, dass ein Zitat Dryanders, an dem sein Predigtverständnis sehr deutlich wird, gerade aus einer Rede stammt, die er 1911 anlässlich der Einführung Wilhelm Haendlers in das Amt des Generalsuperintendenten gehalten hat: „Nicht Ueberliefertes, Weitergegebenes, sondern Erlebtes sollen wir predigen, himmlische Realitäten, aber Realitäten, die zum eigenen Erleben geworden sind.

45 Günther Dehn: Die alte Zeit, 125.
46 A. a. O., 123.
47 A. a. O., 124.
48 Vgl. hierzu Bernd Andresen: Ernst von Dryander. Eine biographische Studie, Berlin/New York 1995, 46–77.

[...] Nicht Lehren erlösen die Menschen, sondern Persönliches kann nur durch Persönliches geheilt werden."[49] Freilich schränkt er im selben Atemzug ein: „Dennoch sollen wir nicht uns selbst predigen; denn diese eigentümliche Verbindung von Amt und Person schließt die Gefahr in sich, daß sich die Person vordrängt, das alte selbstsüchtige unerneuerte Ich."[50] In seinen 1905 veröffentlichten Pauluspredigten hält er am Beispiel des Apostels sogar eine Lobrede auf eine Predigt, die bewusst unter den Voraussetzungen der eigenen Persönlichkeit und des eigenen Glaubens gehalten wird: „Kein anderer Apostel im neuen Testament redet so persönlich, so individuell, in jedem Worte die Eigenart seiner Erfahrung ausprägend wie Paulus. Aber überall ist ihm die Person mit der Sache, die er vertritt, auf das Innigste verbunden, ja zu unlösbarer Einheit verschmolzen."[51] Diesen am Beispiel des Paulus vorgestellten Predigttypus wird Otto Haendler in späteren Jahren theoretisch einholen.

Ernst von Dryander kam es darüber hinaus darauf an, „durch einen psychologischen Unterbau zuerst die Verständigungsbasis zu schaffen, von der aus der Prediger die Gemeinde zur Anerkennung und Aneignung des gepredigten Schriftinhalts zu führen hoffen darf."[52] Aus diesem Grund verlangte er von seinen Kandidaten eine lebensnahe Predigt[53] in einfacher Sprache, die sich ganz an der Situation, an den Fragen und Bedürfnissen des Hörers orientiert, was wiederum nur durch eine Konzentration auf die eigene Predigerpersönlichkeit möglich sei: „Wie sollten wir je Seelsorger werden, wie das Verständnis für andere Kämpfe lernen, wie das tiefe Mitleid mit ringenden, kämpfenden, zweifelnden Menschen, das unsere Predigt nicht weniger durchwehen soll als unsere Seelsorge, wenn wir nicht selbst Zweifelstunden kennen."[54] Dryander stand somit auf der Schwelle zwischen einer alten, vornehmlich am Vortrag orientierten und einer neuen, die Persönlichkeit und Lebenswirklichkeit des Menschen mit einbeziehenden Predigt. Wie stark der Eindruck gewesen sein muss, den Ernst von Dryander auf den jungen Haendler gemacht hat, zeigt sich noch 40 Jahre später, wenn er in seinem „Grundriss" lobend erwähnt:

> „Dem allen entsprechend ist seine Predigt flüssig und feinsinnig gestaltet, sorgsam durchgeformt, edel in der Sprache, auch schwierige Dinge durchsichtig gestaltend und voll tiefer psychologischer Treffsicherheit. Der schlichte Mensch kann ohne Mühe folgen, der geistig tiefe und geschulte findet sich mit seinen Fragen aufgenommen, und die Zusammenhänge werden ihm durchsichtig."[55]

---

49 ERNST VON DRYANDER: Rede anlässlich der Einführung von Generalsuperintendent Wilhelm Haendler, in: Positive Union 9 (1912), 156.

50 Ebd.

51 DERS.: Das Leben des Apostels Paulus in Predigten ausgelegt, Halle 1905, 112.

52 DERS.: Erinnerungen, Bielefeld [3]1923, 124.

53 DERS.: Evangelische Predigtlehre, Bd. 2, Halle [7]1910, 61: „Was wir predigen ist nicht nur unpraktische Kanzelweisheit, die dem wirklichen Leben gegenüber nicht stand hielte: es ist recht eigentlich eine Weisheit, die täglich ihre Probe am Leben machen soll."

54 DERS.: Unser Weg zu Gott, Berlin 1924, 245.

55 OTTO HAENDLER: Grundriss, 264.

2.4 Der Erste Weltkrieg (1914–1918)

Otto Haendlers pastorale Ausbildung wurde am 1. August 1914 mit der Kriegserklärung des Deutschen Kaiserreichs an Russland jäh unterbrochen. Nur einen Tag später wurde er als Leutnant der Reserve eingezogen. Aufgrund seiner Personalakten[56] sowie mehrerer Vermerke in der von ALBRECHT VON STOSCH verfassten Regimentschronik[57] ist die Zugehörigkeit Haendlers zu seiner alten Einheit, dem Königlich Preußischen 5. Garde-Regiment zu Fuß, Freiwilligen-Bataillon, 10., später 11. Kompanie, eindeutig nachzuweisen. Nach der Mobilmachung nahm das 5. Garde-Regiment zusammen mit dem bedeutenden Hauptteil der kaiserlichen Streitmacht vom 12. bis 30. August an der Offensive in *Belgien* teil (vor allem an der Erstürmung der Festung Namur). Die Oberste Heeresleitung wollte mit diesem massiven Aufgebot einen schnellen Sieg im Westen erringen, um sich anschließend der Ostfront zuzuwenden (Schlieffen-Plan). Haendlers 10. Kompanie, in der er als Zugführer diente, fungierte dabei als Reserve und war nur selten in Gefechtshandlungen involviert.

Dies änderte sich jedoch schlagartig, als das 5. Garde-Regiment nach massiven Erfolgen der russischen Armee in *Ostpreußen* am 31. August über Aachen an die Ostfront nach Elbing verlegt wurde (entgegen der Annahme der Obersten Heeresleitung brauchten die russischen Streitkräfte nicht acht, sondern lediglich zwei Wochen zur Mobilmachung). Da sich die Lage an der Ostfront mit dem Sieg der 8. Armee unter General Paul von Hindenburg bei Tannenberg am 30. August jedoch entscheidend entspannt hatte, war Haendlers Einheit in den kommenden Wochen in weniger starke Gefechte im Rahmen der Schlacht an den Masurischen Seen involviert, die mit der völligen Zerschlagung der zaristischen Truppen endete. Da die Gefahr einer russischen Invasion Ostpreußens nun erst einmal gebannt war, wurde das 5. Garde-Regiment am 17. September nach Tost in Oberschlesien (heute pol. Toszek) verlegt, um von dort aus in Südpolen der bislang vom österreichisch-ungarischen Heer erfolgreich aufgehaltenen russischen Streitmacht entgegenzutreten.

In *Südpolen* war Haendlers Einheit, in der er weiterhin als Zugführer diente, zunehmend in schwerere Gefechte verwickelt. Haendler zeichnete sich dabei nach Albrecht von Stosch durch besondere Tapferkeit aus. So gelang es ihm beispielsweise am 12. Oktober in der Schlacht von Iwangorod (heute pol. Dęblin, Woiwodschaft Lublin) nach Zurückdrängung in ein Sumpfgebiet seine Stellung „bis an die Hüften in Wasser und Morast geraten"[58] erfolgreich zu halten. In den folgenden Wochen bewältigte das 5. Garde-Regiment unter schweren Verlusten und widrigen Bedingungen (zäher Widerstand, Dauerregen und zerstörte Infra-

---

[56] Archiv der HU Berlin, PA Otto Haendler, Bd. 2, 40 ff.; Archiv der EMAU Greifswald, PA 336, Bd. 1, 76, Bd. 2.

[57] ALBRECHT VON STOSCH: Das Königlich Preußische 5. Garde-Regiment zu Fuß 1897–1918. Nach amtlichen Kriegstagebüchern und Mitteilungen von Mitkämpfern bearbeitet, Berlin 1930, 15, 40, 71, 143.

[58] A. a. O., 56.

struktur) einen Gewaltmarsch von insgesamt ca. 800 Kilometern quer durch ganz Südpolen. Diese Zeit muss für den jungen Leutnant Haendler Enormes an Körper und Seele abverlangt haben. Wenn er 29 Jahre später vor dem Hintergrund des Zweiten Weltkrieges in einem vor Marinepfarrern in Paris gehaltenen Vortrag die Lebensbedingungen des Soldaten näher charakterisiert, dann meint man darin auch seine eigenen Erfahrungen aus dem Ersten Weltkrieg herauszuhören: „Prägend sind: der harte Dienst (einförmig, einschränkend), die Gefahr, die Sorge (Familie, Bombenterror, Erziehung der Kinder, zumal der Heranwachsenden), das Leben als Mann unter Männern, also das Leben unter Befehl, unter dem Schicksal, und in irregulärer Situation. Die Sinnfrage und die Schicksalsfrage werden durch das alles lebendig."[59]

Während der Schlacht um Lodsch (heute pol. Łódź), die eine erneute Offensive der russischen Armee schon im Aufbau verhindern sollte, geriet das Freiwilligen-Bataillon in der Nacht vom 18. auf den 19. November nach der Erstürmung des Gutes Malczew (ca. 15 km östlich von Lodsch) in einen Hinterhalt: Zwei russische Kompanien versuchten trotz heftigen Schneetreibens die gesamte Nacht hindurch das Gut von drei Seiten aus zu erstürmen. „In wenigen Augenblicken entsteht jene heiße, teuflische Lage, in der das F. einen seiner schwersten, aber auch einen seiner entscheidungsvollsten Kämpfe durchführen sollte"[60], deutete Leutnant der Reserve Schreiner, ein Offizierskollege Haendlers, die Ereignisse rückblickend. Die Erinnerungen Haendlers an die Geschehnisse dieser Nacht dokumentieren die Grausamkeit und Brutalität des Krieges und bieten so einen kleinen Einblick in die Dramatik dieses Lebensabschnittes:

> „Scharf und knackend schlagen die russischen Geschosse ein. Es gibt Verwundete, es gibt Stöhnen in den Stellungen. [...] Immer erbitterter, immer heftiger werden die russischen Angriffe! [...] Die ganze Nacht hindurch bis zum Morgengrauen wiederholen sich in kurzen Zwischenräumen unvermindert heftig die Angriffe der Russen. Mehrfach dringen russische Linien bis dicht an den Gutsrand vor. Zeitweise stoßen sogar einzelne Russen in das Gut hinein. [...] Sie werden im letzten Augenblick unschädlich gemacht. So tobt das Ringen Stunde um Stunde! Die anfangs schwere Müdigkeit, die eine Nacht mit erquickendem Schlaf erhofft hatte, ist längst geschwunden. Jeder Gedanke an Ruhe ist vergessen. Aller Nerven sind äußerst gespannt."[61]

Die Verbissenheit der deutschen Verteidiger zahlte sich schließlich aus: Das Freiwilligen-Bataillon hielt die Stellung. Am nächsten Morgen bot sich dem jungen Leutnant Haendler jedoch ein grausames Bild: „Das schneebedeckte Feld um den Gutshof herum war buchstäblich mit toten und verwundeten Russen besät."[62] Albrecht von Stosch beziffert die Anzahl gefallener russischer Soldaten in dieser Nacht auf 800. Auch Otto Haendler zog sich in dieser Schlacht eine schwere Verwundung zu und wurde für einen Lazarettaufenthalt mit anschlie-

---

59 OTTO HAENDLER: Ziel und Weg, 1.
60 ALBRECHT VON STOSCH: Das 5. Garde-Regiment, 15, 40, 75.
61 A. a. O., 75 f.
62 A. a. O., 76.

ßender Rehabilitation nach Berlin verlegt.[63] Er nutzte diesen Aufenthalt dazu, am 4. März 1915 sein *Zweites Theologisches Examen* vor dem Berliner Konsistorium abzulegen, und bestand mit der Note „gut". Aufgrund seines Einsatzes bei der Verteidigung des Gutes Malczew wurde ihm zudem das Eiserne Kreuz zweiter Klasse verliehen.[64]

Nur knapp zwei Wochen nach seinem Zweiten Theologischen Examen ging es für Otto Haendler am 23. März zurück zu seiner Einheit, die sich nun in *Nordpolen* (Woiwodschaft Masowien) befand, wo er als Urlaubsvertretung vorübergehend bis zum 7. April das Kommando der 5. Kompanie des zweiten Bataillons übernahm.[65] Auf eine einmonatige Ruhephase, in der sich das Regiment erholen konnte, folgten Stellungskämpfe in Masowien. Spätestens ab dem 12. Juli wurde Haendler zum Kompanieführer der 11. Kompanie des Freiwilligen-Bataillons befördert und nahm an der Sommeroffensive in Masowien unter Generalfeldmarschall Paul von Hindenburg teil, mit der die Oberste Heeresleitung endgültig die Bedrohung der deutschen Grenzen im Osten abwenden wollte.[66] Am 29. Juli übernahm Haendler jedoch vorübergehend für einen erkrankten Offizierskollegen das Kommando seiner alten Einheit, der 10. Kompanie, was weitreichende Folgen haben sollte:[67] Schon am 4. August stieß seine Einheit bei den polnischen Dörfern Goworowo und Brzeźno (Woiwodschaft Masowien, nahe Ostrolenka) auf erbitterten russischen Widerstand. Nach einem zweieinhalbstündigen Artilleriefeuer erging der Befehl an Haendlers Einheit, in vorderster Linie zum Sturm anzusetzen. Die 10. Kompanie, Otto Haendler eingeschlossen, erlitt daraufhin gleich nach Verlassen ihrer Stellung schwerste Verluste, wie Albrecht von Stosch vermerkt: „Ihr tapferer Führer, Lt. d. R. Haendler, erhält einen schweren Oberschenkelschuß."[68] Diese Verletzung war so schwerwiegend, dass Otto Haendler erneut ins Lazarett musste, aus dem er erst am 30. Oktober 1915 entlassen werden konnte. Da der Zeitpunkt einer vollständigen Genesung jedoch völlig ungewiss war, wurde er felddienstuntauglich geschrieben und für den Innendienst vorgesehen. Der aktive Kriegsdienst war für ihn damit beendet – ein Glück, bedenkt man, dass im weiteren Verlauf des Krieges große Teile des

---

63 A. a. O., 78.

64 1918 wurde ihm darüber hinaus das Verwundetenabzeichen sowie die Rote Kreuz Medaille für seine Verdienste als Lazarettseelsorger verliehen (vgl. Archiv der EMAU Greifswald, PA 336, Bd. 5).

65 Albrecht von Stosch: Das 5. Garde-Regiment, 134 f.

66 A. a. O., 143.

67 A. a. O., 157.

68 A. a. O., 159. Haendlers Greifswalder Personalakte weiß von Verletzungen durch Geschosssplitter am linken Ober- und Unterarm, am linken Oberschenkel in der Nähe des Hüftgelenks sowie in der Gesäßfalte. Die medizinischen Unterlagen geben darüber hinaus auch über physiognomische Details Auskunft: 1939 besaß Otto Haendler eine Körpergröße von 1,74 m und ein Gewicht von 76 kg (vgl. Archiv der EMAU Greifswald, PA 336, Bd. 1, 11).

5. Garde-Regiments fielen.[69] Seinen Innendienst nahm Otto Haendler vom 1. April 1916 bis zum 31. Dezember 1918 als Garnisons-Hilfsprediger in der Lazarettseelsorge in Berlin wahr (hier u. a. im 10. Reservelazarett Mariendorf sowie im Evangelischen Krankenhaus Bethesda) und wurde am 3. Juli 1916 in St. Nikolai zu Berlin von seinem Vater ordiniert. Seine ersten eigenständigen pfarramtlichen Erfahrungen hat er damit in der Krankenhaus- und Militärseelsorge gemacht – einem Bereich, der ihn auch in seiner weiteren pfarramtlichen Tätigkeit begleiten wird.

Vom 15. März 1917 bis zum 31. Juli 1919 war Otto Haendler darüber hinaus zuerst nebenamtlich und schließlich hauptamtlich als Domhilfsprediger sowie als stellvertretender Inspektor des Domkandidatenstifts tätig, dem er selbst noch vor gar nicht allzu langer Zeit als Kandidat angehört hatte. Wie prägend die Erfahrungen des aktiven Kriegsdienstes, des Umgangs mit direkter Todesbedrohung und schließlich der seelsorglichen Betreuung von Kriegsopfern für ihn persönlich sowie für die Herausbildung seiner Homiletik und Praktischen Theologie gewesen sein müssen, lässt sich kaum ermessen. Dass diese Zeit weder an seinem Glauben noch an seiner Art, Theologie zu treiben, spurlos vorübergegangen ist, lässt sich besonders deutlich an einer seiner ersten Predigten ablesen, die er 1916 in seinem Amt als Lazarettseelsorger gehalten hat. Darin ist zu lesen:

„Haben nicht 21 Monate einer harten Geschichte uns jetzt mit zermalmender Deutlichkeit gezeigt, dass ein Leben nichts ist? Das Rad des Weltgeschehens rollt über die Erde und fragt nicht danach, ob es hundert oder tausend Menschen zerdrückt, fragt nicht danach, ob es einem verfehlten Leben ein barmherziges Ende bereitet oder herzlos ein leuchtendes Glück zerbricht. Hat nicht der Tod die Macht. Und einerlei, ob zu Recht oder zu Unrecht, er übt sie aus und spottet der Menschen Klagen. Ja, Klagen! Das Lied ist von unsern Lippen genommen. Und wer könnte heute jubeln wie in alter Zeit? Wer findet heute den Mut, die Last von seiner Schulter zu schütteln, die Gott uns allen auferlegt hat, und die wir alle tragen sollen, so gewiss wir alle beten sollen für des Vaterlandes siegreichen Frieden. [...] Ja, die da schlafen. Es sind ihrer so viele, viele! Männer, Väter, Brüder, Freunde. Sie ruhen in Ost und West und Süd, sie ruhen in Erde und Meer. Europa, das selbstsüchtiger Menschenwille zum Flammenherd des Weltenbrandes gemacht hat, es ist auch zum Weltenfriedhof geworden. Aber der ist menschlicher Macht entnommen. Der gehört Gott. Und Gott nimmt all' die Gräber in Wald und Feld zusammen mit den frischen und alten Gräbern in Stadt und Dorf und schreibt über seinen Friedhof als Herr des Lebens das Lebenswort: ‚Christus ist auferstanden von den Toten, und der Erstling worden unter denen, die da schlafen.'"[70]

In diesen Worten wird die gesamte Ohnmacht deutlich, mit der Menschen der entfesselten, hoch industrialisierten Kriegsmaschinerie gegenüber gestanden haben müssen, aber auch der unerschütterliche Glaube Otto Haendlers, der nicht in Fatalismus abgleitet, sondern dem Unsagbaren trotzig das „Dennoch"

[69] Vgl. hierzu die entsprechenden Ehrentafeln bei ALBRECHT VON STOSCH: Das 5. Garde-Regiment, 597 ff. Allein von Freiwilligen-Bataillon fielen im Laufe des Krieges 1401 Soldaten, insgesamt waren 4022 Verluste zu beklagen.

[70] G 1, 13–15.

des Auferstandenen entgegenhält. Vor dem Hintergrund dieser existenziellen Erfahrungen, mit denen Menschen in Kriegszeiten nolens volens konfrontiert werden, wird vielleicht auch verständlich, warum Begriffe wie „Leben", „Ringen" und „Schicksal" in lebensphilosophischer und Berneuchener Prägung für die Theologie Otto Haendlers eine solche Bedeutung gewinnen konnten.

2.5 Pfarramt in Gumtow (1919–1925)

Nach dem Ende des Ersten Weltkrieges heiratete Otto Haendler am 19. Mai 1919 die Krankenschwester Karoline Marie Ethelinde Erika Badstübner (1897-1981) und übernahm am 1. August desselben Jahres aufgrund seiner durch Kriegsverletzungen immer noch eingeschränkten Dienstfähigkeit (eine im März 1919 erfolgte Operation konnte die volle Dienstfähigkeit noch nicht wiederherstellen) eine kleinere Pfarrstelle in der brandenburgischen Flächen-Gemeinde *Gumtow* im Landkreis Prignitz. Für die an den infrastrukturellen und kulturellen Standard einer Großstandt wie Berlin gewöhnten Eheleute Haendler war dieser Schritt mit Entbehrungen verbunden.

Noch heute sind zahlreiche von Otto Haendler selbst systematisierte handschriftliche Predigten aus dieser Zeit erhalten,[71] die zum einen von der seelsorglichen Hingabe zeugen, mit der er sein Landpfarramt ausgeübt hat, zum anderen aber auch die Not erkennbar werden lassen, mit der sich die Menschen in dieser Zeit konfrontiert sahen. Obwohl die negativen Auswirkungen des Versailler-Vertrages wie Hyperinflation, Hungersnot und Arbeitslosigkeit sich auf dem Land weitaus weniger drastisch auswirkten als in den städtischen Ballungszentren, was für vergleichsweise gute Lebensbedingungen sorgte, prägten Trauer um verstorbene oder gefallene Familienangehörige sowie materielle Not das Leben der Menschen in dieser Zeit. Zu der materiellen Not gesellte sich zudem eine ideelle, die ebenfalls in den frühen Gumtower Predigten Haendlers ganz deutlich zu spüren ist: der Ärger über den verlorenen Krieg und die Angst vor der ungewissen politischen und gesellschaftlichen Zukunft. Offen prangert Haendler darum in seinen frühen Gumtower Predigten den aus seiner Sicht entstandenen Verfall der Sitten und den Wegbruch der alten Ordnung an und zeichnet ein düsteres Bild der Gegenwart:

> „Das Reich zerbrochen, die Ordnung dahin, das Recht verhöhnt, die Ernährung gefährdet, die Heizung mangelhaft! Trauer in den Herzen um den verlorenen Menschen, Wehmut um die verlorenen idealen Güter, Mangel durch die verlorenen materiellen Güter. Überall nur Not! Das ist diesmal der Advent für deutsche Leute! – Und wenn's nur Not wäre. Aber tiefer schmerzt es, wenn wir die furchtbare Verwahrlosung sehen: Keine Lust zur Arbeit, kein Pflichtbewusstsein gegen die Allgemeinheit, bei anderen krasse Selbstsucht. [...] Vieles geschieht heimlich, vieles sieht man. Alle Ordnung geht aus den Fugen. Rücksichtslose Selbstsucht in der Eisenbahn, auf jedem Verkehrsmittel zügelloses Ausleben ohne Gewissensbisse, zur Schau getragene Unsittlichkeit in allen Straßen. In Berlin kann

71 Vgl. Archiv der HU Berlin, NL Haendler C 12.

man nicht mehr über die Straße gehen, ohne dass man alle hundert Schritte angewidert wird. Aber all' das Schlimme, alle die Sünde hat auch schon den Weg aufs Land gefunden. Finsternis so tief wie Nacht über unserem Volke."[72]

Dieser einseitigen, düsteren Wirklichkeitsdeutung, die eine Ahnung von der kollektiven Depression vermittelt, die vor allem konsevative Kreise in dieser Zeit erfasst haben muss (andere Kreisen bezeichneten diese Zeit als „Goldene 20er" und lebten die neu gewonnenen Freiheiten offen aus), hält Otto Haendler das Licht Christi entgegen: Von ihm und nicht von den neuen selbsternannten Führern sollen die Menschen Hilfe erwarten. Es sind somit vor allem nachdenkliche, konservativ-fromme Töne, die Haendlers Predigten in dieser Zeit prägen.

Homiletisch betrachtet war die Gumtower Zeit für Otto Haendler eine wichtige Predigtschule: Da er jeden Sonntag gleich an mehreren Predigtstätten zu predigen hatte (zusätzlich meist in den nur wenige Kilometer entfernten Dörfern Granzow und Döllen), konnte er reichlich Praxiserfahrung sammeln, die für die Herausbildung des für ihn in den kommenden Jahren prägenden Predigtstils von entscheidender Bedeutung war. Hinzu kamen Seelsorgebesuche zu zum Teil weit entlegenen Bauernhöfen, die ihn mit Pferd und Wagen über kaum befestigte Straßen führten.

Neben dem Pfarramt beschäftigte sich Otto Haendler darüber hinaus mit seinem Promotionsprojekt, einer Arbeit über die Christologie des Erlanger Systematikers FRANZ HERMANN REINHOLD FRANK (1827–1894), die von seinem alten Lehrer REINHOLD SEEBERG, der selbst ein Schüler Franks gewesen ist, in Berlin betreut wurde. Der Einfluss der *Erlanger Erfahrungstheologie* bzw. der *modern-positiven Theologie* auf das Denken Otto Haenlder muss dabei differenziert betrachtet werden: Zwar teilt Haendler mit dieser theologischen Strömung sein Interesse am Subjekt, an der Psychologie und an der Frage nach der Anschlussfähigkeit der christlichen Tradition an eine human- und naturwissenschaftlich geprägte Wirklichkeitsdeutung,[73] jedoch sind direkte Abhängigkeiten nicht zu erkennen. So nimmt etwa Otto Haendler abgesehen von KARL BETH, dessen Seelsorgelehre er in seiner „Predigt" zitiert, ohne jedoch von ihr grundlegende Impulse zu erhalten,[74] an keiner Stelle explizit Bezug auf Vertreter dieser Richtung, auch auf seinen Doktorvater nicht. Es darf aus diesem Grund von einer inhaltlichen Entsprechung Haendlers mit den Grundansätzen der Erlanger Erfahrungstheologie und der modern-positiven Theologie ausgegangen werdne, nicht aber von einer direkten Abhängigkeit.

Die Verbindung von pfarramtlicher Praxis und wissenschaftlicher Tätigkeit reicht bis in die ersten Amtsjahre Otto Haendlers zurück und prägte sein Schaffen auch in den kommenden Jahren. Als sich die wirtschaftliche und politische Lage in Deutschland mit der Einführung der Rentenmark ab 1924 zunehmend

---

[72] Vgl. G 4, 467 f.

[73] Vgl. hierzu die knappen Ausführungen bei JAN ROHLS: Protestantische Theologie der Neuzeit, Bd. II: Das 20. Jahrhundert, Tübingen 1997, 103–114.

[74] Vgl. OTTO HAENDLER: Die Predigt, 144, 236

stabilisierte und ein erster, leichter Aufschwung zu spüren war, trat auch im Leben der jungen Familie Haendler eine glückliche Wendung ein: Am 17. August 1924 wurde Gert Haendler in Berlin-Charlottenburg geboren, der später in die Fußstapfen seines Vaters treten und den Lehrstuhl für Kirchengeschichte an der Universität Rostock bekleiden sollte.

2.6 Pfarramt in Stralsund und Dozent an der Universität Greifswald (1925–1931)

Sicherlich auch beeinflusst durch die besser werdenden wirtschaftlichen Rahmenbedingungen orientierte sich Otto Haendler beruflich um, übernahm zum 1. Februar 1925 die zweite Pfarrstelle an St. Nikolai zu *Stralsund* (Seelsorgebezirk Knieper Vorstadt) und bezog mit seiner Familie das Pfarrhaus in der Sarnowstraße. Gert Haendler erinnert sich im Rückblick auf diese Zeit vor allem an „den Weg von unserer Wohnung durch das Knieper Tor und eine enge Straße zur alten Nikolaikirche, an den großen Raum und Orgelmusik, an meinen Vater im schwarzen Talar mit der weißen Halskrause, die in vielen norddeutschen Städten Tradition war“[75]. Freud und Leid lagen im Leben Otto Haendlers in diesen Tagen dicht beieinander: 1925 verstarb seine Mutter und am 26. Oktober 1926 wurde in Stralsund seine Tochter Elisabeth Agnes Ethelinde (verh. Wörthmüller) geboren, die kurz „Linde“ gerufen wurde, später Musik studierte und als Sängerin, Gesangslehrerin und Musikkritikerin tätig war.

Am 6. November 1925 wurde Otto Haendler in Berlin auf der Basis einer öffentlichen Verteidigung mit der Note „cum laude“ und auf der Basis seiner Arbeit mit „rite“ zum Lic. theol. promoviert, dem damals üblichen Promotionsgrad innerhalb der Evangelischen Theologie.[76] Zu seiner Verteidigung veröffentlichte er zehn „Theologische Thesen“[77], die heute in einigen Bibliotheken fälschlicherweise als seine Dissertation aufgeführt werden. Die Dissertation mit dem Titel „Die Christologie Franks. Untersuchung der Folgerichtigkeit ihrer Thesen auf

[75] Vgl. GERT HAENDLER: Kirchengeschichte - erlebt und dargestellt, in: Dietrich Meyer (Hg.): Kirchengeschichte als Autobiographie. Ein Blick in die Werkstatt zeitgenössischer Kirchenhistoriker, Köln 1999, 25.

[76] Ein zweistufiges Promotionsverfahren bestehend aus einem niedrigerem Lizentiaten- und einem höherem Doktorgrad war bis zum Ende des 19. Jahrhunderts bei allen deutschen Fakultäten Usus. Im Laufe der Zeit ging jedoch der Lizentiatengrad zugunsten des Doktorgrades verloren. Die Theologischen Fakultäten verschlossen sich diesem Prozess, um eine Herabsetzung des nur ehrenhalber für herausragende wissenschaftliche Leistungen verliehenen Doktorgrades „D. theol.“ zu verhindern. Erst nach 1945 setzten sich die Bemühungen um eine Vereinheitlichung der Titelvergabe mit dem nunmehr neuen Titel „Dr. theol.“ durch. Daneben existierte der honoris causa erworbene Titel „D. theol.“ weiter, bis er später vom „Dr. hc.“ ersetzt wurde (vgl. hierzu WERNER WEBER: Die Umwandlung des Lizentiatengrades in den theologischen Doktorgrad, in: ZEvKR (1952/53), 365-374; WERNER THIEME: Deutsches Hochschulrecht. Das Recht der wissenschaftlichen Hochschulen in der Bundesrepublik Deutschland und im Lande Berlin, Berlin/Köln 1956, 223).

[77] OTTO HAENDLER: Theologische Thesen, Berlin 1925.

Grund ihrer Voraussetzungen" liegt jedoch bis heute nur maschinenschriftlich im Archiv der Humboldt-Universität zu Berlin vor.[78] 1926 veröffentlichte es die Essenz seiner Arbeit in Form eines Aufsatzes in der Zeitschrift für Systematische Theologie.[79]

Exkurs: In seiner Dissertation stellt Otto Haendler die Christologie des Erlanger Systematikers FRANZ HERMANN REINHOLD FRANK (1827–1894) dar und analysiert ihre innere Logik und Folgerichtigkeit im Kontext der Erlanger Erfahrungstheologie. Haendler hebt dabei besonders den Gedanken Franks hervor, dass der von Gott gerechtfertigte Sünder ein „neues Ich" erhält.[80] Wenn Haendler darüber hinaus Franks Frage nach der Wirkung der Persönlichkeit Christi auf den Menschen betont,[81] zeigt sich hier schon früh sein Interesse an einer beim Individuum ansetzenden Theologie. Interessant ist auch, dass Haendler Franks Pendeln zwischen einem modernen und einem konservativen Ansatz hervorhebt und zur Leitschnur seiner egenen Untersuchung werden lässt.[82] Hinter dieser Feststellung könnte sich auch Haendlers eigene Suchen nach einer theologischen Positionierung jenseits der Extreme „Modern" oder „Liberal" verbergen.

Die Promotion berechtigte Otto Haendler dazu, ab 1927 eine nebenamtliche Stelle als nichtplanmäßiger Assistent am Seminar für Praktische Theologie der Universität Greifswald anzunehmen und homiletische wie katechetische Seminare abzuhalten. Er wechselte damit erstmals in die theologische Disziplin, die ihn den Rest seines Lebens begleiten wird. Warum Haendler diesen Wechsel vollzogen hat, lässt sich mit abschließender Sicherheit nicht mehr feststellen. Als mögliche Bedingungsfaktoren kommen dabei jedoch seine pfarramtlichen Erfahrungen sowie die große Notlage infrage, in der er die Kirche gesehen hat. Ihr widmete er dann auch sein Habilitationsprojekt, das von dem Greifswalder Praktischen Theologen EDUARD FREIHERR VON DER GOLTZ (1870–1939) betreut wurde, und blieb damit auch seiner alten Disziplin ein Stück weit treu, indem er sich mit dem Begriff der „Kirche" auf dem Grenzgebiet zwischen Systematischer und Praktischer Theologie bewegte.

Exkurs:[83] Das Werk des Praktischen Theologen EDUARD FREIHERR VON DER GOLTZ (1870–1939), der von 1912 bis 1934 Ordinarius für Praktische Theologie an der Universität Greifswald sowie Konsistorialrat in Stettin war, trägt eine entschiedene historische Note (von der Goltz hielt in Greifswald auch historische und archäologische Veranstaltungen). Eine zentrale Stellung nimmt dabei der Begriff der Kirche ein, den er jedoch im Gegen-

---

[78] DERS.: Die Christologie Franks. Untersuchung der Folgerichtigkeit ihrer Thesen auf Grund ihrer Voraussetzungen, Berlin 1925 (Diss. masch.), Archiv der HU Berlin, NL Haendler F 19.

[79] DERS.: Die Christologie Franks, in: ZSTh 4 (1926) 4, 744–776.

[80] DERS.: Die Christologie Franks. Untersuchung, 25.

[81] Vgl. a. a. O., 192 f.

[82] Vgl. a. a. O., 22.

[83] Vgl. zur folgenden Darstellung CHRISTIAN GRETHLEIN/MICHAEL MEYER-BLANCK: Geschichte der Praktischen Theologie im Überblick – eine Einleitung, in: dies. (Hg.): Geschichte der Praktischen Theologie. Dargestellt anhand ihrer Klassiker, Leipzig 2000, 29–31; JÖRG OHLEMACHER: Art. „Eduard Alexander Frhr. v. der Goltz", in: RGG^4 3 (2000), 1082.

satz zu der damals immer noch vorherrschenden Tradition Schleiermachers, Nitzschs und Achelis' nicht ideal-dogmatisch (z. B. als „actuoses Subjekt" bei Nitzsch), sondern historisch-soziologisch versteht: Bevor Kunstregeln für die kirchlichen Handlungsvollzüge aufgestellt werden können, muss nach von der Goltz erst einmal die tatsächliche soziologische Struktur der Kirche aufgedeckt und beschrieben werden.[84] Im Rahmen dieses grundsätzlich empirischen Ansatzes interessierte sich von der Goltz wesentlich für Strukturfragen in Landeskirchen und Gemeinden, was sicherlich auch zu einem gewissen Grad seiner Arbeit als Konsistorialrat geschuldet sein durfte. In seinen „Grundfragen der Praktischen Theologie" baut er aus diesem Grund seine Praktische Theologie von der Kybernetik her auf und fragt nach den soziologischen Strukturen von Hausgemeinde, Kirchengemeinde und Territorialkirche im Blick auf ihre Bedeutung für die Praktischen Theologie sowie im Blick auf ihre Beziehungen zu den weltlichen Sozialstrukturen Familie, Staat und bürgerlicher Gemeinde.[85] Diese strukturelle Betrachtung der Kirche als sozialer Gemeinschaft im Kontext der weltlichen Gesellschaft ist auch Haendler in seiner Habilitationsschrift zur Grundlage geworden. Wie von der Goltz setzt auch er nicht bei der idealen, sondern bei der vorfindlichen, empirischen Kirche an, die zu seiner Zeit durch den Einfluss widerstreitender Gesellschaftsentwürfe zutiefst gespalten war.

In der 1930 mit dem Titel „Die Idee der Kirche in der Predigt" abgeschlossenen, jedoch nie veröffentlichten Arbeit versucht Otto Haendler eine zeitpolitische Erkenntnis aufzunehmen: Die Kirche sei einer Vielzahl innerer und äußerer Bedrohungen ausgesetzt, die alle etwas mit einer radikalen Hinwendung breiter Gesellschaftsschichten zu kollektivistischen Ideen wie Nationalismus und Sozialismus zu tun haben. Aufgrund der offenen Kirchenfeindschaft dieser politischen Strömungen wenden sich nach Haendler zahlreiche Mitglieder entweder von der Kirche ab (so vor allem durch den Einfluss des Sozialismus), oder vermischen das neue Gedankengut mit christlichen Inhalten und verfälschen diese dadurch grundlegend (so vor allem durch den Einfluss des Nationalismus). Die Kirche stehe nun vor dem gewichtigen Problem, dieser Konzentration auf den Kollektivismus nichts entgegensetzen zu können, da sie durch den Einfluss des Deutschen Idealismus von einem einseitigen Individualismus geprägt sei, der sich vor allem in der gegenwärtigen Predigtkultur ausdrücke.[86] Den Ausweg aus diesem Dilemma sieht Haendler einzig und allein in der Beförderung der Idee der Kirche als dezidiert christlicher Kollektividee: Durch sie sollen sich die Christen wieder als Gemeinschaft empfinden und zu einer „Kampffront" gegen die inneren und äußeren Bedrohungen zusammenschließen. [87] Haendler hat diesem von ihm konstatierten Zustand nicht nur wissenschaftlich, sondern auch

---

[84] Eduard Freiherr von der Goltz: Grundfragen der Praktischen Theologie, Gießen 1917, 4.

[85] Darüber gibt schon ein Blick in das Inhaltsverzeichnis entscheidenden Aufschluss (vgl. a. a. O., IX–XI).

[86] Diese Denkfigur findet ihren Höhepunkt bei Friedrich Karl Schumann: Der Gottesgedanke und der Zerfall der Moderne, Tübingen 1929 und stellt eine klassische Reaktion auf die „Krise der Theologie" nach dem Ersten Weltkrieg dar. Auch Karl Barth bedient sich ihrer in seiner konsequenten Beschreibung der Moderne als Verfallsgeschichte (z. B. KD I/2, 367 ff.).

[87] Vgl. exemplarisch Otto Haendler: Die Idee der Kirche, 7 f., 272.

praktisch zu begegnen versucht. Bereits 1927 liefert er in einer anlässlich eines Sporttages gehaltenen Predigt eine Problemanzeige der gesellschaftlichen Situation:

„An unserer geschichtlichen Lage können wir nichts ändern. Wir haben sie hinzunehmen mitsamt ihrer Not. Die Not ist einerseits akut: ein besiegtes Volk, eine belastete Wirtschaft, eine machtlose Politik und all die unzähligen Wirrungen und Lähmungen, die sich daraus ergeben. Die Not liegt andererseits in bleibenden Charaktereigenschaften und in immerwährenden Bestimmtheiten unseres Volkes. Das Gegenstück der Tiefe und Innerlichkeit ist der Mangel an Zusammenhalt und an Macht gemeinsamer Ideen.“[88]

An diesem Zitat wird deutlich, dass Haendler den Herausforderungen seiner Zeit nicht durch politische Taten, sondern durch eine Stärkung der Innerlichkeit begegnen will, deren Misstand er für die eigentliche Ursache der gesellschaftlichen Probleme hält. Einer Politisierung von Theologie und Kirche gegenüber wird er sich aus diesem Grund in den folgenden Jahren kritisch verhalten, was wiederum auch Auswirkungen auf sein Verhalten im Kirchenkampf haben wird (vgl. Kap. I.2.7). Seine 1929 gehaltenen Stralsunder Katechismuspredigten[89] können als Umsetzung der in seiner Habilitationsschrift aufgestellten homiletischen Forderungen gelesen werden, die mit der von ihm bereits 1927 geforderten Stärkung der Innerlichkeit auf dem Gebiet der Predigt ernstmachen. Im Rahmen des 400-jährigen Jubiläums des Kleinen Katechismus hatte Haendler eine Veröffentlichung dieser Predigtreihe unter dem Titel „Evangelisches Christentum“ zwar vorgesehen, diese jedoch nie realisiert.

Vor diesem Hintergrund verwundert es nicht, dass Otto Haendler nach seinem erfolgreich abgeschlossenen Habilitationsverfahren am 11. November 1930 seine Antrittsvorlesung in Greifswald über das Thema „Die Berneuchener Bewegung in ihrer kirchlichen Bedeutung für die Gegenwart“ hielt. In der Art der von den Berneuchenern geforderten geistlichen Erneuerung von Kirche und Gesellschaft sah Haendler eine Entsprechung zu seiner Zeitanalyse und den Forderungen seiner Habilitationsschrift. Es spricht vieles dafür, dass Haendler über seinen Jugendfreund Paul Tillich in Kontakt mit dieser kirchlichen Reformbewegung gekommen ist, den er 1929 vor seiner erzwungenen Emigration in die USA noch einmal auf einer Tagung des Berneuchener Kreises getroffen hat. Aufgrund der zentralen Bedeutung der Berneuchener Bewegung für das Denken Otto Haendlers wird sich ein eigenes Unterkapitel (Kap. I.4.1) noch genauer mit diesem Themenbereich zu beschäftigen haben.

Für die Herausbildung und Schärfung seiner homiletischen Grundpositionen war die Stralsunder Zeit zwischen Promotion, Habilitation, aktivem Gemeindepfarramt und universitärer Lehrtätigkeit für Otto Haendler eine entscheidende und ungemein produktive Zeit. Diese Anstrengungen sollten sich für ihn

---

88 K 23, 1.

89 Zum Genre der Katechismuspredigt vgl. MANFRED SEITZ: Art. „Katechismuspredigten“, in: RGG^4 4 (2001), 868.

schließlich auch beruflich auszahlen: Die Kirchenleitung wurde auf Haendler aufmerksam und bot ihm 1931 die vakant[90] gewordene Stelle des Studiendirektors des Predigerseminars in Stettin-Kückenmühle an – eine Herausforderung, der sich Haendler bereitwillig stellte. In seiner Abschiedspredigt vom 5. April 1931 fasst er in berührenden, persönlichen Worten die Bedeutung der Stralsunder Zeit abschließend zusammen:

„Wir haben – ich darf in dieser Stunde für mein Haus mitsprechen – viel Liebe erlebt von vielen Menschen. Sie hat uns reich und froh gemacht und oft überwältigt und beschämt. Wir danken allen von ganzem Herzen, die sie uns erwiesen haben und nehmen diesen Reichtum dankbaren Herzens mit. Es waren sechs Jahre in des Lebens Fülle und auf des Lebens Höhe, so groß und so stark, daß wir Gott nur bitten können, er möge es uns schenken, den Reichtum an Leben zu bewältigen, den sie uns brachten. Ob ich von hier an eine andere Gemeinde gegangen wäre? – Ohne zwingende Gründe ganz gewiß nicht. Der andere Ruf, der mich von hier nun fortführt, ist völlig unerwartet an mich gekommen“[91].

2.7 Studiendirektor am Predigerseminar Stettin-Kückenmühle (1931–1935)

Zum 1. April 1931 übernahm Otto Haendler die Leitung des Predigerseminars in *Stettin-Kückenmühle* und bezog mit seiner Familie eine Dienstwohnung im Predigerseminar. Wenngleich ihm das Gemeindepfarramt nach eigenen Aussagen fehlte, erhielt er auf diese Weise die Möglichkeit, „an den künftigen Pastoren, also den künftigen Führern unserer Gemeinden, arbeiten zu dürfen“[92]. Für die Dauer seiner Tätigkeit in Stettin ließ er sich als Privatdozent an der Universität Greifswald beurlauben. Der Titel seiner für das Sommersemester 1931 angekündigten, jedoch nicht mehr gehaltenen Vorlesung „Psychotherapie und Seelsorge“[93] kann als erster Beleg für die thematische Wende Otto Haendlers hin zu tiefnepsychologischen Fragestellungen gesehen werden, die in seiner 1930 veröffentlichten Habilitationsschrift beispielsweise noch keine entscheidende Rolle gespielt haben. Haendler wird sich fortan auf dieses Themenfeld konzentrieren, was auch Auswirkungen auf seine Predigttätigkeit haben wird. Dies wird bereits im Ansatz an einer am 28. August 1932 in der Schlosskirche zu Stettin gehaltenen Predigt deutlich,[94] in der er die Situation der „zehn Aussätzigen“ aus Lk 17,11–19 tiefenpsychologisch als Sinnbild für das Leiden vieler Menschen an sozialer Isolation in der Gegenwart deutet (vgl. hierzu ausführlicher Kap. III.1.4).

---

[90] Sein Vorgänger Friedrich Walker wurde zum Pfarrer der deutschen Auslandsgemeinde in Rom berufen. Vgl. hierzu Jürgen Krüger/Michael Meyer-Blanck: Evangelisch in Rom. Der etwas andere Reiseführer, Göttingen 2008, 187, 205 f.

[91] G 12, Teile 2 und 3.

[92] A. a. O., Teil 3.

[93] Vgl. hierzu Kerstin Voigt: Otto Haendler, 316.

[94] G 14.

Da nach Kerstin Voigt alle Unterlagen des Predigerseminars im Zweiten Weltkrieg verbrannt sind, lassen sich über diese Zeit nur wenige Aussagen treffen.[95] Gert Haendler erinnert sich im Rückblick auf die Stettiner Zeit vor allem an den allabendlichen Besuch der Hausandachten, die sein Vater gehalten hat. Darin trat die lebendige Frömmigkeit Otto Haendlers zu Tage, die sich auch in seinen Predigten aus dieser Zeit zeigt.[96]

Verlief der Lebensweg Otto Haendlers bis jetzt in geraden Bahnen, fielen in der Stettiner Zeit im Zuge der über Deutschland immer deutlicher aufziehenden Wolken auch Schatten in Haendlers Leben. Die politische Instabilität und die strukturellen Schwächen der Weimarer Reichsverfassung traten zusammen mit den Auswirkungen der Weltwirtschaftskrise auf die ohnehin schon arg strapazierte deutsche Volkswirtschaft nun immer deutlicher zu Tage. Jährlich wechselnde Reichskanzler regierten ohne Mehrheiten mit Notverordnungen am Parlament vorbei und buhlten um die Gunst des greisen Reichspräsidenten Paul von Hindenburg, der wie die Galionsfigur einer längst vergangenen, aber immer noch in den Köpfen der Menschen präsenten Zeit wirkte. Die junge Republik wurde von Kräften getragen, die eigentlich gar kein Interesse an ihrem Fortbestehen hatten. Dies hatte zur Folge, dass sich Parteien bewaffneten, paramilitärische Organisationen gründeten und die politischen Konflikte gewaltsam auf der Straße austrugen, da das Parlament ihnen keinen geeigneten Rahmen mehr dafür bot. Die deutsche Gesellschaft bewegte sich in diesen Tagen in dem Spektrum offener Straßenkämpfe auf der einen und friedlich vor Geschäften wartender Menschen auf der anderen Seite. Die Radikalisierung der deutschen Gesellschaft ging dabei auch am Predigerseminar Stettin nicht spurlos vorüber. Im Rückblick erinnert sich Gert Haendler daran, dass sein Vater einmal über die Vikare klagte: „Die einen laufen im Braunhemd herum, die anderen werden Barthianer, wie soll man da richtig arbeiten!“[97] Eine Einschätzung, die auf den trockenen Humor und die vermittelnde theologische Position Otto Haendlers aufmerksam macht.

In Stettin legte Haendler eine rege Veröffentlichungstätigkeit von Buchrezensionen, Andachten sowie kurzen Artikeln in Lokal- und Kirchenzeitungen an den Tag. Vor allem die über das gesamte Kirchenjahr 1932/33 hinweg in der Swinemünder Zeitung erschienenen Sonntagsgedanken können als zeitgeschichtliche Kommentare zu der gesellschaftlichen und politischen Entwicklung in Deutschland gelesen werden. Haendler äußert darin auf der einen Seite sein Unbehagen im Blick auf die politischen Unruhen und Straßenkämpfe, auf der anderen Seite aber auch seine Erleichterung als mit der Machtergreifung Adolf Hitlers scheinbar wieder Ruhe und Ordnung in Deutschland einkehrten.[98] Diese

---

95 KERSTIN VOIGT: Otto Haendler, 237 (Fußnote 40).

96 Vgl. GERT HAENDLER: Kirchengeschichte, 26.

97 Ebd.

98 Vgl. exemplarisch: OTTO HAENDLER: Kirche und nationale Revolution. Gedanken zum Sonntag, den 26. März 1933 (Lätare), in: Tägliche Rundschau, 1. Beilage, Berlin 1933, 1.

Erleichterung täuschte ihn jedoch nicht über die Beunruhigung hinweg, die die 1933 gegründete, dezidiert antichristliche und antikirchliche „Deutsche Glaubensbewegung“[99] in ihm auslöste.

Die Ambivalenz des Denkens Otto Haendlers zwischen der Befürwortung nationaler Gedanken auf der einen und der Ablehnung nationalistischer Verformungen des Christentums auf der anderen Seite kommen besonders deutlich in einem 1934 gehaltenen Vortrag mit dem vielsagenden Titel „Vom Ringen um Gott in unserer Zeit“ zum Vorschein. Haendler versucht darin positiv auf die von der „Deutschen Glaubensbewegung“ hervorgehobenen Begriffe wie „Volk“, „Blut“, „Germanen-“ und „Heldentum“ zu reagieren und diese als mit der christlichen Lehre prinzipiell vereinbar darzustellen.[100] Er geht dabei sogar soweit, der „Deutschen Glaubensbewegung“ zuzugestehen, auf ein Themenfeld aufmerksam gemacht zu haben, das die kirchliche Verkündigung bislang nur unzureichend oder sogar missverständlich behandelt habe. Es sei also letztlich das Versäumnis der Kirche, nicht genug deutlich gemacht zu haben, in welcher Form nationale Gedanken mit dem Christentum vereinbar sind: „Ihre Kraft richtet unsere Schwäche. Ihr heidnischer Glaube richtet unseren christlichen Unglauben. Wir Pfarrer hätten anders verkündigen müssen, so dass Sünde und Erlösung jenen nicht wie Fremdkörper erschienen wären.“[101] Der daraus resultierenden Hinwendung der „Deutschen Glaubensgemeinschaft“ zu den alten nordischen Götter, die Haendler als „neues Heidentum“ bezeichnet, habe sich die Kirche nun aber entschieden entgegenzustellen und der Vergöttlichung von Volk und alt-germanischem Glauben die Predigt des lebendigen Christus entgegenzusetzen, so wie ihn die Schrift bezeuge: „Die alten Götter sind ehrwürdig und groß. Aber die alten Götter leben nicht.“ [102] Die Abgrenzung von der „Deutschen Glaubensgemeinschaft“ sollte jedoch in einer Weise geschehen, die sich den Mitgliedern dieser Bewegung nicht verschließt, sondern sich ihnen gegenüber prinzipiell gesprächsbereit zeigt, denn nur in der „Gemeinschaft der Kirche“ sei „die Möglichkeit gegeben, die unterchristlichen Ziele und Ideale zu überwinden, die uns bedrohen“[103].

---

[99] Die von Jakob Wilhelm Hauer (1881–1962) gegründete „Deutsche Glaubensbewegung“ versuchte das Christentum durch einen arisch-nordischen Glauben zu ersetzen (vgl. hierzu Ulrich Nanko: Die deutsche Glaubensbewegung. Eine historische und soziologische Untersuchung, Marburg 1993, 79–158).

[100] Vgl. Otto Haendler: Vortrag „Vom Ringen Gottes in unserer Zeit“, gehalten 1934, Archiv der HU Berlin, NL Haendler F 9, 12 u. 15: „Es war ein neues Aufnehmen uralten, ureigensten Gutes: des eigenen Volkstums, der eigenen Art. Wir, in deren Adern dieses Blut pulsiert, dürfen gerade als Christen dieses Erwachen aufnehmen und mit aller Hingabe bejahen. [...] Der Germane ist ganz Held, das ist seine Größe. Aber er ist nur Held, das ist seine Tragik. Die Tragik des Germanen, der nur Held ist, wird durch Christus hinaufgehoben in den Ernst und die Freude des Dienstes derer, die Söhne Gottes sind und deren Heldentum nun in dieser Gottessohnschaft zur vollen Reife kommt.“

[101] Vgl. a. a. O., 21.

[102] Vgl. a. a. O., 22 f.

[103] A. a. O., 32.

Der Vortrag „Vom Ringen um Gott in unserer Zeit" macht wie kein zweites Dokument darauf aufmerksam, dass Otto Haendler auf der einen Seite im Blick auf nationales Gedankengut ein weites Herz besaß – aus heutiger Sicht freilich ein zu weites Herz! – und auf die Integration deutsch-christlich gesinnter Fragestellungen in die Kirche sowie auf ihre Überwindung durch den gemeinsamen Glauben an Christus setzte. Auf der anderen Seite macht dieser Vortrag aber auch deutlich, dass die Grenze jedweder Vermittlung für Haendler an dem Punkt überschritten ist, wo der dreieinige Gott in seiner Majestät depotenziert und die Schrift verfälscht wird. Diese Haltung teilt Otto Haendler mit vielen konservativen Theologen seiner Zeit (so z. B. auch mit Martin Niemöller)[104] und muss vor dem Hintergrund seiner kirchlichen, theologischen und politischen Sozialisation gesehen werden: Es darf nicht vergessen werden, dass Otto Haendler einer kirchlichen Prägung entstammte, die traditionell eng mit dem preußischen Staat verknüpft gewesen ist, dass sein Vater wie auch schon sein Urgroßvater mütterlicherseits in einem engen, von Bewunderung getragenem Verhältnis zur Kaiserfamilie standen,[105] und dass schließlich auch seine theologischen wie pastoralen Lehrer ebenfalls stark vom wilhelminischen Geist geprägt waren (allen voran Karl Holl, Reinhold Seeberg und Ernst von Dryander).

Exkurs:[106] KARL-WILHELM DAHM konstatiert für den überwiegenden Teil der evangelischen Pfarrerschaft im frühen 20. Jahrhundert eine enge Verbindung von Gläubigkeit und Nationalbewusstsein, die mit dem Wunsch nach einer starken, die Interessen des Christentums nach innen und außen vertretenden Autorität einherging. Diese Gesinnung hat nach Dahm ihre Ursache in der engen Verflechtung der Evangelischen Kirche mit den jeweiligen Landesfürsten seit der Reformation. Viele protestantische Pfarrer sahen daher im deutschen Kaiser die Idealfigur eines frommen, christlichen Herrschers, der über die alten, innerdeutschen Landesgrenzen hinweg weltliche und kirchliche Macht in einer „modernen Theokratie" vereinte. Das Kaiserhaus stand somit als Garant für die Werte, die auch die Kirche vertrat, und kaisertreu oder national eingestellt zu sein, stand nicht im Widerspruch zum Christentum, sondern bezog dieses vielmehr mit ein. Mit dem Wegbruch dieser Identifikations- und Integrationsgröße konnte die überwiegende Mehrheit der evangelischen Pfarrer der Weimarer Republik und ihrer liberalen Grundordnung nur kritisch gegenüberstehen. Obwohl die junge Republik die Kirche aus der engen Verflechtung mit dem Staat entließ und ihr große Eigenständigkeit einräumte, achtete die überwiegende Mehrheit der evangelischen Pfarrer die Demokratie gering und sehnte sich nach einem starken, autoritären Staat, der die Interessen des Christentums gegen Kommunismus, Liberalismus und fortschreitender Säkularisierung zu schützen vermochte. Als schließlich 1933 die Weimarer Republik von den Nationalsozialisten besei-

---

104 Vgl. hierzu SEBASTIAN KUHLMANN: Martin Niemöller. Zur prophetischen Dimension der Predigt, Leipzig 2008, 37 f.

105 Die Wertschätzung, die Wilhelm Haendler noch lange nach dem Untergang des Deutschen Kaiserreichs den Hohenzollern gegenüber empfand, kommt besonders deutlich in einem von ihm 1930 verfassten Nachruf auf Kaiserin Auguste Viktoria zum Vorschein (vgl. WILHELM HAENDLER: Kaiserin Auguste Viktoria. Ein Gedenkblatt zum 22. Oktober, Potsdam 1930).

106 Vgl. zu den folgenden Ausführungen KARL-WILHELM DAHM: Beruf: Pfarrer. Empirische Aspekte zur Funktion von Kirche und Religion in unserer Gesellschaft, München ^{3}1974, 13–41.

tigt wurde, sahen viele Pfarrer darin die Überwindung eines ungeliebten Provisoriums, mit dem man sich mehr schlecht als recht arrangiert hatte, und schwiegen. Selbst im einsetzenden Kirchenkampf sparte man mit direkter Kritik am NS-Staat und konzentrierte sich stattdessen auf die Partei der „Deutschen Christen". In diese grundsätzliche Stimmung der evangelischen Pfarrerschaft im beginnenden 20. Jahrhundert ist auch Haendlers politische Gesinnung einzuordnen. So charakterisiert er etwa in einer 1927 gehaltenen Beerdigungsansprache die Weimarer Republik als „tiefen Fall", in dem das Verkommen von „Zucht und Sitte" zur Regel geworden sei.[107]

Vor dem Hintergrund dieser Disposition ist es nicht verwunderlich, dass Otto Haendler 1933 als Reaktion auf die nationalsozialistische Machtergreifung und die damit verbundenen rasanten Umwälzungen der deutschen Kirchenlandschaft weder der Bekennenden Kirche noch den Deutschen Christen beitrat, sondern der nur zwei Jahre zuvor gegründeten *Michaelsbruderschaft.* Anstelle des offenen, auf Trennung angelegten kirchenpolitischen Kampfes wählte Haendler damit einen vermittelnden, stärker kontemplativen Weg, der in der bewussten Rückbesinnung auf die theologischen und liturgischen Wurzeln des Christentums und ihrer Wiederbelebung eine adäquate Reaktion auf die Zeitumstände sah - ein Zug, der schon in seiner Habilitationsschrift angelegt ist und sich ebenfalls in seinen Predigten und Vorträgen aus dieser Zeit nachweisen lässt. Haendler gab damit sowohl den Ideologisierungsversuchen der Deutschen Christen eine Absage, die entscheidende Inhalte der christlichen Tradition verfälschten, als auch der Bekennenden Kirche, die durch ihren offenen Bruch mit der Volkskirche dem an Tradition orientierten Haendler einen Schritt zu weit ging.

Besonders deutlich kommt diese Haltung Haendlers in einer Vortragsreihe mit dem Titel „Die geistliche Lage der Kirche" zum Vorschein, die er vom 2. bis zum 3. Juni 1936 auf einer Freizeit des Berneuchener Kreises in Ballenstedt (Harz) gehalten hat. Darin ist zu lesen: „Im Kirchenkampf hat der Einsatz aus bruderschaftlicher Erkenntnis und Bereitschaft heraus die fundamentale Bedeutung, dass er (negativ) zur Entgiftung des Kampfes beitragen kann und (positiv) die geistliche Gemeinschaft im Glauben und in der Kirche da zur Gestaltung bringen kann, wo sie in der Hitze des Kampfes übersehen wird, zugleich in tieferer Erkenntnis echte Scheidung da, wo sie notwendig ist, vollziehen kann. Die Ablehnung offizieller kirchenpolitischer Festlegung seitens der Bruderschaft ist nicht eine falsche Neutralität oder gar Vermittlungstendenz, sondern entspringt aus dem Wissen um den tieferen Auftrag, den sie an der gesamten Kirche hat."[108] Haendler sieht somit die Aufgabe der Berneuchener Bewegung und damit auch und zumal seine eigene Aufgabe in dieser schwierigen Zeit darin, Kritik zu üben, wo zentrale Lehren des Christentums verfälscht werden, und die Kontrahenten, die doch beide für sich in Anspruch nehmen, Christen zu sein, auf das ihnen gemeinsame Fundament zurückzuführen.[109]

---

[107] Vgl. K 13, 1.

[108] Otto Haendler: Vortrag „Die geistliche Lage der Kirche", gehalten vom 2.–3. Juni 1936 auf einer Berneuchener Freizeit in Ballenstedt, Archiv der HU Berlin, NL Haendler, 11.

[109] So mahnt Haendler etwa 1935 in einer Predigt im Kontext der Berneuchener Bewegung: „Was soll aus Deutschland werden, wenn die Saat nicht genug gesät wird, was

In Kontakt mit der Michaelsbruderschaft ist Otto Haendler nach eigenen Angaben über sein Interesse an der Meditation gekommen: „Als ich mich 1932 mit einiger beruflicher Gewaltsamkeit entschloß, auf eine Woche zur Westerburg zu fahren, geschah das ganz wesentlich deshalb, weil ich von Happich und seinen Meditationen gehört hatte und von dem Empfinden umgetrieben war, daß da etwas ganz Entscheidendes für Kirche, Amt und Seelsorge, vielleicht für das ganze Menschsein überhaupt im Anzug sei."[110] Es war also vor allem der Psychologe und Arzt KARL HAPPICH (1878–1947), von dem Haendler – wie im Übrigen auch Wilhelm Stählin[111] – erste wesentliche Impulse für seine Beschäftigung mit der Meditation erhielt. Für Haendler war dabei vor allem Happichs Unterscheidung von Denk- und Bildbewusstsein erkenntnisleitend:[112] Während das Denkbewusstsein nach Happich rein nach logischen Kategorien operiert, bezieht sich das Bildbewusstsein auf das Wahrnehmen einer Tiefendimension des Seins, die der reinen Rationalität verschlossen bleibt. Die Tragik der Moderne besteht nun für Happich darin, dass sich die Gesellschaft ganz dem rationalen Denken hingegeben und dabei einen stärker affektiven Zugang zur Wirklichkeit vernachlässigt habe. Diesem Missverhältnis versucht Happich mit der Methode der Meditation heilend zu begegnen. An diesem Punkt wird deutlich, dass Happich als Arzt von einem dezidiert therapeutischen Interesse aus auf die Meditation aufmerksam geworden ist,[113] was wiederum auch für die Entwicklung des Meditationsverständnisses Otto Haendlers nicht unerheblich ist. Haendler entdeckte, dass in der therapeutischen Wirkung der Meditation enormes Potenzial für die Predigtvorbereitung liegen muss und wandte sie im Stettiner Predigerseminar auch praktisch an – freilich mit mäßigem Erfolg, wie er selbst vermerkt.[114] Vor allem in seiner späteren Berliner Zeit hat er sich diesem Thema immer mehr gewidmet und zunehmend losgelöst von der konkreten Predigtaufgabe betrachtet.

Neben WILHELM STÄHLIN (1883–1975), KARL-BERNHARD RITTER (1890–1968) und WALTER UHSADEL (1900–1985) traf Haendler in der Michaelsbruderschaft auch auf seine alten Bekannten ALFRED DEDO MÜLLER (1890–1972) und PAUL TILLICH (1886–1965), zu denen sich seine Freundschaft und theologische Verbundenheit weiter festigte.

---

sollte werden aus unserem deutschen Volk, wenn die recht bekämen und den Sieg erhielten, die von Gott und seinem Christus nichts wissen und den Menschen aus sich selbst erlösen wollen, was keine Erlösung ist?" (A 1, 14).

[110] DERS.: Meditation in der Michaelsbruderschaft, in: Quat. 26 (1956/57), 159.

[111] Vgl. MICHAEL MEYER-BLANCK: Leben, Leib und Liturgie. Die Praktische Theologie Wilhelm Stählins, Berlin/New York 1994, 208 f.

[112] Vgl. zu den folgenden Ausführungen KARL FENSKE: Art. „Karl Happich", in: BBKL 31 (2010), 590–593.

[113] Vgl. hierzu KARL HAPPICH: Anleitung zur Meditation, Darmstadt 1939.

[114] Vgl. hierzu OTTO HAENDLER: Die Predigt, 337: „Im Predigerseminar (1931–1935) mußte man noch auf ein nachsichtiges Lächeln bei einzelnen Kandidaten gefaßt sein, wenn man von Meditation sprach."

Exkurs: WILHELM STÄHLIN (1883–1975)[115] war wie Haendler an psychologischen Fragestellungen interessiert (er wurde im Fach Psychologie promoviert) und entwickelte sich zum Theoretiker der Jugendbewegung. Später wurde Stählin Mitbegründer der Michaelsbruderschaft und führender Kopf der Berneuchener Bewegung. Sein breites, sich jedoch wenig am akademischen Standart der Praktischen Theologie orientierendes Werk bezeichnet Michael Meyer-Blanck als „eine implizit von Leben, Leib und Liturgie her konzipierte Praktische Theologie"[116] – Begriffe, die auch eine entscheidende Bedeutung im Werk Otto Haendlers ausmachen: Wie bei Stählin sind vor allem seine in den 40er Jahren entstandenen Schriften von der Sprache der Jugendbewegung sowie von einem bewusst unakademischen Stil geprägt; wie Stählin veröffentlichte Haendler zahlreiche lebenskundliche Kurzschriften, die sich bewusst auch an ein nicht-theologisches Publikum richteten; wie Stählin sieht Haendler in einer Verbindung von Christologie und Anthropologie ein entscheidendes theologisches Paradigma; wie Stählin sieht Haendler die Liturgie in der Zusammenschau von Anthropologie und Ekklesiologie; wie für Stählin nimmt auch für Otto Haendler die Meditation eine Schlüsselstellung innerhalb seiner Theologie ein. Aufgrund dieser Nähe hat Haendler zahlreiche Gedanken Stählins rezipiert und in seine eigene Theologie integriert.[117]

KARL-BERNHARD RITTER (1890–1968)[118] war ebenfalls von der Jugendbewegung geprägt und setzte sich als Pfarrer am Deutschen Dom zu Berlin für eine Erneuerung des Gottesdienstes sowie als Ältester im Berneuchener Kreis und Mitbegründer der Michaelsbruderschaft für die Methode der Meditation als geistliches Element ein. Wenn Ritter auch nicht im klassischen Sinne akademisch wirkte, erhielt Otto Haendler von ihm wichtige Impulse für sein Konzept einer ganzheitlichen, d. h. auch leibliche und psychische Vollzüge einschließenden Praktischen Theologie.

ALFRED DEDO MÜLLER (1890–1972) öffnete sich wie Otto Haendler einem Dialog mit der Psychologie und war ebenfalls entscheidend von der Berneuchener Bewegung geprägt. Seelsorge ist für ihn darum zentral „Glaubens- und Lebenshilfe"[119] – Begriffe, die, wie noch genauer zu zeigen sein wird, für die Predigtpraxis Otto Haendlers eine entscheidende Rolle spielen werden (vgl. Kap. III.1). Ähnlich wie Haendler machte Müller darüber hinaus auf die Bedeutung des Unbewussten für den Glauben aufmerksam und setzte sich für eine ganzheitliche Perspektive von Leib und Seele in der Praktischen Theologie ein.

WALTER UHSADEL (1900–1985)[120] engagierte sich wie Haendler im Berneuchener Kreis, in der Michaelsbruderschaft sowie in der „Stuttgarter Gemeinschaft Arzt und Seelsorger" und war ebenfalls maßgeblich an einer Rezeption der Psychologie C. G. Jungs beteiligt. 1938 besuchte Uhsadel lange vor Haendler C. G. Jung in Küsnacht und legte damit den Grundstein für eine Auseinandersetzung mit seiner Tiefenpsychologie, die in ihrem Verhältnis zur Theologie nach Uhsadel nur korrelativ verlaufen kann.[121] An dieser

---

115 Vgl. zu den folgenden Ausführungen MICHAEL MEYER-BLANCK: Art. „Wilhelm Stählin", in: TRE 32 (2002), 104–107.

116 A. a. O., 106.

117 Einen guten Überblick über wesentliche Rezeptionsspuren bietet DERS.: Leben, Leib und Liturgie, 47 f.

118 Vgl. zu den folgenden Ausführungen HANS CARL VON HAEBLER: Geschichte der Evangelischen Michaelsbruderschaft. Von ihren Anfängen bis zum Gesamtkonvent 1967, o. O. 1975, 152 f.

119 ALFRED DEDO MÜLLER: Grundriss der Praktischen Theologie, Berlin 1954, 289.

120 Vgl. zu den folgenden Ausführungen RAINER HERING: Art. „Walter Uhsadel", in: BBKL 12 (1997), 841–854.

121 So etwa WALTER UHSADEL: Zum Problem der Transzendenz in der Psychologie C. G. Jungs, in: Ernst-Rüdiger Kiesow/Joachim Scharfenberg (Hg): Forschung und Erfahrung

von Haendler ganz unabhängigen Beschäftigung Uhsadels mit Jung wird deutlich, dass die Tiefenpsychologie C. G. Jungs im Berneuchener Kreis eine gewisse Bekanntheit besessen haben muss.[122] Aus diesem Grund ist es sehr wahrscheinlich, dass auch Haendler aus diesem Kreis heraus den wesentlichen Anstoß für seine Auseinandersetzung mit Jung erhalten haben dürfte (vgl. hierzu näher Kap. I.2.8).

Trotz seiner vermittelnden Haltung im Kirchenkampf sollte die reservierte bis kritische Haltung Otto Haendlers gegenüber den Deutschen Christen jedoch langfristig für ihn berufliche Konsequenzen nach sich ziehen: Auf Intervention der Deutschen Christen, die seit 1933 die Leitung der Kirchenprovinz Pommern übernommen hatten und nun auch direkten Einfluss auf die pastorale Ausbildung in Stettin ausüben wollten, musste Otto Haendler Ende 1934 seinen Posten als Studiendirektor zu Gunsten des Deutschen Christen Hans Nordmann räumen. Ob der Herausdrängung Haendlers aus seinem Amt eine direkte Auseinandersetzung mit Hans Nordmann vorausgegangen ist, wie es Kerstin Voigt vermutet,[123] oder aber ob die DC-Kirchenleitung lediglich einen bewusst deutschchristlichen Seminarleiter installieren wollte, ist auf der Basis der Quellen nicht mehr eindeutig recherchierbar. Für letztere Vermutung spricht die Tatsache, dass Hans Nordmann 1934 nicht, wie von Kerstin Voigt angenommen, am Predigerseminar tätig gewesen ist,[124] und Otto Haendler selbst im Memorabilienbuch der Kirchengemeinde Neuenkirchen ganz neutral festhält: „Wir kamen von Stettin, wo man einen ‚Deutschen Christen' (= Hitlerpartie) als Direktor des Predigerseminars haben wollte."[125] Dass Haendler darüber hinaus nach seiner

---

im Dienst der Seelsorge. Festgabe für Otto Haendler zum 70. Geburtstag, Göttingen 1961, 69.

[122] So auch MARTIN JOCHHEIM: Seelsorge und Psychotherapie. Historisch-systematische Studien zur Lehre von der Seelsorge bei Oskar Pfister, Eduard Thurneysen und Walter Uhsadel, Bochum 1998, 195–198.

[123] Kerstin Voigt meint aufgrund eines Briefes von Gert Haendler zu wissen, dass dem Rücktritt Haendlers als Studiendirektor ein direkter Konflikt mit Hans Nordmann als Anlass zugrunde gelegen habe, der ab 1933 als Studieninspektor tätig gewesen sein soll (vgl. KERSTIN VOIGT: Otto Haendler, 18; DIES: Otto Haendler – Die Innenwendung, 98 f.).

[124] Laut einer von Heinz Boberach zusammengestellte Liste war Hans Kandeler von 1933 bis 1934 Studieninspektor in Stettin. Hans Nordmann taucht hier erst 1935 als Studiendirektor auf (vgl. HEINZ BOBERACH u. a.: Handbuch der Deutschen Evangelischen Kirchen von 1918 bis 1949. Organe – Ämter – Verbände – Personen, Bd. 1: Überregionale Einrichtungen, Göttingen 2010, 256). Es muss im Blick auf die Rolle Nordmanns im Rahmen der Herausdrängung Haendlers aus dem Amt des Studiendirektors also vorsichtiger formuliert werden. Unstrittig ist jedoch, dass Hans Nordmann eine für die Deutschen Christen typische Einstellung gegenüber dem NS-Staat vertrat (vgl. hierzu exemplarisch HANS NORDMANN: Tapferes Ja, in: EvDt 20 [1943] 9, 49). Diese Einstellung beförderte seine Karriere während der NS-Zeit, so dass er 1944 Konsistorialrat in Berlin wurde. Nach dem Krieg galt er jedoch als belastet, musste diese Stellung aufgeben und war von 1945 bis 1954 Pfarrer der Kirchengemeinde „Zum Heilsbronnen" in Berlin-Schöneberg, in der vor ihm schon Leonhard Fendt wirkte.

[125] Memorabilienbuch der ev.-luth. Kirchengemeinde Neuenkirchen- Gristow (begonnen 1822 von Johann Karl Balthasar), 2 (da das Memorabilienbuch nicht paginiert ist, bezie-

Herausdrängung aus dem Amt von dem DC-Bischof Thom mit dem Amt des Superintendenten von Hinterpommern eine durchaus akzeptable Stellung angeboten bekommen hat, spricht ebenfalls gegen ein grundsätzliches Zerwürfnis mit den Deutschen Christen.[126]

2.8 Pfarramt in Neuenkirchen bei Greifswald und Dozent an der Universität Greifwald (1935–1949)

Aufgrund der Herausdrängung aus dem Amt des Predigerseminarleiters stand Otto Haendler Ende 1934 vor der Notwendigkeit, sich um ein neues Aufgabenfeld zu bemühen. Um seinen Verpflichtungen als Privatdozent an der Universität Greifswald nachkommen zu können, von denen er nun nicht mehr beurlaubt war, kam ihm die Vakanz der Pfarrstelle in *Neuenkirchen bei Greifswald* sehr gelegen. Mit dem 1. Februar 1935 begann Otto Haendler offiziell seinen Dienst als Gemeindepfarrer in dem etwa zwei Kilometer nördlich von Greifswald gelegenen Dorf, das für die nächsten 14 Jahre der Familie Haendler zur Heimat werden sollte. Am 20. Februar bezog die Familie das Pfarrhaus und am 10. März wurde Otto Haendler offiziell von seinem Vater, dem Wieker Pastor Gudopp und dem Greifswalder Systematiker Rudolf Hermann als Vertreter des Patronats der Universität Greifswald über die Kirchengemeinde Neuenkirchen eingeführt. Dazu wurde, wie Haendler im Memorabilienbuch der Kirchengemeinde vermerkt, noch das alte Zeremoniell der „Stuhlsetzung" vollzogen: „[D]er neue Pfarrer übernimmt Rechte und Pflichten der Pfarrstelle auf einem Stuhle sitzend als Symbol des Wohnrechtes und der Amtspflichten."[127] Neben seinem Pfarramt versah Otto Haendler mit anfänglich zwei, dann vier Semesterwochenstunden seine Lehrtätigkeit als Privatdozent an der Greifswalder Theologischen Fakultät.[128]

Gert Haendler erinnert sich im Rückblick mit Freuden an die Zeit in Neuenkirchen.[129] Vor allem das große, Stroh gedeckte Pfarrhaus[130] aus dem 17./18. Jahrhundert, das mit der gegenüberliegenden, typisch norddeutschen Backsteinkirche und der kleinen Dorfschule bis auf den heutigen Tag eine gelungene Einheit bildet, trug zu einem raschen Einleben der Familie bei. So hält etwa Otto Haendler im Memorabilienbuch fest: „Das Pfarrhaus hatte uns schon beim ersten Sehen heimatlich berührt."[131] Neben Erika, Otto, Gert und Etholinde Haend-

hen sich die Seitenangaben auf eine nachträgliche Durchnummerierung der von Otto Haendler unter der Nummer 17 am 13. und 14. November 1974 nachträglich verfassten Erinnerungen).

126 GERT HAENDLER: Kirchengeschichte, 26.

127 Memorabilienbuch, 3.

128 Einen guten Überblick über die Lehrtätigkeit Haendlers bietet KERSTIN VOIGT: Otto Haendler, 316–320.

129 Vgl. GERT HAENDLER: Kirchengeschichte, 28–35.

130 Zum Pfarrhaus Neuenkirchen vgl. JANA OLSCHEWSKI/SIBYLLE VON RAVEN: Das Pfarrhaus in Neuenkirchen, in: Pommern. Zeitschrift für Kultur und Geschichte 48 (2010) 1, 20–23.

131 Memorabilienbuch, 4.

ler lebten in dem über 600 m^2 großen Haus häufig zahlende Gäste: Studenten, manchmal sogar aus Dänemark und Schweden. Trotz gravierender Mängel wie etwa einem nie ganz dichten Dach bezeichnet Gert Haendler das Neuenkirchener Pfarrhaus im Rückblick als sein „Traumhaus" und erinnert sich: „Wir pflegten verletzte Eulen, die sich über dem Gewölbe niedergelassen hatten, wir durften die Glocken mit ziehen, wir haben sehr oft am Sonntagmorgen den Altar mit geschmückt, besonders am Erntedanktag war das eine große Aufgabe."[132]

Für Otto Haendler waren die ersten Dienstjahre in Neuenkirchen im Rückblick vor allem durch die weiten, im Herbst und Winter beschwerlichen Wege zu Seelsorgebesuchen in den zu der Gemeinde gehörenden Filialdörfern geprägt sowie durch die in dörflicher Tradition noch lebendig gefeierten kirchlichen Hochfeste. So erinnert er sich etwa im Rückblick:

> „Das Erntedankfest war damals noch ein wirklich großer Tag. Erntekränze wurden in den Dörfern gebunden und in der Kirche aufgehängt. Feld- und Gartenfrüchte wurden reichlich gespendet. Wenn wir den Altar damit schmückten, halfen Kinder und Jugendliche und brachten oft noch Blumen und buntes Laub mit. Am Sonntag kamen morgens Pferdewagen aus allen Filialdörfern. Oft hatten sie weite, nasse Wege hinter sich. Der Pfarrhof füllte sich, die Pferde wurden ausgespannt, – die Menschen gingen, der Bedeutung des Tages bewusst, hinüber in die Kirche, die zu dieser Feier in jedem Jahr voll besetzt war."[133]

Der sonntägliche Gottesdienstbesuch war dagegen in der Erinnerung Gert Haendlers in diesen Tagen eher gering: Lediglich 20 Personen besuchten regelmäßig die Predigten Otto Haendlers.[134] Im Blick auf die Predigten seines Vaters ist ihm dabei vor allem ein Gedanke in Erinnerung geblieben, der zentral für die Predigten und die Theologie Otto Haendler ist: „Der Glaube gibt eine Freiheit, die auf keinem anderen Weg zu erhalten ist."[135] Freiheit, ja Aneignung der Freiheit: Dies ist das zentrale Leitthema der Predigten Haendlers, das noch genauer zu analysieren sein wird (vgl. Kap. III.1.3/4). Deutlich lebendiger ging es dagegen im Pfarrhaus zu. Neben den Studenten Haendlers gastierten regelmäßig befreundete Greifswalder Professoren wie Rudolf Hermann, Leonhard Rost und Johannes Fichtner, auswärtige Theologen wie Wilhelm Stählin und Romano Guardini oder Freunde wie der Pianist Wilhelm Kempff und der Psychologe Adolf Weizsäcker. 1935 besuchte sogar DIETRICH BONHOEFFER (1906–1945) mit einer kleinen Gruppe von Vikaren aus Finkenwalde die Vorlesungen Rudolf Hermanns (Mitglied in der Bekennenden Kirche) und Otto Haendlers und

---

[132] GERT HAENDLER: Kirchengeschichte, 29 f.

[133] Vgl. exemplarisch Memorabilienbuch, 4 f.

[134] Auch Otto Haendler bestätigt indirekt einen traditionell eher schwachen Gottesdienstbesuch, wenn er im Memorabilienbuch im Blick auf die Nachkriegszeit festhält: „Zum Besuch des Gottesdienstes wurden die Einheimischen oft von den Flüchtlingen ermuntert – und gingen dann gerne mit" (a. a. O., 16).

[135] GERT HAENDLER: Kirchengeschichte, 30.

kamen zu einem kleinen Symposion im Garten des Neuenkirchener Pfarrhauses zusammen. Im Memorabilienbuch erinnert sich Otto Haendler: „Trotz theologischer Verschiedenheit war dies ein fruchtbares und erfreuliches Zusammensein.“[136]

Worin die „theologischen Verschiedenheiten“ im Einzelnen bestanden haben mögen, lässt sich im Nachhinein nur spekulieren. Eberhard Bethge führt die Differenzen auf die Berneuchener Prägung Haendlers zurück,[137] Kerstin Voigt verweist darüber hinaus auf unterschiedliche homiletische Ansätze:[138] Während Haendler sich etwa schon in seiner Habilitationsschrift deutlich von der Wort-Gottes-Theologie der Dialektischen Theologie abgegrenzt hat,[139] baute Dietrich Bonhoeffer genau von hier aus seine Finkenwalder Homiletik auf.[140] Darüber hinaus müssen auch die grundsätzlich verschiedenen Einschätzungen im Blick auf das Verhältnis von Staat und Kirche, Politik und Predigt in Betracht gezogen werden, die später noch genauer zu erläutern sein werden.

Über seine gemeindlichen und universitären Verpflichtungen hinaus nahm Otto Haendler den Neuanfang in Neuenkirchen auch zum Anlass, einen beruflichen Schritt zu gehen, der seinen weiteren Lebens- und Schaffensweg entscheidend prägen sollte: Von 1935 bis 1937 ließ er sich am „Berliner Psychologischen Institut“ (BPI), das ab 1936 von den Nationalsozialisten schrittweise in das „Deutsche Institut für Psychologische Forschung und Psychotherapie“ umgewandelt wurde, zum Psychotherapeuten ausbilden. Er absolvierte dazu eine Lehranalyse von insgesamt 150 Stunden bei dem Neurologen und Psychiater

---

[136] Memorabilienbuch, 4.

[137] Eberhard Bethge: Dietrich Bonhoeffer. Theologe – Christ – Zeitgenosse. Eine Biographie, Gütersloh 2004, 501.

[138] Vgl. Kerstin Voigt: Otto Haendler, 238 (Fußnote 49).

[139] Vgl. hierzu Otto Haendler: Die Idee der Kirche, 19: „[H]at der Mensch das Wort zu sprechen, so hat er nach bestem Können das ihm zur Verfügung stehende Menschenwort dem Gotteswort, das durch ihn reden will, dienstbar zu machen. Lehnt er dieses Streben ab, so stärkt er nicht das Gotteswort in seiner Wirkung, sondern schwächt es. [...] Denn aus dem Zwange psychologischer Wirkung unserer Worte kommen wir auf keine Weise heraus. Es fragt sich nur, ob wir ihre Mittel in den Dienst der Sache stellen, oder sie diesem Dienst entziehen. Der Fehler der dialektischen Theologie hinsichtlich dieses Punktes liegt darin, dass sie diese Unentrinnbarkeit nicht sieht. Sobald diese Unentrinnbarkeit erkannt ist, gibt es nur eine Möglichkeit: mit aller Hingabe nach den Mitteln zu suchen, die die Wirksamkeit der Predigt erhöhen könnten, als der Verkündigung des Gotteswortes mit Hilfe des Menschenwortes.“

[140] Vgl. hierzu Dietrich Bonhoeffer: Gesammelte Schriften, Bd. 4: Auslegungen – Predigten. 1933 bis 1944, hg. von Eberhard Bethge, München 1961: „Der Prediger vollzieht deshalb nicht eine Anwendung; er ist es nicht, der im Blick auf die Gemeinde formt und gestaltet. Mit dem Aufschlagen des Bibelwortes bewegt sich der Text schon in der Gemeinde. [...] Diese Eigenbewegung des Wortes zur Gemeinde soll der Prediger nicht hindern, sondern anerkennen. Ihr soll er sich nicht mit eigenen Bewegungen in den Weg stellen“ (241 f.). „Das Wort braucht nicht lebendig gemacht zu werden. Unser Sprechen muß absichtsloses Sprechen werden, weil Gott darin redet. Im rechten Sinn ist wirklich Gott das Subjekt des Sprechens und nicht wir“ (280). Zum Predigtverständnis Bonhoeffers vgl. auch Jürgen Henkys: Ansätze, 41–44.

Werner Kemper, einem Freudschüler (!), und besuchte Seminare zur analytischen Psychologie, Neurosenlehre und Traumdeutung.[141] Ein Anstoß für die Ausbildung, die neben einem erheblichen zeitlichen auch einen gewissen finanziellen Aufwand bedeutet hat,[142] dürfte dabei u. U. auch von dem Leiter der Kandidatenausbildung am BPI, Gustav Richard Heyer, gekommen sein, der ein alter Schulfreund Haendlers war.[143]

Exkurs:[144] Das 1908 von Karl Abraham gegründete und 1920 von Max Eitingon um eine Poliklinik erweiterte „Berliner Psychologische Institut" verfolgte zwei grundlegende Ziele: 1. die Ermöglichung psychotherapeutischer Behandlung für ärmere Menschen und 2. die fundierte Ausbildung von Psychotherapeuten. Das BPI war damit weltweit die erste Ausbildungsstätte für Psychotherapeuten und erarbeitete grundlegende Maßstäbe, an denen sich bis heute die einschlägigen psychotherapeutischen Aufbildungsgänge orientieren. Innerhalb des Instituts besaßen Freudjaner, Jungianer und Adlerianer eine verhältnismäßige Autonomie und bildeten eigene Abteilungen heraus. Ab 1933 versuchten die Nationalsozialisten zunehmend Einfluss auf die psychotherapeutische Ausbildung zu gewinnen und gliederten das BPI unter der Leitung von Matthias Göring, einem Vetter Hermann Görings, schrittweise in das 1936 gegründete „Deutsche Institut für Psychologische Forschung und Psychotherapie" ein. Bis zum Sommer 1937 verlief die Ausbildung jedoch noch nach den alten Standards des BPI, und auch später hatte die NS-Ideologie nur geringen Einfluss auf das Institut. Käthe Dräger, die ab 1931 ihre psychotherapeutische Ausbildung am BPI erhielt, erinnert sich: „Wir Kandidaten und Hörer erlebten damals das zusammengeschrumpfte BPI wie eine Oase in der geistigen Wüste der Zeit und hatten eine Art Katakombengefühl der Zusammengehörigkeit."[145] Eine Einschätzung, die auf die Intensität dieser Ausbildung aufmerksam macht, die wiederum entscheidend zur psychologischen Prägung der Praktischen Theologie Otto Haendlers beigetragen hat.

Mit seiner Entscheidung, sich zum Psychotherapeuten ausbilden zu lassen, zog Otto Haendler die Konsequenz aus seiner Beschäftigung mit der Meditation, durch die – entscheidend gefördert durch die Michaelsbruderschaft – zunehmend auch sein Interesse für psychologische Fragestellungen geweckt worden war.[146] Wenngleich sich Haendler für eine Ausbildung bei dem Freudjaner Kemper entschied, obwohl ihm im Berliner Institut auch Jungschüler zur Verfügung

---

[141] Vgl. Kerstin Voigt: Otto Haendler, 20. Regine Lockot: Erinnern und Durcharbeiten. Zur Geschichte der Psychoanalyse und Psychotherapie im Nationalsozialismus, Frankfurt a. M. 1985, 156 bietet darüber hinaus den Faksimile-Abdruck eines exemplarischen Studienplans um das Jahr 1936. Daraus ist ersichtlich, dass die Kandidaten Seminare und Vorlesungen in „Geschichte der Psychotherapie", das „Leib-Seele-Problem", „organische Störungen", „Neurosenlehre", „Traumanalyse", „autogenes Training", „Hypnose" und seit 1936 erstmals auch „Erb- und Rassenlehre" absolvieren mussten.

[142] Nach Regine Lockot konnten die Kosten für die Ausbildung zwischen 3000 und 3500 RM betragen (Regine Lockot: Erinnern, 200).

[143] Vgl. Kerstin Voigt: Otto Haendler, 239.

[144] Vgl. zu den folgenden Ausführungen: Regine Lockot: Erinnern, 39–52, 188–190.

[145] Käthe Dräger: Bemerkungen zu den Zeitumständen und zum Schicksal der Psychoanalyse und der Psychotherapie in Deutschland zwischen 1933 und 1949, in: Hans-Martin Lohmann (Hg.): Psychoanalyse und Nationalsozialismus. Beiträge zur Bearbeitung eines unbewältigten Traumas, Frankfurt a. M. 1994, 46.

[146] So auch Kerstin Voigt: Otto Haendler, 100.

gestanden hätten (allen voran Adolf Weizsäcker), übte in der Folgezeit vor allem die Tiefenpsychologie Carl Gustav Jungs einen entscheidenden Einfluss auf sein Wirken aus. Wann genau Haendlers Beschäftigung mit Jung eingesetzt hat, ist nicht mehr zweifelsfrei zu klären.[147] Es lassen sich jedoch einige Eckpunkte formulieren: 1. Jungs Schriften wurden zwischen 1912 und 1928 publiziert und standen Haendler von da an zur Verfügung, 2. ab 1923 hielt Jung regelmäßig Vorträge in Berlin, wodurch sein Bekanntheitsgrad in Deutschland stieg, 3. Haendler wird spätestens ab 1934 im Rahmen seiner psychotherapeutischen Ausbildung mit den Gedanken Jungs in Kontakt gekommen sein, 4. bis zur Veröffentlichung seiner „Predigt" im Jahre 1941, an der er parallel zu seiner psychotherapeutischen Ausbildung zwischen 1935 und 1940 gearbeitet hat, besaß die Psychologie Jungs keinen nachweislichen Einfluss auf seine theologischen Schriften. Auf der Basis dieser Eckdaten liegt der Schluss sehr nahe, dass sich Otto Haendler etwa ab den späten 20er oder frühen 30er Jahren mit Jung intensiver beschäftigt haben wird.

Nach dem Abschluss seiner psychotherapeutischen Ausbildung wurde Haendler Mitglied des „Deutschen Instituts für Psychologische Forschung und Psychotherapie" sowie der „Deutschen allgemeinen ärztlichen Gesellschaft für Psychotherapie" und erwarb dadurch das Recht, sich nebenberuflich als behandelnder Psychotherapeut niederzulassen – ein Umstand, der nicht nur für einen Theologen zu dieser Zeit ganz und gar ungewöhnlich war (lediglich eine handvoll Theologen wie etwa die befreundeten Michaelsbrüder Karl-Bernhard Ritter und Walter Uhsadel gingen einen ähnlichen Weg), sondern auch von psychologischer Seite aus mehr als beachtenswert zu bewerten ist, da die psychotherapeutische Behandlung nach den Statuten der „Deutschen allgemeinen ärztlichen Gesellschaft für Psychotherapie" eigentlich nur approbierten Ärzten erlaubt war (es liegt nahe, zu vermuten, dass hier erneut Haendlers alter Schulfreund Gustav Heyer eine fürsprechende Rolle gespielt haben könnte).[148] Zahlreiche handschriftliche Analysebögen und Berichte von Traumdeutungen im Archiv der Humboldt-Universität belegen, dass Haendlers Dienste auf diesem Gebiet rege in Anspruch genommen worden sind und er sich schnell zu einem qualifizierten Ansprechpartner einer tiefenpsychologisch fundierten Seelsorge entwickelte.

Wie entscheidend das Absolvieren der Lehranalyse für Haendlers weiteres Schaffen gewesen sein muss, zeigt sich auch an seinem literarischen Werk: Vor 1935/1941 gleicht seine Publikationsliste noch der vieler Vertreter seiner Zunft in dieser Zeit (ein wenig Luther, etwas erbauliche Literatur, hier und da ein paar Stellungnahmen zu aktuellen Fragestellungen), nach 1935/1941 verband Haendler hingegen immer stärker psychologische und theologische Fragestellungen miteinander und betrat damit praktisch-theologisches Neuland. Es ist

---

[147] Kerstin Voigt nimmt dafür die späten 20er Jahre an (vgl. DIES.: Otto Haendler – Die Innenwendung, 100).

[148] Diese Vermutung wird bestärkt durch einen kurzen Hinweis bei Kerstin Voigt, nach dem sich Heyer dafür einsetzte, dass Haendler die Lehranalyse seines späteren Greifswalder Assistenten Gerhard Bartning durchführen durfte (vgl. DIES.: Otto Haendler, 239).

darüber hinaus bemerkenswert, dass sich Otto Haendler in einer Zeit, die fast ausschließlich die Äußerlichkeit in bis dahin ungekannter Perversion in den Mittelpunkt zu stellen versuchte (Volk, Rasse, Nation), ganz der Innerlichkeit des Menschen zuwandte (Individuum, Seele, Psyche). So wie sein Entschluss, 1933 der Michaelsbruderschaft beizutreten, kann auch seine psychotherapeutische Ausbildung als Reaktion auf den zunehmenden Einfluss nationalsozialistischer Kräfte auf die Kirche verstanden werden – dies war seine Form des Widerstandes!

Im Blick auf seinen *Umgang mit dem Nationalsozialismus* setzte Otto Haendler auch in Neuenkirchen die an seiner Stellung zum Kirchenkampf bereits in Stettin deutlich gewordene Haltung fort: Politische Kritik übte er, soweit bekannt, öffentlich nicht, Kritik an der rassisch verformten Ideologie der Deutschen Christen jedoch sehr wohl. Diese Grundhaltung Otto Haendlers muss u. a. vor dem Hintergrund seiner Verhältnisbestimmung von Politik und Predigt verstanden werden, der er in der ersten Auflage seiner „Predigt" ein eigenes Unterkapitel gewidmet hat, das er in der dritten Auflage gestrichen hat (vgl. dazu ausführlicher Kap. II.6.1.6). Haendler spricht sich darin einerseits gegen eine Instrumentalisierung der Predigt durch die Deutschen Christen als propagandistisches Sprachrohr ihrer ideologisch verformten Lehre aus, wehrt sich aber auch andererseits gegen eine Inanspruchnahme der Predigt durch die Bekennende Kirche oder anderer oppositioneller Gruppen als kritisches Organ. Den Kern der Predigt muss nach Haendler immer die Wirklichkeit Gottes bilden.

Diese vermittelnde Haltung Haendlers deckt sich mit einem knappen Hinweis bei Eberhard Bethge, der die Anwesenheit Haendlers auf einer Tagung des Bruderrates der Bekennenden Kirche in Finkenwalde im Januar 1936 erwähnt.[149] Diese Zusammenkunft fand statt, um eine Stellungnahme zu der geplanten Einsetzung von Reichskirchenausschüssen zu erarbeiten, durch die der Reichsminister für kirchliche Fragen Hans Kerrl, ein enger Vertrauter Hermann Görings, stärkeren Einfluss auf die Kirchen ausüben wollte. Bei der Zusammenkunft nahmen die Greifswalder Delegierten, also auch Otto Haendler, nach Eberhard Bethge en bloc eine Kompromisshaltung ein – ganz zum Unwillen Dietrich Bonhoeffers.

Diese Haltung dürfte darüber hinaus mit der bereits angesprochenen engen Verbindung von Frömmigkeit und Patriotismus in der evangelischen Pfarrerschaft des beginnenden 20. Jahrhunderts zusammenhängen, von der auch Haendler geprägt war. So ist beispielsweise in einer 1940 gehaltenen Ansprache anlässlich der Taufe von Roland Kempff, dem Sohn seines Freundes Wilhelm, zu lesen: „Dass wir von Gott das Deutschsein empfangen als unser heiliges Recht und unsere tiefste irdische Pflicht, dass wir Stolz und Treue zum heiligen Heimatboden, zur Nation und zum Reich in uns tragen als freudig formende Macht unseres Seins: Das ist die Verwirklichung des Christseins in unserer geschöpflichen Situation."[150] Nationale Begrifflichkeiten hatten für Otto Haendler während der 40er Jahre also durchaus eine gewisse Bedeutung, weshalb er auch keine Scheu kannte, Briefe aus dieser Zeit mit dem Hitlergruß[151] zu unterzeichnen, seine bei-

---

[149] EBERHARD BETHGE: Bischof D. Dr. Schönherr zum 75. Geburtstag, in: Standpunkt 14 (1986) 8, 204.

[150] K 2, 5.

[151] Vgl. exemplarisch den Brief Otto Haendlers an den Dekan der Evangelisch-Theologischen Fakultät der Universität Greifswald vom 29. Juli 1936, Archiv der EMAU Greifswald, PH 336, Bd. 2.

den Kinder in die Hitlerjugend[152] zu geben und selbst von 1940 an zusammen mit seiner Frau Mitglied der Nationalsozialistischen Volkswohlfahrt[153] zu sein. Es darf also von einer gewissen Arrangierung Haendlers mit dem NS-Staat ausgegangen werden, was nicht bedeutet, dass er dessen Ideologie geteilt hat. Darauf macht Gottfried Holtz, der von 1940 bis 1948 Pfarrkollege Haendlers in Greifswald-Wieck war und als Mitglied der Bekennenden Kirche stark unter Repressionen des NS-Regimes zu leiden hatte, aufmerksam, wenn er sich erinnert: „Wir kamen mit den Pastoren der Umgegend und ihren Ehefrauen wechselnd in den Pfarrhäusern zusammen. Hier zeigte sich der Reichtum des Haendlerschen Geistes in seiner Fülle. In der brüderlichen Aussprache sowohl über menschliche Nöte wie über speziell theologische und kirchliche Fragen mußte jedem Haendlers geistige Überlegenheit spürbar werden. Uns bewegten besonders die Fragen, die der verbrecherische zweite Weltkrieg in uns aufwühlte, und die Probleme des Kirchenkampfes, über die wir ein einhelliges Urteil hatten."[154] Wenngleich Otto Haendler der Bekennenden Kirche nie beigetreten ist, sich gegenüber einer öffentlichen Auseinandersetzung mit politischen Fragestellungen äußerst reserviert gezeigt und sich mit dem NS-Staat in vielen Punkten arrangiert hat, macht dieses Zitat aus dem Munde des aktiven Kirchenkämpfers Holtz dennoch unmissverständlich die inhaltliche Nähe Haendlers zur Bekennenden Kirche deutlich. Treffend formuliert daher Kerstin Voigt: „Otto Haendler war ein Mann der Mitte. Sein Wirken in jenen Jahren geschah nicht in breiter Öffentlichkeit, sondern im seelsorglichen, im zwischenmenschlichen Bereich"[155]

Wenngleich sich Otto Haendlers Auseinandersetzung mit dem Nationalsozialismus nicht „in breiter Öffentlichkeit" vollzogen hat, brachte ihm seine distanzierte Haltung gegenüber den Deutschen Christen und der nationalsozialistischen Ideologie beruflich erhebliche Nachteile ein: 1938 scheiterte ein Ruf an die Universität Rostock an der gemeinsamen Intervention von Dekan und Gauleiter, die nach der Entlassung des der Bekennenden Kirche nahe stehenden Helmut Schreiner nun einen linientreuen Ordinarius berufen wollten.[156] Nach der gescheiterten Berufung stellte die Greifswalder Fakultät ersatzweise zwischen 1939 und 1942 insgesamt drei Anträge auf Ernennung Otto Haendlers zum Außerplanmäßigen Professor, die allesamt vom Reichsministerium abschlägig mit der Begründung zurückgewiesen wurden, dass in der Kriegszeit

---

[152] Otto Haendler vermerkt dazu selbst im Memorabilienbuch, 6: „Es gab in Neuenkirchen in der Hitlerzeit zwar eine Hitlerjugend, aber sie machte anfangs keinen anderen Eindruck als den einer lebhaften, fröhlichen Gruppe. Überhaupt kamen durch die Hitlerzeit in den ersten Jahren kaum je Streichlichter aus der Hitlerpolitik ins Dorf."

[153] Diese Angaben sind aus der Greifswalder Personalakte Otto Haendlers zu entnehmen (vgl. Archiv der EMAU Greifswald, PA 336, Bd 5, 59).

[154] Gottfried Holtz u. a.: Wege zum Menschen, in: Standpunkt 3 (1975) 4, 109.

[155] Kerstin Voigt: Otto Haendler, 22.

[156] Nachdem der amtierende Ordinarius für Praktische Theologie Helmut Schreiner aufgrund seiner aktiven Mitarbeit in der Bekennenden Kirche zwangsweise emeritiert worden war, sah sich das ebenfalls zum größten Teil der Bekennenden Kirche nahe stehende Kollegium nach einem adäquaten Ersatz um und kam dabei auf Otto Haendler – ein Umstand, der die Rolle Haendlers im Kirchenkampf etwas positiver erscheinen lässt (vgl. hierzu Sabine Pauli (Pettke): Die Theologischen Institute von 1933–1945, in: Heinrich Holze (Hg.): Die Theologische Fakultät Rostock unter zwei Diktaturen. Studien zur Geschichte 1933–1989, Festschrift für Gert Haendler zum 80. Geburtstag, Münster 2004, 59).

keine Außerplanmäßigen Professoren ernannt würden und zudem die Publikationsliste Haendlers zu gering sei – eine fadenscheinige Ausrede, um den mit den Deutschen Christen in Konflikt geratenen Haendler kalt zu stellen bzw. einen aus Sicht des Ministeriums „geeigneteren" Kandidaten einzusetzen. Dass Otto Haendler entgegen der Meinung des Reichsministers in dieser Zeit alles andere als literarisch unproduktiv war, zeigen seine Publikationen: Auf der Basis der unter dem Eindruck der Kriegsjahre immer lebendiger werdenden Erinnerungen an den eigenen Kriegsdienst im Ersten Weltkrieg veröffentlichte Haendler 1940 eine kurze Monographie mit dem Titel „Briefe an einen verwundeten Freund".[157] Nach 24 Jahren verarbeitete er darin nicht nur seine eigenen Erlebnisse aus dem Ersten Weltkrieg, sondern bot zugleich auf eindrückliche Weise situationsgebundene, lebenskundliche, seelsorgliche Hilfe – Begriffe, die, wie im Einzelnen noch zu zeigen sein wird, auch seine Predigten und homiletischen Grundsätze prägen.

1941 erschien schließlich in der ersten Auflage sein Hauptwerk „Die Predigt". Nach Kerstin Voigt sollte dieses Werk ursprünglich den Titel „Der Prediger und seine Predigt" erhalten, was der Verlag wahrscheinlich aus kommerziellen Erwägungen nicht akzeptierte.[158] Otto Haendler versucht darin dem schon in seiner Habilitationsschrift[159] angezeigten Fehlen einer grundsätzlichen Wertschätzung der Bedeutung des Subjekts des Predigers für den Predigtprozess innerhalb der Homiletik mit einer Rezeption der Tiefenpsychologie C. G. Jungs Rechnung zu tragen. Die grundsätzlich psychologische Anlage dieses Buches sowie die zentrale Forderung nach einer Selbstwerdung des Predigers als grundlegender Voraussetzung der Predigt muss dabei vor dem Hintergrund der Arbeit Haendlers an seiner eigenen Persönlichkeit im Rahmen seiner Lehranalyse verstanden und bewertet werden. Darauf macht u. a. das Vorwort aufmerksam, in dem Haendler betont, dass sein Buch „geboren, nicht gedacht"[160] sei. Die Originalität seines Ansatzes verschaffte ihm schnell Bekanntheit – allerdings überwiegend negative. So erinnerte sich etwa Hans-Joachim Thilo in einem Brief an Otto Haendler: „Es ist mir noch deutlich, wie Martin Doerne [...] bei der Besprechung der 1. Auflage Deines Buches ‚Die Predigt' so in Zorn geriet, daß er mitten in der Vorlesung ein paar Seiten Deines Manuskriptes zeriß. Was ihn so aufregte, war Dein Postulat vom Ernstnehmen des Subjektiven in

---

[157] OTTO HAENDLER: Briefe an einen verwundeten Freund, Berlin-Steglitz 1940.

[158] KERSTIN VOIGT: Otto Haendler, 262 (Fußnote 244).

[159] Vgl. OTTO HAENDLER: Die Idee der Kirche, 41: „Hinsichtlich der Gesamthomiletik dürfte man vielmehr eher fragen, ob nicht das dritte Moment, der Prediger, in der bisherigen Homiletik überhaupt zu kurz gekommen ist. Es könnte sein, dass die verständliche Vernachlässigung dieses subjektivsten Moments der Predigt gegenüber dem großen objektiven Moment des Evangeliums und dem objektiveren der Gemeinde gerade in der Gegenwart aufgehoben werden muss. Es könnte sein, dass sich aus einer gründlichen und umfassenden Bearbeitung dieses subjektiven Moments (etwa in Anknüpfung an Bassermann) wertvolle Gesichtspunkte zur Erhöhung der Bedeutung der Predigt ergeben würden".

[160] DERS.: Die Predigt, VIII.

der Verkündigung."[161] Dieser verbalen Kritik ließ Doerne schnell in Form einer verreißenden Rezension eine literarische folgen (vgl. hierzu ausführlicher Kap. IV.1.1).[162] Über sein opus magnum hinaus veröffentlichte Otto Haendler im Laufe der Jahre 1942/43 zahlreiche Predigtmeditationen in der Zeitschrift „Pfarramt und Theologie" sowie kürzere Aufsätze in verschiedenen Fachzeitschriften. Dass Haendlers theologische Leistung entgegen der Meinung des Reichsministers mehr als respektabel zu bewerten war, wurde zudem 1944 durch die Verleihung der Ehrendoktorwürde durch die Theologische Fakultät der Friedrich-Wilhelms-Universität zu Berlin bewiesen.[163] Fortan durfte er den Titel „D. theol." führen.

Einen kleinen Einblick in den nicht immer konfliktfreien universitären Alltag Otto Haendlers zu dieser Zeit gibt eine Anekdote, die aus den Personalakten[164] ersichtlich wird. Darin ist zu lesen, dass es 1936 zum Konflikt zwischen dem Privatdozenten Otto Haendler und dem neuen Ordinarius für Praktische Theologie WALTER BÜLCK (1891–1952, seit dem Wintersemester 1935/36 in Greifswald)[165] um das Recht des Abhaltens von Hauptvorlesungen gekommen ist. Bülck vertrat den Standpunkt, dass das Abhalten der beiden praktisch-theologischen Hauptvorlesungen allein dem Ordinarius vorbehalten sei und dass der ihm als Hilfe zur Seite gestellte Privatdozent Haendler sich auf das Abhalten ergänzender Nebenvorlesungen sowie homiletischer Proseminare beschränken sollte. Haendler sah dies anders und berief sich auf seine Freiheit als Privatdozent. Für das Wintersemester 1936/37 kündigte er deshalb eine vierstündige Vorlesung mit dem Titel „Praktische Theologie II (Liturgik und Homiletik)" an, während Bülck an einem anderen Termin „Praktische Theologie I" zu lesen vorsah. Der von Bülck eingeschaltete Dekan der Theologischen Fakultät verschärfte den Konflikt durch einen Brief an den Reichsminister für Wissenschaft, Erziehung und Volksbildung, zu dem sich wiederum Haendler

---

161 HANS-JOACHIM THILO: Otto Haendler zu seinem 90. Geburtstag, in: Quat. 44 (1980) 2, 114 f.

162 MARTIN DOERNE: Predigtlehre als Psychotherapie., 90–103.

163 Nach Kerstin Voigt hat Otto Haendler die Ehrendoktorwürde selbst beantragt und bei Reinhold Seeberg ein Kolloquium absolviert, da der Lizenziatengrad zunehmend an Bedeutung verlor (vgl. KERSTIN VOIGT: Otto Haendler, 241 [Fußnote 70]).

164 Vgl. hierzu Archiv der EMAU Greifswald, PA 336, Bd. 2, 56 ff.

165 Walter Bülck geriet aufgrund seiner liberalen Gesinnung (Schüler und Nachfolger Otto Baumgartens) in Kiel, wo er seit 1931 den Lehrstuhl für Praktische Theologie bekleidete, in Konflikt mit den Deutschen Christen. So sprach er sich beispielsweise gegen die Berufung Wilhelm Erbts als Ordinarius für Kirchengeschichte aus, der die nationalsozialistische Rassenideologie vertrat. Aufgrund dieser Konflikte wurde er gezwungen, zum Wintersemester 1935/36 in Greifswald die schlechter dotierte Lehrstuhlvertretung des emeritierten Eduard Freiherr von der Goltz zu übernehmen. Am 28. März 1936 erfolgte die Berufung zum Ordinarius, die er bis 1945 ausübte: Bülck floh vor der Roten Armee nach Hamburg-Altona, wo er bis zu seiner Pensionierung als Pfarrer und Lehrbeauftragter tätig war (vgl. hierzu RALPH UHLIG (Hg.): Vertriebene Wissenschaftler der Christian-Albrechts-Universität zu Kiel (CAU) nach 1933. Zur Geschichte der CAU im Nationalsozialismus, Frankfurt a. M. u. a. 1991, 99–102).

genötigt sah, Stellung zu beziehen. Am Ende des Konflikts stand im August 1936 ein Kompromiss: Bis sich der neue Ordinarius Bülck eingearbeitet hat, verzichtete Haendler vorerst auf das Abhalten von Hauptvorlesungen, anschließend sollte ein turnusmäßiger Wechsel erfolgen.

Am 22. November 1938 verstarb schließlich Otto Haendlers Vater Wilhelm in Berlin. Sein Sohn Otto hielt auf der Trauerfeier in St. Nikolai eine Predigt, die von Dankbarkeit und hoher Wertschätzung geprägt war und von der tiefen Verbundenheit zeugt, die er zu seinem Vater zeitlebens gehabt hat. In dieser Predigt finden sich darüber hinaus erste Anhaltspunkte für eine Fokussierung auf die Person des Predigers. Wilhelm Haendler wurde auf dem Alten Friedhof von St. Nikolai und St. Marien an der Prenzlauer Allee beigesetzt.

Die folgenden Kriegsjahre 1939 bis 1945 kamen trotz einiger Vorboten in ihrer Härte für Otto Haendler völlig überraschend: „Das unabsehbar Furchtbare zu realisieren war unmöglich“[166], rchtfertigt sich Haendler im Rückblick. In seiner Erinnerung war diese Zeit vor allem durch Zusammenhalt, Sparsamkeit und Entbehrung gekennzeichnet: „Ein tragender, einsatzbereiter Geist herrschte überall.“[167] Das Ehepaar Haendler half, wo es nur konnte: bei der Ernte, in der Pflege der Kranken, in der Aufnahme von landverschickten Kindern und Flüchtlingen. 1944 fanden manchmal bis zu 40 Flüchtlinge im Pfarrhaus Zuflucht, darunter auch Erika Haendlers Mutter, Tante und Bruder, die in Berlin ausgebombt worden waren. Wie ein Wunder blieben Greifswald und Umgebung während des Krieges von Bombenangriffen und Zerstörung verschont. Otto Haendler versah neben seinem Gemeindepfarramt den Dienst als Lazarettseelsorger in den Greifswalder Kliniken – eine Tätigkeit, mit der er 1915 seine pastorale Laufbahn begonnen hatte.

1944 hielt Otto Haendler auf einer Tagung von Marinepfarrern in Paris einen Vortrag über die Kriegspredigt.[168] Er spricht sich darin sowohl für eine „kultische Predigt“ aus, die in enger Verbindung zur Liturgie steht, sowie für eine „seelsorgliche Predigt“, die die Nöte und Ängste der Soldaten ernst nimmt. Trotz des Krieges als prinzipieller Situation und des Soldaten als vorauszusetzenden Hörer der Militärpredigt dürfe nicht der Krieg, sondern müsse das Evangelium Gegenstand und Ziel der Verkündigung sein. Die Konzepte einer „kultischen“ und „seelsorglichen Predigt“ sind zentral für die Homiletik und Predigtpraxis Haendlers und werden im Laufe der Arbeit noch genauer zu analysieren sein.

1945 wurde Greifswald schließlich kampflos der Roten Armee übergeben, womit ein neues Kapitel in der Geschichte der Stadt, aber auch in der Geschichte der Familie Haendler eingeleitet wurde. Das Neuenkirchener Pfarrhaus wurde wie das gesamte Dorf von der Roten Armee vorübergehend besetzt und zur militärischen Sperrzone erklärt. Da ihr das Pfarrhaus dabei als Kommandantur diente, musste die Familie Haendler für einige Wochen zu einer befreundeten

---

166 Memorabilienbuch, 7.

167 Ebd. Vgl. zu den folgenden Ausführungen a. a. O., 7–10.

168 OTTO HAENDLER: Ziel und Weg, 1–6.

Familie nach Greifswald ziehen. Erika und Ethelinde wurden sogar zu Arbeitsdiensten herangezogen, Otto Haendler versuchte, so gut es ging, in dem besetzten und entvölkerten Dorf seinen Pfarrdienst auszuüben. Jeden Sonntag feierte er Gottesdienst, zu dem in seiner Erinnerung alle im Dorf noch Verbliebenen sowie einige russische Soldaten kamen.

2.9 Professor für Praktische Theologie an der Universität Greifswald (1945–1951)

Am 2. August 1945 wurde Otto Haendler schließlich von der neuen sozialistischen Landesregierung zum nicht verbeamteten *Außerplanmäßigen Professor* und zweiten Universitätsprediger ernannt. Dass die Nationalsozialisten ihn bei der Berufung über-gangen hatten, wertete die neue Administration positiv. Ein gutes Jahr später wurde Otto Haendler mit der Wiedereröffnung der Universität Greifswald am 14. November 1946 von dessen neuem Rektor Ernst Lohmeyer, der nur wenige Tage später von russischen Soldaten ermordet wurde, zum verbeamteten *Extraordinarius* für Praktische Theologie ernannt und mit der Vertretung des durch den in den Westen geflohenen Walter Bülck vakanten Lehrstuhls beauftragt. Die Landesregierung stellte ihm zudem eine baldige Anstellung als Ordinarius in Aussicht. Und auch familiär schien sich in dieser Zeit alles zum Guten zu wenden: 1946 kehrte der 1942 zum Militärdienst eingezogene Gert Haendler aus der Kriegsgefangenschaft in das elterliche Haus nach Greifswald zurück und nahm das Theologiestudium auf – dem lebendigen Vorbild seines Vaters folgend strebte auch er in dieser Zeit nach eigenen Aussagen eine Existenz zwischen Greifswalder Pfarramt und Universität an.[169]

Am 1. März 1947 wurde Otto Haendler schließlich zum *Ordinarius* für Praktische Theologie an die Universität Greifswald berufen.[170] Obwohl er trotz herausragender wissenschaftlicher Leistungen seit seiner Habilitation 17 Jahre auf einen ordentlichen Lehrstuhl hatte warten müssen, zeigt der in den Personalakten erhaltene Briefverkehr zwischen Otto Haendler und dem Dekan der Theologischen Fakultät, dass ihm die Annahme der Professur nicht leicht gefallen ist.[171] Haendler fühlte sich seiner Gemeinde in Neuenkirchen vor allem durch die gemeinsam durchstandene Kriegszeit so stark verbunden, dass er einen Wechsel in das nur zwei Kilometer entfernte Greifswald als ein „Im-Stich-Lassen" der Gemeinde wertete. Hätte ihn der Ruf an eine andere Fakultät ereilt, wäre er ihm ohne Zögern gefolgt. Aufgrund dieser Bedenken einigte sich Haendler mit dem Dekan, dass er übergangsweise bis 1949 Pfarrer in Neuenkirchen bleiben dürfe.

---

[169] GERT HAENDLER: Kirchengeschichte, 34.

[170] Kerstin Voigt arbeitet in ihrer Biographie heraus, dass Otto Haendler schon am 14. November 1946 zum Ordinarius berufen worden sei (vgl. KERSTIN VOIGT: Otto Haendler, 23). Die Personalakten zeigen jedoch deutlich, dass Otto Haendler am 14. November 1946 als verbeamteter Extraordinarius auf den vakanten Lehrstuhl für Praktische Theologie berufen und erst am 1. März 1947 zum Ordinarius ernannt worden ist (vgl. Archiv der EMAU Greifswald, PA 336, Bd. 5).

[171] Vgl. hierzu Archiv der EMAU Greifswald, PA 336, Bd. 4.

Die Verbindung von praktisch-theologischem Lehrstuhl und praktisch-pastoraler Arbeit hielt Haendler darüber hinaus, ohne eine Degradierung der Wissenschaft aussagen zu wollen, für äußerst sinnvoll und bedauerte einen ministerialen Beschluss, nach dem eine Vereinbarung von Professur und Pfarramt unmöglich war. Am 1. Februar 1949 übergab Haendler schließlich das Neuenkirchener Pfarramt endgültig an seinen Nachfolger Pfarrer Born und zog mit seiner Familie nach Greifswald in die direkt an der Ryck gelegene Salinenstraße 48. Der Kontakt zu ihrem geliebten Neuenkirchen riss dabei nie ab: Mindestens zweimal in der Woche besuchte die Familie Freunde und ehemalige Gemeindeglieder in Neuenkirchen und wurde wiederum selbst häufig besucht.[172]

Über die Vorlesungstätigkeit Otto Haendlers in diesen Jahren gibt Kerstin Voigt einen guten Überblick.[173] Als Hochschullehrer setzte er ganz im Sinne seiner „Predigt" auf das exemplarische Lernen an seiner eigenen Person, das er schon bei Ernst von Dryander kennen gelernt hatte. Er stellte sich seinen Studenten als theologische Existenz zur Verfügung, an der sie sich abarbeiten und eine eigene Position entwickeln konnten. Dabei polarisierten vor allem seine homiletischen Ideen. Der damalige Student und spätere Nachfolger Haendlers auf dem Greifswalder Lehrstuhl Günther Kehnscherper erinnert sich im Rückblick: „[A]ls ich 1947 in Greifswald die ersten Vorlesungen bei Haendler hörte, gab es heftige Diskussionen, ob sein anthropologischer Ansatz mit der Analyse der Frömmigkeitstypen und der Vorstellungswelt des Predigthörers nicht ‚die Klarheit des reinen Gotteswortes' verwischten und zu falscher Rücksichtnahme auf den Hörer verleiten würden."[174] Trotz dieser Kritik, die auch von vielen Kollegen geübt wurde, ist Haendler nie müde geworden, die Notwendigkeit einer universalen, d. h. auch die psychische Dimension des Predigers und des Hörers in Betracht ziehenden homiletischen Perspektive zu betonen. Dies macht er auch im Vorwort zu der 1949 erschienenen zweiten Auflage seiner „Predigt" noch einmal ganz deutlich.

Einen ähnlichen Ton schlägt die im selben Jahr erschienene kurze Monographie „Denken und Glauben"[175] an, in der Otto Haendler der conditio humana Rechnung tragend rationales Denken und christliche Spiritualität versöhnlich miteinander ins Gespräch zu bringen versucht – ein Grundanliegen, das, wie noch genauer zu zeigen sein wird, schon in seinen Stralsunder Katechismus-Predigten zum Tragen kam. Sein Assistent in der Greifswalder Zeit war Gerhard Barting, den Haendler im Rahmen seiner Lehranalyse am „Deutschen Institut für Psychologische Forschung und Psychotherapie" kennen gelernt und dessen Lehranalyse er selbst durchgeführt hatte.[176]

---

[172] Vgl. Memorabilienbuch, 16.

[173] Vgl. KERSTIN VOIGT: Otto Haendler, 316–318.

[174] GÜNTHER KEHNSCHERPER u. a.: Wege zum Menschen, in: Standpunkt 3 (1975) 4, 112.

[175] OTTO HAENDLER: Denken und Glauben, Hamburg 1949.

[176] Vgl. hierzu KERSTIN VOIGT: Otto Haendler, 239.

In den Jahren 1949 bis 1950 hielt Otto Haendler im akademischen Gottesdienst der Universität Greifswald im Dom St. Nikolai eine Predigtreihe über die Figur des Petrus, die er vier Jahre später, literarisch überarbeitet, unter dem Titel „Petrus. Vom Überkommenen zum Überkommenden" veröffentlichte. Haendler beabsichtigte mit diesem Büchlein, „dem heutigen Menschen seinen Weg zur Glaubenserkenntnis und Glaubensverwirklichung zu erleichtern"[177] bzw. den konkreten Lebensbedingungen und Lebensdeutungen der Menschen („das Überkommene") mit der Wirklichkeit Christi („dem Überkommenden") in Kontakt zu bringen – Begriffe, die, wie noch genauer zu klären sein wird, sowohl für seine Homiletik als auch für seine Predigtpraxis von entscheidender Bedeutung sind.

2.10 Professor für Praktische Theologie an der Humboldt-Universität zu Berlin (1951–1959)

Nur zwei Jahre später ereilte Otto Haendler ein Ruf an seine alte *Berliner* alma mater, die seit 1946 den Namen Humboldt-Universität trug. Zum 1. April 1951 nahm er den Ruf und damit die Nachfolge Leonhard Fends an, der 1945 aufgrund des Krieges nach Bayern geflohen war und sich nach der Wiedereröffnung der Universität trotz des Bittens und Wartens der Fakultät nicht zu einer Rückkehr entschließen konnte.[178] Haendlers Nachfolger in Greifswald wurde WILLIAM NAGEL. Erika und Otto Haendler bezogen im Januar 1952 eine Wohnung in der Ahornallee 8 in Berlin-Friedrichshagen. Innerhalb des damaligen Kollegiums war Otto Haendler damit einer der wenigen Professoren, die in Ost-Berlin wohnten.[179] Da sein Sohn Gert seit Juli 1950 eine Assistentenstelle bei dem ebenfalls von Greifswald nach Berlin gewechselten Walter Ellinger bekleidete, zog auch er zusammen mit seiner Frau in die elterliche Wohnung. In den folgenden Jahren legte Otto Haendler eine rege Vortrags[180] und Veröffentlichungs-

---

[177] OTTO HAENDLER: Petrus, 6.

[178] Vgl. hierzu: HANS-HINRICH JENSSEN: Zur Geschichte des Lehrstuhls für Praktische Theologie (in der ersten Hälfte des 20. Jahrhunderts), in: WZ (B).GS 34 (1985), 562 sowie WALTER ELLINGER. Zur Geschichte der Praktischen Theologie in der Berliner Fakultät, in: Ernst-Rüdiger Kiesow/Joachim Scharfenberg (Hg: Forschung und Erfahrung im Dienste der Seelsorge. Festgabe für Otto Haendler zum 70. Geburtstag, Göttingen 1961, 150: Sechs Jahre wurde Fendts Berliner Lehrstuhl von Bruno Doering (mit Unterstützung von Ernst Jahn und Horst Fischer) vertreten, bis schließlich 1951 Otto Haendler berufen wurde.

[179] Vgl. DIETMAR LINKE: Theologiestudenten der Humboldt-Universität. Zwischen Hörsaal und Anklagebank, Neuenkirchen-Vluyn 1994, 104.

[180] Haendler hielt Vorträge in den Ev. Akademien Meißen und Radebeul (1951), auf den Tagungen der Gemeinschaft Arzt und Seelsorger (1957 in Stuttgart, 1959 in Elmau), auf einer Retraite im Diakonissenmutterhaus zu Bern (1957), in der Ev. Akademie Hagen (1957) sowie auf einer Tagung der Hamburgischen Landeskirche in Hamburg („Säkularismus als seelsorgerliches Problem" 1961) und Berlin. Dazu kamen Rundfunkandachten im Radio Bremen (1958 und 1961).

tätigkeit an den Tag. Wie aus den Dekanatsakten ersichtlich ist, beschränkte er diese dabei nicht auf einen rein akademischen Kreis, sondern sah auch in dem Kontakt zu Kirchengemeinden und Pfarrkonventen seine Aufgabe als Praktischer Theologe.[181] Der Fokus seines wissenschaftlichen Interesses verlagerte sich dabei zunehmend ganz in den Bereich der Seelsorge – eine Entscheidung, die auch in der Konsequenz seines anthropologischen und inkarnatorischen Ansatzes der Homiletik lag. Es erschienen insgesamt sieben Monographien,[182] zahlreiche Aufsätze, Rezensionen und kleinere Artikel in Zeitungen wie beispielsweise dem Berliner Sonntagsblatt. Unter den Monographien sticht besonders „Angst und Glaube“ (1951) hervor, ein Werk, das von der hohen psychologischen Kompetenz Haendlers zeugt, sowie sein 1957 erschienenes zweites Hauptwerk, der „Grundriss der Praktischen Theologie“, das über Jahre hinweg zahlreichen Studenten zur Standardlektüre werden sollte und in der Zusammenschau (fast) aller praktisch-theologischer Disziplinen einen hervorragenden Einblick in Haendlers theologisches Grundkonzept bietet. Er stellt darin auch zum ersten Mal im klassischen Stil eines Lehrbuches in kompakter und systematischer Weise seine Homiletik dar – neben der „Idee der Kirche“ und der „Predigt“ der wesentliche Anhaltspunkt dieser Arbeit für eine Analyse seiner Homiletik. Bereits 1956 wurde Otto Haendler darüber hinaus Mitherausgeber der Zeitschrift „Wege zum Menschen“, die sich ganz in seinem Sinne um einen Diskurs von Theologie und Psychologie bemühte.

Im Blick auf seine Tätigkeit als akademischer Lehre hat Otto Haendler in seiner Berliner Zeit zahlreiche bedeutsame Schüler hervorgebracht, die einen je eigenständigen Zugang zur Praktischen Theologie entwickelten und nicht einer normativen Schulmeinung Haendlers folgten, wenngleich sie nach eigenen Aussagen nachhaltige Impulse für ihr eigenes theologisches Denken von ihm empfangen haben.[183] Unter ihnen stechen besonders GERHARD STEEGE (Promotion 1953),[184] HANS-HINRICH JENSSEN (Promotion 1955, 1959–1993 Professor für PT an der HU Berlin),[185] ERNST-RÜDIGER KIESOW (Assistent Haendlers in Berlin von 1951–1961, Promotion 1957, Habilitation 1962, 1967–1991 Professor für PT in

---

[181] Vgl. hierzu Archiv der HU Berlin, Sektion Theologie 2202, 236.

[182] OTTO HAENDLER: Christophorus. Die Legende als Bild des Glaubensweges, Berlin ^{1}1951, ^{2}1951, ^{3}1953; DERS.: Angst und Glaube, Berlin ^{1}1952, ^{2}1953, ^{3}1954; DERS.: Petrus: Vom Überkommenen zum Überkommenden, Berlin 1954; DERS.: Das Leib-Seele-Problem in theologischer Sicht, Berlin 1954; DERS.: Grundriss der Praktischen Theologie, Berlin 1957; DERS.: Zwischen Glaube und Unglaube, Göttingen 1966; DERS.: Meditation als Lebenspraxis, Göttingen 1977.

[183] So z. B. stellvertretend für seine Kollegen ERNST-RÜDIGER KIESOW: Vom Überkommenen zum Überkommenden. Prof. D. Otto Haendler zum 80. Geburtstag, in: Neue Zeit 26 (1970) 91, 5.

[184] GERHARD STEEGE: Mythos, Differenzierung, Selbstinterpretation. Versuch zur erkenntnistheoretischen Grundlegung einer entmythologisierenden Theologie unter kritischem Rückblick auf die intuitive Erkenntnismethode Reinhold Seebergs, Hamburg 1953.

[185] HANS-HINRICH JENSSEN: Die Bedeutung des historischen Jesus Christus für die Entmythologisierung in der Predigt, Berlin 1955 (Diss. masch.).

Rostock),[186] Klaus Winkler (Promotion 1960, 1980–1997 Professor für PT in Bethel),[187] Walter Saft (Promotion 1964, ab 1975 Oberkirchenrat und Honorarprofessor für Ökumene in Jena)[188] und Heinrich Fink (1961–1967 Assistent Haendlers in Berlin, Promotion 1966, 1979–1992 Professor für PT an der HU Berlin, 1990–1992 Rektor der HU Berlin)[189] hervor. Vor allem an den Titeln der einzelnen von Haendler betreuten Qualifikationsschriften zeigt sich, dass die Grundlinien seiner Theologie, allen voran die Forschungsfelder „C. G. Jung und „Meditation", durch seine Schüler fortgesetzt wurden (vgl. hierzu ausführlicher Kap. IV.1.2).

Die schon im Neuenkirchener Pfarrhaus praktizierte Gastfreundschaft setzte das Ehepaar Haendler dabei auch in Berlin fort. So erinnert sich etwa Heinrich Fink: „Für uns Studenten der fünfziger Jahre waren die Einladungen ins Hause Haendler ein Stück selbst erfahrener Seelsorge. Wir erlebten nämlich, wie sehr der gemeinsame Lebensweg des Ehepaares auch jeden Denkschritt unseres Professors prägte. Mutter Erika hatte für uns von der Mensa recht stiefmütterlich behandelten Studenten jedes Mal eine prächtige Mahlzeit bereit. Und wer noch nicht gelernt hatte, sich an schönen Blumen und Bildern zu freuen, bekam hier stillschweigend beredten Nachhilfeunterricht."[190]

Drei Reisen führten Erika und Otto Haendler in den Jahren 1956, 1958 und 1959 für einige Tage nach Küsnacht zu Carl Gustav Jung. 15 Jahre nach der ersten Auflage seiner „Predigt", in der er Jung als erster Theologe umfangreich rezipierte hatte,[191] stand er ihm nun Auge in Auge gegenüber. Haendler zeigte sich von der Persönlichkeit Jungs tief beeindruckt. So ist etwa in einem kleinen unveröffentlichten Essay über seinen ersten Besuch bei Jung zu lesen: „Der erste unvergeßliche Eindruck von der machtvollen Persönlichkeit war hier in einer kleinen Laube neben dem Hause. Da saß er, als wir kamen, in Arbeitskleidung mit Steinbrille vor den Augen an einem Steine meißelnd mit so gesammelt-ruhigem Ausdruck, daß dieser Anblick jeden anderen Eindruck überwog. Gespräche mit ihm sind, auch wenn sie mit einer üblichen Begrüßung beginnen,

---

[186] Ernst-Rüdiger Kiesow: Dialektisches Reden und Denken in der Predigt, Berlin 1957 (Diss.); Ders.: Katholizismus und Protestantismus bei Carl Gustav Jung, Berlin 1962 (Habil. masch.).

[187] Klaus Winkler: Dogmatische Aussagen in der neueren Theologie im Verhältnis zu den Grundbegriffen der komplexen Psychologie C. G. Jungs, Berlin 1960 (Diss. masch.).

[188] Walter Saft: Die Bedeutung der Meditation für die Seelsorge, Berlin 1964 (Diss. masch.).

[189] Heinrich Fink: Begründung und Funktion der Praktischen Theologie bei Friedrich Daniel Ernst Schleiermacher. Eine Untersuchung anhand seiner praktisch-theologischen Vorlesungen, Berlin 1966 (Diss.).

[190] Ders. u. a.: Wege zum Menschen, in: Standpunkt 3 (1975) 4, 109.

[191] So Carl Gustav Jung: Brief an Herrn G. Krüger, Berlin-Neukölln vom 17.02.1961, in: ders.: Briefe, hg. von Aniela Jafé u. a., Bd. 3, Freiburg i. Br. 1973, 379 f.

beim zweiten oder dritten Satz in wesentlichen Tiefen, besonders, wenn man auf eine Äußerung von ihm lebhaft anspringt."[192] Es folgten Vorträge in Bern, Hagen und Stuttgart sowie mindestens ein Besuch bei Hans-Joachim Thilo in Genf.[193]

Im Blick auf Haendlers *Verhältnis zur DDR-Diktatur* wiederholt sich ein Zug, der sich schon in seinem Umgang mit dem nationalsozialistischen Regime gezeigt hat: Auf der einen Seite verurteilte Otto Haendler jedwede ideologische Verformung zentraler christlicher Inhalte und setzte sich beispielsweise aktiv für die Wiedereinführung der akademischen Gottesdienste an der Humboldt-Universität (in der Sophienkirche) ein, um so eine Verzahnung von Lehre und Praxis zu ermöglichen.[194] Er war dabei den allgemeinen Vorurteilen und Repressionen gegenüber Theologen ausgesetzt.[195] Auf der anderen Seite arrangierte er sich aber auch mit dem DDR-Staat, indem er beispielsweise in dem 1954 veröffentlichten Aufsatz „Praktische Theologie und offene Kirche" eine Kirche forderte, die sich dem staatlich verordneten Atheismus gesprächsbereit zeigt, wenngleich sie seine Überzeugungen nicht teilen dürfe.[196] Interessant ist, dass Haendler mit dem Begriff der „offenen Kirche" an eine Formulierung anknüpft, die sich schon 13 Jahre früher in der ersten Auflage seiner „Predigt" finden lässt, hier freilich bezogen auf den Öffentlichkeitscharakter der Predigt sowie die damit einhergehende Forderung nach einer gegenwartsnahen Predigt.[197] Wollte

[192] OTTO HAENDLER: Jung, zitiert nach KERSTIN VOIGT: Otto Haendler, 65.

[193] Vgl. HANS-JOACHIM THILO: Otto Haendler, 116 f.: Thilo, der von 1956–1961 Auslandspfarrer innerhalb der Deutschen Lutherischen Kirche in der Schweiz war, erwähnt hier, dass Haendler seinen Besuch bei ihm auch dazu nutzte, die „Fêtes de Genève" zu besuchen und in Thilos Gemeinde zu predigen.

[194] Vgl. OTTO HAENDLER: Brief an den Dekan der Theologischen Fakultät vom 15. März 1953, Archiv der HU Berlin, Sektion Theologie 2202, 252: „Der derzeitige Zustand, in dem weder akademische Gottesdienste noch Studenten-Andachten stattfinden, weist eine nicht mehr länger tragbare Lücke in der Ausbildungsmöglichkeit der Studenten der theologischen Fakultät auf. [...] [I]n einem Zusammenarbeiten von akademischen Lehrern und Studenten besteht die Möglichkeit, das in den Vorlesungen Verarbeitete so zu praktizieren, dass die Anwendung des grundsätzlich Erarbeiteten deutlich wird."

[195] So zog beispielsweise Haendlers Aufsatz „Wissenschaft und Leben in der Praktischen Theologie. Bruno Doehring zum 75. Geburtstag, in: WZ (B).GS 3 (1953/54) 4, 289-295" die Anfeindung des Philosophen Georg Klaus auf sich, der den Lehrstuhl für Logik und Erkenntnistheorie bekleidete. Klaus unterstellte Haendler einen unzureichenden Wissenschaftsbegriff, da er die Praktische Theologie nicht vor dem Hintergrund des Marxismus einordne, und verlangte die Ablehnung dieses Aufsatzes seitens der Universität. Walter Ellinger setzte sich jedoch als Dekan der Theologischen Fakultät für Otto Haendler ein, so dass sein Aufsatz veröffentlicht werden konnte (vgl. hierzu Archiv der HU Berlin, Sektion Theologie 2202, 219–223).

[196] DERS.: Offene Kirche, 17 f.

[197] Vgl. DERS.: Die Predigt. Tiefenpsychologische Grundlagen und Grundfragen, Berlin 1941, 206: „Der Ort der Predigt in der Gegenwart ist also die Öffentlichkeit. Kirche mit echter Predigt ist Kirche der offenen Tür. Die Gemeinde ist der Gegenwartsmensch und

Haendler in der „Predigt" vornehmlich zum Ausdruck bringen, dass sich die Predigt nicht vor der Welt verschließen dürfe, sondern ganz in der Welt und ganz im Evangelium beheimatet sein müsse, so stellte diese Welt 1954 im Falle Haendlers eine sozialistische Diktatur dar.[198] Mit dieser Position entsprach Haendler schon 1954 im Wesentlichen dem erst 1970 auf der Synode von Eisenach formulierten Selbstverständnis des „Bundes der Evangelischen Kirchen in der DDR", „nicht Kirche neben, nicht gegen, sondern im Sozialismus"[199] zu sein. Sein Schüler und Nachfolger auf dem Berliner Lehrstuhl Hans-Hinrich Jenssen hat diese Position Haendlers weiter ausgebaut und in einem 1965 veröffentlichten Aufsatz deutlich die Anpassung der Praktischen Theologie an den sozialistischen Staat gefordert. Pointiert hält er dabei fest: „Wer Praktische Theologie betreibt, ohne ständig zu bedenken, daß er in einer Kirche in einer sozialistischen Umwelt lebt und arbeitet, der hat die ganze Praktische Theologie nicht verstanden."[200]

Aufgrund dieses Arrangements mit der gesellschaftspolitischen Wirklichkeit geriet Otto Haendler im Gegensatz zu anderen Theologen nachweislich nie in Konflikt mit den Staatsorganen der DDR, weshalb sich beispielsweise keinerlei Aktennotizen in den derzeit zugänglichen Unterlagen des Ministeriums für Staatssicherheit über ihn finden lassen.[201] Auch im Rahmen einer Auseinandersetzung um das regimetreuen Professorenehepaar Müller an der Berliner Fakultät hielt sich Haendler genauso bedeckt[202] wie im Blick auf den erneut einsetzenden „Kirchenkampf", der zwischen 1945 und 1958 seinen Höhepunkt erreichte.[203] Diese Haltung brachte Otto Haendler sogar erhebliche Privilegien ein: Er bekleidete einen personell gut ausgestatteten Lehrstuhl, durfte zu Vorträgen und Forschungsreisen ins westliche Ausland reisen, konnte seine Lehrtätigkeit auch nach seiner Emeritierung fortsetzen, erhielt mehrere offizielle Ehrungen der Universität und bekam die Möglichkeit, seine Bücher auch in West-Deutschland zu verlegen. Geht man von diesen Privilegien aus, könnte man Otto Haendler nach einem 1958 von der für die Theologischen Fakultäten zuständigen Referentin des Staatsekretariats für Hochschulwesen Frese herausgegebenen „Perspektivplan" aus der Sicht der DDR-Staatsführung als „Professorentyp c)" einstufen, der in folgender Weise zu behandeln war: „Fortschrittliche und sich fortschrittlich entwickelnde Professoren und Dozenten fördern und befördern, ihnen möglichst große Einflußmöglichkeiten einräumen. Nur bei geeignetem Nachfolger

---

die Spannweite rechter Verkündigung reicht mit jedem ihrer Klänge vom Markt über die Pforte bis zum Altar" (entspricht Berlin ³1960, 234).

198 Vgl. Ders.: Offene Kirche, 17 f.. Die Kirche muss „in völliger Wahrung ihres Eigenseins und aus ihm heraus theologisch begründete Formen finden, in denen Kreise, die in ihrer Weise und nach ihrer Meinung Christentum leben, sich von der Kirche nicht zurückgestoßen fühlen; in denen angesichts des Atheismus die in diesen Kreisen dem Christentum verwandten Kräfte mit diesem zu fruchtbarer Arbeitsgemeinschaft zusammenfinden [...]. Dass die Kirche zugleich die echte und die offene Kirche sei, das ist ihr Beruf. Wie sie es sein könne, das zu erarbeiten, ist Aufgabe der Praktischen Theologie."

199 Zitiert nach Dietmar Linke: Theologiestudenten, 21.

200 Hans-Hinrich Jenssen: „Anpassung" als Gegenstand praktisch-theologischer Besinnung. Otto Haendler zum 75. Geburtstag, in: EPB (1965), 112.

201 So das Ergebnis eines von Wilfried Engemann und dem Verfasser gestellten Forschungsantrages an den BStU.

202 Vgl. Michael Meyer-Blanck: Tiefenpsychologie, 402 f.

203 Vgl. hierzu Dietmar Linke: Theologiestudenten, 53–57.

emeritieren oder wenn es ihr Gesundheitszustand unbedingt gebietet. Ständig gesellschaftlich mit ihnen arbeiten, ihre Wünsche respektieren und soweit möglich auch erfüllen. Ihnen kann z. B. auf ihren Wunsch auch ein gesellschaftlich schwächerer Assistent gegeben werden. Sie sind auch in ihrer Forschungstätigkeit besonders zu unterstützen, damit sie größere wissenschaftliche Anerkennung gewinnen können."[204]

Aufgrund dieser vermittelnden Position im Blick auf sein Verhältnis zur DDR-Diktatur ist es wirkungsgeschichtlich sehr interessant, dass ein theologischer Lehrer wie Otto Haendler mit Heinrich Fink (*1935), Walter Saft (1923–2010) und Ernst-Rüdiger Kiesow (1926–2003) drei Schüler hervorbringen konnte, die in ihrem Verhältnis zur DDR unterschiedlicher nicht sein konnten: Heinrich Fink trat aktiv für die Vereinbarkeit von Christentum und Sozialismus ein, sprach sich deutlich gegen die staatliche Opposition aus und wirkte sogar als IM Hand in Hand mit der Staatsmacht.[205] Ähnliches gilt auch für Walter Saft.[206] Ernst-Rüdiger Kiesow setzte sich hingegen vehement für die Freiheit ein und kritisierte offen Missstände (vor allem im Blick auf die undemokratischen Wahlen in der DDR). So verweigerte er beispielsweise die Unterzeichnung eines Dokuments, in dem die Hochschullehrer der DDR die Besetzung der Tschechoslowakei durch den Warschauerpakt im Jahr 1968 befürworteten und geriet aus diesem Grund in Konflikt mit eben dieser Staatsmacht.[207]

2.11 Emeritus (1959–1981)

1959 wurde Otto Haendler im Alter von 69 Jahren emeritiert. Bis zu seiner offiziellen Verabschiedung im Jahr 1967 hielt er jedoch weiterhin Seminare und Vorlesungen. Im Rahmen der Feierlichkeiten des 150-jährigen Bestehens der Humboldt-Universität kam ihm die Ehre zu, am 13. November 1960 die Festpredigt im Berliner Dom zu halten.[208] Sein Nachfolger auf dem Berliner Lehrstuhl wurde sein Schüler Hans-Hinrich Jenssen (1927–2003). Als Zeichen für die Beliebtheit Haendlers bei seinen Studenten mag symbolisch ein Fackelzug stehen, der nach seiner offiziellen Verabschiedung 1967 vor seinem Haus in Friedrichshagen abgehalten worden ist. Hans-Hinrich Jenssen hält dazu resümierend fest: „Unsere Studenten hatten eben ein lebendiges Gespür dafür, daß ihnen bei Otto Haendler weit mehr als gediegenes theologisches Fachwissen geboten wurde, daß hier Einsichten und existenzielle Impulse vermittelt wurden, die schlechthin zukunftsweisend sind"[209]. Noch zweimal, 1960 in Hamburg

---

[204] Bundesarchiv Potsdam, R-3, 5595, 9 ff., zitiert nach Dietmar Linke: Theologiestudenten, 32.

[205] Vgl. Michael Meyer-Blanck: Tiefenpsychologie, 425.

[206] Vgl. zur Rolle Walter Safts als IM in der Leitung der Thüringischen Landeskirche Walter Schilling: Die „Bearbeitung" der Landeskirche Thüringen durch das MfS, in: Clemens Vollnhals (Hg.): Die Kirchenpolitik von SED und Staatssicherheit. Eine Zwischenbilanz, Berlin 1996, 218, 231.

[207] Vgl. Hermann Michael Niemann: Ein Mann mit Eigenschaften – Erinnerungen an Ernst-Rüdiger Kiesow, in: Heinrich Holze (Hg.): Die Theologische Fakultät Rostock unter zwei Diktaturen. Studien zur Geschichte 1933–1989, Festschrift für Gert Haendler zum 80. Geburtstag, Münster 2004, 355–360.

[208] Vgl. A 6.

[209] Hans-Hinrich Jenssen: Die Humanität des Glaubens. Otto Haendler zum 80. Geburtstag, in: EPB 12 (1970) 3, 54.

und 1963 in Ost-Berlin, traf Otto Haendler seinen alten Freund Paul Tillich und erinnert sich im Rückblick: „Seine Vorträge: klar und durchsichtig wie Kristall [...], der Abschied war warm und unbeschwert, ein Lebewohl ‚auf Wiedersehen', das man zuversichtlich erwartete. Und das ist dann nicht mehr gekommen."[210] Am 22. Oktober 1965 verstarb Paul Tillich in Chicago.

Otto Haendler konnte die Früchte seiner Arbeit noch viele Jahre genießen und sich über zahlreiche Ehrungen freuen. Anlässlich seines *70. Geburtstags* gaben Ernst-Rüdiger Kiesow und Joachim Scharfenberg 1960 eine Festschrift mit dem Titel „Forschung und Erfahrung"[211] und Hans-Hinrich Jenssen einen Artikel in der christdemokratischen Zeitung „Neue Zeit"[212] heraus. Anlässlich seines *75. Geburtstages* veröffentlichten die Mitherausgeber der „Wege zum Menschen" 1965 ein Jubiläumsheft[213] und Hans-Hinrich Jenssen[214] ehrte ihn mit einem Artikel im „Evangelischen Pfarrerblatt", der vor allem Haendlers Verdienste auf dem Feld der Poimenik hervorhob. Zu seinem *80. Geburtstag* im Jahre 1971 veröffentlichten Joachim Scharfenberg und Klaus Winkler unter dem Titel „Tiefenpsychologie und Seelsorge" einen Sammelband mit den wichtigsten poimenischen Aufsätzen Haendlers. Daneben würdigte Ernst-Rüdiger Kiesow dessen Leistungen in der „Neuen Zeit" und Hans-Hinrich Jenssen im „Evangelischen Pfarrerblatt".[215] Zu seinem *85. Geburtstag* ehrten ihn seine Schüler mit einem Jubiläumsartikel in der Zeitschrift „Standpunkt".[216]

---

[210] Otto Haendler/Erik Schmidt: Tillich in Ostberlin – 1963, in: Paul Tillich: Impressionen und Reflexionen. Ein Lebensbild in Aufsätzen, Reden und Stellungnahmen, Stuttgart 1972, 581. Vgl. hierzu auch Otto Haendler: Paul Tillich, 64 f.

[211] Ernst-Rüdiger Kiesow/Joachim Scharfenberg (Hg.): Forschung und Erfahrung im Dienste der Seelsorge. Festgabe für Otto Haendler zum 70. Geburtstag, Göttingen 1961, darin Aufsätze von Oskar Söhngen, William Nagel, Karl Bernhard Ritter, Hans Urner, Rudolf Hermann, Erich Fascher, Gottfried Holtz, Walter Uhsadel, Alfred Dedo Müller, Joachim Scharfenberger, Ruth Führer, Wilhelm Stählin, Oskar Planck, Theodor Bovet, Ernst-Rüdiger Kiesow, Gert Haendler, Walter Ellinger und Klaus Winkler.

[212] Hans-Hinrich Jenssen: Wegweisung für das Amt der Verkündigung. Zum 70. Geburtstag von Prof. D. Otto Haendler, in: Neue Zeit 16 (1960) 92, 5.

[213] WzM 17 (1965), 129–192, darin Aufsätze von Klaus Winkler, Heinrich Fink, Ernst-Rüdiger Kiesow, Gert Haendler, Helmut Harsch und Joachim Scharfenberg.

[214] Hans-Hinrich Jenssen: Anpassung als Gegenstand praktisch-theologischer Besinnung. Otto Haendler zum 75. Geburtstag, in: EPB 7/8 (1965), 111–113.

[215] Ernst-Rüdiger Kiesow: Vom Überkommenen zum Überkommenden. Prof. D. Otto Haendler zum 80. Geburtstag, in: Neue Zeit 26 (1970) 91, 5 (18.04.1970); Hans-Hinrich Jenssen: Die Humanität des Glaubens. Otto Haendler zum 80. Geburtstag, in: EPB 12 (1970), 54–56.

[216] Heinrich Fink u. a.: Wege zum Menschen, in: Standpunkt 3 (1975) 4, 109–112, darin kurze Erinnerungen von Heinrich Fink, Gottfried Holtz, Eberhard Winkler, Gottfried Kretschmar, William Nagel, Ernst-Rüdiger Kiesow, Hans-Hinrich Jenssen, Klaus-Peter Hertsch und Günther Kehnscherper.

Anlässlich seines *90. Geburtstages* erschienen Jubiläumsartikel von Hans-Hinrich Jenssen, Heinrich Fink und Hans-Joachim Thilo.[217] Die Humboldt-Universität ehrte den Jubilar zudem am 18. April 1980 mit einem Festakt im Senatssaal, bei dem Heinrich Fink in einer Festrede vor allem die Verdienste Haendlers um eine Rezeption der Psychologie innerhalb der Theologie würdigte: „‚Wege zum Menschen' – das ist darum nicht nur der Titel jener Zeitschrift, die Sie als Mitherausgeber und Autor wesentlich geprägt haben, sondern es ist Ihr ureigenstes Thema, das Ziel Ihres theologischen Bemühens. Die Menschwerdung Gottes als Gottes Weg zu den Menschen war für Sie die Begründung der Aufgabe eines Predigers und Seelsorgers"[218]. Als Reaktion auf die Festreden ergriff Otto Haendler in alter Frische und gedanklicher Klarheit noch einmal spontan das Wort und fasste resümierend zusammen: „Wenn ich auf mein Leben zurückblicke, dann muss ich sagen: es ist unendlich reich, erfüllt und glücklich gewesen, so, daß ich heute noch in hohem Alter in ungestörter Dankbarkeit zu ihnen sprechen kann. [...] Meine Freude im Leben war, daß ich durch Psychoanalyse gelernt habe, mich dem Du zu öffnen, und damit habe ich mein Ich gefunden, das ich dem Du nicht mehr entziehen konnte."[219]

1966 und 1977 erschienen mit „Zwischen Glauben und Unglauben" sowie „Meditation als Lebenspraxis" die letzten beiden Monographien Otto Haendlers. Die schon früh entdeckte Methode der Meditation wurde in dieser Zeit zu seinem hauptsächlichen Forschungsgegenstand. Auf zahlreichen Tagungen führten seine Frau und er darüber hinaus auch ganz praktisch in diese Methode ein (bereits seit 1951 war er Meditationsleiter in der Michaelsbruderschaft und gab Meditationstagungen im ganzen Land).[220] Das Alter, so machte es den Eindruck, konnte der Vitalität Otto Haendlers nichts anhaben.

Dies änderte sich jedoch ein dreiviertel Jahr später schlagartig. 1981 zog sich der immer noch rüstige Otto Haendler im Rahmen einer Reisevorbereitung einen Oberschenkelhalsbruch zu, von dem er sich nicht wieder erholte (Haendler wollte einen Koffer von einem Schrank herunter holen und stürzte dabei). Es mag eine Ironie der Geschichte sein, dass es eine Kriegsverletzung am Oberschenkel war, die Otto Haendler unter Umständen im Ersten Weltkrieg das Leben rettete, und dass nun wiederum eine Verletzung des Oberschenkels ihn mittelbar das Leben kostete. Am 12. Januar 1981, dem Geburtstag seines bereits

[217] HANS-HINRICH JENSSEN: Die Polarität von Zeitnähe und Offenbarungstreue in der Naturpredigt. Vergleich von vier Predigten im Lichte der Strukturtheologie Otto Haendlers. Otto Haendler zum 90. Geburtstag, in: ThLZ 51 (1980), 321–338; HEINRICH FINK: Auf dem Wege zum Menschen. Zu Otto Haendlers 90. Geburtstag, in: Standpunkt 8 (1980) 4, 104 f.; HANS-JOACHIM THILO: Otto Haendler zu seinem 90. Geburtstag, in: Quat. 44 (1980), 113–117.

[218] WzM 34 (1982), 134.

[219] OTTO HAENDLER: Dankansprache auf dem Festakt zu seinem 90. Geburtstag in der Humboldt-Universität, am 18.4.1980. Nach einer Mitschrift von D. Wegmann und H. Fink gedruckt, in: WzM 34 (1982), 137 f.

[220] Vgl. DERS.: Meditation in der Michaelsbruderschaft, in: Quat. 21 (1956/57), 159–161; HANS CARL VON HAEBLER: Michaelsbruderschaft, 195.

1972 verstorbenen Freundes Alfred Dedo Müller, verstarb Otto Haendler kurz vor seinem 91. Geburtstag im Königin-Elisabeth-Hospital zu Berlin. Die Beisetzung fand am 17. Januar auf dem Kirchhof von Neuenkirchen statt - dem Ort, der ihm während seines bewegten Lebens zur eigentlichen Heimat geworden war. Seine Frau Erika verstarb nur wenige Monate später am 24. April 1981 und wurde neben ihrem Mann beigesetzt.

Ein Jahr nach dem Tod Otto Haendlers fand 1982 in der Humboldt-Universität zu Berlin eine akademische Gedenkfeier statt. In dem zu diesem Anlass herausgegebenem Sonderheft der „Wege zum Menschen" kommt Klaus Winkler zu dem Schluss: „Fragt man, womit und in welcher Weise O. Haendler seine Schüler hinter all dem, was er im einzelnen sagte und schrieb, bleibend beeindruckt hat, so sind zwei Momente besonders hervorzuheben: Einmal geht es um einen neuen Umgang mit den Antinomien des menschlichen Erlebens und Handelns. [...] Des weiteren wird ‚Der Weg des Subjekts zum Evangelium und zum Text' bemerkenswert betont."[221] Eine Einschätzung, die im Folgenden genauer zu analysieren sein wird.

2.12 Ertrag

Der biographische Abriss hat gezeigt, dass Otto Haendler eine beachtliche Entwicklung durchlaufen hat: Aufgewachsen in einem preußischen Pfarrhaus, konfrontiert mit der lebendigen Frömmigkeit seines Vaters, studiert unter dem Einfluss der Liberalen Theologie, gekämpft als Soldat im Ersten Weltkrieg, promoviert bei einem Vertreter der Kriegstheologie, Pfarrer und Militärseelsorger in einer Zeit widerstreitender Gesellschaftsentwürfe, Psychotherapeut in einer Zeit, in der die Psychologie belächelt wurde, Pfarrer und Universitätsdozent unter dem Eindruck des Nationalsozialismus und des Kirchenkampfes sowie schließlich Professor für Praktische Theologie vor dem Hintergrund eines staatlich verordneten Atheismus. Bedenkt man die potentiellen Einflüsse von preußischer Kronloyalität, Sozialismus und Nationalismus, Liberaler und Dialektischer Theologie, so ist es bemerkenswert, dass sich Otto Haendler stets fernab von Verabsolutierungen und Einseitigkeiten bestimmter Glaubens-, Lebens-, Gesellschafts- und Wissenschaftsentwürfe bewegt hat und widerstreitende Momente stattdessen als Pole eines Spannungsverhältnisses verstanden hat.

Dass die Persönlichkeit für Otto Haendlers praktisch-theologisches Wirken überhaupt eine so zentrale Rolle einnehmen konnte, dürfte dabei in hohem Maße mit den persönlichen Erfahrungen zusammenhängen, die er in seiner Biographie mit den Persönlichkeiten bestimmter Menschen gemacht hat: Das trifft vor allem auf seinen Vater zu, aber auch auf seine theologischen Lehrer wie Adolf Schlatter und Ernst von Dryander, auf seinen psychologischen Lehrer Carl Gustav Jung und nicht zuletzt auf seine Freunde Paul Tillich und Alfred Dedo Müller. Haendler hat in entwicklungspsychologisch bedeutsamen Zeiten (Kindheit, Jugend, Studium, Berufsausbildung) prägende Kontakte zu innovati-

221 KLAUS WINKLER: Das persönlichkeitsspezifische Credo, in: WzM 34 (1982), 159.

ven, introvertierten und am Individuum interessierten Menschen aufgebaut, die ihm die Bedeutung einer reifen Persönlichkeit plastisch vor Augen führten. In diesem Sinne waren es primär Begegnungen mit der Persönlichkeit von Menschen und erst sekundär Begegnungen mit ihren intellektuellen Leistungen, die Haendlers eigenes theologisches Werk entscheidend geprägt haben. Diese Beobachtung soll jedoch nicht darüber hinwegtäuschen, dass neben konkreten Personen natürlich auch geistesgeschichtliche und theologische Strömungen einen wichtigen Einfluss auf das Denken Otto Haendlers gehabt haben. Diesem Umstand werden sich die folgenden beiden Unterkapitel widmen.

3. Homiletische Entwicklungsimpulse

Am Anfang des 20. Jahrhunderts war eine gewisse religiöse Verdrossenheit in Deutschland zu spüren:[1] Der seit der Aufklärung immer weiter fortschreitende Prozess der Säkularisierung hatte nun auch die Massen erreicht, und mit der zunehmenden Bildung breiterer Gesellschaftsschichten und der besseren allgemeinen Informationslage durch professionellen Zeitungsjournalismus und aufkommenden Rundfunk verstärkte sich auch der Wunsch nach Selbstbestimmung und Wertschätzung der eigenen Urteilsfähigkeit. Neben der Religion als alleiniger Deutungsinstanz für Lebenssinn und Lebensentwürfe gewannen in dieser Zeit zunehmend Naturwissenschaft, Philosophie, Kunst und Literatur an Bedeutung für das Selbstverständnis der Menschen. Hinzu kam, dass die fortschreitende Industrialisierung und Technisierung der Gesellschaft neue Fragen aufwarf. Vor allem in den Auseinandersetzungen um die „Soziale Frage" löste dabei die zögerliche Haltung der Kirche bei vielen Menschen eine grundsätzliche Skepsis gegenüber dieser Institution aus. Es wurde ihr immer weniger zugetraut, praktikable und richtungsweisende Antworten für die moderne Gesellschaft anzubieten. Die bis dahin in der Regel auf deutschen Kanzeln praktizierte klassische Textpredigt (egal ob liberal oder positiv gefärbt), bestehend aus gründlicher Exegese, dogmatischer Belehrung und religiöser Erbauung konnte aus diesem Grund nicht mehr ausreichend auf die Bedürfnisse der Hörer reagieren und wurde zunehmend als unzureichend empfunden, weshalb immer häufiger von einer „Krise der Predigt" bzw. der Homiletik zu hören war.

So beschreibt etwa FRIEDRICH NIEBERGALL (1866–1932) die aus seiner Sicht gängige Predigtpraxis um die Jahrhundertwende so: „Die Perikope wurde als Wort Gottes ausgelegt, um Glaube und Buße zu erwecken oder zu stärken. Ein Thema wurde aus dem Text gewonnen und dann in zwei oder drei Teilen, die mit ihm angekündigt wurden, nach der analytisch-systematischen Methode abgehandelt. [...] Das Ganze trug einen lehrhaft-erbaulichen Charakter. Das Ich war verpönt, das Evangelium, die Sache sollte alles sein. Jedes Thema war entweder ein Kasual- oder ein Finalthema, also entweder eine Behauptung oder eine Mahnung, natürlich immer so, daß jene in eine Forderung auslief und diese sich auf eine Wahrheit stützte."[2] Niebergall bezeichnet diese Predigtweise als „homiletische Scholastik" und macht sie zu einem großen Teil für die moderne Predigtmisere verantwortlich: „Die Predigt ist das Schmerzenskind der evangelischen Kirche. Man mag sie nicht, und man kann sie doch nicht lassen. [...] Man könnte es noch schärfer ausdrücken: die Predigt ist für Viele verächtlich oder gar komisch geworden. Sie hat ihren Kredit verloren. Man nimmt sie in weiten Kreisen nicht mehr ernst; der Mann da droben predigt, aber lieber täte er es nicht. Er spricht, aber er hat ja nichts zu sagen.

---

[1] Vgl. zu den folgenden Ausführungen FRIEDRICH WINTZER: Die Homiletik seit Schleiermacher bis in die Anfänge der dialektischen Theologie in Grundzügen, Göttingen 1969, 123–128.

[2] FRIEDRICH NIEBERGALL: Predigttypen und Aufgaben der Gegenwart, in: ChW 39 (1925) 27/28, 581.

Es sind Redensarten, Inflationsgeld, das durch keine dahinterstehenden reellen Werte gedeckt wird. Und wenn jemand Anders einmal Etwas sehr pathetisches dahinspricht, dann heißt es: er predigt."[3]

Ähnlich wie Niebergall muss auch REINHOLD SEEBERG (1859–1935), der Doktorvater Haendlers, ernüchternd feststellen: In der gegenwärtigen Predigt „stolpern Sprüche und Liedverse hin über die alten ausgefahrenen Gleise irgend einer Populardogmatik samt etlichen apologetischen Gemeinplätzen, [...] alles das vorgetragen in jenem Brusttone der Überzeugung, der doch niemand überzeugt. Und das geht so Sonntag für Sonntag, und niemand hört darauf hin, niemand gewinnt Inhalt für sein Leben daraus. Wie wenig originelle Gedanken, neue Beobachtungen, heilige Psychologie, praktische konkrete Beziehungen begegnen uns in der modernen Predigt!"[4] Dabei liegt es nach Seeberg gerade an der Predigt, ob die Kirche den Anforderungen der Zeit zu entsprechen vermag, oder nicht.

OTTO BAUMGARTEN (1858–1934) beschreibt die gängige Predigtform am Anfang des 20. Jahrhunderts so: „Die *Form* ist wesentlich folgende: Auf einen kürzeren Eingang folgt eine kraftvolle Ankündigung eines abzuhandelnden Themas und seiner Teile, dann eine Ausführung desselben von Punkt zu Punkt auf Grund biblischen Beweises, endlich ein paränetischer Schluß. Im ganzen deutschen Lande verläuft die Predigt nach diesem Schema. Speziell auch der *Stil* der Gemeinderede ist übereinstimmend geworden: nichts Ordinäres darf hinein, nichts vom Treiben des Marktes, nichts aus der Zeitung, in der Sprache des Parlaments. [...] Man kann sagen: Es herrscht der mittlere Stil der Überzeugungsrede etwa nach dem Motto: Wir wissen, was wir wissen, und ich erinnere nur an das, was ihr alle besitzt. *Inhaltlich* herrscht auch große Übereinstimmung: Die Predigt ist gebunden an die Perikopen [...]. Der Inhalt ist weiter gebunden an die Kirchenzeit [...]. An diesem Inhalt ist im großen und ganzen nichts Überraschendes, im guten und schlimmen Sinn: Selbstverständlichkeit ist das Herrschende."[5]

ERNST TROELTSCH (1865–1923) geht angesichts der von ihm als desolat erfahrenen Predigtsituation schließlich sogar so weit, seinen Hörern im Rahmen eines 1910 gehaltenen Vortrags resigniert zu raten, die Predigt einfach nur noch zu ertragen und in der gemeinsamen Feier des Gottesdienstes das Eigentliche zu sehen: „Die Leute müssen es von sich aus lernen, vielleicht durch eigenen Schaden lernen, daß die Hauptsache nicht die Predigt ist, sondern daß man die Predigt im wesentlichen erträgt. Das möchte ich offen sagen. Sie wird vom Pfarrer und von der Gemeinde ertragen."[6]

Wer sich nicht wie Ernst Troeltsch fatalistisch mit dem bloßen Ertragen der Predigt abfinden wollte, wünschte sich eine weniger grundsätzliche und dafür stärker lebensbezogene Predigt, die die Fragen und Nöte der Menschen aufnimmt. Diese Haltung wurde durch den Umstand weiter verstärkt, dass neben die Predigt als öffentlicher Rede in dieser Zeit in immer stärkerem Maße die politische Rede trat. Dadurch entstand eine latente Konkurrenzsituation im Blick auf inhaltliche Fragen wie z. B. das zugrunde gelegte Welt- und Menschenbild, aber auch im Blick auf formelle Fragen: Wenn die politische Rede

---

[3] A. a. O., 578.

[4] REINHOLD SEEBERG: An der Schwelle des zwanzigsten Jahrhunderts. Rückblicke auf das letzte Jahrhundert deutscher Kirchengeschichte, Leipzig 1900, 70 f.

[5] OTTO BAUMGARTEN: Predigt-Probleme. Hauptfragen der heutigen Evangeliumsverkündigung, Tübingen/Leipzig 1904, 7 f.

[6] ERNST TROELTSCH: Religiöser Individualismus und Kirche, in: DERS.: Gesammelte Schriften, Bd. 2, Tübingen 1913, 130.

aktuell, interessant und mitreißend gestaltet werden konnte, so dass die Zuhörer das Gefühl hatten, mit ihren alltäglichen Problemen ernst genommen zu werden, warum konnte dies nicht auch die Predigt leisten?

3.1 Die „moderne Predigt"

FRIEDRICH NIEBERGALL (1866–1932)[7] nahm sich dieser Fragen an und forderte als Erster konsequent eine „moderne Predigt", die den neuen geistigen und sozialen Verhältnissen besser entsprechen konnte. Dazu muss nach Niebergall eine Neugewichtung der drei Punkte des seit Schleiermacher geläufigen „Homiletischen Dreiecks" geschehen: Die einseitige Gewichtung zugunsten des Textes sei aufzuheben und auf die Person des Predigers und die Situation des Hörers zu verlagern. Konkret bedeute dies beispielsweise, einen anderen Zugang zum Text zu wählen: Nicht mehr exegetische oder dogmatische (Spezial-) Erkenntnisse sollen für die Predigt leitend sein, sondern aus dem Text entnommene „Motive", die der neuzeitlichen Skepsis gegenüber dem Christentum begegnen und Anreize zum Glauben bieten, sowie „Quietive", die im Angesicht der durch die Moderne ausgelösten Beunruhigungen und Ängste tröstend wirken.[8] Die entscheidende Aufgabe der Predigt ist damit nach Niebergall eine seelsorglich-pädagogische: die „Lebenshilfe" – ein folgenreicher homiletischer Neuansatz.

Die Predigt als Vermittlerin von Lebenshilfe sollte daher nach Niebergall „verständlich", „interessant" und „wirksam" sein – so die Überschriften der drei Hauptkapitel des zweiten Bandes seiner Homiletik mit dem programmatischen Titel „Wie predigen wir dem modernen Menschen?" Vor allem die Forderung einer wirksamen Predigt ist dabei eine deutliche Abkehr von der bis dahin im Anschluss an Schleiermacher durch Praktische Theologen wie Carl Immanuel Nitzsch (1787–1868) und Christian Palmer (1811–1875) üblich gewordenen Bestimmung der Predigt als „darstellendes Handeln". Eine wirksame, d. h. das Leben der Hörer direkt beeinflussende und verändernde Predigt kann nach Niebergall jedoch wiederum nicht losgelöst von der Predigerpersönlichkeit erreicht werden: So wie der Prediger seine Hörerschaft genau kennen müsse, um die homiletische Situation ermitteln zu können, so müsse der Prediger auch sich selbst kennen, um zu wissen, ob seine Persönlichkeit einen von der Situation geforderten Predigtstil trägt oder nicht. Dabei sei nüchterner Realismus, der vor einer wirklichkeitsfremden Predigt schütze, genauso wichtig wie psychologische Kenntnis und die Achtung der Individualität des Predigers.

---

[7] Vgl. zur folgenden Darstellung HANS MARTIN DOBER: Die moderne Predigt. Über Friedrich Niebergalls Homiletik, in: Christian Albrecht/Martin Weeber (Hg.): Klassiker der protestantischen Predigtlehre, Tübingen 2002, 161–183; ACHIM PLAGNETZ/ULRICH SCHWAB: Religionswissenschaftlich-empirische Praktische Theologie: Friedrich Niebergall, in: Christian Grethlein/Michael Meyer-Blanck (Hg.): Geschichte der Praktischen Theologie. Dargestellt anhand ihrer Klassiker, Leipzig 2000, 237–278; WOLFGANG STECK: Das homiletische Verfahren. Zur modernen Predigttheorie, Göttingen 1974.

[8] Vgl. FRIEDRICH NIEBERGALL: Wie predigen wir dem modernen Menschen?, Bd. 1, Tübingen [4]1920, 130–148.

Einen im Vergleich zu Friedrich Niebergall im Ansatz gleichen, im Ergebnis jedoch verschiedenen Weg wählte MARTIN SCHIAN (1869–1944).[9] Wie Niebergall versuchte Schian auf die veränderten Bedingungen der Moderne zu reagieren, vertrat jedoch geprägt von der Liberalen Theologie Albrecht Ritschls eine Vermittlungsposition zwischen Protestantismus und Moderne, Kirchlichkeit und Individualismus. Ihm wurde darum der Begriff der Kirche wieder wichtig: Nicht der moderne Mensch, wie bei Niebergall, sondern das Handeln der Kirche sollte wieder in das Zentrum der Praktischen Theologie gerückt werden. Praktische Theologie ist für ihn darum „Theorie des kirchlichen Handelns".[10] An dieser Formulierung lässt sich ablesen, wie stark der Einfluss Schleiermachers auch in dieser Zeit noch auf die Homiletik war. Die unterschiedliche Wertschätzung des Begriffs der Kirche hinderte Schian jedoch nicht daran, wie Niebergall eine „moderne Predigt" zu fordern, die sich ganz an den Bedürfnissen der Hörer sowie ihrer Situation orientiert und dabei auch die Person des Predigers nicht außer Acht lässt. Die Predigt solle „Freude am religiösen Besitz [...] wecken, aussprechen, klären, reinigen, stärken."[11]

3.2 Der Erste Weltkrieg und die Dialektische Theologie

Die katastrophale Erfahrung des Ersten Weltkrieges bildete schließlich eine Zäsur in der homiletischen Debatte. Waren bis dahin vor allem Fragen nach einer Vereinbarung von Glaube und Wissenschaft, Tradition und Moderne, Religion und Gesellschaft prägende Diskussionsthemen (vor allem der Liberalen Theologie), standen nun die als sicher erachteten gesellschaftlichen Überzeugungen selbst zur Disposition. Der Glaube an Technik und Humanität hatte genauso Schaden erlitten wie der Glaube an eine Kirche und Theologie, die den verheerenden Krieg maßgeblich mitgetragen hatte. Die alte Zeit und ihre Ideale schienen endgültig gescheitert und verloren zu sein. Stattdessen stellte sich ein Gefühl der Krise in fast allen Bereichen der Gesellschaft ein, das auf die Notwondigkeit einer Neuorientierung und der Entwicklung alternativer Formen des Zusammenlebens aufmerksam machte.[12] Die bereits angesprochene Jugendbewegung mit ihrer konsequenten Abkehr von überkommenen Konventionen und Rückbesinnung auf Ursprüngliches war eine Reaktion darauf (vgl. ausführlicher Kap. I.4).

---

9 Vgl. zu den folgenden Ausführungen JAN HERMELINK: Organisation der volkskirchlichen Gemeinde: Martin Schian, in: Christian Grethlein/Michael Meyer-Blanck (Hg.): Geschichte der Praktischen Theologie. Dargestellt anhand ihrer Klassiker, Leipzig 2000, 279–330.

10 MARTIN SCHIAN: Grundriss der Praktischen Theologie, Gießen 1922, 1.

11 A. a. O., 218.

12 Vor diesem Hintergrund ist es nicht verwunderlich, dass Begriffe wie „Scheitern" und „Krise" den geisteswissenschaftlichen Diskurs in dieser Zeit maßgeblich geprägt haben. Exemplarisch seien hier verwiesen auf: OSWALD SPENGLER: Der Untergang des Abendlandes, 2 Bde., München 1918–1922; FRIEDRICH KARL SCHUMANN: Der Gottesgedanke und der Zerfall der Moderne, Tübingen 1929.

Für die Theologie weitaus prägender und den Diskurs bis ins 21. Jahrhundert hinein bestimmend waren jedoch die Gedanken Karl Barths (1886–1968).[13] Er reagierte auf die neuzeitliche Krise, indem er den Ansatzpunkt von Theologie und Homiletik wieder konsequenter bei Gott wählte und nicht beim Menschen, der sich durch die Erfahrungen des Ersten Weltkrieges als unzulänglich erwiesen hatte.[14] Nicht eine subjektivistische Verengung sollte nach Barth bestimmend sein, sondern die Weite der Offenbarung Gottes, die den einzig verlässlichen Anhaltspunkt biete.[15] Für die Predigt bedeutet dies nach Barth, dass sie nicht vom Menschen und seinen Problemen handeln soll, sondern von der entscheidenden Frage, wie überhaupt der zeitlich und räumlich begränzte Mensch und der ewige Gott in dieser Welt zusammenkommen können.[16] Im Zuge der Beantwortung dieser grundlegenden Frage betonte Barth jedoch den qualitativen Unterschied von Gott und Welt so stark, dass es ihm zunehmend unmöglich erschien, als Mensch von Gott zu reden – so erstmals ganz deutlich in seinem 1919 gehaltenen Tambacher Vortrag „Der Christ in der Gesellschaft". Vormalige Probleme wie beispielsweise die der konkreten Predigtgestaltung waren für ihn angesichts dieses gravierenden Problems nebensächlich, weshalb er auch keine ausgeführte, sondern nur eine prinzipielle Homiletik verfasst hat.[17] Dass letztlich das Reden von Gott im Rahmen der Predigt dennoch möglich sei, verdanke der Mensch einzig der Offenbarung Gottes in der Schrift: „Wir sollen Menschenworte reden als solche, die Gottes Wort gehört haben und wissen, daß Gott selber wieder und weiter sein Wort sprechen will."[18] So ist dann auch eine starke Textbindung der Predigt die letzte Konsequenz der Homiletik Barths – eine Konsequenz, die hinter die Erfahrungen des 19. und beginnenden 20. Jahrhunderts zurücktrat und dadurch erneut für Diskussionsbedarf sorgte.

An dieser Stelle sollte nicht unerwähnt bleiben, dass die eigene Predigtraxis Karl Barths eine ganz andere Sprache spricht. Zwar lässt sich an den Predigten Karl Barths, wie Axel Denecke nachgewiesen hat, die Entwicklung seines theologischen Denkens hin zu einer stärkeren Betonung des kategorialen Unterschiedes zwischen Gott und Mensch gut nachverfolgen, homiletisch zeichnen sich vor allem seine Predigten aus dem Jahr 1914 jedoch „durch eine außerordendlich konkrete, dichte, drängende, manchmal gar aufdringliche Hörerorientierung aus."[19] Dabei bringt Barth nach Denecke sogar bewusst seine Persönlickeit ins Spiel, wenn er ertwa als Bekenner seiner neu entdeckten Gottesvorstellung auftritt und seine Hörer von deren Richtigkeit überzeugen möchte: „Er will

---

13 Vgl. zu den folgenden Ausführungen Friedrich Wintzer: Homiletik, 184–197.

14 Vgl. z. B. KD I/2, 367 ff.

15 Barths eigener Diktion folgend soll die Offenbarung nicht länger von der Religion, sondern die Religion wieder von der Offenbarung her bestimmt werden (a. a. O., 316).

16 Vgl. hierzu ausführlich Axel Denecke: Gottes Wort als Menschenwort. Karl Barths Predigtpraxis – Quelle seiner Theologie, Hanover 1989, 245–248.

17 Der Titel „Homiletik, Zürich 1966" stellt eine von Barth autorisierte, nachträgliche Kompilation verschiedener Aufsätze dar, die jedoch nicht als Homiletik im engeren Sinne verstanden werden kann.

18 Karl Barth: Menschenwort und Gotteswort in der christlichen Predigt, in: ZZ 3 (1925), 129.

19 Axel denecke: Gottes Wort, 111.

als getreuer Zeuge von Gottes Wort und nur von ihm reden, und er kann es doch nicht anders als in Gestalt seines ganz und gar subjektiven Menschenwortes."[20] In diesem Zusammenhang kann Barth in seinen Preidgten sogar persönlich Zeugnis ablegen und die Hörer direkt in die Fragen und Probleme seines Glaubenslebens mit hineinnehmen, so dass Denecke zu dem Schluss kommt: „Karl Barth führte in seinen Predigten von 1914 Selbstgespräche."[21] Nach Aufgrund dieses Befundesmuss nach Denecke auch die Theologie Karl Barths anders bewertet werden: Barths theologische Reifung hat nach Denecke in seinen Predigten ihren Ausgangspunkt genommen und sich schließlich in seiner Theologie niedergeschlagen. Wenn Barth darum 1919 im „Tambacher Vortrag" die Unmöglichkeit betont, als Mensch von Gott zu reden, dann seie sein Versuch, auf höchst persönlicher und hörerorientierter Weise in der Predigt um eine adäquates Gottesbild und Gottesverhältnis zu ringen, darin einzutragen.

Da Karl Barth selbst keine distinktive Homiletik verfasst hat, wenngleich seine gesamte Theologie als von der Verkündigung des Wortes Gottes ausgehend beschrieben werden kann, wurde sein homiletischer Ansatz innerhalb der Dialektischen Theologie vor allem von seinem Freund EDUARD THURNEYSEN (1888–1974) weiterentwickelt. Er betont dabei wie Barth sehr stark den kategorialen Unterschied von Gott und Mensch und fordert in seinem Aufsatz „Die Aufgabe der Predigt" von 1921 programmatisch: „Die Kanzel sei das Grab aller Menschenworte"[22]. Thurneysen spricht sich an anderer Stelle aus diesem Grund für eine „kerygmatische Predigt" aus, die „ein Zeugnis nicht von uns selber, sondern von Gott"[23] ablege, und kommt zu dem Schluss, dass eine „tiefe Kluft [...] zwischen dem Wort des Predigers und dem Worte Gottes"[24] bestehe. Diese Kluft sei so tief, dass jedes menschliche Bemühen, eine Brücke darüber zu bauen, scheitern müsse. Hörerorientierung, das Eingehen auf den Menschen und eine methodisch interessante und abwechslungsreiche Predigt seien darum abzulehnen: Statt Menschenerkenntnis sollte es der Predigt einzig und allein um Gotteserkenntnis gehen, denn „Gott ist alles – der Mensch ist nichts"[25]. In seinem Aufsatz mit dem Titel „Die drei homiletischen Grundregeln" von 1933 prägte er schließlich die klassisch gewordene Formulierung: „Die Predigtrede ist Werkzeugrede, d. h. sie hat ihre Geltung nicht in sich selbst, sondern darin, daß Gott durch sie als Werkzeug sein Wort wirkt."[26] Der Prediger ist nach Thurneysen also bloß das Werkzeug Gottes und soll sich davor hüten, verändernd in das Wort Gottes einzugreifen. Am besten sei es darum, wenn sich der Prediger ganz auf die Schrift konzentriere und sich bemühe, diese bloß wiederzugeben.

Dieser Richtung schlossen sich auch weitere Theologen wie z. B. KARL FEZER (1891–1960) an, der 1925 die erste von der Dialektischen Theologie geprägte Homiletik verfasste, in späteren Jahren jedoch mit dem Nationalsozialismus

---

20 A. a. O., 112.

21 A. a. O., 113.

22 EDUARD THURNEYSEN: Die Aufgabe der Predigt, in: Gert Hummel (Hg.): Die Aufgabe der Predigt, Darmstadt 1971, 111.

23 A. a. O., 118.

24 A. a. O., 105.

25 A. a. O., 118.

26 DERS.: Die drei homiletischen Grundregeln, in: ZZ 11 (1933), 474.

sympathisierte. Er fordert darin eine konsequent theozentrische Predigt, die über die Verkündigung des Wortes Gottes hinaus keinen anderen Predigtzweck zulässt, und kritisiert aus diesem Grund auch Martin Schian, der zwar ähnlich ansetzt, neben der Verkündigung des Wortes Gottes aber auch die Erbauung als prinzipielle Predigtaufgabe formuliert.[27] Es ist vor allem die Homiletik Fezers, mit der sich Otto Haendler in seiner Habilitationsschrift exemplarisch für die Dialektische Theologie auseinander gesetzt hat.

3.3 Alternativen zur Dialektischen Theologie

Dass ein Ansatz beim Wort Gottes jedoch nicht prinzipiell zu den extremen Lösungen Barths und Thurneysens führen musste, sollen exemplarisch drei weitere bedeutende homiletische Ansätze zeigen.

Der von der Dialektischen Theologie beeinflusste RUDOLF BULTMANN (1884–1976) vertrat wie Barth einen theozentrischen Predigtansatz, stellte jedoch gerade aufgrund dieses Ansatzes fest, dass man unmöglich von Gott reden könne, wenn man nicht auch zugleich von sich selbst rede, wobei beides letztlich nur im Glauben möglich sei.[28] Bultmann begründete diese Einschätzung mit dem Subjekt-Objekt-Problem: Man könne nicht objektiv *über* Gott als Objekt des Erkennens reden, da dies bedeuten würde, eine neutrale, beobachtende Position außerhalb Gottes einzunehmen. Ist Gott jedoch der Allmächtige und Allgegenwärtige, könne es eine solche Position per definitionem nicht geben. Aus diesem Grund müsse die eigene Existenz im Blick auf ein Reden *von* Gott immer eine Rolle spielen.[29] Hatte Bultmanns enge Verbindung von menschlicher Existenz und Gott direkt zwar kaum Auswirkungen auf die homiletische Debatte im beginnenden 20. Jahrhundert, macht sie dennoch auf die Spannbreite homiletisch relevanter Theorienbildung in dieser Zeit aufmerksam. Über den Umweg der von Bultmann entwickelten Methode der existenziellen, historisch-kritischen Exegese[30] hat sein Predigtansatz schließlich doch noch nachhaltig Theologie und Homiletik beeinflusst.

---

[27] KARL FEZER: Das Wort Gottes und die Predigt. Eine Weiterführung der prinzipiellen Homiletik auf Grund der Ergebnisse der neuen religionspädagogischen und systematischen Forschung, Stuttgart 1925, 77.

[28] Vgl. RUDOLF BULTMANN: Welchen Sinn hat es, von Gott zu reden? (1925), in: ders.: Glauben und Verstehen, Bd. 1, Tübingen [5]1964, 28.

[29] Vgl. a. a. O., 32: „Das Wirken Gottes kann eben nicht als ein allgemeines Geschehen angesehen werden, das wir anschauen könnten (etwa in der Betrachtung jener Gesetze) unter Absehung von unserer eigenen Existenz, und in das wir nachträglich unsere Existenz eingliedern könnten, um sie uns so verständlich zu machen. Denn wir hätten damit ja den primären Gedanken von Gott als der unsere Existenz bestimmenden Wirklichkeit preisgegeben."

[30] Exemplarisch sei hier verwiesen auf: DERS.: Neues Testament und Mythologie. Das Problem der Entmythologisierung der neutestamentlichen Verkündigung, München 1941.

Auch EMANUEL HIRSCH (1888–1972)[31] stimmte mit der Dialektischen Theologie darin überein, dass einer unredlichen Verwässerung des kategorialen Unterschieds zwischen Gott und Mensch, wie es z. B. die Liberale Theologie zuweilen verursacht hatte, entschieden entgegenzutreten sei. Dies bedeute im Umkehrschluss jedoch nicht, dass ein inkarnatorischer Ansatz, der versucht, Mensch und Gott miteinander versöhnend ins Verhältnis zu setzen, prinzipiell abzulehnen wäre. Als Schüler Karl Holls war Hirsch an der Persönlichkeit des Predigers, genauer an seinem Gewissen interessiert: Wenn das als Korrektiv des persönlichen Glaubens fungierende Wort Gottes auf das Gewissen des Predigers trifft, vermag die Predigt nach Hirsch sowohl von der Wirklichkeit Gottes zu zeugen als auch zugleich eine menschlich-individuelle Rede zu sein.[32] Hirsch sieht die Persönlichkeit des Predigers demnach zwar grundsätzlich kritisch, wenn er z. B. auf ihre Ergänzungsbedürftigkeit im Vergleich zur göttlichen Wahrheit aufmerksam macht, streicht sie aber deshalb nicht aus seiner Homiletik heraus, sondern hält sie gerade aufgrund ihrer Menschlichkeit für den Kommunikationsprozess für unersetzlich, da „das Evangelium uns nur von einem Menschen, der im lebendigen Gottesverhältnis steht, recht bezeugt werden kann: existenzielle Tiefe verlangt, auch wenn sie als lehrende Rechenschaft ausgedrückt wird, einen existenziell-persönlichen Hintergrund."[33] Aus diesem Grund macht sich Hirsch entgegen dem damaligen „Mainstream" der Homiletik für eine „persönliche Predigt"[34] stark. Ihm ging es dabei um eine Vermittlung der zentralen Anliegen der Dialektischen und der Liberalen Theologie und damit auch um eine Rettung der Erkenntnisse der Homiletik des 19. in das 20 Jahrhundert.

Einen wiederum im Vergleich zur Dialektischen Theologie im Ansatz gleichen, im Ergebnis jedoch unterschiedlichen Weg schlug WOLFGANG TRILLHAAS (1903–1995) vor. In seiner 1935 veröffentlichten Predigtlehre[35] bestimmt er die

---

[31] Zu den folgenden Ausführungen vgl. HANS-MARTIN MÜLLER: Emanuel Hirschs Bedeutung für die Predigt, in: Christian Albrecht/Martin Weeber (Hg.): Klassiker der protestantischen Predigtlehre, Tübingen 2002, 202–224.

[32] Vgl. EMANUEL HIRSCH: Predigerfibel, Berlin 1964, 41 f.: „Die rechte persönliche Predigt ist keineswegs ein freies Sichausleben eines Menschenherzens [...]. Rechte persönliche Predigt gebiert sich vielmehr in einem inwendigen ringenden Widereinander des Predigerherzens und des Evangeliums, in einer Begegnung also des Herzens und Gewissens des Predigers mit dem lebendigen Sinn und Geist der christlichen Offenbarung." An den Begriffen „Predigerherz" und „Offenbarung" zeigt sich sehr schön der Vermittlungsversuch Hirschs zwischen Dialektischer und Liberaler Predigttheologie.

[33] DERS.: Christliche Rechenschaft, Bd. 2, Berlin 1978, 138.

[34] Dieser Begriff taucht häufig bei Hirsch auf. Vgl. exemplarisch DERS.: Predigerfibel, Berlin 1964, 39 ff.

[35] Die Predigtlehre von Wolfgang Trillhaas ist in insgesamt fünf Auflagen erschienen, wobei sich drei inhaltlich bedeutende Auflagengruppen unterscheiden lassen: [1]1935/[2]1936, [3]1948/[4]1954, [5]1964. Wenn von „der" Homiletik Trilhaas' die Rede ist, muss also differenziert werden, auf welche Version sich die entsprechende Aussage beruft. Vgl. heirzu ausführlicher SABINE BOBERT-STÜTZEL: Homiletische Wandlung bei Wolfgang

Aufgabe der Predigt ganz im Sinne der Dialektischen Theologie vom Wort Gottes her, da der Prediger bei dem Versuch, Gottes Wort zu verkündigen, immer Gefahr laufe, dieses Wort zu verfälschen.[36] Zugleich stellt er aber auch programmatisch fest: „Eine Homiletik muss immer unvollständig bleiben, wenn nicht von Anfang an und im weiteren Verlauf immer wieder die Hörerfrage erörtert wird. [...] Der Prediger spricht nicht zu sich selbst. Er fordert auch nicht die Gemeinde auf, mit ihm zusammen über ein Neutrum oder Abstraktum zu reflektieren“[37]. Der erste Hörer des Wortes Gottes sei dabei der Prediger selbst, der auf der Basis seines eigenen Glaubens, seines persönlichen Ergriffenseins vom Evangelium das Wort Gottes verkündige: „Darum genügen das pure Nachsprechen, das Durchgeben einer Meldung, der bloße Biblizismus nicht. Der Prediger ist beteiligt.“[38] In der dritten und vierten Auflage seiner Predigtlehre (1948/1954) wurde ihm dieser Punkt zunehmend wichtiger, so dass Trillhaas die Predigt weniger unter dem Diktum der Wort-Gottes-Theologie als vielmehr im Kontext der conditio humana betrachtete: „Die Predigt ist allen Menschlichkeiten der Prediger, der Gemeinden und des Zeitalters preisgegeben.“[39] Wolfgang Trillhaas nimmt damit eine vermittelnde Stellung zwischen der „modernen Predigt“ und der Dialektischen Theologie ein und weist in vielen Punkten eine Verwandtschaft zum Denken Otto Haendlers auf. Darüber hinaus hat er wesentliche Erkenntnisse Ernst Langes zur hörerorientierten Predigt vorbereitet.

Vor dem Hintergrund dieser homiletischen Diskussion, die um nichts Geringeres als die Grundfesten der Theologie stritt, verfasste Otto Haendler 1930 seine Habilitationsschrift „Die Idee der Kirche in der Predigt“. Sie kann als ein Beitrag zu dieser Diskussion verstanden werden und unternimmt ähnlich wie Emanuel Hirsch den Versuch, das Weiterführende der jeweiligen theologischen Richtung aufzunehmen und mit aktuellen (gesellschafts-politischen) Fragestellungen zu verknüpfen.

3.4 Homiletik unter dem Eindruck des Nationalsozialismus

Mit der Machtergreifung der Nationalsozialisten, dem Einsetzen des Kirchenkampfes und dem Ausbruch des Zweiten Weltkrieges veränderte sich die homiletische Lage in Deutschland schließlich erneut. Die stärker von der Liberalen

---

Trillhaas. Zum homiletischen Erbe zwischen dialektischer Theologie und liberaler Predigt, in: IJPT 5 (2001), 61-81.

36 Vgl. Wolfgang Trillhaas: Evangelische Predigtlehre, München ²1936: „Die Predigt ist nur dann echte christliche Predigt, wenn sie von dem Worte herkommt“ (34), weshalb alle „begreiflichen Versuche und Wünsche, mit der Predigt menschliche Zwecke zu erreichen (Belehrung über Zeitfragen, kulturelle oder politische Beeinflussung, Apologetik, Polemik usw.) [...] ihr Recht gegenüber der Aufgabe, Gottes Wort selbst, seine Belehrung, seine Ermahnung, seinen Trost zu Wort kommen zu lassen“ (61), verlieren.

37 A. a. O., 48.

38 Ebd.

39 Ders., Evangelische Predigtlehre, München ⁴1954, 35.

Theologie geprägten homiletischen Entwürfe erwiesen sich aufgrund ihres Vermittlungsansatzes zwischen Christentum und Kultur als leichter mit der nationalsozialistischen Ideologie in Einklang zu bringen, weshalb sie in größerem Maße von den Deutschen Christen rezipiert wurden (allen voran die Theologie Emanuel Hirschs). Die Dialektische Theologie wurde dagegen zur zentralen Theologie der Bekennenden Kirche, da sie u. a. durch ihre drastische Unterscheidung von Gott und Mensch am ehesten auf die Stilisierung Adolf Hitlers zur quasi messianischen Gestalt bei den Deutschen Christen antworten konnte, und bestimmte auf lange Sicht den homiletischen Diskurs. In diesem Sinne bot die Dialektische Theologie mit der Anschlussfähigkeit ihrer Theorie an die Bedürfnisse der Zeit entgegen ihrem eigenen Anspruch doch so etwas wie eine Hörerorientierung.

Als Standard-Homiletik dieser Zeit galt nach Kerstin Voigt[40] die ganz im Lichte der Wort-Gottes-Theologie stehende Homiletik von HELMUTH SCHREINER (1893–1962), mit dem sich auch Otto Haendler in seiner „Predigt" gekonnt auseinandersetzt.[41] 1936 unter dem Titel „Die Verkündigung des Wortes Gottes" in der ersten Auflage erschienen, erfreute sich dieses Buch schnell großer Beliebtheit (vor allem bei der Bekennenden Kirche nahestehenden Studenten), worauf die rasche Abfolge von Neuauflagen bis hin zur fünften und letzten im Jahr 1949 hinweist.[42] Mit seiner Homiletik veröffentlichte Schreiner neben Trillhaas erstmals nach langer Zeit wieder eine Gesamtdarstellung, hatte sich die homiletische Wissenschaft bis dahin doch eher Spezialproblemen oder grundsätzlichen Erörterungen gewidmet (1905 erschien das letzte, dezidiert als Homiletik verfasste Lehrbuch von Hermann Hering).[43]

Schreiner ist in seiner Homiletik daran interessiert, die Unverfügbarkeit des Wortes Gottes hervorzuheben – um nichts anderes geht es in dem ersten, über 100 Seiten umfassenden Kapitel. Von der Unverfügbarkeit des Wortes Gottes ausgehend kann die Predigt nach Schreiner nur ein unmittelbares, d. h. die coditio humana überspringendes Offenbarungsereignis Gottes sein. Eine inkarnatorische Theologie, die das Wort Gottes unter den Bedingungen der Welt zu verorten sucht, lehnt er aus diesem Grund entschieden ab, da sie Gott zum Objekt mache.[44] Alles Menschliche stehe dem Verstehen des Wortes Gottes im Weg. Predigt ist für Schreiner darum letztlich „Selbstmitteilung Gottes als eine

---

40 Vgl. KERSTIN VOIGT: Otto Haendler, 106.

41 Helmuth Schreiner gehörte aktiv der Bekennenden Kirche an und war nach der erzwungenen Amtsenthebung von seinem Rostocker Lehrstuhl von 1938–1955 Vorsteher des Diakonissen Mutterhauses in Münster. Seit 1945 wurde er auf den Lehrstuhl für Praktische Theologie an der Westfälischen Wilhelms-Universität Münster berufen und war maßgeblich an der Wiedereröffnung der Evangelisch-Theologischen Fakultät beteiligt. Vgl. hierzu PETER C. BLOTH: Art. „Helmuth Moritz Schreiner", in: RGG[4] 7 (2004), 1002 f.

42 HELMUT SCHREINER: Die Verkündigung des Wortes Gottes, Berlin [1/2]1936, [3/4]1938, [5]1945.

43 Vgl. HERMANN HERING: Die Lehre von der Predigt, Berlin 1905.

44 Vgl. HELMUTH SCHREINER: Verkündigung, 29.

Offenbarung im Geist und durch den Geist“[45] und muss von aller Zweckgebundenheit wie etwa Mission, Lehre oder Erziehung befreit werden.[46] Wenn die Predigt für Schreiner überhaupt einen Zweck erfüllt, d. h. wirksam ist und z. B. Menschen belehrt, erzieht oder sie zum Glauben führt, dann nicht aufgrund ihrer sprachlichen Anlage und Gestaltung, sondern allein aus der Gnade Gottes heraus. Gelingt ihr dies nicht, d. h. bleibt die Predigt wirkungslos, liege dies einzig und allein am Prediger. Er müsse sich immer fragen: „Legt er überhaupt das Wort der Heiligen Schrift aus oder predigt er sich selbst? Unterhält er die Gemeinde angeregt über alle möglichen wichtigen Anschauungen und Vorkommnisse des Lebens, oder predigt er die großen Taten Gottes?“[47] Zwar habe der Prediger authentisch im Sinne einer völligen Durchdringung seiner Person vom Worte Gottes zu sein – in diesem Sinne ist Schreiner, ohne es zu reflektieren, doch an der Person des Predigers im höchsten Maße interessiert –, praktisch habe er sich selbst jedoch aus dem Verkündigungsgeschehen möglichst auszuschalten und vom Text zur Predigt zu gelangen.[48]

Mit dem Erscheinen seiner „Predigt“ nimmt Otto Haendler 1941 bewusst zu den hier knapp skizzierten Diskussionen innerhalb der Homiletik Stellung – das macht das Vorwort zur ersten Auflage ganz deutlich. Nimmt man die Homiletik Helmuth Schreiners als Schablone, wird das radikal Neue an Haendlers „Predigt“ deutlich und die herbe Kritik und große Unsicherheit, mit der viele seiner Kollegen auf ihr Erscheinen reagierten, verständlich. Vor allem die konsequent inkarnatorische Theologie, die beim Einzelnen (dem Prediger wie dem Hörer) ansetzt und sich mit der Tiefenpsychologie C. G. Jungs auch empirisch abzusichern versucht, schlug einen ganz neuen Weg in der Praktischen Theologie ein.

3.5 Homiletik nach 1945

Nach dem Ende des Zweiten Weltkrieges baute sich der Einfluss der Dialektischen Theologie auf die Homiletik weiter aus. Das immer deutlicher zu Tage tretende Ausmaß der Verbrechen des nationalsozialistischen Deutschlands lasen viele Theologen als Bestätigung der Kernthese der Dialektischen Theologie, vom Menschen weg und auf Gott hin zu schauen. Theologen wie Hans-Joachim Iwand (1899–1960), Hans Urner (1907–1986) und Rudolf Bohren (1920–2010) versuchten die von Karl Barth und Eduard Thurneysen ausgearbeiteten Theorien zu aktualisieren und um neue Denkmuster zu ergänzen. Im Kern blieben sie jedoch der dialektisch-theologischen Doktrin treu, die in der Forderung des „Todes des Predigers“[49] in dieser Zeit ihren Höhepunkt fand.

---

45 A. a. O., 26.
46 A. a. O., 167.
47 A. a. O., 169.
48 A. a. O., 298.
49 So z. B. bei Rudolf Bohren: Die Gestalt der Predigt, in: Gert Hummel (Hg.): Aufgabe der Predigt, Darmstadt 1971, 211.

So ist etwa in einem 1971 veröffentlichten Aufsatz zur Aufgabe der Predigt bei Rudolf Bohren zu lesen: „Wenn ich das Evangelium, wenn ich IHN selber predigen will, dann kann das nur so geschehen, daß der Fleischgewordene im Heiligen Geist gegen mein Fleisch den Krieg gewonnen, mich selbst überwunden, mich sich versklavt hat. Nur in diesem Überwunden-Sein kann mein Wort sein Wort sein. Nur als Gestorbener kann ich predigen.“[50] Oder prägnanter: „Gottes Wort bleibt Gottes Wort, darum muss der Mensch, der es ausrichten will, am Wort sterben.“[51] Interessant ist dabei, dass Bohren trotz dieser drastischen Abwertung des Subjekts des Predigers zu Beginn seines Aufsatzes in dialektischer Widersprüchlichkeit einen Prediger „aus Fleisch und Blut“ fordert, bei dem Alltags- und Predigtsprache übereinstimmen, und der als kongruente, wiedererkennbare Persönlichkeit auf der Kanzel in Erscheinung tritt.[52] In diesem Zuge rezipiert Bohren sogar wohlwollend Otto Haendler und stimmt mit ihm darin überein, dass die Persönlichkeit des Predigers eine entscheidende Größe im Predigtprozess darstellt – freilich der Prediger als zuvor mit Christus Gekreuzigter und so am Wort Gottes Gestorbener.[53] Die Persönlichkeit des Predigers bekommt somit für Bohren nur vermittelt durch das (fleischgewordene) Wort Gottes eine Relevanz, da Predigt auch für ihn immer menschliche Rede bleibt: „Auch das gehört zur Erniedrigung des Wortes Gottes, daß die Predigt als Werk des Menschen Kunst sein kann.“[54]

Diese einseitige Bestimmung des Predigers als bloßen „Zeugen“ oder „Herold“ sollte der Homiletik jedoch im Laufe der Jahre immer mehr zu einer schweren Hypothek werden, da sich die homiletische Diskussion fast ausschließlich um eine Wesensbestimmung der Predigt drehte und die konkrete Predigtaufgabe dabei immer mehr aus den Augen zu verlieren drohte. Diese Entwicklung war insofern logisch, als dass der Dialektischen Theologie das Predigen als solches ja zur prinzipiellen Unmöglichkeit geworden war und nur aus der Gnade Gottes heraus geschehen und gelingen konnte. Die praktische Frage nach einer wirksamen, beabsichtigten und darum bewusst gestalteten Predigt musste somit zu kurz kommen. Treffend charakterisiert Dietrich Rössler aus diesem Grund den homiletischen Diskurs nach 1945 als ein Ringen um das Verhältnis und die Gewichtung der Fragen „Was ist eine Predigt?“ und „Wie macht man eine Predigt?“[55]

Langfristig mundete der Streit dieser beiden Fragen in die sog. „Empirische Wende“ der Praktischen Theologie. Hatten sich die erwähnten Theologen Hans Urner, Hans-Joachim Iwand und Rudolf Bohren ganz auf eine Beantwortung der ersten Frage konzentriert, nahmen andere durch eine Rezeption der Erkenntnisse der Human- und Sozialwissenschaften nun stärker die zweite Frage in den Blick. So versuchte beispielsweise WALTER UHSADEL (1900–1985) den Fokus der Homiletik tendenziell von dem Predigttext weg und auf den Gottesdienst und

---

50 A. a. O., 218.

51 Ebd.

52 Vgl. a. a. O., 205–210.

53 A. a. O., 210.

54 Ebd.

55 Vgl. DIETRICH RÖSSLER: Das Problem der Homiletik, in: ThPr 1 (1966), 14–28. Zur folgenden Darstellung vgl. den historischen Abriss bei HANS MARTIN MÜLLER: Homiletik. Eine evangelische Predigtlehre, Berlin/New York 1996, 157–169.

den Hörer hin zu lenken.[56] HELMUT THIELICKE (1908–1986) kritisierte den rein rekapitulierenden Umgang der Dialektischen Theologie mit der Schrift und forderte stattdessen ein „vollziehendes, geschehendes Wort“[57] von der Predigt, das sich auf die gegenwärtige Situation der Hörer bezieht. HANS-DIETER BASTIAN (*1930) fragte im Blick auf die Verkündigung nach einer neuen „Informationstheorie“ und sah dabei in den Dramaturgien Brechts und Dürrematts, genauer in den Elementen der Verfremdung und der Groteske, einen neuen Zugang zur Verkündigung des alten Wortes.[58] Die von Friedrich Niebergall u. a. beschriebenen und durch die Dialektische Theologie verschütt gegangenen homiletischen Perspektiven schienen langsam wiederentdeckt zu werden. Ihren Höhepunkt erreichte die Empirische Wende schließlich in der Homiletik ERNST LANGES (1927–1974), der konsequent eine Orientierung an der Hörersituation forderte. Predigen bedeutet für ihn, nicht zuerst nach dem Text, sondern nach der homiletischen Situation zu fragen.[59] Der am Offenbarungsgeschehen orientierte Begriff der „Verkündigung“ weicht darum bei Lange dem an der Empirie orientierten Begriff der „Kommunikation des Evangeliums“.[60]

Verfolgt man den Weg der Homiletik im 20. Jahrhundert noch etwas weiter, so ist festzustellen, dass die „Empirische Wende“ letztlich zu einer Konzentration der Homiletik auf Einzelprobleme geführt hat. Homiletische Gesamtentwürfe wichen der Beschäftigung mit Einzelproblemen und wurden wenn überhaupt nur noch als Lehrbücher verfasst. Henning Schröer bezeichnet diese Entwicklung als Wende der Homiletik von einer „Genitiv-Theologie“ hin zu einer „Adverb-Homiletik“[61] und nimmt damit Bezug auf Buchtitel wie „Persönlich Predigen“[62], „Rhetorisch Predigen“[63] und „Praktisch Predigen“[64].

Otto Haendler nimmt im Blick auf die Entwicklungen der Homiletik nach 1945 wie sooft eine vermittelnde Sonderstellung ein. Mit seinem 1957 erschienenen „Grundriss“ war die Höhe der Diskussion um eine stärker am Wesen oder an der Gestalt der Predigt orientierten Homiletik noch nicht erreicht, die Problemfelder waren jedoch schon abgesteckt. Indem Haendler bewusst an klassische

---

[56] Vgl. WALTER UHSADEL: Die gottesdienstliche Predigt. Evangelische Predigtlehre, Heidelberg 1963.

[57] HELMUT THIELICKE: Der Evangelische Glaube, Bd. 1, Tübingen 1968, 227.

[58] Vgl. HANS-DIETER BASTIAN: Verfremdung und Verkündigung. Gibt es eine theologische Informationstheorie?, München 1965.

[59] Vgl. ERNST LANGE: Predigen als Beruf, Stuttgart 1976, 21 f.

[60] DERS.: Kommunikation des Evangeliums, in: ders.: Kirche für die Welt. Aufsätze zur Theorie kirchlichen Handelns, hg. von Rüdiger Scholz, München 1981, 101–129.

[61] HENNING SCHRÖER: Von der Genitiv-Theologie zur Adverb-Homiletik. Zu den Tendenzen gegenwärtiger Predigtlehren, in: ThPr 17 (1982) 1/2, 146–156.

[62] AXEL DENECKE: Persönlich Predigen. Anleitungen und Modelle für die Praxis, Gütersloh 1976.

[63] GERT OTTO: Rhetorisch Predigen. Wahrheit als Mitteilung. Beispiele zur Predigtpraxis, Gütersloh 1981.

[64] DIETRICH STOLLBERG: Praktisch Predigen, Göttingen 1979.

Begriffe wie „Verkündigung“ und „Zeugnis“ anknüpft sowie seine Homiletik von der Kirche her aufbaut, schlägt er sich auf die Seite der traditionellen Homiletik. Die Frage nach dem Wesen der Predigt nimmt dabei vor allem innerhalb seines „Grundrisses“ eine wichtige Stellung ein. Indem er jedoch „in, mit und unter“ diesen klassischen Topoi neue Perspektiven und Inhalte eröffnet, zeigt sich auch Haendler von den neuen Impulsen der Homiletik bewegt. Wie diese Impulse im Einzelnen aussehen, soll das folgende Hauptkapitel klären.

3.6 Ertrag

Die „homiletische Großwetterlage“ Anfang des 20. Jahrhunderts stellt ein wesentlich differenzierteres Bild dar, als es Darstellungen häufig glauben machen wollen. So stand etwa mit der Frage, wie dem modernen Menschen zu predigen sei, schon zu Beginn des vorherigen Jahrhunderts eine für die Homiletik zentrale Frage auf dem Spiel, die verschiedenste Beantwortungen erfuhr. Auch die Dialektische Theologie muss als eine Antwort auf diese Frage verstanden werden, wenngleich sie im Zuge ihrer Beantwortung zu der Überzeugung gelangt ist, diese Frage nivellieren zu müssen. Da die Dialektische Theologie (historisch bedingt) mit starken Alternativen arbeitete und gelegentlich zu Einseitigkeiten neigte, bot sie eine hervorragende Projektionsfläche für folgende Homiletiker, sei es in wohlgesonnener Befürwortung oder kategorischer Ablehnung.

In Otto Haendler begegnet dabei ein besonnener Geist, der den Anforderungen der Zeit nicht mit sich gegenseitig ausschließenden Extremen zu begegnen versuchte, sondern diese vielmehr als Spannungsbögen verstand, in deren Relation Antworten auf aktuelle Fragestellungen zu finden sind. In den späten 20er und frühen 30er Jahren führte ihn dieses Denken in einer gesellschaftlich und wirtschaftlich stark angespannten Zeit zur Wiederentdeckung einer alten Idee: der Idee der Kirche, die er nun zu aktualisieren und für die Herausforderungen der Gegenwart wieder nutzbar zu machen versuchte. Dass die Anknüpfung Haendlers an diesen traditionellen Begriff nichts mit theologischer Rückgewandtheit zu tun hatte, zeigt sich in den 40er Jahren an seiner Rezeption der Tiefenpsychologie C. G. Jungs, die nach Haendler der Homiletik ein Verständnis der menschlichen Persönlichkeit zur Verfügung stellt, das sie unmöglich ignorieren dürfe, wenn sie ernsthaft eine Verkündigung im Spannungsverhältnis von Gotteswort und Menschenwort befördern wolle. In den 50er Jahren, am Übergang zur Empirischen Wende der Praktischen Theologie, die mit der Frage nach einer hörerorientierten Predigt durch Ernst Lange an die Ausgangslage des 20. Jahrhunderts anknüpfte, systematisierte Haendler seine im Laufe der Zeit gewonnenen theologischen Ansätze und setzte ihnen mit dem „Grundriss der Praktischen Theologie“ ein Denkmal, das auf lange Sicht zur grundlegenden Lektüre zahlreicher Studenten werden sollte. Vor dem Hintergrund dieser Entwicklung liegt es nahe, nach den geistigen Wurzeln des Denkens Otto Haendlers zu fragen, um die es im folgenden Unterkapitel gehen soll.

4. Geistesgeschichtliche Entwicklungsimpulse

Für die Praktische Theologie Otto Haendlers im Allgemeinen wie für seine Homiletik im Speziellen sind vier geistesgeschichtliche Strömungen des 20. Jahrhunderts als maßgeblich impulsgebend zu betrachten: 1. die Berneuchener Bewegung, 2. die Tiefenpsychologie Carl Gustav Jungs, 3. die Lebens- und Existenzphilosophie und 4. der Strukturalismus. Der Einfluss dieser Strömungen, deren Spannbreite von psychologischen Fragestellungen über philosophische, soziologische, kirchliche und theologische reicht, konnte dabei in der Übernahme grundsätzlicher Leitideen oder in der Rezeption konkreter Einzelaussagen bestehen. Aus diesem Grund soll im Rahmen der folgenden Darstellung nicht von direkten Abhängigkeiten, sondern vorsichtiger von möglichen bis wahrscheinlichen Impulssetzungen für die Homiletik Otto Haendlers gesprochen werden. Grundsätzlich kann dabei festgehalten werden, dass alle hier herangezogenen Bezugsgrößen geistesgeschichtlich auf einer Linie liegen und vor dem Hintergrund der *Jugendbewegung* verstanden werden müssen. Dies erklärt auch den Umstand, dass sich in der folgenden Darstellung bestimmte Motive, Grundansätze und Erklärungsmuster wiederholen.

Exkurs:[1] Am Übergang vom 19. zum 20. Jahrhundert erwachte ein eigenes Selbstbewusstsein des Jugendalters, das bis dahin lediglich als Durchgangstadium zum vollgültigen Erwachsenenalter verstanden worden war. Mit der zunehmenden Verstädterung und Industrialisierung der damaligen Gesellschaft sowie mit den dadurch entstandenen sozialen Problemen empfanden sich Jugendliche zum ersten Mal als eigene Gruppe mit eigenen Bedürfnissen und versuchten diesem Bewusstsein durch die Entwicklung eigener Denk- (Lebensphilosophie), Kunst- (Jugendstil) und Lebensformen (Jugendbünde) Ausdruck zu verleihen. Die Jugendbewegung verstand sich dabei bewusst als Opposition zu der als erstarrt und unehrlich empfundenen Erwachsenengesellschaft. In dem 1896 in Berlin-Steglitz gegründeten „Wandervogel" fand sie einen ersten institutionellen Ausdruck, der sich mithilfe von Wanderungen und Zeltlagern u. a. für eine intensive Erfahrung von Heimat und Natur sowie für die Rekultivierung des Volksliedes einsetzte. Bei der Jugendbewegung handelt es sich somit letztlich um eine konservative (das Eigentliche an Mensch und Welt sollte bewahrt werden!) Erneuerungsbewegung, die mit passivem Rückzug in die Innerlichkeit und aktiver Bildung neuer, bruderschaftsähnlicher Gemeinschaften von Gleichgesinnten auf die äußerlichen Probleme der Gesellschaft zu reagieren versuchte.

Inhaltlich ging es dieser für das beginnende 20. Jahrhundert so prägenden geistigen Strömung vor allem um einen Gegenentwurf zu der von Konventionen, Technokratie und Industrialisierung bestimmten Gesellschaft, d. h. um die Herausbildung einer neuen, jugendgemäßen Form von Lebenskunst. Dabei spielten Begriffe wie „Ganzheitlichkeit", „Echtheit", „Leidenschaft", „Natürlichkeit" und „Leben" genauso eine zentrale Rolle wie ein grundsätzliches Denken in Span-

[1] Zur folgenden Darstellung vgl. ARNO KLÖNNE: Art. „Jugendbewegung", in: TRE 17 (1988), 423–426.

nungsbögen. Die Jugendbewegung nahm sich dabei den aus ihrer Sicht drängenden gesellschaftlichen Problemen vor allem auf den Gebieten der Philosophie, Pädagogik, Psychologie und Kunst an und kultivierte eine einfache, bewusst unakademische Sprache, die Ausdruck des tatsächlich gelebten Lebens sowie der natürlichen, unverstellten Persönlichkeit ihres Urhebers sein sollte.

Die große Bewunderung, die Otto Haendler für diese Bewegung und ihr Denken empfunden haben muss, wird besonders an einer seiner 1929 in Stralsund gehaltenen Katechismuspredigten deutlich: „Da hat man gespürt - denkt an die Jugend, die in die Wälder hinauszog, um sich selbst und Gott zu finden –, dass bei der mechanistischen Weltauffassung die Seele stirbt. Man fühlte, dass sie unwahr sein müsse, weil der echte, berechtigte Lebenstrieb sich gegen sie empörte. Man verstand wieder die große Botschaft des neuen Testaments, die den Leib des Menschen als Tempel des Geistes Gottes bezeichnet und damit der ganzen Welt den göttlichen Stempel gibt."[2] Vor diesem Hintergrund verwundert es nicht, dass sich Otto Haendler von der Berneuchener Bewegung, der Tiefenpsychologie C. G. Jungs, der Lebens- und Existenzphilosophie und dem Strukturalismus inspirieren ließ, die alle ähnliche Inhalte verfolgten.

4.1 Die Berneuchener Bewegung

Den bedeutendsten Einfluss auf das Denken Otto Haendlers hatte die Berneuchener Bewegung.[3] Nachdem sich die jugendbewegten Organisationen in ihren Reaktionen auf die Katastrophe des Ersten Weltkrieges zunehmend uneins wurden (die Reaktionen reichten von sozialistisch bis national), fand 1922 auf Betreiben WILHELM STÄHLINS (1883–1975) ein erstes Treffen der kirchlich aufgeschlossenen Jugendbünde im Schloss Angern bei Magdeburg statt, auf dem eine mögliche Umsetzung ihrer Ideale in die zunehmend als unglaubwürdig erfahrene Evangelische Kirche diskutiert wurde. Von 1923–1927 fanden schließlich jährlich Konferenzen auf dem Rittergut Berneuchen in der Neumark (heute pol. Barnówko) statt, das der Bewegung ihren Namen gab. Von 1928–1930 wurden diese Konferenzen nach Königsberg in der Neumark verlegt.

Auf den sog. „Berneuchener Konferenzen" wurde zentral über die Auswirkungen eines gelebten Glaubens auf den Alltag diskutiert bzw. darüber, wie die Gegenwart Gottes in Kirche, Gottesdienst und alltäglichem Leben zu denken ist und welche praktischen Konsequenzen daraus erwachsen können. Schnell kam man dabei zu der Überzeugung, dass feste Formen hilfreich sein können. Das Nachdenken über Fragen der geistlichen Gemeinschaft (Brüderlichkeit) sowie Gestalt und Ort liturgischer Vollzüge nahmen aus diesem Grund in den folgen-

---

[2] EvChr, 66 f.

[3] Vgl. zur folgenden Darstellung HANS CARL VON HAEBLER: Michaelsbruderschaft, 3–13; OSKAR PLANCK: Die evangelische Michaelsbruderschaft, in: Lydia Präger (Hg.): Frei für Gott und die Menschen. Evangelische Bruder- und Schwestergemeinschaften der Gegenwart in Selbstdarstellung, Stuttgart [2]1964, 349–385; WILHELM STÄHLIN: Berneuchen. Unser Kampf und Dienst für die Kirche, Kassel [2]1939.

den Jahren einen besonders hohen Stellenwert ein und erhielten 1926 im „Berneuchener Buch" einen ersten Ausdruck. Darin fordern die Herausgeber eine Erneuerung des gesamten religiösen Lebens auf der Basis des Wortes Gottes, das sie symbolisch, d. h. gleichnishaft verstehen.[4] Oskar Planck hält die wesentlichen Einsichten dieser Treffen in vier Punkten fest: „1. Das Erschrecken vor der abgründigen, alle Lebensgebiete umfassenden Not; 2. Der Glaube daran, daß der Kirche des Evangeliums das erlösende Wort gegeben ist; 3. Die Erfahrung, daß Unzählige kaum mehr ihre Worte, jedenfalls aber nicht mehr ihr Wort hören wollen und können, weil sie erstarrt, verkümmert und erlahmt ist; 4. Der Wille, der kommenden Kirche zu dienen, die wieder die Kraft haben sollte, vom Evangelium her zu befreien und zu gestalten."[5]

Die Berneuchener Bewegung verstand sich somit weder als neue Theologie noch als neue Kirche: Sie wollte bewusst in der vorhandenen Kirche und unter den Prämissen der vorhandenen Theologie Impulse für einen neuen Weg des geistlichen Miteinanders und des Theologietreibens geben, die die Kirche wieder wesentlich auf die Schrift konzentrieren sollten. Praktisch konnte dies bedeuten: eine bewusst gestaltete Gebetspraxis (z. B. in Form von Stundengebeten), die Wiederentdeckung liturgischer Elemente aus der Messliturgie (Luthers), die Gestaltung gemeinsamer Wochentagsfeiern und Freizeiten. Neben der Liturgie als gestaltgewordener Glaube fanden sie vor allem in den Schriften Luthers, allen voran in seinem „Kleinen Katechismus", Antworten auf ihre zentralen Anliegen. Neben Wilhelm Stählin, der als theologischer Vordenker der Berneuchener gelten darf, waren KARL-BERNHARD RITTER (1890–1968), KARL HAPPICH (1878–1947) und PAUL TILLICH (1886–1965) zentrale Gestalten der Berneuchener Bewegung.

Im Angesicht der nationalsozialistischen Bedrohung der Kirche und des einsetzenden Kirchenkampfes gründete sich schließlich 1932 aus dem Berneuchener Kreis heraus die *Michaelsbruderschaft*. In ihr verpflichteten sich die Mitglieder formal zu einem geistlichen Leben, das ganz von den Berneuchener Idealen geprägt war und als Antwort auf die zeit- und kirchengeschichtlichen Herausforderungen dieser Zeit verstanden werden kann.

Die Bedeutung der Berneuchener Bewegung und der Michaelsbruderschaft kann für das Denken Otto Haendlers gar nicht hoch genug eingeschätzt werden. Mit ihr teilt er die Rückbesinnung auf die Wurzeln des Christentums sowie eine betonte Innerlichkeit als Reaktion auf die Herausforderungen nach der Katastrophe des Ersten Weltkriegs und des einsetzenden Kirchenkampfes während

---

4 BERNEUCHENER KONFERENZ (Hg.): Das Berneuchener Buch. Vom Anspruch des Evangeliums auf die Kirche der Reformation, Hamburg 1926, 98 f.: „[J]ede Lebensäußerung der Gemeinde, in der das Wort Gottes verkündet und gehört wird, ist Formwerdung, Bildwerdung, Leibwerdung des Wortes. [...] Der Formwille ist nicht ein psychologisches Hilfsmittel, sondern er bedeutet das Ringen um den notwendigen und symbolkräftigen Ausdruck der Wahrheit."

5 OSKAR PLANCK: Michaelsbruderschaft, 352 f.

des Nationalsozialismus. Diese enge Verwandtschaft drückt sich z. B. in seiner Sprache aus, die um Begriffe wie „Gleichnis", „Ringen", „organisches Denken", „Leben" und „Leib" kreist, in seiner Hochschätzung des Symbols als eigentlichem Zugang zur Tiefendimension des Evangeliums, in seinem lebendigen Interesse an der Frage nach dem Verhältnis von Leben und Glauben, Liturgie und Predigt, in seinem ganzheitlichen Grundansatz und natürlich in seiner Wertschätzung der Meditation, über die er wiederum sehr wahrscheinlich mit der Tiefenpsychologie Carl Gustav Jungs in Kontakt gekommen ist - einem weiteren, wesentlichen Entwicklungsimpuls seiner Homiletik.

4.2 Die Tiefenpsychologie Carl Gustav Jungs

Neben der Berneuchener Bewegung ist für die Homiletik Otto Haendlers - und hier besonders für seinen Ansatz beim Prediger als Subjekt - vor allem seine Rezeption der Persönlichkeitsstruktur nach Carl Gustav Jung von entscheidender Bedeutung. C. G. Jung unterscheidet drei Stufen der Persönlichkeit:[6] Auf der obersten Stufe liegt das *Bewusstsein*, in dem sich alle dem Subjekt bewussten Inhalte befinden. Auf einer darunter liegenden Stufe befindet sich das *persönlich Unbewusste*, das all die Inhalte beherbergt, die aufgrund psychischer Konflikte oder der Auslese von Sinneseindrücken[7] verdrängt worden sind. Das Unbewusste darf dabei nicht als Summe unliebsamer Inhalte missverstanden werden. Bewusstes und Unbewusstes verhalten sich nicht kontradiktorisch zueinander, sondern ambivalent: Sie entsprechen einander auf verschiedensten Ebenen und sind aufeinander angewiesen.[8] Dieser Zug des Jungschen Unbewussten wird besonders an der letzten Stufe deutlich, dem *kollektiv Unbewussten*:

> „Das kollektive Unbewusste ist ein Teil der Psyche, der von einem persönlichen Unbewußten dadurch negativ unterschieden werden kann, daß er seine Existenz nicht persönlicher Erfahrung verdankt und daher keine persönliche Erwerbung ist. Während das persönliche Unbewußte wesentlich aus Inhalten besteht, die zu einer Zeit bewußt waren, aus dem Bewußtsein jedoch entschwunden sind, indem sie entweder vergessen oder verdrängt wurden, waren die Inhalte des kollektiven Unbewußten nie im Bewußtsein und wurden somit nie individuell erworben, sondern verdanken ihr Dasein ausschließlich der Vererbung."[9]

---

[6] Zu den folgenden Ausführungen vgl. die Darstellung bei WOLFGANG ROTH: C. G. Jung verstehen. Grundlagen der Analytischen Psychologie, Düsseldorf 2009, 65-192.

[7] Nach Jung gelangen nicht alle Sinneswahrnehmungen und Außenweltreize ins Bewusstsein. Um das Subjekt zu schützen, sei es vor einer Reizüberflutung oder der Konfrontation mit konfliktgeladenen Inhalten, sondert das Bewusstsein momentan unwichtige oder aber der Person unbequeme Sinneseindrücke aus. Diese gehen jedoch nicht verloren, sondern werden im persönlich Unbewussten gespeichert.

[8] Haendler fasst diese Ambivalenz von Bewusstem und Unbewusstem sehr schön im Bild der Seerose zusammen: Die Rose stehe symbolisch für das Bewusstsein, der See für das Unbewusste (vgl. hierzu OTTO HAENDLER: Grundriss, 325 f.).

[9] CARL GUSTAV JUNG: Gesammelte Werke, Bd. 9/I: Die Archetypen und das kollektive Unbewusste, Olten/Freiburg i. Br. ^{5}1983, 35 (§ 88).

Das kollektiv Unbewusste kann somit als eine Art „Menschheitsgedächtnis" verstanden werden, in dem all die grundlegenden Informationen und Erfahrungen gespeichert sind, die im Laufe der Menschheitsentwicklung aufgrund millionenfacher Wiederholung allen Menschen zur grundsätzlichen Anlage geworden sind. Es handelt sich bei dem kollektiv Unbewussten somit um eine Art phylogenetisches Erbe der Menschheit: So wie die im Erbgut gespeicherten genetischen Informationen den Aufbau des menschlichen Körpers regeln und so wie die Instinkte das basale menschliche Verhalten bestimmen, so regeln die im kollektiv Unbewussten gespeicherten Informationen Aufbau, Funktion und Struktur der Seele – hier zeigt sich, dass Jung Körper und Seele als untrennbare Einheit betrachtet und an ganzheitlichen Betrachtungsweisen interessiert ist.

Das kollektiv Unbewusste besitzt nach Jung dabei einen biologischen (vergleichbar den Instinkten) und einem geistig-seelischen Pol: die *Archetypen*. Die Archetypen, anfänglich von Jung auch „Urbilder" genannt, können als eine schöpferische und ordnende Instanz verstanden werden, vergleichbar den Kategorien der Logik im geistigen Bereich. Die Archetypen sortieren die Inhalte des kollektiv Unbewussten, stellen aus der Flut des Unbewussten bestimmte Bilder in einen sinnvollen Zusammenhang und machen sie dem Bewusstsein vermittelt durch Träume oder künstlerische Leistungen zugänglich. Ein Archetypus an sich kann aus diesem Grund per definitionem nie vollständig geklärt und ansichtig gemacht werden. Lediglich anhand des von ihm evozierten archetypischen Bildes oder Symbols, sei es in Träumen, Kunstwerken oder Literatur, können hypothetische Rekonstruktionen getroffen werden:

> „Der Begriff des Archetypus [...] wird aus der vielfach wiederholten Beobachtung, daß zum Beispiel Mythen und Märchen der Weltliteratur bestimmt, immer und überall wieder behandelte Motive enthalten, abgeleitet. Diesen selben Motiven begegnen wir in Phantasien, Träumen, Delirien und Wahnideen heutiger Individuen. [...] Sie gehen hervor aus dem an sich unanschaulichen Archetypus, einer unbewußten Vorform, die zur vererbten Struktur der Psyche zu gehören scheint und sich infolgedessen überall auch als spontane Erscheinung manifestieren kann."[10]

An diesem Punkt wird deutlich, dass die Theorie des kollektiv Unbewussten von Jung nicht aus der Beschäftigung mit einem abstrakten Gegenstand heraus erwachsen ist, sondern aus seiner therapeutischen Tätigkeit: Jung analysierte Traumschilderungen und literarische Werke von Menschen aus völlig unterschiedlichen sozio-kulturellen Kontexten und entdeckte identisch wiederkehrende Bilder. Er erklärte diesen Befund mit der Existenz der Archetypen und versuchte diese nach bestimmten Gesichtspunkten zu rekonstruieren, zu charakterisieren und zu hierarchisieren. Die vielversprechendste Anordnung der Archetypen ist dabei die nach ihrem Verhältnis zum Bewussten und Unbewussten:

---

[10] Ders.: Gesammelte Werke, Bd. 10: Zivilisation im Übergang, Olten/Freiburg i. Br. [2]1981, 488 (§ 847).

Bewusstes	*Persönlich Unbewusstes*	*Übergang*	*Kollektiv Unbewusstes*
Persona	Schatten	Animus/ Anima	Große Mutter
Ich			Vater
			Held
			Alter Weiser
Selbst			

Der Archetypus der *Persona* (gr. Maske)[11] stellt den Teil des bewussten Ichs dar, den das Subjekt bewusst seiner Umwelt präsentiert. Die Persona ist somit ein aus der Fülle der Bewusstseinsinhalte konstruierter Ausschnitt, der der Umwelt ein bestimmtes, intendiertes Bild von der betreffenden Persönlichkeit bieten soll. Die Persona stellt damit keine absolute Größe dar, ist ganz vom Ich-Bewusstsein abhängig und aus diesem Grund austausch- und wandelbar. Die Persona bewegt sich also noch ganz im Bereich des Bewussten.

Ihr Gegenspieler, der Archetypus des *Schattens,*[12] liegt schon auf einer tieferen Stufe, dem persönlich Unbewussten. Der Schatten stellt verdrängte Bewusstseinsinhalte dar, die aufgrund anerzogener oder selbst gewählter Maßstäbe als unvereinbar mit dem gelebten Sein des Subjekts bewertet wurden. Der Schatten darf dabei nicht als Summe schlechter Eigenschaften missverstanden werden, sondern muss stets in Verbindung mit der Persona gesehen werden. Dies wird umso wichtiger, als der Übergang von Schatten und Persona nicht als undurchlässig gedacht werden darf: Durch Projektion und Trauminszenierung können Inhalte mittels der geeignete Projektionsflächen (in der Regel Menschen mit einem entsprechenden Schatten) oder Träume aus dem Schatten ins Bewusstsein und somit in die Persona fließen. Zur Selbstwerdung, dem entscheidenden Beratungsziel der Jungschen Psychotherapie, gehört es darum auch, sich der Beschaffenheit seines Schattens bewusst zu werden und Teile von ihm in die bewusste Persönlichkeit zu integrieren.

Auf einer nächsten Stufe, am Übergang vom persönlichen zum kollektiven Unbewussten, verortet Jung das Archetypenpaar *Anima/Animus.*[13] Hinter diesem Begriffspaar stehen geschlechterspezifische, überindividuelle Erfahrungen „des“ Mannes mit der Natur „der“ Frau (Anima), bzw. „der“ Frau mit der Natur „des“ Mannes (Animus). Die Anima entspricht dabei eher dem mütterlichen Eros (Beziehung), der Animus dem väterlichen Logos (Erkenntnis). Im Anima/Animus-Konzept spielen Fragen der Sexualität sowie stereotype Verhaltensmuster eine Rolle.

---

[11] Vgl. DERS.: Gesammelte Werke, Bd. 9/I: Die Archetypen und das kollektive Unbewusste, Olten/Freiburg i. Br. [5]1983, 137 (§ 221).

[12] Vgl. DERS.: Gesammelte Werke, Bd. 9/II: Aion. Beiträge zur Symbolik des Selbst, Olten/Freiburg i. Br. [5]1983, 17–19 (§ 13–19).

[13] Vgl. a. a. O., 20–31 (§ 20–42).

Im kollektiv Unbewussten folgen schließlich in absteigender Abfolge die Archetypen der *Großen Mutter*, des *Vaters*, des *Helden* und des *alten Weisen*. Sie symbolisieren grundmenschliche Erfahrungen und Eigenschaften wie Fürsorge, Tapferkeit und Weisheit.

Den wichtigsten Archetypus stellt jedoch bei Jung das *Selbst*[14] dar. Während das Ich nur die bewussten Persönlichkeitsinhalte beherbergt, umfasst das Selbst die gesamte Persönlichkeit eines Menschen, d. h. sowohl bewusste als auch unbewusste Inhalte. Symbolisch kann sich das Selbst in Träumen und künstlerischen Werken als übergeordnete Größe manifestieren, also z. B. als König, Ritter oder Prophet, aber auch als Viereck, Kreuz oder Kreis: Das Selbst „erweist sich damit als archetypische Vorstellung, die sich von anderen Vorstellungen solcher Art dadurch auszeichnet, daß sie entsprechend der Bedeutung ihres Inhaltes und ihrer Numinosität eine zentrale Stellung einnimmt."[15] Da das Selbst als Verbindung bewusster wie unbewusster Inhalte im System C. G. Jungs die Instanz der Gesamtpersönlichkeit übernimmt, geht seine Funktion deutlich über die anderer Archetypen hinaus. Die zum Teil widersprüchlichen und nicht ganz kohärenten Aussagen Jungs zum Selbst erschweren dabei ein genaues Verständnis. Fest steht jedoch, dass dem Selbst bei der Reifung der Persönlichkeit die entscheidende Rolle zukommt, die Jung mit dem Begriff der *Individuation* beschreibt: „Individuation bedeutet: zum Einzelwesen werden, und, insofern wir unter Individuation unsere innerste, letzte und unvergleichbare Einzigartigkeit verstehen, zum eigenen Selbst werden. Man könnte ‚Individuation' darum auch als ‚Verselbstung' oder als ‚Selbstverwirklichung' übersetzen."[16]

Die Individuation ist damit das zentrale Anliegen der Psychotherapie Jungs und steht in enger Relation zur Entwicklung körperlicher Reife. Um ein bewusstes Selbst heraus zu bilden, das einen integrativen Umgang mit seinem persönlichen und kollektiv Unbewussten pflegt, müssen Defizite in der Auseinandersetzung des Bewusstseins mit dem Unbewussten, neurotische Konflikte und psychische Komplexe[17] bearbeitet werden. Entscheidend ist dabei, dass Jung das

---

14 Vgl. Ders.: Gesammelte Werke, Bd. 6: Psychologische Typen, Zürich/Stuttgart [9]1960, 512 f. (§ 891).

15 A. a. O., 513 (§ 851).

16 Ders.: Gesammelte Werke, Bd. 7: Zwei Schriften über Analytische Philosophie, Olten/Freiburg i. Br. 1971, 191 (§ 266).

17 Unter einem *Komplex* versteht Jung eine Gruppe von psychischen Inhalten, die sich vom Bewusstsein abgespalten haben und nun an der Grenze vom Bewussten zum persönlich Unbewussten ein autonomes, vom Subjekt direkt nicht mehr beeinflussbares Eigenleben führen. Auf die Existenz eines Komplexes, von dem jeder Mensch naturgemäß zahlreiche besitzt, können z. B. Fehlleistungen aufmerksam machen. Das Ziel der Individuation ist es nun, ein mit bewussten wie unbewussten Inhalten kohärente Persönlichkeit zu entwickeln. Aus diesem Grund spielt der Archetypus des Selbst aufgrund seiner bewusste wie unbewusste Inhalte umfassenden Gestalt eine entscheidende Rolle und kann aufgrund seines dynamischen Moments in der Psychotherapie methodisch etwa in Form von Symbol- und Traumarbeit positiv genutzt werden (vgl. hierzu Jolande

Selbst nicht nur als einen herzustellenden Zielzustand betrachtet, sondern auch und vor allem als eine existente Größe, die selbst um Reifung bemüht ist. Ist der Prozess der Selbstwerdung erst einmal angestoßen und der betreffende Mensch sensibel für die Botschaften seines Unbewussten geworden, so legt ihm das Selbst nach Jung die zu bearbeitenden Felder bildlich gesprochen vor die Füße.

Jungs Theorie der Persönlichkeitsstruktur führte ihn zu einem zweiten Theoriefeld, das für ein näheres Verständnis der Homiletik Otto Haendlers ebenfalls von Bedeutung ist: die *Typenlehre.*[18] Jung unterscheidet zwei Persönlichkeits-Grundtypen, die sich vor allem durch ihre unterschiedliche Wahrnehmung und Beurteilung der Wirklichkeit unterscheiden: den *introvertierten* (nach innen gewandt, auf Kontemplation angelegt) und den *extravertierten Typen* (nach außen gewandt, auf Kommunikation angelegt). Beiden Grundtypen können wiederum vier mögliche psychische Grundfunktionen zugeordnet werden: *Denken* (Grundfunktion des rationalen Bewertens und Beurteilens kognitiver Vorgänge), *Fühlen* (Grundfunktion des rationalen Bewertens und Beurteilens emotionaler Vorgänge), *Empfinden* (Grundfunktion des irrationalen Wahrnehmens von Sinneseindrücken, d. h. von objektiven Vorgängen) und *Intuieren* (Grundfunktion des irrationalen Wahrnehmens von Ahnungen, Intuitionen, Imaginationen, d. h. von subjektiven Vorgängen). Wahlweise können nun Grundtyp und Grundfunktionen kombiniert werden: Der introvertierte Denktypus zeichnet sich beispielsweise durch Zurückhaltung, Ausdauer und Präzision aus, der extravertierte Fühltypus hingegen durch eine entgegenkommende, unbekümmerte und kommunikative Art. Es liegt auf der Hand, dass es sich bei der Einteilung dieser Grundtypen um vereinfachende Schematisierungen handelt: Kein Mensch entspricht in Reinkultur dem einen oder dem anderen Schema. Jung kommt es vielmehr auf das Aufzeigen von Grundtendenzen der Persönlichkeit an, die aussagekräftig im Blick auf ein entsprechendes Verhalten sein können, mitnichten aber die Möglichkeit einer ganz anderen oder sogar entgegengesetzten Verhaltensweise bestreiten möchten.

Für die Homiletik Otto Haendlers, ja für seine gesamte Praktische Theologie, ist eine enge Verzahnung von Jungscher Persönlichkeitslehre und biblischer Anthropologie grundlegend, die in dem Begriff der Individuation oder der Selbstwerdung kulminiert. Für Haendler stellen beide Ansätze zwei Seiten ein und derselben Medaille dar: Jung versucht mit dem Begriff der Selbstwerdung von empirisch-humanwissenschaftlicher Seite aus einen Prozess zu beschreiben, für den die Bibel den Begriff der Gottebenbildlichkeit kennt. Nur im Zusammenspiel beider Blickrichtungen, nur in der Zusammenschau von Irdischem und Himmlischem, Psychologischem und Theologischem kann für Haendler ein rechtes Verstehen des Menschen und seiner Seele gelingen. Ein Ansatz, der

JACOBI: Die Psychologie von C. G. Jung. Eine Einführung in das Gesamtwerk mit einem Geleitwort von C. G. Jung, Zürich [5]1959, 52–57).

[18] Vgl. CARL GUSTAV JUNG: Psychologische Typen, 357–443 (§ 621–740).

ihm, wie im Einzelnen noch genauer zu zeigen sein wird, anfangs erhebliche Kritik eingebracht hat. Dass sich Otto Haendler dabei gerade der Tiefenpsychologie C. G. Jungs in einem so hohen Maße bedient hat und nicht etwa einer anderen, dürfte wesentlich auch damit zusammenhängen, dass sich das Menschenbild C. G. Jungs wesentlich stimmiger mit der christlichen Tradition in Einklang bringen lässt als beispielsweise die Psychologie Sigmund Freuds.

4.3 Die Lebens- und Existenzphilosophie

Die Lebens- oder Existenzphilosophie ist für die Homiletik Otto Haendlers weniger im Sinne einer direkten Abhängigkeit[19] als vielmehr im Sinne einer geistigen Verwandtschaft oder besser eines geistigen Klimas von großer Bedeutung. Dem folgenden Unterkapitel geht es aus diesem Grund nicht um eine detaillierte Darstellung der Lebens- und Existenzphilosophie (diese könnte im Umfang dieser Arbeit auch gar nicht geleistet werden, da es sich bei „der" Lebensphilosophie um stark von dem jeweiligen Vertreter abhängige Eigenentwürfe handelt), sondern um das Aufzeigen motivischer Entsprechungen. Angesichts der Katastrophe des Ersten Weltkrieges und des Scheiterns des Kulturethos dieser Epoche stellten die Vertreter dieser Philosophie in ganz ähnlicher Weise wie die Theologie in dieser Zeit (erneut) die Frage nach der Existenz und dem Leben des Menschen.[20] Dabei sahen sie vor allem die Entwicklung der modernen Hochschulphilosophie hin zu einem metaphysischen Rationalismus auf der einen und einem rein philosophiegeschichtlichen Zugang auf der anderen Seite immer mehr als Verkürzung an. Sie wollten den Menschen nicht nur als vernunftbegabten Denker verstehen, sondern gerade vor dem Hintergrund des Ersten Weltkrieges auch als Wesen, das existenzielle Erfahrungen wie Angst, Schuld, Tod und Verzweiflung macht. Aus diesem Grund bemühten sie sich, das Menschsein in dialektisch aufeinander bezogenen, zum Teil paradoxen Formulierungen zu beschreiben, um so eine möglichst umfassende und ganzheitliche Sicht auf den Menschen zu erhalten. Neben die Ratio traten in der Lebens- und Existenzphilosophie aus diesem Grund pointiert das Erleben und das Gefühl.

---

[19] Zwar verweist Haendler des Öfteren auf Vertreter der Lebensphilosophie, jedoch ist nirgends eine direkte Abhängigkeit zu spüren. Vielmehr möchte er mit seinen Verweisen auf eine grundsätzliche Verwandtschaft hinweisen. Vgl. exemplarisch: - zu *Wilhelm Dilthey*: Otto Haendler: Die Predigt, 20 - zu *Karl Jaspers*: Otto Haendler: Das Leib-Seele-Problem, 22; ders.: Grundriss, 70, 101; ders.: Angst und Glaube, 51; ders.: Zwischen Glaube und Unglaube, 73, 77, 93 - zu *Martin Heidegger*: Otto Haendler: Die Predigt, 325; ders.: Grundriss, 305; ders.: Zwischen Glaube und Unglaube, 66 - zu *Eduard Spranger*: Otto Haendler: Grundriss, 70, 142, 308, 377; ders.: Angst und Glaube, 51.

[20] Vgl. zu den folgenden Ausführungen Karl Albert: Lebensphilosophie. Von den Anfängen bei Nietzsche bis zu ihrer Kritik bei Lukàcs, Freiburg i. Br./München 1995, 7-16; Rainer Thurnher schlägt aus diesem Grund anstelle des Begriffs der Existenzphilosophie den Begriff „existenzorientiertes Denken" vor (vgl. Rainer Thurnher: Karl Jaspers, in: ders. u. a. (Hg.): Die Philosophie des ausgehenden 19. und des 20. Jahrhunderts, Bd. 3: Lebensphilosophie und Existenzphilosophie, München 2002, 163–165).

Methodisch setzte die Lebens- und Existenzphilosophie dabei nicht wie der Rationalismus von „außen“ bei den Begriffen und Axiomen an, sondern vielmehr von „innen“ bei dem Leben und Erleben des Subjekts. Die zentralen Fragen der Menschheit wurden somit weniger als Begriffsproblem und stärker als Existenzproblem verstanden. Anstelle der Ausschaltung aller Subjektivität, um so scheinbar eine größtmögliche Objektivität zu garantieren, forderten die Vertreter der Lebensphilosophie eine bewusste Hinwendung zum Subjekt, durch die allein ein gewisses Maß an Objektivität zu gewährleisten sei (so erstmals besonders deutlich bei WILHELM DILTHEY)[21]. Einer naturwissenschaftlichen Erklärung des menschlichen Seins stellten sie eine eigenständige geisteswissenschaftliche Begründung des Lebens gegenüber, der physischen Frage nach dem „Wie“ die metaphysische Frage nach dem „Warum“, der Erkenntnis die Erfahrung, dem Intellekt die Intuition (HENRI BERGSON).

Entscheidend für die Lebens- und Existenzphilosophie war dabei die Annahme eines „eigentlichen Menschseins“, eines metaphysischen Kerns des vorfindlichen Soseins. Dieser konnte ganz unterschiedlich bezeichnet werden: als „Unbedingtes“ (KARL JASPERS), als „eigentliches Selbstsein“ (MARTIN HEIDEGGER) oder aber als „Existenz“. GABRIEL MARCEL brachte schließlich diesen transzendental-philosophischen Zug mit dem Gottesgedanken in Verbindung und machte die Lebens- und Existenzphilosophie so anschlussfähig an die Theologie.

Neben der metaphysischen Suche nach dem eigentlichen Menschsein ist ein psychologisch-therapeutischer Zug der Lebens- und Existenzphilosophie festzustellen. Ihren Vertretern reichte es nicht, existenzielle Fragen wie etwa die nach dem Tod nur philosophisch zu bearbeiten, sie wollten auch Hilfestellung bei der Bewältigung der Aufgaben bieten, die das Leben an den Menschen stellt (so besonders deutlich bei Gabriel Marcel). Nicht wenige Vertreter dieser philosophischen Richtung wandten sich aus diesem Grund irgendwann auch der Psychologie zu (so z. B. Wilhelm Dilthey) oder kamen sogar von ihr her (so z. B. Karl Jaspers). Schnell wurde ihnen dabei jedoch bewusst, dass die organische Nähe der vergleichsweise jungen Psychologie zur Medizin so nicht mehr aufrechtzuerhalten sei. Eine sich an den existenziellen Fragen des Individuums orientierende Psychologie erschien ihnen zu eng gefasst, wenn sie ausschließlich mit den mechanisch-naturwissenschaftlichen Operatoren der Medizin betrieben wurde, und bedurfte daher einer geisteswissenschaftlichen Begründung und Erweiterung – ein Ansatz, der sich mit wesentlichen Aussagen Carl Gustav Jungs deckt.

---

[21] WILHELM DILTHEY: Gesammelte Werke, Bd. 7, Leipzig 1927, 150: „Wir müssen heute von der Realität des Lebens ausgehen; im Leben ist die Totalität des seelischen Zusammenhanges wirksam. [...] So können wir den objektiven Geist nicht aus der Vernunft verstehen, sondern müssen auf den Strukturzusammenhang der Lebenseinheiten, der sich in den Gemeinschaften fortsetzt, zurückgehen.“

Im folgenden Hauptkapitel wird es u. a. auch darum gehen, zu zeigen, dass die Homiletik Otto Haendlers in massiver Weise den Geist der Lebens- und Existenzphilosophie atmet, der sich vor allem in einer ganzheitlichen Perspektive, dem Denken in Spannungsverhältnissen und dem grundsätzlichen Ansatz beim Individuum und seinem Leben manifestiert. Biographisch ist dies zum einen mit dem engen Kontakt Haendlers zur Berneuchener Bewegung zu erklären, die als Ausdruck eben jener geistigen Strömung verstanden werden kann, aus der heraus auch die Lebensphilosophie entstanden ist. Zum anderen befand sich die Lebens- und Existenzphilosophie zur Schaffenszeit Haendlers auf ihrem Höhepunkt, bestimmte sie doch bis weit in die 60er Jahre hinein maßgeblich den geisteswissenschaftlichen Diskurs in Mitteleuropa.

4.4 Der Strukturalismus

Als vierter, wesentlicher geistesgeschichtlicher Bezugspunkt für die Homiletik Otto Haendlers muss ab den späten 50er Jahren der Strukturalismus gesehen werden, der vor allem für die Entwicklung der Theorie einer Praktischen Theologie als Strukturtheorie sowie für die strukturtheologische Unterscheidung von Organ und Organismus für Haendler wichtig geworden ist.

Als „Mode-Erscheinung" der 60er Jahre dürfte es Haendler schwer gefallen sein, nicht von ihm Notiz zu nehmen. Dabei war vor allem das Denken in Spannungsverhältnissen und Gegenbegriffen ein grundsätzlicher Zug sein, den Haendler mit dieser philosophischen und linguistischen Strömung teilte. Erstaunlich ist dabei die Differenz zwischen der augenscheinlichen großen Nähe seines Denkens auf der einen und dem Fehlen veritabler Zitate und Bezüge auf der anderen Seite vor allem im Blick auf seine Strukturtheologie. Allein in der Theologie Paul Tillichs (mit ihrem Begriff der Korrelation) kann ein leiser Anhaltspunkt gesehen werden, über welche Vermittlung Haendler den Strukturalismus kennen gelernt haben könnte. Worum geht es dem Strukturalismus nun aber im Kern?[22]

Dem Strukturalismus geht es ähnlich wie der Lebens- und Existenzphilosophie um ein ganzheitliches Verständnis des Seins, jedoch bildete er eine stärker formalistische Herangehensweise als diese heraus. Dies ist zu großen Teil damit zu erklären, dass der Strukturalismus seinen Ausgangspunkt in der Linguistik, d. h. als sprachwissenschaftlicher Operator genommen hat. Hier ist vor allem FERDINAND DE SAUSSURE (1857–1913) zu nennen, der mit seinem Werk „Cours de linguistique général" wesentliche Impulse für das Verständnis der Sprache als System gesetzt hat, indem er zwischen einer sinnlichen („parole") und einer geistigen Dimension von Sprache unterscheidet („langue").[23] Diese linguistische

---

[22] Zur folgenden Darstellung vgl. FRIEDERIKE RESE: Art. „Strukturalismus I. Zum Begriff", „II. Philosophie", in: RGG[4] 7 (2004), 1781–1782; NIELS BRÜGGER/ORLA VIGSØ: Strukturalismus, Paderborn 2008, 11–26, 46–54.

[23] Vgl. FERDINAND DE SAUSSURE: Cours de linguistique général, hg. von Charles Bally u. a., Paris 1931, 36–39.

Differenzierung zwischen einer sich gegenseitig bedingenden, sinnlich wahrnehmbaren (Phänomenologie) und einer geistigen Dimension (Metaphysik) wurde für die Philosophie im Blick auf erkenntnistheoretische und anthropologische Fragen schnell interessant.

So sah etwa CLAUDE LÉVI-STRAUSS (1908–2009) die Anthropologie der 30er Jahre durch eine einseitige Rezeption naturwissenschaftlicher Erkenntnisse und des damit verbundenen mechanistischen Weltbilds als Verengung an. Entgegen dem Trend der damaligen Philosophie rezipierte er mit der Linguistik bewusst eine andere Geisteswissenschaft und versuchte so entgegen dem gängigen diachronen Verfahren des Rationalismus eine synchrone Herangehensweise an die Frage nach dem Menschen zu etablieren. Dabei spielte für ihn vor allem der Umstand eine entscheidende Rolle, dass Phonologie und Linguistik Begriffe nicht als unabhängige Entitäten auffassen und aus diesem Grund von außen her analysieren (diachrones Denken in metaphysischen Ideen), sondern versuchen, vermittelt über die Beziehung von Begriffen Aussagen zu treffen und so eine Interpretation von innen her wagen (synchrones Denken in Systemen). Lévi-Strauss stellt damit die These auf, dass sprachliche und soziale Systeme auf die gleiche Weise funktionieren: Wie die Sprache so lebe auch der Mensch nicht aus einzelnen, voneinander unabhängig betrachtbaren Eigenschaften, sondern aus *Relationen* und *Systemen*[24] – eine Entdeckung, die nicht nur für die Entwicklung der Systemtheorie nach Niklas Luhmann entscheidend sein wird, sondern auch für das ganzheitliche Denken Otto Haendlers, das er, wie noch genauer zu zeigen sein wird, vor allem unter den Begriff der „Enkapsis" fasst (vgl. Kap. II.6.1.2).

4.5 Ertrag

Die angesprochenen geistesgeschichtlichen Strömungen haben für die Praktische Theologie Otto Haendlers im Allgemeinen und die Homiletik im Speziellen entscheidende Impulse geliefert. Allen Strömungen gemein ist dabei ein Denken in Entsprechungen, Relationen und Spannungsverhältnissen sowie ein Interesse an einer ganzheitlichen Betrachtungsweise der Dinge aus dem Inneren ihrer Bezüge heraus, die sich so auch in Haendlers Werk wiederfinden lässt. „Alles Sein und Geschehen ist ein in unendliche Beziehungen hinein verwobenes Ganzes. Und alles echte Verstehen muss vom Ganzen aus und innerhalb des Ganzen das Einzelne erfassen und erkennen."[25] – diese von Haendler seiner „Predigt" vorangestellten Sätze können als Manifest seines Denkens verstanden werden, das er mit zahlreichen Vertretern der erwähnten geistigen Strömungen teilt.

Neben diesen grundsätzlichen, oder sollte man besser sagen motivischen Einflüsse auf die Denkweise Haendlers haben die unterschiedlichen geistesgeschichtlichen, kirchlichen und theologischen Strömungen aber auch direkte

---

[24] Vgl. CLAUDE LÉVI-STRAUSS: Die Strukturanalyse in der Sprachwissenschaft und in der Anthropologie, in: ders.: Strukturale Anthropologie, Frankfurt a. M. 1969, 43–67.

[25] OTTO HAENDLER: Die Predigt, 19.

Spuren in seinem Werk hinterlassen. So hat etwa die *Tiefenpsychologie C. G. Jungs* den größten Einfluss auf die Homiletik Haendlers gehabt und darf im Blick auf seine Ausführungen zum Subjekt des Predigers wie zum Problembereich Predigthörer/Predigtsituation als konstitutiv betrachtet werden. Die *Lebens- und Existenzphilosophie* ist vor allem einflussreich im Blick auf Haendlers Anthropologie gewesen, allen voran im Blick auf seine Beschäftigung mit dem Thema „Angst“ – hier rezipiert Haendler mit Sören Kierkegaard, Karl Jaspers oder Martin Heidegger wesentliche Vertreter dieser philosophischen Richtung en detail. Unbedingt muss in diesem Rahmen auch das Interesse Haendlers am „ganzen Menschen“ Erwähnung finden, das er mit dieser philosophischen Strömung teilt und der er wesentliche Einsichten zu verdanken hat. Der *Strukturalismus* darf als leitend bei der Entwicklung seiner Theorie der Praktischen Theologie als Strukturtheologie gesehen werden, sollte aber auch in der Bedeutung für Haendlers grundsätzliches Denken in Relationen nicht unterschätzt werden. Der Einfluss der *Berneuchener Bewegung* muss schließlich als ultima ratio verstanden werden, die alle Einflüsse umgreift und das geistliche und geistige Klima bot, in dem Otto Haendler mit den angesprochenen Gedankenwelten in Kontakt kommen konnte.

5. Zusammenfassung

Der Dreiklang aus biographischen, homiletischen und geistesgeschichtlichen Impulsen hat eines deutlich gezeigt: Für das Verständnis einer Homiletik, die den Menschen, sei es als Subjekt der Predigt oder in Form einer an der conditio humana orientierten Theologie, in in den Fokus rückt und dabei in Spannungsverhältnissen denkt, sind auch die Spannungsbögen der eigenen Existenz des Autors dieser Homiletik von entscheidender Bedeutung. „In, mit und unter" der folgenden Darstellung der Homiletik Otto Haendlers soll aus diesem Grund der angeschlagene Dreiklang nachklingen.

Im Blick auf seine *Biographie* wird dabei zu berücksichtigen sein, dass Otto Haendler mit der Formulierung seiner homiletischen Gedanken nicht allein auf Freiem Feld stand, sondern sich auf Menschen und Theorien berufen konnte, die in seinem Leben eine Bedeutung gewonnen haben. Im Blick auf die *homiletische Tradition*, in die Haendler seine Beiträge hinein verfasst hat, soll vor allem die dargestellte Sehnsucht des 20. Jahrhunderts nach einer Beantwortung der Frage „Wie predigen wir dem modernen Menschen?" bei der folgended Untersuchung mitgedacht werden. Dass auf diese Frage Antworten gefunden wurden, die in ihrer Gegensätzlichkeit nicht zu überbieten sind, weist einmal mehr auf die Notwendigkeit des von Otto Haendler kultivierten Denkens in Spannungsbögen hin. Im Blick auf die *geistesgeschichtlichen Impulse* bleiben vor allem die Jugendbewegung mit ihrem bewusst ganzheitlichen Denken und die Tiefenpsychologie C. G. Jungs die entscheidenden Anknüpfungspunkte für eine weitere Beschäftigung mit der Predigt bei Otto Haendler in Theorie und Praxis. Angefangen bei einer grundsätzlichen Betrachtung der Aussagen Haendlers zur Theologie und Aufgabe der Predigt werden die soeben skizzierten Entwicklungsimpulse dabei genauso erjkenntnisleitend sein wie bei der sich anschließenden Betrachtung der klassischen homiletischen Loci „Prediger", „Text" und „Hörer".

II. Die Theorie der Predigt nach Otto Haendler

Die Homiletik Otto Haendlers lässt sich von seinen beiden homiletischen Monographien, „Die Idee der Kirche in der Predigt" und „Die Predigt", von den homiletischen Abschnitten in seinem „Grundriss der Praktischen Theologie" sowie von drei Aufsätzen und zwei Vorträgen zu homiletischen Spezialthemen aus erschließen. Die folgende Darstellung und Analyse der Homiletik Otto Haendlers wird sich dabei an den gängigen homiletischen Problemfeldern orientieren und nach Haendlers Aussagen zur Theologie und Aufgabe der Predigt, zum Subjekt des Predigers, zum Hörer, zu der Predigtsituation, dem Predigttext und der Predigtgestaltung fragen. Zu Beginn soll jedoch ein genauerer Blick auf die bislang nur kurz angerissene Entwicklung und den Aufbau seines homiletischen Werks erfolgen.

1. Zur Entwicklung des homiletischen Werks Otto Haendlers

Die für eine Darstellung der Homiletik Otto Haendlers relevanten Texte umfassen einen Zeitraum von 24 Jahren und reichen im Blick auf seine Lebensstationen von Stralsund bis nach Berlin. Es sollen im Folgenden in chronologischer Abfolge zuerst die Monographien und anschließend die homiletisch relevanten Aufsätze und Vorträge präsentiert werden. Dabei soll stets die Frage nach dem besonderen Ansatz bzw. der Auswirkung des von Haendler gewählten Aufbaus für seine Homiletik gefragt werden. Inhaltlich wird dabei nur insoweit auf die Werke eingegangen werden, wie es für die Beantwortung dieser Frage notwendig ist, da später der eigentliche Zugriff auf die Homiletik Haendlers erfolgen soll.

1.1 „Die Idee der Kirche in der Predigt" (1930)

Die 1930 verfasste und bislang unveröffentlichte Habilitationsschrift mit dem Titel „Die Idee der Kirche in der Predigt" stellt die erste praktisch-theologische Schrift Otto Haendlers dar. Er beschäftigt sich darin mit der Frage, wie das Evangelium dem Einzelnen trotz äußerer und innerer Bedrohungen wirkungsvoll verkündigt werden kann. Unter den *äußeren Bedrohungen* hat Haendler dabei vor allem kollektivistische Ideen wie die des Nationalismus und des

Kommunismus im Sinn, die in direkter, offener Feindschaft zur Kirche stünden und Menschen wesentlich stärker in ihren Bann zu ziehen vermöchten als die aufgrund des Einflusses des Deutschen Idealismus immer noch einseitig auf das Individuum konzentrierte Evangelische Kirche. Unter den *inneren Bedrohungen* fasst Haendler vor allem einen unreflektierten Subjektivismus, der zu einer „Verendlichung" des modernen Menschen, d. h. zu einer einseitigen Verhaftung im Diesseits unter Absehung jedweder Transzendenz, geführt habe. Otto Haendler nimmt sich damit aus einer hörerorientierten Motivation heraus einem zeitgeschichtlichen Problem an und stellt die These auf, dass den aktuellen Herausforderungen am wirksamsten durch eine Stärkung der Idee der Kirche innerhalb der Predigt begegnet werden könne, mit der dem Verlangen des Einzelnen nach kollektiven Ideen Rechnung getragen und eine eigene, genuin christliche Kollektividee angeboten werden könne.

Das *erste* von insgesamt vier *Hauptkapiteln* (S. 1–50) mit dem Titel „Die Aufgabe und ihre Stellung innerhalb der gegenwärtigen homiletischen Arbeit" dient der Aufstellung und näheren Erläuterung der Leitthese. Auf der Suche nach einer Homiletik, die sich den Herausforderungen der Moderne stellt, erörtert Haendler zunächst zwei klassische homiletische Grundpositionen: die Friedrich Niebergalls auf der einen („Wie predigen wir dem modernen Menschen?") und die der Dialektischen Theologie auf der anderen Seite (Barth, Thurneysen, Fezer). Er kommt dabei zu dem Schluss, dass eine Vermittlung beider Ansätze lohnenswert sei: An der Homiletik der Dialektischen Theologie schätzt er den theozentrischen Ansatz sowie die Herausstellung der Bedeutung des Wortes Gottes für die Predigt, an dem Ansatz Niebergalls das Herausstellen der Gleichwertigkeit von Wort Gottes, Person und Gemeinde. Methodisch schlägt Haendler darum vor, die drei Eckpunkte des Homiletischen Dreiecks zum einen je gesondert zu betrachten und zum anderen ihr Zusammenspiel deutlich herauszuarbeiten. Dabei soll durchgehend eine theozentrische Grundhaltung leitend sein. Interessant im Blick auf die späteren Veröffentlichungen Otto Haendlers ist, dass er sich in diesem Zusammenhang dafür ausspricht, den Fokus nicht auf den Prediger als Subjekt zu lenken, obwohl die Homiletik hier erheblichen Nachholbedarf habe, sondern auf Text und Hörer, da sich in beiden das Anliegen der Arbeit am ehesten widerspiegele, bestehe doch das Wesen des Evangeliums darin, Kirche zu schaffen, und das der Gemeinde darin, zur Kirche Jesu Christi zu gehören.

Das *zweite Hauptkapitel* (S. 51–127) mit dem Titel „Die Vorbereitung der Forderung der ‚Idee der Kirche in der Predigt' in der bisherigen Homiletik" dient einer genaueren Analyse der Verwendung des Begriffs der Kirche in der Praktischen Theologie. In einem forschungsgeschichtlichen Abriss klärt Haendler die Verwendung dieses Begriffs bei Friedrich Daniel E. Schleiermacher, Carl Immanuel Nitzsch, Alexander Schweizer, Heinrich Bassermann, Franz Ludwig Steinmeyer, Alexandre Rodolphe Vinet, Hermann Hering, Paul Kleinert, Martin Schian und Friedrich Niebergall. Er kommt dabei zu dem Ergebnis, dass die Homiletik des 19. Jahrhunderts den Begriff der Kirche noch ganz selbstverständlich gebrauchen konnte, da ihre Position von der Gesellschaft noch nicht auf breiter Ebene grundsätzlich in Frage gestellt worden sei. Unter heutigen Bedingungen müsse die Homiletik jedoch zu anderen Ergebnissen kommen.

Im darauf folgenden *dritten Hauptkapitel* (S. 128–250), das den Titel „Systematische Entwicklung der für die Predigt der Gegenwart zu fordernden ‚Idee der Kirche'" trägt, entwickelt Haendler den theoretischen Unterbau seines homiletischen Ansatzes. Er führt dazu in seinen Ideen-Begriff ein, erörtert Aufgabe und Ziel der Predigt und definiert Wesen und Funktion der Idee der Kirche. Erkenntnisleitend ist dabei die These, dass auf der einen Seite dem augenscheinlichen Bedürfnis der Menschen nach kollektiven Ideen durch die Idee der Kirche Rechnung getragen werden müsse, dass aber auf der anderen Seite auch der widerchristlichen Verkehrung, die diese Idee gerade durch kirchlich-nationalistische Kreise erfahren habe, entgegenzuwirken sei. Das entscheidende Mittel sollte dabei nach Haendler eine „erziehende Predigt" in Weite (auch nationalistische und sozialistische Christen gehören für ihn zur Kirche) und Reinheit (die Evangeliumstreue der Lehre sei entscheidend und müssen Kritik üben, wo sie verkehrt werde) sein.

Im *vierten Hauptkapitel* (S. 251–307) mit dem Titel „Die praktische Darbietung der Idee der Kirche in der Predigt" folgert Haendler schließlich aus seinen im vorherigen Kapitel aufgestellten theologischen Argumentationsmustern Prinzipien für die konkrete Predigtaufgabe. In einem nächsten Schritt analysiert er dazu mit Hilfe zweier theologischer Handkataloge die Predigtliteratur der Jahre 1928 bis 1930 auf ihren Umgang mit den soeben aufgestellten Prinzipien. Sein ernüchterndes Ergebnis: Keine Predigt entspricht auch nur annähernd den Anforderungen der homiletischen Theorie Haendlers.

In einem *Schlusswort* (S. 308–310) fasst Haendler die Ergebnisse seiner Arbeit zusammen: Das subjektivistisch geprägte Christentum stehe vor der Gefahr, von den „Kollektivbewegungen"[1] dieser Zeit, d. h. konkret von sozialistsicher und nationalistischer Seite her, verfremdet zu werden. Um dieser Situation Herr zu werden, sei es erforderlich, die Dynamik der Zeit aufzunehmen und sie mit einer genuin christlich geprägten Kollektividee, der Idee der Kirche, neu zu füllen. Auf diese Weise könne sowohl ein einseitiger Subjektivismus als auch das Hereintragen christentumsfremder Ideen abgewehrt werden. Dabei komme wiederum dem Prediger eine entscheidende Rolle zu – eine Erkenntnis, die die Nahtstelle zu seiner „Predigt" bildet.

1.2 „Die Predigt" (1941, ^{2}1949, ^{3}1960)

Mit seinem Werk „Die Predigt", das mit Recht als Otto Haendlers opus magnum bezeichnet werden kann, legte er einen im Vergleich zur „Idee der Kirche" pointierteren Entwurf vor. Dies liegt u. a. daran, dass „Die Predigt" eher als Situationsschrift denn als distinktive Homiletik angelegt ist, wie Haendler selbst im Vorwort zur ersten Auflage darlegt: „Der dringendste Wunsch, mit dem dies

[1] Otto Haendler.: Die Idee in der Kirche, 308.

Buch der Öffentlichkeit übergeben wird, ist deshalb der, daß es nicht als eine theoretische Auseinandersetzung genommen wird [...]. Alles, was hier gesagt wird, ist in diesem Sinne nicht ‚gedacht', sondern der Wirklichkeit abgesehen und abgerungen. Das Buch ist nicht aus einem Interesse, sondern aus einem Schicksal – einem mit dem Schicksal der Kirche verwobenen – geboren."[2] Der „Schicksalscharakter" dieses Buches drückt sich dabei vor allem in der aus heutiger Sicht unakademischen Sprache und Methodik aus, die stark von der Jugendbewegung geprägt ist. So setzt sich Haendler beispielsweise wenig mit forschungsgeschichtlichen Fragestellungen auseinander und belegt seine Thesen nur selten mit Literatur. Der Umstand, dass bis in die dritte Auflage hinein dieses Buch seiner „treusten Mitarbeiterin", also seiner Frau, gewidmet ist, unterstreicht darüber hinaus die Bedeutung, die dieses Werk für Otto Haendler auch ganz persönlich gehabt haben muss. „Die Predigt" stellt aus diesem Grund keine Homiletik im Sinne eines klassischen Lehrbuchs, sondern vielmehr ein an der Erkenntnis, dass die Person des Predigers in der Homiletik für die Bedeutung des Predigtgeschehens bislang unverhältnismäßig wenig bedacht worden ist, gewachsenes Buch dar (aus diesem Grund sollte das Buch ursprünglich auch den Titel „Der Prediger und seine Predigt" tragen, was vom Verlag abgelehnt worden ist).[3] Bevor ein knapper Überblick über Aufbau und Inhalt „Der Predigt" geboten werden kann, muss zuvor noch kurz auf die unterschiedlichen Auflagen eingegangen werden.

„Die Predigt" ist in drei Auflagen erschienen (1941, ²1949, ³1960). Von der ersten zur *zweiten Auflage* zeigen sich im Blick auf den Gesamtaufbau bis auf ein paar sprachliche Änderungen kaum Abweichungen. Lediglich der Unterabschnitt IV.III mit dem Titel „Der priesterliche Dienst in den Gegebenheiten der Zeit" wurde aufgrund seiner auf die Verhältnisse des Zweiten Weltkriegs bezogenen Äußerungen ersatzlos gestrichen (vor allen im Unterpunkt „Soldatentum und Krieg" finden sich hier nationale und militaristische Anklänge, die sich auch dem Gedanken eines „heldischen Christentums"[4] nicht verwehren). Trotz dieses nahezu identischen Gesamtaufrisses wurde sprachlich und inhaltlich massiv an fast dem gesamten Textbestand gearbeitet. Änderungen und erhebliche Erweiterungen erfuhren dabei vor allem die Abschnitte I.I, I.II, II.III.2, II.III.3 und III.I.3.c, die sich mit der allgemeinen gesellschaftlichen Lage, der Bedeutung des Schicksals des Predigers für die Predigtarbeit (hier vor allem unter den Paradigmen „Amt", „Theologie" und „Bekenntnis") sowie der Bedeutung von Meditation und Gebet für die Predigtproduktion beschäftigen. Haendler veränderte dabei vor allem situationsgebundene Äußerungen, die nicht mehr zeitgemäß erschienen, ließ aber auch Kritik an seinem psychologischen Ansatz einfließen: So baute er beispielsweise den das Amt betreffenden Abschnitt nicht mehr von einer psychologischen Bestimmung des Berufungsbewusstseins aus auf, sondern vom Umgang des Predigers mit der Bibel.

---

2 DERS.: Die Predigt, VIII.

3 Vgl. KERSTIN VOIGT: Otto Haendler, 262 (Fußnote 244).

4 OTTO HAENDLER: Die Predigt, Berlin 1941, 244.

Die *dritte Auflage* stellt schließlich bis auf die Ergänzung eines sechsten Hauptkapitels, das eine Analyse der Probleme und Herausforderungen des Atomzeitalters für die Predigtaufgabe bietet, einen wortgetreuen Nachdruck der zweiten dar.

An den Veränderungen des Buchtitels noch vor der Drucklegung wie auch an den Veränderungen in Aufbau und Inhalt im Laufe der unterschiedlichen Auflagen der „Predigt" zeigt sich deutlich Haendlers Umgang mit der zum Teil vernichtenden Kritik, die sein Werk von den unterschiedlichsten Seiten her erfahren hat (vgl. hierzu ausführlicher Kap. IV.1). Dieser Prozess lässt sich ebenfalls an dem immer schärfer werdenden Ton innerhalb der einzelnen Vorworte zu den verschiedenen Auflagen verfolgen. Von seinem Grundansatz, eine Homiletik von den Erkenntnissen der Tiefenpsychologie aus aufzubauen, hat sich Haendler dabei trotz aller Kritik nicht abbringen lassen – das zeigt der durch die zwanzigjährige Geschichte dieses Werkes hindurch fast konstant gebliebene Aufbau. Dass Otto Haendler im Sinne seines vermittlungstheologischen Ansatzes jedoch sehr wohl in bestimmten Punkten diskussionsbereit war, zeigen die inhaltlichen Änderungen, die vor allem bemüht sind, Missverständnisse auszuräumen, dass er versuchte, sein Werk konsequent situationsgebunden und auf Höhe der Wissenschaft zu gestalten, zeigen die Erweiterungen.

Das homiletische Hauptwerk Otto Haendlers beschäftigt sich thematisch mit der seit Friedrich Niebergall klassisch gewordenen Frage nach einer modernen Predigt. Er stellt dabei die These auf, dass der Weg zu einer zeitgemäßen Predigt über die Person des Predigers führe und dazu die Erkenntnisse der modernen Tiefenpsychologie nicht außer Acht gelassen werden dürfen. Die Person des Predigers erhält dabei aus einer dezidiert hörerorientierten Perspektive heraus ihre zentrale Stellung für die Homiletik. Weil in der Person des Predigers die gegenwärtige Situation (der Welt) und die christliche Botschaft (der Kirche) paradigmatisch zusammenfallen, ist die Person des Predigers für Otto Haendler der entscheidende Ort, von dem aus an einer zeitgemäßen, hörerorientierten Predigt gearbeitet werden muss. Dieser Umstand kann in seiner Bedeutung für die weitere Analyse der Homiletik Otto Haendlers gar nicht hoch genug eingeschätzt werden.

Das einleitende *erste* von insgesamt sechs *Hauptkapiteln* (S. 1–45) dient der Aufstellung und Erläuterung dieser Grundthese. In dem sich anschließenden *zweiten Hauptkapitel* (S. 46–148) mit dem Titel „Die Bedeutung des Subjekts für die Predigt" führt Haendler den zuvor dargelegten Ansatz bei der Person des Predigers aus und fragt nach dem Verhältnis von Subjektivität und Objektivität in Wissenschaft und Predigt, nach der Struktur der Persönlichkeit des Predigers als Mensch und nach der Bedeutung der Persönlichkeit für die Berufsausübung des Predigers. Das zweite Hauptkapitel bietet damit den theoretischen Unterbau der gesamten Arbeit und stellt das Herzstück der „Predigt" dar. Hier ist vor allem das klassisch gewordene Postulat der Unmöglichkeit der Ausschaltung des eigenen Subjekts, die Rezeption der Jungschen Theorie des Selbst sowie die

Kategorisierung von Predigertypen („intro-“ und „extrovertierter Typ“) hervorzuheben. Das zweite Kapitel findet schließlich seinen Höhepunkt in der Forderung der Selbstwerdung des Predigers, die nur durch eine Arbeit an seiner Persönlichkeit zu erreichen sei.

Wie diese Persönlichkeitsarbeit methodisch am besten gelingen kann, versucht Haendler im *dritten Hauptkapitel* (S. 149–231), das den Titel „Der Weg des Subjektes zum Evangelium und zum Text“ trägt, zu klären. Er sieht dabei in der Methode der Meditation das entscheidende Handwerkszeug. Das Ziel der Meditation liegt dabei für Haendler vor allem in der Integration unbewusster und verdrängter Seinsinhalte sowie in der Erkenntnis der Tiefenschicht biblischer Texte, um so eine den modernen Herausforderungen angemessene Predigt halten zu können. Haendler geht damit von dem Grundsatz aus, dass wer sich selbst besser kennen lernt bzw. ein Selbst im Sinne Jungs ausbildet, auch die Nöte der Hörer besser verstehen lernt und leichter mögliche Ansatzpunkte für eine gelingende Kommunikation des Evangeliums unter den Bedingungen der aktuellen Hörersituation finden kann.

Im *vierten Hauptkapitel* (S. 232–262) mit dem Titel „Gemeinde und Gestaltung“ reflektiert Haendler das Verhältnis von Prediger und Gemeinde. Aus der Analyse von Erwartungen und Wünschen, Freiheits- und Unfreiheitssituationen sowie der Stellung des Predigers gegenüber der Gemeinde sollen Rückschlüsse auf eine gelungene Gestaltung der Predigt geschlossen werden. In der priesterlichen Haltung des Predigers seiner Gemeinde gegenüber, die von Wertschätzung und dem Wunsch, zu helfen, geprägt ist, sieht Haendler schließlich eine der Gemeinde angemessene Haltung.

Das *fünfte Hauptkapitel* (S. 263–319) mit dem Titel „Die Predigt“ ist schließlich Fragen der konkreten Predigtgestaltung bzw. des Produktionsprozesses der Predigt gewidmet. Damit versucht Haendler der in seinem Einleitungskapitel gemachten Beobachtung, dass die klassische Homiletik dem Prediger kein konkretes Werkzeug an die Hand gebe und ihn mit bloßen Forderungen alleinlasse, zu entsprechen. In der Warnung vor einer negativen Predigt sowie der Reflexion über den Zusammenhang von Predigt und Liturgie sind wesentliche Aussagen dieses Kapitels zu sehen.

In einem knappen *Schlusswort* (S. 320–321) hält Haendler schließlich noch einmal zusammenfassend fest, dass Predigtarbeit „Lebensarbeit“ bedeute und in den Zusammenhang der persönlichen Existenz gehöre. Dass er nicht hinreichend erörtert habe, wie genau eine Arbeit an der eigenen Person aussehen könne, führt Haendler selbst als Manko an.

Das unter dem Titel „Nachtrag zur III. Auflage“ angehangene *sechste Hauptkapitel* (S. 322–352) hat die Funktion, die homiletischen Ergebnisse Haendlers, die zur Zeit der Abfassung 19 Jahre zurückliegen, in den Kontext der veränderten gesellschaftlichen Bedingungen zu stellen. Darin kommt vor allem eine pessimistische Bewertung der gegenwärtigen Gesellschaft zur Sprache, die sich für Haendler in der atomaren Bedrohung oder dem Bedeutungsverlust traditioneller Werte und des christlichen Glaubens manifestiert.

1.3 „Grundriss der Praktischen Theologie“ (1957)

Der sechzehn Jahre nach der ersten Auflage der „Predigt“ im Jahre 1957 veröffentlichte „Grundriss der Praktischen Theologie“ schlägt ein ganz anderes Genre und damit auch einen ganz anderen sprachlichen, inhaltlichen und methodischen Ton an als „Die Predigt“. Anlage und Stil des „Grundrisses“ sind formal-akademisch gehalten und ähneln in Methodik und Aufbau den gängigen „Grundrissen“ seiner Zeit, vor allem aber dem MARTIN SCHIANS und ALFRED DEDO MÜLLERS.[5] Mit Letzterem teilt er den durchgängig zu spürenden Einfluss der Tiefenpsychologie und der Berneuchener Bewegung.[6]

Exkus:[7] Der Beginn einer systematischen Darstellung der Praktischen Theologie als eigenständiger Disziplin innerhalb der Theologie ist mit der „Kurzen Darstellung des theologischen Studiums“ FRIEDRICH DANIEL E. SCHLEIERMACHERS von 1811 anzusetzen. Vor allem in den enzyklopädischen Werken der Aufklärung gab es zwar schon vor Schleiermacher Darstellungen der Praktischen Theologie, jedoch in der Regel nicht als eigenständiger universitärer Disziplin, sondern als kirchlicher Handlungswissenschaft für die dem Studium nachfolgende pastorale Ausbildung. Schleiermacher war der Erste, der die Stellung der Praktischen Theologie im Fächerkanon der theologischen Disziplinen begründet verankerte und in einer knappen, prägnanten Gestalt Wesen, Aufbau und Funktion der Praktischen Theologie darstellte. In der Form seiner Darstellung lehnt er sich dabei einem Schema an, das schon in der Orthodoxie praktiziert wurde und aus dem universitären Vorlesungsbetrieb heraus entstanden ist: Einzelne Paragraphen gliedern die systematische Darstellung, die inhaltlich so aufgebaut ist, dass ein vorangestellter Merksatz eine prägnante Definition bietet, die im Folgenden erläutert und ausgelegt wird. Dieses Verfahren ist ursprünglich aus der Veröffentlichung von vorlesungsbegleitenden Thesenpapieren entstanden. Als wirkungsgeschichtlich bedeutend ist dabei Schleiermachers Ansatz bei der Kirche zu bewerten: Alle folgenden Darstellungen der Praktischen Theologie setzen ebenfalls bei der Kirche an (so z. B. Carl Immanuel Nitzsch, Christian Palmer und Theodosius Harnack). Versuchte man im 19. Jahrhundert häufig noch umfassende „Praktische Theologien“ zu schreiben (so z. B. auch noch Friedrich Niebergall 1918)[8], wurde im Übergang vom 19. zum 20 Jahrhundert mit dem aufkommenden Genre des Lehrbuches und dem Übergang zu einer weniger materialen und dafür stärker formalen wissenschaftlichen Darstellung schließlich der Titel des „Grundrisses“ gebräuchlich (als erster ist hier KARL KNOKE mit seinem 1889 veröffentlichten

---

[5] So z. B. KARL KNOKE: Grundriss der Praktischen Theologie, Göttingen [4]1896; MARTIN SCHIAN: Grundriss der Praktischen Theologie, Gießen 1921; JOHANNES MEYER: Grundriß der Praktischen Theologie, Leipzig/Erlangen 1923; LEONHARD FENDT: Grundriss der Praktischen Theologie, Tübingen 1938; ALFRED DEDO MÜLLER: Grundriss der Praktischen Theologie, Gütersloh 1950. Knoke, Schian und Müller setzen wie Haendler mit einer grundsätzlichen Definition der Praktischen Theologie von der Kirche her an, um von dort ausgehend Gottesdienst (Liturgik), Homiletik (Schian als Teil der Liturgik), Poimenik und Katechetik (Schian schiebt noch die Diakonie ein) als kirchliches Handeln darzustellen. Lediglich Knoke stellt die Katechetik seiner Darstellung voran.

[6] Nach OSKAR PLANCK: Michaelsbruderschaft, 349–385 muss die Abfassung des Grundrisses ganz im Berneuchener Kontext betrachtet werden.

[7] Vgl. zur folgenden Darstellung CHRISTIAN GRETHLEIN/MICHAEL MEYER-BLANCK: Geschichte der Praktischen Theologie, 5–65.

[8] FRIEDRICH NIEBERGALL: Praktische Theologie. Lehre von der kirchlichen Gemeindeerziehung auf religionswissenschaftlicher Grundlage, 2 Bde., Tübingen 1918/1919.

Grundriss zu nennen, der in der ersten Auflage noch „Abriss“ hieß). Der Darstellungsansatz der Praktischen Theologie bei der Kirche ist dabei durchgehend gleich geblieben. Nach den Grundrissen von Alfred Dedo Müller und Otto Haendler schlief dieses Genre in die 70er Jahren ein,[9] weshalb Haendlers „Grundriss“ (vor allem in der DDR) für zwei Jahrzehnte zur Standardlektüre wurde.

Ziel des „Grundrisses“ Otto Haendlers ist es, eine geordnete Darstellung der Praktischen Theologie sowie eine Definition ihrer einzelnen Themenfelder zu geben. Wie Schleiermacher in seiner „Kurzen Darstellung“ setzt Haendler bei der Kirche an und stellt methodisch den jeweiligen Paragraphen einen prägnanten Merksatz voran, auf den eine längere Erörterung folgt. Im Blick auf die Gliederung orientiert er sich an Martin Schian und Alfred Dedo Müller, indem er Liturgik, Homiletik, Poimenik und Katechetik als Funktionen der Kirche versteht. Dass Haendler den „Grundriss“ seinem verstorbenen Vater gewidmet hat, unterstreicht zudem die Grundsätzlichkeit der Anlage dieses Werkes und erhält mit dem dadurch getroffenen Brückenschlag zu seinen biographischen Anfängen einen testamentarischen Charakter.

Das *erste* von insgesamt sieben *Hauptkapiteln* (S. 1-23) mit dem Titel „Grundlegung“ beschäftigt sich mit der Definition der Praktischen Theologie als „Strukturtheologie der gegenwärtigen Kirche“ und fragt nach ihrem Verhältnis zu anderen wissenschaftlichen Disziplinen. Dieses Kapitel übernimmt damit die Funktion eines Thesenaufwurfs und prägt methodisch wie inhaltlich die folgende Darstellung.

Im *zweiten Hauptkapitel* (S. 24–143) mit dem Titel „Die Grundstruktur der Kirche“ legt Haendler den theoretischen Unterbau für seinen Ansatz dar, indem er nach Wesen, Gestalt und Amt der Kirche fragt (hier wird auch die Person des Amtsträgers unter den bekannten Topoi der Tiefenpsychologie und Meditation näher beleuchtet). Methodisch wählt er dabei einen relationalen Zugang, indem er das Wesen der Kirche von ihrem Verhältnis zur Wirklichkeit Gottes, zu den Gläubigen und zur Welt her bestimmt. Im Heiligen Geist (ekklesia invisiblia) und der Schöpfung (ekklesia visiblia) sieht er dabei die beiden entscheidenden dynamischen Kräfte der Kirche. Von da ausgehend hält Haendler eine kritische (Kirche als „Prinzip der Generalreinigung der Welt“[10]) und eine schöpferische Aufgabe der Kirche (Kirche als Gestaltung der Begegnung mit der Wirklichkeit Gottes bezogen auf sich selbst und die Welt) fest.

Das *dritte Hauptkapitel* (S. 144–200) mit dem Titel „Das Gebet der Kirche“ widmet sich der Liturgik und fragt nach Wesen, Gestalt und Träger des Kultus. Dass Haendler seine Darstellung der einzelnen Disziplinen der Praktischen Theologie gerade mit der Liturgik beginnen lässt, zeigt die hohe Stellung, die er dem Gottesdienst innerhalb seiner Praktischen Theologie einräumt. Der Gottes-

---

[9] KARL-FRITZ DAIBER: Grundriss der Praktischen Theologie als Handlungswissenschaft, München 1977 ist die erste Monographie nach Haendlers „Grundriss“, die dieses Genre wieder aufnimmt.

[10] OTTO HAENDLER: Grundriss, 83.

dienst ist für ihn als öffentlicher Ort der Begegnung von Gott und Mensch der zentrale Kulminationspunkt kirchlichen Wirkens, kommen in ihm doch Seelsorge, Predigt und Unterricht zusammen. Hier zeigt sich deutlich das Berneuchener Erbe Haendlers. Den Abschluss dieses Kapitels bildet ein gekonnter liturgiegeschichtlicher Abriss der Gottesdienstgeschichte.

Bevor Haendler die weiteren Disziplinen darstellt, schiebt er das *vierte Hauptkapitel* (S. 201–242) mit dem Titel „Die Verkündigung der Kirche" als Theoriekapitel ein. Ihm kommt eine Scharnierstellung innerhalb des „Grundrisses" zu, legt Haendler hier doch sein spezielles Verständnis der Verkündigung dar, unter der er die kirchlichen Handlungsfelder Predigt, Seelsorge und Unterricht subsumiert. Vor allem für die folgende Analyse der Theologie der Predigt Otto Haendlers wird dieses Kapitel von großer Bedeutung sein.

Mit dem *fünften Hauptkapitel* (S. 243–270) setzt Haendler unter dem Titel „Die Predigt der Kirche" die begonnene Einzeldarstellung mit der Homiletik fort. Das fünfte Hauptkapitel stellt darum im Blick auf den „Grundriss" den Hauptgegenstand der folgenden Untersuchung dar. Haendler beschäftigt sich darin formal mit der Stellung der Predigt innerhalb der Struktur der Kirche, den Prinzipien der Predigtgestaltung und bietet eine Anleitung zur konkreten Predigtarbeit. Den Abschluss bildet ein historischer Abriss der Geschichte von Predigt und Homiletik. Diese Gliederung (Ort, Gestaltungsprinzipien, praktische Gestaltung, historischer Abriss) wird auch die weiteren Kapitel des „Grundrisses" strukturieren. Da im Folgenden auf das homiletische Kapitel noch genauer einzugehen sein wird, seien hier nur die Hervorhebung des kultischen Charakters der Predigt sowie ihr Verkündigungscharakter als Ausdruck der Kirchlichkeit der Predigt als wesentliche Leitlinien erwähnt.

Das *sechste Hauptkapitel* (S. 271–308) mit dem Titel „Der Unterricht der Kirche" beschäftigt sich mit der Verkündigung in Gestalt des Unterrichts. Haendler unterscheidet gleich zu Beginn „totales" (bezogen auf Tatsachen), „praktisches" (bezogen auf Gegenstände, zu denen ein bloß äußeres Verhältnis besteht) und „lebendiges" Wissen (bezogen auf Gegenstände, zu denen ein inneres Verhältnis besteht) und hebt die Bedeutung von Letzterem für den Glauben hervor. Im Folgenden werden Lehrende und Lernende näher betrachtet und nach Unterrichtsmethoden und -zielen gefragt. Haendler lehnt dabei eine rein mitteilende Wissensvermittlung ab und spricht sich aufgrund der Tatsache, dass das Unterrichtsgeschehen immer mit Menschen zu tun hat, für ein ganzheitliches Konzept aus.

Das *siebte Hauptkapitel* (S. 309–377) mit dem Titel „Die Seelsorge der Kirche" stellt das umfangreichste Kapitel dar und deutet dadurch auf die Konzentration des Arbeitsschwerpunktes Haendlers auf die Seelsorge hin. Gleich zu Beginn hält er fest, dass Seelsorge die Aufgabe und die Möglichkeit habe, die theologische Grundlage der Anthropologie unter Beweis zu stellen. Seelsorge sei darum „ganzheitlich personal" und „speziell problemgerecht"[11]. Seelsorge basiere auf der biblischen Anthropologie, habe aber auch nach den Erkenntnissen

[11] A. a. O., 309.

der Psychologie im Blick auf die Anthropologie zu fragen. In der Unterscheidung von „Sach-, Person- und Situationsproblemen“ versucht sich Haendler schließlich konkreten Aufgabenfeldern der Seelsorge zu nähern. Den Abschluss bildet wie gewohnt ein Abriss der Geschichte der Seelsorge.

1.4 Aufsätze und Vorträge (1928–1952)

Für die hier interessierende Fragestellung kommen vier veröffentlichte Aufsätze und je ein veröffentlichter und ein unveröffentlichter Vortrag aus einem Zeitraum von 1928 bis 1952 infrage. Darüber hinaus existieren im Nachlass Otto Haendlers zwei weitere Vorträge zu homiletischen Fragestellungen aus den Jahren 1931 und 1936, die jedoch nur unvollständig erhalten sind und aus diesem Grund hier nicht berücksichtigt werden.[12] Die so über einen Zeitraum von 24 Jahren entstandenen Äußerungen Haendlers zu (Spezial-) Fragen der Predigt stellen ein einzigartiges Zeugnis einer sich vor dem Hintergrund drastisch wandelnder gesellschaftlicher Rahmenbedingungen ebenfalls verändernden Bestimmung der Predigtaufgabe sowie einer bei der Hörersituation ansetzenden Homiletik dar. Sie weisen darüber hinaus sowohl auf die Relevanz hin, die Otto Haendler dieser praktisch-theologischen Disziplin über einen langen Zeitraum beigemessen hat, als auch auf die mit seinem Wechsel an die Berliner Universität einsetzende Verlagerung seines Interessensschwerpunktes.

In dem 1928 in der Zeitschrift „Die Innere Mission in Pommern“ erschienenen Aufsatz *„Zeitgemäße Predigt“* setzt sich Otto Haendler mit den Auswirkungen der historisch-kritischen Bibelkritik sowie des Traditionsabbruchs für die Predigt auseinander. Er macht dabei auf das Grundproblem aufmerksam, dass jede Predigt eine überzeitliche Wirklichkeit unter zeitlichen Bedingungen zu verkünden habe. Um dieses Ziel zu erreichen, stellt er eine ganze Palette von Forderungen auf: Die Predigt dürfe keinen exegetischen Vortrag darstellen, solle mit falschen Vorstellungen und Projektionen der Hörer im Blick auf klassische theologische Topoi aufräumen, Menschen in ihrem Glauben unterstützen (dies könne dabei nicht durch eine Bekehrungspredigt gelingen, sondern allein durch einen aktuellen Situationsbezug), die genuinen Ziele der Kirche herausarbeiten, den Gemeindegedanken stärken, ein grundsätzliches Problembewusstsein schärfen und lösungsorientiert arbeiten. Dazu sei nach Haendler eine umfassende Bildung der Predigerpersönlichkeit von Nöten, vor allem im Blick auf ihren Umgang mit vorhandenen Seins- und Wahlmöglichkeiten.

In dem 1938 in der „Monatsschrift für Kirche und Volkstum“ erschienenen Aufsatz mit dem Titel *„Zur Theologie der Erntedankverkündigung“* beschäftigt sich Haendler mit den Auswirkungen einer Veränderung des Kasus des Ernte-

[12] DERS.: Vortrag „Unsere Verkündigung im Kampf mit der Eigengesetzlichkeit“, Archiv der HU Berlin, NL Haendler B 2; DERS.: Vortrag „Der kultische Charakter der Predigt“, gehalten im Juni 1936 in Stralsund und Greifswald, Archiv der HU Berlin B3.

dankfestes für die Predigtaufgabe: War das Erntedankfest traditionell den Landwirten vorbehalten, erfreue es sich nun (im nationalsozialistischen Deutschland) auch eines stärker nationalen Interesses. Die Predigt habe sich darum nicht nur auf die glaubende Gemeinde zu konzentrieren, sondern müsse die Wirklichkeit Gottes auch für kirchenferne Menschen ansichtig machen, die aufgrund eines nationalen Interesses das Erntedankfest begehen. Die Gefahr der Erntedankpredigt liege dabei darin, sich von Christus als der Mitte der Predigt zu entfernen und sich auf allgemeine schöpfungstheologische Aussagen (bis hin zu pantheistischen Tendenzen) zu konzentrieren, oder aber die Ernte christologisch zu überfrachten. Die Predigt solle sich hingegen bemühen, Themen aus der Lebenswirklichkeit der Hörer so anzusprechen, dass die Mitte der Predigt – die Wirklichkeit Gottes – stets mitschwingt. Dazu stellt Haendler zwei Richtlinien auf: Die Predigt brauche zum einen eine neue Gelassenheit im Blick auf theologische Lehrgebäude und zum anderen ein Erfülltsein von der Wirklichkeit Gottes. Die Predigt habe in diesem Sinne an die „Schicksalsempfindungen" (bezogen auf das konkrete Leben), „Geheimnisempfindungen" (bezogen auf das Aufblitzen des Göttlichen in der Natur), „Gemeinschaftsregungen" (im Blick auf Mitmenschen) und „Gleichnisempfindungen" (bezogen auf die Schöpfung als Gleichnis für die Wirklichkeit Gottes) der Menschen anzuknüpfen und diese mit der Wirklichkeit Gottes zu kommunizieren. Insgesamt ist in diesem Aufsatz ein nicht ganz unproblematischer Hang Haendlers zur Natürlichen Theologie bzw. zur revelatio generalis festzustellen.

In dem 1943 unter dem Titel *„Über die Meditation des Predigttextes"* in der Zeitschrift „Pfarramt und Theologie" veröffentlichten kurzen Aufsatz schlägt Otto Haendler die Meditation als Gegengewicht zu einer einseitig rationalen Herangehensweise an den Predigttext und die Predigtaufgabe vor. Erst durch die Meditation vermag der Prediger nach Haendler mit der eigentlichen Wesenstiefe des Predigttextes in Kontakt zu treten – mit den in ihm verborgenen Bildern, verarbeiteten Erfahrungen und Gefühlen –, weshalb der Text im Prediger einen „lebendigeren Ausdruck" findet und seine wirklichen Themen leichter zum Gegenstand der Predigt werden: „In der Meditation kommen wir vom Wie zum Daß."[13] Otto Haendler schlägt die Meditation somit gerade aus einer entschiedenen Hochachtung des Textes heraus als Methode zur Predigtvorbereitung vor. Seine Gedanken sind dabei anschlussfähig an die gegenwärtige Diskussion um den Begriff der Performanz (vgl ausführlicher Kap. II.5.3).

Die 1944 unter dem Titel *„Ziel und Weg der Kriegspredigt heute"* im Miteilungsheft für Marinepfarrer veröffentlichte Nachschrift eines im selben Jahr von Otto Haendler auf einer Tagung für Marinepfarrer in Paris gehaltenen Vortrags beschäftigt sich thematisch mit der Frage nach dem Gegenstand und dem Inhalt der Kriegspredigt. Haendler stellt darin die These auf, dass eine Kriegspredigt

13 Ders.: Über die Meditation des Predigttextes, 75.

zwar auf die konkrete Situation des Soldaten, den Krieg, einzugehen habe, dass ihr inhaltliches Zentrum jedoch nicht im Krieg sondern einzig im Evangelium bestehen könne.

Bevor Haendler seine These aufstellt und erläutert, stellt er im Rahmen einiger *Vorbemerkungen* den Kultus als Mitte des kirchlichen Lebens dar und fordert von dort aus eine kultische Predigt. Im Blick auf die gegenwärtige Homiletik sei die Stellung der Predigt innerhalb des Gottesdienstes nicht ausreichend gewürdigt worden. Haendler verweist hier auf Trillhaas, der am ehesten den kultischen Charakter erkannt, auf Fendt, der die Predigt unter dem Paradigma des Amtes beleuchtet, und auf Schreiner, der die Bedeutung des Wortes für die Predigt hervorgehoben habe.

Im *ersten Unterpunkt* mit dem Titel „Die Zielfrage" legt Haendler den theoretischen Unterbau für seine folgenden Ausführungen. Er stellt zu Beginn die spezielle Aufgabe der Kriegspredigt in den Kontext der grundsätzlichen Aufgabenbestimmung der Predigt und entwickelt von dort aus seine These.

Im *zweiten und dritten Unterpunkt* mit den Titeln „Der Weg zum Ziel" bzw. „Hinweise zur Predigtgestaltung" fragt Haendler nach möglichen Methoden zur praktischen Umsetzung des aufgestellten Predigtkonzepts. In der Methode der Meditation, dem Stellen und Bearbeiten von Sinn- und Schicksalsfragen, dem Ernstnehmen und Eingehen auf die konkreten persönlichen Nöte des Soldaten und die Konfrontation mit der Christusbotschaft, der Verwendung einer hörergemäßen, plastischen Sprache, dem Eingehen des Predigers in die Tiefenschicht des Predigttextes, dem Vermeiden von Längen, dem Bemühen um Zielstrebigkeit und Eindeutigkeit sowie dem Bieten praktisch-konkreter Hilfe sieht er wesentliche Elemente.

In dem am 1. Februar 1948 auf einer Superintendentenkonferenz in Greifswald gehaltenen und bislang unveröffentlichten Vortrag mit dem Titel *„Gegenwartsnahe Predigt"* versucht Otto Haendler wie in den vorherigen Aufsätzen die Predigtaufgabe von den Anforderungen der Gegenwart her zu bestimmen. In den sich nach dem Zweiten Weltkrieg radikal veränderten Lebensbedingungen der Menschen (in Ostdeutschland) sieht er dabei die größte Herausforderung für die Predigt, allen voran in dem Umgang mit geschehener Schuld und aktueller Not. Die Predigt habe dem Menschen bei der Bewältigung dieser Aufgabe zu helfen, indem sie ihn ganzheitlich, d. h. auf einer kognitiven wie affektiven Ebene unterstützt. Kognitiv habe die Predigt „Erhellung" zu leisten, indem sie dem Menschen helfe, seine persönliche Not, Schuld und Unschuld im Blick auf sein Leben und sein Verhältnis zu Gott richtig einzuordnen. Affektif habe die Predigt die Aufgabe, dem Menschen eine erfahrungsbezogene Kontaktmöglichkeit mit der Wirklichkeit Gottes zu ermöglichen: „nicht mit dogmatischen Gedanken, sondern mit gelebten Wirklichkeiten"[14]. Haendler spricht sich hier vor allem für ein Ernst- und Wahrnehmen der religiösen Dimension der Predigt aus und for-

---

[14] DERS.: Vortrag „Gegenwartsnahe Predigt", 2.

dert in diesem Zusammenhang ein „undogmatisches Christentum“[15], das sich stärker auf die Anknüpfung an die bei den Hörern vorherrschenden religiösen Inhalte konzentriert als auf ihre Korrektur durch orthodoxe Denkmuster.

Der 1952 in der evangelischen Wochenzeitschrift „Die Kirche“ veröffentlichte kurze Aufsatz mit dem Titel *„Der lebendige Gott in der Verkündigung“* versucht die Predigtaufgabe von dem Begriff des lebendigen Gottes her zu bestimmen: Gott als den Lebendigen zu verkündigen, sei die primäre Aufgabe der Predigt. Um dieses Predigtziel zu erreichen, müsse der Prediger zuerst bei sich selbst ansetzen und seine Persönlichkeit fördern, um eine geistliche Vollmacht auszubilden. Als Anknüpfungspunkt könne ihm dazu die Tradition der Kirche dienen. Aber auch der Hörer könne etwas zum Gelingen der Predigt beitragen: Er könne sich in einer „Akuetik“ üben, d. h. lernen, wie man Predigten richtig hört. Gelingt dies, werde der Hörer zu einem aktiven Mitträger der Verkündigung und nicht nur zu einem passiven Rezipienten – eine Sicht, die die Subjektorientierung Otto Haendlers deutlich unterstreicht.

1.5 Ertrag

Otto Haendler beschäftigte sich über 24 Jahre hinweg mit Fragen der Homiletik. Seine Antworten ergeben zusammen ein buntes Bild, das von einer Frage geleitet ist: Wie hat die Homiletik auf die Anforderungen der Gegenwart zu reagieren? Durch sein gesamtes Werk hindurch nehmen bei der Beantwortung dieser Frage Begriffe wie „Kirche“, „Individuum“, „Subjektivität und Objektivität“, „Ganzheitlichkeit“, „Lebenswirklichkeit“ und „Wirklichkeit Gottes“ zentrale Stellenwerte ein. Im Folgenden soll die vorgestellte Literatur aspektorientiert dargestellt und analysiert werden. Dazu wird nach der Theologie und Aufgabe der Predigt, dem Subjekt des Predigers, dem Hörer und seiner Situation, dem Umgang mit dem Predigttext und der konkreten Predigtgestaltung zu fragen sein.

---

15 Ebd.

2. Die Theologie der Predigt

„Theologie ist die grundsätzliche Besinnung auf den Wahrheitsgehalt des Glaubens und seine geordnete Darbietung“[1] – diese Definition stellt Haendler in seiner „Predigt“ dem Abschnitt über die Bedeutung der Theologie für den Prediger voran und betont an anderer Stelle, dass „eine Untersuchung nicht durch ihren Gegenstand, sondern durch ihre Methode“[2] theologisch werde. Die Methode aber, die eine Untersuchung theologisch werden lässt, besteht für Haendler in der Frage nach dem „Bezogensein“ des zu untersuchenden Gegenstandes „auf die Wirklichkeit Gottes.“[3] Vor dem Hintergrund dieser Definition liegt es nahe, auch im Blick auf die Frage nach der Theologie der Predigt die Wirklichkeit Gottes als den entscheidenden Bezugspunkt der Aussagen Haendlers zu sehen. Ein Blick in seinen „Grundriss“ bestätigt diese Annahme, ist dort doch zu lesen: „Predigt ist Verkündigung der Wirklichkeit Gottes in erhellender gestalteter Rede.“[4] Mit den Begriffen *„Verkündigung“*, *„Wirklichkeit Gottes“* und *„erhellender gestaltender Rede“* sind drei Leitlinien im Blick auf eine theologische Wesensbestimmung der Predigt genannt, denen im Folgenden näher nachgegangen werden soll.

2.1 „Verkündigung“ – Zum Wesen, Ort und Subjekt der Predigt

Indem Otto Haendler das *Wesen der Predigt* als Verkündigung definiert, nimmt er Bezug auf einen zentralen Begriff der Dialektischen Theologie. Dies ist insofern bemerkenswert, als ihm mit dem Begriff des „Mysteriums“[5] auch ein Begriff aus der Berneuchener Tradition zur Verfügung gestanden hätte, der sich bewusst von dem der Verkündigung abgrenzt.

Exkurs:[6] Betont der Begriff des μυστήριον stärker die Unbegreiflichkeit des Wortes Gottes und die sich daraus ableitende Notwendigkeit der Entschlüsselung und Interpretation, akzentuiert der vom griechischen κηρύσσειν („bekannt machen“, „laut verkünden“) abgeleitete Begriff der Verkündigung stärker die Eindeutigkeit und prinzipielle Verständlichkeit der Botschaft, die mit der Verlautbarung durch einen autorisierten Herold oder Zeugen zusammenhängt.[7] Aus diesem Grund ist in den Evangelien in der Regel

---

[1] OTTO HAENDLER.: Die Predigt, 106.

[2] A. a. O., 25.

[3] Ebd.

[4] DERS.: Grundriss, 243. Ähnlich auch DERS.: Die Predigt, 15: „Predigt ist Verkündigung der Wirklichkeit Gottes.“

[5] Vgl. z. B. WILHELM STÄHLIN: Vom göttlichen Geheimnis, Kassel 1936, 34–42.

[6] Vgl. zu den folgenden Ausführungen zum Begriff der Verkündigung ULRICH HEINZ J. KÖRTNER u. a.: Art. „Verkündigung“, in: RGG[4] 8 (2005), 1024–1028.

[7] Das Verb ἀγγέλλειν, das mit „melden“ zu übersetzen ist und ebenfalls für den Verkündigungsbegriff in Frage käme, kommt im NT nur in Joh 20,18 vor und kann deshalb vernachlässigt werden.

Jesus das Subjekt, wenn κηρύσσειν als Prädikat gebraucht wird (z. B. Mt 4,17; Mk 16,15; Lk 4,18; 1. Kor 15,12). Ein von diesem Verb abgeleiteter Verkündigungsbegriff hebt somit die Autorität des Inhalts der Verkündigung wie die des Verkündigers hervor bzw. akzentuiert, um es mit einer Formulierung Haendlers zu sagen, stärker die vertikale Dimension des Predigtgeschehens – ein Umstand, der dazu geführt hat, dass die Dialektische Theologie in den 20er Jahren diesen alten Begriff wieder stark gemacht hat, um ihr Anliegen einer „Wort-Gottes-Theologie" zu befördern.

Wenn Haendler darüber hinaus den Verkündigungsbegriff durch den Begriff des „Zeugnisses" näher bestimmt, rückt er ihn auf einen ersten Blick noch deutlicher in die Nähe der Dialektischen Theologie: „Der Gehalt der Predigt ist hinsichtlich seines kultischen Charakters dadurch bestimmt, daß die Predigt Verkündigung ist. Sie ist also Zeugnis, nicht Beweis. Sie ist existenziell aufweisend, nicht logisch nachweisend."[8] Ein zweiter Blick kommt jedoch zu einem ganz anderen Ergebnis: Konnte der Begriff des Zeugnisses von der Dialektischen Theologie im Sinne der Wort-Gottes-Theologie gebraucht werden, trägt dieser Begriff für Haendler eine eindeutig existenzielle Konnotation. Predigt als Verkündigung besteht ihrem Wesen nach für ihn nicht in einem logisch nachvollziehbaren *Be*weis theologischer Sachverhalte (was nicht ausschließen soll, dass Predigt nicht auch logisch argumentieren darf), sondern im *Er*weis ihrer existenziellen Bedeutung für den Hörer. Predigt als Zeugnis hat nach Haendler also primär nicht die inhaltliche Stimmigkeit dessen deutlich zu machen, was zu glauben ist, sondern die Auswirkungen dieser Glaubensinhalte auf das Leben der Menschen erfahrungsbezogen ansichtig zu machen. In seinem Grundriss kann er diesen für seine Homiletik entscheidenden Grundsatz auch so formulieren: „Predigt ist zuerst und zuletzt immer Zeugnis, und ‚zeugen' hängt zusammen mit ‚zeigen'. Diese etymologische Tatsache ist instruktiv für die Aufgabe. Die Predigt soll zeigen, und zwar (Zeugnis!) aus der Überzeugung und Erfahrung des Predigers und der Gemeinde heraus, wie der lebendige Gott in seiner dreifaltigen Offenbarung in der Welt wirkt und Menschen in seine Gnade und in seinen Dienst ruft."[9] Ein Grundsatz, der lange vor der sog. „Empirischen Wende" in der Praktischen Theologie die Bedeutung einer erfahrungsbezogenen, hörerorientierten Predigt aufgezeigt hat. Wie gelingt der Predigt nach Haendler aber dieser Erweis?

Er gelingt ihr, insoweit die Predigt immer „Selbstdarstellung des Predigers hinsichtlich seines Erleben"[10] ist. Die existenzielle Funktion der Predigt als Erweis ist also an die Person des Predigers gekoppelt: Der Prediger stellt der Gemeinde in dieser sehr an Schleiermachers „Mitteilung des frommen Selbstbewusstseins" erinnernden Formulierung seinen Glauben exemplarisch zur Verfügung. Dabei geht es Haendler weder um die Darstellung des Glaubens des Predigers als Vorbild, dem die Gemeinde nachzueifern hat, noch um ein Plädoyer für eine persönliche Plauderei über das eigene Leben, sondern vielmehr dar-

---

8 Otto Haendler: Grundriss, 246.
9 A. a. O., 258.
10 Ders.: Die Predigt, 91.

um, den persönlichen Glauben des Predigers der Gemeinde als Beispiel zur Verfügung zu stellen, an dem sie mittels Ablehnung oder Zustimmung Impulse für ihr eigenes Glaubensleben erhalten kann. In diesem Sinne muss die Funktion der Predigt als „Selbstdarstellung des Predigers hinsichtlich seines Erlebens“ bei Haendler als existenzielles *Partizipationsgeschehen* verstanden werden, das primär auf eine Aneignung des Glaubens zielt, und erst sekundär auf ein kognitives *Informationsgeschehen*, wobei beide nicht als Alternativen, sondern als gegenseitige Entsprechungen verstanden werden müssen: Zu jeder Eröffnung einer Partizipationsmöglichkeit gehört natürlich immer auch ein gewisses Maß an Information und zu jeder Information ein gewisses Maß an kognitiver und emotionaler Partizipation. Eine Predigt sollte also immer beide Dimensionen im Blick haben.

Die Predigt als Verkündigung stellt somit für Haendler letztlich ein *Kontakt- oder Kommunikationsgeschehen* dar,[11] indem sie die Wirklichkeit Gottes so mit der Lebenswirklichkeit des Menschen kommuniziert, dass sie sich für seine Situation als existenziell bedeutsam erweist. Haendler kann in diesem Zusammenhang auch von einer *vertikalen* und einer *horizontalen Dimension* der Predigt sprechen: Die vertikale Dimension transzendiert die Lebenswirklichkeit der Hörer, indem sie sie zu der Wirklichkeit Gottes in Beziehung setzt, und die horizontale Dimension konkretisiert zugleich die Wirklichkeit Gottes für das Leben der Hörer, indem sie diese ansichtig und existenziell plausibel macht.[12] Predigt, verstanden als Verkündigung, ist somit immer lebensrelevant.

Wenn die Predigt aber ein Kontaktgeschehen darstellt, dann ist auch nach dem *Ort* zu fragen, an dem sich dieses Kontaktgeschehen realisiert. Auf einer ersten, formalen Stufe ist der *Gottesdienst* als Ort der Predigt auszumachen. Otto Haendler spricht in diesem Zusammenhang von einem kultischen und einem öffentlichen Charakter der Predigt, der wiederum die vertikale und horizontale Dimension der Predigt als Verkündigung widerspiegelt.

Der *kultische Charakter* der Predigt besteht für Otto Haendler dabei nicht aufgrund der Nähe der Predigt zur Liturgie, sondern aufgrund ihres auktorialen Charakters: Weil und nur insofern die Predigt sich im Namen Gottes vollzieht, ist sie als eine kultische Handlung zu verstehen, denn den kultischen Charakter einer Handlung macht nach Haendler nicht ihre Form (Liturgie), sondern allein ihr Inhalt (Reden im Namen Gottes) aus.[13] Predigt ist ihrem kultischen Charakter nach also autorisiertes, *stellvertretendes Reden*. Der Gottesdienst als Ort der Predigt verweist somit vermittelt über den kultischen Charakter der Predigt auf die vertikale Dimension des Predigtgeschehens als Konfrontation des Menschen mit der Wirklichkeit Gottes. Indem die Predigt im Namen Gottes geschieht,

---

[11] So auch der Titel einer von Haendler betreuten Dissertation: ECKHARD ALTMANN: Die Predigt als Kontaktgeschehen, Stuttgart 1963.

[12] Vgl. hierzu OTTO HAENDLER: Grundriss, 206.

[13] Vgl. hierzu a. a. O., 245–247.

eröffnet sie zugleich die Wirklichkeit Gottes, von der sie zeugt. Mit einem modernen Begriff könnte man die Predigt in diesem Sinne auch als ein performatives Geschehen beschreiben.

Der *öffentliche Charakter* der Predigt hat für Otto Haendler vor allem eine normierende Funktion: „In der Öffentlichkeit" ist die Predigt „weithin Norm der persönlichen Ansicht kirchlicher und unkirchlicher Kreise über das Christentum, bestimmender Faktor der Einsicht in das Christentum, und sie ist ihrem Wesen nach von hier aus gesehen gestaltetes öffentliches Herausstellen der Glaubenswahrheit für die Stunde."[14] Predigt definiert in diesem Sinne öffentlich, was die Kirche vermittelt durch die Person des Predigers zu einem bestimmten Zeitpunkt als christlich auslegt. Der Gottesdienst als Ort der Predigt verweist somit vermittelt über den öffentlichen Charakter der Predigt auf die horizontale Dimension des Predigtgeschehens. Predigt ist ihrem öffentlichen Charakter nach also *definierendes Reden*. Haendler betont dabei besonders die Weite dieses Geschehens: „In diesem Sinne sind bei jeder Predigt alle Kirchenfenster offen. Wer draußen vor den offenen Kirchenfenstern Tausende versammelt denkt, die seine Predigt mithören, spricht seine Gemeinde richtiger an, als wer sich mit einer Einseitigkeit, die Tiefe und Wert der Innerlichkeit einschränkt, an den Frieden des Kirchenraumes hingibt."[15] Aus diesem Grund fordert er eine „Kirche der offenen Tür", deren Botschaft den Gegenwartsmenschen „vom Markt über die Pforte bis zum Altar"[16] erreicht. Das öffentliche, definierende Reden der Kirche stellt somit für Haendler nicht ein exklusives, sondern ein inklusives Geschehen dar: Es geht alle Menschen an. Selbst im Umgang mit dem Atheismus solle sich die Kirche darum gesprächsbereit zeigen, ohne freilich ihre Grundposition aufzugeben: „‚Offene Kirche' bedeutet nicht, und zwar nachdrücklich nicht, dass die Kirche in ihrem Kern, d. h. in ihrer Verkündigung und in ihrer entschiedenen Zuwendung zur ganzen Offenbarung nachlassen dürfte."[17] Haendler geht dabei sogar soweit, die Kirchlichkeit der Kirche an ihrer Fähigkeit, „überkirchliche" zu sein, zu bemessen.[18]

An diesem Punkt wird deutlich, dass die Predigt über den Gottesdienst hinaus auf einer zweiten, grundsätzlicheren Stufe ihren Ort in der *Kirche* hat: Zusammen mit Seelsorge und Katechetik bildet sie den Bereich der Verkündigung (Modus des Wortes), der neben dem der Liturgie (Modus des Gebetes) und dem der Diakonie (Modus der Tat) Ausdruck des kirchlichen Handels ist.[19] Indem die Predigt jedoch als Verkündigung in der Kirche ihren Ort hat, ist die Kirche als Urheberin des verkündigenden Handlens zugleich auch *Subjekt der Predigt*. Die

---

14 Ders.: Ziel und Weg, 2.
15 Ders.: Die Predigt, 234.
16 Ebd.
17 Ders.: Wissenschaft und Leben, 294.
18 Ders.: Grundriss, 110 f.
19 A. a. O., 202 f.

Predigt ist darum für Otto Haendler die „ausdrückliche Aussage der Kirche“[20], ja er kann sogar davon sprechen, dass jede Predigt „von der Kirche aus und in der Kirche“[21] geschieht.

Diese Bestimmung erinnert stark an CARL IMMANUEL NITZSCH, der ebenfalls in den Bereichen Gottesdienst, Predigt, Seelsorge und Unterricht auf einer grundsätzlichen Ebene nicht den Pfarrer, sondern die Kirche als „actuoses Subjekt“[22] wirksam sieht, oder aber an THEODOSIUS HARNACK, der die gesamte Praktische Theologie als „Wissenschaft von der Selbstbethätigung der Kirche“[23] bezeichnet. Wenngleich Haendler diese Verbindung in seinem „Grundriss“ selbst nicht zieht, bietet die 1954 verfasste Rezension zum „Grundriss der Praktischen Theologie“ seines Freundes Alfred Dedo Müller[24] mit einer ausführlichen Darstellung der Ansätze Schleiermachers, Nitzschs und Harnacks einen möglichen Hinweis auf die Richtigkeit dieser Vermutung.

Neben der Kirche ist für Otto Haendler auch die *Person des Predigers* Subjekt der Predigt (vgl. ausführlicher Kap. II.4). Daher stellt sich die Frage, wie die hohe Wertschätzung, die die Person des Predigers in seiner Homiletik erfährt, mit der Definition der Kirche als Subjekt der Predigt in Einklang zu bringen ist. Muss nicht die Betonung der Kirche als Subjekt der Predigt die Person des Predigers zwangsläufig zum bloß ausführenden Organ degradieren? Gerät der Prediger, anders gefragt, also letztlich nur noch aufgrund seines kirchlichen Amtes als Subjekt der Predigt in den Blick, nicht aber, wie von Haendler doch eigentlich intendiert, aufgrund seiner Persönlichkeit? Diese Frage wäre mit „Ja“ zu beantworten, wenn Haendler nicht einen zutiefst vom Individuum ausgehenden Kirchenbegriff hätte: Nach CA 7 definiert er die Kirche wesentlich als „Gemeinschaft von Personen“ und nicht als „Anteilhabe an dinglichen Werten“[25]. Aus diesem Grund ist die Person das tragende Element der Kirche, weshalb die Definition der Kirche als Subjekt der Predigt die Person des Predigers als Subjekt der Predigt nicht zwangsläufig degradiert. Haendler geht es vielmehr um zwei unterschiedliche Sichtweisen auf ein und dasselbe Problem, die sich gegenseitig bedingen: eine *strukturelle* (Kirche als Subjekt der Predigt) und eine *individuelle* (Prediger als Subjekt der Predigt).

2.2 „Wirklichkeit Gottes“ – Zum Inhalt und zur Norm der Predigt

Inhalt der Predigt ist laut der Definition Otto Haendlers die Wirklichkeit Gottes. In seinem „Grundriss“ bestimmt er diese in dreifacher Weise näher:[26] Sie sei 1. universaler *Anruf* (in der Predigt treffe die unsichtbare Wirklichkeit Gottes auf

---

[20] A. a. O., 243.

[21] DERS.: Die Predigt, 53.

[22] CARL IMMANUEL NITZSCH: Praktische Theologie, Bd. 1: Einleitung und Erstes Buch. Allgemeine Theorie des kirchlichen Lebens, Bonn 1847, 111.

[23] THEODOSIUS HARNACK: Die Praktische Theologie, Bd. 1, Erlangen 1877, 23.

[24] OTTO HAENDLER: Praktische Theologie als theologisches Problem, 661-670.

[25] DERS.: Grundriss, 201.

[26] A. a. O., 244. Vgl. zu den folgenden Ausführungen a. a. O., 243-245.

die sichtbare Wirklichkeit der Welt, weshalb sie Christen wie Nichtchristen gleichsam betreffe), 2. *Vergegenwärtigung* (durch die Predigt lerne der Mensch die Welt als von der Wirklichkeit Gottes in allen Bereichen durchdrungen kennen) und 3. *Wegweisung* (die Predigt zeige, wie ein Leben, das von der Wirklichkeit Gottes durchdrungen ist, aussehen und gelingen könne). Der Inhalt der Predigt hat somit nach Haendler drei Funktionen: eine *Adressaten-Funktion* („Anruf"), eine *noetische Funktion* („Vergegenwärtigung") sowie eine *ethische Funktion* („Wegweisungen"). Woraus entnimmt die Predigt aber ihren Inhalt? Haendler beantwortet diese Frage differenziert: *Theologisch* erhalte die Predigt ihren Inhalt aus der Heiligen Schrift (1.), *strukturell* aber aus der Kirche (2.) und der Person des Predigers (3.).[27] Allen drei Inhaltsgebern soll im Folgenden näher nachgegangen werden:

1. In seiner *theologischen Inhaltsbestimmung* begründet Haendler die absolute Stellung der *Heiligen Schrift* im Blick auf die Predigt mit dem Verhältnis von revelatio generalis und specialis: „Man kann Gott zwar im Sturm der Natur und der Geschichte erfahren. Aber man kann ihn gültig und dieses deutend verkündigen nur auf Grund der Heiligen Schrift. Die revelatio generalis bedarf nicht der Bestätigung, denn sie ist erschütternd [...]. Aber sie bedarf der Deutung, wenn sie den Weg zur Erlösung und zur Gewißheit beschreiten oder anbahnen soll. Sie bedarf der Erfüllung in Christus, wenn sie zum Heile der Menschheit ausschlagen soll."[28] So wie Haendler allgemein Trinität und Christologie als „Gehalt" und „Gestalt" der Verkündigung definieren kann,[29] so ist auch der sich in der Schrift offenbarende Christus aus theologischer Perspektive die inhaltliche Mitte der Predigt. Die Qualität des Inhaltes der Predigt bemisst sich aus diesem Grund nach Haendler an dem Grad ihrer Schriftgebundenheit: „Je tiefer sie sich in die Schrift vertieft, je intensiver sie aus ihr schöpft, um so echter ist sie und wird sie."[30]

Doch genau hier entsteht nach Haendler ein klassisches Problem, an dem sich auch die Dialektische Theologie abgearbeitet habe: „Dennoch ist damit nicht alles gesagt, und zwar deshalb nicht, weil Verkündigung nicht mechanisch erfolgt, sondern durch Menschen von Fleisch und Blut geschieht. Um dieser Tatsache willen muß die Verkündigung geschützt werden gegen Möglichkeiten der Verfälschung und Verkehrung."[31] Bis hierher wären wohl ohne Widerspruch auch zahlreiche Vertreter der Dialektischen Theologie gefolgt, doch entwickelt sich das soeben zitierte „Dennoch" Haendlers im weiteren Verlauf seiner Darlegung zur Gretchenfrage: Zog die Dialektische Theologie aus dem dargestellten Problem die Konsequenz, allen menschlichen Einfluss auf die Predigt so gering wie möglich zu halten (allen voran den Einfluss der Person des

27 A. a. O., 229.
28 Ebd.
29 Vgl. a. a. O., 203–206.
30 A. a. O., 229.
31 A. a. O., 230.

Predigers), wirbt Haendler dafür, die Auswirkungen der conditio humana auf das Verständnis und die Interpretation der durch die Schrift vermittelten Wirklichkeit Gottes nicht auszuklammern, sondern ernst zu nehmen. Da es eine Grundkonstante des Verkündigungsgeschehens sei, dass alle Verkündigung „hindurch durch die Kirche und durch die Person des Verkünders“[32] gehe, müsse die Predigt diese horizontale Dimension des Predigtgeschehens ernst nehmen und dürfe nicht versuchen, sie auszuschließen. Haendler fordert darum neben der Schrift als *theologischer Quelle* der Predigt die Kirche und die Person des Predigers als (untergeordnete) *strukturelle Quellen* der Predigt ernst zu nehmen, was zur zweiten, strukturellen Inhaltsbestimmung überleitet.

2. Die *Kirche* ist für Haendler als *strukturelle Inhaltsquelle* der Predigt wichtig, weil sie trotz ihrer menschlichen „Filtrierung“ der Botschaft (Haendler erwähnt hier das Problem der unmöglichen Generierbarkeit einer „ipsissima vox“ Jesu, die relativen Ergebnisse der historisch-kritischen Exegese sowie die ökumenische Vielfalt kirchlicher Auslegung) „zwei Jahrtausende hindurch die Wahrheit Gottes gehütet und die Offenbarung Gottes verkündigt“[33] habe. Die Kirche ist somit für Haendler der Garant der Orthodoxie der Predigt: „Die objektive Wahrheit, die in der Predigt verkündigt wird, tritt mit der Gesamtheit ihrer Wirklichkeiten und Kraftströme dem Prediger als ‚Kirche‘ im weitesten Sinne entgegen.“ Wichtig ist dabei, dass Haendler diese Funktion der Kirche nicht als etwas Statisches versteht, sondern als einen dynamischen Prozess des Ringens: „Die ringende Kirche ist zugleich die wahre Kirche.“[34] Dies rühre letztlich daher, dass die Kirche als „Wirken des Geistes Gottes auf Erden“[35] zu definieren sei und aus diesem Grund von zwei dynamischen Kräften bestimmt werde: dem Heiligen Geist und der Schöpfung.[36] Die Kirche besitzt also, um erneut die von Haendler getroffene Begriffsunterscheidung zu bemühen, eine vertikale (Heiliger Geist) und eine horizontale Dimension (Schöpfung), die sich in einem dialektischen Spannungsverhältnis wechselseitig bedingen und die Dynamik der Kirche ausmachen. Tradition ist in diesem Sinne nach Haendler als Produkt dieses dynamischen Geschehens zu verstehen.

3. Im Blick auf die *Person des Predigers* als struktureller Inhaltsquelle der Predigt macht Haendler auf das hermeneutische Problem von Subjektivität und Objektivität aufmerksam: Je nachdem wie die Persönlichkeit eines Menschen beschaffen sei, nehme sie auch die objektive Wirklichkeit Gottes anders wahr. Es gibt nach Haendler im Blick auf den Menschen also so etwas wie Objektivität immer nur als eine durch das Subjekt vermittelte Objektivität: „Die Predigt ist die Selbstdarstellung des Predigers hinsichtlich seines Erlebens, auch dann,

32 Ebd.
33 A. a. O., 231.
34 Ebd.
35 A. a. O., 24.
36 A. a. O., 43 f.

wenn er in Vollmacht und Fülle des Zeugnisses die geoffenbarte Wahrheit verkündigt. Auch die ‚objektivste' Predigt verbirgt sein Erleben so wenig, wie man seine Handschrift verstellen kann"[37]. Dabei dürfe Subjektivität nicht mit Willkür verwechselt werden: Es komme vielmehr darauf an, dass der Prediger sich des Einflusses seiner Subjektivität, seiner Persönlichkeit auf die Predigt bewusst sei. Auch er müsse ganz ähnlich wie die Kirche um Objektivität ringen und stehe damit in einem dynamischen Verhältnis zur Tradition wie zu sich selbst.

Die Kirchlichkeit der Predigt besteht damit für Haendler gerade in der Auseinandersetzung des Predigers mit den Inhalten der Tradition und seines persönlichen Glaubens, weshalb er festhalten kann: „Predigtarbeit ist also immer Fusion beider Mächte: der Kirche und des predigenden Subjektes."[38] Man könnte deshalb auch sagen, dass die Kirche nur vermittelt durch die Person des Predigers Subjekt der Predigt zu sein vermag: „Kirche und Subjekt sind zwei Mächte, die sich durchdringen sollen, und je stärker dabei die Persönlichkeit ist, um so stärker kommt bei echter Durchdringung die Kirche zur Geltung."[39]

Dabei kommt es nach Haendler auf zwei wesentliche menschliche Grundvermögen an, ob der Prediger als Subjekt seine Aufgabe als Inhaltsquelle der Predigt erfüllen kann: Der Prediger soll mithilfe seines *Gewissens* (kognitives Vermögen) und seiner *Intuition* (affektives Vermögen) die Spuren der Wirklichkeit Gottes in der Tradition der Kirche und in der eigenen Person finden und zum Inhalt der Predigt machen. Es ist also letztlich die Person des Predigers, der die Bestimmung und Findung des Inhalts der Predigt obliegt. Sie hat in der durch die Kirche überlieferten und interpretierten Schrift sowie in ihrem daraus angeeigneten Glauben nach der Wirklichkeit Gottes zu suchen und diese zum Inhalt der Predigt zu machen. Der Gedanke einer doppelten Inhaltsquelle der Predigt bzw. der Praktischen Theologie findet sich bereits bei Theodosius Harnack und Ernst-Christian Achelis.[40]

Zusammenfassend kann festgehalten werden, dass sich die Anliegen der Dialektischen Theologie und die Anliegen Haendlers im Ziel gleichen (die Verkündigung soll vor menschlicher Verfälschung geschützt werden), in der Wahl ihrer Methoden jedoch grundlegend unterscheiden. An diesem Punkt wird deutlich, wie sehr Otto Haendler in seinem „Grundriss" im Vergleich zu den Aussagen in der „Idee der Kirche" oder der „Predigt" der Dialektischen Theologie entgegengekommen ist, bzw. wie sehr er im Denken seiner Zeit und ihren gebräuchlichen Termini verwurzelt gewesen ist. Vor allem die von Haendler geforderte Schriftgebundenheit wirft dabei die Frage nach seinem Schriftverständnis auf: Ist eine Predigt allein schon aufgrund der Tatsache als schriftgemäß zu bezeichnen, dass sie die Schrift ständig zitiert, oder kann eine Predigt auch tief in

---

37 Ders.: Die Predigt, 92. Vgl. hierzu auch ders.: Grundriss, 231.

38 Ders.: Die Predigt, 53.

39 A. a. O., 54.

40 Vgl. Theodosius Harnack: Praktische Theologie, Erlangen 1877, 19 f.; Ernst-Christian Achelis: Lehrbuch der Praktischen Theologie, Bd. 1, Leipzig [2]1898, 648.

der Schrift verwurzelt sein, obwohl sie vielleicht nur an einer einzigen Stelle explizit auf einen Bibelvers eingeht? Auf diese Frage wird im Rahmen der Analyse der Aussagen Haendlers zum Predigttext (vgl. Kap. II.5) wie auch im Blick auf seine eigene Predigtpraxis (vgl. Kap. III.4) noch näher einzugehen sein.

2.3 „Erhellende gestaltende Rede" –Zur Gestalt der Predigt

Ihrer Gestalt nach ist Predigt *Rede* - diese scheinbar auf der Hand liegende Definition Haendlers impliziert, dass sich die Predigt im Modus menschlicher Sprache vollzieht. Menschliche Sprache aber unterliegt bestimmten Gesetzmäßigkeiten und will deshalb gestaltet sein. Predigt als Rede ist aus diesem Grund immer *gestaltete Rede*. Haendler betont dabei stets die Freiheit der Predigt, die gerade aus ihrer Gebundenheit an Schrift, Kirche und Person entsteht: Predigt ist „freie Rede [...], die der Prediger von seiner Gegenwart aus, aus seinen und seiner Kirche Beziehungen zur gegenwärtigen Welt heraus, und in Auseinandersetzung mit der Gegenwart, mit ihren Grundlinien und ihren Einzelproblemen des Einzellebens, gestaltet."[41]

Das Gestaltungsmaterial der Predigt, oder wie Haendler es nennt: ihre „Substanz", gewinnt die Predigt als gestaltete Rede also aus der Auseinandersetzung mit Kirche (Tradition) und Gegenwart (Situation). Da sich die Kirchlichkeit der Predigt, wie oben gesehen, für Haendler auch an ihrer Schriftgemäßheit bemisst, kann er auf die konkrete Predigtgestaltung bezogen auch formulieren: „die Predigtsubstanz" entsteht „aus der Synthese zwischen Textsubstanz und Gegenwart"[42]. Es ist also erneut die Dialektik von Vertikale und Horizontale bzw. von Tradition (Wirklichkeit Gottes, Schrift) und Situation (Lebenswirklichkeit der Hörer und des Predigers), die die Gestalt der Predigt ausmacht. Haendler betont aus diesem Grund:

> „Was wir in der Predigt sagen, steht also nicht nur unter der Forderung, dass es richtig sei, d. h. der Glaubenserkenntnis der Kirche entsprechen muss. Denn es könnte an sich richtig sein, aber keine Verbindung mit unserem Leben und unserer Erkenntnis haben. Neben der objektiven Richtigkeit würde dann die subjektive Echtheit fehlen. Aber erst wenn Richtigkeit und Echtheit miteinander verbunden sind zu einer organischen Einheit, kommen wir zur eigentlich so zu nennenden ‚Verkündigung'."[43]

Eine Rede wird jedoch wiederum nur gestaltet, um eine Wirkung auszuüben. Gestal*tete* Rede ist also immer, intentional oder potentiell, gestal*tende* Rede. Hierauf macht Haendler schon in seiner Habilitationsschrift aufmerksam, wenn er auf Friedrich Niebergall verweisend folgert, Predigt unternehme den Versuch, „den Willen der Hörer zu beeinflussen"[44]. Von Niebergall ausgehend unterscheidet Haendler darum im Folgenden eine *indirekte* von einer *direkten*

---

[41] Otto Haendler: Die Predigt, 243.
[42] A. a. O., 254.
[43] A. a. O., 105.
[44] Ders.: Die Idee der Kirche, 143.

Verkündigung:[45] Unter Ersterer versteht er eine ungewollte und zum Teil sogar unbewusst ablaufende Kommunikation von Predigtinhalten, die aus diesem Grund nur eine schwache und rein zufällige Wirkung auf die Hörer haben könne. Demgegenüber sei die direkte Verkündigung der Modus der Wahl, wenngleich sie ständig Gefahr laufe, an Dynamik zu verlieren und zu stagnieren. Um eine möglichst gezielte und möglichst große Wirkung auf die Hörer ausüben zu können, muss die Predigt nach Haendler darum zugleich dynamisch, d. h. lebendig, und direkt, d. h. offen und transparent geschehen. Das Attribut „erhellend" deutet dabei eine aufklärende, lebensdienliche Wirkung der Predigt an und leitet damit zur Bestimmung der Aufgabe der Predigt über.

Indem Otto Haendler die Predigt dezidiert als Rede definiert, macht er vornehmlich darauf aufmerksam, dass es sich bei der Predigt um ein Geschehen handelt, das unter den Bedingungen menschlicher Kommunikation abläuft. Der Hinweis, dass eine bewusst gestaltete Rede immer auch eine gestaltende Rede ist, dass Sprache also Handlung ist und eine Wirkung ausübt, macht ihn anschlussfähig an die moderne Semiotik und Sprechakttheorie:[46] Wer spricht, handelt, und wer nicht spricht, handelt auch – diese schlichte Gleichung hat schon Haendler im Rahmen seiner Abhandlung zur Gestalt der Predigt gesehen. Die Struktur der Predigt als Sprache ernst zu nehmen bzw. auf ihren kommunikationspsychologischen Hintergrund zu befragen, stellt damit einen wesentlichen Beitrag Otto Haendlers zur modernen Homiletik dar und hat Auswirkungen auf die Bestimmung der Aufgabe der Predigt. Dass Haendler dabei vor allem die Person des Predigers in den Blick nimmt, bleibt sein spezielles Verdienst.

2.4 Ertrag

Die Predigt ist für Otto Haendler aus theologischer Sicht primär ein Vermittlungs- oder Kontaktgeschehen von göttlicher (vertikaler) und menschlicher (horizontaler) Wirklichkeit. Diese Vermittlungs- oder Kontaktfunktion gelingt ihr, insofern sie sowohl ihrem theologischen Inhalt als auch der conditio humana Rechnung trägt: Letzterer dadurch, dass die Predigt prinzipiell nicht Beweis, sondern Erweis der Wirklichkeit Gottes zu sein hat, und Ersterer dadurch, dass sie in der Tradition der Kirche, d. h. in der Heiligen Schrift, ihre zentrale Inhaltsquelle zu sehen hat. Haendler versucht damit sowohl den Anforderungen der christlichen Wahrheit, die *an sich* immer nur objektiv gedacht werden kann, als auch der Vermittlung dieser Wahrheit, die *für sich* immer nur subjektiv

---

[45] A. a. O., 259 ff.

[46] Exemplarisch sei hier verwiesen auf Frank Michael Lütze: Absicht und Wirkung der Predigt. Eine Untersuchung zur homiletischen Pragmatik, Leipzig 2006. Lütze untersucht anhand ausgewählter Predigten den „Zusammenhang von Absicht, Handlungsstruktur und zu erwartender Wirkung von Predigten" (a. a. O., 5) und deckt dabei eindrücklich die Auswirkungen stereotyper Sprachmuster und Sprachspiele auf das Predigtgeschehen auf.

angeeignet werden kann, gerecht zu werden. Dass eine so gestal*tete* Predigt dabei prinzipiell immer auch eine (positiv oder negativ) gestal*tende* Wirkung entfaltet, trägt dabei sowohl dem Evangelium Rechnung, das nicht Lehre um der Lehre willen, sondern gestaltende und verändernde Lehre um der Menschen willen sein möchte, als auch den Bedürfnissen der Predigthörer, die den Gottesdienst besuchen, um sich von ihm verändern oder in Bewegung versetzen zu lassen.

Den eigentümlichen Charakter der Theologie der Predigt Otto Haendlers macht dabei eine Mischung aus dem Beibehalten etablierter Begriffe auf der einen und der Neuinterpretation ihrer zentralen Inhalte auf der anderen Seite aus. Besonders deutlich wird dies an dem für sein Predigtverständnis zentralen Begriff der Verkündigung: Eigentlich als Kontaktgeschehen und nicht im dialektisch-theologischen Sinne als Ausruf eines Herolds verstanden, opfert Haendler durch das Festhalten an dem Verkündigungsbegriff die Deutlichkeit seiner Aussageabsicht tendenziell einer konfliktloseren Anschlussfähigkeit seiner Homiletik an die Theologie seiner Zeit. Dass ein solches Konzept des „neuen Weins in alten Schläuchen“ dabei nur schwerlich aufgehen kann, weist RICHARD RIESS für die Poimenik Haendlers nach, wenn er in genau diesem Umstand den Grund für ihre geringe Nachwirkung sieht.[47]

[47] Vgl. RICHARD RIESS: Seelsorge. Orientierung, Analysen, Alternativen, Göttingen 1973, 189 f.

3. Die Aufgabe der Predigt

Die klassische Homiletik reflektiert die Aufgabe der Predigt vor allem unter systematisch-theologischen Paradigmen wie etwa dem Sündersein des Menschen und seiner Erlösungsbedürftigkeit durch das gepredigte Evangelium. Haendler wählt einen konsequent anderen Weg: Er setzt beim Menschen als Individuum und seiner konkreten Situation an. Dieser anthropologische Ansatz führt Haendler zu unterschiedlichen Herangehensweisen an die Bestimmung der Predigtaufgabe, die im Folgenden näher erläutert werden sollen.

3.1 Pädagogische Bestimmung

In seiner Habilitationsschrift bestimmt Otto Haendler die Predigtaufgabe vor allem *pädagogisch*. Angesichts der von ihm als gottes-, religions-, christentums- und kirchenfeindlich[1] erfahrenen gesellschaftlichen Situation im Deutschland der 30er Jahre fordert er von der Predigt, „die Gemeinde zum Bewusstsein der ‚Kirche' im Sinne der Kampffront (ecclesia militans)"[2] zu erziehen, und hält dabei programmatisch fest, dass „alle Verkündigung aus pädagogischen Gründen gestaltet sein muss."[3] Die Predigt hat demnach die Aufgabe, in den widerstreitenden Kampf der Weltanschauungen um Deutungshoheit und Anhängerschaft einzutreten und ihrerseits die „Idee der Kirche" als gemeinschaftsbildende und identitätsstiftende Größe im Bewusstsein der Hörer zu implementieren, um so ein Gegengewicht zu den widerchristlichen Strömungen dieser Zeit zu schaffen. Haendler denkt dabei vor allem an politische Strömungen vom Kommunismus bis zum Nationalismus, sieht aber auch in einem einseitigen, unreflektierten Individualismus innerhalb der Kirche einen wesentlichen Faktor für diese aus seiner Sicht desolaten Verhältnisse. Aus diesem Grund kann für ihn die Aufgabe der Predigt nicht darin bestehen, „das Evangelium irgendwie neu zu bestimmen, sondern nur, das Evangelium so zu verkündigen, dass eine möglichst wirksame Bekämpfung der Bedrohung erfolgt."[4]

Unter den *inneren und äußeren Bedrohungen der Kirche*, die Haendler hier im Auge hat, sind im Wesentlichen fünf Bereiche auszumachen: 1. Die Kirche habe es versäumt, ihren Mitgliedern mit der Idee der Kirche einen dezidiert christlichen Gemeinschaftsbegriff zur Verfügung zu stellen und laufe nun Gefahr, diese an den Sozialismus und Nationalismus zu verlieren, die beide wesentlich auf Gemeinschaftsideen beruhen (Bedrohung von innen).[5] 2. Dieser Zustand liegt nach Haendler im Wesentlichen in dem Einfluss des Deutschen Idealismus auf die Kirche begründet, der zu einer Verkürzung des Gemein-

---

1 So die Begriffe in: OTTO HAENDLER: Die Idee der Kirche, 50.
2 A. a. O., 7.
3 A. a. O., 139.
4 A. a. O., 50.
5 Vgl. a. a. O., 1–4, 141.

schaftsgedankens zugunsten eines einseitigen und aus diesem Grund falschen Individualismus geführt habe (Bedrohung von innen).[6] 3. Der von diesem Missstand profitierende Nationalismus und Sozialismus verhalte sich prinzipiell kirchenfeindlich (Bedrohung von außen).[7] 4. Da der Sozialismus seine Mitglieder in der Regel in die Kirchenferne treibe und der „religiöse Sozialismus" im Kern eine akademische, nicht aber eine gemeindepraktische Erscheinung darstelle, sei im christlich geprägten Nationalismus die größte Bedrohung für die Kirche zu sehen. Diese Strömung werte zentrale christliche Inhalte zugunsten weltlicher Gemeinschaftsideen um (Volk, Blut) und verfälsche damit das Evangelium (Bedrohung von innen).[8] 5. Das Bürgertum, das die größte Gruppe der Gottesdienstbesucher darstelle, laufe Gefahr, sich stärker an bürgerlichen Gesellschaftsnormen und Idealen zu orientieren als am Evangelium und so zu „verweltlichen" (Bedrohung von innen).[9]

Die Predigt soll den inneren und äußeren Bedrohungen der Kirche dabei nach Haendler weder durch Apologetik noch durch Polemik begegnen, sondern durch Pädagogik: Erziehend soll sie den Gemeindegliedern die Kirche als „Kampffront und Lebensfront"[10] nahe bringen, also sowohl als stärkende und zusammenhaltende Opposition gegen widerchristliche Kräfte wie auch als reichhaltigen Lebensraum. Dabei spricht Haendler im Wesentlichen drei Felder oder Funktionen der pädagogischen Bestimmung der Predigtaufgabe an:

1. Die pädagogische Aufgabe der Predigt besteht nach Otto Haendler darin, „die Gemeinden zur Erfassung der einheitlichen Dynamik der Verkündigung über den verschiedenartigen Begriffen der Richtungen, der Gruppen, der einzelnen Prediger zu erziehen."[11] Es geht Haendler somit um die *Herausbildung und Stärkung eines theologischen Urteilsvermögens der Hörer* durch die Predigt, das es ihnen erlaubt, aus den unterschiedlichsten, zum Teil ideologisch verfärbten Tönen der gegenwärtigen Predigtkultur das jeweils Christliche herauszufiltern. Letztlich formuliert Haendler damit eine den damaligen Zeitumständen geschuldete Überlebensstrategie: Statt die Hörer zu offener Kritik an der zunehmenden Ideologisierung von Predigten aufzufordern, versucht er sie mit dem nötigen Rüstzeug auszustatten, aus dem Gehörten das jeweils Christliche herauszufiltern. Schon 1930 formuliert Haendler damit eine Strategie, die er während des Nationalsozialismus selbst verfolgen wird: Rückzug in die Innerlichkeit bzw. Konzentration auf den Kern und die Wurzeln des Christentums. Mit einem aus der Seemannschaft entlehnten Begriff gesprochen rät Haendler in einer ideologisch hart umkämpften Zeit somit zum „Abwettern" – eine aus heutiger Sicht nicht unproblematische, vor dem Hintergrund der damaligen Wirklichkeit jedoch nachvollziehbare Reaktion.

---

6 Vgl. a. a. O., 169 f.
7 Vgl. a. a. O., 49 f.
8 Vgl. a. a. O., 227 f.
9 Vgl. a. a. O., 165 f.
10 A. a. O., 8.
11 A. a. O., 149.

2. Die Predigt habe die Hörer dahingehend zu bilden, dass sie eine evtl. bestehende Differenz zwischen dem Anspruch des Evangeliums an ihr Leben und der tatsächlich gelebten Realität erkennen. Haendler macht dabei unter dem Stichwort „Aufrüttelung aus der Verendlichung“[12] auf die Gefahr eines schleichenden Bedeutungsverlustes des Evangeliums im praktisch gelebten Alltag aufmerksam. Es ist also letztlich eine konfrontierende oder *forensische Funktion der Predigt*, die sie nach Haendler aufgrund ihrer pädagogischen Aufgabe zu erfüllen hat.

3. Die Predigt habe die Hörer dahingehend zu bilden, dass Ideen bei ihnen „dynamisch“ werden können.[13] Um zu verstehen, was Haendler mit dieser Formulierung meint, muss kurz auf seinen Ideenbegriff eingegangen werden: „Idee bedeutet, dass ein Mensch von einer Wahrheit des Christentums bzw. der Predigtbotschaft so völlig erfasst und hingenommen ist, dass er ihr nicht nur gehorcht, sondern dass sie ihn trägt.“[14] Bestimmte Wahrheiten können Menschen somit nach Haendler zu Ideen werden, wenn sie eine existenzielle Bedeutung für sie gewinnen. Die Predigt hat in diesem Sinne die Aufgabe, im Blick auf christliche Wahrheiten genau dies zu ermöglichen: „Es ist das Erfordernis der Predigt, die Wahrheit durch das Mittel des Wortes, das ja an sich Gestaltung bedeutet, so zu gestalten, dass dabei Ideen herausspringen. Sie müssen greifbar sein und müssen greifend, anfassend sein.“[15] Haendler spricht sich damit für eine Predigt aus, die dem Hörer nicht nur Information bietet, sondern vor allem eine existenzielle Partizipation an dem Predigtinhalt ermöglicht, indem er seine bloße Gegenständlichkeit, d. h. seine statische Abstraktheit für die Hörer verliert und anfängt, in ihrem Leben wirksam, d. h. „dynamisch“ zu werden.[16] Erst dadurch ereignet sich nach Haendler die Wahrheit des Evangeliums, weshalb er programmatisch festhalten kann: „Wir predigen nie Tatsächlichkeit, sondern immer Wahrheit.“[17]

Für Haendler ist nun, wie der Titel seiner Habilitationsschrift schon verrät, vor allem die „Idee der Kirche“ am ehesten dazu geeignet, bei den Hörern „dynamisch“ zu werden. Dies sei im Wesentlichen drei Bezugspunkten dieser Idee geschuldet: a) dem Evangelium, b) der Gemeinde und c) der gegenwärtigen gesellschaftlichen Lage – dem Evangelium, da es auf die Bildung von Kirche

---

12 A. a. O., 237.

13 Vgl. a. a. O., 129 f.

14 A. a. O., 132.

15 A. a. O., 129 f.

16 Das „Dynamisch-Werden“ einer Idee kann dabei nach Haendler vorübergehend geschehen, ohne dass das Wesen der Hörer verändert wird, oder aber dauerhaft, wobei wiederum eine niedrigere Stufe von einer höheren zu unterscheiden ist: Auf der niedrigeren Stufe, die den Durchschnittszustand der Gemeinde darstelle, fehle das letzte Ergriffensein von der Idee, aber es reiche für ein Gehorchen bzw. eine reli-giös-sittliche Vervollkommnung. Auf der höheren Stufe sei der Mensch dagegen ganz in den Bann der Idee geraten (vgl. hierzu a. a. O., 131).

17 A. a. O., 138.

angelegt sei, der Gemeinde, da sie ohne einen Bezug zur Kirche keine Gemeinde wäre, und der gegenwärtigen gesellschaftlichen Lage, da sie einer starken Identifikationsidee bedürfe, um sich gegen die widerchristlichen Kräfte dieser Zeit behaupten zu können. Im Rahmen der pädagogischen Bestimmung der Predigtaufgabe handelt es sich hier also um die Formulierung einer *existenziellen Bedeutungsfunktion der Predigt.*

30 Jahre später macht Otto Haendler in seinem der Situation des „Atomzeitalters" gewidmeten Nachtragkapitel der dritten Auflage seiner „Predigt" auf eine weitere pädagogisch bestimmte Predigtaufgabe aufmerksam. Er beklagt darin den Verlust an Wertebedürfnis der breiten Massen, konstatiert aber zugleich, dass sich Menschen immer noch angesprochen fühlen, sobald sie etwas als Wert erkennen (und sei es nur das Fernsehen). Diese anthropologische Grundkonstante habe die Predigt zu nutzen: „In diesem Sinne hat die Predigt die Aufgabe, Wertverlangen auf allen Stufen des Möglichen zu wecken."[18] Anstatt als ethische Sittenwächterin zu fungieren, sollte die Predigt nach Haendler eine grundsätzliche Appetenzhaltung der Hörer im Blick auf christliche Werte schaffen und dazu beispielsweise plausibel machen, warum christliche Werte einen Sinn darstellen. Haendler kommt somit von einer positiven Anthropologie aus (der Mensch als Wesen, das Verlangen nach Dingen von Wert hat) zu der Formulierung einer *werteerziehenden Funktion der Predigt.* Seine Forderungen erinnern dabei etwas an Schleiermacher, der durch die Kommunikation des frommen Selbstbewusstseins des Predigers den „Sinn und Geschmack fürs Unendliche" bei den Hörern bzw. bei „den Gebildeten unter ihren Verächtern" wieder zu wecken versuchte.

Es dürfte deutlich geworden sein, dass die pädagogische Bestimmung der Predigtaufgabe durch Otto Haendler ganz unter dem Eindruck der jeweiligen gesellschafts-politischen Lage gestanden hat. Haendler spricht sich damit für eine *situations- und hörerorientierte Bestimmung* der Predigtaufgabe aus. Vor allem die Betonung der Wirksamkeit der Predigt, die Haendler auch und zumal auf die Wirksamkeit von Sprache zurückführt, macht ihn dabei sowohl an die klassische Forderung Friedrich Niebergalls nach einer „wirksamen Predigt" als auch an moderne semiotische Fragestellungen anschlussfähig. Vor allem im Blick auf Letztere wäre methodisch über Haendler hinausgehend zu fragen, wie eine Predigtsprache beschaffen sein müsste, damit sie ihre gestaltende Aufgabe am besten erfüllen kann. Darauf wird an anderer Stelle noch näher einzugehen sein (s. Kap. III). Zusammenfassend kann festgehalten werden, dass es Haendler bei der pädagogischen Bestimmung der Predigtaufgabe letztlich um die Förderung einer veränderten Sichtweise des Hörers auf sein Leben, seinen Alltag und sein Gottesbild geht. Damit trägt die pädagogische Bestimmung der Predigtaufgabe eine dezidiert seelsorgliche Note, was zum zweiten Bestimmungsparadigma Haendlers überleitet.

---

18 DERS.: Die Predigt, 330.

3.2 Poimenische Bestimmung

Seinem Ansatz beim Menschen treu bleibend fordert Otto Haendler in seiner „Predigt" unter Berufung auf 1. Tim 2,4: „Predigt ist Verkündigung der Wirklichkeit Gottes mit dem Ziel, ‚daß allen Menschen geholfen werde und sie zur Erkenntnis der Wahrheit kommen'"[19]. Die Predigt hat somit für Haendler 1. eine *lebensdienliche* (Hilfe) und 2. eine *lehrende Aufgabe* (Erkenntnis), was einer seelsorglichen Bestimmung der Predigtaufgabe gleichkommt: „Predigt ist auch Seelsorge im intensivsten Sinne."[20]

1. Der *lebensdienlichen Dimension* der Predigtaufgabe widmet Haendler in seiner „Predigt" ein eigenes Unterkapitel mit dem Titel „Der priesterliche Dienst in den Fragen der Zeit".[21] Darin hält er gleich zu Beginn programmatisch fest, dass eine Predigt unfruchtbare Wege gehe, wenn sie Fragen der Lebensbewältigung „stillschweigend als im Glauben a priori beantwortet ansieht und dadurch als gelebte Frage mundtot macht."[22] Erst an der Bewältigung situationsgebundener Lebensfragen in der Predigt entscheide sich, ob die Predigt den Hörern bloß ein lebloses Gedankengebäude überstülpe, oder aber die christliche Botschaft durch eine Beziehung zu der konkreten Wirklichkeit der Hörer lebendig werden lasse. Haendler kann deshalb festhalten: „[Z]ur seelsorgerlichen Predigt gehört nicht nur, daß wir dem Hörer die Wirklichkeit Gottes verkündigen, sondern auch, daß wir sie ihm in sein Leben hinein verkündigen."[23] Eine Predigt, die bei der Bewältigung des Lebens helfen will, dürfe deshalb nicht einfach ein idealistisch vollkommenes Leben darstellen und die Hörer damit alleinlassen, sondern müsse Anreize für ein Leben mit Gott bieten und ganz praktisch erste gangbare Schritte aufzeigen. Nur durch das Miterleiden bzw. das seelsorgliche Begleiten durch schlimmste Not hindurch könne die Predigt eine Sprache finden, die Menschen in Not tatsächlich Hilfe bieten kann.

Einer Not ganz besonderer Art hat sich dabei die Kriegspredigt anzunehmen. Ihr widmet Haendler 1941 unter der Überschrift „Soldatentum und Krieg" einen eigenen Abschnitt in der ersten Auflage seiner „Predigt"[24] sowie 1944 den bereits erwähnten Vortrag „Ziel und Weg der Kriegspredigt heute".[25] Er bestimmt dabei die Aufgabe der Predigt unter dem Eindruck des Krieges ebenfalls seelsorglich: „Die Kriegsaufgabe der Predigt ist die seelische Bewältigung des Krieges"[26]. Unter Bewältigung versteht Haendler dabei nicht ein unterdrückendes „Fertigwerden" mit dem Krieg, sondern ein Aufarbeiten des Erlebten und

---

19 A. a. O., 321.
20 A. a. O., 37.
21 A. a. O., 250-262.
22 A. a. O., 250.
23 A. a. O., 105.
24 A. a. O., 243-245.
25 DERS.: Ziel und Weg, 1-6.
26 DERS.: Die Predigt, Berlin 1941, 243.

Erlittenen, um auf diese Weise positive Kräfte für ein Weiterleben zu entwickeln. Ohne den modernen Begriff der „Posttraumatischen Belastungsstörung“ zu bemühen, macht Haendler darauf aufmerksam, dass eine Kriegspredigt aus diesem Grund immer auch den Frieden im Blick haben sollte, in dem sich der Soldat eines Tages wieder zurechtfinden müsse. Auch dürfe der Krieg die Predigt nicht dominieren: Gegenstand – und damit primäre Verkündigungsaufgabe – dürfe nicht der Krieg, sondern müsse immer das Evangelium sein.[27]

2. Die *lehrende Dimension* der Predigtaufgabe basiert vor allem auf Haendlers Rezeption der Tiefenpsychologie C. G. Jungs. So sieht er etwa in der Unterstützung des Hörers auf seinem Weg zur Selbstwerdung („zwischen seinem Selbstsein und dem Sein in der Gemeinschaft“)[28] eine entscheidende Predigtaufgabe. Da Haendler den weiteren Verlauf seiner Darstellung vor allem auf die Selbstwerdung des Predigers fokussiert, kommt dieser Aspekt der Predigtaufgabe nur indirekt zur Sprache, liegt aber in der Verlängerung seiner Gedanken.[29] Die Predigt hat demnach die Aufgabe, den Hörer in der Erkenntnis zu unterstützen, wer er selber ist und welchen Platz er in der Gesellschaft bzw. in der Gemeinde Jesu Christi auszufüllen hat. Dazu ist nach Haendler vor allem wirklichkeitsgetreue Nüchternheit von der Predigt zu fordern, die mit eventuellen Selbsttäuschungen der Hörer schonungslos aufzuräumt: „Die Predigt soll aber die Menschen nicht da ansprechen, wo sie zu stehen meinen, sondern da, wo sie stehen.“[30] Haendler vergleicht die Predigt in diesem Sinne mit einem „Sauerteig“, der nicht eine phantastische Welt auszumalen, sondern die christliche Botschaft mit der „entschleierten Wirklichkeit“[31] zu durchsäuern, d. h. in Kontakt zu bringen hat. Die lehrende Dimension der Predigt hat somit eine aufdeckende, *noetische Funktion*, die sich der Wirklichkeit zu stellen hat. Dies könne z. B. bedeuten, mit Projektionen und falschen Gottesbildern der Hörer aufzuräumen: „Zeitgemäße Predigt hat die Aufgabe, möglichst zu verhindern, dass die Hörer an diese Vokabeln [Haendler erwähnt zuvor Sünde, Gnade, Liebe Gottes, Zorn Gottes – C. P.], wenn sie sie von uns hören, die ihnen geläufige Vorstellung herantragen.“[32] Einer falschen Rücksichtnahme des Predigers auf die Befindlichkeiten der Hörer entgegnet Haendler aus diesem Grund scharf: „Wer mit ‚Rücksicht auf‘ handelt, steht außerhalb, und der andere fühlt sich nicht angesprochen, sondern behandelt.“[33]

In seinem 1948 gehaltenen Vortrag „Gegenwartsnahe Predigt“ spricht Haendler darüber hinaus von einer *ordnenden Funktion* der Predigt: „Die Predigt ist deshalb gegenwartsnah nicht schon, wenn sie die Not aufnimmt, bestätigt,

[27] DERS.: Ziel und Weg, 2.
[28] DERS.: Die Predigt, 40.
[29] Vgl. a. a. O., 66–75.
[30] A. a. O., 233.
[31] Ebd.
[32] DERS.: Zeitgemäße Predigt, 2.
[33] DERS.: Die Predigt, 232.

sondern erst, wenn sie sie einordnet, d. h. zu ihrer realen Bejahung hilft, zu ihrer Abwägung [...] und zur Aufnahme ihrer Antriebe."[34] Die Predigt hat in diesem Sinne nach Haendler die Aufgabe, den Hörer bei der Einordnung, Aufarbeitung, Bewertung und Abwägung existenzieller Ereignisse in seinem Leben zu unterstützen und ihm auf diese Weise dabei zu helfen, eine veränderte Sichtweise auf sein Leben zu erhalten, etwa indem sie Geschehenes in Beziehung zueinander setzt oder nach Verbindungen zum Glauben und zur Wirklichkeit Gottes fragt.

Auf heutige praktisch-theologische Paradigmen bezogen, geht es der poimenischen Bestimmung der Predigtaufgabe Haendlers somit vor allem um Fragen der *Lebenskunst* sowie um die Wiedergewinnung der *Lehrdimension der Predigt*.[35] Die Predigt hat demnach die Aufgabe, Menschen ihr Leben aufzuschließen, so dass sie es sich neu zu eigen machen können. Hier sind die Übergänge zur pädagogischen Bestimmung der Predigtaufgabe fließend. Dass dabei Lebensfragen aus christlicher Perspektive immer auch mit Glaubensfragen zusammenhängen und umgekehrt Glaubensfragen immer auch eine das konkrete Leben der Menschen betreffende Dimension haben, kann auch heute noch von der Homiletik Otto Haendlers gelernt werden. Vor allem in der noetischen Funktion der Predigt, die ihren sinnfälligsten Ausdruck in der „Durchsäuerung" klassischer theologischer Topoi mit konkreter Wirklichkeitserfahrung findet, ist ein weiterführender Beitrag Otto Haendlers zu sehen.

3.3 Geistliche Bestimmung

Da die Predigt nach Otto Haendler, wie oben gesehen, einen „kultischen Charakter" besitzt und ihren Ort im Gottesdienst hat, ist die Aufgabe der Predigt auch von ihrem geistlichen Charakter her zu bestimmen. Ihre Aufgabe läge dann in der *Anbetung*: „Kultus ist Anbetung, und das muß auch in der Predigt immer das Letzte sein, was hindurchklingt. Alle Predigt, auch da wo sie Kritik übt, muß letztlich nicht einreißend, sondern tragend sein. Sie muß nicht nur Einblick gewähren, sondern hineinführen in die Welt der vom Ewigen her aufbauenden Werte."[36] Die Predigt hat somit nach Haendler die Aufgabe, dem Hörer nicht nur eine kognitive Kontaktmöglichkeit mit der Wirklichkeit Gottes zu schaffen, sondern auch und zumal eine affektive! Predigt soll Medium sein, soll dem Hörer ein Gefühl von Gottesnähe und Gotteserfahrung vermitteln: „So bereichert, wie man aus einer recht erlebten Liturgie fortgeht, so bereichert muß man aus der Predigt gehen können mit dem Empfinden, in die ewige Wahrheit, in die

---

34 Ders.: Vortrag „Gegenwartsnahe Predigt", 2.

35 Beiden Dimensionen hat sich jüngst Wilfried Engemann angenommen. Vgl. hierzu exemplarisch Wilfried Engemann: Aneignung der Freiheit. Lebenskunst und Willensarbeit in der Seelsorge, in: WzM 58 (2006), 28–48.

36 Otto Haendler: Grundriss, 246.

Tiefe und Weite der Offenbarung spürbar hineingeführt worden zu sein."[37] In seinem Vortrag „Gegenwartsnahe Predigt" begründet er diesen ganzheitlichen Predigtansatz mit der anthropologischen Einschätzung, dass die „Antenne" des Menschen für religiöse Themen primär nicht im religiösen Gedanken liege, sondern im religiösen Fühlen und Erleben. Eine gegenwartsnahe Predigt habe in diesem Sinne „Erhellung zu treiben, nur nicht mit dogmatischen Gedanken, sondern mit gelebten Wirklichkeiten"[38].

Haendler wendet sich mit der geistlichen Bestimmung der Predigtaufgabe damit deutlich gegen eine rein rationale Predigt, die im Darstellen und Erklären christlicher Glaubensinhalte ihre eigentliche Aufgabe sieht. Verstand beispielsweise Friedrich Niebergall die Forderung nach einer modernen Predigt auf der Basis der Adjektive „verständlich", „interessant" und „wirksam" vor allem kognitiv, ergänzt Haendler diesen Katalog um die Dimension des Affektiven: Wirksam ist eine Predigt nach Otto Haendler nicht nur, wenn sie dem Hörer einen neuen Blick auf sein Leben im Lichte des Evangeliums eröffnet, d. h. sein Leben *inhaltlich transzendiert*, sondern, wenn sie ihn zur Anbetung führt, d. h. sein Leben durch einen Kontakt mit der vertikalen Seinsdimension *affektiv transzendiert*. Die für Haendlers Theologie so wichtige dialektische Spannung zwischen einer horizontalen und vertikalen Dimension leitet zur korrelativen Bestimmung der Predigtaufgabe über.

3.4 Korrelative Bestimmung

Wie im Unterkapitel zur Theologie der Predigt gesehen, bestimmt Otto Haendler die Predigt im Wesentlichen als ein Kontaktgeschehen zwischen der vertikalen (Gott) und horizontalen Dimension (Mensch, Welt) der einen Wirklichkeit (vgl. Kap. I.2.1). Vor dem Hintergrund dieser theologischen Wesensbestimmung kann von einer *korrelativen Aufgabe der Predigt* gesprochen werden: Vernachlässigt die Predigt über der Betonung menschlicher Lebensvollzüge die Rückbindung an die Wirklichkeit Gottes, wird sie beliebig und gottesfern; vernachlässigt sie über der Betonung der Wirklichkeit Gottes die konkreten menschlichen Lebensvollzüge, wird sie unkonkret und wirklichkeitsfern.

Im Blick auf die praktische Gestaltung dieses Kontaktgeschehens kommt nach Haendler den Begriffen *„Glaube"* und *„Liebe"* eine entscheidende Rolle zu:[39] Bezogen auf die vertikale Dimension der Wirklichkeit habe die Predigt die Aufgabe, das Leben der Menschen mittels dieser Begriffe *zu transzendieren*, d. h. mit der Wirklichkeit Gottes in Kontakt zu bringen und ihnen den lebendigen Gott zu verkündigen.[40] Es ist also nach Haendler eine zentrale Aufgabe der Pre-

---

[37] Ebd.

[38] Ders.: Vortrag „Gegenwartsnahe Predigt", 2.

[39] Ders.: Grundriss, 208.

[40] So ganz deutlich in dem gleichnamigen Aufsatz ders.: Der lebendige Gott in der Verkündigung, in: Die Kirche (1952) 7.

digt, Glauben zu fördern! Schon in seinem frühen Aufsatz „Zeitgemäße Predigt" von 1928 fordert Haendler deshalb entgegen der klassischen Schleiermacherschen Formulierung[41] programmatisch: „[W]ir dürfen, wenn wir zeitgemäß predigen wollen, nicht den Glauben der Gemeinde voraussetzen, sondern wir müssen versuchen, ihn zu wecken."[42] Im Blick auf die vertikale Dimension geht es Haendler somit letztlich um das Herausstellen einer „glaubenweckenden"[43] oder *missionarischen Funktion der Predigt*. Diese habe dabei nichts mit einer überredenden „Bekehrungspredigt" zu tun,[44] sondern sei ganz vom Subjekt des Predigers abhängig: Nur ein Prediger, der eine gewisse „geistliche Tiefe" besitze, könne mit „geistlicher Vollmacht"[45] das Leben der Hörer glaubhaft und zeitgemäß mit der Wirklichkeit Gottes kommunizieren.

Bezogen auf die *horizontalen Dimension der Wirklichkeit* hat die Predigt nach Haendler die Aufgabe, das Leben der Menschen mittels der Begriffe „Glaube" und „Liebe" *zu konkretisieren*. Die Predigt habe demnach (ganz im Sinne der poimenischen Bestimmung ihrer Aufgabe) plausibel zu machen, wie die Wirklichkeit ist und wie ein Leben, das aus der Ressource des Glaubens schöpft, konkret aussehen kann bzw. welche Schritte im Blick auf eine Aneignung des Glaubens oder der tätigen Nächstenliebe zu gehen sind, ohne dabei zu idealisieren. Aus diesem Grund kann hier auch von einer *elementarisierenden Funktion* der Predigt gesprochen werden.

Mit einem etwas anderen Bild versucht Haendler die korrelative Aufgabe der Predigt in seinem Aufsatz „Zur Theologie der Erntedankverkündigung" aus dem Jahre 1938 zu verdeutlichen. Er vergleicht darin die Predigt mit einem Kreis, dessen Mitte die Wirklichkeit Gottes und dessen Rand die Lebenswirklichkeit der Hörer darstellt. Aufgabe der Predigt sei es nun, einen *Sektor* zu bilden, d. h. bei einem beliebigen Punkt der Hörerwirklichkeit anzusetzen und eine Linie zur Mitte zu ziehen, um von dort aus wiederum eine zweite Linie zu einem weiteren Punkt auf dem Kreisrand zu ziehen. Wie bei einem Saitenistrument schwinge so die Mitte (also die vertikale Dimension) stets mit, wenn ein randständiger Punkt (also die horizontale Dimension) angeschlagen werde. Verfehlen würde die Predigt ihre Aufgabe, wenn sie lediglich ein *Segment* bilden, d. h. eine Linie zwischen zwei Randpunkten unter Ausschluss der Mitte ziehen würde. In diesem Fall hätte die Predigt zwar immer noch einen starken Lebensbezug, wäre im eigentlichen Sinne aber keine Predigt mehr, da sie ihre Mitte verloren habe.

---

41 FRIEDRICH DANIEL E. SCHLEIERMACHER: Predigten. Erste Sammlung, Reutlingen 1835, IX: „Vielleicht kommt auch die Sache [gemeint ist der Glaube der Gemeinde – C. P.] dadurch wieder zu Stande, daß man sie voraussetzt".

42 OTTO HAENDLER: Zeitgemäße Predigt, 3.

43 Ebd.

44 Ebd.

45 DERS.: Der lebendige Gott.

Zusammenfassend kann festgehalten werden, dass Otto Haendler aus einer stärker systematisch-theologischen Sicht die Predigtaufgabe vor allem korrelativ bestimmt. Er geht damit nicht von klassischen Paradigmen wie etwa dem Sündersein des Menschen und der Erlösungsbedürftigkeit desselben aus, sondern setzt inkarnationstheologisch bei der Vermittlungsbedürftigkeit der Wirklichkeit Gottes mit der des Menschen ein. Dieser Zugang zur Predigtaufgabe bewahrt die Predigt vor einer einseitigen theologischen Schieflage und kann als wichtiges Scharnier in der Praktischen Theologie Otto Haendlers angesehen werden. Mit der Formulierung einer dezidiert missionarischen oder evangelistischen Aufgabe der Predigt, die jedoch nicht Gewalt über ihre Hörer ausübt, zeigt sich Haendler zudem anschlussfähig an gegenwärtige homiletische Entwürfe wie den von MICHAEL HERBST.[46]

3.5 Ertrag

Indem Otto Haendler die Aufgabe der Predigt von unterschiedlichen Punkten aus beleuchtet, macht er auf ihre wesentliche Aufgabe aufmerksam: Die Predigt soll dem Menschen vor dem Horizont des Evangeliums in den unterschiedlichsten Situationen seines Lebens Hilfe bieten, sei es in Fragen der Lebensführung, seines Selbstverhältnisses und Selbstverständnisses, der Beziehung zu einzelnen Menschen oder zu Gott. Predigt als pädagogische, seelsorgliche, geistliche und theologische Aufgabe hat somit eine Wirkung auf den Menschen auszuüben, ihn zu bereichern, zu verändern, zu stärken oder neu auszurichten. Diese Wirkung kann dabei kognitiv (noetische Aufgabe) oder affektiv (geistliche Aufgabe) erfolgen. Auf die Analyse der Predigten Haendlers vorausblickend wird es interessant zu untersuchen sein, ob und inwieweit sie welche Aufgaben zu erfüllen versuchen.

---

[46] Vgl. exemplarisch MICHAEL HERBST: Missionarische Verkündigung in der Postmoderne, in: ders.: Wachsende Kirche. Wie Gemeinde den Weg zu postmodernen Menschen finden kann, Gießen ²2010, 57–59.

4. Das Subjekt des Predigers als konstituierendes Element der Predigt

„Der Prediger als Subjekt der Predigt ist nicht nur Ausgangspunkt, sondern ständig bleibender Orientierungspunkt“[1] - mit dieser Formulierung hält Otto Haendler gleich zu Beginn seiner „Predigt“ den eigentümlichen Ansatzpunkt seiner Homiletik programmatisch fest. Bildet der Text in den schematischen Darstellungen zahlreicher praktisch-theologischer Lehrbücher in der Regel die Spitze des Homiletischen Dreiecks, während Prediger und Hörer die Basis bilden, so kann man Haendlers Ansatz dahingehend verstehen, dass er das Homiletische Dreieck schlicht um 90° dreht und so den Prediger an die Spitze setzt. Das relationale Gefüge von Text, Prediger und Hörer bleibt somit unangetastet, lediglich der Ausgangspunkt ändert sich: Haendler geht nicht „vom Text zur Predigt“, wie es die Dialektische Theologie nahelegt, sondern vom Prediger vermittelt über den Text und die Hörersituation zur Predigt.

Es darf an dieser Stelle jedoch nicht der Eindruck entstehen, als hätte Otto Haendler diese Dimension des Predigtgeschehens erfunden. Die Person des Predigers stellt von den Anfängen der Predigtgeschichte an ein zentrales Paradigma homiletischen Nachdenkens dar. Aus diesem Grund finden sich etwa bei den Kirchenvätern oder bei Martin Luther genauso Aussagen zur Person des Predigers wie in der Aufklärung oder im Pietismus. Kam die Person des Predigers anfangs fast ausschließlich aufgrund der ihr gestellten Aufgabe in den Blick und wurde beispielsweise als rhetorisch zu schulen (so vor allem in der Aufklärung)[2] oder moralisch und geistlich zu erbauen (so z. B. im Pietismus)[3] betrachtet, änderte sich die Wahrnehmung mit FRIEDRICH SCHLEIERMACHER (1768–1834) grundsätzlich. Mit seiner Definition der Predigt als „Mitteilung des zum Gedanken gewordenen frommen Selbstbewusstseins“[4] erhebt er den Glauben und die Persönlichkeit des Predigers zum zentralen Instrument der christlichen Predigt: „Vermittelst des Einflusses seiner lebendigen Persönlichkeit soll er die gemeinsame Anregung leiten und ihr eine bestimmte Richtung geben.“[5] Schleiermacher würdigte damit als Erster den Prediger als Subjekt.

---

[1] OTTO HAENDLER: Die Predigt, 19.

[2] Vgl. exemplarisch JOHANN LORENZ VON MOSHEIM: Anweisung erbaulich zu predigen, hg. von Dirk Fleischner, Waltrop 1998, 189.

[3] Vgl. exemplarisch PHILLIP JAKOB SPENER: Pia desideria, oder herzliches Verlangen nach gottgefälliger Besserung der wahren evangelischen Kirche, sampt einigen dahin einfältig abzweckenden christlichen Vorschlägen (1675), in: Kurt Aland (Hg.): Die Werke Philipp Jakob Speners. Studienausgabe, Bd. 1: Die Grundschriften, Teil 1, Gießen/Basel 1996, 112–136.

[4] FRIEDRICH DANIEL E. SCHLEIERMACHER: Kurze Darstellung des theologischen Studiums zum Behuf einleitender Vorlesung, Berlin ^{2}1830, § 280.

[5] DERS.: Die Praktische Theologie nach den Grundsätzen der evangelischen Kirche im Zusammenhange dargestellt, Berlin 1850, 204.

Mit dieser Definition setzte Schleiermacher Maßstäbe, denen seine Schüler folgten. So rät etwa auch CHRISTIAN PALMER (1811–1875) dem Prediger, seine Persönlichkeit bewusst ins Spiel zu bringen, da von ihr die Kommunikation des Evangeliums abhänge. Wie für Schleiermacher ist die Predigt auch für ihn die „volle Manifestation der Persönlichkeit“[6]. ERNST CHRISTIAN ACHELIS (1838–1912) baut seine Homiletik sogar formal von der Person des Predigers her auf, indem er die prinzipielle Homiletik mit der Frage „Wer predigt?“ der materialen und formalen vorordnet.[7] Jedoch erscheint der Prediger bei Achelis im weiteren Verlauf seiner Ausführungen vornehmlich als Funktion der Kirche, bzw. des Predigtamtes, und nimmt somit keine theoriebildende Stellung ein. Der Prediger ist hier stärker formaler Ausgangs- als inhaltlicher Ansatzpunkt. Auch HEINRICH BASSERMANN (1849–1909) nimmt die Predigtdefinition Schleiermachers auf und unterscheidet auf ihrer Basis zwischen einer subjektiven Quelle der Predigt (die Persönlichkeit des Predigers) und einer objektiven (die Bibel).[8] Er betont dabei jedoch ausdrücklich die „christlich-religiöse Persönlichkeit des Predigers“ und gerade nicht „die natürliche, sozusagen rohe Individualität“, denn ihre „Darstellung hat auf der Kanzel gar kein Recht“[9].

Nachdem sich die Dialektische Theologie im 20. Jahrhundert von Schleiermacher zu befreien und einen entschieden anderen Weg weg vom Subjekt des Predigers einzuschlagen versuchte, knüpft EMANUEL HIRSCH (1888–1972) erneut an diese liberale Tradition an und versucht mit dem Stichwort der „persönlichen Predigt“ [10] eine Synthese dialektischer und liberaler Anliegen herzustellen. Besonders deutlich wird dieser Ansatz auch bei WOLFGANG TRILLHAAS (1903–1995), der in seiner Predigtlehre[11] die seit Alexander Schweizer[12] üblich gewordene Einteilung in eine Prinzipielle (Wesen und Aufgabe der Predigt), Materiale (Predigttext und Auslegung) und Formale Homiletik (Predigtgestaltung) um die Dimension der „Pastoralen Homiletik“ ergänzt und auf diese Weise ausdrücklich das Subjekt des Predigers würdigt.

Fand der Zugang der in der Tradition Schleiermachers stehenden Homiletik zur Persönlichkeit des Predigers noch ausschließlich unter theologischen und philosophischen Paradigmen statt, ergänzt Otto Haendler dieses Bild erstmals um die Erkenntnisse der modernen Tiefenpsychologie. Diese methodische Neuerung bildet zusammen mit einer dezidiert bei dem Prediger als Subjekt ansetzenden Hermeneutik das entscheidend Neue an dem homiletischen Ansatz Otto Haendlers, der im Folgenden näher beleuchtet werden soll. Dabei wird der *Subjektbegriff* eine zentrale Rolle spielen.

Nach ROBERT SCHNEPF bezeichnet das Subjekt im heutigen Sprachgebrauch in der Regel das Erkennende im Unterschied zum Erkannten.[13] Philosophisch betrachtet wird der Subjektbegriff also vornehmlich von der sog. Subjekt-Objekt-Spaltung her entfaltet, d. h. von der Grundvoraussetzung allen Denkens, nach dem das „Ich“ ein „Du“ oder ein „Etwas“ von sich selbst unterscheidet. Das Subjekt stellt damit im Fluss des Erkennens und

---

6 CHRISTIAN PALMER: Evangelische Homiletik, Stuttgart 1857, 600.

7 ERNST-CHRISTIAN ACHELIS: Lehrbuch der Praktischen Theologie, Bd. 2, Leipzig 1911, 117 ff.

8 HEINRICH BASSERMANN: Handbuch der geistlichen Beredsamkeit, Stuttgart 1885, S. 376.

9 A. a. O., 377.

10 EMANUEL HIRSCH: Predigerfibel, 39–44.

11 Vgl. WOLFGANG TRILLHAAS: Predigtlehre.

12 Vgl. ALEXANDER SCHWEIZER: Homiletik der evangelisch-protestantischen Kirche, Leizig 1848.

13 Vgl. ROBERT SCHNEPF: Art. „Subjekt/Objekt“, in: RGG^4 7 (2004), 1814–1816.

des Seins eine gewisse Konstante dar, ein ansprechbares Zentrum, das für sein Handeln verantwortlich gemacht werden kann. Der Begriff des „Subjekts“ weist damit sowohl eine gewisse Geschlossenheit auf, da er ein wie auch immer geartetes Selbstbewusstsein impliziert, das zu reflektierten Handlungen fähig ist, als auch im Unterschied zu anderen Begriffen eine ausreichende Offenheit, da er nicht sofort bestimmte philosophische oder psychologische Grundentscheidungen impliziert. Der Prediger als Subjekt ist somit Urheber und Vollziehender der Predigt und als solcher als Person mit einer Persönlichkeit anzusprechen. Dies ist die Grundbedeutung des Subjektbegriffs, wie er im Folgenden verstanden werden will.

4.1 Die grundsätzliche Bedeutung des Subjekts des Predigers für die Predigt

Das Subjekt des Predigers erhält für Otto Haendler aufgrund eines zwingenden inhaltlichen Grundes seine zentrale Bedeutung für die Predigt: Wenn die Predigt eine optimale Wirkung erzielen soll (hier zeigt sich die grundsätzliche Anleihe Haendlers an Friedrich Niebergall), d. h. wenn die Predigt inhaltlich das transportieren soll, was der Prediger intendiert, dann muss um der inhaltlichen Wirkung der Predigt willen auch und zuallererst der Prediger als Subjekt der Predigt im Fokus des Interesses stehen. Haben vorausgehende Homiletiken Inhalt und Wirkung der Predigt wenn überhaupt an ihrem Umgang mit Bibel, Dogmatik, Rhetorik oder Hörersituation gemessen, d. h. an im Wesentlichen technischen Fragen wie etwa der Exegese, des dogmatischen Unterbaus, der rhetorischen Struktur und Darbietung sowie der inhaltlichen Anschlussfähigkeit der Predigt an den Alltag der Hörer, so legt Haendler erstmals aus inhaltlichen Gründen den Fokus auf den Prediger als Subjekt: Das Subjekt des Predigers ist aus produktionsästhetischen (Wie gelangt der Prediger zum Inhalt seiner Predigt?), rezeptionsästhetischen (Wie wirken Prediger und Predigtvortrag auf die Hörer?) und damit dezidiert theologischen Gründen (Wie ist die Aneignung der freimachenden Botschaft des Evangeliums durch die Predigt zu fördern?) für den Predigtprozess von entscheidender Bedeutung.

Haendler hat dabei nach eigenen Aussagen wesentliche Anregungen durch Heinrich Bassermann erhalten. Wenngleich Haendler seinen grundsätzlichen Ansatz bei der Person des Predigers schätzt, geht ihm Bassermann dennoch nicht weit genug: „[N]irgends wird der subjektive Gesichtspunkt grundsätzlich selbstständig neben den objektiven gestellt, nirgends wird er in seiner Bedeutung entsprechend herausgearbeitet.“[14] Für Haendler ist jedoch eine inhaltlich „objektive“, d. h. eine inhaltlich sachgemäße Predigt nur vermittelt durch das Subjekt des Predigers zu haben: „Objektiv sein bedeutet, als Subjekt von der Sache getragen sein und als Subjekt die Sache tragen.“[15] Subjektivität und Objektivität sind also im Sinne Haendlers keine sich gegenseitig ausschließenden Alternativen, sondern bedingen sich aufgrund der schlichten Tatsache gegenseitig, dass es immer ein konkretes Individuum ist, mittels dessen Subjektivität objektive Erkenntnisse formuliert werden. Der Mensch kann somit als Mensch

[14] Otto Haendler: Die Predigt, 18.
[15] Ebd.

seine Subjektivität genauso wenig hinter sich lassen wie sein eigenes Ich. Den Einwänden der Dialektischen Theologie (dem Zitat nach Eduard Thurneysens) zuvorkommend entgegnet Haendler dabei: „Wer ‚unter möglichster Ausscheidung alles Subjektiven ganz zu einem Werkzeug in Gottes Hand werden' will, wird nicht zu dem Werkzeug Prediger, Bote, Verkündiger, sondern er würde zur Schallplatte, wenn von ihm noch etwas erklingen könnte. Wer sich in diesem Sinne glaubt ‚ausgeschaltet' zu haben, in dem wirken die subjektiven Kräfte sich unkontrolliert, ungeregelt und unnormiert aus."[16] „Der Gegensatz gegen objektiv" sei aus diesem Grund „nicht subjektiv, sondern willkürlich und beziehungslos"[17].

Der Versuch der bewussten Ausschaltung der eigenen Subjektivität in der Predigt führt somit nach Haendler gerade nicht zu einer besonders objektiven bzw. besonders sachgemäßen Predigt, sondern im Gegenteil zu einer Predigt, in der sich die Subjektivität des Predigers bloß verdeckt und unerkannt auswirkt. Gerade hierin liege jedoch die eigentliche Gefahr. Im Blick auf eine sachgemäße Verkündigung des Evangeliums sei es darum zwingend notwendig, dass der Prediger über grundlegende Wirkungsmechanismen seiner eigenen Persönlichkeit Bescheid wisse und diese in der Predigtarbeit bewusst berücksichtige. Es ist also anders formuliert nach Haendler überhaupt keine Frage, ob der Prediger das Subjekt der Predigt ist oder nicht, sondern einzig und allein, ob er bewusst zum Subjekt seiner Predigt werden will oder nicht.

Dies ist nach Haendler jedoch wiederum nur dadurch zu erreichen, indem der Prediger nicht nur die Wirkung seiner bewussten, sondern auch und zumal seiner unbewussten Persönlichkeitsstruktur berücksichtigt. Hier ist nun der eigentliche Ansatzpunkt für Haendlers Rezeption der Psychologie C. G. Jungs gegeben. Eine Predigt aus der „zentralen Tiefe"[18] oder der „bluthaften Mitte" der eigenen Persönlichkeit zu halten, bedeutet für Haendler im Kern, eine Predigt aus dem eigenen *„Selbst"* heraus zu halten, d. h. aus dem bewusste wie unbewusste Persönlichkeitsinhalte umfassenden archetypischen Bild der eigenen Persönlichkeit. Den Prozess der Erkenntnis und Herausbildung des eigenen Selbst definiert Haendler dabei in Anlehnung an den Jungschen Begriff der „Individuation" als *„Personifikation"*[19]. Der Begriff des „Selbst" nimmt damit eine entscheidende Stellung in der Homiletik Otto Haendlers ein und kann als ihr eigentliches Scharnier betrachtet werden.

Inhaltlich übernimmt Haendler diesen Begriff jedoch nicht einfach eins zu eins, sondern erweitert ihn um ein schöpfungstheologisches Motiv: „Die Vokabel ‚Selbst' scheint uns auch sprachlich zum Ausdruck zu bringen, daß hier das tiefste Anliegen des Menschen angesprochen ist: das zu werden, was eigentlich vom Schöpfer mit ihm gemeint ist, und ein Leben zu führen, in dem die Gesetze

---

16 A. a. O., 48.
17 A. a. O., 52.
18 A. a. O., 55.
19 A. a. O., 56.

seines eigenen Seins voll zum Ausdruck kommen."[20] Hinter dem Selbst verbirgt sich für Haendler also die *imago dei*, d. h. der eigentliche, von Gott gemeinte und intendierte Mensch. Der Prozess der Personifikation kann damit als menschliche Aneignung der ihm von Gott verliehenen Gottebenbildlichkeit verstanden und mit dem humanistischen Wahlspruch „Werde, was du bist!" umschrieben werden. An diesem Gedanken zeigt sich sehr schön Haendlers Grundanliegen, die theologische Sichtweise auf den Menschen mit einer psychologischen ins Gespräch zu bringen bzw. den Menschen im Zusammenspiel religiöser wie psychischer Prozesse zu betrachten.

Es kann im Sinne der übernommenen Theorie Jungs nach Haendler für die Predigt also nicht unerheblich sein, ob der Prediger ihren Inhalt aus Bereichen seiner Persönlichkeit schöpft, die eher in den oberen Schichten des Bewusstseins oder aber in den tieferen Schichten des kollektiven oder individuellen Unbewussten liegen; es kann für die Predigt nicht ohne Folgen bleiben, ob sich der Prediger der Funktionsweise seines unbewussten Motivations- und Urteilssystems grob bewusst ist oder nicht; es kann für die Predigt nicht bedeutungslos bleiben, ob sich der Prediger bestehender Komplexe oder Neurosen, die ihn zu einem bestimmten Verhalten oder einer bestimmten Sichtweise drängen, bewusst ist oder nicht; und es kann nicht ohne Folgen bleiben, ob sich der Prediger der Inhalte seines Schattens und der daraus resultierenden Projektionen und Übertragungen bewusst ist oder nicht.

Diese Grunderkenntnis mündet für Haendler schließlich in die Forderung einer *originalen Predigt* bzw. in die Aufforderung des Predigers, in seiner Predigt sichtbar als Original erkennbar zu werden. Im Gegensatz zum Begriff der Originalität, der für Haendler eine „Absetzung gegen das Gewohnte" bedeutet, versteht er unter dem Begriff des „Originals" einen mit dem „echten Kern der Persönlichkeit" übereinstimmenden Ausdruck.[21] Das Ziel einer an der Personifikation orientierten Predigt kann somit unter dem Begriff der *Kongruenz* zusammengefasst werden: Predigtinhalt und Predigtdarbietung sollen mit der echten Gestalt der Persönlichkeit übereinstimmen, ihren Stärken und Schwächen, ihrem Glauben und Zweifeln, ihrem Können und Nichtkönnen, ihren positiven wie negativen Eigenschaften. Wie stellt sich Haendler jedoch die praktische Umsetzung dieser Forderung vor?

4.2 Der Weg zum Selbst als Prozess der Predigtvorbereitung

Wenn Otto Haendler eine mit der Persönlichkeit des Predigers kongruente, „originale" Predigt fordert, ist auch nach der praktischen Umsetzung dieser Forderung in der Predigtvorbereitung zu fragen. Methodisch kommen nach Haendler dazu vor allem zwei Bereiche in Frage: 1. die *klassische Gesprächstherapie* und 2. die *Meditation*. Bevor diese Methoden im Blick auf ihre praktische Umsetzung hin näher betrachtet werden (s. Kap. II.4.3), sollen jedoch zuvor die

---

[20] A. a. O., 58.

[21] A. a. O., 51.

von Haendler dargelegten Arbeits- und Konfliktfelder näher betrachtet werden, auf denen sich die Selbstwerdung des Predigers zu betätigen hat. Grundsätzlich können die verstreuten und zum Teil redundanten Aussagen Haendlers zu diesem Themenkomplex unter der Frage nach der Einstellung und dem Verhalten des Predigers gegenüber *vorgegebenen inneren* (Kap. II.4.1) *und äußeren Bedingungen* (Kap. II.4.2) summiert werden, die Haendler mit dem für seine Homiletik zentralen Begriff des *„Schicksals"* zusammenfasst.

Exkurs:[22] Klassisch werden unter dem Begriff des Schicksals „unabwendbare Lebensumstände"[23] verstanden, die eine „personal oder impersonal gefaßte Macht"[24] als Urheber implizieren. In der Antike erfuhr diese Unterscheidung eine erhebliche Differenzierung. So wurde etwa in der römischen Philosophie (allen voran in der Stoa) *moria* (Schicksalsmacht der Götter) von *fortuna* (Unverfügbarkeit, Kontingenz) und *fatum* (Kausaldeterminismus) unterschieden. Vor allem das Verständnis des Schicksals als fatum geriet mit der Ausbreitung des Christentums in Konkurrenz zur Prädestinationslehre sowie zu der Vorstellung eines allmächtigen Gottes und führte fortan, als heidnisch abgestempelt, eine untergeordnete Rolle in der Theologiegeschichte. Insgesamt betrachtet wurde der Begriff des Schicksals zugunsten des Begriffs der Vorsehung (providentia) verdrängt.

Dies änderte sich unter dem Eindruck des Ersten Weltkrieges. Vor allem durch OSWALD SPENGLER (1880–1936) erfuhr der Schicksalsbegriff auf dem Gebiet der Philosophie eine Renaissance, indem er ihn (vornehmlich verstanden als fortuna) einem geschichtlichen Kausalprinzip gegenüberstellte und auf die individuelle Verschiedenheit und Relativierbarkeit der menschlichen Erfahrung von Zeit hinwies.[25] Einer rein an (scheinbar) objektiven Fakten orientierten Geschichtswissenschaft hält Spengler darum die Individualität geschichtlichen Zeitempfindens entgegen: „Die historische Umwelt der andern ist ein Teil *ihres* Wesens, und man versteht niemand, wenn man sein Zeitgefühl, seine Idee vom Schicksal, den Stil und Bewusstseinsgrad seines Innenlebens nicht kennt"[26]. Spengler zieht aus diesem Sachverhalt, der an die Dekonstruktion der Leben-Jesu-Forschung durch Albert Schweitzer erinnert, die Schlussfolgerung: „Erst der bedeutende Mensch fühlt hinter dem volkstümlichen Zusammenhang der historisch-bewegten Oberfläche eine tiefe Logik des Werdens, die in der Schicksalsidee hervortritt"[27]. Schicksal ist für ihn somit eine Art Tiefendimension der Geschichte, die das rein Kausale transzendiert und ihren Widerklang im Subjekt erfährt. Aus einem überweltlichen und überzeitlichen Schicksal wird so bei Spengler ein individuelles, persönliches Schicksal, das eine noetische Funktion besitzt: An der Beschäftigung mit der eigenen Person kann der Mensch sein Schicksal erkennen und von dieser Erkenntnis aus wiederum geschichtliche Zusammenhänge als (für ihn) schicksalhaft bewerten.

An Spenglers Schicksalsbegriff knüpfte in der Folgezeit auch die Theologie an. So versteht beispielsweise WERNER ELERT (1885–1954) unter Schicksal die Summe der Faktoren, „die unser Leben abgesehen von unserem Freiheitswillen gestalten"[28]. Schicksal ist

---

[22] Zur folgenden Darstellung vgl. GREGOR AHN u. a.: Art. „Schicksal", in: RGG[4] 7 (2004), 884–890.

[23] A. a. O., 884.

[24] A. a. O., 886.

[25] Vgl. exemplarisch OSWALD SPENGLER: Der Untergang des Abendlandes. Umrisse einer Morphologie der Weltgeschichte, Bd. 1: Gestalt und Wirklichkeit, München [3]1959, 152–158, 170–172, 179 f.

[26] A. a. O., 171.

[27] A. a. O., 179.

[28] WERNER ELERT: Die Lehre des Luthertums im Abriß, München 1924, 4.

für ihn also all das, was der Mensch selbst nicht beeinflussen kann, was ihm von außen oder innen gesetzt wird. Elert versucht so, den Bedingungen des modernen Menschen, bzw. seinem Selbst- und Weltbild in seiner Dogmatik Rechnung zu tragen.

Ähnlich wie Elert versteht auch Paul Tillich (1886–1965) das Schicksal als Begrenzung der Freiheit, durch die jedoch – und hier geht Tillich über Elert hinaus – die Freiheit erst zur Freiheit zu werden vermag: „Freiheit in Polarität mit Schicksal ist das Strukturelement, das Existenz ermöglicht“[29]. Erst auf der Basis der Setzung und Unverfügbarkeit bestimmter Lebensbedingungen, d. h. der Existenz von Unfreiheit, ist also von menschlicher Freiheit überhaupt zu sprechen. Das Schicksal wird bei Tillich somit zur strukturellen Bedingung von Freiheit: „Schicksal ist nicht eine fremde Macht, die determiniert, was mir geschehen soll. Ich bin es selbst, und zwar geformt durch Natur, Geschichte und mich selbst. Mein Schicksal ist die Basis meiner Freiheit; meine Freiheit partizipiert an der Formung meines Schicksals“[30].

Auf katholischer Seite betont Romano Guardini (1885–1968)[31] noch stärker als Tillich, dass es sich beim Schicksal nicht nur um äußere Setzungen (Guardini unterscheidet hier die Felder „Notwendigkeit“, „Tatsache“ und „Zufall“), sondern auch und zumal um innere Setzungen des betreffenden Menschen selbst handelt: „Schicksal ist also die Wirklichkeit einfachhin in ihrer Beziehung auf mich“[32], denn auch im Menschen existieren Notwendigkeiten, Tatsachen und Zufälle. So seien beispielsweise „Familienart und individuelle Veranlagung, Erziehung und aufgenommene Vorbilder“[33] Setzungen, die der betreffende Mensch von außen erfahren habe. Diese Setzungen führen nach Guardini dazu, dass der Mensch „sich den äußeren Vorgängen gegenüber in charakteristischer Weise verhält und sie dadurch beeinflusst.“[34] Schicksal ist für Guardini also auch und zumal eine Deutungskategorie des Menschen, die wesentlich mit seiner Einstellung gegenüber den ihm widerfahrenen Ereignissen zusammenhängt. Aus diesem Grund versteht Guardini ähnlich wie Spengler das Schicksal als Kreislauf äußerer und innerer Setzungen, die wiederum neue äußere und innere Bedingungen schaffen.

Der Schicksalsbegriff Otto Haendlers steht in der Tradition der soeben aufgezeigten neueren Begriffsgeschichte. Wie Werner Elert und Paul Tillich (wenngleich er nicht explizit Bezug auf sie nimmt) versteht auch Haendler unter dem Begriff des „Schicksals“ all die Faktoren des persönlichen Lebens, die nicht das Ergebnis eines freien, selbstbestimmten Handelns sind. Wie Romano Guardini (auf den er explizit Bezug nimmt) begrenzt er diesen Bereich nicht nur auf die Außenwelt, sondern schließt die Innenwelt des Subjekts mit ein – allen voran das kollektiv Unbewusste.[35] Und wie Oswald Spengler (den er ebenfalls nicht explizit erwähnt) sieht er im Schicksal eine die objektiv eruierbaren Fakten des Lebens transzendierende Tiefenschicht, die zentral etwas mit dem Selbstverhältnis des Predigers zutun hat.[36] In diesem Sinne stehen hinter dem Begriff des

---

[29] Paul Tillich: Systematische Theologie, Bd. 1, Stuttgart 1955, 217.

[30] A. a. O., 220.

[31] Vgl. Romano Guardini: Freiheit, Gnade, Schicksal. Drei Kapitel zur Deutung des Daseins, München ^{6}1979, 173–292.

[32] A. a. O., 185.

[33] A. a. O., 188.

[34] A. a. O., 189.

[35] So z. B. in seiner Unterscheidung von „Gesamt-“, „Einzel-“ und „Fremdschicksal“ (vgl. Otto Haendler: Die Predigt, 77–80).

[36] So z. B. ganz deutlich in der Deutung des Schicksals von der Wirklichkeit Gottes her (vgl. a. a. O., 79).

„Schicksals" bei Haendler gesetzte innere und äußere Bedingungen der menschlichen Existenz, die von allgemein-grundmenschlichen bis hin zu individuell-berufspezifischen Zusammenhängen reichen können und am ehesten unter dem Begriff der „Kontingenz" zu fassen sind. Vor diesem Hintergrund zeigt sich hier auch erneut die große Nähe Haendlers zu CARL GUSTAV JUNG, der mit dem persönlich und kollektiv Unbewussten letztlich ebenfalls den Umgang mit erworbenen und nicht-erworbenen Bedingungen thematisiert.

Vor dem Hintergrund dieses Schicksalsbegriffs fordert Haendler vom Prediger nun die Herausbildung und Kultivierung einer *„Schicksalsfähigkeit"*. Darunter versteht er die Fähigkeit und Bereitschaft, 1. in das eigene Schicksal einzugehen, d. h. das eigene Schicksal ausfindig zu machen, 2. dieses eruierte persönliche Schicksal zu bejahen, d. h. anzuerkennen und anzunehmen, und 3. Schritte zu seiner Bewältigung zu gehen.[37] Bei der geforderten Schicksalsfähigkeit handelt es sich somit um die Herausbildung und Kultivierung einer *personalen Kompetenz*[38] im Umgang mit dem Individuum gesetzten Grenzen und Bedingungen. Haendler fasst dies prägnant in dem Satz zusammen: „Wer aber Gott verkündigen will, muß ausdrücklich Wege suchen, um sein Schicksal ganz zu finden und es in allem lebendig werden lassen."[39]

Dies ist nach Haendler wiederum vor allem durch den Vorgang der *Assimilation* zu erreichen. Dieser Begriff geht in seiner psychologischen Dimension grundlegend auf WILHELM WUNDT (1832–1920) zurück, der darunter einen psychischen Vorgang versteht, bei dem ein neuer Wahrnehmungsinhalt mit bereits bekannten Inhalten in Verbindung gesetzt und dadurch sinnvoll eingeordnet und verstanden wird.[40] Erkenntnis funktioniert in diesem Sinne nach Wundt nur aufgrund von Assimilation. CARL GUSTAV JUNG knüpfte an Wundt an und erweiterte den Begriff der Assimilation um das Element der Angleichung: „Ich gebrauche A. in einem etwas erweiterten Sinne, nämlich als Angleichung des Objekts an das Subjekt überhaupt"[41]. Der neue Wahrnehmungsinhalt wird im Zuge der Assimilation nach Jung also nicht nur in Beziehung zu bereits vorhandenen Inhalten gesetzt und so verstanden, sondern diesen angeglichen. Es findet also eine subjektive Umformung des Objekts statt, um es in das eigene Wesen integrieren zu können.

Haendler überträgt nun die auf dem Gebiet der Erkenntnistheorie von Wundt und Jung gemachten Beobachtungen auf das Problem der Schicksals- bzw. Kontingenzbewältigung und versteht unter Assimilation einen Umgang

---

37 Vgl. a. a. O., 76.

38 Vgl. RALF STROH: Art. „Kompetenz (Fähigkeit)", in: RGG[4] 4 (2001), 1537: Der Begriff der Kompetenz soll im Folgenden als Fähigkeit und Bereitschaft einer „verantwortlichen und selbstbestimmten Lebenspraxis" verstanden werden.

39 Ebd.

40 Vgl. WILHELM WUNDT: Grundzüge der physiologischen Psychologie, Bd. 3, Leipzig [5]1903, 528–535: Assimilation „findet dann statt, wenn durch ein neu in das Bewusstsein eintretendes Gebilde frühere Elemente erneuert werden, so dass diese sich mit jenem zu einem einzigen simultanen Ganzen verbinden" (528).

41 CARL GUSTAV JUNG: Psychologische Typen, 451.

mit vorgegebenen inneren und äußeren Bedingungen, der diese nicht als aufgezwungene Fremdkörper begreift, sondern an die Persönlichkeit des betreffenden Menschen *angleicht*. Angleichung darf dabei nicht als passgenaue Übernahme, sondern muss vielmehr als *Aneignung* verstanden werden: Durch Assimilation werden vorgegebene Erlebnisse oder Ereignisse so in die Persönlichkeit des betreffenden Menschen integriert, dass sie für ihn keine zu überwindenden Fremdkörper, sondern einen wohl oder übel zu ihm gehörenden Teil seiner Identität darstellen. Eine schwere Krankheit würde z. B. auf diese Weise nicht mehr als ein von außen aufoktroyiertes Fatum verstanden werden, sondern als etwas, das schlechterdings unweigerlich zu dem betreffenden Menschen dazugehört. Er kann sich sein Leben in diesem Sinne nicht aussuchen – er hat nur das eine –, aber er kann sich bis zu einem gewissen Punkt aussuchen, wer er sein möchte, d. h. ob er das Schicksalhafte in seinem Leben als zu seiner Persönlichkeit dazugehörig betrachten möchte oder aber nicht. Schicksal und Kontingenz sind in diesem Sinne für Haendler keine Gegenspieler der Freiheit, sondern deren Bedingung: Wirkliche Freiheit kann nur vor dem Hintergrund real existierender Gebundenheiten gedacht werden, ansonsten wäre sie keine Freiheit, sondern Willkür.

Entscheidend für das Verständnis der folgenden Ausführungen ist nun die Übertragung dieser grundsätzlichen, anthropologischen Erörterungen Haendlers auf das Predigtgeschehen. Der Prediger steht nach Haendler nicht allein auf freiem Feld, sondern ist zutiefst durch die ihm gesetzten äußeren und inneren Bedingungen mitbestimmt. Sie zu ignorieren, oder gar gegen sie zu kämpfen, würde bedeuten, einen wesentlichen Teil seiner Identität zu leugnen oder unbeachtet zu lassen. Die Assimilation vorgegebener Bedingungen wird damit für den Prediger nicht nur aus einem privaten, sondern vor allem aus einem beruflichen Interesse heraus virulent: Weil die Predigt aufgrund eines unsachgemäßen Umgangs des Predigers mit der Kontingenz seines Lebens Schaden erleiden könnte bzw. Einbußen an Wirksamkeit und Glaubwürdigkeit hinnehmen müsste, muss er nach Haendler zwingend an der Assimilation seines Schicksals arbeiten. Aus diesem Grund kann Haendler im Blick auf den Prediger programmatisch festhalten, dass „nur die assimilierten Stücke seiner Verkündigung befruchtend wirken können.“[42] Ein unreflektiert übernommener Glaubenssatz, ein nicht durchgearbeitetes Schicksal, ein nicht angenommener Persönlichkeitszug bleiben in diesem Sinne nicht Privatsache des Predigers, sondern wirken sich auch auf seine Predigt aus. Der Weg zum eigenen Selbst mittels Assimilation oder Aneignung vorgegebener innerer und äußerer Bedingungen ist damit für Otto Haendler der entscheidende Weg zu einer originalen, wirksamen Predigt.

---

42 Otto Haendler: Die Predigt, 51.

4.2.1 Zum Umgang des Predigers mit vorgegebenen inneren Bedingungen

Im Blick auf den Umgang des Predigers mit vorgegebenen inneren Bedingungen unterscheidet Otto Haendler grob sieben Bereiche: 1. die Persönlichkeitsstruktur des Predigers, 2. das Lebensalter, in dem er sich befindet, 3. seine Bildung, 4. seinen Charakter („Schicksalsmitgift"), 5. seine Ängste („Befangenheit und Zuversicht"), 6. den ihm eigenen Arbeitsstil und 7. die Wirkung seiner Persönlichkeit („Fluidum"). Diesen Bereichen soll im Folgenden eingedenk der eingangs dargestellten Beobachtungen näher nachgegangen werden.

1. Die grundlegenste innere Bedingung stellt für Otto Haendler die *Struktur der eigenen Persönlichkeit* dar.[43] Im Blick auf eine gelingende Personifikation sei es aus diesem Grund von entscheidender Bedeutung, zu klären, mit welchen grundsätzlichen Voraussetzungen ein Prediger im Blick auf sich selbst zu rechnen habe. Haendler greift dazu auf die Typenlehre Jungs zurück und unterscheidet, dieses stark vereinfachend, einen *introvertierten* von einem *extravertierten Predigertyp*. Beide Typen zeichnen sich dabei vor allem durch eine grundsätzlich unterschiedliche Wahrnehmung und Beurteilung von Wirklichkeit aus: Der introvertierte Predigertyp gewinnt das Material seiner Predigt vornehmlich aus der Beschäftigung mit seinem seelischen Innenleben, der extravertierte Typ hingegen aus der Beschäftigung mit der physischen Außenwelt.

Eine Kenntnis der Zugehörigkeit zu einem der beiden Grundtypen kann nach Haendler dabei helfen, das Stellen falscher Erwartungen an sich und die eigene Predigttätigkeit zu vermeiden, sei es durch die eigene Person oder durch die Außenwelt. So könne es z. B. sein, dass ein introvertierter Prediger einen extravertierten Kollegen um die Plastizität und Konkretheit der von ihm in seinen Predigten verwendeten Bilder beneidet und sich im Vergleich zu ihm als schlechten Prediger empfindet. Ein Wissen um die persönlichen Grunddispositionen könne hingegen dabei helfen, zu einer realistischen Einschätzung der eigenen Fähigkeiten und Grenzen zu gelangen und auf diesem Weg einen der eigenen Persönlichkeit angemessenen Predigtstil zu finden und zu kultivieren: „Es ist für die innere Ruhe und für den Weg zur eigenen Arbeitsart viel gewonnen, wenn der Prediger sich einigermaßen darüber klar wird, zu welchem Typ er vorwiegend gehört und infolgedessen weiß, wo seine Kräfte und wo seine Schwächen liegen. [...] Denn das Vollmaß der möglichen Wirksamkeit eines Predigers wird erst dann erreicht, wenn er seinen Anlagen entsprechend seine Fähigkeiten herausarbeitet."[44] Lange vor dem Entstehen der Arbeits- und Organisationspsychologie als eigenständiger Fachrichtung spricht sich Haendler hier also für die Etablierung einer Typenlehre aus dezidiert beruflichen Gründen aus, die mittlerweile in Großkonzernen zur gängigen Praxis gehört.[45]

---

43 Zu den folgenden Ausführungen vgl. a. a. O., 62–66.

44 A. a. O., 63.

45 In vielen Konzernen ist es beispielsweise Usus, bestimmte Typentests anzuwenden, um freie Stellen optimal zu besetzen oder Arbeitsaufträge effizient zu verteilen. Einen

2. Neben der grundsätzlichen Persönlichkeitsstruktur ist nach Haendler im *Lebensalter* des Predigers[46] eine weitere innere Bedingung zu finden, der er sich um einer wirksamen Predigt willen zu stellen habe. Haendler unterscheidet hier grob drei Stufen: den *jungen*, den *reifen* und den *alten Prediger*. Bei der Charakterisierung der einzelnen Altersstufen geht es ihm um das Aufzeigen grundsätzlicher Stärken und Schwächen sowie um das Bewusstmachen charakteristischer Lebensthemen, um den Prediger so vor falschen Anforderungen zu schützen: „Der Jüngere kann nicht so wie der Ältere und der Ältere nicht so wie der Jüngere predigen, auch wenn sie einander sehr ähnlich sind."[47] Die Bewusstmachung der Zugehörigkeit zu einer Stufe kann nach Haendler dazu beitragen, sich Lebensthemen bewusster zu stellen und diese dadurch besser zu verarbeiten. Geschehe dies nicht, versuche der Mensch unweigerlich die nicht gelebte und aufgearbeitete Lebensstufe in der darauf folgenden nachzuholen, was zu peinlichen Konflikten führen könne: „Daher die kindischen Greise, die jugendlichen alten Jungfern."[48] Programmatisch hält Haendler darum fest: „Man soll deshalb getrost in jedem Stadium so sein und so predigen, wie es ihm entspricht, und das ganz und mit voller Hingabe. Denn jedes Stadium hat seine Vorzüge und seine Grenzen, und darin liegt göttliche Weisheit."[49]

Beim *jungen Prediger* besteht nach Haendler das grundlegende Problem in der Predigtarbeit vor allem in einem Mangel an Material. Die prinzipielle Gefahr seiner Predigt ist daher die des „großen und doch leeren Wortes"[50], d. h. einer altklugen Scheingröße, um das Manko an Lebenserfahrung wett zu machen. Haendler rät hingegen: „Wer jung ist, soll Mut haben, jung zu sein und zu erscheinen."[51] Die Stärke des jungen Predigers liege nämlich gerade in der Lebendigkeit und Intensität seiner Predigt, die mit dem *Lebensthema der Progression* korrespondieren. Er sollte sich deshalb in der Predigtvorbereitung auf die in allen Dingen enthaltene treibende Kraft konzentrieren.

Die grundsätzliche Situation des *reifen Predigers* sei dagegen vor allem durch eine hohe Arbeitsbelastung gekennzeichnet. Seine prinzipielle Chance, von der mittlerweile erworbenen Übung in der Predigttätigkeit zu profitieren,

---

gängigen, auf Jung basierenden Test stellt z. B. der Meyers-Briggs-Typindikator (MBTI) dar (vgl. Richard Bents: Der MBTI. Die 16 Grundmuster unseres Verhaltens nach C. G. Jung. Eine dynamische Persönlichkeitstypologie, München 1992). In der modernen Arbeits- und Organisationspsychologie hat man sich jedoch heute in der Regel vom klassischen Typenmodell verabschiedet und bevorzugt stattdessen das sog. „Fünf-Faktoren-Modell" (FFM), das auf einer lexikalischen Analyse der von den Probanden benutzten Sprache basiert. Als gängiger Test wäre hier der NEO-PI-R zu nennen (vgl. Rüdiger Hossiep u. a.: Persönlichkeitstests im Personalmanagement. Grundlagen, Instrumente und Anwendungen, Göttingen 2000, 116–123).

46 Vgl. Otto Haendler: Die Predigt, 71–75.

47 A. a. O., 72.

48 Ebd.

49 Ebd.

50 A. a. O., 73.

51 Ebd.

sei in Form einer negativ verstandenen Routine zugleich seine größte Gefahr. Diese Gefahr verstärke sich zusätzlich angesichts des *Lebensthemas der Stagnation*: „Man ist geschickt genug, um nicht in Verlegenheit zu geraten, und man versäumt dadurch den Fortschritt“[52]. Dabei verfüge die Altersstufe der Lebensmitte über ein enormes Potential: „Man gewinnt Überschau und Tiefblick und ist doch noch in der Fülle der Kraft.“[53] Der Fokus des reifen Predigers sollte deshalb auf der Erkenntnis der „festigenden und bauenden Gewichtigkeit“[54] in den Gegebenheiten liegen.

Die Situation des *alten Predigers* sei schließlich durch die Gefahr der Ermüdung gekennzeichnet: „Man predigt seine besseren Jahre und predigt damit im Grunde aus der Vergangenheit, statt aus der Gegenwart.“ Seine prinzipielle Chance liege hingegen in der Kultivierung der Reife: „Der alte Prediger soll nicht müde sein, sondern gütig, nicht abgestanden, sondern abgeklärt, nicht senil, sondern weise.“[55] Der Fokus des alten Predigers sollte somit auf der Erkenntnis von Sinn in den Gegebenheiten liegen, da sein *Lebensthema* die *Weisheit* sei.

Die grundsätzliche Aufgabe des Predigers in allen Altersstufen liegt damit nach Haendler letztlich in der Reife: Der junge Prediger hat genauso wie der alte die Aufgabe, „den durchgereiften Menschen und Christen seiner Altersstufe nach Möglichkeit anschaulich zu machen.“[56] Um dieses Ziel zu erreichen, müssen nach Haendler drei Schritte gegangen werden: Der Prediger sollte sich a) um ein seiner Altersstufe entsprechendes und in diesem Sinne unmittelbares Verständnis der Offenbarung Gottes bemühen, b) das so gewonnene Offenbarungsverständnis mit dem seiner Lebensstufe entsprechenden Lebensverständnis verbinden und c) aus der vollen Tiefe seiner altersentsprechenden Persönlichkeit schöpfen. Letztlich geht es Haendler damit um eine bewusste Wahrnehmung, Anerkennung und Kultivierung der durch ein entsprechendes Lebensalter vorgegebenen Grenzen und Chancen. Die Tiefenpsychologie hat in diesem Sinne sowohl eine hermeneutische (Erkennen der Realität) als auch eine ästhetische (Anerkennung und Kultivierung der Realität) Funktion.

3. Unter dem Stichwort *„Bildung“* fasst Haendler sowohl die theologsiche Spezial- als auch die außertheologische Allgemeinbildung[57] des Predigers zusammen und misst ihr eine für die Predigt schicksalhafte Bedeutung zu. Die Predigt kranke oder wachse daran, mit welcher Literatur sich ein Prediger beschäftigt habe, welches Verständnis er von der Welt habe. Prägnant kann Haendler aus diesem Grund formulieren: „Wer wirklich liest, lernt zu urteilen.“[58] Bildung hat

---

52 Ebd.
53 A. a. O., 74.
54 A. a. O., 75.
55 Ebd.
56 A. a. O., 74.
57 Vgl. a. a. O., 122–125.
58 A. a. O., 124.

damit für Haendler primär etwas mit dem Erwerb und der Kultivierung einer grundsätzlichen Urteilsfähigkeit zu tun. Hinter dieser Einschätzung steht eine hörerorientierte Überlegung: Je mehr der Prediger über Allgemeinbildung verfügt, je mehr er also eine gewisse Urteilsfähigkeit im Blick auf Bildungsgüter erworben hat, desto besser vermag er auch den Hörern vermittelt durch seine Predigt zu solch einer Urteilsfähigkeit zu verhelfen. Hier zeigt sich erneut die bereits angesprochene pädagogische Bestimmung der Predigtaufgabe recht deutlich. Der Umgang mit Bildung und Bildungsgütern wie Welt- oder Zeitliteratur müsse dem Prediger in diesem Sinne zum Schicksal werden, das er annehmen und demgegenüber er sich verhalten müsse.

4. Unter dem Begriff der *„Schicksalsmitgift“*[59] fasst Haendler eine Reihe von Charaktereigenschaften des Predigers zusammen, die sich aufgrund ihrer Unerworbenheit ebenfalls schicksalhaft auswirken. Unter dem Stichwort *„Erbmasse und Tradition“* fasst er all die Einflüsse zusammen, die direkt etwas mit der Persönlichkeitsentwicklung des Predigers zu tun haben, d. h. vornehmlich aus seinem kindheitlichen Verhältnis zu elterlicher und kirchlicher Tradition entstammen. Sich über mögliche Konflikte und Verdrängungsmechanismen Klarheit zu verschaffen, sei auch auf diesem Gebiet entscheidend, weshalb Haendler prägnant festhält: „Die Predigt wirkt um so überzeugender, helfender und befreiender, je mehr sie getragen ist von einem Menschen, dessen ‚Herz, Stirn und Stimme frei‘ ist.“[60] Die Freiheit von falschen Bindungen, unreflektiert übernommenen Haltungen oder systemischern Konflikten ist damit nach Haendler ein entscheidendes Ziel der Selbstwerdung im Dienste einer gelingenden Predigtarbeit.

Haendler hat hier jedoch nicht nur eine konfliktgeladene Entwicklungsgeschichte im Sinn. Ein weiteres Problemfeld, das richtig angegangen große Chancen bergen kann, sieht Haendler beispielsweise in der Möglichkeit, dass ein Prediger aus einer ganz anderen, d. h. nicht dezidiert kirchlichen Tradition entstammt (z. B. aus einer Familie von Handwerkern, Ingenieuren, Medizinern o. ä.). Hier bestünde die große Chance, Impulse aus einem anderen geistigen System in die Kirche zu integrieren, d. h. Fähigkeiten, die vielleicht auf eine im Vergleich zum kirchlichen System ganz andere Art und Weise entwickelt worden sind, nun in den kirchlichen Dienst zu stellen. Die Anklänge an die Systemtheorie, die dem modernen Leser hier ins Auge springen, sind deutlich und liegen in Haendlers Strukturtheologie begründet.

5. Unter dem Stichwort *„Befangenheit und Zuversicht“*[61] konzentriert sich Haendler u. a. auf den Umgang mit möglichen Ängsten des Predigers. Diese können grundsätzlicher Natur sein wie etwa die Lebensangst im Heideggerschen Sinne, oder aber auch konkretere Art wie etwa die Anfängerangst, die Angst vor dem Akt des Predigens, die Angst vor möglichen Ansprüchen der Gemeinde an die

---

[59] Vgl. a. a. O., 128–148.

[60] A. a. O., 129.

[61] Vgl. a. a. O., 131–141.

Predigt oder die Bedeutung der Arbeit. Zur Bearbeitung und Überwindung dieser Ängste schlägt Haendler eine nüchterne Betrachtung der eigenen Stärken und Schwächen vor: „Die Hilfe liegt darin, daß wir unserer Grenzen uns ruhig und sachlich bewußt werden. Damit ist es uns möglich, auch unserer Kräfte bewußt zu werden."[62] Werden Ängste nicht adäquat bearbeitet, wirken sie sich dagegen unbewusst und unkontrolliert aus und führen entweder zu (Amts-) Müdigkeit oder aber zu falscher Selbstzufriedenheit. Dem Umgang mit den eigenen Ängsten sowie den persönlichen Stärken und Schwächen kommt nach Haendler daher eine entscheidende Stellung im Rahmen des Prozesses der Selbstwerdung zu: „Nicht schon der Redner, sondern erst der Seelsorger, nicht schon der Leistungsfähige, sondern erst der in der Weisheit Stehende ist ein Könner der Predigt. Dieses Können umfasst den ganzen Menschen und ruft alle seine Kräfte, bis in die Tiefe des Selbst hinein, zur höchsten Gestaltung auf."[63] Prägnant und für die gesamte Arbeit leitend kann Haendler darum an dieser Stelle festhalten: „Arbeit an der Gestaltung des Selbst ist hier unmittelbare Arbeit an der Predigt."[64] Dass Haendler diesem Themenkomplex später mit „Angst und Glaube" eine eigene Monographie gewidmet hat, zeigt die besondere Bedeutung, die er diesem Bereich innerhalb des Personifikationsprozesses beimisst. Gelingt die Arbeit an den eigenen Ängsten, könne der Prediger daraus eine zuversichtliche Kraft gewinnen, die ihm bei seiner Predigttätigkeit entscheidend weiterhelfe.

6. Als weitere vorgegebene innere Bedingung spricht Haendler den persönlichen *Arbeitsstil* des Predigers an und unterscheidet grob Linienarbeit, Serpentinenarbeit und Spiralarbeit.[65] Diese unterschiedlichen Arbeitsstile dürfen dabei nicht als sich gegenseitig ausschließend verstanden werden, es müsse jedoch davon ausgegangen werden, dass der Persönlichkeit des Predigers entsprechend in der Predigtarbeit ein bestimmter Stil über-wiegt. Ziel einer so verstandenen Schicksalsbewältigung müsse es nun sein, sich die persönliche Disposition tur einen bestimmten Arbeitsstil sowie seine Vorteile und Schwächen deutlich vor Augen zu führen. Die unterschiedlichen Arbeitsstile unterscheiden sich dabei durch ihren Ansatz- und Zielpunkt sowie durch ihre grundsätzliche Art, zu denken.

Die *Linienarbeit* setzt nach Haendler bei einem bestimmten Einfall an und verfolgt ihn linear bis zu seinem Ende. Sie stellt die schlichteste Form der Arbeit dar. Die *Serpentinenarbeit* ist dagegen schon komplexer: Sie verfolgt wie die Linienarbeit einen linearen Gedankenverlauf, bricht jedoch hier und da nach rechts oder links von dem vorgezeichneten Weg ab und holt neue Impulse ein. Die *Spiralarbeit* umkreist hingegen einen gefundenen Gedanken und schraubt sich mit jedem Schritt weiter in seine Tiefe hinab. Dass ein bestimmter Arbeits-

---

62 A. a. O., 133.
63 A. a. O., 140.
64 Ebd.
65 A. a. O., 141-144.

stil einem Prediger quasi „in die Wiege" gelegt worden ist, bedeutet dabei für Haendler nicht, dass er nicht auch andere Arbeitsstile ausprobieren und bis zu einem gewissen Grad kultivieren kann – gerade eine Abwechslung könne die Predigtarbeit lebendiger machen. Seinem Grundarbeitsstil werde der Prediger dadurch jedoch nicht entkommen: Ihm müsse er sich stellen und ihn letztlich annehmen, denn nur so könne er effektiv und kreativ zugleich arbeiten.

Die Aussagen Haendlers zum Arbeitsstil dürfen sicherlich vor dem Hintergrund seiner Arbeit am Predigerseminar Stettin verstanden werden und machen auf die Wahrnehmung eines großen Leidens vieler Prediger an der von ihnen geforderten Predigtarbeit deutlich. Haendlers Verdienst ist es, erkannt zu haben, dass die Schwierigkeit vieler Prediger entgegen ihrer eigenen Meinung nicht in der Predigtaufgabe als solcher liegt, sondern in ihrem arbeitsökonomischen Umgang mit ihr. Reifung an der Person hat hier ganz praktische Konsequenzen für einen reifen Umgang mit dem kreativen Prozess des Predigtschreibens, der sich wiederum in einer Steigerung der Wirksamkeit der Predigt ausdrückt.

7. Als letzten Punkt spricht Haendler das *Fluidum* an, das im Rahmen der Betrachtung des Hörers noch eine entscheidende Rolle spielen wird (vgl. Kap. II.6.2.3). Unter diesem Begriff versteht er die affektive, emotionale Wirkung der Persönlichkeit des Predigers auf die Hörer: „Aus allem, was im Prediger ist und aus ihm kommt, entsteht eine einheitliche Strömung, die auf die Hörenden sich auswirkt als ein ständiger und beim Einzelsubjekt im wesentlichen sich gleich bleibender Lebensstrom."[66] Abgeleitet vom lateinischen „fluidus" meint „Fluidum" also den vom Prediger ausgehenden „Lebensstrom"[67], d. h. die von ihm ausgehende Ausstrahlung oder Atmosphäre. Diese Wirkung kann der Prediger nach Haendler jedoch nur bis zu einem gewissen Grad beeinflussen, da sie ihm aufgrund seiner Persönlichkeitsstruktur vorgegeben ist, d. h. sie ist nicht fließend im Sinne von wandelbar oder gar beliebig, sondern fließend im Sinne einer Richtungsbestimmung und einer Übertragungsart: Die Wirkung des Fluidums geht von der Persönlichkeit des Predigers aus und wird von den Hörern en passant wahrgenommen, so dass im Nachhinein der entstandene Eindruck nur mit viel Mühe an der einen oder anderen Sache festgemacht werden kann. Mit dieser grundsätzlichen Wirkung seiner Persönlichkeit auf andere müsse der Prediger lernen, umzugehen, um sie besser einschätzen zu können. Die positive Wirkung des Fluidums auf die Hörer verhält sich nach Haendler aus diesem Grund auch proportional zu dem Grad seiner Selbstwerdung: „Je mehr der Mensch sein eigenes Selbst gefunden hat, um so stärker, tiefer und überzeugender ist sein Fluidum."[68]

---

66 A. a. O., 144.
67 Ebd.
68 A. a. O., 145.

4.2.2 Zum Umgang des Predigers mit vorgegebenen äußeren Bedingungen

Neben vorgegebenen inneren Bedingungen gibt es eine Vielzahl äußerer Bedingungen, die ebenfalls einen erheblichen Einfluss auf die Predigt haben. Bei der näheren Analyse setzt Haendler beim Beruf des Predigers an und fragt 1. nach beruflichen („Amtstätigkeit"), 2. nach theologischen („Theologie und Bekenntnis") und 3. nach sozialen („Standesschicksal") Bedingungsfaktoren des Predigtamtes und ihren Auswirkungen auf die Predigt.

1. Unter dem Begriff der *„Amtstätigkeit"*[69] summiert Haendler alle Bedingungen, die direkt aus der praktischen Ausübung des Pfarrberufs resultieren. Zusammenfassend fordert er einen bewussten, reflektierten Umgang mit der Bibel (die Bibel sollte nicht nur zu beruflichen Zwecken, sondern auch regelmäßig zur persönlichen Erbauung genutzt werden), mit den Anforderungen des Berufsalltags (der Prediger sollte aktiv die Herausforderungen seines Berufes als Arbeit an seinem eigenen Glauben wahrnehmen), mit dem Bekenntnis (der Prediger sollte stets damit rechnen, dass auch sein Handeln als Privatperson als Ausdruck eines Bekenntnisses verstanden werden kann) und dem eigenen Amtsverständnis (es komme wesentlich auf die Erarbeitung eines mit der eigenen Person kongruentem Amtsverständnis an, um wirksam und echt zu predigen). In der Bewusstmachung dieser aus dem Pfarrberuf resultierenden Konfliktfelder sieht Haendler einen wesentlichen Beitrag zur Reifung und Selbstwerdung.

2. Unter dem Topos *„Theologie und Bekenntnis"*[70] betrachtet Haendler die theologische Dimension des Predigtamtes und kritisiert einen unreflektierten Umgang mit tradierten Glaubensaussagen und theologischen Systemen. Ohne die Herausbildung einer eigenen Theologie kann der Prediger nach Haendler seine Predigtaufgabe unmöglich wahrnehmen und gelangt entweder zu einer von der pfarramtlichen Praxis abgeleiteten Scheintheologie (Gefahr der Ignorierung von Theologie) oder versteckt sich aber hinter starren, auswendig gelernten theologischen Mustern, die ihm eine Scheinsicherheit bieten (Gefahr des Verfalls an die Theologie). Die Erarbeitung einer eigenen, d. h. mit der Persönlichkeit des Predigers wie mit der kirchlichen Tradition kongruenten Theologie könne aus diesem Grund nicht ohne ein subjektives Moment erfolgen: Eine bestimmte Theologie müsse eine Entsprechung in der Person des Theologen finden, d. h. eine Art Wahlverwandtschaft darstellen, um zu einer eigenen, persönlichen Theologie zu werden. Dieser Prozess kommt nach Haendler dabei einem Sprung gleich, denn nur durch das Riskieren der eigenen Person könne eine kongruente, eigenständige Theologie erworben werden. Die überkommene Theologie gleiche in diesem Sinne einem sicheren Hafen, in dem sich der Prediger wohlfühle, die Entwicklung einer eigenen Theologie dagegen dem Verlassen dieses

---

69 Vgl. a. a. O., 83–105.

70 Vgl. a. a. O., 109–121.

Hafens und dem Herauswagen auf die offene See.[71] Erst durch das Aufgeben erworbener Sicherheit und das Eingehen nicht erworbener Bedingungen wird nach Haendler „der Theologe ein Prediger"[72]. Gleiches gelte für den Umgang mit Bekenntnissen und kirchlichen Lehrtraditionen. In der Verlängerung dieses Gedankens steht auch Klaus Winklers Theorie des „personspezifischen Credos"[73], die noch eigens zu würdigen sein wird (vgl. Kap. IV.1).

3. Unter dem Begriff des *„Standesschicksals"*[74] betrachtet Haendler schließlich die soziale Dimension des Predigtamtes. Er nimmt dabei sowohl die allgemeine Wahrnehmung des Pfarrberufes als solchen durch die Gesellschaft als auch die konkrete Wahrnehmung der Pfarrfamilie durch die Gemeinde in den Blick.

Bezogen auf die *grundsätzliche gesellschaftliche Wahrnehmung* des Predigtamtes macht Haendler auf einen grundsätzlichen Bedeutungsverlust aufmerksam. Das Amt werde dem Prediger in diesem Sinne aufgrund seiner sozialen Stellung in der Gesellschaft zum Schicksal, da er als Vertreter dieses Amtes mit einer grundsätzlichen gesellschaftlichen Stimmung seinem Beruf gegenüber konfrontiert werde, die sich vielleicht nicht direkt an seiner Person entzünde, auf die er aber dennoch reagieren müsse. Das, was dem Prediger im Alltag widerfahre, welche Gefühle begründeter oder unbegründeter Natur ihm aufgrund seines Berufs offen oder verdeckt kommuniziert werden, habe in diesem Sinne eine direkte Auswirkung auf sein Reden und Handeln, auf sein Selbst- und Fremdverhältnis. Haendler rät dem Prediger darum: „Jeder Prediger sollte das Standesschicksal des Bedrohtseins nicht in einfacher Sorge oder Angst, sondern in tiefer Verarbeitung durchleben. Seine Predigt soll ein Zeugnis sein, daß er durch ein Tor hindurchgegangen ist."[75] Dass Haendler hier direkt von einer „Bedrohung" des Predigtamtes spricht, ist vor dem zeitgeschichtlichen Hintergrund der Abfassung seiner „Predigt" verständlich, hatte er es doch in der ersten Auflage mit einer nationalsozialistischen und in der zweiten und dritten mit einer sozialistischen Diktatur zu tun, die dem Pfarrberuf feindlich gegenüberstand.[76]

Im Blick auf die *Wahrnehmung der Pfarrfamilie* durch die Gemeinde spricht sich Haendler beispielsweise für einen möglichst natürlichen Umgang mit Eheproblemen aus, da der Prediger nur so authentisch seinen Hörern bei ihren Problemen Hilfestellung bieten könne. Nur aufgearbeitete Konflikte und eine möglichst harmonische Atmosphäre im Pfarrhaus sorgen nach Haendler für optimale Predigtbedingungen.

---

71 A. a. O., 77.
72 Ebd.
73 Vgl. Klaus Winkler: Seelsorgelehre, Berlin [2]2000, 274–278.
74 Vgl. Otto Haendler: Die Predigt, 125–128.
75 A. a. O., 92.
76 Vgl. hierzu die knappen zeitgeschichtlichen Hinweise a. a. O., 91.

4.3 Praktische Möglichkeiten der Umsetzung: Gesprächstherapie und Meditation

Bei der Umsetzung der aufgestellten Forderungen stehen dem Prediger nach Haendler grundsätzlich zwei Methoden zur Verfügung: Gesprächstherapie und Meditation. Die klassische *Gesprächstherapie* bilde die unerlässliche Grundlage der Arbeit an der eigenen Personifikation, mit deren Hilfe der Prediger seine eigene Persönlichkeit besser verstehen, verborgene Konflikte aufzudecken und sich somit seine persönliche Freiheit ein Stück weit anzueignen lerne. Die Existenz eines kundigen Gegenübers bzw. eines professionellen Gesprächspartners, der den Prediger auf seinem Weg begleitet und unterstützt, sei dabei unerlässlich. Die von Haendler intendierte Gesprächstherapie kommt somit dem modernen Gedanken der Supervision sehr nahe.

Da diese Methode jedoch einen hohen Einsatz persönlicher, zeitlicher, finanzieller und struktureller Ressourcen voraussetzt, die in diesem Umfang sicherlich nicht von jedem Prediger zu leisten ist, sieht Haendler neben der klassischen Gesprächstherapie in der *Meditation* ein probates Mittel, das wenig Ressourcen verlangt und doch hoch effektiv ist. Meditation ist für ihn dabei im Kern „Autopsychotherapie“[77]. Sie kann seiner Ansicht nach die klassische Gesprächstherapie zwar nicht ersetzen, vermag sie jedoch entscheidend zu unterstützen, „da sie in der Durchordnung und Heilung der Seele das erreicht, was der Mensch für sich allein erreichen kann, und zugleich über die psychologische Zusammenarbeit hinaus die ureigene Selbstarbeit vollzieht, die wiederum durch gemeinsame Arbeit nicht ersetzt werden kann.“[78] Neben diesen rein praktischen Erwägungen sprechen nach Haendler jedoch vor allem gewichtige inhaltliche Gründe für die Hochschätzung der Meditation: Neben der stärker kognitiven Methode der Gesprächstherapie steht dem Prediger mit der Meditation eine dezidiert affektive Methode im Blick auf die Erschließung des Unbewussten zur Verfügung, die im Sinne des ganzheitlichen Ansatzes Haendlers förderlich auf eine Integration von Denken und Fühlen, Leib und Seele wirke. Wer, anders formuliert, an seiner Persönlichkeit arbeiten will, darf nach Haendler nicht nur die analytisch-rationale Bearbeitung einseitig bedienen, sondern muss auch zu einem affektiven Erleben von Gebrochenheiten und Unebenheiten in der eigenen Persönlichkeit kommen. Das bloße Wissen um Konfliktfelder allein nütze nichts: In mit und unter dem Verstehen wollen diese Problemfelder auch erlebt, durchlebt und in diesem Sinne verarbeitet werden. Gerade die Meditation aktiviere darüber hinaus die Selbsttätigkeit des Subjekts, da sich der Prediger in ihr ohne fremde Hilfe von Außen mit den unbewussten Inhalten seiner Persönlichkeit konfrontiert sehe. Er könne sich aus diesem Grund leichter selbst als Handelnder und Kundiger im Blick auf seine eigene Persönlichkeit erfahren, was wiederum einen entscheidenden Schritt auf dem Weg der Selbstwerdung und Aneignung persönlicher Freiheit darstelle. Was versteht Haendler nun aber genau unter der Meditation?

---

[77] A. a. O., 174.

[78] Ebd.

4.3.1 Das Meditationsverständnis Otto Haendlers

Für Otto Haendlers Verständnis der Meditation sind die Gedanken Karl Happichs (1878–1947) von entscheidender Bedeutung, den er 1933 auf einer Tagung der Michaelsbruderschaft persönlich kennen gelernt hat. Happich hält gleich zu Begin seiner „Anleitung zur Meditation" den wohl wichtigsten Grundsatz fest, den sich in seiner Nachfolge auch Haendler zu eigen gemacht hat: „Meditation kann den ganzen Menschen wandeln. Sie ist ein starkes Medikament"[79]. Meditation stellt also für Happich nicht bloß eine Form kontemplativer Beschäftigung dar, sondern besitzt ein heilendes Potenzial. Hier wird deutlich, dass die von Happich entwickelte Methode der Meditation aus seiner Tätigkeit als Psychotherapeut heraus entstanden ist! Die Meditation vermag dies nach Happich zu leisten, da sie sich in einem „uralten Raum unseres Bewußtseins" abspielt, „zu welchem Logik und Kritik keinen Zugang haben; es ist der Raum der Bilder und Gefühle."[80]

An diesem Punkt wird sehr deutlich, warum gerade die Meditation nach Karl Happich für Haendler eine so große Bedeutung gewinnen konnte: Mit ihrer Konzentration auf Bilder und Gefühle stellt sie die passgenaue methodische Entsprechung zur Tiefenpsychologie C. G. Jungs dar, die, wie oben gesehen, in den Schichten des Unbewussten ihren entscheidenden Ansatzpunkt sieht, welche wiederum nicht rational, sondern nur vermittelt durch evozierte Bilder erreichbar sind. Medizin vermag die Meditation also aufgrund ihres dezidiert nicht-rationalen, bildhaften Zugangs zum Unbewussten zu sein. In Übernahme eines Begriffs von Karl Happich spricht Haendler darum auch von der *„Bildschicht"*[81] des Unbewussten, die es mithilfe der Meditation aufzudecken und zu durchleben gilt. Die Bildschicht ist die oberste Schicht des Unbewussten, in die all jene Bilder hinabsinken, die während des Tages nur unbewusst wahrgenommen oder verdrängt wurden. Klassisch sei darum der Traum die Domäne der Bildschicht: Hier steigen die unbewusst wahrgenommenen Bilder wieder empor und werden ggf. nach dem Erwachen erinnert. Das Wahrnehmen und Erkennen von Bildern hat dabei nach Haendler gegenüber dem rationalen Denken, das sich rein diskursiv abspielt und von einem Gedankengang zum nächsten eilt, den entscheidenden Vorteil, dass es sich auf ein Ganzes bezieht. Der Gegenstand des Erkennens sei in diesem Fall also nicht bloß ein klar umrissener, inhaltlich abgegrenzter Begriff, sondern ein facettenreiches Gebilde, das entdeckt, beschrieben und interpretiert werden will.

Doch für Haendler spielt das „Eingehen in die Bildschicht" nicht nur eine entscheidende Rolle im Blick auf die Analyse des Unbewussten. Auch das grundsätzliche, metaphysische Erkennen von Wahrheit erfolge in seiner letzten Tiefe nur bildhaft, denn das „Wesenhafte des Seins" ist nach Haendler „nur im

---

79 Karl Happich: Anleitung, 5.

80 A. a. O., 6.

81 Vgl. hierzu sowie zu den folgenden Ausführungen Otto Haendler: Die Predigt, 157–174.

Bilde faßbar“[82]. Dieser Grundsatz speist sich vor allem aus Haendlers Urbild-Abbild-Theorie: Die empirische Realität (Abbild) weise über sich selbst hinaus auf eine tiefere, unter ihr verborgene Tiefenrealität (Urbild) hin. Die empirische Wirklichkeit besitzt damit nach Haendler einen bildhaften Hinweischarakter auf eine tiefer liegende, verborgene Wirklichkeit. Im Blick auf die Schöpfung kann Haendler darum festhalten: „Wir denken sie nicht, sondern wir sehen sie.“[83] Das Bild, und nicht etwa wie beispielsweise bei Kant die rationale Kategorie, stellt damit für Haendler den entscheidenden Informationsträger metaphysischen Erkennens dar. Das meditative Erkennen von metaphysischen Wahrheiten folge dabei keinem linearen Erkenntnisfortschritt wie das rationale, deduktive Denken, sondern sei eher als „Eingehen in einen Raum“[84] zu verstehen: Entscheidend ist nach Haendler in der Meditation demnach nicht die Frage, an welchem Punkt auf einer Linie man sich gerade befindet (weiter vorne oder eher hinten), sondern ob man sich überhaupt in dem Raum befinde oder nicht. Vor diesem Hintergrund kann er von der Meditation auch als einer Kunst sprechen.[85] Wie ist diese Kunst aber praktisch zu erlernen?

4.3.2 Praktische Schritte zur Meditation

Grundsätzlich unterscheidet Otto Haendler zwei Arten von Meditation: 1. die freie Meditation und 2. die gerichtete Meditation. Bei der *freien Meditation* geht es darum, aus der eigenen Tiefe Bilder, Erinnerungen, Vorstellungen oder Gefühle hervorkommen zu lassen und diesen nachzugehen. Die *gerichtete Meditation* ist hingegen auf ein bestimmtes Objekt bezogen. Haendler unterscheidet hier mit aufsteigendem Schwierigkeitsgrad die Meditation von Naturobjekten, symbolischen Zeichen, bestimmten (dichterischen oder biblischen) Worten und Menschen. Aus der schier unendlichen Menge möglicher Objekte sollte der Meditierende nur solche auswählen, die sich positiv auf ihn auswirken. Ziel der freien wie der gerichteten Meditation sei die Kontaktaufnahme mit dem Gegenstand der Meditation. Gelingt diese, werde der eventuell nur unbewusst wahrgenommene Gegenstand für die betroffene Person wirklich und damit anschaulich: „Der Blick wird entschleiert, das Unsichtbare sichtbar, das Ungehörte hörbar.“[86] Im weiteren Verlauf sollte es dem Meditierenden gelingen, in die Tiefe, d. h. in das Wesen des meditierten Objekts vorzudringen: „In der ganzen Breite des Seins lernen wir so, die Fülle des Gegebenen rascher, umfassender und gründlicher zu verarbeiten. Das Einzelne wird tiefer angefaßt, sicherer bis zu seiner Mitte verarbeitet und beständiger in seiner fruchtbaren Bedeutung für uns in unserm Wesen fixiert“[87].

---

82 A. a. O., 159.
83 Ebd.
84 A. a. O., 192.
85 A. a. O., 160.
86 A. a. O., 168.
87 A. a. O., 170.

Beiden Arten der Meditation gemein ist der praktische Ablauf:[88] Als entscheidende äußere Bedingung sind nach Haendler erst einmal *Ort* und *Zeit* zu betrachten, in dem die Meditation stattfinden soll. Der Ort sollte von etwaigen Ablenkungen oder Störungen frei gemacht werden und eine Atmosphäre aufweisen, die dem betreffenden Menschen entspreche (z. B. durch persönliche Einrichtungsgegenstände). Im Blick auf die Zeit hält Haendler die feste, tägliche Einplanung von 20 Minuten für optimal, sieht aber auch in der bewussten Gestaltung einer Fünf-Minuten-Pause durch Meditation einen realistischen Wert. Wichtig ist ihm dabei vor allem die Regelmäßigkeit, wenngleich sie nie zum Zwang werden dürfe, sowie die Stimmigkeit von Ort und Zeit für das konkrete Individuum.

Praktisch beginnt die Meditation nach Haendler mit der Einnahme einer bequemen *Haltung*, die weder in Schlaffheit noch in Widerstandslosigkeit abgleiten darf (also eher aufrechtes Sitzen als Liegen), sowie der bewussten Wahrnehmung und Kontrolle der eigenen *Atmung* (Ausatmen, Luft von selbst ohne Pause wieder einströmen lassen). Es schließt sich die *Phase der ruhigen Sammlung* an, in der die Ereignisse und Anforderungen des Tages abklingen können. Ist eine gewisse Ruhe eingekehrt und haben sich wesentliche Spannungen gelöst, beginnt die *Phase der Sondierung*. Hier sollen aus der Fülle der Eindrücke des Tages die Fragen eruiert werden, die die betreffende Person in diesem Moment wirklich interessieren (in der Regel dränge sich ein Gedanke, ein Bild, eine Frage unweigerlich auf). Den weiteren Verlauf der Meditation, d. h. ihre innere Struktur, gestalte jeder Mensch individuell. Wichtig sei dabei, dass er den aufkommenden Bildern folgt, Geduld mit sich selbst hat und sich in Gelöstheit, Sammlung und Aufmerksamkeit übt. So werde sein eigenes Unbewusstes ihm die entscheidenden Bilder vor die Füße legen.

4.3.3 Die Bedeutung der Meditation für die Predigt

Die Predigt profitiert nach Haendler im Wesentlichen von drei Wirkungen, die die Meditation auf das Subjekt des Predigers ausübt: 1. die Gestaltung seines Selbst (Meditation als Eingehen in die Bildschicht des persönlichen Unbewussten), 2. ein tieferes, weil ganzheitlicheres Verständnis von der Offenbarung (Meditation als Eingehen in die Bildschicht von Bibeltexten) und 3. die Verschmelzung des Subjekts des Predigers mit der Wahrheit (Meditation als Eingehen in die Bildschicht der metaphysischen Tiefendimension des Seins).[89] Zentral geht es Haendler bei allen drei Punkten um die Erlösung „von dem einengenden und verhärtenden Zwang der nur rationalen Bewusstseinskultur“[90]. Vor allem

---

88 Zur folgenden Darstellung der Meditationspraxis vgl. neben den einschlägigen Passagen in der „Predigt“ (a. a. O., 161–163) vor allem DERS.: Meditation als Lebenspraxis, 58–81.

89 Vgl. hierzu DERS.: Die Predigt, 185.

90 Ebd.

die beiden letzten Wirkungen der Meditation haben darüber hinaus einen dezidiert erbaulichen Charakter, der mit der Forderung Haendlers nach einer geistlichen Erneuerung des Pfarrerstandes einhergeht:

„Es wird eine der dringlichsten Aufgaben der Regeneration des Pfarrerstandes sein, dieses Zentralste, das sättigende Leben aus geistlicher Substanz, wieder neu zu erfahren und zu ihm den Zugang zu finden. Nicht Schulung in der Praxis nach außen hin, sondern entschlossene und radikale Innenwendung ist dafür die Grundlage. Meditation [...] das ständig geübte Gebet und der ausgeübte Kultus: diese Dinge sind zu dieser inneren Erneuerung der legitime Weg“[91].

Die Kirche, und damit auch Predigt und Gottesdienst, verkümmern nach Haendler durch einen rein rationalen Zugang zum Glauben und zum Evangelium, der die emotionale und affektive Seite völlig ausblendet. Es müsse stattdessen wieder eine tiefere, weil alle Schichten und Bereiche des menschlichen Seins umfassende Wahrnehmung christlicher Wahrheiten stattfinden, die einen entscheidenden Ausdruck in der christlichen Predigt findet. Doch so wie die Erneuerung und Erbauung des Pfarrerstandes nur bei jedem einzelnen Pfarrer beginnen könne, so müsse auch die Erneuerung der Predigtpraxis und Predigtkultur beim Subjekt des Predigers ansetzen. Haendler sieht damit wiederholt in der Innerlichkeit die entscheidende Reaktion auf den konstatierten geistlichen Notstand evangelischer Pfarrer – eine Einschätzung, die vor dem Hintergrund Berneuchener Gedankenguts gesehen werden muss.

4.4 Ertrag

Zusammenfassend kann festgehalten werden, dass es Haendler bei der Übernahme der Tiefensychologie C. G. Jungs zentral um die *Wirksamkeit der Predigt* geht: Der Prediger soll sich nicht aus einem persönlichen Eigeninteresse heraus mit der Struktur seiner Persönlichkeit beschäftigen, sondern aus einem beruflichen Interesse – der Verkündigung des Evangeliums. Hinter diesen Überlegungen steht die These, dass Form und Inhalt einer Äußerung nicht nur mit der zu verhandelnden Sache, sondern auch mit der Persönlichkeit dessen übereinstimmen müssen, der sie tätigt. Bilder und Vergleiche können nach Haendler ihre Wirkung beispielsweise, selbst wenn sie sachlich richtig sind, nicht entfalten, wenn sie von den Predigthörern nicht mit der Persönlichkeit des Predigers in Einklang gebracht werden können. Dies könne z. B. eintreten, wenn ein Prediger bestimmte Bilder nur verwendet, um einer während seiner homiletischen Ausbildung erlernten Hörerorientierung theoretisch Rechnung zu tragen, ohne diese jedoch praktisch umzusetzen. Nach Haendler ist aus diesem Grund „darauf zu achten, daß die Art der Verwendung dem Wesen des Subjektes entspricht“, denn jeder Prediger wirkt „nur dann ganz geschlossen und unmittelbar, wenn er seiner Art treu bleibt.“[92] Das entscheidende Stichwort, das Haend-

[91] A. a. O., 97.
[92] A. a. O., 64.

ler hier anspricht, ist also *Kongruenz*![93] Diese Kongruenz oder „Treue zur eigenen Art“, wie sie Haendler nennt, hat dabei nichts mit Statik zu tun. Ein Prediger, der sich beispielsweise durch eine nachlässige Predigvorbereitung auszeichnet, wird sich schwerlich mit dem Argument entschuldigen können, dass er nun einmal so sei und seine auf diese Weise entstehenden Predigten seiner Persönlichkeit entsprächen. Die Kenntnis der eigenen Persönlichkeit zieht für Haendler unweigerlich auch die Arbeit an ihren Schwächen und ungeklärten Fragen nach sich, da die Findung und Stärkung des Selbst immer auch eine Arbeit an dem persönlichen Schatten bedeutet.

Für das Verständnis der Aussagen Haendlers ist dabei der Begriff der Assimilation leitend: Der Weg des Predigers zum eigenen Selbst ist weder durch Askese noch durch den Kampf gegen das eigene Ich zu beschreiten, sondern durch die Aneignung der Bedingungen der eigenen Persönlichkeit und des eigenen Lebens, die wesentlich auf eine Befreundung mit dem eigenen Ich und seiner Geschichte abzielt. Vor allem im Blick auf eine postmoderne Überschätzung der Freiheit, die allzu leicht in Gefahr gerät, die Korrespondenz von Freiheit und Bedingung, Selbstbestimmung und Schicksal, Antwort und Verantwortung zu vergessen, sind die Aussagen Haendlers von ungebrochener Aktualität.

Die von Otto Haendler für die Predigtarbeit als unerlässlich bewertete Arbeit an der eigenen Persönlichkeit ist dabei ohne eine professionelle, tiefenpsychologische Begleitung nicht denkbar. Predigtarbeit verlangt in diesem Sinne in letzter Konsequenz nach Gesprächstherapie oder besser nach Supervision. Die Forderung Haendlers nach einer professionellen psychologischen Begleitung des Predigers stellte für die damalige Zeit etwas ungeheuer Neues und aus diesem Grund für viele nicht Nachzuvollziehendes dar. In diesem Sinne war Haendler seiner Zeit weit voraus, brauchte es doch weitere zwanzig Jahre bis die Seelsorgebewegung in den 60er Jahren zu ähnlichen Ergebnissen kam und sie in die Diskussion um die Professionalität des Pfarrberufs einbrachte.

Ähnliches gilt für die Methode der Meditation. Zwar wird sie in Form von Einkehrtagen oder Stille-Freizeiten durchaus praktiziert, und es ist seit den späten 60er Jahren ein erhöhtes Interesse an fern-östlichen Meditationstechniken festzustellen, zum Grundbestand pfarramtlicher Ausbildung ist sie jedoch im Gegensatz zur Supervision immer noch nicht geworden. Dass die Meditation (entgegen Haendlers eigener Intention) bei ihm tendenziell die Gesprächstherapie an Bedeutung übersteigt, hat wohl wesentlich mit seiner metaphysischen Hermeneutik zu tun. Genau hier ist dann auch kritisch anzufragen, ob das von Haendler so hoch geschätzte „bildhafte Erkennen“ wirklich das austrägt, was es soll: einen Zugang zur Tiefendimension allen Seins zu eröffnen. Wenngleich hier tendenziell zu einer größeren Vorsicht im Blick auf die Leistungsfähigkeit der Meditation auf dem Gebiet der Metaphysik zu raten ist, bleibt es Haendlers Verdienst, sich um ein ganzheitliches Verständnis von Wahrheit bemüht zu haben, zu dem natürlich auch eine affektive Dimension gehört.

[93] Vgl. zum Stichwort Kongruenz auch DERS.: Grundriss, 234 f.

Auf die noch folgenden Kapitel vorausblickend ist im Hinblick auf die Rezeption der Gedanken Otto Haendlers abschließend noch zu erwähnen, dass FRITZ RIEMANN mit seiner von Freud ausgehenden Einteilung der Predigertypen, HANS-CHRISTOPH PIPER mit seinen an der Predigerpersönlichkeit orientierten Predigtanalysen und WILFRIED ENGEMANN mit seiner von der Transaktionsanalyse Eric Bernes ausgehenden Beleuchtung der Predigerpersönlichkeit den Ansatz Haendlers aufgenommen und entscheidend weitergeführt haben (vgl. hierzu ausführlicher Kap. IV.1).[94] Darüber hinaus haben vor allem MANFRED JOSUTTIS[95] mit seiner Einteilung der „Formen des Ich auf der Kanzel" und WILFRIED ENGEMANN[96] wiederholt auf die Bedeutung des Subjekts des Predigers für den Predigtprozess hingewiesen. Auf die Analyse der eigenen Predigten Haendlers vorausblickend wird schon hier die Frage virulent, inwieweit sich die Persönlichkeit Haendlers erkennbar in seinen eigenen Predigten niederschlägt und zu welchen inhaltlichen Ergebnissen ihn sein von der Tiefenpsychologie stark beeinflusstes Menschenbild leitet.

---

94 Vgl. FRITZ RIEMANN: Die Persönlichkeit, 152–166; HANS-CHRISTOPH PIPER: Predigtanalysen. Kommunikation und Kommunikationsstörungen in der Predigt, Göttingen 1976; WILFRIED ENGEMANN: Persönlichkeitsstruktur und Predigt. Homiletik aus transaktionsanalytischer Sicht, Berlin 1989; DERS.: Personen und Beziehungen. Predigt und Transaktionsanalyse, in: ders.: Personen, Zeichen und das Evangelium. Argumentationsmuster der Praktischen Theologie, Leipzig 2003, 293–319.

95 Vgl. exemplarisch MANFRED JOSUTTIS: Der Prediger in der Predigt. Sündiger Mensch oder mündiger Zeuge?, in: ders.: Praxis des Evangeliums zwischen Politik und Religion. Grundprobleme der Praktischen Theologie, München [4]1988, 70–94.

96 Vgl. exemplarisch WILFRIED ENGEMANN: Die Person als Subjekt pastoralen Handelns. Positionen und Perspektiven, in: ders.: Personen, Zeichen und das Evangelium. Argumentationsmuster der Praktischen Theologie, Leipzig 2003, 273–292.

5. Der Predigttext als konkretisierendes Element der Predigt

Im Folgenden soll der Blick auf die Aussagen Otto Haendlers zum Predigttext gelenkt werden. In der Geschichte der Homiletik ist die Frage nach dem Predigttext aufs Engste mit der Frage nach dem Umgang mit der Schrift in der Predigt, also der dogmatischen Frage nach dem *Schriftprinzip*, sowie mit der Frage nach der Textbindung, d. h. der homiletischen Frage nach *Text- und Themapredigten* verbunden.

Exkurs zum Umgang mit dem Predigttext in der Geschichte der Homiletik:[1] Hinter der Frage nach dem *Schriftprinzip* steht die Frage nach dem Verständnis biblischer Texte. Seit ORIGENES (185–254) unterschied die *Alte Kirche* einen zweifachen Umgang mit biblischen Texten: den somatischen (wörtliche Auslegung) und den pneumatischen (deutende Interpretation) Schriftsinn.[2] JOHANNES CASSIANUS (360–435) differenzierte ihn zu einem vierfachen Schriftsinn aus, der für das gesamte Mittelalter prägend sein sollte, indem er einen historischen (Literalsinn), allegorischen (Auslegung vom Glauben her), tropologischen (Auslegung von Handlungsanweisungen her) und anagogischen Schriftsinn (Auslegung von der Eschatologie her) unterschied.[3] Diese Differenzierung des Schriftsinns sollte helfen, den individuellen Umgang des Predigers mit biblischen Texten in „kanonische" Bahnen zu lenken.

Am Übergang zur *Neuzeit* stellte MARTIN LUTHER (1483–1546)[4] dem vierfachen Schriftsinn das reformatorische Schriftprinzip gegenüber. Nach Luther bedarf die Schrift keines künstlich generierten Schriftsinns, da sie sich selbst auslegt: „Scriptura [...] sui ipsius interpres"[5]. Damit wurde die Schrift selbst zu ihrem eigenen hermeneutischen Schlüssel, genauer jedoch ihre Mitte: Christus, denn für Luther steht fest, dass „die gantze schrifft auff Christum allein ist gericht"[6]. Als zentrales Kriterium der Schriftgemäßheit einer Predigt gilt darum nach Luther nicht eine formale, sondern eine inhaltliche Be-

---

1 Zur folgenden Darstellung vgl. WILFRIED ENGEMANN: Der Text in der Predigt – die Predigt als Text. Herausforderungen für Prediger und Hörer, in: ders./Frank Michael Lütze (Hg.): Grundfragen der Predigt. Ein Studienbuch, Leipzig 2006, 111–137; DERS.: Einführung, 99–104; JAN PETER GREVEL: Die Predigt und ihr Text. Grundzüge einer hermeneutischen Homiletik, Neuenkirchen-Vluyn 2002, 13–29; MANFRED JOSUTTIS: Die Bibel als Basis der Predigt, in: Hans-Georg Geyer u. a. (Hg.): „Wenn nicht jetzt, wann dann?". Aufsätze für Hans-Joachim Kraus zum 65. Geburtstag, Neuenkirchen-Vluyn 1983, 385–393; JÜRGEN ZIEMER: Der Text, in: Karl-Heinrich Bieritz u. a. (Hg.): Handbuch der Predigt, Berlin 1990, 209–222.

2 ORIGENES: De princ. IV 3,5 (DERS.: Vier Bücher von den Prinzipien, hg. von Herwig Görgemanns/Heinrich Karpp, Darmstadt 1976, 745 f.). Die Existenz eines dritten, des *psychischen Schriftsinns*, ist nach Gerhard Ebeling bei Origenes nur schwach belegt (vgl. GERHARD EBELING: Evangelische Evangelienauslegung. Eine Untersuchung zu Luthers Hermeneutik, Tübingen ³1991, 116).

3 JOHANNES CASSIAN: Conlatio I; 14,8 (CSEL 13,405).

4 Die folgenden Ausführungen zum Schriftverständnis Luthers orientieren sich an der Darstellung bei ALBRECHT BEUTEL: Theologie als Schriftauslegung, in: ders. (Hg.): Luther Handbuch, Tübingen 2005, 444–449.

5 WA 7; 97,21–23.

6 WA 10 II; 73,16.

stimmung: „ob sie Christum treyben“[7]. Damit spricht sich Luther zugleich für einen Umgang mit der Bibel als Ganze aus und nicht für eine vom Ganzen der Bibel abstrahierende Beschäftigung mit Einzeltexten.[8] Ein Prediger solle aus diesem Grund „mitten in der schrift siczen“[9].

Mit dieser Entwicklung setzte die Reformation die Homiletik jedoch dem Problem der „una lectione“ biblischer Texte aus, die in den folgenden Jahrhunderten zur schweren Hypothek werden sollte. Dieses Problem verstärkte sich noch einmal, als die *lutherische Orthodoxie* die Schrift explizit zur einzigen Offenbarungsquelle erhob. Die Inspirationslehre, nach der letztlich Gott der Autor der Bibel ist, wurde dabei zum zentralen Argumentationsmuster und festigte den Charakter der Bibel als norma normans (so z. B. ganz deutlich bei JOHANN GERHARD (1582–1637), der die Bibel als Produkt des Heiligen Geistes verstand).[10] Eine Predigt, die sich nicht dezidiert auf einen Text bezog, stand somit tendenziell immer stärker im Verruf, nicht „schriftgemäß“ zu sein.

Mit der Entstehung eines kritischen historischen Bewusstseins und der Unterscheidung zwischen „Wort Gottes“ und „Bibel“ in der *Aufklärung*, die die klassische Inspirationslehre obsolet machte, wurde der Text schließlich zum gewichtigen Problem der Homiletik. Den Hintergrund dieser Diskussion bildete der sog. Fragmentenstreit um GOTTHOLD EPHRAIM LESSING (1729–1781), der unter der Frage „Was heißt einen historischen Satz für wahr halten?“ darauf aufmerksam machte: „[Z]ufällige Geschichtswahrheiten können der Beweis notwendiger Vernunftswahrheiten nie werden.“[11] Der „garstige breite Graben“[12] zwischen dem konkreten historischen Geschehen, seiner Verschriftlichung und heutigen Rezeption erschien Lessing zu tief, um daraus konkrete Handlungsanweisungen für den heutigen Menschen zu ziehen. DAVID FRIEDRICH STRAUß (1808–1874), ein entfernter Verwandter Haendlers, machte schließlich als Erster begründet auf die historische Genese biblischer Texte aufmerksam und stellte damit ihre Gestalt als Wort Gottes infrage.[13] Die Vorstellung der Bibel als historische Urkunde war somit überholt, und es mussten neue Wege im Umgang mit der Bibel in der Predigt gesucht werden. An die Stelle der „una lectione“ trat aus diesem Grund die Suche nach der „intentio auctoris“, nach der eindeutigen, tatsächlichen Aussageabsicht des historischen Autors. Die theologische Frage nach dem die ganze Bibel betreffenden Schriftsinn wurde so heruntergebrochen auf einen den einzelnen Text oder gar Textabschnitt betreffenden literaturwissenschaftlichen Textsinn. Die Rückbindung des Einzeltextes an das Ganze der Bibel ging dabei immer stärker verloren.

Aufgrund der weiteren Entwicklung der Geschichtswissenschaften wurde jedoch schließlich auch die Möglichkeit einer Eruierbarkeit der tatsächlichen intentio auctoris immer fragwürdiger. So konnte beispielsweise ALBERT SCHWEITZER (1875–1965) in seiner „Kritik der Leben-Jesu-Forschung“ nur noch feststellen, dass das von einem Autor nachgezeichnete, vermeintliche historische Jesusbild lediglich seine eigene Subjektivität und die seiner Zeit widerspiegelt, nicht aber die tatsächlichen historischen Verhältnisse. Mit dem Fall der intentio auctoris mussten nun auch neue Wege im Blick auf einen Umgang

7 WADB 7; 384,27.

8 WA 47; 681,1 f.: „Du must scripturam sacram nicht stückweise ansehen, sed integram“.

9 WA 9; 664,17.

10 JOHANN GERHARD: Tractatus de legitima scripturae sacrae interpretatione, hg. von Johann Anselm Staiger, Stuttgart 2007, 50 f. (§ 23): „Verba scriptura sunt verba Spiritus S.“

11 GOTTHOLD EPHRAIM LESSING: Über den Beweis des Geistes und der Kraft, in: ders.: Werke, hg. von Hans-Georg Göpfert, Bd. 8, München 1979, 12.

12 A. a. O., 13.

13 Vgl. exemplarisch DAVID FRIEDRICH STRAUß: Das Leben Jesu, kritisch bearbeitet, Tübingen 1935.

mit dem Text in der Predigt gesucht werden. So versuchte etwa RUDOLF BULTMANN (1884-1976) mit seiner „existenziellen Interpretation" die Bedeutung biblischer Texte für das Leben des Menschen im 20. Jahrhundert zu sichern oder KARL BARTH (1886-1968) die Schrift durch den Offenbarungsbegriff als Wort Gottes zu retten.

Von der Frage nach dem Schriftsinn losgelöst existierte von Anfang an die Frage nach der *Textbindung*. Die Predigtgeschichte der Alten Kirche sowie der Reformationszeit ist voll von Beispielen textgebundener und textfreier Predigten. Für den homiletischen Diskurs in der Moderne bestimmend zog FRIEDRICH SCHLEIERMACHER (1768-1834) aus den Diskussionen der Aufklärung die vermittelnde Konsequenz, dass der Prediger sowohl dem historischen Umfeld, in dem der Predigttext entstanden ist, als auch seiner persönlichen Beziehung zu diesem Text Rechnung zu tragen habe. Der Text wird von Schleiermacher vornehmlich als literarischer Ausdruck eines bestimmten „religiösen Bewusstseins" verstanden, das ein Autor zu einer bestimmten Zeit gehabt hat, und zu dem sich nun der Prediger mit seinem „religiösen Bewusstsein" ins Verhältnis setzen muss, der wiederum mit der Predigt das „religiöse Bewusstsein" der Hörer erwecken will. Der Text soll somit nach Schleiermacher sowohl als ein Stück Geschichte als auch als ein Stück Gegenwart gewürdigt werden. Damit geriet erstmals ganz deutlich der Prediger als Subjekt und Rezipient in den Blick der Homiletik. Schleiermacher spricht dabei von der „Assimilation zwischen der heiligen Schriftstelle und dem redenden", durch die „sowohl der Ton als die Stärke des religiösen Bewusstseins im redenden" als „eine Nachconstruktion von beidem, im Urheber des Textes"[14] erreicht werden müsse. Nach einer Untersuchung von Christian Alberecht[15] schlägt sich diese homiletische Entscheidung auch in Schleiermachers eigenen Predigten wieder: Auf der einen Seite sei der Predigttext durch seine Verlesung zu Beginn der Predigt der unmittelbare Ausgangspunkt der folgenden Überlegungen, auf der anderen Seite komme Schleiermacher im Laufe der Predigt aber fast ohne einen direkten Textbezug aus, ja streue sogar weitere Texte ein. Bei völliger äußerlicher Textfreiheit ist somit eine hohe inhaltliche Textbindung in den Predigten Schleiermachers festzustellen - eine wichtige Feststellung, die auch für die Analyse und Bewertung der Predigten Haendlers noch von Bedeutung sein wird.

Die subjektzentrierte Herangehensweise Schleiermachers fand jedoch nicht nur Zustimmung - selbst unter seinen eigenen Schülern. So forderte etwa CARL IMMANUEL NITZSCH (1787-1868) gegen seinen Lehrer eine Predigt des Wortes Gottes, das er jedoch nicht zwingend als mit dem Buchstaben der Bibel identisch ansah.[16] CLAUS HARMS (1778-1855) plädierte sogar dafür, „den Predigern die Fesseln des Textes"[17] abzunehmen und sich stattdessen in der Kommunikation des Wortes Gottes stärker an den geistlichen Bedürfnissen der Hörer zu orientieren sowie die personale Dimension der Kommunikation zu würdigen. Auch OTTO BAUMGARTEN (1858-1934) schloss sich dieser Meinung an und sprach polemisierend von dem „papiernen Papst, den wir Protestanten an der Bibel

---

[14] FRIEDRICH DANIEL E. SCHLEIERMACHER: Die Praktische Theologie nach den Grundsätzen der evangelischen Kirche im Zusammenhange dargestellt, aus Schleiermachers handschriftlichem Nachlasse und nachgeschriebenen Vorlesungen herausgegeben von Jacob Frerichs, Berlin 1850, 235.

[15] CHRISTIAN ALBRECHT: „... klare und belebende Darstellung der gemeinsamen inneren Erfahrung". Schleiermachers Predigtweise, untersucht an seiner Neujahrspredigt 1807, in: Albrecht Beutel/Volker Drehsen (Hg.): Wegmarken protestantischer Predigtgeschichte. Homiletische Analysen. Festschrift für Hans Martin Müller zum 70. Geburtstag, Tübingen 1999, 122.

[16] CARL IMMANUEL NITZSCH: Praktische Theologie, Bd. 2: Das kirchliche Verfahren oder die Kunstlehren, Abt. 1: Der Dienst am Wort, Bonn 1848, 47.

[17] CLAUS HARMS: Der Prediger, wie ihn die Pastoraltheologie Seyn und Thun lehret, Kiel ^{2}1831, 53.

haben"[18]. Wenngleich er die exklusive Stellung der Bibel für das Christentum betonte und das Christentum sogar als Buchreligion (miss-)verstand, hielt er dennoch kritisch fest: „Es gilt herauszukommen aus der knechtischen Abhängigkeit von den dicta probantia, aus den biblischen Belegstellen. Diese Abhängigkeit verknechtet uns der Schrift und verknechtet wiederum die Schrift unserem Eigensinn. [...] Dem gegenüber erstreben wir einen freien und organischeren Schriftgebrauch: Pietät gegen das innere Leben des frommen Gemüts, das sich in der Schrift auslebt, bei völliger Freiheit gegenüber der Fassung und Ausdrucksweise der biblischen Schriftsteller."[19] FRANZ LUDWIG STEINMEYER (1811–1900) war dagegen der erste, der eine grundlegende Untersuchung zur Stellung des Predigttextes vorgelegt hat und gegen Schleiermacher die Bezogenheit der Predigt auf den Text wieder deutlich forderte – freilich in einem geistlichen Sinne: Der Prediger hat nach Steinmeyer die Substanz seiner Predigt nach geistlichen Maßstäben aus dem Text zu entnehmen.[20]

Zu Beginn des *20. Jahrhunderts* verband FRIEDRICH NIEBERGALL (1866–1932) mit der Forderung einer „modernen Predigt" unter den Stichworten der „Motive" und „Quietive" schließlich einen hörerorientierten Umgang mit dem Text. Der Text soll nach Niebergall auf Glaubensanreize oder Trost für die Hörer hin befragt werden, also im letzten Sinne zu einem funktionalen Instrument der Seelsorge werden.[21] KARL BARTH (1886–1968) und EDUARD THURNEYSEN (1888–1974) sahen dagegen im Text eine stärker kontrollierende Funktion, um das Gottsein Gottes vor dem verfremdenden Zugriff des Menschen zu schützen (vgl. Kap. I.3.2). Der Text wurde im letzten Sinne somit zu einem Schutzzaun, der die Gottheit Gottes vor der menschlichen Verfälschung schützen sollte – ein Ansatz, der, wie gesehen, vor allem hermeneutische Fragen nach sich zog.

Im Blick auf die Aussagen Otto Haendlers zum Umgang mit dem Text in der Predigt muss gleich zu Beginn eine Präzisierung erfolgen: Haendler geht es nicht allgemein um den Umgang mit dem Text in der Predigt, sondern dezidiert um den Umgang *des Predigers* mit dem Text. Auch im Blick auf den Predigttext stellt somit das Subjekt des Predigers den entscheidenden Ausgangspunkt Haendlers dar. Im Gegensatz zur Dialektischen Theologie, die den als geoffenbarte Wahrheit verstandenen Text vor einem verfremdenden Zugriff des Menschen zu schützen versuchte, lenkt Haendler den Fokus stärker auf den Rezeptionsprozess dieses Offenbarungsstücks durch den Prediger. Er bestreitet dabei keinesfalls den Offenbarungsgehalt biblischer Texte, macht aber auf den simplen Umstand aufmerksam, dass es immer ein konkretes Subjekt mit einer eigenen Geschichte ist, das einen Text wahrnimmt, der wiederum eine eigene Geschichte besitzt. An das vorherige Kapitel anknüpfend ist also auch im Umgang mit dem Predigttext der Ansatzpunkt Haendlers bei der tiefenpsychologisch verstandenen Persönlichkeit des Predigers leitend. Spielte im Blick auf das Subjekt des Predigers dabei vor allem sein Person- und Persönlichkeitsverständnis eine entscheidende Rolle, ist nun nach seinem Schriftverständnis zu fragen.

---

18 OTTO BAUMGARTEN: Predigt-Probleme, 33.

19 A. a. O., 26.

20 FRANZ LUDWIG STEINMEYER: Homiletik, Leipzig 1901, 31 ff., besonders 53–57.

21 FRIEDRICH NIEBERGALL: Wie predigen wir dem modernen Menschen?, Bd.1, 1 f.

5.1 Zum Schriftverständnis Otto Haendlers

Otto Haendler versteht die Bibel und damit auch den Predigttext primär als *Urkunde*, d. h. als schriftliche Beglaubigung bestimmter Glaubensinhalte.[22] Dieser Begriff impliziert zugleich *Historizität*, *Autorität* und *Normativität*, da eine Urkunde autoritativ für sich in Anspruch nimmt, die Dinge so zu bezeugen, wie sie geschehen sind. Der Begriff der Urkunde stellt damit auf den ersten Blick eine besondere Betonung der Dignität der Bibel dar, weshalb er auch von der Dialektischen Theologie häufig verwandt worden ist.[23]

Doch der Begriff der Urkunde trägt für Haendler noch eine andere Konnotation: Wenn die Bibel eine Urkunde ist, dann beurkundet sie eine Wirklichkeit, die außerhalb ihrer selbst liegt und damit auch ohne sie existent ist. Die Bibel bezeuge in diesem Sinne zwar die Wirklichkeit Gottes, sei aber selbst nicht mit dieser Wirklichkeit identisch. Bibeltexte besitzen somit für Haendler zwar im Blick auf die Vermittlung von Glaubensinhalten eine *noetische* (vermittelt durch Bibeltexte können Menschen etwas von der Wirklichkeit Gottes erkennen) und *kontrollierende Funktion* (die Gestalt von Bibeltexten steht seit der Kanonisierung fest und ihr Inhalt ist damit überprüfbar), stellen jedoch nicht die einzige Möglichkeit dar, mit dieser Wirklichkeit in Kontakt zu kommen: „Die Urkunde ist Erkenntnisgrund, aber nicht Sachgrund unserer Verkündigung. Glaube entsteht nicht allein an der Beurkundung, sondern mit ihrer Hilfe zugleich direkt an den Mächten und Kräften, die von den geschehenen Wirklichkeiten ausgehen."[24] Der Wirklichkeit Gottes muss im Sinne Haendlers demnach zugetraut werden, auch auf anderen Wegen als bloß durch Texte zu wirken, stellt sie doch eine Macht- und Kraftsphäre ganz eigener Art dar. Dogmatisch wäre hier die Leerstelle für das Wirken des Heiligen Geistes gegeben. Warum sich Haendler dieses Argumentationsmusters nicht bedient und stattdessen lieber abstrakter von einer Wirklichkeit spricht, bleibt unklar. Vielleicht fürchtet Haendler hier alle Probleme rund um den Gedanken der „Inspiration", der gegen die individuelle Dimension des Glaubens ausgespielt werden könnte.

Grundsätzlich steht für Haendler jedoch fest, dass der Sachgehalt des Bibeltextes weitaus bedeutender ist als sein *Textgehalt*. Evangelische Predigt predige in diesem Sinne nicht einen Text, sondern das Evangelium! Auf einen zweiten, tieferen Blick betont der Begriff der Urkunde im Sinne Haendlers also keinesfalls die Dignität der Bibel, sondern stellt im Gegenteil ihre Relativierung dar: Weil die Bibel „bloß" Urkunde ist, ist das entscheidende der Sachgehalt ihrer Beurkundung.

---

22 Zu den folgenden Ausführungen vgl. Otto Haendler: Die Predigt, 212 f.

23 Es soll an dieser Stelle der Vollständigkeit halber nur angedeutet werden, dass sich Haendler mit dieser Definition den eingangs umrissenen Problemen rund um die Frage nach dem Schriftsinn und der Historizität biblischer Schilderungen aussetzt. Im abschließenden Ertragskapitel wird darauf noch eigens einzugehen sein.

24 A. a. O., 212.

Diese Hervorhebung des Sachgehaltes biblischer Texte darf dabei nicht als Aufruf zu einer Willkürlichkeit der Predigt missverstanden werden. Auch für Haendler bleibt das Verhältnis von Sachgehalt und Textgehalt ein dialektisches Spannungsgefüge: „Unsere Gesamtbeziehung ist so, daß die Urkunde zugleich Quelle und Kontrolle ist und doch hinter ihr die Wirklichkeit steht, aus der sie kommt, und zu der sie führt. Diese zwei Ströme laufen nebeneinander her."[25] In seinem „Grundriss" versucht Haendler aus diesem Grund dem Problem der Willkürlichkeit mit einer analogen Gebrauchsweise des von Luther 1521 auf dem Reichstag zu Worms aufgestellten Schriftprinzips zu begegnen: Das entscheidende Kriterium der Predigt bestehe darin, dass ihr aus der Heiligen Schrift keine Irrtümer nachzuweisen sind.[26] Mit diesem Kriterium kommt der Schrift, hier freilich der ganzen Schrift und nicht einem einzelnen Predigttext, dann doch noch indirekt eine entscheidende Bedeutung in der Homiletik Otto Haendlers zu: nun aber als Korrektiv und nicht als direkter Bezugspunkt der Predigt. Evangelische Predigt habe in diesem Sinne zwar schriftgemäß zu sein, müsse sich aber, um dies einzulösen, nicht zwingend auf einen konkreten Text beziehen, denn „[m]an kann sehr unevangelische Dinge trotz des Textes und zentrale evangelische auch ohne Text sagen."[27]

Neben dem „Wormser-Kriterium" stellt natürlich auch die Selbsterkenntnis und Selbstwerdung des Predigers für Haendler ein mindestens genauso wichtiges Instrument dar, um die Evan-geliumsgemäßheit der Predigt zu garantieren: Der Prediger muss ständig reflektieren, ob es das Evangelium ist, das er predigt, oder bloß seine eigene Angst, seine persönlichen Lieblingsgedanken oder gar seine eigenen Neurosen.

5.2 Text- und Themapredigten

Der eingangs gebotene Exkurs hat gezeigt, dass es schon immer Beispiele eines freieren oder stärker gebundenen Umgangs mit dem Predigttext in der Geschichte der Predigt gegeben hat. Auch Otto Haendler unterscheidet grob zwischen Text- und Themapredigten, wobei Erstere sich auf einen bestimmten Text und Letztere auf ein Sachthema beziehen, ohne dabei prinzipiell einen konkreten Text heranziehen zu müssen. Da Sachthemen in der Wahl ihrer Bezugspunkte frei sind und sich wahlweise auf einen Textkorpus, einen einzelnen Vers oder sogar mehrere Texte beziehen können, habe es die Themapredigt immer mit der ganzen Schrift zu tun.

Im Gegensatz dazu bezieht sich die klassische Textpredigt auf einen einzelnen Text, aus dem sie ein oder mehrere *homiletische Themen* generiert. Homiletische Themen stellen nach Haendler im Unterschied zu allgemeinen Sachthemen, die sich auf mehrere Texte beziehen können, Spezialthemen dar, die einzig durch die Beschäftigung mit diesem konkreten Text gewonnen werden.

---

25 Ebd.

26 DERS.: Grundriss, 247.

27 DERS.: Die Predigt, 213.

Auch das homiletische Thema steht dabei nicht für sich allein, sondern repräsentiert als Teil der Bibel immer auch die ganze Schrift. Hinter dieser Einschätzung steht ein hermeneutisches Postulat Haendlers: „Predigt ist Verkündigung des Evangeliums, und zwar immer letztlich des ganzen Evangeliums."[28] In diesem Sinne kann Haendler auch von der Funktion einer *„perspektivischen Repräsentation"*[29] des Textes im Blick auf das Ganze des Evangeliums sprechen und diesen Zusammenhang mit einem Sonnenstrahl vergleichen: Jeder einzelne Strahl trägt die Gesamtfülle des Lichts in sich, worauf z. B. die Brechung durch ein Prisma aufmerksam macht, und ist doch nur ein einzelner, partieller Strahl.[30] Auf diese Weise soll die Predigt vor der Gefahr bewahrt werden, den Text zum Selbstzweck zu erheben und seine partiellen Aussagen, z. B. aus rein historisch-kritischer Sicht, zu verabsolutieren. Dieser Gedanke wird noch einmal wichtig, wenn es um das Predigen alttestamentlicher Texte gehen wird (vgl. Kap. III.4.4).

Neben der inhaltlichen Sachebene des Textes muss sich die Entwicklung homiletischer Themen nach Haendler jedoch noch an einer zweiten Bezugsgröße orientieren: dem Hörer! Programmatisch hält er aus diesem Grund fest: „Eine Predigt, die sich das Ziel setzt, den Einzeltext einigen Hörern in dem Sinne zu erschließen, daß er ein besonderes Stück ihres Lebens werden kann, geht verheißungsvollere Wege als eine Predigt, die über der Tendenz, dem Text gerecht zu werden, vergisst, wie intensiv und konkret er auf den Hörer bezogen ist."[31] In gewohnter Diktion kann Haendler auch sagen: „Die Raumtiefe des Textes, die mit der Raumtiefe des Evangeliums verbunden ist, soll die Raumtiefe des Subjekts erfassen und durchdringen, und dazu soll die Predigt helfen durch zentrale und unmittelbare Verkündigung."[32] Das Generieren homiletischer Themen im Rahmen der klassischen Textpredigt muss nach Haendler also immer beides berücksichtigen: den Bezug zum Text wie den zum Hörer. Der Predigttext übernimmt damit bei Haendler innerhalb der Textpredigt primär die Funktion der *Konkretisierung* und *Pointierung* der Verkündigung,[33] d. h. er verdeutlicht dem Hörer die Aussage der Predigt, indem er sie beispielsweise an einer Geschichte veranschaulicht, inhaltlich belegt oder auf den Punkt bringt. Der Text fungiert in diesem Fall, um mit einer Begrifflichkeit von WILFRIED ENGEMANN zu sprechen, wahlweise als „Argument Wahrheit", „Verbindlichkeit" oder „Verlässlich-

---

28 DERS.: Grundriss, 247.

29 A. a. O., 248.

30 DERS.: Die Predigt, 211. Diese Gedankenfigur erinnert an die Strukturtheologie Haendlers, die zwischen Organ und Organismus unterscheidet. Interessant ist, dass sie hier im Ansatz schon in der 1. Auflage der „Predigt" zu finden ist, also 16 Jahre vor ihrer mehr oder weniger systematischen Darlegung im „Grundriss".

31 A. a. O., 220.

32 A. a. O., 220 f.

33 DERS.: Grundriss, 248: „Der Text ist vielmehr in erster Linie ganz einfach Grundlage für die Konkretisierung der Predigt [...]. Er gibt die Auflage oder die Möglichkeit, im konkreten Falle Verkündigung auf die konkrete Aussage eines bestimmten Textes zu beschränken oder sie daran anzuschließen."

keit".[34] Man könnte auch sagen, dass der Text bei Haendler eine Funktion als Motto übernimmt, das zwar dem Inhaltskern der Predigt entspricht und vielleicht sogar bestimmte Deutungen vorgibt, die Predigt als Ganze jedoch nicht einseitig auf ihn beschränkt.

Grundsätzlich kann festgehalten werden, dass für Haendler Sachthemen prinzipiell den Vorrang vor Textthemen haben, ja dass nicht bestimmte Texte der Predigt bestimmte Themen vorgeben, sondern dass umgekehrt sich die Textwahl nach den durch das kirchenzeitliche Proprium des Sonntags oder die konkrete Situation der Hörer aufgeworfenen Themen zu richten hat: „Für die innere Wahrhaftigkeit – vielleicht auch einfacher: Sachlichkeit der Arbeit ist wichtig zu sehen, daß nicht immer erst durch den Text der Gegenstand der Predigt angepeilt wird. Es gibt vielmehr im Zusammenhang mit dem Leben der Kirche und mit dem Leben der Welt Gegenstände, die so intensiv sich aufdrängen, daß der Prediger de facto nicht das Thema dem Text, sondern den Text nach dem Thema wählt."[35] Die grundsätzliche Bedeutung von Text und Thema für die Predigt leugnet Haendler dabei nicht und betont: „Text und Sachthema müssen völlig ernstgenommen werde, und an beide muß alle Hingabe gewendet werden. Nur so ist es möglich, der Fülle des Evangeliums und der Mannigfaltigkeit der Wirklichkeit gerecht zu werden."[36] Trotz dieser Differenzierung ist die Unterordnung von Texten unter Themen bei Otto Haendler ganz deutlich und lässt sich, wie noch zu zeigen sein wird, auch an seiner eigenen Predigttätigkeit belegen (vgl. Kap. III.4). Was bedeutet diese Grundentscheidung jedoch rein methodisch für den Umgang des Predigers mit dem Predigttext?

5.3 Der Weg des Predigers zum Text

Die Tatsache, dass jeder Einzeltext im Sinne Haendlers das Ganze des Evangeliums repräsentiert, korrespondiert mit dem Umstand, dass sich der Prediger als Subjekt wiederum dem Text nur mit der Gesamtheit seiner Persönlichkeit zu nähern vermag. In der Predigtvorbereitung handelt der Prediger also nicht nur als Theologe und Pastor, d. h. als wissenschaftlicher und praktischer Fachmann, sondern immer auch als ganze Person, d. h. als Fragender, Glaubender, Desinteressierter, Begeisterter etc.: „Mit alle dem, was im Einzelnen ist, tritt er dem Evangelium entgegen und in seinem Wege zum Evangelium und zum Text kann er nichts von dem ausschalten, was ohne sein Zutun von vorlängst her in ihm gelegt ist."[37] Dieses sich auf das kollektiv Unbewusste C. G. Jungs beziehende Zitat macht deutlich, dass Haendler die Begegnung von Text und Prediger als Begegnung zweier Kollektivmächte versteht: Hinter dem Prediger stehen Jahrtausende der Menschheitsentwicklung und hinter dem Einzeltext die gesamte

[34] Zum Text als Argument vgl. WILFRIED ENGEMANN: Einführung, 104–113.
[35] OTTO HAENDLER: Grundriss, 248 f.
[36] DERS.: Die Predigt, 219.
[37] A. a. O., 149.

Offenbarungsgeschichte. Beide, Prediger und Text, können unmöglich aus ihrer Genese aussteigen, müssen sich begegnen und nehmen, wie sie sind. Vor der Predigtarbeit liegt damit nach Haendler „eine ungleich viel größere Gesamtarbeit, die das Ganze der die Jahre und Jahrzehnte eines Lebens durchziehende Arbeit am Verstehen des Evangeliums seitens eines Subjekts umfaßt, und zwar in ihrem bewußten und unbewußten Teil.“[38] Als entscheidend weiterführend betrachtet Haendler aus hermeneutischen Gründen hier wiederum die Methode der Meditation, da sie die dem Subjekt und dem Text zugrunde liegende Machtstrukturen lebendig werden zu machen vermag und so nicht in „Meinungen über den Text hängen bleibt“, sondern die „Mächte in dem Text“ [39] erfahrbar werden lässt.

Für die Predigtarbeit entscheidend ist dabei nach Haendler, dass der Text vom Subjekt des Predigers in der Predigtvorbereitung nicht als ein „notwendiger“, sondern als ein „aufleuchtender Text“ wahrgenommen werden sollte.[40] Dies ist letztlich die Umschreibung Haendlers für die Findung eines existenziellen Zugangs zum Text. Dabei können folgende Konfliktfelder eine wichtige Rolle spielen: 1. Der Umgang des Predigers mit dem eigenen „Heimat- und Fremdgefühl“ gegenüber dem Text und 2. das Finden eben dieses existenziellen Zugangs zum Text.

1. Als erstes mögliches Konfliktfeld spricht Haendler den Umgang des Predigers mit seinem *„Heimat- und Fremdgefühl“*[41] gegenüber dem Text an, d. h. den Umgang mit seinen persönlichen Widerständen und Vorlieben im Blick auf bestimmte Aussagen des Textes. Haendler betont hier dezidiert, dass es ihm bei dem Begriff des Fremd- und Heimatgefühls nicht um einen theologischen, sondern um einen psychologischen Begriff geht.[42] Fremdheit gegenüber dem Evangelium bedeutet in diesem Sinne also nicht einen hamarthiologischen Entfremdungs*zustand*, sondern einen psychischen Ablehnungs*vorgang*, der seinen Ursprung in der seelischen Entwicklung des betreffenden Predigers hat. Es kann aus diesem Grund nach Haendler nicht darum gehen, alle Fremdheiten des Predigers gegenüber dem Predigttext in der Vorbereitung auszuräumen, sondern vielmehr darum, sich diese bewusst zu machen und zu hinterfragen. So könne es beispielsweise ein Fremdheitsgefühl geben, das in Wahrheit ein abgelehntes Heimatgefühl sei, etwa wenn bestimmte Aussagen des Textes abgelehnt werden, weil der Prediger unbewusst hinter ihnen das abgelehnte Elternhaus wahrnimmt – Haendler nennt dies das „unechte Fremdgefühl“[43]. Eine genauere Selbstanalyse könne in diesem Fall einen ersten Schritt zu einer erneuten An-

38 A. a. O., 150.
39 A. a. O., 166.
40 A. a. O., 219.
41 Vgl. dazu den entsprechenden Abschnitt a. a. O., 206–210.
42 A. a. O., 207.
43 A. a. O., 210.

näherung an den Text bilden. Das „echte Fremdgefühl“[44] besteht dagegen nach Haendler in einer bewussten Ablehnung bestimmter Aussagen des Predigttextes oder dogmatischer Lehrsätze. Neben der Bewusstmachung dieser Fremdheit rät er zu einer gezielten Gestaltung des Umgangs mit ihr: „Auch hier ist nicht das Ziel, daß nichts Fremdes mehr da sei, sondern daß man eine lebendige Spannung, die sich nicht vermeiden läßt, fruchtbar mache für die eigene Erkenntnis und für die Verkündigung.“[45] Mit einem Begriff von Paul Tillich beschreibt Haendler den Prediger in diesem Sinne als einen „Theologen an der Grenze“, der „in vielen Fällen der einzige Mensch“ ist, „der heutigentags in der Lage ist, Probleme wirklich umfassend und erschöpfend sowohl von der religiösen wie von der profanen Seite her zu sehen.“[46] Hinter dieser geforderten bewussten Einnahme einer Position an der Grenze steht also nichts Geringeres als die *Herausbildung einer theologischen Existenz*, die Haendler für den Prediger gerade im Umgang mit dem Predigttext für unbedingt notewendig hält. Die Arbeit am eigenen Selbst nimmt also auch im Blick auf den Umgang mit dem Predigtext eine zentrale Rolle ein.

Das *„Heimatgefühl“* bringt nach Haendler dagegen die Gefahr der „einschläfernden Selbstverständlichkeit“[47] mit sich, in dessen Folge sich der Prediger über seine verborgenen Fremdgefühle dem Text gegenüber keine Gedanken mehr macht. Ein erworbenes, durchgearbeitetes Heimatgefühl, das auch um seine Fremdheiten weiß, sei aus diesem Grund in jedem Fall einem unreflektiert übernommenen Heimatgefühl vorzuziehen.

2. Als zweites mögliches Konfliktfeld spricht Haendler das Finden eines *existenziellen Zugangs des Predigers zum Text* an. Bevor es einem Prediger überhaupt gelingen kann, einen Text seinen Hörern mittels einer Predigt lebendig werden zu lassen, muss er ihm nach Haendler zuallererst selbst lebendig geworden sein. Dieses Lebendigwerden der hinter dem Text liegenden Wahrheit für den Prediger kann er dabei auch als „Realwerden der Wahrheit“[48] bezeichnen, was weitaus mehr impliziert als ein bloßes Verstehen oder Nachvollziehen seines theologischen Inhalts: Sowohl in der Predigtvorbereitung als auch im Vollzug der Predigt sollte der Inhalt des Predigttextes Prediger wie Hörer zur Wirklichkeit werden. Haendler verdeutlicht diesen Gedankengang am Beispiel des Gleichnisses vom Sämann: „Eine rechte Predigt über das Geheimnis vom vielerlei Acker ist also nicht eine, die sehr ‚schön‘ ausmalt, was da gezeigt ist, sondern eine, die mit viel oder wenig ‚Malen‘ das Gleichnis so lebendig, so unverlierbar und so befruchtend in die Seele der Hörer senkt, daß es zu einem Bestandteil ihres inneren Seins wird“[49]. Anders formuliert liegt das Ziel eines so

---

44 A. a. O., 209.
45 A. a. O., 210.
46 A. A. O., 209.
47 Ebd.
48 A. a. O., 220.
49 Ebd.

verstandenen Weges des Subjekts zum Text nach Haendler in der Vermittlung der „Raumtiefe“ des Textes, d. h. der auf Eigenart und Stellung im Gesamtevangelium beruhenden multifaktoriellen Tiefe des Predigttextes: „Die Raumtiefe des Textes, die mit der Raumtiefe des Evangeliums verbunden ist, soll die Raumtiefe des Subjektes erfassen und durchdringen, und dazu soll die Predigt helfen durch zentrale und unmittelbare Verkündigung. Alles, was dazu dient, ist recht, alles, was daran hindert oder dafür belanglos ist, ist falsch.“[50] Dieser von Haendler sehr anschaulich beschriebene Vorgang des „Realwerdens“ christlicher Wahrheiten steht damit in engem Zusammenhang mit dem modernen sprechakttheoretischen Begriff der *Performanz*[51] und macht auf die Bedeutung der affektiven Dimension des Predigtgeschehens aufmerksam.

Methodisch hält Haendler darum in deutlich Berneuchener Diktion fest: „Hierzu ist in erster Linie erforderlich, daß der Prediger selbst den Weg zu dem Gleichnis und der in ihm enthaltenen Evangeliumswahrheit geht. Er kann nicht dann ‚über‘ das Gleichnis predigen, wenn er eine Reihe von Gedanken dazu hat, die richtig sind, sondern er predigt ‚es‘, wenn er selbst sich ihm hingegeben hat und seine Wahrheit in ihm Bestandteil seiner Wirklichkeit geworden ist.“[52] Diese Unterscheidung Haendlers erinnert aus heutiger Sicht stark an die Unterscheidung von „predigen in“ und „predigen über“ bzw. von „Preaching from Within“ durch Martin Nicol,[53] geht aber durch das Motiv der Hingabe weit darüber hinaus: Letztlich ist es ein ganzheitlicher, geistlicher Zugang zum Text, den Haendler hier vom Prediger erwartet, der wiederum nur durch eine geistliche Grundhaltung zu erreichen ist. Diese kann jedoch kaum ausreichend mit homiletischen Begriffen beschrieben werden, weshalb Haendlers Ausführungen hier letztlich sehr vage bleiben. Wenn Michael Herbst in seiner Homiletik die Predigtarbeit mit einer „persönlichen Betrachtung“ beginnen lässt, die vor allem nach der Bedeutung des Textes „für mich“ vor dem Hintergrund des „persönlichen geistlichen Lebens“ fragt, kommt er den Gedanken Haendlers dabei sehr

---

50 A. a. O., 220 f.

51 Zum Begriff der Performanz vgl. exemplarisch: John L. Austin: How to do Things with Words, Oxford ²1999, 14 f.: Austin versteht unter einem performativen Sprechakt die Äußerung bestimmter Worte durch eine autoritativ dazu ermächtigte Person in einer bestimmten Situation, wodurch eine neue (soziale) Wirklichkeit gesetzt wird. Performative Sprache setzt somit nach Austin, was sie sagt. Austin nennt als Beispiele die Trauung durch einen Staatsbeamten, die Taufe durch einen Pfarrer oder den Urteilsspruch durch einen Richter. Dabei beziehe sich performative Sprache immer auf etwas, das sie sich selbst nicht setzen könne, sondern das schon als gegeben vorausgesetzt sei: der rechtliche Stand der Ehe bei der Trauung, die Verheißung Gottes in der Taufe oder ein Gesetz beim Urteilsspruch. Die kreative Kraft der Performanz ist also nach Austin nicht beliebig, sondern gewinnt ihre Potenz immer aus etwas zuvor Gesetztem.

52 Otto Haendler: Die Predigt, 220.

53 Vgl. hierzu Martin Nicol: Einander ins Bild setzen. Dramaturgische Homiletik, Göttingen ²2005, 55.

nahe.[54] Mit der täglichen Bibellese, dem regelmäßigen Gebet, dem Gebrauch (Abendmahl) oder der Erinnerung (Taufe) der Saktramente, den Dienst am Nächsten und den Umgang mit Anfechtunegn spricht er dabei praktische Felder an, auf denen sich geistliches Leben im Sinne eines „meditativen Zugangs zur Schrift“[55] vollziehen kann und führt so, wenn von ihm so auch nicht explizit angezeigt, die Gedanken Otto Haendlers entscheidend weiter.

5.4 Das Problem der Textwahl

Im Blick auf die *Textwahl* rät Haendler dazu, einen freien Umgang mit der Perikopenordnung zu pflegen.[56] Recht verstanden, d. h. ohne Zwang, könne sie dem Prediger eine Hilfe sein. Eine Bindung an die Perikopenordnung dürfe jedoch nicht dazu führen, dass der Prediger sich genötigt sehe, Texte aus Verpflichtung zu predigen, zu denen er keinen Zugang findet, oder die er angesichts bestimmter Sachthemen oder des kirchenzeitlichen Propriums für unangebracht hält. Auf der anderen Seite dürfe der Prediger aber auch nicht aus Bequemlichkeit von seinem Recht auf freie Textwahl Gebrauch machen, etwa um einem sperrigen Text oder unbequemen Thema aus dem Weg zu gehen oder seine Lieblingstexte redundant zu wiederholen. Die „konfrontierende Funktion“[57] des Predigttextes ist also auch für Otto Haendler wichtig.

Dem klassischen Einwand, eine starre Orientierung an der Perikopenordnung schütze vor dem Predigen einseitiger Lieblingsgedanken und Lieblingstexte, hält Haendler entgegen, dass ein so gearteter Prediger auch in die Texte der Perikopenreihe seine Lieblingsgedanken eintragen würde. Echten Schutz vor Einseitigkeit und Redundanz liefere darum nicht die Ordnung, sondern allein die Selbsterkenntnis und die Arbeit an der eigenen Persönlichkeit (Welche Themen sind es, die ich wieder und wieder bearbeite? Warum sind sie mir so wichtig? Was suche ich?). Die Kenntnis um die eigene Persönlichkeit, ihre Schatten und Stärken, ist auch hier wiederum das entscheidende Mittel auf dem Weg zu einem verantwortlichen Umgang mit Perikopenordnung und Textwahl. Methodisch rät Haendler dem Prediger dabei, seine Lieblingsgedanken nicht zu verdrängen – sie würden ohnehin immer wieder auftauchen, da sie aus bislang für die betreffende Person noch nicht hinreichend geklärten Gründen immer noch eine immense Wirkung ausüben –, sondern sie einmal gründlich und erschöpfend zu bearbeiten.[58] Diese Methode funktioniert nach Haendler auch dann, wenn der Grund für die Redundanz nicht in der machtvollen Wirkung einiger Lieblingsgedanken liegt, sondern in einer ungründlichen Arbeitsweise. Der betreffende Prediger greift in diesem Fall ständig auf ein- und denselben

[54] Vgl. MICHAEL HERBST/MATTHIAS SCHNEIDER: ... wir predigen nicht uns selbst. Ein Arbeitsbuch für Predigt und Gottesdienst, Neuenkirchen-Vkuyn 2001, 40–48.
[55] A. a. O., 44.
[56] Zu den folgenden Ausführungen vgl. OTTO HAENDLER: Die Predigt, 221–231.
[57] Begriff nach WILFRIED ENGEMANN: Einführung, 137–139.
[58] Vgl. OTTO HAENDLER: Die Predigt, 225.

Gedanken oder ein- und dieselbe Erklärungsfigur zurück, weil ihm aufgrund eines unzureichenden Studiums nichts anderes einfalle. Auch hier schaffe eine intensivierte inhaltliche Beschäftigung Abhilfe, denn: „Man kann dann an dem gründlichen Anschauen der Restbestände seines homiletischen Sparbuches erkennen, dass ein tatkräftiger Mann nicht vom Ersparten leben darf, sondern frische Einnahmen herbeibringen muß. [...] Es ist also das Beste und Wirksamste, man greift bei sich selber durch. Macht sich grundsätzlich klar, daß der Schutz gegen Verarmung und Vereinseitigung nicht aus dem Text genommen werden kann, sondern im Subjekt gefunden werden muß“[59].

Im Blick auf das *Predigen alttestamentlicher Texte* erwähnt Haendler am Rande die Diskussionen um die Stellung des Alten Testaments während des Kirchenkampfes und hält fest: „Alttestamentliche Texte sind bei uns einmal ein bewegt erörtertes Thema gewesen von ideologischen Motiven her. Soweit wir beobachten, ist diese Problematik nicht nur äußerlich, sondern auch ihrer inneren Bedeutung nach rasch gegenstandslos geworden.“[60] Wenngleich für ihn also nichts gegen das Predigen alttestamentlicher Texte spricht, äußert er doch Bedenken im Blick auf den Umgang mit „unterchristlichen“ Inhalten in der Predigt. Darunter versteht Haendler Inhalte alttestamentlicher Texte, die „an sich hohe Vorstellungen“ beinhaltet, jedoch „noch nicht die volle christliche Höhe erreicht haben“[61] oder sogar im Widerspruch zum Evangelium stehen (exemplarisch nennt er hier die sog. Rachepsalmen). Im Umgang mit diesen „unterchristlichen“ Inhalten rät Haendler dazu, ohne Polemik oder Herabwürdigung „eindeutig eine Predigt über das Alte Testament im Geiste des Neuen“[62] zu halten. Als Methode schlägt er dazu mit dem von Friedrich Niebergall entlehnten Begriff der „Umfüllung“[63] eine Überwindung dieser Inhalte durch das Chrustusgeschehen vor. Dieser Schritt sei legitim, weil die Worte des Alten Testaments ihren „vollen Sinn erst durch Christus empfangen“[64]. Haendler spricht sich damit, um einen Begriff von Wilfried Engemann zu gebrauchen, für ein „retrospektivisches Modell“ im Umgang mit alttestamentlichen Texten aus, d. h. für die Vorstellung eines eigentlichen Verstehens des „Alten Testaments nur im Rückblick, das heißt vom Neuen Testament her“[65].

Gegenüber der Möglichkeit eines historisch-kritisch orientierten Umgangs mit diesem Problemfeld, der eine mögliche Alternative zu dem von Haendler vorgeschlagenen Weg darstellen könnte, äußert er sich kritisch, da eine solche

---

[59] A. a. O., 225 f.
[60] A. a. O., 229.
[61] Ebd.
[62] A. a. O., 230.
[63] Ebd. Haendler bezieht sich hier auf Friedrich Niebergall: Wie predigen wir dem modernen Menschen?, Bd. 2, Tübingen 1906, 25 ff.
[64] Otto Haendler: Die Predigt, 230.
[65] Vgl. hierzu Wilfried Engemann: Einführung, 145.

Predigt Gefahr laufe, zu einem historischen Referat zu verkommen.[66] Wenngleich Haendler theologisch Recht zu geben ist (eine christliche Predigt kann und darf nicht so tun, als würde sie von Christus nichts wissen, nur weil sie über einen alttestamentlichen Text predigt, der historisch-kritisch betrachtet noch nichts von Christus wissen konnte), muss zugleich negativ festgehalten werden, dass ihm der genuine Eigenwert des Alten Testaments aufgrund seines Ansatzes tendenziell zu entgleiten droht – eine Beobachtung, die sich, wie noch zu zeigen sein wird, auch an seinen frühen Predigen nachweisen lässt (vgl. Kap. III.4.4).

5.5 Ertrag

Es dürfte deutlich geworden sein, dass Otto Haendler dem Predigttext eine tendenziell geringere Bedeutung beimisst. Er ist ihm wichtig, um bestimmte Inhalte des Evangeliums zu konkretisieren, grundsätzlich muss eine Predigt aber nicht auf einen Text bezogen sein. Viel entscheidender als die Textgemäßheit einer Predigt ist für Haendler ihre Schriftgemäßheit: Der Predigt darf nach dem „Wormser Schriftkriterium" Luthers kein Widerspruch aus der Bibel nachgewiesen werden. In letzter Konsequenz hat damit zwar nicht der einzelne Predigttext, dafür aber die ganze Schrift eine kontrollierende Funktion für die Predigt.

Wichtig und entscheidend weiterführend bleibt auch im Blick auf den Predigttext Haendlers ganzheitlicher Ansatz beim Subjekt des Predigers, der ihn hier vor allem zu rezeptionsästhetischen Ergebnissen kommen lässt, die seiner Zeit weit voraus waren. Dass die Wahrnehmung von Texten auch und gerade etwas mit der Wahrnehmung der eigenen Persönlichkeit und ihren Wahrnehmungsmechanismen (Stichwort „blinder Fleck")[67] zu tun hat, ist ein entscheidendes Verdienst Haendlers. Seine Forderung nach einem „Realwerden" der Predigtbotschaft sowie seine Unterscheidung eines Predigen *des* Textes von einem bloßen Predigen *über* den Text macht ihn schließlich anschlussfähig an aktuelle homiletische Diskussionsfelder.

Kritisch ist jedoch sein Umgang mit dem reformatorischen Schriftprinzip zu bewerten. Haendler kann nicht deutlich genug darlegen, wie, d. h. durch welches Medium die aus der Wirklichkeit Gottes entnommenen Sachthemen gewonnen werden. Falls er mit seiner Unterscheidung von „Erkenntnis-" und „Sachgrund" nur ausdrücken wollte, dass sich eine Predigt nicht zwingend auf einen konkreten Bibeltext beziehen muss, um eine christliche, d. h. in Überein-

---

[66] Vgl. hierzu OTTO HAENDLER: Die Predigt, 230.

[67] Vgl. zu diesem Themenkomplex den lesenswerten Aufsatz von WOLFGANG WELSCH: Das Ästhetische – Eine Schlüsselkategorie unserer Zeit?, in: ders.: (Hg.): Die Aktualität des Ästhetischen, München 1993, 13–47 sowie dessen Aufnahme bei KARL-HEINRICH BIERITZ: Offenheit und Eigensinn. Plädoyer für eine eigensinnige Predigt, in: Erich Garhammer/Heinz-Günther Schöttler (Hg.): Predigt als offenes Kunstwerk. Homiletik und Rezeptionsästhetik, München 1998, 28–50.

stimmung mit der Schrift und der Tradition der Kirche stehende Predigt zu sein, ist ihm im Blick auf den praktischen Vollzug des Predigens Recht zu geben, im Blick auf ein systematisch-theologisches Schriftverständnis jedoch zu widersprechen, hat doch gerade Luther immer wieder betont, dass nicht Tradition und Kirche die Schrift konstruieren, sondern umgekehrt die Schrift die Tradition und die Kirche! Wenn es Haendler dagegen mit seiner als real erfahrbaren Macht verstandenen Wirklichkeit Gottes stärker um die Etablierung eines geistlichen, affektiven Moments geht, so ist hier eine fehlende Deutlichkeit und Abgrenzung von spiritualistischen Gedanken anzukreiden. Diesem Umstand kommt ein besonderes Gewicht zu, da gerade die geistliche Situation der Kirche und der Predigt auch heute permanent Gefahr läuft, zugunsten anderer Themen in den Hintergrund zu geraten. Dabei steht und fällt, wie Haendler richtig erkannt hat, gerade mit der geistlichen Tiefe von Pfarrerschaft und Predigtamt die Zukunft der Kirche.

Alle Kritikpunkte kommen in der unglücklich gewählten Definition der Bibel als Urkunde zusammen. Haendler legt nicht plausibel genug dar, in welchem Sinne die Bibel als Urkunde der Wirklichkeit Gottes zu bezeichnen ist: in einem biblizistischen Sinne als geistinspirierter, historischer Tatsachenbericht, in einem existenziellen Sinne als Urkunde der Glaubenserfahrungen und Glaubenszeugnisse vergangener Menschen, in einem offenbarungstheologischen Sinne als sich in der Dialektik von Gotteswort- und Menschenwort ereignend, oder gar in einem rezeptionsästhetischen Sinne als sich im Akt der Wahrnehmung verwirklichend?

Das Erörterte zusammenfassend und auf die Analyse der Predigten Haendlers vorausblickend bleibt schon an dieser Stelle die Vermutung zu äußern, dass der Predigttext wohl eine eher untergeordnete Rolle in der eigenen Predigtpraxis Haendlers spielen dürfte.

6. Predigthörer und Predigtsituation als korrelative Elemente der Predigt

Schon in seiner „Idee der Kirche" versteht Otto Haendler die Frage nach dem Hörer und der Predigtsituation als Gretchenfrage einer jeden Homiletik und bedauert, dass diese Frage bislang wenn überhaupt nur unter dem Gesichtspunkt des Evangeliums erörtert und in letzter Konsequenz von diesem überlagert worden sei.[1] Entgegen dieser Praxis hält er schon 1930 programmatisch fest: „Das eigentliche Ringen der Homiletik geht gerade um das Zusammenbringen von Evangelium und Gemeinde."[2] Dies hat dabei für Haendler etwas mit dem schlichten Umstand zu tun, dass sich eine Predigt – etwa im Unterschied zur Liturgie, die zuweilen bis auf den heutigen Tag in bestimmten Kirchen auch ohne anwesende Gemeinde allein zum Lob Gottes vollzogen werden kann – immer an eine real anwesende Gemeinde richtet. Eine Predigt, verstanden als Verkündigung der Wirklichkeit Gottes (vgl. Kap. II.2.1/2), die es nicht interessiert, wie und ob sie gehört wird, hört nach Haendler auf, Predigt im eigentlichen Sinne zu sein, da sie mit dem Verlust der horizontalen Dimension auch ihren verkündigenden Charakter verliert.

Innerhalb der 2000-jährigen Geschichte der christlichen Predigt spielt die Frage nach dem Hörer aus diesem Grund durchgehend eine entscheidende Rolle, wenngleich sie zu unterschiedlichen Zeiten unterschiedlich bewertet und beantwortet worden ist. Die einzelnen Ergebnisse sind dabei wesentlich von dem ihnen zugrunde gelegten Menschen- und Gesellschaftsbild abhängig: Erscheint der implizite Hörer dem Prediger oder Homiletiker primär als zu Bildender, wird eine andere Form der Hörerorientierung realisiert werden, als wenn er ihn primär als moralisch zu Ermahnenden sieht; kann der Prediger einen starken Gottesdienstbesuch voraussetzen, da dieser eine hohe gesellschaftliche Akzeptanz besitzt, wird er die Bedürfnisse der Hörer anders bewerten und wahrnehmen, als wenn er vor dem Hintergrund leerer Kirchenbänke und einer immer stärker zur Disposition stehenden gesellschaftlichen Akzeptanz von Kirche und Religion predigt. Die Frage nach dem Hörer korrespondiert vor diesem Hintergrund mit der Frage nach dem zugrunde gelegten *Menschenbild*, das wiederum von den *gesellschaftlichen Rahmenbedingungen* abhängig ist.

Exkurs zur Frage nach Hörer und Predigtsituation in der Geschichte der Homiletik: Schon in der *Alten Kirche*[3] stand der Hörer im Fokus des homiletischen Interesses. So verstand sich etwa AUGUSTIN (354-430) als Diener der Hörer und betonte die Wichtigkeit der Übersetzungsleistung des Predigers im Blick auf die Vermittlung christlicher Inhalte. JOHANNES CHRYSOSTOMOS (349–407) konnte sogar in Entsprechung zur Erniedrigung Got-

---

[1] Vgl. OTTO HAENDLER: Die Idee der Kirche, 109.

[2] A. a. O., 45.

[3] Zur folgenden Darstellung vgl. LAURENC BOTTIER: Art. „Predigt V: Alte Kirche", in: TRE 27 (1997), 244–248.

tes in Jesus Christus von einer Erniedrigung (Συνκατάβασις), d. h. von einer Anpassung des Predigers an die Verstehensvoraussetzungen der Hörer sprechen.[4] Diese konnte z. B. durch die Anknüpfung an geläufige Kommunikationsmedien wie das Theater oder die antike Rhetorik gelingen. Die frühen Kirchenväter schätzten damit die Verstehensvoraussetzungen des Menschen realistisch ein, was wesentlich mit ihrem aus der persönlichen Alltagserfahrung erwachsenen Menschenbild zusammenhängen dürfte (ein Paradebeispiel stellen hierfür die „Confessiones" Augustins dar).

Im frühen *Mittelalter*[5] ging die Hörerorientierung dann zugunsten einer stärkeren Orientierung an Schrift und Dogma tendenziell zurück. Der Hörer kam nun zuallererst als moralisch zu Unterrichtender in den Blick der Predigtlehre, weshalb katechetische Unterweisungen die Regel darstellten. Dieser Zug wurde durch den Einfluss der Scholastik im Spätmittelalter weiter verstärkt und hatte primär etwas mit den gesellschaftlichen Veränderungen dieser Zeit zu tun: Die aus der Antike übernommenen gesellschaftlichen und kulturellen Strukturen waren in Auflösung und Umwandlung begriffen und wurde vor allem vom Klerus häufig als Krise der Moral interpretiert, der durch eine sentenzenhafte Lehr- oder Moralpredigt begegnet wurde.

Martin Luther (1483–1546)[6] verband dagegen in der *frühen Neuzeit* unter anderem durch den Einfluss von Renaissance und Humanismus, die ein positiveres Menschenbild zeichneten, die Frage nach dem Hörer wieder mit einem entschiedenen Plädoyer für eine verständliche und relevante Predigt, die sich an den Bedürfnissen von „Hänslein und Elslein"[7] zu orientieren habe, d. h. an den Verstehensvoraussetzungen und den Bedürfnissen der tatsächlichen Predigthörer und nicht etwa an denen gebildeter Theologen. Dass der Hörer wieder stärker ins Zentrum der reformatorischen Predigtlehre rückte, hing dabei wesentlich mit der reformatorischen Hinwendung zum Individuum (coram deo) zusammen wie auch mit der schlichten Tatsache, dass die Hörer in den Kernpunkten der Reformation erst noch unterrichtet werden mussten. Neben dem Hörer als Bedürftigen im Blick auf das Wort der freimachenden Gnade Gottes trat aus diesem Grund der Hörer häufig auch als zu Bildender in den Vordergrund.

Diese Grundtendenz versuchte entgegen der verbreiteten Meinung auch die *altprotestantische Orthodoxie* fortzuführen: Wenngleich in dogmatischen Fragen starr, konnten beispielsweise die Predigten eines Johann Gerhard (1582–1637) nach Albrecht Beutel ein hohes Maß an Erbaulichkeit und keinesfalls an dogmatischer Engführung aufweisen.[8] Insgesamt muss jedoch festgehalten werden, dass es im konfessionellen Zeitalter in der Regel bei einer Orientierung an innerkirchlichen Themen blieb. Die Hörer gerieten dabei vornehmlich als Kirchenmitglieder in den Blick und weniger als Menschen im weltlichen Alltag.

Dies änderte sich in der *Aufklärung* grundlegend dadurch, dass das Christentum unter dem Eindruck des erneuten Aufblühens von Kunst, Literatur und Philosophie von vielen, vor allem gebildeten Menschen nicht mehr unhinterfragt als alternativlose Autorität anerkannt wurde. Die Kirche musste ihre zentralen Inhalte den „Gebildeten unter ihren Verächtern" neu erklären, wollte sie diese nicht ganz verlieren. Damit wurde je-

---

4 Zum Begriff der Συνκατάβασις bei Chrysostomos vgl. Jutta Tloka: Griechische Christen – Christliche Griechen, Tübingen 2005, 130–134.

5 Zur folgenden Darstellung vgl. Isnard Frank: Art. „Predigt VI: Mittelalter", in: TRE 27 (1997), 248–262.

6 Zur folgenden Darstellung vgl. Albrecht Beutel: Art. „Predigt VIII: Evangelische Predigt vom 16. bis 18. Jahrhundert", in: TRE 27 (1997), 304 f.; Wilfried Engemann: Einführung, 273–293.

7 WATR 3; 310, 9 f.: „Ich will Doctorem Pomeranum, Jonam, Philippum in meiner Predigt nicht wissen [...]. Ich predige ihnen auch nicht, sondern meinem Hänslein und Elslein, ilos observo".

8 Albrecht Beutel: Art. „Predigt", 301 f.

doch eine echte Anknüpfung an ihre tatsächliche Lebenswelt unumgänglich. Christian-Erdmann Schott spricht in diesem Zusammenhang von einer „Akkommodation" der Predigt an das moralische, ästhetische, philosophische und bildungstheoretische Befinden dieser Zeit.[9] Dies hatte zur Folge, dass Themen der Lebenskunst (Umgang mit Freiheit, Fragen der Moral) genauso Aufnahme fanden wie Themen der alltäglichen Lebenspraxis (Ackerbau, Haushalt). Exemplarisch sei hier JOHANN LORENZ VON MOSHEIM (169-1755) erwähnt, der dem Prediger u. a. rät, der „Beschaffenheit der Zuhörer" in der Predigt Rechnung zu tragen.[10] Dabei konnte die Predigt zuweilen auch belehrend wirken, gerade wenn es ihr darum ging, gebildeten Zeitgenossen die gedankliche Richtigkeit und Plausibilität des Christentums aufzuzeigen. Der Hörer geriet in dieser Zeit vornehmlich als mündiger Erwachsener in den Blick der Homiletik, den es nicht zu bekehren, sondern bestenfalls von der Richtigkeit und Lauterkeit des Christentums sowie ihrer praktischen Relevanz für den Alltag zu überzeugen galt.

Dieser Zug der Predigt reichte weit in das *19. Jahrhundert*[11] hinein und ist auch noch bei FRIEDRICH DANIEL E. SCHLEIERMACHER (1768-1834) festzustellen. So übernahm er etwa von der Aufklärung die Auffassung, den Hörer nicht als zu Belehrenden oder gar zu Bekehrenden zu verstehen, sondern als ebenbürtigen Partner. Dies hatte zur Folge, dass er die Verwurzelung seiner Hörer im Christentum schlicht als gegeben voraussetzte, um dadurch die Kommunikation christlicher Inhalte wieder zu beleben: „Wir müssen die Zuhörer als Christen aufnehmen, und nicht als solche, die es erst werden sollen."[12] An die Stelle des aufklärerischen Versuchs, die gedankliche Richtigkeit des Christentums mithilfe der Predigt zu demonstrieren, setzte Schleiermacher den Versuch, wesentliche Inhalte des Christentums mitzuteilen, an die Stelle des in der Predigt zu vermittelnden Gedankens trat bei ihm das zu vermittelnde Gefühl, an die Stelle des Erklärens moralischer oder dogmatischer Zusammenhänge die „Mitteilung des zum Gedanken gewordenen frommen Selbstbewusstseins"[13] des Predigers.

Neben Schleiermacher und der Aufklärung haben sich vor allem Vertreter des *Pietismus* und der *Erweckungsbewegung* für den Hörer interessiert. Ein früher Meister des psychologischen Einfühlungsvermögens in den Hörer ist in AUGUST THOLUCK (1799-1877) zu finden. Praktisch waren für ihn dabei der Kontakt und das Gespräch mit seinen Gemeindegliedern entscheidend, durch die er mehr von ihren tatsächlichen Lebensbedingungen und Fragen erfuhr. Die Predigt sollte mitten aus der Gemeinde kommen und in diese wiederum direkt und spürbar zurückwirken. Der Hörer geriet für ihn aus diesem Grund vornehmlich als Partner und Glaubensgenosse in den Blick.

Im *20. Jahrhundert* kam die Frage nach dem Hörer wiederum aufgrund der sich verändernden gesellschaftlichen Rahmenbedingungen in den Blick. Neben der sozialen Frage, die den Hörer als Notleidenden und gesellschaftlich Isolierten in den Blick nahm (so z. B. ganz deutlich bei EMIL SULZE), war vor allem die Frage nach einer „modernen Predigt" der entscheidende Motor für die Entwicklung einer neuen Hörerorientierung (neben FRIEDRICH NIEBERGALL ist hier OTTO BAUMGARTEN zu nennen). Eine größere Verständlichkeit und Kurzweiligkeit der Predigt sollten dem sich verändernden ästhetischen Empfinden des Menschen in der Massengesellschaft genauso entgegenkommen wie

[9] Vgl. hierzu CHRISTIAN-ERDMANN SCHOTT: Akkommodation. Das homiletische Programm der Aufklärung, in: Heimo Reinitzer (Hg.): Beiträge zur Geschichte der Predigt. Vorträge und Abhandlungen, Hamburg 1981, 49-69, besonders 51-61.

[10] Vgl. JOHANN LORENZ VON MOSHEIM: Anweisung erbaulich zu predigen, hg. von Dirk Fleischner, Waltrop 1998, 112 f., 194 f.

[11] Zur folgenden Darstellung vgl. FRIEDRICH WINTZER: Art. „Predigt IX: Evangelische Predigt im 19. und 20. Jahrhundert", in: TRE 27 (1997), 311-330.

[12] FRIEDRICH DANIEL E. SCHLEIERMACHER: Ueber die Religion. Reden an die Gebildeten unter ihren Verächtern, Berlin 1799, 239.

[13] DERS.: Kurze Darstellung, § 280.

seinen lebensweltlich motivierten Fragen nach einer Vereinbarkeit von Glaube und Moderne. Der Hörer wurde hier vornehmlich als zu Informierender und zu Unterstützender gesehen. Mit der Dialektischen Theologie trat dann erstmals eine Problematisierung des Hörerbezugs auf, die bereits im Kapitel I.3.3 hinreichend erörtert wurde.

In Entsprechung zu dieser holzschnittartigen historischen Analyse des Umgangs von Predigt und Homiletik mit dem Hörer steht auch für Otto Haendler fest, dass „die homiletische Situation in die Gesamtlage der Zeit verwoben ist."[14] Der Prediger müsse aus diesem Grund sowohl die christliche Tradition als auch die Anforderungen der Gegenwart im Blick haben: „Die Homiletik hat zwar immer gewusst, daß sie das Evangelium nicht verraten darf. Heute aber tritt mit neuem Gewicht die Forderung daneben, daß auch die Zeit nicht verraten werden darf."[15] Um diesen Spagat zwischen einer gegenwartsnahen und einer evangeliumsgetreuen Predigt zu ermöglichen, ist nach Haendler erneut das Subjekt des Predigers gefragt, wenn er etwa im „unbedingten Eingehen"[16] des Predigers in die Fragen und Nöte der Gegenwart das entscheidende Mittel der Wahl sieht: „Wer ganz in der Offenbarung und zugleich ganz in der Welt stünde, stellte die ideale Gestalt des christlichen Verkündigers dar."[17] Fasst man die Aussagen Haendlers zusammen, sind eine zutreffende *Anthropologie* des „modernen Menschen" sowie eine gelebte *Zeitgenossenschaft* entscheidende Kristallisationspunkte einer an der Hörersituation orientierten Predigt. Beide Begriffe haben dabei etwas mit der Wahrnehmung und Adaption der grundsätzlichen Lebensbedingungen der Hörer zu tun und sollen bei der folgenden Analyse der Aussagen Otto Haendlers zum Themenkomplex „Predigthörer und Predigtsituation" erkenntnisleitend sein.

6.1 Anthropologie als Grundbedingung der Predigt

Nach Otto Haendler ist für die Predigt weniger eine detailgetreue, beim konkreten Hörer ansetzende Situationsanalyse entscheidend als vielmehr eine grundsätzliche Auseinandersetzung des Predigers mit anthropologischen Fragestellungen: „Man braucht als Grundlage nicht eine Kenntnis der Einzelnen, sondern eine Kenntnis des Menschen."[18] Diese Einsicht wird im Blick auf die eigene Predigttätigkeit Otto Haendlers noch eine entscheidende Rolle spielen (vgl. Kap. III.3.1). In seinem „Grundriss" prägt Haendler hierfür den Begriff der „anthropologischen Sicht", die er dem „theologischen Gehalt" der Predigt ergänzend zur Seite stellt: „Die anthropologische Sicht umfaßt den Grad von Intensität und Richtigkeit, in dem die Predigt die menschlichen Zustände, Fragen, Anliegen, Charaktere und alles sonst zum Ausdruck bringt. Was über menschliche Situationen gesagt wird, soll stimmen, und es soll nicht blaß und allgemein, sondern

---

14 Otto Haendler: Die Predigt, 8.
15 A. a. O., 9.
16 A. a. O., 11.
17 A. a. O., 9.
18 A. a. O., 243.

farbig und konkret sein."[19] Theologie und Anthropologie, Vertikale und Horizontale stellen für Haendler also keine Gegensätze dar, sondern beschreiben je aus ihrer Warte heraus einen Teil derselben Wirklichkeit. Erst in der Zusammenschau beider Perspektiven entstehe daher ein zutreffendes Bild.

Vor diesem Hintergrund hat die Predigt nach Haendler um eines zutreffenden Menschenbildes willen neben biblisch-theologischen Aussagen zum Menschen auch Erkenntnisse anderer Wissenschaften, allen voran die der Psychologie, mit einzubeziehen. Einem möglichen Vorwurf zuvorkommend betont er dabei noch einmal, dass die psychologische Sicht auf den Menschen „nicht Ersatz der Offenbarung, sondern anthropologische Bestätigung der theologisch vorausgesetzten menschlichen Situation"[20] sei. Die Predigt treibe in diesem Sinne nicht ein „fremdes Werk"[21], wenn sie sich anthropologischen Fragestellungen auch von psychologischer oder philosophischer Seite aus nähere, sondern erfülle ihren eigentlichen Auftrag.

Im Folgenden sollen daher wesentliche anthropologische Grundeinsichten Haendlers dargestellt und untersucht werden, die für das Verständnis seiner Homiletik eine entscheidende Rolle spielen. Grundsätzlich kann dabei festgehalten werden, dass Otto Haendler das für ihn typische Denken in Spannungsverhältnissen auch im Blick auf seine anthropologischen Aussagen beibehalten hat und den Menschen als zutiefst ambivalentes Wesen darstellt. Diese Sicht kommt besonders deutlich in einem 1951 während einer Tagung in der Evangelischen Akademie Meißen gehaltenen Vortrag zum Vorschein: „Der Zwiespalt im Menschen, ob Christ oder Nicht-Christ, ob wiedergeboren oder nicht, entsteht in dem Augenblick, wo er Person wird. [...] Das ist zugleich die Würde und die Möglichkeit unseres Menschseins. [...] Kein Mensch kann sich um die Zwiespältigkeit seines Lebens herumdrücken, außer um einen Preis: um den Preis seines Menschseins!"[22] Auf diese grundsätzliche Sicht des Menschen weist auch die Kopula „und" in den Titeln der kürzeren Monographien Otto Haendlers hin, in denen er sich pointiert mit anthropologischen Fragestellungen auseinandersetzt: „Denken und Glauben" (1949), „Angst und Glaube" (^{1}1952, ^{2}1953, ^{3}1954), „Zwischen Glaube und Unglaube" (1966) sowie zwar ohne Kopula aber dadurch nicht weniger dialektisch formuliert: „Das Leib-Seele-Problem in theologischer Sicht" (1954). Wenngleich diese Schriften nicht mit Blick auf homiletische Fragestellungen verfasst worden sind und deshalb vor dem Hintergrund des hier interessierenden Themenbereichs mit einer gewissen Vorsicht zu behandeln sind, können sie doch Aufschluss über anthropologische Grundeinstellungen Otto Haendlers liefern, vor deren Hintergrund auch die Aussagen in seiner „Predigt" zu verstehen sind.

---

19 DERS.: Grundriss, 255.

20 DERS.: Die Predigt, 40.

21 A. a. O., 327.

22 DERS.: Vortrag „Von der Zwiespältigkeit des Wiedergeborenen", gehalten am 22. Juli 1951 in der Evangelischen Akademie Meißen, Quelle Voigt, 7.

6.1.1 Der Mensch im Spannungsverhältnis von Denken und Glauben

Ein wichtiges Erbe Otto Haendlers aus seiner Berneuchener Prägung ist die grundsätzliche Wahrnehmung des Menschen als rationales und emotionales Wesen. Dieser Ambivalenz widmete er 1949 eine eigene kleine Schrift mit dem Titel „Denken und Glauben". Er vergleicht darin die Existenz des Menschen mit der Situation von Goethes Faust („Zwei Seelen wohnen, ach, in meiner Brust, / Die eine will sich von der anderen trennen")[23] und versucht damit auf den Umstand aufmerksam zu machen, dass der Glaube, wenngleich er zentral zum Leben dazu gehört, für viele Menschen im Gegensatz zum rationalen Denken zu einer Nebensache bzw. zu einem bloßen Additivum geworden ist: Das rationale Denken bestimmt nach Haendler den Alltag der Menschen, der Glaube nicht – er komme lediglich hinzu, wenn Zeit und Interesse es zulassen. Entgegen dieser Verengung spricht sich Haendler für die Wiederentdeckung der grundsätzlichen Bedeutung des Glaubens für das Leben des Menschn im Allgemeinen und für das Denken im Speziellen aus. Dass der Glaube direkt etwas mit der Qualität des Denkens zu tun hat, versucht er dabei mit einem Vergleich aus dem maritimen Umfeld seiner Greifswalder Heimat zu verdeutlichen: Ohne Glaube verhalte sich das Denken „wie ein Flachboot, das nur bestehen kann auf Teich und Strom. Auf See schlägt es um, weil ihm der Tiefgang fehlt."[24] Gerade das Denken bedürfe also der transzendenten Dimension des Glaubens, wolle es nicht im bloß Vorfindlichen stecken bleiben oder sogar untergehen. Im Sinne einer ganzheitlichen Betrachtung ist für Haendler darum auch die Seele und nicht etwa das Gehirn das eigentliche Erkenntnisorgan.[25]

Im Nachtragkapitel zur dritten Auflage seiner „Predigt"[26] verfeinert Haendler diesen Gedanken und fordert eine Predigt, die den Hörern aktiv Wege zur affektiven Dimension ihres Glaubens eröffnet. Haendler betont dabei ausdrücklich, dass die Predigt mit einer Diskrepanz von Rationalität und Affektivität nicht nur auf Seiten der Hörer zu rechnen habe, sondern auch und zuallererst auf Seiten des Predigers: „Die weitgehende Vorbetonung und darum auch Vorherrschaft des rationalen Verstehens und Erkennens in der evangelischen Frömmigkeit hat nicht nur die Predigt, sondern auch das Predigtbemühen, die unbewusste Ausrichtung der Predigtarbeit weitgehend rationalisiert."[27] Auch der Prediger müsse sich also in seiner Arbeit an der Predigt der Gefahr einer einseitig rationalen Herangehensweise an die Predigtaufgabe stets bewusst sein und diese, beispielsweise mit Hilfe der Meditation, durch einen stärker affektiven Zugang ergänzen.

---

[23] Zitiert nach DERS.: Denken und Glauben, 7.

[24] A. a. O., 20.

[25] A. a. O., 33: „Organ echten Erkennens ist die Seele, d. h. der ganzheitliche Organismus des Menschen, und er muss immer darauf achten, dass sein Erkennen ganzheitlich lebendig bleibt und nicht auf niedere Stufe des Erfassens absinkt."

[26] Vgl. zum Folgenden DERS.: Die Predigt, 332–334.

[27] A. a. O., 332.

Haendler ist es dabei wichtig, zu betonen, dass er mit seiner Kritik an der Verabsolutierung einer rein rationalen Herangehensweise an Fragen von Theologie und Glauben nicht die Ratio als solche abwerten möchte. Die Ratio habe in Theologie und Predigt ihr uneingeschränktes Recht, jedoch dürfe sie nur zur Lösung solcher Aufgaben herangezogen werden, die ihrem Wesen entsprechen. Natürlich sei es beispielsweise unverzichtbar, Glaubensvorstellungen auf ihre theologische und gedankliche Richtigkeit hin zu überprüfen. Jedoch dürfe man sich nicht der Vorstellung hingeben, mit dem gleichen Verfahren auch eine affektive Beziehung zum Gegenstand des Glaubens zu ermöglichen. Haendler schlägt hier vor, von der Seelsorgepraxis zu lernen: „[W]ie es in der Seelsorge oft keinen Sinn hat, mit Korrektur von falschen Vorstellungen anzufangen und wie jeder rechte Seelsorger es sehr bald lernt, um ein Offenwerden für die Kräfte des Glaubens [...] zu ringen, so gilt Entsprechendes auch für die Predigt. Eine Korrektur rationaler Vorstellungen von Glaubenswahrheiten kann gewiß neue Erkenntnisse zeitigen. Aber diese bleiben dann meist in der ratio hängen“[28].

Methodisch kann die Predigt nach Haendler eine Orientierung an den kognitiven und emotionalen Voraussetzungen der Hörer vor allem durch den bewussten Einsatz einer *symbolhaften Sprache* erreichen. Er versteht dabei unter Symbolen „rational faßbare Zeichen oder Formen mit hinweisendem und insofern transparentem Charakter, in denen eine rational nicht faßbare (irrationale) Wirklichkeit dem Menschen vermittelt und dadurch existenziell erfahrbar wird. Vermittlung des nicht Faßbaren geschieht hier nicht nur so, daß es verständlich, sondern auch so, daß es im Symbol – und oft nur in ihm – gegenwärtig, wirklich wird.“[29] Ungeachtet der modernen semiotischen Diskussion, ob es sich bei einem Symbol um ein Zeichen handelt oder nicht, hebt Otto Haendler somit weniger den Komplexität reduzierenden als vielmehr den Sinn eröffnenden Charakter des Symbols hervor: Ein Symbol ist für Otto Haendler primär ein Zeichen, das einen sprachlichen und gedanklichen Zugang zu einer bestimmten Tiefendimension des Seins ermöglicht, der anderen, einseitig das rationale Denken bedienenden Sprachformen verschlossen bleibt. In diesem Sinne ist das Symbol für ihn nicht „Ersatz für nicht erreichbares Besseres“, sondern „vielmehr die echte, letztmögliche und damit vollgültige Gestalt dessen, was auf anderer Weise uns nicht zugänglich ist.“[30] Es ist also nach Haendler letztlich einer gewissen semantischen Offenheit des Symbols geschuldet, dass bei den Hörern vermittelt über eine symbolische Sprache eine eigene Sinn- und Textproduktion einsetzen kann, in der er den eigentlichen Grund für ein mögliches Tiefenverstehen erblickt: „Hören wir ‚Christus ist das Licht‘, so setzt in uns ungewollt sogleich eine innere Denk- und Vorstellungstätigkeit ein, die den reichen Gehalt dieses Symbols zu ergründen, ja mehr, sich zu eigen zu machen sucht.“[31] Symbole evozieren somit nach Haendler Imagination und bilden damit den Boden für die Aneignung christlicher Inhalte in einer ganzheitlichen, d. h. Denken und Glauben gleichermaßen berücksichtigenden Weise.

---

28 Ebd.

29 Ders.: Grundriss, 160.

30 Ders.: Zwischen Glaube und Unglaube, 99.

31 A. a. O., 100.

Echtes Verstehen schließt für Otto Haendler somit ein gewisses Maß an Information (bezogen auf die semantische Geschlossenheit des Symbols als Informationsträger) wie auch eine individuelle Partizipation am Informationsgehalt (bezogen auf die semantische Offenheit des Symbols als „Leerstelle“[32]) ein: „Das braucht gar nicht alles ‚verstanden‘ zu werden, es geht über den rationalen Bereich nicht nur hinaus, sondern es relativiert ihn, weil es in einer tieferen, wesenhafteren Schicht wurzelt“[33]. Echtes Verstehen ist für ihn somit wesentlich mehr als bloßes Wissen: Während das bloße Wissen einen minimalen Bezug der Persönlichkeit zum Gegenstand des Wissens voraussetzt, der über das bloße Abspeichern und Verinnerlichen rationaler Zusammenhänge nicht zwingend hinausgehen muss, setzt das Verstehen prinzipiell einen Bezug des Individuums zum Gegenstand des Verstehens voraus, der Rationalität und Emotionalität gleichermaßen umfasst. Haendler spricht hier von einem Gewisswerden des Gegenstandes vermittelt durch das Symbol: „Diese Gewissheit ist keineswegs, wie es oft mißverstanden wird, eine Sperrung gegen Vernunft und Einsicht, sondern Leben aus einer tieferen Erkenntnis als nur der rationalen.“[34] Diese Definition lässt das Berneuchener Erbe Haendlers deutlich spürbar werden und macht ihn anschlussfähig an die moderne Diskussion rund um die *Symboldidaktik*.

Exkurs:[35] Der Symbolbegriff Otto Haendlers muss in enger Verbindung zu dem C. G. Jungs[36] gesehen werden. Jung versteht das Symbol im Unterschied zu Freud stärker als Zeichen und sieht in ihm den eigentlichen Zugang zum Unbewussten, weshalb er ihm eine zentrale Erkenntnisbedeutung zuschreibt. Dieses Grundmuster übernimmt auch Haendler und überträgt es auf seine Theorie einer ganzheitlichen Erkenntnis der Wirklichkeit Gottes.

Die deutlichsten Parallelen ergeben sich zum Symbolverständnis der *Berneuchener Bewegung*, die wie Haendler im Gleichnis die einzig angemessene Redeweise von Gott sieht und einen inhaltsentleerten, rein auf die ästhetische Form bedachten Umgang mit Symbolen kritisiert.[37] Diese Tradition führt auch Paul Tillich fort, wenn er allein dem Symbol zutraut, den Menschen mit der Wirklichkeit Gottes in Kontakt zu bringen: „Von Gott als dem Lebendigen müssen wir in symbolischen Begriffen reden. Jedes wahre Symbol partizipiert jedoch an der Wirklichkeit, die es symbolisiert.“[38]

Der Symbolbegriff Haendlers hat darüber hinaus auch eine gewisse Nähe zu dem Paul Ricoeurs (1913–2005), der in ganz ähnlicher Weise vor allem den zum Nachdenken provozierenden Charakter des Symbols im Gegensatz zum bloß technischen Zeichen herausarbeitet. Ricoeur kann deshalb von einer „enthüllenden Macht“[39] des Symbols sprechen, die den Rezipienten auf eine tiefer liegende Wirklichkeit aufmerksam mache

[32] Begriff nach Wolfgang Iser: Der Akt des Lesens. Theorie ästhetischer Wirkung, München ^{4}1994, 266.
[33] Otto Haendler: Zwischen Glaube und Unglaube, 100.
[34] Ebd.
[35] Zur folgenden Darstellung vgl. Michael Meyer-Blanck: Vom Symbol zum Zeichen. Symboldidaktik und Semiotik, Hannover 1995, 10–20.
[36] Vgl. hierzu Wolfgang Roth: C. G. Jung, 158–163.
[37] Vgl. exemplarisch Berneuchener Konferenz (Hg.): Das Berneuchener Buch, 97–104.
[38] Paul Tillich: Systematische Theologie, Bd. 1, 280.
[39] Paul Ricoeur: Die Interpretation. Ein Versuch über Freud, Frankfurt a. M. ^{4}1993, 29.

und durch die mit der Rezeption verbundenen Produktion neuer Sinnzusammenhänge in diese Wirklichkeit mit hineinnehme.[40] Das Symbol schaff in diesem Sinne nach Ricoeur nicht nur Information, sondern auch Partizipation – ein Grundgedanke, der sich wunderbar mit der Vermittlung religiöser Inhalte in Verbindung bringen lässt.

6.1.2 Der Mensch im Spannungsverhältnis von Angst und Glaube

Die Angst stellt für Otto Haendler eine wesentliche Lebensbedingung des Menschen dar, der er verschiedene Aufsätze und mit „Angst und Glaube" (1952, ^{2}1953, ^{3}1953) sogar eine eigene Monographie gewidmet hat. Haendler unterscheidet darin grob Elemente der Angst (Enge, Verfolgtsein von bösen und Verlassensein von guten Mächten), Formen der Angst (Flucht- und Bannangst), Arten der Angst (Katastrophen-, Krisen- und Liebesangst), Schichten der Angst (Rand-, Kern- und Urangst) sowie den Gehalt der Angst (Schicksals- und Schuldangst).[41] Grundsätzlich versteht er in Anlehnung an Sören Kierkegaard unter Angst dabei dasjenige Gefühl, das am „Unbestimmten", „Ungreifbaren" entsteht: „Angst ist bestimmt durch das Gefühl, das wir mit den Adjektiven ‚sinnlos', ‚jagend' bezeichnen."[42] Dabei spielen das Erleben der eigenen Passivität (so z. B. in der Katastrophenangst), die Erfordernis einer Entscheidung (so z. B. in der Krisenangst), die Konfrontation mit einer unkontrollierbaren Situation (so z. B. bei der Liebesangst) sowie mit der eigenen oder kollektiven Geschichte (so z. B. bei der Kern- oder Urangst) eine entscheidende Rolle. Der Mensch erscheint bei Haendler damit als ein nicht nur durch seine bewussten Entscheidungen, sondern auch und zumal durch seine Angst geprägtes Individuum. Mit einer Formulierung von Martin Heidegger, die erneut Haendlers gedankliche Nähe zur Lebens- und Existenzphilosophie deutlich macht, kann er hier auch von einer grundsätzlichen Existenzangst sprechen, die durch das „In-der-Welt-sein als solches"[43] entstehe und in dem Johanneischen „In der Welt habt ihr Angst!" (Joh 16,33a) kulminiere.

Überträgt man diese Aussagen Haendlers auf die Frage nach dem Hörer, hat die Predigt mit der Angst als grundsätzlicher Lebensdimension der Hörer zu rechnen und darüber hinaus Wege aufzuzeigen, wie diese Angst überwunden werden kann bzw. wie ein Leben mit ihr möglich ist. Dazu soll der Prediger wiederum nach Haendler zuerst bei sich selbst ansetzen, nach seiner eigenen Angst forschen und sich ihr stellen: „Seine Predigt soll ein Zeugnis davon sein, daß er durch ein Tor hindurchgegangen ist. Nicht soll er menschliche Abwehr und Angst verleugnen. Auch Christus hat gebetet ‚ist's möglich, so gehe dieser Kelch an mir vorüber'. Aber der Prediger soll sich auskennen in dem Raum der Freiheit hinter der Abwehr und Angst, und zu ihm hin wie in ihm anderen

---

40 Vgl. a. a. O., 45.

41 Vgl. dazu die entsprechenden Kapitelüberschriften bei OTTO HAENDLER: Angst und Glaube, Berlin ^{3}1953.

42 A. a. O., 12.

43 A. a. O., 17. Haendler zitiert hier MARTIN HEIDEGGER: Sein und Zeit, Tübingen 1949, 186 f.

Wegweiser werden."[44] In einem zweiten Schritt soll die Predigt dann nach Haendler die Angst der Hörer zu ihrem Glauben in Verbindung setzen, jedoch nicht so, dass der Glaube die Angst einfach überlagert: Gerade im Widerstreit von Angst und Glaube, Anfechtung und Vertrauen erblickt Otto Haendler ein fruchtbares Geschehen, denn „echtes Leben ist nicht nur lebendiges Strömen, sondern auch ständige Krisenfolge. Die Krisenfolge als Merkmal des Lebens ist an sich gesund und fruchtbar. Krank ist die Krise nur als Dauerzustand"[45]. Es sei aus diesem Grund viel entscheidender für den Menschen, sich einen im Blick auf seine konkrete Persönlichkeit und Lebensgeschichte kongruenten Glauben anzueignen als einen von der Predigt als Vorbild dargestellten Glauben einfach zu übernehmen. Der Glaube sei aus diesem Grund mit einem maßgeschneiderten Kleid zu vergleichen, das immer nur zu einem bestimmten Menschen passt.[46] Es geht Haendler somit in der Predigt letztlich darum, den Hörern Möglichkeiten aufzuzeigen, wie sie sich ihren eigenen Glauben erschließen, aneignen oder, wie er es in Anlehnung an Jung nennt, assimilieren können, um auf diese Weise Kräfte zur Bewältigung der persönlichen Ängste freizusetzen. Haendler fasst diese Aneignungsleistung in dem Begriff der „Subjektdurchdringung" zusammen:

> „Im Wissen um sie bleibt der Glaube lebensnah und dem Dasein paßgerecht, nicht in dem Sinne eines Sich-Anpassens, sondern des Dazu-Passens als der Dynamik, die das Subjekt aufnimmt und zu seinem eigentlichen Sein führt. Denn der Glaube gibt zum Menschen nicht ein Fremdes hinzu. Im rechten Glauben findet der von ihm Durchdrungene eben darin sein Selbst. Er findet es so, wie es der anthropologischen Situation entspricht: als ein in sich organisch lebendiges, von Fremdelementen steigend gereinigtes Eigenwesen, das als Wesen in der Gemeinschaft mit Gott zu seiner Verwirklichung kommt."[47]

Für Haendler stellt dabei gerade das Unverstandene am eigenen Glauben, und nicht etwa das noch Unerreichte, einen der entscheidenden Anknüpfungspunkte der Predigt dar. Inhaltlich sei dazu die Kommunikation eines differenzierten Gottesbildes sowie eines differenzierten Blicks auf die eigenen Lebensumstände unerlässlich. Dabei können z. B. die lutherischen Begriffe „deus absconditus" und „deus revelatus" („In Christus ist das Dunkel des verborgenen Gottes hell geworden")[48] genauso nützlich sein wie das Aufzeigen neuer Spielräume („So muss es möglich sein, die Macht der Enge, aus der die Angst erwächst, zu wandeln und zu brechen dadurch, dass die Enge selber anderen Aspekt gewinnt")[49] oder die Relativierung böser Mächte („gute und böse Mächte" sind „von Gott gelenkt, begrenzt und in seinen Händen" wirken „beide uns zum Heile")[50].

---

44 Otto Haendler: Die Predigt, 92.
45 Ders.: Angst und Glaube, 114.
46 Vgl. a. a. O., 80.
47 A. a. O., 104.
48 A. a. O., 116.
49 A. a. O., 119.
50 A. a. O., 123.

6.1.3 Der Mensch im Spannungsverhältnis von Leib und Seele

Ebenfalls im Kontext der Berneuchener Bewegung wie der Tiefenpsychologie C. G. Jungs muss Haendlers grundsätzliche Wahrnehmung des Menschen als Einheit von Leib und Seele verstanden werden. Unter dem Titel „Das Leib-Seele-Problem in theologischer Sicht" hat er diesem Themenkomplex 1954 eine weitere kleine Monographie gewidmet. Er unterteilt den Menschen darin in einer stark an Karl Jaspers erinnernden Diktion grob in Körper (räumliche, dingliche Gestalt), Leib (räumliche, lebendige Gestalt), Seele (Emotionalität) und Geist (Selbstbewusstsein, Personsein) und betont dabei sowohl die Verschiedenheit wie auch die organische Zusammengehörigkeit dieser Faktoren.[51] In Anlehnung an einen Begriff des Anatomen MARTIN HEIDENHAIN (1864–1949) spricht Haendler bei der näheren Charakterisierung des Verhältnisses dieser Faktoren zueinander von einer „Enkapsis"[52] (wörtl. „Ineinanderschachtelung") und versteht darunter eine Organstruktur, die zwar für sich genommen betrachtet werden könne, jedoch losgelöst vom Gesamtorganismus niemals eigenständig zu existieren vermöge: „[E]s gibt beim lebendigen Menschen weder einen Körper an sich noch eine Seele an sich. Beide sind ohne ihr Ineinander in der Einheit Mensch nicht zu begreifen."[53] Diese Wendung erinnert stark an den später in seinem „Grundriss" zugrunde gelegten Strukturbegriff von Organ und Organismus und ist als dessen Vorbereitung zu verstehen. Mit dem Begriff der „Enkapsis" versucht Haendler also die Einheit der Person auszusagen bzw. ein Auseinanderfallen der Anthropologie in einzelne Spezialfelder zu verhindern (beispielsweise in die Physik als Fachdisziplin für den Körper, die Medizin für den Leib, die Psychologie für die Seele und die Philosophie für den Geist).

Zu dieser stärker philosophischen Betrachtung des Menschen tritt bei Haendler eine dezidiert theologische hinzu, die das Gesagte um die Dimension der Wirklichkeit Gottes ergänzt und auf eben diese bezieht: Erst durch den Gedanken einer sich aus dem Verhältnis des Menschen als Geschöpf zu Gott als seinem Schöpfer ableitenden, urwüchsigen Verbindung, die letztlich im Gedanken der Gottebenbildlichkeit mündet, wird die Einheit des Menschen als Person für Haendler erst wirklich garantiert.[54] Der Mensch ist somit für Haendler aufgrund seines Geschöpfseins prinzipiell auf Gott bezogen und nicht erst aufgrund einer persönlichen Glaubensentscheidung. Erst von der Wirklichkeit

---

[51] DERS.: Das Leib-Seele-Problem, 9–14.

[52] Martin Heidenhain vertrat im Gegensatz zu Rudolf Virchow die Auffassung, dass der menschliche Organismus nicht als „Zellföderation" zu betrachten sei, d. h. als Summe einzelner, für sich autarker Kleinst-Einheiten, sondern als Organismus, dessen Teile nie lösgelöst vom Ganzen zu betrachten seien (vgl. MARTIN HEIDENHAIN: Formen und Kräfte in der lebendigen Natur, Berlin 1923). Der Philosoph Theodor Haering nahm den ursprünglich medizinischen Begriff der „Enkapsis" schließlich auf und entwickelte ihn entscheidend weiter (vgl. THEODOR LORENZ HAERING: Über Individualität in Natur- und Geisteswelt. Begriffliches und Tatsächliches, Leipzig/Berlin 1926, 46–50).

[53] OTTO HAENDLER: Das Leib-Seele-Problem, 12.

[54] Vgl. a. a. O., 25–30.

Gottes aus wird der Mensch in seinem Spannungsverhältnis von Leib und Seele, Vernunft und Erfahrung umfassend verstanden. Die Enkapsis liegt somit in der Schöpfung begründet.

Für die Predigt bedeutet dies, dass sie die Einheit von Leib und Seele nach Haendler ernst zu nehmen hat: „Je lebensnäher Christentum und Kirche dieses Menschenbild mit der doppelten Relation herausarbeiten würden, frei von Dogmatismus, fruchtbar in echter Erkenntnis, um so mehr würde es überzeugen und wirksam werden."[55] Ein korrektes Menschenbild führt in der Predigt damit nach Otto Haendler unweigerlich auch zu einer Orientierung an ihren tatsächlichen Bedürfnissen und Nöten. Stärker als jede kohärente Situationsanalyse wirkt für ihn also ein kohärentes Menschenbild – eine Einschätzung, die im Rahmen der Analyse seiner eigenen Predigten noch genauer zu prüfen sein wird (vgl. Kap. III.3.1).

6.1.4 Der Mensch im Spannungsverhältnis von Glaube und Unglaube

In seiner kleinen Schrift „Zwischen Glauben und Unglaube" von 1966 charakterisiert Otto Haendler den modernen Menschen als ein Wesen, dass sich seit der frühen Neuzeit in einem Schwebezustand zwischen den Polen *Glaube* („Haltung des Orientiertseins an einer Glaubenswahrheit"), *Unglaube* („Haltung des Nein gegenüber Glaubensfragen") und *Gläubigkeit* („Zwischenhaltung") befindet.[56] Wenn der Unglaube für Haendler jedoch ähnlich wie der Glaube eine Haltung, d. h. nach einer Definition von Rudolf Eisler eine „dauerhafte Willensrichtung des Menschen"[57] darstellt, so ist er mehr als ein bloß zu überwindendes Defizit. Unglaube ist für Haendler vielmehr das Ergebnis einer qualifizierten, weil auf einer vorhergehenden Auseinandersetzung beruhenden begründeten Entscheidung gegen einen bestimmten Glaubensinhalt und stellt somit nicht einen Mangel, sondern eine grundmenschliche Bedingung dar, da das Nein zu bestimmten Glaubensfragen mit einem Ja zu anderen korrespondiert: Als konkretes Subjekt kann der Einzelne nach Haendler nicht alle Glaubensinhalte bejahen und für sich adaptieren, sondern muss in Auseinandersetzung mit den Dispositionen seiner Persönlichkeit sowie seiner eigenen Glaubens- und Lebensgeschichte zu einem Glauben finden, der zu ihm als Einzelwesen passt. Hierin drücke sich die Endlichkeit und Unvollkommenheit der menschlichen Existenz aus aber auch ihre Individualität und Einmaligkeit. In Analogie zu dem Verhältnis von Angst und Glaube kann Otto Haendler aus diesem Grund auch das Verhältnis von Glaube und Unglaube als ein zutiefst dynamisches beschreiben: „Glaube und Unglaube sind nur äußerlich ‚Fronten'. In ihrem eigentlichen Wesen sind sie Kraftfelder in arbeitender Spannung. Es kann keinen Glauben geben, der nicht neben sich Unglauben wüsste, und keinen Ungläubigen, der nicht neben sich

---

[55] A. a. O., 29.

[56] Ders.: Zwischen Glaube und Unglaube, 24.

[57] Rudolf Eisler: Art. „Haltung", in: WPhB 1 (1904), 383.

Glauben wüsste"[58]. Bezogen auf den Umgang mit dem Hörer hat die Predigt demnach die Aufgaben, den im Spannungsgefüge von Glaube und Unglaube lebenden Menschen zu unterstützen. Es wäre dabei falsch und kontraproduktiv, den Unglauben mithilfe der Verkündigung einfach aushebeln zu wollen. Stattdessen müsse der Unglaube als solcher (auch der des Predigers!) von der Predigt als Grundbedingung menschlichen Seins erst einmal ernstgenommen werden. Anschließend können Wege beschritten werden, den Menschen in seinem Glauben zu bestärken.

Um dieses leisten zu können, sollte die Predigt nach Otto Haendler an grundsätzliche Ressourcen des Menschen anknüpfen wie etwa an die Fähigkeit des *Transzendierens*,[59] an die *Erfahrung einer Urgeborgenheit*[60] sowie an die prinzipielle Ansprechbarkeit für *ethische Fragestellungen*[61]: Im Blick auf die Fähigkeit des Transzendierens geht es Haendler darum, dem Hörer mithilfe der Predigt eine tiefere Sichtweise auf sein Leben anzubieten, im Blick auf die Erfahrung einer Urgeborgenheit um die Kommunikation bereits gemachter Erfahrungen von Geborgenheit mit der Liebe Gottes und im Blick auf die Ansprechbarkeit auf ethische Fragestellungen um die Darstellung der christlichen Ethik als Verheißung und nicht als Zwang. Es ist letztlich also die *Einübung eines zweiten Blicks* auf die Welt, den Otto Haendler als wesentlich für den Umgang mit den Polen Glaube und Unglaube in der Predigt hält.

Im Nachtragskapitel zur dritten Auflage seiner „Predigt" macht Otto Haendler aus der Sicht eines Theologen in einer sozialistischen Gesellschaft auf eine weitere Spielart des Unglaubens aufmerksam: den *Atheismus*. Haendler unterscheidet dabei zwischen einem „Atheismus als Front" (Atheismus als Weltanschauung) und einem „Atheismus als Ferment" (Atheismus als innere Auflehnung gegen Gott).[62] Während der Atheismus als Front auf bestimmte Menschengruppen einschränkbar sei, stelle der Atheismus als Ferment eine grundmenschliche Einstellung dar: „Sie wirkt in jedem, nicht nur als Unzulänglichkeit und als Ungehorsam, sondern auch als Widerspruch. Auch der Glaubende lebt im Glauben und im Unglauben zugleich"[63]. Stellte der Unglaube in der bisherigen Darstellung der Aussagen Haendlers eher ein passives „Nicht-Glauben-Können" dar, tritt mit der atheistischen Bestimmung eine Definition des Unglaubens als aktives „Nicht-Glauben-Wollen" hinzu. Die Predigt sollte sich nach Haendler auch dieser anthropologischen Grundbedingung bewusst sein und darf auf der einen Seite „nicht so hart sein, daß die Fronten noch verhärtet werden", auf der anderen Seite aber auch nicht „so weich sein, daß sie die harte Tatsache der Fronten verharmlost. Die Grundlinie ihrer Ausrichtung ist damit

58 OTTO HAENDLER: Zwischen Glaube und Unglaube, 5.
59 A. a. O., 91.
60 A. a. O., 93.
61 A. a. O., 95–97.
62 Vgl. DERS.: Die Predigt, 334.
63 A. a. O., 334 f.

gegeben, daß sie denen, die unter der Kanzel sitzen, Klarheit, Ermutigung und Hilfe zu vermitteln hat"[64]. Dazu sei eine klare Abgrenzung gegen den Atheismus in der Sache nötig, die jedoch eine Begegnung in Achtung und Nächstenliebe nicht verhindert. Diese Aussagen korrespondieren mit seiner Forderung einer „offenen Kirche" (vgl. Kap. II.2.10).[65]

Zusammenfassend kann festgehalten werden, dass Haendler mit dem Spannungsgefüge von Glaube und Unglaube darauf aufmerksam zu machen versucht, dass es Impulse im Menschen gibt, die den persönlichen Glauben befördern oder hemmen. Der Begriff des Unglaubens ist dabei für die Aussageabsicht Haendlers aus heutiger Sicht eher ungeeignet, da er etwas im Glauben noch nicht Erreichtes suggeriert, was Haendler, wie oben gesehen, ja gerade nicht aussagen wollte. Statt von Glaube und Unglaube müsste gerade im Sinne Haendlers zutreffender von glaubensfördernden und glaubenshemmenden Impulsen gesprochen werden. Die Predigt hätte demnach die Aufgabe, beide Impulse den Hörern ansichtig und auf diese Weise nutzbar zu machen. Unglaube erschiene dann nicht als „Nein" gegenüber bestimmten Glaubensinhalten, sondern als Dynamik eines suchenden, fragenden und manchmal auch angefochtenen Glaubens, der eben vor allem eines ist: der individuelle Glaube eines Menschen.

6.1.5 Der Mensch im Spannungsverhältnis von Ich-Verlust und Selbstwerdung

Im Nachtragskapitel zur dritten Auflage seiner „Predigt" macht Otto Haendler auf einen Themenkomplex aufmerksam, den er als eines der drängensten anthropologischen Probleme der Gegenwart ansieht: den „Ich-Verlust".[66] Dass Haendler hier dezidiert von einem Verslust des Ichs spricht und nicht etwa in der bei ihm zu erwartenden Diktion von einem Mangel an Selbstwerdung, macht auf die Grundsätzlichkeit des von ihm diagnostizierten Problems aufmerksam: Es geht Haendler nicht um das Beklagen eines Mangels an persönlicher Reife, sondern um den „Verlust der Menschenwürde und der Lebenswerte, um Verflachung bis zur Nichtigkeit."[67] Dieser Missstand manifestiert sich für Haendler vor allem 1. in einem „Mangel an Wertbedürfnis", 2. in einem „Mangel an Verantwortungsgefühl" und 3. in einem „Mangel an Erkenntniskraft".

1. Der *Mangel an Wertbedürfnis* manifestiert sich für Haendler rein praktisch in dem gesteigerten Verlangen des modernen Menschen nach Zeitvertreib statt nach Zeiterfüllung: „Daher die Bannkraft des Fernsehapparates, der die Familie als stumme Versammlung von Leuten um den Bildschirm schart, statt sie als

---

[64] A. a. O., 335.
[65] Vgl. DERS.: Offene Kirche, 17 f.
[66] Vgl. zu den folgenden Ausführungen DERS.: Die Predigt, 327–334.
[67] A. a. O., 328.

organisch lebende Familie zusammenzuführen."[68] Diese Entwicklung sei insofern besonders tragisch, als dass hinter dem Verlangen nach Zeitvertreib eigentlich ein Verlangen nach bleibenden und tragenden Werten stehe: „[D]en Fernsehapparat drehen die Leute stundenlang deshalb nicht ab, weil sie immer noch warten, daß endlich was Lohnendes kommt!"[69] Das Streben nach Zeitvertreib ist damit für Haendler letztlich eine versteckte Sinnsuche, der sich die Predigt unterstützend anzunehmen habe.

Vor dem Hintergrund dieser Diagnose hält Haendler es für die zentrale Aufgabe der Predigt, „Wertverlangen auf allen Stufen des Möglichen zu wecken."[70] Dabei sei es unangebracht, einen bestimmten dogmatischen Wertekanon direktiv zu verkündigen – vor allem weil neben einer metaphysischen und ethischen Abstufung von Werten auch und zumal von einer psychologischen auszugehen sei: Nicht jeder Mensch ist nach Haendler für jeden Wert gleichermaßen empfänglich. Die Predigt habe aus diesem Grund bei den tatsächlichen Wertevorstellungen der Hörer anzusetzen, um von ihnen aus an einer neuen Empfänglichkeit für Werte zu arbeiten: „Die Tatsache, daß wir in der Predigt nicht den Einzelfall behandeln können, sondern zu einer Gemeinde reden, berechtigt nicht zur Vereinfachung, sondern verpflichtet zu sorgsamer Differenzierung, und es ist eben eine homiletische Aufgabe, vor Vielen so zu reden, daß doch jeder in seiner Situation, auf seiner ethischen Höhenlage sich verstanden, aufgenommen und angesprochen fühlt."[71] Diese Forderung steht in direktem Gegensatz zu dem zuvor von Haendler deutlich geforderten Ansatz bei „dem" Menschen, der doch gerade unter Absehung vom konkreten Individuum zu erfolgen habe.

2. Im *Mangel an Verantwortungsgefühl* erblickt Haendler eine zweite wesentliche Manifestation des Ich-Verlustes in der Gegenwart. Dieser Mangel stellt für ihn eine direkte Folge des fehlenden Wertebedürfnisses dar: „Wer keine Werte sucht, die über ihm sind und sein Leben normieren und füllen, fühlt sich entsprechend weniger oder nicht verantwortlich für sein eigenes Verhalten"[72]. An die Stelle der Verantwortung trete aus diesem Grund zunehmend der Ehrgeiz oder die Ersatzhandlung („Wer im Privatleben locker ist, ist im Dienst etwa betont gewissenhaft"[73]). Die Predigt habe im Blick auf diese Entwicklung die Aufgabe, den Hörern eingedenk seiner individuellen Dispositionen die Übernahme persönlicher Verantwortung wieder „schmackhaft" zu machen. Schmackhaft bedeutet in diesem Zusammenhang, dass die Predigt nicht „Verantwortungspflicht", sondern „Verantwortungsfreude" befördern solle, da nur eine aus freien Stücken gerne übernommene Verhaltensweise zu einer die Per-

68 Ebd.
69 Ebd.
70 A. a. O., 330.
71 A. a. O., 329 f.
72 A. a. O., 330.
73 Ebd.

sönlichkeit fördernden Haltung zu werden vermöge.[74] Das entscheidende Mittel der Predigt dazu heißt nach Haendler „*Konkretion*": „Die Verkündigung tut gut, die grundsätzliche Verantwortlichkeit vor dem lebendigen Gott zu concretisieren an bestimmten Situationen, an denen sie dann nicht nur greifbar, sondern dadurch zugleich überzeugend wird."[75]

Mit dem Begriff der „Überzeugung" als Predigtziel macht Haendler darüber hinaus deutlich, dass es ihm um eine sich auf handfeste Gründe beziehende Vermittlung von Predigtinhalten geht, die sich der Hörer bewusst und aus freien Stücken aneignen kann. Methodisch sei dabei nicht das Gewissen (Gefahr der moralisierenden Predigt), sondern vor allem der Sachverstand des Hörers anzusprechen (Chance einer lehrenden Predigt): „Man überlasse es weithin dem Menschen selbst, sich zu kritisieren, und sage das dazu Führende an Glaubenswahrheiten so plastisch und so überzeugend, daß die Kritik des eigenen Verhaltens unwillkürlich einsetzt. Dann ist sie überzeugend und hat in jedem Fall mehr Aussicht, im Hörenden weiterzuwirken, als die [...] Kritik ‚von der Kanzel herab'."[76] Haendler geht es somit nicht um das Vermeiden von Kritik in der Predigt, sondern um das Vermeiden eines falschen Tons dieser Kritik: Da Predigt, wie unter dem folgenden Punkt der Zeitgenossenschaft noch genauer zu zeigen sein wird, prinzipiell immer etwas mit Beziehung zu tun hat, muss auch die Sprache der Predigt einen prinzipiell *beziehungseröffnenden Charakter* besitzen. Die sprichwörtlich gewordene „Abkanzelung" sei als Grundton der Predigt aus diesem Grund wenig hilfreich: „Der Ton kann vermieden werden, und die Sache kann überzeugend gesagt werden."[77] Was Haendler hier fordert, deckt sich mit der Unterscheidung von „Sach-" und dem „Beziehungsinhalt" einer Botschaft bei Friedemann Schulz von Thun[78] und zeigt damit erneut die Modernität der Homiletik Haendlers.

3. In letzter Konsequenz führt Otto Haendler den Mangel an Wertebedürfnis und Verantwortungsgefühl, und damit den von ihm diagnostizierten Ich-Verlust, auf einen *Mangel an Erkenntniskraft* zurück: Der Mensch habe tendenziell die Fähigkeit verloren, Werte und die daraus für sein Leben erwachsene Verantwortung zu erkennen, was wiederum die Qualität der Erkenntnisfähigkeit weiter schwäche. Die eigentliche Ursache für diese problematische Lage sieht er in der bereits unter dem Unterpunkt „Denken und Glauben" angesprochenen einseitigen Rationalität des Denkens und Erkennens, die dort ausführlich besprochen worden ist (vgl. Kap. II.5.5).

---

[74] Ebd.

[75] A. a. O., 331.

[76] Ebd.

[77] Ebd.

[78] Vgl. hierzu Friedemann Schulz von Thun: Miteinander reden, Bd. 1: Störungen und Klärungen. Allgemeine Psychologie der Kommunikation, Reinbek/Hamburg [47]2009, 23–68.

Insgesammt kann festgehalten werden, dass Otto Haendler mit seiner Diagnose eines dreifachen Mangels bzw. eines grundlegenden Ich–Verlustes ein durchweg kritisches Bild seiner Gegenwart zeichnet. Sicherlich ist die Einseitigkeit seiner Darstellung zu einem großen Teil dem Genre des „Nachtragskapitels" geschuldet, das in Kürze die homiletische Theorie Haendlers in den Kontext aktueller Problemfelder zu stellen versucht. Dabei darf jedoch nicht vergessen werden, dass sich hinter dieser Analyse sicherlich auch Haendlers eigene Skepsis gegenüber den sich anbahnenden gesellschaftlichen und technischen Veränderungen verbirgt, die er mit vielen Vertretern bürgerlich-konservativer Prägung seiner Zeit teilte.

6.1.6 Der Mensch im Spannungsverhältnis von Kirche und Staat, Politik und Glaube

Wurde bislang ein wesentlicher Fokus auf die anthropologischen Aussagen Otto Haendlers zum Menschen als Individuum gelegt, darf nicht außer Acht gelassen werden, dass er den Menschen auch als soziales Wesen begreift - dies wird ganz besonders durch die Konzentration seiner Praktischen Theologie auf den Kirchenbegriff deutlich. Für die Predigt muss nach Haendler dabei neben der Kirche als geistliches Sozialgefüge auch der Staat als weltliches von Interesse sein, da die Hörer an beiden Systemen gleichermaßen partizipieren. Dieser Zusammenhang wird besonders in der „Idee der Kirche" deutlich, wenn er den steigenden Einfluss radikalisierender politischer Ideen auf seine Hörerschaft problematisiert. Bekommt man in der „Idee der Kirche" noch bisweilen den Eindruck, als wolle Haendler den weltlichen Lebensraum des Menschen durch einen kirchlichen ersetzen oder besser: vervollkommnen, arbeitet er in der ersten Auflage seiner „Predigt" stärker die Reziprozität von Staat und Kirche als sich gegenseitig bedingende Lebensräumen des Menschen heraus - ein im Jahre 1941 nicht ganz unproblematisches Verfahren. So spricht er sich etwa im Unterkapitel „Kirche und Nation", das in der dritten Auflage von ihm ersatzlos gestrichen worden ist, für eine Stärkung der Beziehung der Hörer zum Staat durch die Predigt aus, betont jedoch gleichzeitig, dass im Umkehrschluss auch der Staat die Aufgabe habe, die Lebendigkeit seiner Bürger im Blick auf die Kirche zu fördern.[79] Wie viele seiner vornehmlich lutherischen Kollegen in dieser Zeit (so z. B. Friedrich Gogarten, Paul Althaus und Emanuel Hirsch) hielt also auch Otto Haendler eine Harmonisierung von Staat und Kirche durchaus für angebracht.

Im Blick auf den inhaltlichen und methodischen Umgang der Predigt mit diesem Spannungsgefüge rät Haendler, wie bereits angedeutet (vgl. Kap. II.2.8), jedoch zu größtmöglicher Vorsicht. Weder solle sich die Predigt in der Politik verlieren noch diese ganz ausblenden: „Die Richtlinie dafür ist, daß die Predigt zwar von hingebendem Mitleben beschwingt sein soll, daß sie aber, zunächst in der Abgrenzung ausgedrückt, den politischen Geschehnissen weder positiv

[79] Vgl. OTTO HAENDLER: Die Predigt, Berlin 1941, 250.

noch negativ ‚verfallen' darf. [...] In diesem Sinne gehört Politik wirklich nicht in die Predigt"[80]. Anstatt eindeutig politisch Stellung zu beziehen, sollte die Predigt nach Haendler die Hörer eher darin unterstützen, sich in der politischen Dimension ihres Lebens zurechtzufinden, indem sie politische Fragestellungen mit der Wirklichkeit Gottes kommuniziert und sie von dort aus deutet. Von dem Prediger fordert Haendler aus diesem Grund einen bewussten Umgang mit seiner eigenen politischen Haltung: Er soll sie weder gewaltsam unterdrücken noch zum eigentlichen Tenor der Predigt werden lassen.

Dass jedoch auch die Predigt in eine Lage geraten kann, in der sie politisch nicht schweigen kann und darf, macht Otto Haendler im Nachtragkapitel zu seiner dritten Auflage der „Predigt" ganz deutlich, indem er eine Bedrohung anspricht, die besonders im Berlin der 60er Jahre besonders deutlich zu spüren gewesen sein muss: die Bedrohung durch Atomwaffen.[81] In einer für ihn sonst ganz ungewöhnlichen Deutlichkeit fordert Otto Haendler hier von der Predigt, auf diese von Menschen selbst geschaffene Bedrohung ihrer eigenen Existenz engagiert *politisch* und auf die dadurch in den Menschen ausgelösten Verunsicherungen, Ängste und Hemmungen entschieden *seelsorglich* zu reagieren. Interessant ist dabei, dass Haendler selbst im Angesicht einer so massiven Bedrohung nicht einseitig eine politische Ausrichtung der Predigt fordert, sondern ihr die seelsorgliche Funktion ergänzend zur Seite stellt: Die Predigt soll nicht nur aufrütteln, auf Unrecht aufmerksam machen und es benennen, sondern auch und vor allem den Ängsten der Menschen Raum geben und ihnen Trost spenden. Wenn Haendler dabei zusammenfassend betont: „Zu diesem Niveau gehört die Offenheit des Hinsehens, die Ehrlichkeit der Verarbeitung und das Vertrauen des Glaubenden"[82], dann hebt er damit als wesentliches Element der politischen Predigt methodisch einen gesunden Realismus hervor, der nicht den Affekt oder die Angst zum Anlass des Redens nimmt, sondern die nüchterne Beurteilung der Sache (Plädoyer für eine *sachgemäße Predigt*), die Annahme der Angst als grundsätzlicher Bedingung des Menschseins (Plädoyer für eine *anthropologische Predigt*) sowie die Kommunikation der Heilsgewissheit des Evangeliums als Gegengewicht (Plädoyer für eine *seelsorgliche Predigt*).

6.2 Zeitgenossenschaft als Grundbedingungder Predigt

Dass die Predigt in enger Beziehung zu der Zeit, in der sie gehalten wird, ihren Umständen und Herausforderungen stehen sollte, stellt eine sich durch das gesamte homiletische Werk Otto Haendlers hindurchziehende Grundannahme dar. Um diese Reflexionsperspektive zu umschreiben, benutzt Haendler dabei unterschiedliche Begriffe wie „Leben", „Gegenwart" und „Zeit" oder Adjektiven wie „zeitgemäß" und „gegenwartsnah", die im Folgenden näher erörtert werden

[80] A. a. O., 241.
[81] Vgl. DERS.: Die Predigt, 323–327.
[82] A. a. O., 324.

sollen. Grundsätzlich lassen sie sich alle unter dem Begriff der *„Zeitgenossenschaft“* zusammenfassen. WILFRIED ENGEMANN versteht darunter die Notwendigkeit, dass der Prediger „um vorgegebene Situationen, Erwartungshaltungen und Zustände des Lebens der Gemeinde wissen sollte“[83], und betont ganz im Sinne Otto Haendlers: „Wirkliche theologische Zeitgenossenschaft aber ist mit einer nur übernommenen, auf eigene Erfahrung – zu der auch die Erfahrung mit sich selbst gehört – verzichtenden Theologie nicht zu leben. Sie bedarf der Auseinandersetzung mit der Gegenwart, die ohne die Auseinandersetzung mit der eigenen Person in dieser Gegenwart nicht auskommt.“[84]

1. Otto Haendler hat schon 1928 in seinem gleichnamigen Aufsatz eine *„zeitgemäße Predigt“*[85] gefordert und darauf aufmerksam gemacht, dass viel in der Predigt davon abhängt, ob der Prediger neben einem zutreffenden Menschenbild auch ein zutreffendes Bild von den gegenwärtigen Bedingungen hat, unter denen sich Menschsein ereignet. Unter „zeitgemäß“ versteht er dabei vor allem das Wahr- und Ernstnehmen der Säkularisierung der Gesellschaft und der damit verbundenen Herausforderungen für die Predigt. Diese umreißt er in drei wesentlichen Punkten: a) „[W]ir dürfen, wenn wir zeitgemäß predigen wollen, nicht den Glauben der Gemeinde voraussetzen, sondern wir müssen versuchen, ihn zu wecken“[86], b) „Zeitgemäße Predigt kann daher nicht [...] ein in sich selbst ruhendes Christentum predigen. Sie muß vielmehr die Linien zur Gegenwart und ihren Erscheinungen ziehen und damit den Hörern die Hilfen bieten, mit denen sie vorhandenen Glauben in seiner Eigenart erfassen und in ihn die Erscheinungen ihres Lebens einbeziehen können“[87] und c) „Ein kirchenfremder Hörer soll aus einer zeitgemäßen Predigt nicht nur erfahren, was wir glauben, womit wir uns trösten, usw., sondern was wir wollen.“[88]

Hinter dem Programm einer „zeitgemäßen Predigt“ verbirgt sich somit ein entschiedenes Plädoyer für eine missionarische oder evangelistische Predigt, die sich an einer realistischen Analyse der Hörersituation orientiert. Der Prediger darf sich dazu nicht als unbewegter Beobachter verstehen, sondern vielmehr als sich involvierender Akteur: Nur wenn der Prediger sich als Teil der Lebenswelt der Hörer begreift, vermag er im eigentlichen Sinne erst „zeitgemäß“ zu predigen. Hier zeigt sich erneut die große Nähe Haendlers zur Lebensphilosophie wie auch andeutungsweise zur Phänomenologie Edmund Husserls, der als Erster den Begriff der „Lebenswelt“ theoretisch fundiert dargelegt hat.[89]

---

83 WILFRIED ENGEMANN: Einführung, 276.

84 DERS.: Die Person als Subjekt, 280 f.

85 OTTO HAENDLER: Zeitgemäße Predigt, 1–6.

86 A. a. O., 3.

87 A. a. O., 3 f.

88 A. a. O., 4.

89 Die Nähe Haendlers zum Denken Edmund Husserls kann hier nur angedeutet werden: Der Begriff der „Lebenswelt“ ist für Husserls letztes Hauptwerk „Die Krisis der Europäischen Wissenschaften und die transzendentale Phänomenologie“ von entscheidender Bedeutung. Darin kritisiert er die Einseitigkeit des gegenwärtigen, rein naturwis-

2. In ganz ähnlicher Diktion macht Otto Haendler nur zwei Jahre später auch in seiner *„Idee der Kirche“* deutlich, dass es für eine wirkungsvolle Predigt entscheidend sei, „dass der Prediger die Wirklichkeit so kennt, wie sie ist.“[90] Dazu sei es unumgänglich, dass er „im wirklichen Leben stehe, die Menschen und die Zustände, besonders die sittlichen Zustände, kenne, wie sie sind, und [...] seiner Verkündigung [...] die passende, Vertrauen erweckende und zur Zustimmung bereit machende Gestalt geben könne.“[91] Es sei dabei nicht zwingend notwendig, dass der Predigt detaillierte Schilderungen der Wirklichkeit zugrunde gelegt werden: Entscheidender als die treffende Beschreibung sei der Geist, aus dem die Predigt heraus gehalten werde, welchem abgespürt werden sollte, dass der Prediger die Situation der Hörer grundsätzlich kennt.

3. In seiner *„Predigt“* fokussiert Otto Haendler seine Aussagen wieder stärker auf den Begriff der Zeit: „Wahrheit verkündigen, heißt der Zeit voraus sein, aber nicht ihr vorauseilen, sondern sie tiefer erfassen, als sie es selber kann und darum mit darin stehen in ihrer Unfertigkeit und Not.“[92] Diese grundsätzliche Haltung sei dabei nicht mit einem Verfall des Predigers an den Zeitgeist zu verwechseln, sondern wirke diesem gerade entgegen.[93] Es sei dementsprechend sogar die Aufgabe des Predigers, die Zeit durch das Evangelium immer wieder infrage zu stellen. Dafür ist nach Haendler vom Prediger nicht nur das Verstehen, sondern vor allem das Erleben und Durcharbeiten konkreter Situationen erforderlich: „[W]ir müssen unsere Situation in der Welt so urgründig ernst nehmen, dass ihre Fragen unsere Fragen sind, und wir sie als die unseren erleben und durchdringen. Hierzu Wege zu weisen, wird eine der wichtigsten Aufgaben einer gegenwärtigen homiletischen Besinnung sein.“[94] Empathie, Aufgeschlossenheit und ein homiletischer Blick für die Situation sind aus diesem Grund für den Prediger entscheidend. An anderer Stelle kann Haendler darum auch formulieren: „Wir sind im radikalsten Sinne in der Zeit und Kinder unserer Zeit, und es ist immer Fragment, wenn jemand in seiner Lebensstruktur und Seinsatmosphäre das übersieht.“[95]

---

senschaftlichen Wissenschaftsverständnis, das die Kategorie des Sinns ausklammere. Diese Sicht teilt auch Haendler, wenn er beispielsweise in seiner Schrift „Denken und Glauben“ zu ähnlichen Ergebnissen wie Husserl kommt. Im Blick auf den hier zitierten Aufsatz „Zeitgemäße Predigt“ steht vor allem Haendlers Definition der Wirklichkeit als Erscheinungen in enger Beziehung zu einer phänomenologischen Sicht (vgl. a. a. O., 3 f.).

[90] Ders.: Die Idee der Kirche, 267.

[91] A. a. O., 268 f.

[92] Ders.: Die Predigt, 8.

[93] Vgl. a. a. O., 11.

[94] Ebd.

[95] A. a. O., 206.

4. Vor dem Hintergrund dieser Wertschätzung einer situationsanalytischen Fundierung der Predigt prägte Otto Haendler schließlich 1948 im Rahmen eines Vortrags auf einer Superintendententagung in Greifswald den Begriff der *„gegenwartsnahen Predigt“*.[96] Haendler legt hier in Abgrenzung zu einem stärker dogmatischen Zugang zur Predigt den Fokus auf eine affektive Anknüpfung an die Nöte, Bedürfnisse und Fragen der Hörer. Anstatt ihren Glauben als defizitär und sie selbst primär als zu belehrend zu betrachten, schlägt Haendler (ganz im Geiste Schleiermachers) vor, die religiösen Inhalte der Hörer, so defizitär sie aus dogmatischer Sicht auch sein mögen, als Anknüpfungspunkte für eine Predigt zu nehmen und sich so stärker auf die geistliche Dimension der Predigt zu konzentrieren: „Es geht um die Frage, wo den Menschen Christus wirklich anspricht, so dass seine Seele befreit wird.“[97] Dieser Weg sei dabei zu wählen, da die „Antenne“ der Hörer für religiöse Fragestellungen entgegen der klassischen Annahme der Homiletik nicht „der religiöse Gedanke“ bzw. „die christliche Lehre“ sei, sondern „das Fühlen und Empfinden, verdichtet zur affektgebundenen Vorstellung, zum lebendigen Bild. Und zwar das Bild (von Gott, Glauben usw.), das er hat, nicht das, das er haben soll.“[98] Aus diesem Grund habe der Prediger um der Anknüpfung beim Hörer willen ein „undogmatisches Christentum“ zu kultivieren, das dazu helfe, ohne theologische Schablonen eine „innere Revolution“[99] beim Hörer im Blick auf seinen Umgang mit persönlicher Schuld, seiner Blickweise auf die Dinge oder der Wahrnehmung der eigenen Person anzustoßen, denn: „Theologie eilt theoretisch voraus, die Predigt muss ‚am Leben‘ bleiben.“[100] Otto Haendler fordert aus diesem Grund eine „gegenwartsnahe Schreibtischarbeit“, die bei der Grundhaltung des Predigers ansetzt: „Inwieweit ist die Gegenwart mit ihren Fragen, Sorgen, Möglichkeiten [...] nicht nur von mir angenommen, sondern in mir, als mein Eigen?“[101] Ihm geht es somit „um die Einigung zwischen Wahrheit und Gegenwartsmensch im Subjekt des Predigers“[102], d. h. um einen Ausgleich zwischen den Anforderungen, die die Theologie an die Predigt stellt, und denen, die das Leben an sie stellt.

6.2.1 Zum Umgang mit Erwartungen der Hörer

Im Blick auf den Umgang des Predigers mit den Erwartungen der Hörer an die Predigt rät Haendler zu Besonnenheit: „‚Was die Gemeinde erwartet‘, darf vom Prediger weder so gesehen werden, daß er diesen Erwartungen Konzessionen macht, noch so, daß er sie abweist.“[103] Eine echte Hörerorientierung habe in

---

96 DERS.: Vortrag „Gegenwartsnahe Predigt“, 54.
97 A. a. O., 2.
98 Ebd.
99 Ebd.
100 A. a. O., 1.
101 Ebd.
102 Ebd.
103 DERS.: Die Predigt, 235.

diesem Sinne weder etwas damit zu tun, den Hörern nach dem Mund zu reden, noch damit, vollkommen losgelöst von ihren Bedürfnissen und Erwartungen zu predigen. Für Haendler geht es vielmehr darum, dass Prediger und Hörer in der Predigt gleichermaßen Beachtung finden, bzw. dass die Predigt gleichermaßen ein Ausdruck der Persönlichkeit des Predigers wie ein Ernstnehmen der Situation der Hörer darstellt.

Um in diesem Sinne adäquat auf die Erwartungen der Hörer reagieren zu können, sei es für den Prediger wichtig, die Funktionsweise menschlicher Erwartungen genauer zu kennen. So stellen etwa Erwartungen nach Haendler „gefühlsmäßige Einstellungen“[104] dar, die sich in drei Abstufungen unterteilen lassen: 1. die „sensationelle Schicht“ (sinnliches Verlangen nach einer interessanten Predigt), 2. die „besinnliche Schicht“ (geistliches Verlangen nach Besinnung) und 3. die „Wesensschicht“ (existenzielles Verlangen nach ewiger Wahrheit).[105] Essentiell für eine hörerorientierte, wirksame Predigt sei es nun, zum einen die Gewichtung dieser Erwartungen bei den Hörern realistisch einzuschätzen sowie zum anderen die jeweils tiefere Erwartungsschicht zu wecken und zu stärken. Die Predigt habe in diesem Sinne nicht die Aufgabe, jede Erwartung zu befriedigen, sondern vor allem die tieferen zu erfüllen.[106] Vor allem der letzte Punkt korrespondiert mit der eingangs dargelegten pädagogischen Bestimmung der Predigtaufgabe (vgl. dazu Kap. II.3.1).

Für eine Predigt, die sich an echter Zeitgenossenschaft gegenüber dem Hörer orientiert, reicht es nach Haendler jedoch nicht aus, nur zwischen tieferen und weniger tiefen Erwartungen der Hörer zu unterscheiden. Vielmehr sei die Erwartungshaltung als solche zu hinterfragen, wie Haendler mit einem Zitat von Karl Beth aus der psychologischen Praxis verdeutlicht: „Nicht auf die Fragen, die der Klient stellt, hat der Seelsorger Auskunft zu geben, sondern auf die, die er nicht stellt“[107]. Es sollte der Predigt nach Haendler also auch und zumal darum gehen, Erwartungen der Hörer zu entsprechen, denen er selbst sich noch gar nicht bewusst ist. Die Predigt hat somit nach Haendler die mäeutische Aufgabe, Sehnsüchte und Erwartungen aufzudecken, dem Hörer zugänglich zu machen und schließlich mit der Wirklichkeit Gottes zu kommunizieren. Dieser vor allem mit der poimenischen Aufgabe der Predigt (vgl. Kap. II.3.2) korrespondierende Ansatz dürfe dabei nicht als Freifahrtschein für eine „verständnis-“, „beziehungs-“ und damit letztlich „lieblose“[108] Verkündigung des Evangeliums missverstanden werden, sondern müsse gerade in der Enttäuschung der Erwartungen der Hörer immer die Hörer im Blick haben: „Der Hörer darf vom Prediger nicht das Gefühl haben, daß er ihn schlägt, sondern muß spüren, daß er ihn aufnimmt.“[109] Die pädagogische und poimenische Aufgabe der Predigt hat in

[104] Ebd.
[105] A. a. O., 236.
[106] Vgl. ebd.
[107] Von Haendler zitiert ebd.
[108] So die Begriffe bei Haendler a. a. O., 237.
[109] Ebd.

diesem Zusammenhang gesehen nach Haendler also nicht nur eine lehrende und tröstende Dimension, sondern vor allem auch eine konfrontierende und widersprechende.

6.2.2 Zum Umgang mit den „Fremd- und Heimatgefühlen" der Hörer

Unter dem Stichwort des „Fremd- und Heimatgefühls" diskutiert Haendler das Problem einer möglichen Verschiedenheit der Lebenswelten von Prediger und Hörer bzw. einer mangelnden Kenntnis dieser Verschiedenheit.[110] Setzt beispielsweise ein Prediger bestimmte Dinge in seiner Predigt einfach als bekannt voraus, stoße er damit unter Umständen auf eine Distanzempfindung auf Seiten der Hörer, die den Kommunikationsprozess der Predigt entscheidend störe. Nach Haendler ist es darum wichtig, sich mögliche Fremdgefühle im Blick auf den Inhalt der Predigt 1. bewusst zu machen, 2. sie anzuerkennen, 3. sie ernst zu nehmen und 4. sie zu assimilieren. Nur durch den letzten Schritt könne der Prediger wirklich in die Situation der Hörer eindringen und ihre Widerstände im Blick auf den Predigtinhalt nachvollziehen: „Man nimmt das Fremdgefühl nicht schon dadurch ernst, daß man es mit Worten anerkennt, sondern erst dadurch, daß man die Ausgangspunkte, Gedanken, Bedenken und Distanzempfindungen des Gegenwartsmenschen sich wirklich zum Eigentum werden läßt."[111] Neben einer kognitiven *Analyse* ist also auch im Blick auf den Umgang mit „Heimat- und Fremdgefühlen" der Hörer eine affektive *Beziehung* des Predigers zu den Bezugsgrößen seiner Predigt unumgänglich.

Entscheidend ist für Haendler dabei die Annahme, dass Prediger und Hörer trotz einer unterschiedlichen „Beheimatung" in der christlichen Tradition – heute würden wir eher von unterschiedlichen Sozialisationen sprechen – oder sogar trotz einer dezidiert widerchristlichen oder atheistischen Haltung in ein und derselben Wirklichkeit leben: „Wir stehen dem Menschen, der auf christentumsfremden Boden verwurzelt ist, nicht einfach auf einem anderen Feld gegenuber. So wäre es nur, wenn die Wahrheit des Christenglaubens ein Teilstück der Weltwirklichkeit wäre, die neben anderen bestünde. Sie ist aber die umfassende Wirklichkeit, die alles andere durchdringt."[112] Das Christentum bezieht sich somit für Haendler nicht auf einen Bereich der Wirklichkeit, dem man angehören kann oder eben nicht, sondern auf die *eine* Wirklichkeit, der jeder Mensch qua Existenz angehört und die die Wirklichkeit Gottes und die des Menschen umfasst- eine Denkfigur, die stark an DIETRICH BONHOEFFER erinnert.[113] Anders könnte man auch formulieren: Weil Gott alles in allem ist, kann es keinen Bereich der Wirklichkeit geben, der sich außerhalb seiner selbst bewegt. Echte Zeitgenossenschaft dürfte sich aus diesem Grund nach Otto Haendler gerade in der bewussten Gestaltung einer Predigt ausdrücken, die sich in

---

[110] Vgl. a. a. O., 239–242.

[111] A. a. O., 240.

[112] Ebd.

[113] Vgl. DIETRICH BONHOEFFER: Ethik, hg. von Ilse Tödt u. a., Gütersloh ²2006, 38–40.

beiden Dimensionen beheimatet fühlt und eine Beziehung zu ihnen aufzubauen vermag. An diesem Punkt wird die Anschlussfähig der Gedanken Haendlers an die Rede der „einen Wirklichkeit“ von Manfred Mezger sehr evident, wenn dieser etwa ganz im seinem Sinne festhält: „Die Zweiteilung der Wirklichkeit in ein – nicht bloß räumlich gedachtes, sondern inhaltlich gemachtes – Oben und Unten führt zu gespaltener Existenz, zur zwiespältigen Predigt, zum doppelten Kanzelboden.“[114]

Aus diesem Grund kann es der Predigt nach Haendler im Blick auf mögliche Fremdgefühle des Hörers nicht darum gehen, „ein Seil zu ihm“ herüberzuwerfen, d. h. ihm gedankliche Hilfestellungen im Blick auf den einen oder anderen Glaubenssatz zu bieten, sondern allein darum, „ihm auf dem Boden des ‚In-der-Welt-Seins‘ die mannigfachen Möglichkeiten“ aufzuzeigen, „wie er den alles tragenden Grund und die alles durchdringende Macht der Wirklichkeit Gottes erkennen und erfahren kann.“[115] Die Predigt habe demnach nicht die Aufgabe, dem Hörer die Bedeutung bestimmter Glaubenssätze aufzuschließen, die ihm fremd sind (Haendler nennt hier exemplarisch dogmatische Lehrsätze oder kirchenpolitische Gruppierungen als Beispiele einer unterschiedlichen Sozialisierung), sondern sie soll ihm immer wieder mit dem Grund seines Seins in Kontakt bringen: „Es ist deshalb die erste Aufgabe der Predigt, diese positive Beziehung zwischen der Mitte des Christentums und der Mitte der Menschen aufzudecken und zu ihrer Realisierung zu helfen. Erst in zweiter Linie steht die Aufgabe, das Ressentiment, wenn möglich, aufzulösen.“[116]

Nach Haendler ist dabei vor allem einem möglicherweise einseitigen Umgang mit dogmatischen Fragestellungen entgegenzuwirken. Starre und inhaltlich nicht näher bestimmte Sätze wie „Christus ist für uns gestorben“, „der Geist Gottes ist das ganz Andere“, „der Inhalt der Osterbotschaft ist die Auferstehung“, oder gar bloße Behauptungen wie „das muß ein Christ glauben“ seien wenig förderlich, da sie nicht in einem organischen Verhältnis zur Person des Predigers sowie zur Hörersituation stünden.[117] Eine einseitige, nicht aus dem Kontakt mit dem eigenen Glauben wie der Tradition erwachsene Dogmatik könne deshalb nur das Fremdgefühl der Hörer verstärken und müsse aus diesem Grund tunlichst vermieden werden. An die Stelle einer auswendig gelernten, beziehungslosen Dogmatik habe in diesem Sinne eine an der Auseinandersetzung mit der christlichen Botschaft gewonnene, durch Meditation gereifte und mit der Person des Predigers kongruente Dogmatik zu treten. Prägnant hält Haendler darum fest: Wir können „den Weg des Glaubens nur so verkündigen, wie wir ihn selbst gegangen sind“[118]. Erst durch diese existenzielle Ausrichtung

[114] Vgl. Manfred Mezger: Die eine Wirklichkeit. Vorspiel zur Freude an der Predigt, in: Dietrich Rössler u. a. (Hg.): Fides et Communicatio, Festschrift für Martin Doerne, Göttingen 1970, 216.

[115] Otto Haendler: Die Predigt, 240.

[116] Ebd.

[117] A. a. O., 190.

[118] A. a. O., 193.

vermag die Predigt nach Haendler zur vollgültigen Verkündigung der Wirklichkeit Gottes durchzudringen, die Glauben zwar nicht rational erklären könne, jedoch „neben einer vollen und unverkürzten Verkündigung [...] jedem Hörer in seelsorgerlicher Zartheit die innere Freiheit" lasse, die sie „ihm schuldig ist, und deren Gewährung zugleich am allerstärksten zum Eingehen in die Glaubenswahrheiten aufruft und ermuntert."[119] An dieser Formulierung wird sehr schön deutlich, dass das Predigen für Otto Haendler primär eine *Beziehungsarbeit* und erst sekundär eine Belehrungs- oder gar Bekehrungsarbeit darstellt, was zu der Frage nach der Auswirkung der Beziehung zwischen Prediger und Hörer überleitet.

6.2.3 Zur Auswirkung der Beziehung von Prediger und Hörer auf die Predigt

Wenn Otto Haendler vom Verhältnis des Predigers zum Hörer spricht, dann muss seine Theorie des *„Fluidums"*, d. h. der affektiven Wirkung der Predigerpersönlichkeit stets mitgedacht werden (vgl. Kap. II.4.2.1). Dieses Fluidum kommt nach Haendler sowohl in den Alltagsbegegnungen des Pfarrers mit seinen Gemeindegliedern zum Tragen als auch in der konkreten Predigtsituation und hängt wesentlich mit seiner Tiefenpersönlichkeit zusammen. Für Haendler gilt darum der Grundsatz: „Je mehr der Mensch sein eigenes Selbst gefunden hat, um so stärker, tiefer und überzeugender ist sein Fluidum. Die ‚Treue zum eigenen Gesetz' ist Quellkraft des Fluidums."[120] Der Wahrnehmung und Analyse der Wirkung des Prediger auf seine Hörer bzw. der Herausbildung und Kultivierung einer mit der Persönlichkeit des Predigers kongruenten Ausstrahlung komme dabei vor allem im Blick auf die Wirksamkeit der Predigt eine entscheidende Bedeutung zu: „Bei positivem Fluidum aus befreitem und gestaltetem Selbst strömt die Predigt die entscheidende Atmosphäre aus, die das Vertrauen zur Gegenwärtigkeit und zur Weite und Tiefe der Verkündigung weckt."[121] Das Predigtgeschehen hängt damit für Otto Haendler in entscheidenem Maße von der inneren Kongruenz des Predigers ab, weshalb die Zeitgenossenschaft des Predigers darin besteht, dem Hörer ein authentischer Partner zu sein.

Wichtig und für die folgenden Ausführungen Haendlers zu diesem Thema von großer Bedeutung ist die Feststellung, dass nicht nur das Fluidum des Predigers für den Predigtprozess eine entscheidende Rolle spielt, sondern auch das Fluidum der Hörer, d. h. die Wirkung ihrer Persönlichkeit auf den Prediger. Die Beziehung von Prediger und Hörer ist damit von Haendler zutiefst reziprok gedacht. Grundsätzlich betrachtet kann das Verhältnis von Prediger und Hörer nach Otto Haendler von „lebendigem Zuspruch" (1.), entschiedener „Ablehnung" (2.) bis hin zu einem „normalen Gleichgewichtszustand" (3.) reichen.[122] Diese Zustände korrespondieren mit einem „zehrenden", „beengenden", „befrei-

[119] A. a. O., 191.
[120] A. a. O., 145.
[121] A. a. O., 146.
[122] Vgl. zur folgenden Darstellung OTTO HAENDLER: Die Predigt, 244–247.

enden", „erfrischenden" und „lähmenden" Fluidum,[123] d. h. mit einer Beziehung eröffnenden oder verschließenden Wirkung des Predigers auf die Hörer und umgekehrt. Jedes dieser Bestimmungspaare sei dabei nicht nur als Ergebnis der konkreten Predigtpraxis zu betrachten, sondern auch und zumal als dessen Beeinflussung und Bedingung:

1. Ein grundsätzliches *Verhältnis der Zustimmung* könne auf der einen Seite positive Schaffenskräfte beim Prediger frei werden lassen, da er sich und seine Arbeit als prinzipiell angenommen und wertgeschätzt erfährt, auf der anderen Seite könne er jedoch auch in Eitelkeit und Selbstgenügsamkeit verfallen, was seinen Zugang zum Evangelium wie zu seinem eigenen Selbst maßgeblich einschränken würde. Damit einher könne die Angst vor einer Veränderung der Predigtpraxis gehen, da die Gemeinde auf Veränderungen vielleicht nicht mit der gleichen Zustimmung reagieren könnte, die der Prediger momentan erfährt. Die Gefahr, die Haendler also in einem rein auf Zustimmung basierenden Verhältnis von Prediger und Hörer sieht, liegt somit in einer unreflektierten Selbstgenügsamkeit und der Angst vor Liebesentzug, die zu einer Lähmung oder sogar massiven Störung der Kommunikation des Evangeliums führen kann.

2. Noch direkter lähmend wirkt nach Haendler jedoch ein *ablehnendes Verhältnis* zwischen Prediger und Hörer auf die Predigtpraxis, da die Ablehnung dem Prediger einen unverstellten Zugang zu der Tiefenschicht seiner Persönlichkeit verwehre.[124] Die Predigt bleibe in diesem Fall einseitig, da dem Prediger aufgrund der gestörten Beziehung zu seiner Gemeinde nicht die gesamte Fülle seiner individuellen Ressourcen für die Predigtgestaltung zur Verfügung stehe. Dies könne sich z. B. in einer übersteigerten Gegenreaktion manifestieren. Mit Macht und Härte möchte er in diesem Fall seine Theologie, seine Sicht auf Glauben und Christentum den ablehnenden Gemeindegliedern entgegenhalten und gerate aus diesem Grund in die Gefahr der Überbetonung: „Da die in der Predigt passive Gemeinde sich passiv von ihm trennt, trennt er, der in der Predigt Aktive, sich von ihr aktiv"[125]. Ein ablehnendes Verhältnis von Prediger und Hörer habe damit in jedem Fall eine Lähmung des Predigtgeschehens zur Folge: Entweder werde eine mit der Persönlichkeit des Predigers oder aber eine mit der Situation der Hörer kongruente Predigtweise behindert.

3. Im Vergleich zu den beiden erstgenannten Extremen sieht Haendler den *Gleichgewichtszustand* jedoch als nicht minder gefährlich an: „In dieser Lage kann man am leichtesten zu einer unvermerkten Aushöhlung des ganzen homiletischen Geschehens kommen, indem sowohl die Quellen der Predigtgestaltung im Selbst wie die in der Beziehung zur Gemeinde unlebendig und unergiebig

[123] A. a. O., 145 f.
[124] Vgl. a. a. O., 245.
[125] Ebd.

werden."[126] Haben Zustimmung und Ablehnung deutlich spürbare Folgen auf das Predigtgeschehen, laufen die Reaktion eines gemischten Verhältnisses eher schleichend und unbemerkt ab. Die eigentliche Gefahr liegt in diesem Fall in einem nicht hinreichend geklärten und somit indifferenten Verhältnis zwischen Prediger und Hörer, das zu Gleichgültigkeit und Unaufmerksamkeit führt und somit eine wirksame Verkündigung des Evangeliums erschwert.

Grundsätzlich kann festgehalten werden, dass nach Otto Haendler persönliche Beziehungen eine wesentliche Komponente des Predigtgeschehens ausmachen und in ihrer Wirkung aus diesem Grund von der Homiletik nicht außer Acht gelassen werden dürfen. Will der Prediger seinen Hörern ein echter Zeitgenosse sein, hat er das bestehende Beziehungsgeflecht zu den Hörern sowie zu seiner eigenen Persönlichkeit im Blick auf ihre Auswirkungen auf die konkrete Predigtpraxis stets zu reflektieren. Im Kontext dieses Problemfeldes spielt damit die Frage, wer hier eigentlich wem predigt, die entscheidende Rolle: ein verehrter Guru einer willigen Anhängerschar, ein sich selbst rechtfertigender Prediger einer unbelehrbaren Gemeinde, ein weder geliebter noch gehasster Prediger einer Gemeinde, zu der er keine wirkliche Beziehung hat, oder aber ein Prediger, der seine Aufgabe gegenüber der Gemeinde, dem Evangelium und sich selbst aktiv ernst nimmt, einer mündigen Gemeinde, die mit Wertschätzung und Kritik zu seiner Predigt konstruktiv Stellung nimmt?

In der doppelten Beziehungsgestaltung zum eigenen Selbst und zum Hörer liegt letztlich der Schlüssel zu einer an Zeitgenossenschaft orientierten Predigt nach Otto Haendler. Dazu ist neben der Ausbildung eines eigenen Selbst bzw. der Wahrnehmung des eigenen und fremden Fluidums vor allem die Herausbildung einer mit der Person und der Tradition kongruenten Theologie von entscheidender Bedeutung: „Nur durch theologische Arbeit kann der Pfarrer und Prediger selbstständig werden gegenüber der Durschnittsflachheit des religiösen Denkens. Ohne Theologie ist oder wird er mit den Jahren vom Zeugen und Verkünder der Wahrheit Gottes herabgerückt zum Sprecher der Gemeinde"[127]. Theologie als Element der Emanzipation von den Erwartungen der Gemeinde, von unreflektiert übernommenen Glaubens- oder Lehrinhalten oder persönlichen Engführungen ist somit für die Predigtarbeit unerlässlich und stellt neben der Arbeit an der eigenen Persönlichkeit für Otto Haendler das wichtigste Handwerkzeug des Predigers im Blick auf eine gelebte Zeitgenossenschaft dar. Freilich hat Haendler hier eine „geerdete" Theologie im Sinn, die um ihrer begrifflichen Differenziertheit im Blick auf die Wirklichkeit Gottes willen nicht den Kontakt zur Wirklichkeit der Hörer verliert: Der Prediger sollte im Sinne Otto Haendlers nicht als „Theologe unter Theologen", auch nicht als „Theologe

[126] A. a. O., 246.
[127] A. a. O., 107 f. Vgl. hierzu auch DERS.: Grundriss, 242.

unter Menschen", wenngleich dies schon besser wäre, sondern im besten Falle als „Mensch unter Menschen" predigen[128] – eine Einschätzung, die sich mit dem hier zugrunde gelegten Begriff der Zeitgenossenschaft deckt.

Darüber hinaus wird deutlich, dass hinter der Theorie des Fluidums wesentlich mehr steht als die augenscheinliche Tatsache, dass Personen nonverbal, vermittelt durch ihre Ausstrahlung auf andere Personen wirken. Hinter dem Fluidum steht vielmehr eine eigene, sich an kommunikationswissenschaftlichen und rezeptionsästhetischen Erkenntnissen orientierende *Theorie des Predigtgeschehens*, die seiner Zeit weit voraus war (man bedenke, dass die soeben genannten Begriffe erst in den 60er und 70er Jahren Einzug in die Homiletik gefunden haben). Wenn beispielsweise Hans-Dieter Bastian, der zu den ersten Pionieren auf diesem Gebiet zu rechnen ist, 1965 in seiner berühmten Schrift „Verfremdung und Verkündigung" betont, dass die Predigt im letzten Sinne „nicht Wort" sei, „sondern etwas, was zwischen einem Redenden und einem Hörenden vermittels Worten vor sich geht und sich ereignet", und in diesem Zuge für die Homiletik eine eigene „Informationstheorie" fordert,[129] dann drängt sich die Nähe zu dem bereits 20 Jahre zuvor von Otto Haendler geprägten Begriff des Fluidums geradezu auf.

Wenn Haendler festhält: „Verkündigung überredet nicht durch Worte, beweist auch nicht durch Tatsachen, sondern überzeugt dadurch, dass mit lebendigen Worten und einleuchtenden Tatsachen ein bezwingendes Fluidum sich verbindet"[130], dann ist für ihn das Entscheidende im Predigtgeschehen weniger der vermittelt über die Predigtsprachen feststellbare Predigtinhalt als vielmehr die nonverbale Wirkung der Person: „Es gibt Predigten mit positivem Inhalt und doch negativer Wirkung. Der Grund dafür liegt darin, daß kein entsprechendes Fluidum vom Prediger ausgeht."[131] Mit dieser Sicht macht Haendler deutlich, dass das Predigtgeschehen für ihn weniger ein eingleisiges Informationsgeschehen darstellt (ein Sender übermittelt einem Empfänger eine Botschaft) als vielmehr ein *reziprokes Wahrnehmungsgeschehen* (ein Sender übermittelt einem Empfänger eine Botschaft, der jedoch den Inhalt der Botschaft nicht nur kognitiv, sondern auch sensitiv vermittelt über die Wirkung der Persönlichkeit des Senders wahrnimmt und seinerseits mit seinen Reaktionen auf den Sender zurückwirkt, was wiederum den Prozess des Sendens beeinflusst). Um einer gelingenden Kommunikation des Inhalts der Predigt, d. h. um einer gelingenden Kommunikation des Evangeliums willen muss der Prediger sich also nicht nur mit der sprachlichen Wirkung seiner Botschaft auf die Hörer auseinandersetzen (Wilfried Engemann nennt dies „Auredit"[132]), sondern auch und zumal mit der affektiven Wirkung seiner Persönlichkeit wie der des Hörers (Otto Haendler nennt dies „Fluidum"). Neben *„Manuskript"* („mit der Hand geschrieben") und

[128] Ders.: Die Predigt, 148.
[129] Hans-Dieter Bastian: Verfremdung, 22.
[130] Otto Haendler: Die Predigt, 144 f.
[131] A. a. O., 145.
[132] Vgl. z. B. Wilfried Engemann: Einführung, 10–14.

„Auredit“ („mit dem Ohr gehört“) müsste nach Otto Haendler das Predigtgeschehen also noch um die Größe des *„Sensusens“* („mit dem Gefühl wahrgenommen“) ergänzt werden, das wesentlich auf dem Fluidum beruht. Dieses Verständnis des Predigtgeschehens als „Wahrnehmungsgeschehen“ ist anschlussfähig an die Überlegungen von HANS-GÜNTER HEIMBROCK, der ganz ähnlich wie Haendler einen phänomenologischen Blick auf das Predigtgeschehen wirft.[133]

6.3 Die „Priesterliche Predigt“ als Konsequenz der Grundbedingungen

Aus der Forderung einer zutreffenden Anthropologie wie einer gelebten Zeitgenossenschaft des Predigers ergibt sich für Otto Haendler die Forderung nach einer „Priesterlichen Predigt“. Am Begriff des Priesters hebt er dabei vornehmlich seine Vermittlungsposition hervor: „Das Wort Priester hat auch heute noch für uns den entscheidenden Unterton, daß es einen Mann bezeichnet, der aus dem Raum zwischen Himmel und Erde kommt.“[134] In Analogie zu dieser Definition stelle demnach auch die priesterliche Predigen eine Vermittlungsleistung dar: Der Prediger soll dem Hörer dahingehend zum Priester werden, dass er seine (konkrete oder grundsätzliche) Situation mit der Wirklichkeit Gottes kommuniziert. Dies sollte nach Haendler im Wesentlichen auf drei Gebieten erfolgen: 1. bezogen auf die *Bewältigung des Lebens* (horizontale Dimension), 2. bezogen auf Fragen der allgemeinen *Religiosität* (vertikale Dimension) und 3. bezogen auf Fragen rund um die Themenkomplexe *Sünde und Gewissen* (Verbindung von horizontaler und vertikaler Dimension). Im Folgenden soll diesen drei Feldern im Einzelnen nachgegangen werden:

1. Im Blick auf die Forderung der *Lebensbewältigung* hat eine „Priesterliche Predigt“ nach Otto Haendler bei der eingangs festgestellten prinzipiellen Ansprechbarkeit des Menschen im Blick auf sein Leben anzusetzen. Sie dürfe dabei nicht den Fehler begehen, diese Möglichkeit dadurch leichtfertig aufs Spiel zu setzen, dass sie „eine derartige Frage, die das Leben der Millionen an Tagen und in Nächten bewegt, stillschweigend als im Glauben a priori beantwortet ansieht und dadurch als gelebte Frage mundtot macht.“[135] Stattdessen sollte die „Priesterliche Predigt“ plausibel machen, warum und in welcher Weise mit der Erfahrung der Wirklichkeit Gottes im Alltag zu rechnen sei, denn: „Nur solche Verkündigung wirkt die Bewältigung des Lebens, in der die Wahrheit Gottes und die Wirklichkeit seines Wirkens erkennbar werden“[136]. Bezogen

---

[133] Vgl. HANS-GÜNTHER HEIMBROCK: Spuren Gottes wahrnehmen. Phänomenologisch inspirierte Predigten und Texte zum Gottesdienst, Stuttgart 2003, 181: „Predigt erschöpft sich nicht im vorbereiteten Konzept oder Manuskript. Predigen wird hier verstanden als ein Prozess: als Wahrnehmungsgeschehen und als wahrnehmbarer Gestaltungsprozess im Austausch mit den ZuhörerInnen in einer konkreten Situation.“

[134] OTTO HAENDLER: Die Predigt, 247.

[135] A. a. O., 250.

[136] A. a. O., 251.

auf die praktische Umsetzung dieser Forderung setzt Haendler, für ihn ungewöhnlich, beim Text an: In einem ersten Schritt soll der Prediger die hinter dem Predigttext liegenden Fragen analysieren, um anschließend in einem zweiten Schritt diese Fragen vergangener Jahrhunderte zu heutigen Fragen in Beziehung zu setzen.[137] Eine bewusste Schlichtheit oder Bodenständigkeit im Umgang mit den zentralen Fragen des Lebens sei dabei in der Regel einem allzu komplexen und sich in geistigen Höhen verlierenden Umgang vorzuziehen: „Die Aufgabe der Predigt ist oft die, die einfachsten Dinge so zu sagen, daß sie nicht als Selbstverständlichkeit empfunden, sondern als Lebensanliegen erkannt werden."[138] Haendler vergleicht die von der Predigt geforderte Herangehensweise in diesem Zuge mit der häufig bei Kindern festzustellenden Fähigkeit, mit der Formulierung einfacher und scheinbar auf der Hand liegender Fragen den Kern der Dinge zu berühren. Es ist also letztlich *ein zweiter, naiver Blick*, den die Predigt nach Haendler auf das Leben und auf die christliche Tradition werfen soll, um so auf die Tiefendimension hinter dem scheinbar Alltäglichen und Selbstverständlichen aufmerksam zu machen.

Die priesterliche Funktion des Predigers besteht somit zum einen in der Herstellung einer Beziehung zwischen der Lebenswirklichkeit des Hörers und der Wirklichkeit Gottes und zum anderen in der Dechiffrierung der Wirklichkeit des Hörers als prinzipiell immer schon durch diese Wirklichkeit Gottes bestimmt. Anders formuliert geht es Haendler um das Aufdecken von Spuren und Bezugsmöglichkeiten der Wirklichkeit Gottes in, mit und unter den Lebensbedingungen der Hörer. Es ist somit erneut die These der „einen Wirklichkeit", die den Prediger zum Priester, d. h. zum Vermittler und Deuter werden lässt – jedoch in dem Sinne, dass er eine Beziehung zwischen Mensch und Gott erst noch kultisch herstellen müsste, sondern dass er die bereits bestehende Beziehung den Hörern ansichtig werden lässt und damit im Blick auf ihre Ressourcen wieder zugänglich und nutzbar macht. Priesterlich predigen bedeutet in diesem qualifizierten Sinne *einfach* und dadurch *lebensnah zu predigen.*

2. Unter dem Stichwort der *Religiosität* verarbeitet Otto Haendler das Problem der natürlichen Theologie bzw. einer allgemeinen, nicht an das Christentum gebundenen Religiosität und ihrer Auswirkungen auf das Christentum. Wenn er dabei unter allgemeiner Religiosität „ein Verlangen, das Leben sub specie aeterni zu führen, verbunden mit dem Empfinden, daß man das in der Gestalt kirchlicher Frömmigkeit nicht tun könne"[139], versteht, hat Haendler hier kirchendistanzierte oder kirchenkritische Hörer im Blick, die sich jedoch prinzipiell für religiöse Themen ansprechbar fühlen. Auf sie habe die Predigt ebenso offen wie einladend zu reagieren. Haendler betont dabei, dass gerade von einer „Priesterlichen Predigt" „ein priesterlich fürsorgendes wie priesterlich wissendes Freilegen der Nervenstränge, die von einer allgemeinen Gottesahnung zur

[137] Vgl. a. a. O., 115.
[138] A. a. O., 221.
[139] A. a. O., 254.

Erkenntnis Gottes in Christus führen könnten"[140] zu erwarten sei. Der beziehungsstiftende Charakter der „Priesterlichen Predigt" hat sich somit auch auf Widerstände einzulassen. Neben einer bewusst unkirchlichen, allgemeinen Religiosität spricht Haendler unter dem Stichwort des „Komplexchristentums" noch eine weitere Gruppe potentieller Hörer an. Er versteht darunter Menschen, die sich äußerlich zwar zum Christentum rechnen, jedoch keine wirkliche innere Verbindung zu ihm besitzen: „Sie fallen nur deshalb nicht ab, weil sie überhaupt beziehungslos leben und daher weder positiven noch negativen Strömungen zugänglich sind. Ihr Glaube ist nicht echte Haltung, sondern Komplex."[141] Im Gegensatz zu dem offenen und weiten Umgang mit den Kirchendistanzierten müsse die Predigt hier deutlichere Worte finden, um diese Menschen zu einer echten Entscheidung zu drängen: „Es genügt nicht, daß die Scheinfestigkeit vom Prediger als solche durchschaut wird, sondern er muß ihr Rechnung tragen."[142]

3. Im Blick auf den Themenkomplex *Sünde und Gewissen* sollte die Predigt nach Haendler ein gewisses Fingerspitzengefühl zeigen: Weder dürfe dieser Themenkomplex verharmlost oder sogar ausgespart werden, noch sollen sich die Hörer durch eine allzu forsche Herangehensweise auf der Anklagebank wiederfinden.[143] Anstatt die Begriffe „Sünde" und „Gewissen" als dogmatische Theologumena zu benutzen, müsse die Predigt stärker bei der Lebenswirklichkeit der Hörer ansetzen und von ihr aus plausibel zu machen versuchen, was Sünde bedeuten könne. Erst dadurch wird der Prediger dem Hörer zum Zeitgenossen. Wenn Haendler in diesem Zusammenhang generalisierend formuliert: „Alle Verkündigung aber muss bei der Existenz bleiben"[144], dann zeigt sich erneut die eingangs skizzierte Nähe zur Lebens- bzw. Existenzphilosophie.

6.4 Ertrag

Nach Otto Haendler will der Hörer „sich durch die Predigt in seiner konkreten Situation, nicht nur in seiner prinzipiellen Bereitschaft, erkannt und angeredet fühlen."[145] Aus diesem Grund geht es ihm im Blick auf den Themenkomplex „Hörer und Predigtsituation" zentral um die Wahrnehmung und Würdigung des Einflusses anthropologischer und soziologischer Bedingungsfaktoren des Predigtprozesses sowie um eine von ihnen abgeleitete bewusste Predigtgestaltung. Der Mensch wird von Otto Haendler dabei vornehmlich als ein Wesen begriffen, dessen Existenz als zutiefst ambivalent zu bezeichnen ist: Das Leben des Menschen verläuft für ihn zwischen verschiedenen Spannungsbögen und Spannungsverhältnissen und ist als Prozess zu begreifen. Leib und Seele, Geist und

---

[140] A. a. O., 255.
[141] A. a. O., 256.
[142] Ebd.
[143] Vgl. a. a. O., 257.
[144] A. a. O., 258.
[145] DERS.: Grundriss, 255 f.

Gefühl, Unglaube und Glaube – all diese Gegensatzpaare stehen bei Haendler für Pole, zwischen denen sich das Leben bewegt, an denen Leben sich kondensiert, durch die Leben entsteht. Die Predigt hat dabei die Aufgabe, diese differenzierte Struktur der menschlichen Existenz ansichtig zu machen und um eine dritte Dimension zu ergänzen: die der Wirklichkeit Gottes. Dabei sollen vor allem pädagogische und poimenische Ziele verfolgt werden wie etwa praktische Lebenshilfe, die Gewinnung einer neuen Sichtweise auf das eigene Leben im Horizont des Evangeliums, die Einübung neuer Standpunkte im Blick auf lieb gewonnene Einstellungen und geronnene Erwartungshaltungen sowie die Gewinnung eines neuen oder vielleicht sogar ersten Zugangs zum christlichen Glauben. Die Ambivalenz der menschlichen Existenz bzw. die „Zwiespältigkeit des Wiedergeborenen", wie Haendler sie in einem Vortrag nennt, soll dabei nicht als zu überwindendes Hindernis, sondern als bestehendes Faktum ernst- und angenommen werden:

> „Unser Weltbild kann sich auch ändern, und wir können von der Korrektur unseres Weltbildes her die ganze Verkündigung des Evangeliums aufrollen und uns in unserer Zwiespältigkeit fragen: Siehst du die Welt, wie sie ist oder ganz anders? [...] Wenn unsere Zwiespältigkeit nicht da ist, leben wir nicht, sie ist unmittelbar verbunden mit unserer Gewissheit. Man könnte kühn sein, überspitzen und sagen: Gewissheit gibt es nur, wenn es Zwiespalt gibt, auch umgekehrt. Beides gehört unmittelbar zusammen."[146]

Die „Priesterliche Predigt" steigt somit ein in die Ambivalenz und Dialektik des Lebens und ist als ein *Vermittlungsgeschehen* zu verstehen, das letztlich wiederum ein *Dekodierungsgeschehen* darstellt: Sowohl die Lebenssituation der Hörer als auch die in ihr immer schon präsente Wirklichkeit Gottes müssen entschlüsselt und dem Hörer ansichtig und begreifbar gemacht werden. Dazu sind Konkretion, Präzision und Simplifikation der Predigtaussagen genauso wichtig wie eine die kognitiven und affektiven Bedingungsfaktoren gleichermaßen würdigende Vorgehensweise des Predigers. Im sokratischen Sinne ist hier von einer *mäeutischen Funktion* der „Priesterlichen Predigt" zu sprechen, die vor allem auf den *Beziehungsaspekt* von Predigt aufmerksam macht: Predigt steht und fällt für Otto Haendler mit der Form und Tiefe der Beziehung, die der Prediger zu seinen Hörern im Akt des Predigens zu realisieren vermag. Gelingt ihr dies, vermag der Prediger vermittelt durch die Predigt den Hörern zum Priester zu werden, d. h. zu einem Menschen, der es den Hörern ermöglicht, ihre Anliegen, Sorgen, Fragen, Probleme und Glückserfahrungen im Lichte Gottes zu betrachten. Auf das folgenden Hauptkapitel vorausblickend wird es interessant zu untersuchen sein, ob und in welcher Form Otto Haendler diesen Forderungen in seiner eigenen Predigttätigkeit Rechnung getragen hat (vgl. Kap. III.3).

---

[146] Ders.: „Von der Zwiespältigkeit des Wiedergeborenen", gehalten am 22. Juli 1951 in der Evangelischen Akademie Meißen, Quelle Voigt, 4 f.

7. Predigtgestaltung

Wenn Otto Haendler in seiner „Predigt“ die Predigtgestaltung als „organische Verbindung von Substanzerhebung, Entwurf und Kritik unter theologischem, anthropologischem und homiletischem Gesichtspunkt“[1] versteht, wird deutlich, dass für ihn in der Predigtgestaltung die einzelnen Fäden seiner Homiletik zusammenlaufen. Vor diesem Hintergrund verwundert es nicht, dass er auch im Blick auf diesen Themenkomplex seinen Ansatz beim Subjekt des Predigers wählt. Für die folgenden Ausführungen ist darum Haendlers Unterscheidung verschiedener Arbeitsstile („Linien-“, „Serpentinen-“ und „Spiralarbeit“)[2] und Denkformen („Menschen des Weges“ und „Menschen des Feldes“)[3] im Blick auf die Predigtgestaltung von großer Bedeutung. Er versucht dabei grundsätzlich eine stärker intuitive Form des Arbeitens und Denkens von einer stärker kontrollierten zu unterscheiden, wobei es ihm wichtig ist, zu betonen, dass alle Arbeits- und Denkform gleichberechtigt nebeneinander stehen. Entscheidend sei nur, dass der Prediger die ihm eigene Art findt und kultiviert. Insgesamt lassen sich die Aussagen Haendlers zur Predigtgestaltung in vier Phasen zusammenfassen: 1. der Suche nach einem geeigneten Predigtansatz, 2. dem Zugang zum Predigttext mittels Exegese, „Findung“ und Meditation, 3. der Produktion der Predigt und 4. des Predigtvortrags.

7.1 Phase I: Suche nach einem geeigneten Predigtansatz

Am Anfang der Predigtvorbereitung steht für Otto Haendler die Suche nach einem geeigneten *Predigtansatz*. Dieser könne aus der Beschäftigung mit dem Predigttext, dem kirchenzeitlichen Proprium des Sonntages, verschiedenen Themen aus der Seelsorgepraxis, der eigenen Person oder dem gesellschaftspolitischen Zeitgeschehen erwachsen.[4] Entscheidend ist für Otto Haendler damit, dass der Prediger eine Predigt erarbeitet, weil er zu einem bestimmten Thema etwas zu sagen hat, weil es also einen Anlass für seine Predigt gibt, und nicht etwa nur weil er an diesem Sonntag für den Gottesdienst verantwortlich ist. Die Suche nach einem geeigneten Predigtansatz steht aus diesem Grund zeitlich vor der exegetischen Beschäftigung mit dem Text und auch vor der liturgischen Analyse des Propriums und bildet somit nicht nur den Ausgangs-, sondern auch den Zielpunkt der gesamten Predigtarbeit: Durch ihn werden das Predigtziel, die Grundidee und damit auch der „Drive“ vorgegeben, den die Predigt einmal erhalten soll.

---

1 Otto Haendler: Die Predigt, 254.

2 Vgl. a. a. O., 141–144.

3 Vgl. a. a. O., 237.

4 Vgl. hierzu a. a. O., 263.

Grundsätzlich spielen nach Haendler dabei *Textmotive* oder *Sachthemen* eine entscheidende Rolle. Egal, ob sich der Prediger von vornherein auf einen bestimmten Text konzentriert (etwa aus der Perikopenordnung) oder diesen erst in der thematischen Auseinandersetzung gewinnt, greifen nach Haendler Textmotive und Sachthemen wie zwei Zahnräder ineinander und bestimmen den Prozess der Ansatzfindung entscheidend: „[W]er im voraus einen feststehenden Text hat, empfängt doch aus dem Umkreis der oben genannten Gegebenheiten den Hinweis auf Sachthemen daraus oder dazu. Beide müssen berücksichtig werden, wenn lebendige und die Anforderungen der Situation erfüllende Predigtwirksamkeit auf Dauer entstehen soll.“[5] Texte evozieren somit Themen und Themen legen wiederum den Bezug auf bestimmte Texte nahe, die wiederum neue Themen evozieren. In dieser hermeneutischen Zirkulation besteht nach Haendler der Kern der Suche nach einem geeigneten Predigtansatz.

Damit kommt aber wiederum der Persönlichkeit des Predigers eine entscheidende Funktion im Prozess der Predigtvorbereitung zu: Sie hat aufgrund vorgegebener Bedingungen (Proprium des Sonntags, Hörersituation, persönliche Motivation) eine nicht vorgegebene Predigt zu erarbeiten. Haendler betont dabei, dass dazu eine echte *Entscheidung* von Nöten sei: Ab einem gewissen Punkt in der Predigtvorbereitung muss sich der Prediger für ein Thema und einen Text entscheiden, wodurch er die hermeneutische Zirkulation von Themen und Texten durchbricht und in der ihm eigenen Weise fixiert. Der Entschluss zu einem bestimmten Predigtansatz kann dabei nach Haendler entweder zwingend sein, da die Verbindung von Text und Sachthema für den Prediger eine solche Evidenz besitzt, dass er gar keine andere Möglichkeit hat, als genau hier anzusetzen, oder aber notvoll, da er sich von der ihm bietenden Fülle der Möglichkeiten nur schwer zu einer Entscheidung durchringen kann. Der erste Fall berge die Gefahr, es sich zu einfach zu machen, der zweite das Problem eines uneindeutigen Predigtansatzes.

7.2 Phase II: Exegese, „Findung“ und Meditation als sich ergänzende Zugänge zum Predigttext

Ist eine Entscheidung für einen Predigtansatz und einen Predigttext erfolgt, stehen dem Prediger nach Otto Haendler mit den Methoden der Exegese (1.), der „Findung“ (2.) und der Meditation (3.) drei grundsätzlich verschiedene Zugänge zum Predigttext zur Verfügung: Die Exegese verkörpert einen stärker sachbezogenen, Findung und Meditation einen stärker existenzbezogenen Zugang zum Predigttext. Alle Methoden sind dabei nicht als Gegensätze, sondern als sich gegenseitig bedingende Entsprechungen mit je eigener Zielrichtung zu verstehen, weshalb eine genaue Reihenfolge ihrer Anwendung im Rahmen der Predigtarbeit nicht zwingend festzulegen sei.

---

5 Ebd.

1. Das Ziel der *Exegese* sieht Otto Haendler im Rahmen der Predigtvorbereitung in der Erschließung des Textsinns. Dazu sei auf einer ersten Ebene ein Vertrautwerden des Predigers mit dem Text, seiner Struktur, seiner Sprachen und seinem Kontext von entscheidender Bedeutung. Neben der klassischen Arbeit mit Kommentaren sieht Haendler dabei auch eine wiederholte Lektüre des Textes als förderlich an, so dass der Prediger „seinen Klang im Ohr hat“[6]. Neben der Ermöglichung eines Textzugangs bewahrt die Exegese den Prediger nach Haendler auf einer zweiten Ebene aber auch vor einem falschen Verständnis des Textes. Dies sei vor allem im Blick auf Übersetzungsprobleme der Fall, da jede Übersetzung zwangsläufig den ursprünglichen Sinn entstelle. Eine Arbeit am Urtext sei aus diesem Grund für die Predigtarbeit unerlässlich, wenngleich Haendler hier zu einer sauberen methodischen Differenzierung rät. In der Predigtarbeit könne es nicht um eine fachwissenschaftliche Schulexegese gehen, wie sie etwa im exegetischen Proseminar vermittelt werde, sondern aufgrund der konkreten Predigtaufgabe ausschließlich um eine „homiletische Wahlexegese“: „Das bedeutet, daß man notfalls die Fähigkeit hat, die Exegese zu beschränken, nicht in einer willkürlichen und zufälligen Auswahl, sondern auf das, was homiletisch wichtig ist.“[7] Dazu ist es nach Haendler von entscheidender Bedeutung, die exegetische Arbeit dezidiert als theologische Arbeit zu verstehen und nicht etwa als sprach- oder literaturwissenschaftliche Arbeit am Buchstaben. Werde dieser Grundsatz vergessen, verkomme die Exegese zu einer „Buchtheologie“ und verliere ihre Lebendigkeit – und mit ihr auch die Predigt! Die Exegese solle stattdessen als „Eingehen in alle Weiten und Tiefen der Wahrheit“ verstanden werden und zur „Synthese Evangelium – Subjekt“ beitragen, d. h. zu einem lebendigen Kontaktgeschehen zwischen der Person des Predigers und dem Text.[8]

2. Aus diesem Grund ist es für Haendler unerlässlich, neben der Exegese einen zweiten, stärker die Persönlichkeit des Predigers involvierenden Zugang zur Predigtgestaltung zu kultivieren, denn es sei „ein Irrtum zu meinen, daß die gestaltete Predigt sozusagen in gerader Linie ein Ergebnis der Exegese sei“[9]. Diesen methodischen Zugang bezeichnet Haendler in Anlehnung an einen Begriff von HEINRICH BASSERMANN als *Findung*[10] und versteht darunter ein „freies Sichergehen“ in „gelöster Bereitschaft“, ein „Kommenlassen der Gedanken“ oder eine „tiefe und liebevolle Versenkung in den Text“[11], d. h. eine offene, von der Persönlichkeit des Predigers geleitete kreative Begegnung mit dem Text. Haendler kann diesen methodischen Textzugang auch als „Ausloten“ der Tiefe

---

[6] A. a. O., 265.
[7] A. a. O., 266.
[8] A. a. O., 267.
[9] Ebd.
[10] Vgl. a. a. O., 265. Haendler bezieht sich hier auf HEINRICH BASSERMANN: Handbuch, 384.
[11] OTTO HAENDLER: Die Predigt, 268 f.

des Textes beschreiben und den Prediger dabei mit einem Senkblei vergleichen, das sich in einzelne Wendungen des Textes, in Bilder, Symbole oder Assoziationen aus dem Leben des Predigers hinabsenkt und so die Tiefendimension des Textes ergründet.[12] Die Findung ist damit wesentlich stärker als die Exegese an den qualifizierten Augenblick, den Kairos, gebunden und aus diesem Grund von der Kontingenz des Einfalls abhängig: „Manchmal stehen Wahrheiten im Text wie Blüten an einer Blume und leuchten uns unmittelbar entgegen."[13] Diesem freien, auf den Kairos hin orientierten Zugang bezeichnet Haendler auch als eigentliche „Seele der Predigtarbeit"[14] und stellt ihm mit dem „Brüten"[15] einen gebundenen, zwanghaften Zugang zur Predigtaufgabe gegenüber, der nicht Ausdruck einer lebendigen Begegnung des Predigers mit Text und Situation ist. Ist das fachliche Wissen und handwerkliche Können die entscheidende Ressource der Exegese, so ist es im Blick auf die Findung das existenzielle Erleben und Verstehen, stellt die Exegese einen stärker kontrollierbaren Zugang zum Text dar, ist die Findung auf Eingebung angewiesen.

3. Auf einer ähnlichen Linie wie die Findung liegt auch die Methode der *Meditation*:[16] Mithilfe der Meditation vermag der Prediger nach Haendler einen ersten, zweckfreien und unvoreingenommenen Zugang zum Predigttext oder zum Predigtthema zu erhalten, der zum „Leitstern"[17] der folgenden Predigtarbeit werden kann. Entscheidend sei dabei, dass Text und Thema durch die Meditation nicht bloß aufgabenbezogen als Objekte betrachtet werden, sondern dass sich der Prediger mit seiner Persönlichkeit zu ihnen in einem existenziellen Sinn in Beziehung setzt. Dem Vorwurf, die Predigtarbeit binde sich auf diese Weise an ein unverfügbares, höchst subjektives Motiv, entgegnet Haendler, dass gerade die Methode der Meditation der Unverfügbarkeit des Einfalls, auf die die konventionelle Predigtarbeit in hohem Maße angewiesen sei, entgegenwirkt: „Für Reden [...] kann Meditation bei genügender Übung dazu helfen, daß wir immer weniger auf das angewiesen sind, was uns im Augenblick ‚einfällt' und immer mehr zu der Fähigkeit kommen, das zu sagen, was in uns ist, was in tieferer Weise und substanzreicher in uns hineingefallen ist – im Sinne dessen, was der echte ‚Einfall' eigentlich meint."[18] Es geht Haendler im Rahmen der Predigtgestaltung bei der Meditation also um eine zielgerichtete, existenzielle Begegnung des Predigers mit dem Gegenstand seiner Predigt (Text oder Thema), die etwa in dem Meditieren einzelner Bilder und Symbole des Predigttextes oder aber bestimmter Begriffe rund um das Predigtthema bestehen kann.

---

[12] A. a. O., 270.
[13] Ebd.
[14] A. a. O., 264.
[15] A. a. O., 268 f.
[16] Vgl. a. a. O., 272–274.
[17] Ders.: Über die Meditation des Predigttextes, 75.
[18] Ebd.

Wenngleich Theologen wie KARL BARTH[19] und EMANUEL HIRSCH[20] die Meditation als Element der Predigtvorbereitung erwähnen, ist die von Haendler vorgeschlagene Etablierung der Meditation als konstitutives Element der Predigtvorbereitung kaum auf Echo gestoßen. Es brauchte hierfür mehrere Jahrzehnte, bis beispielsweise MANFRED SEITZ[21] und MICHAEL HERBST[22] das meditative Eingehen in den Predigttext unter seinem geistlich-spirituellen Aspekt zum grundlegenden Element der Predigtvorbereitung erhoben haben, oder aber GERHARD RUHBACH und ANSELM GRÜN als Pendant zu den stärker exegetisch-systematisch ausgerichteten „Göttinger Predigtmeditationen" die Reihe „Meditative Zugänge zu Gottesdienst und Predigt"[23] ins Leben riefen, die als Spiegel der Anliegen Otto Haendlers gelesen werden kann.

7.3 Phase III: Die Produktion der Predigt

Auf Exegese, Findung und Meditation folgt das Verfassen des Predigtmanuskripts. Hier kann es nach Haendler nicht Aufgabe der Homiletik sein, eine bestimmte Verfahrensweise absolut zu setzen, sondern allein darum gehen, den Prediger bei der Findung und Kultivierung einer zu ihm passenden Arbeitsform zu unterstützen, denn „niemand kann [...] fruchtbar arbeiten anders als von seinem eigenen Sein aus."[24] Dazu sei es von entscheidender Bedeutung, dass der Prediger seine eigene Art zu arbeiten wage und sich Beratung suche. Jedes Wagnis werde dabei zwar „durch Fehler erkauft, aber es ist besser, Fehler zu wagen und dadurch zu Wertvollerem zu kommen, als ohne Wagemut ständig unoriginal zu bleiben."[25] Grundsätzlich spricht Haendler hier die Themenbereiche der Arbeitszeit (1.), der Abfassung des Predigtmanuskripts (2.), des Memorierens (3.) und den Umgang mit der Predigt nach deren Fertigstellung (4.) an.

1. Im Blick auf die *Arbeitszeit,* d. h. sowohl auf ihre Dauer als auch auf ihren Zeitpunkt, spricht sich Haendler ebenfalls für einen freien, sich an den Bedürfnissen des Predigers orientierenden Umgang aus: Der Prediger solle sich soviel Zeit nehmen, wie er zur vollständigen Erarbeitung einer Predigt brauche, und zu einem Zeitpunkt mit der Predigtarbeit beginnen, der ihm gut tue (manche Prediger brauchen nach Haendler beispielsweise den Druck der Kürze und wählen aus diesem Grund den Samstagabend, für andere sei es förderlich, die Arbeit an der Predigt über die gesamte Woche hindurch in alle pastoralen Handlungsfelder mitzunehmen). Weitaus entscheidender als die Dauer und der Zeitpunkt

---

[19] Vgl. KARL BARTH: Kirchliche Dogmatik, Bd. I/2: Die Freiheit in der Kirche, Zürich 1980, 825: „Von der explicatio muss es ja über die Brücke der meditatio zur applicatio kommen."

[20] Vgl. EMANUEL HIRSCH: Predigerfibel, 109.

[21] Vgl. MANFRED SEITZ: Zum Problem der sog. Predigtmeditation, in: Herbert Breit u. a. (Hg.): Die Predigt zwischen Text und Empirie, Stuttgart 1969, 9–21.

[22] MICHAEL HERBST/MATTHIAS SCHNEIDER: ... wir predigen nicht uns selbst, 40–57.

[23] GERHARD RUHBACH u. a. (Hg.): Meditative Zugänge, 16 Bde., Göttingen 1990–1998. Vgl. vor allem den dazu gehörigen Theorieband DERS. u. a. (Hg.): Meditation und Gottesdienst, Göttingen 1989.

[24] OTTO HAENDLER: Die Predigt, 287.

[25] Vgl. a. a. O., 288.

der Predigtarbeit sei dagegen die Frage, ob der Prediger mit seiner ganzen Persönlichkeit an seiner Predigt arbeite.[26] Predigtarbeit schließt damit für Otto Haendler eine gewissenhafte Arbeit an der eigenen Persönlichkeit ein. Bezogen auf das Berufsbild des Predigers könnte man auch formulieren, dass der Prediger dafür bezahlt wird, sich und sein Leben mit der Wirklichkeit Gottes in Kontakt zu bringen, sich von ihr hinterfragen zu lassen und Menschen von diesem Beziehungsgeschehen zu erzählen. Mit dem Hinweis auf die Gewissenhaftigkeit dieser Arbeit versucht Haendler dem möglichen Vorwurf zu entgehen, den Predigern einen leichtfertigen Umgang mit der Predigtarbeit nahezulegen.

2. Auch im Blick auf die *Anfertigung eines Predigtmanuskripts* rät Haendler dem Prediger, sich an den Dispositionen der eigenen Persönlichkeit zu orientieren. Grundsätzlich unterscheidet er dabei „Satzmenschen" (Prediger, die eine ausformulierte Predigt bevorzugen), „Skizzenmenschen" (Prediger, die von einer skizzenhaften Grundlage aus improvisieren) und „Stichwortmenschen" (Prediger, die ganz auf den Augenblick der Predigt angewiesen sind und von Stichworten ausgehend improvisieren).[27] Die Methode des Satzmenschen habe den Vorteil des zu Ende gedachten, klar formulierten Gedankens und biete die größtmögliche Sicherheit von allen genannten Möglichkeiten. Die Methode des Skizzenmenschen habe den Vorteil, neben dem Element der Sicherheit mit einem gewissen Maß an Improvisation den Anforderungen des Augenblicks besser entsprechen zu können (diese Methode ist nach Haendler die am häufigsten anzutreffende). Die Methode des Stichwortmenschen berge dagegen die größte Unsicherheit, biete jedoch bei Gelingen auch die größtmögliche Hörerorientierung, da der Prediger auf den Kontakt mit der Gemeinde ganz und gar angewiesen sei.

Es ist wichtig, zu betonen, dass Haendler mit seiner Unterscheidung von Satz-, Skizzen- und Stichwortmensch weniger die tatsächliche Arbeitsweise als vielmehr die persönliche Disposition des Predigers im Blick hat: Es könne nämlich Prediger geben, die ohne jedwedes Manuskript auskommen, jedoch im Gedächtnis ihre Predigt Satz für Satz ausformuliert haben. Diese Prediger wären trotz ihrer manuskriptfreien Arbeitsweise zu den Satzmenschen zu zählen.

Um möglichen Redundanzen oder dem Einschleifen eines bestimmten, nicht mit der Person kongruenten Predigtstils entgegenzuwirken, rät Haendler dazu, gewohnte Arbeitsweisen bewusst zu verändern und sich auszuprobieren. Vor allem für den „Satzmenschen" könnte dabei die Lockerung der „Manuskriptpflicht" eine wahre Befreiung darstellen und aufgrund des dadurch entstehenden improvisatorischen Moments einen näheren Kontakt zur tatsächlichen Gemeinde eröffnen.

Unabhängig davon, ob ein Manuskript einen ausformulierten Text oder aber bloß eine Stichwortsammlung darstellt, ist es für Haendler um der Lebendigkeit der Predigt willen von entscheidender Bedeutung, dass das Predigtmanuskript

---

[26] Vgl. a. a. O., 290.

[27] A. a. O., 293 f.

zur Grundlage einer Rede und nicht etwa einer „Schreibe“ wird: Ein Manuskript sollte in diesem Sinne „Unterlage zur lebendigen Rede“ und nicht „papiernes Erzeugnis, getränkt, vielmehr getrocknet vom Schreibtischgeist“ sein.[28] Der Kasus der Rede hat darum nach Haendler in der Produktion des Predigtmanuskripts dem Prediger stets vor Augen zu sein und den Schreibprozess zu bestimmen: „Bleibender Grundsatz soll nur sein, daß das Manuskript nicht der Herr, sondern der Diener ist.“[29] Unabhängig davon, ob ein Prediger sich eher zu den Satz- oder Stichwortmenschen rechnet, könne darüber hinaus die Meditation wichtige Unterstützungen geben: „[J]e mehr der Prediger sich dem Stichwortmenschen nähert, um so tiefer muß, während er spricht, die Nähe der Meditation und um so größer die während der Rede sich vollziehende Aktivierung aller seelischen Kräfte sein. Je näher er dem Satztyp steht, um so intensiver ist in der Vorbereitung die meditative Hingabe und die Aktivierung der seelischen Kräfte.“[30]

3. Nach der Niederschrift der Predigt rät Haendler zu ihrem *Memorieren*, d. h. zu einem wiederholtem, kritischen Lesen. Am Ende dieses Arbeitsschritts könne auch die Erkenntnis stehen, die Predigt grundlegend zu überarbeiten oder sogar eine ganz neue Predigt zu verfassen. In diesem Fall werde das ursprüngliche „Sprechmanuskript“ zum „Studienmanuskript“,[31] d. h. zur Grundlage der weiteren homiletischen Arbeit. Um nicht die gesamte Textmenge zum Gegenstand des Memorierens werden lassen zu müssen, rät Haendler zur Selektion: Der Prediger solle beim ersten Lesen der fertigen Predigt ihm wichtige Stichworte und Wortgruppen unterstreichen und sich im Fortgang des Memorierens auf sie beschränken.[32] Auf diese Weise prägen sich Duktus und Kern der Predigt leichter ein und ermöglichen einen lebendigeren Predigtvortrag. Das Memorieren dient bei Otto Haendler somit sowohl der Kritik (*Kontrollschritt*) als auch dem Vertrautwerden (*Identifikationsschritt*) mit dem Predigtmanuskript und trägt dem schöpferischen Akt des Predigtschreibens Rechnung: Da der Prediger im Vollzug des Schreibens möglichst wenig Kontrolle über das Geschriebene ausüben sollte, um die ablaufenden kreativen Prozesse nicht zu behindern, ist eine nachträgliche Auseinandersetzung mit dem Geschriebenen notwendig.

---

28 A. a. O., 144.

29 A. a. O., 295.

30 A. a. O., 294.

31 Vgl. a. a. O., 143 f.

32 Auf die Analyse der eigenen Predigttätigkeit Haendlers vorausblickend ist die Feststellung interessant, dass sich farbige Unterstreichungen von einzelnen Wörtern in vielen Predigtmanuskripten Otto Haendlers aus späteren Jahren finden lassen – ein möglicher Beleg dafür, dass er selbst die Methodik des Memorierens aktiv praktiziert hat. Unterstützung findet diese Beobachtung durch eine mündliche Aussage Gert Haendlers, der sich daran erinnern kann, dass sein Vater auf der Neuenkirchener Kanzel sein Predigtmanuskript niemals umblättern musste: Er habe einen einzigen Zettel vor sich liegen gehabt, aus dem er weitestgehend frei vortrug.

4. *Nach dem Fertigstellen* der endgültigen Version des Predigtmanuskripts solle sich der Prediger vor allem Ruhe gönnen. Dies betrifft nach Haendler zum einen die Nachtruhe, in der durch das Kräftetanken der Seele eine unbewusste Weiterarbeit an der Predigt stattfinde, und zum anderen die Zeit am Sonntagmorgen vor dem Gottesdienst. Sicherlich auch im Blick auf eigene Lebenserfahrungen rät Haendler dazu in gewohntem Sprachduktus: „Väter vieler Kinder und Pfarrer großer Gemeinden müssen es in erster Linie lernen, wie man in äußerer Eile innere Ruhe aufrechterhält. [...] Wer da aus der Fassung gerät, sollte sich energisch an die Erarbeitung seines Selbst machen, wer seufzen muß, ist gebunden, wer lächeln kann, ist frei“[33].

7.4 Phase IV: Der Predigtvortrag

Im Rahmen seiner Aussagen zum Predigtvortrag nimmt Otto Haendler mit dem Verhältnis von Predigt und Liturgie (1.), dem Umgang des Predigers mit dem Predigtmanuskript (2.), dem Gebrauch von Gestik (3.), der verwendeten Predigtsprache (4.), dem Predigtort (5.) und der anwesenden Gemeinde eine ganze Reihe von Punkten in den Blick, die Einfluss auf die Gestalt des Predigtvortrags haben könnten.

1. Im Blick auf das *Verhältnis von Predigt und Liturgie* bzw. auf die Stellung der Predigt im Gottesdienst spricht sich Haendler grundsätzlich gegen die seiner Meinung nach verbreitete Auffassung aus, „als ob die Predigt die Hauptsache im Gottesdienst und die Liturgie die ‚Umrahmung‘ sei“[34]. Der Prediger solle stattdessen die Predigt als gleichberechtigten Teil des Gottesdienstes verstehen bzw. „vom Altar zur Kanzel“[35] kommen. Neben dem kultischen Charakter der Predigt sprechen nach Haendler auch rein praktische Gründe für eine liturgische Bestimmung der Predigtaufgabe: „Die Liturgie mit ihrer gebundenen Sprache und als Altardienst schützt vor der Gefahr, durch das Reden auf der Kanzel aus dem inneren Schweigen vor Gott herausgerissen zu werden.“[36] Der Prediger gerate also gerade durch ein bewusstes „Eingehen in die Liturgie“[37] in eine Grundstimmung, die es ihm erlaube, eine mit der konkreten Situation wie mit der eigenen Persönlichkeit kongruente und aus diesem Grund in erhöhtem Maße wirksame Predigt zu halten.

2. Bei der Herausbildung eines kongruenten Predigtstils ist für Haendler darüber hinaus der *Umgang des Predigers mit dem Predigtmanuskript* von entscheidender Bedeutung. Wichtig für das Verständnis der Aussagen Haendlers zu diesem Themenkomplex ist der Umstand, dass der kreative Prozess des Predi-

---

[33] A. a. O., 298 f.
[34] A. a. O., 299.
[35] Vgl. a. a. O., 300.
[36] A. a. O., 299.
[37] Ebd.

gens nicht mit dem Abfassen eines Predigtmanuskripts endet (viele Homiletiken bleiben an diesem Punkt stehen), sondern im Predigtvortrag einen zweiten „Schöpfungsakt“ erfährt. Haendler fasst diesen Umstand in dem Begriff der „Neugestaltung aus dem Augenblick“[38] zusammen und plädiert um einer möglichst wirksamen Predigt willen erneut für die Kultivierung des Kairos: Ist dieser schöpferische Augenblick im Rahmen der Predigtproduktion vor allem durch das symbiotische Zusammenfallen von Prediger und Predigttext gekennzeichnet, ist es im Rahmen des Predigtvortrags das Zusammenfallen von Prediger und Predigtmanuskript, das der Predigt den besonderen, authentischen Anstrich verleiht, durch den sie zu einem Original zu werden vermag, ohne dabei originell sein zu müssen. Grundsätzlich unterscheidet Haendler dabei in gewohnter Weise vier Predigertypen: a) Prediger, die in völliger Freiheit von ihrem Predigtmanuskript predigen, b) Prediger, die, wann immer sie es benötigen, ihr Manuskript einsehen, c) Prediger, die in Unfreiheit ihr Manuskript einsehen und so ein Hin-und-Her von Schriftsprache und freier Rede produzieren, sowie d) Prediger, die ihre Predigten ganz ablesen. Vor allem der letzte Predigertyp stehe vor der grundsätzlichen Gefahr, seine Predigt durch eine zu hohe Schriftsprache zur „Schreibe“ verkommen zu lassen und so dem genuinen Genre der Predigt als Rede nicht gerecht zu werden.

3. Für die Kultivierung eines mit der Persönlichkeit des Predigers kongruenten Predigtstils sei ferner auch die *Gestik* nicht unerheblich. Auf diesem Gebiet fordert Haendler vom Prediger eine bedächtige Haltung, die sowohl seiner Persönlichkeit als auch der Wichtigkeit der Predigtaufgabe entspreche: „Das bedeutet keine steife Feierlichkeit und kein römisches Erzwingen in festgelegten oder doch gebundenen Bewegungen. Wohl aber besagt es, daß der von allen Augen gesehene Prediger auch seine Bewegungen nicht dem Zufall überlassen darf, sondern daß sie Ausdruck des Wesens werden sollen.“[39] Entscheidend ist auch hier der gelingende Kontakt zur Gemeinde wie zur eigenen Person. Grundsätzlich hält Haendler dabei eine kongruente Gesamthaltung für wesentlich wichtiger als die Kontrolle einzelner Gesten.[40]

4. Als weiteren Punkt spricht Haendler die *Predigtsprache* an, die am stärksten „Ausdruck des Wesens“ des Predigers sei: „Geklemmte und gehemmte Sprache ist Ausdruck innerer Hemmungen. Zu hohe Stimmlage (die sehr viele haben, ohne es zu wissen) beweist in der Regel auch einen inneren Mangel an Tiefenresonanz.“ [41] Um eine mit der eigenen Persönlichkeit kongruente Sprache herauszubilden, ist nach Haendler weniger Stimmbildung als vielmehr Sprachbildung erforderlich. Neben Technika wie der bewussten Wahrnehmung und Kontrolle des eigenen Atems, des Gleichgewichts und der Körperhaltung spiele hier

---

38 A. a. O., 302 f.

39 A. a. O., 301.

40 Vgl. a. a. O., 309.

41 A. a. O., 307.

vor allem ein positives Verhältnis zur eigenen Persönlichkeit eine entscheidende Rolle, denn, „[a]us der Wesenstiefe des Menschen und nicht durch technische Mittel wird die schallende Sprache in klingende Sprache verwandelt.“[42] Eine richtige Sprechtechnik müsse aus diesem Grund „innerlich befreien, beweglich machen, das Auftauchen von Gedanken und Bildern erleichtern und befruchten.“[43] Nur so könne die Sprache Ausdruck der wahren inneren Persönlichkeit werden und an der entscheidenden homiletischen Aufgabe der Gegenwart mitwirken, „die alten Wahrheiten in heutiger Sprache zu sagen.“[44]

5. Für den Predigtvortrag ist nach Otto Haendler darüber hinaus auch der *Ort*, von dem die Predigt aus gehalten wird, nicht ganz unerheblich. So sei es beispielsweise für Predigtsprache und -stil – und damit natürlich auch für die Wirkung auf die Hörer – nicht unerheblich, ob der Prediger von einer erhöhten Kanzel herab oder aber aus der Mitte der Gemeinde heraus predige.[45] Dieses Empfinden wirke sich dabei nicht nur auf die Hörer aus, sondern beeinflusse auch unbewusst die Predigtsprache: Ein räumlich distanzierter Prediger benutze, wenn er sich diesen Zusammenhang nicht bewusst mache, zwangsläufig auch eine stärker auf Distanz angelegte Sprache.

Die Predigt muss dabei nach Haendler überhaupt nicht zwingend von der Kanzel aus gehalten werden. Neben der Kanzel böte sich beispielsweise auch der Altar an (so z. B. vor allem in der Passions- und Adventszeit), was Haendler schließlich zu der grundsätzlichen Unterscheidung von *Altar-* vom *Kanzelredner* führt: „Wer leichter und lieber vom Altar spricht, und vor allem, wer am Altar mehr im Inneren der gesprochenen Verkündigung ist, wer am Altar bildhafter, unmittelbarer und eindringlicher spricht, ist von Natur Altarredner“[46] – gleiches gelte im Umkehrschluss auch für den Kanzelredner. Grundsätzlich betrachtet laufe der Kanzelredner dabei tendenziell Gefahr, seine Predigt zum Vortrag verkommen zu lassen, und der Altarredner, seine Predigt mit kultischer Anbetung zu verwechseln. Eine deutliche Trennung der Genres „Gebet“ und „Predigt“ wie auch der Orte „Altar“ und „Kanzel“ sind aus diesem Grund für Haendler elementar. Statt direkt vom Altar aus zu predigen könne der Altarredner beispielsweise das Bild des Altars in seinem Herzen behalten, wenn er die Kanzel besteigt, und so seine Predigt zum Ausdruck seiner kultischen Orientierung werden lassen, ohne dabei in den Modus „Gebet“ abzugleiten. Der Kanzelredner könnte im Umkehrschluss von seinem vorherigen Altardienst lernen, dass auch die Predigt in enger Verbindung zur Wirklichkeit Gottes gedacht werden sollte. Auf diese Weise könne sowohl den persönlichen Dispositionen der Prediger, also auch den Anforderungen der Predig Rechnung getragen werden.

---

42 Ebd.
43 A. a. O., 308.
44 A. a. O., 331.
45 Vgl. a. a. O., 310.
46 Ebd.

Wenn Haendler in diesem Zusammenhang eine gelingende Predigt mit den Attributen „leicht", „unmittelbar", „eindringlich" und von „innen kommend" umschreibt,[47] dann wird noch einmal ganz deutlich, dass er unter einer gelingenden Predigt einen lebendigen Vortrag versteht, der in bewusstem Kontakt mit der Wirklichkeit Gottes, dem Subjekt des Predigers und der Situation des Hörers steht, d. h. das Spannungsgefüge des Homiletischen Dreiecks bewusst gestaltet.

6. Schließlich hat nach Otto Haendler auch *die anwesende Gemeinde* bzw. das Verhältnis des Predigers zu ihr einen erheblichen Einfluss auf den Predigtvortrag. Hier kommt erneut das „Fluidum" der Gemeinde ins Spiel (vgl. genauer Kap. II.6.2.3). So könne beispielsweise allein schon die Tatsache, ob die Kirche einigermaßen gefüllt sei, oder ob „leere Bänke dem Prediger entgegengähnen"[48] den Predigtvortrag entscheidend beeinflussen. Auch können Konflikte mit einzelnen Gemeindegliedern ein negatives Fluidum auslösen, das sich wiederum auf den Predigtvortrag auswirke. Der Prediger sollte sich nach Haendler aus diesem Grund zwingend der Wechselwirkung zwischen Hörer und Prediger bewusst sein.

7.5 Mögliche Fehler bei der Predigtgestaltung

Fehler, die bei der Predigtgestaltung auftreten, haben für Otto Haendler prinzipiell etwas mit der Persönlichkeit des Predigers zu tun, weshalb auch ihre Überwindung beim Subjekt des Predigers anzusetzen habe. Haendler unterscheidet dabei drei grundsätzliche Fehlerquellen, die er mit den Begriffen des „Falschen" (1.), des „Negativen" (2.) und des „Schwachen" (3.) umschreibt:[49]

1. Unter dem *Falschen* subsumiert Haendler inhaltliche Schwächen der Predigt wie etwa den Gebrauch falscher und unstimmiger Bilder, das Aufstellen unrichtiger Behauptungen oder eine sachlich unangemessene Schwarz-weiß-Malerei, hinter der wiederum eine unreflektierte oder zu kurz greifende Theologie oder Weltsicht stehe.

2. Unter dem *Negativen* versteht er „alle die Leistungen in der Predigt, die das Gemeinte negativ ausdrücken statt positiv, und dadurch den Hörer zwingen, erst das Negativum zu überwinden, ehe er an das Positivum heran kann."[50] Diese Konstruktion sei inhaltlich nicht zwingend und verkompliziere auf Seiten der Hörer darum unnötig ein intensiveres Verstehen der Predigt.

---

[47] Vgl. ebd.
[48] A. a. O., 311.
[49] Vgl. a. a. O., 280–287.
[50] A. a. O., 282.

3. Hinter dem *Schwachen* stehen bei Haendler unanschauliche oder bis zur dogmatischen Formel erstarrte Inhalte sowie ein Predigtton, der den Inhalt entgegen seiner Intention nicht befördert, sondern entkräftet. Haendler unterscheidet hier eine Reihe von Nuancen, was auf die große Bedeutung hinweist, die er der Predigtsprache beimisst:[51] a) Unter dem *„nazarenischen Ton"* versteht Haendler ein Abtun echter menschlicher Fragen durch einen Verweis auf die Allmacht Gottes („Der weiß alles besser als wir!"), b) unter dem *„pastoralen Ton"* einen anklagend-moralisierenden Unterton („Du kannst es, aber du tust es nicht!"), c) unter dem *„unangemessenen Ton"* eine theologisch unangemessene Wendung („Weil es Gott Leid getan hat ..."), d) unter einer *„allgemeinen Sprache"* einen Mangel an Konkretion („Der Ernst der Zeit"), e) unter einer *„sentimentalen Sprache"* den Versuch, theologische Gestaltungsmängel durch die plumpe Ansprache des Gefühls auszugleichen („Klingen diese Worte nicht wie aus einer anderen Welt?"), f) unter einer *„kirchlichen Sprache"* den Versuch, theologische Unzulänglichkeiten durch einen Rekurs auf einen vermeintlich kirchlichen Sprachcode wettzumachen („Die Sterne leuchten mit Freuden, um des willen, der sie geschaffen hat!") und g) unter einer *„beziehungslosen Sprache"* eine einseitig sachbezogene Herangehensweise („Für die Christenheit steht die Tatsache der Auferstehung fest").

Allen Sprachbeispielen ist dabei nach Haendler gemein, dass sie weder der Predigtaufgabe noch der Wirklichkeit Gottes gerecht werden, da sie beide nicht wirklich ernst nehmen und nicht gänzlich von ihnen durchdrungen seien. Ihnen sei einzig durch eine an der Herausbildung eines eigenen Selbst orientierte Persönlichkeitsarbeit entgegenzuwirken: „Die Gestaltung der Predigt ist in allen ihren Teilen ein Geschehen, in dem die Fäden vom Zentrum der Persönlichkeit zu dem Außen der Leistung gehen. Und in vielen Fällen werden äußere Fehler mit leichter Mühe abgestellt oder gar ganz unbemerkt überwunden, wenn das Innere zur Gestaltung und Ordnung kommt."[52]

7.6 Ertrag

Die Predigtvorbereitung beginnt für Otto Haendler mit der Suche nach einem geeigneten Predigtansatz, der vor jedweder exegetischen Bearbeitung einen *„Ureindruck"* des Predigttextes oder -themas vermittelt und so die Basis für die weitere Predigtgestaltung bildet.[53] Hinter diesem Ureindruck stehen vor allem bewusste und unbewusste Persönlichkeitsinhalte des Predigers. Von ihm ausgehend entsteht dann nach Haendler in einer ersten Zuwendung zum Text innerhalb eines qualizizierten Augenblicks ein *„Ersteindruck"*, von dem sich schließlich mittels der Methoden der „Exegese", „Findung" und „Meditation" die weitere homiletische Arbeit aufspannt bis hin zum *„Endeindruck"*, der zur Nie-

[51] Zu den folgenden Ausführungen und Begriffen vgl. a. a. O., 284–286.
[52] A. a. O., 287.
[53] Zu den folgenden Begriffen und Ausführungen vgl. a. a. O., 265.

derschrift der Predigt führt. Ist der Ureindruck als persönlichkeitsspezifische Disposition zu verstehen, mit der sich der Prediger von vornherein der Predigtaufgabe nähert (seine Wünsche, Hoffnungen, Sehnsüchte, Fragen, Probleme, Neigungen, Aufmerksamkeiten, Ablehnungen etc.), steht der Ersteindruck stärker unter dem Schirm des Kairos, also jenes begnadeten, kontingenten Moments, in dem das Sein des Predigers mit dem des Textes und den hinter ihm stehenden Erfahrungen zusammenfällt und das entsteht, was gemeinhin als „Ein-Fall" bezeichnet wird. Die von Haendler aus diesem inneren Zusammenhang heraus geforderte Symbiose von Text und Subjekt des Predigers bzw. von Manuskript und Subjekt ist damit vor allem produktionsästhetischer Art: Je mehr sich der Prediger als Individuum selbst bewusst ist, desto echter wird im Blick auf seine Persönlichkeit eine kongruente Bearbeitung der Predigtaufgabe (beinhaltet das Schreiben und Halten der Predigt) erfolgen. Auch hier zeigt sich erneut die Nähe Haendlers zur Lebensphilosophie Wilhelm Diltheys, der ganz ähnlich wie Haendler im Erlebnis und in der Inspiration zentrale Kategorien produktionsästhetischer Art sieht.[54]

Am deutlichsten lassen sich die wesentlichen Aussagen Haendlers zur Predigtgestaltung in Form homiletischer Forderungen zusammenfassen, die hier abschließend präsentiert werden sollen:

1. *Predigt ist Ausdruck der Persönlichkeit des Predigers*: Der Prediger sollte eine originale, d. h. eine mit den Dispositionen seiner Persönlichkeit, seinem Glauben und seiner Theologie kongruente Predigt erarbeiten und halten, die nicht zwingend originell zu sein braucht.

2. *Predigt hat einen Anlass*: Der Prediger sollte durch Predigtansatz und Hörerorientierung dem schlichten Umstand Rechnung tragen, dass sie eine an ein bestimmtes Publikum gerichtete und zu einem bestimmten Zweck und Anlass verfasste Rede ist.

3. *Predigt ist Kunst*: Es will bewusst und methodisch an der Predigt gearbeitet werden. Dazu sollten Rahmenbedingungen geschaffen werden, in denen kreative und stärker kontrollierende Arbeitsprozesse ungestört voneinander in einer den Dispositionen des Predigers entsprechenden Art und Weise ablaufen können.

4. *Predigt ist Rede, nicht „Schreibe"*: Die Mündlichkeit der Predigt, d. h. ihr Charakter als Rede und nicht als vorgelesener Aufsatz ist entscheidend und muss unter allen Umständen vom Prediger beim Erstellen und Halten der Predigt ernst genommen werden. Ein besonderes Augenmerk sollte der Prediger aus diesem Grund auf seine Sprache, seinen Grundton sowie seine Gestik und Mimik legen.

---

[54] Vgl. hierzu HOLGER RUDLOFF: Produktionsästhetik und Produktionsdidaktik. Kunsttheoretische Voraussetzungen literarischer Produktion, Opladen 1991, 177–187.

5. *Predigt ist Teil des Gottesdienstes*: Die Predigt stellt zwar einen wesentlichen Teil des Gottesdienstes dar, ist jedoch letztlich eben nur ein Teil. Die Predigt sollte aus diesem Grund vor dem Hintergrund des Gottesdienstes, seines liturgischen Propriums und Ordinariums sowie des aus der Interaktion von Prediger und Hörer resultierenden Fluidums verfasst und gehalten werden.

8. Zusammenfassung

Eingedenk der von Henning Schröer herausgearbeiteten Vorbehalte gegenüber einer „Adverb-Homiletik“[1] sollen der Deutlichkeit halber die sich aus den einzelnen Unterpunkten der Darstellung der Homiletik Otto Haendlers ergebenden Einsichten im Folgenden mit Hilfe der Formulierungen adverbial bestimmter Forderungen pointiert dargestellt werden:

1. *Korreltativ predigen* (zur Theologie der Predigt): Eine der leitenden Erkenntnisse Otto Haendlers im Rahmen der Theologie der Predigt ist in der Verhältnisbestimmung der vertikalen und horizontalen Dimension der Predigt zu finden, die wesentlich etwas mit der Wahrnehmung der Wirklichkeit Gottes und der Wirklichkeit des Menschen als nicht voneinander getrennten, sondern zutiefst aufeinander bezogenen Wirklichkeiten zu tun hat. Die daraus abgeleitete Forderung einer korrelativen Predigt hat dieses Spannungsverhältnis bewusst zu gestalten. Die Korrelation wird dabei vor allem vom Subjekt des Predigers vollzogen, der durch seinen Glauben an der Wirklichkeit Gottes und durch sein Menschsein an der Wirklichkeit der Welt partizipiert. Inhalt der Korrelation hat dabei eine auf die Situation des Hörers bezogene Kommunikation der Wirklichkeit Gottes zu sein.

2. *Wirksam predigen* (zur Aufgabe der Predigt): Die entscheidende Überzeugung Otto Haendlers im Blick auf die Aufgabe der Predigt ist ihr Verständnis als Handlung: Wer predigt, bewirkt, ob er will oder nicht, prinzipiell etwas. Das Entscheidende, um dessentwillen eine Predigt gehalten wird, ist aus diesem Grund ihre intendierte Wirkung, sei sie pädagogisch, poimenisch, geistlich oder theologisch motiviert. In jedem Fall sollte sich der Prediger über die konkrete Predigtaufgabe im Klaren sein und die Predigt so gestalten, dass sie wirksam das vermittelt, was er aussagen möchte. Dazu ist ein differenziertes Selbstbild, ein zutreffendes Hörerbild sowie eine mit seinem Selbst übereinstimmende Theologie vom Prediger herauszuarbeiten.

3. *Kongruent predigen* (zum Subjekt des Predigers): Das Subjekt des Predigers stellt den eigentümlichen Ansatzpunkt der Homiletik Otto Haendlers dar. Von ihm ausgehend und auf ihn zulaufend sind alle Bereiche seiner Homiletik komponiert. Hinter der Forderung nach einer kongruenten Predigt steckt die Herausforderung der Herausbildung eines Selbst, d. h. einer im Sinne C. G. Jungs sowohl unbewusste als auch bewusste Persönlichkeitsinhalte integrierenden Persönlichkeit. Nur so kann es nach Haendler gelingen, eine originale, d. h. mit der Persönlichkeit des Predigers kongruente Predigt zu verfassen.

---

1 Henning Schröer: Genitiv-Theologie, 146–156.

4. *Schriftgemäß predigen* (zum Predigttext): Für Otto Haendler steht weniger der Bezug auf einen konkreten Predigttext als vielmehr die Übereinstimmung der Predigt mit der biblischen Botschaft im Ganzen im Vordergrund. Eine Predigt ist aus diesem Grund für ihn als schriftgemäß zu bezeichnen, wenn sich gegen sie aus der Schrift keine Widersprüche formulieren lassen. Um dies zu leisten, sollte sich der Prediger in der Schrift zu Hause fühlen und sie als seinen eigentümlichen Lebensort begreifen. Nur so könne er eine schriftgemäße Predigt halten, ohne einseitig Texte traktieren zu müssen oder sich in philologische Einzelprobleme zu verlieren.

5. *Priesterlich predigen* (zum Predigthörer): Dem Hörer zum Priester zu werden, ist nach Haendler die wesentliche Aufgabe des Predigers im Rahmen der Hörerorientierung. Den Begriff des Priesters wählt er dabei nicht, um einen qualitativen Unterschied zwischen Prediger und Hörer zu formulieren, sondern um das vermittelnde Geschehen der Predigt auszudrücken: Der Prediger hat als Priester die Aufgabe, die Lebenswirklichkeit der Hörer so mit der Wirklichkeit Gottes zu vermitteln, dass sie Glaubens- und Lebenshilfe empfangen. Der Prediger als Priester ist in diesem Sinne jemand, der den Hörern ihre bereits bestehende Beziehung zu Gott aufzeigt, erneut gewiss macht oder näher erläutert, nicht aber jemand, der sie erst herstellt.

6. *Präsent predigen* (zur Predigtgestaltung): Predigtgestaltung ist für Otto Haendler im Wesentlichen Selbstgestaltung. Aus diesem Grund hat die Predigt einen verständlichen, sich an den gegenwärtigen Bedingungen der Hörer orientierenden Stil zu pflegen, der mit der Persönlichkeit des Predigers übereinstimmt. Der Suche nach einem geeigneten Predigtansatz, der im Folgenden als Rektor der gesamten Predigtgestaltung fungiert, kommt dabei eine genauso entscheidende Bedeutung zu wie einem auf die Präsenz des Predigers ausgerichteten Predigtvortrag. Präsent bedeutet in diesem Sinne, dass sowohl der Prediger als Person als auch der Gegenstand der Predigt den Hörern während des Vortrags ansichtig, d. h. präsent werden sollte. Dazu sind nach Haendler nicht nur kognitive, sondern auch und zumal emotionale Prozesse zu berücksichtigen.

III. Die Praxis der Predigt bei Otto Haendler im Lichte ihrer Theorie

Im Folgenden sollen die homiletischen Erörterungen Otto Haendlers zu seiner eigenen Predigtpraxis in Beziehung gesetzt werden. Von Otto Haendler sind aus einem Zeitraum von 1914 bis 1977 insgesamt 17 veröffentlichte und rund 250 unveröffentlichte Predigten und Kasualansprachen erhalten. Alle unveröffentlichten Predigten befinden sich dabei entweder im Nachlass Otto Haendlers im Archiv der Humboldt-Universität zu Berlin oder in einem nicht öffentlich zugänglichen Privatarchiv, das Kerstin Voigt im Rahmen ihrer Arbeit über Haendler angelegt hat.

Gegenstand der folgenden Untersuchung ist eine Auswahl dieser Predigten, die auf der Basis folgender Kriterien erstellt worden ist: 1. die literarische Zugänglichkeit der Predigten (es wurden nur Predigtmanuskripte berücksichtigt, die einen lesbaren, vollständigen Text darboten), 2. die biographische Exemplarität (es sollten nach Möglichkeit aus allen Phasen des pastoralen Wirkens Otto Haendlers Predigten veröffentlicht werden) und 3. die pastorale Exemplarität (es sollten sich nach Möglichkeit Beispiele aller pastoralen Handlungsfelder wiederfinden). Auf der Basis dieser Auswahlkriterien liegen der folgenden Analyse insgesamt 78 Predigten aus einem Zeitraum von 1914 bis 1977 zugrunde. Darunter befinden sich 35 Gemeindepredigten (darunter zwei Predigtbände), 19 Predigten aus dem akademischen Kontext (Universitätsgottesdienste, Tagungen und Berneuchener „Geistliche Wochen") sowie 24 Kasualansprachen (Taufen, Konfirmationen, Trauungen, Hochzeitsjubiläen, Beerdigungen und gesellschaftliche Anlässe). Im Anhang findet sich eine tabellarische Übersicht dieser Predigten, die auch die im Folgenden verwendeten Kürzel enthält.

Die 35 *Gemeindepredigten* stammen aus einem Zeitraum von 1916 bis 1964. Die überwiegende Mehrheit machen dabei Predigten aus Haendlers Zeit als Gemeindepfarrer in Gumtow und Stralsund aus (22 Predigten). Die bereits erwähnte Predigtreihe zum 400-jährigen Jubiläum des Kleinen Katechismus' Martin Luthers, die Haendler 1929 in Stralsund gehalten hat, sticht dabei aufgrund ihrer Komposition besonders hervor. Vollkommen unproportional zu seiner 14-jährigen Amtszeit als Gemeindepfarrer in Neuenkirchen verhält sich dagegen die Tatsache, dass sich lediglich zwei Gemeindepredigten aus dieser Zeit finden lassen. Eine Erklärung für diesen Befund könnte in der innerhalb seiner „Predigt" forcierten Befreiung von der „Manuskriptpflicht"[1] zu finden sein, mit der er sich um eines lebendigeren Predigtvortrags willen für ein ausgewogenes Verhältnis

[1] Vgl. Otto Haendler: Die Predigt, 292–296.

von verschriftlichten und mündlich vorgetragenen Elementen im Predigtmanuskript ausspricht (Typ des „Skizzenmenschen“, vgl. Kap. II.7.3). Seit seiner Neuenkirchener Zeit lässt sich diese Praxis anhand des Archivmaterials in immer regelmäßigerem Abstand belegen. Ein gutes Beispiel dafür liefert eine Predigt, die Haendler am 10. März 1935 anlässlich seiner Einführung in das Neuenkirchener Pfarramt gehalten hat.[2] Hier schließt sich dem handschriftlich ausformulierten Predigtmanuskript eine stichwortartige Zusammenfassung an, die ihm als direkte Vorlage für seinen Vortrag gedient haben muss. Dies deckt sich mit der Erinnerung Gert Haendlers, nach der sein Vater auf der Neuenkirchener Kanzel sein Predigtmanuskript niemals umblättern musste, da ihm nur ein einziger Zettel als Vorlage gedient hat. Viele dieser einseitigen Maunskripte wird Otto Haendler sehr wahrscheinlich nicht aufbewahrt haben, oder sie sind während der vorrübergehenden Nutzung des Neuenkirchener Pfarrhauses als Kommandantur der Roten Armee verloren gegangen.

Der Mangel an Predigten aus der Zeit Otto Haendlers in Neuenkirchen wird durch die Existenz von elf Predigten aus den Greifswalder Universitätsgottesdiensten etwas relativiert, die er zwischen 1945 und 1951 gehalten hat (neun dieser Predigten stellen eine Predigtreihe über die biblische Figur des Petrus dar, die Haendler 1953 mit leichten Überarbeitungen unter dem Titel „Petrus. Vom Überkommenen zum Überkommenden“ als Monographie veröffentlicht hat). Auf diesem Weg wird das theologische Denken Otto Haendlers aus dem Umfeld Neuenkirchens doch noch ansichtig. Zu diesen akademischen Predigten kommen drei weitere Predigten hinzu, die Otto Haendler zwischen 1957 und 1963 in den Universitätsgottesdiensten in der Berliner Sophienkirche gehalten hat. Zusammen mit fünf weiteren auf Tagungen und Freizeiten gehaltenen Predigten liegen der folgenden Untersuchung insgesamt *19 akademische Predigten* aus einem Zeitraum von 1945 bis 1965 zugrunde. Dass Haendler hier wieder stärker auf die Anfertigung ausformulierter Predigtmanuskripte gesetzt hat, wird sicherlich etwas mit den besonderen Herausforderungen zutun haben, unter denen diese Predigten entstanden sind: Zum einen könnte die akademische Öffentlichkeit, vor der die Predigten gehalten worden sind, Haendler zu einer kontrollierteren Arbeitsweise bewogen haben. Zum anderen hat er im Vergleich zum Pfarramt wesentlich seltener gepredigt, was sich sicherlich auch positiv auf eine intensivere Vorarbeit ausgewirkt haben dürfte. Dass Haendler darüber hinaus einige Predigten mehrere Male in unterschiedlichen Kontexten gehalten oder vielleicht sogar eine Veröffentlichung erwogen hat, könnte ein weiterer Grund für eine Verschriftlichung sein.

Unter den 24 *Kasualansprachen* bilden mit zehn bzw. sechs Predigten die Beerdigungs- und Hochzeitsansprachen den größten Teil. Dieser Befund könnte mit dem Umstand zu erklären sein, dass Haendler anlässlich dieser biographisch entscheidenden Punkte von Angehörigen häufiger um Predigtabschriften gebeten worden ist als bei anderen Kasualhandlungen. Mit einer Beerdigungsansprache aus dem Jahr 1914 und einer Predigt anlässlich einer Trauung aus dem Jahr 1977 finden sich innerhalb dieses Genres zugleich die älteste und die jüngste der hier berücksichtigten Predigten.

Methodisch soll diese Predigtauswahl, fokussiert auf die einzelnen Predigtgattungen und ihren biographischen Hintergrund, aspektorientiert auf die Umsetzung der von Haendler in seiner Homiletik aufgestellten Forderungen sowie auf wiederkehrende theologische Argumentations- und Sprachmuster hin untersucht werden. Im Blick auf einen Theologen, der in den unterschiedlichsten Bereichen der Praktischen Theologie ein lebendiges Plädoyer für die bewusste Einbeziehung der conditio humana in die theologische Theoriebildung abgegeben hat, wird es besonders interessant zu untersuchen sein, ob und auf welche

---

[2] Vgl. G 17.

Weise er diesem Grundzug in seiner eigenen Predigttätigkeit Rechnung getragen hat. Es liegt dabei nahe, auf den Umgang Otto Haendlers mit seiner eigenen Persönlichkeit ein besonderes Augenmerk zu legen: Wie und vor allem wo wird die Persönlichkeit Otto Haendlers in seinen Predigten ansichtig? Wie bringt er sie ins Spiel? Von welchem Glauben zeugt er als Person, welche Hoffnung vermittelt er als Geistlicher, welchen Zweifel? Setzt er seine Persönlichkeit bewusst ein, und wenn ja, zu welchem Zweck?

Neben der Frage nach der Persönlichkeit des Predigers Otto Haendler werden auch die anderen beiden klassischen Bezugspunkte des homiletischen Dreiecks in der folgenden Analyse Berücksichtigung finden: Wie geht etwa Otto Haendler angesichts seiner Forderung einer „schriftgemäßen Predigt" in seinen eigenen Predigten mit dem Predigttext um? Wie nimmt er die Hörersituation wahr und welches sind seine erkennbaren Predigtziele im Blick auf die Umsetzung seiner Forderung einer „Priesterlichen Predigt"? Um der Zielführung willen wird bei dem Versuch der Beantwortung dieser und weiterer Fragen im Folgenden keine umfassende Analyse einzelner Predigten geboten, sondern eine aspektorientierte Präsentation der erfolgten Analyse aller hier zugrunde gelegten Predigten, illustriert durch einzelne Textbelege.

1. Die Predigten Otto Haendlers im Kontext seiner Biographie

Das folgende Unterkapitel soll dem Umstand Rechnung tragen, dass von Otto Haendler Predigten aus unterschiedlichsten biographischen, zeitgeschichtlichen und kasuellen Kontexten vorliegen, die einen Zeitraum von 63 Jahren umspannen. Es ist einleuchtend und liegt ganz im Sinne der Aussagen Otto Haendlers zu den Lebensaltersstufen des Predigers (vgl. II.4.2.1), dass sich Stil und theologische Schwerpunktsetzung im Laufe einer so langen Predigertätigkeit ändern, ja ändern sollten! So ist es nicht verwunderlich, dass Predigten aus der Zeit Haendlers als Lazarettseelsorger während des Ersten Weltkrieges in Berlin einen ganz anderen theologischen und sprachlichen Charakter besitzen als Predigten aus dem Berlin der 60er Jahre. Das folgende Unterkapitel wird aus diesem Grund versuchen, wesentliche Entwicklungen in den Predigten Otto Haendlers nachzuzeichnen und ein Gespür für prägende Themen zu vermitteln. Als besondere theologische Zäsur sind dabei wie im Blick auf seine Homiletik erneut die Jahre seiner psychotherapeutischen Ausbildung (1935–1937) zu sehen: In der Auseinandersetzung mit der Tiefenpsychologie und der Arbeit an seiner eigenen Person haben sich für Otto Haendler nachweislich auch neue Zugänge zur praktischen Predigttätigkeit eröffnet.

1.1 Predigten aus den ersten Amtsjahren (1914–1919)

Die Predigten aus den ersten Amtsjahren Otto Haendlers sind atmosphärisch von einem hohen *seelsorglichen Einfühlungsvermögen* in seine Hörer und inhaltlich von einer dezidierten *Christozentrik* geprägt. Beide Motive ziehen sich wie ein roter Faden als Konstanten, mal deutlicher und mal weniger deutlich, durch seine gesamte Predigttätigkeit hindurch. Beispielhaft sei hier auf eine von Otto Haendler 1914 im Rahmen seiner *pastoralen Ausbildung* am Domkandidatenstift zu Berlin gehaltene Beerdigungsansprache[3] verwiesen, in der er geschickt die Lebensgeschichte des Verstorbenen und seiner Familie in der pulsierenden Großstadt Berlin mit dem bekannten Wort aus Hebr 13,14 („Denn wir haben hier keine bleibende Stadt") verbindet: Trotz der vielfältigen Angebote und der reizvollen Schönheit Berlins stelle diese Stadt nichts Ewiges dar; Nahrung für die unsterbliche Seele gebe es allein in Christus und in der durch ihn verheißenen, zukünftigen Stadt. An diesem Punkt wird bereits an einer frühen Predigt Haendlers die später in seiner Homiletik mit den Begriffen „Anbau" und „Brückenbau" umschriebene Hörerorientierung deutlich (vgl. Kap. II.6.1.5). Christus erscheint in dieser Predigt dabei als Garant der Hoffnung, als Bestätiger der Verheißung - ein Motiv, das sich ebenfalls durch die gesamte Predigttätigkeit Otto Haendlers zieht und mit seiner poimenischen Bestimmung der Predigtaufgabe korrespondiert (vgl. Kap. II.3.2). Das Jenseits wird dabei von Haendler nicht in Konkurrenz zum Diesseits gesehen: Erst unter der Perspektive des von Christus geoffenbarten, noch in Aussicht stehenden Jenseits könne das diesseitige Leben wirklich in seiner Tiefe verstanden und gelebt werden.

Nicht weniger hörerorientiert, hier allerdings auf einer inhaltlich ganz anders gelagerten Ebene, präsentieren sich die Predigten Otto Haendler aus der *Lazarettseelsorge* während des Ersten Weltkrieges in Berlin (1916-1919). Diese Predigten sind getragen von dem Versuch, seinen zumeist verwundeten, soldatischen Hörern einen gangbaren Umgang mit ihren zum Teil traumatischen Kriegserfahrungen zu ermöglichen. Auch hier werden das seelsorgliche Einfühlungsvermögen, das in der bei Haendler anzutreffenden Weise wohl nur ein Prediger leisten kann, der selbst die Schrecken des Krieges an der Front miterlebt hat,[4] sowie seine tiefe Christusfrömmigkeit ansichtig, die vor allem im Bild des siegenden Auferstandenen kulminiert und den Hörern eine lebendige Hoffnung angesichts aller scheinbar weggebrochenen Sicherheiten zu vermitteln versucht.[5]

Auf der anderen Seite verliert sich Otto Haendler in diesen Predigten bisweilen jedoch auch in billigen Durchhalteparolen, eschatologischen Vertröstungen[6] oder einer einseitigen deontologischen Ethik, die die Hörer auf ihre Pflicht und Schuldigkeit gegenüber Gott, Kaiser und Vaterland aufmerksam zu machen

---

[3] K 11.

[4] Vgl. z. B. G 1, 13-15.

[5] Vgl. z. B. G 1, 12 f.

[6] Vgl. z. B. G 3, 3 f.

und zum Ertragen des persönlichen Leids um eines höheren Gutes willen zu bewegen versucht.[7] Diese Aussagen stehen in einem hartem Kontrast zu seiner einfühlenden Wahrnehmung der Hörersituation. Punktuell sind hier auch nationale, niemals jedoch nationalistische Töne anzutreffen: Wenngleich Haendler den Kaiser zuweilen tendenziell überhöht, redet er in seinen Lazarettpredigten niemals einem blinden Fanatismus das Wort, sondern stellt die Sache Gottes stets der Sache des Vaterlandes gegenüber.[8] Haendler präsentiert sich damit als klassischer Vertreter einer konservativen, protestantischen Kriegspredigt, die zwar in der alten Verbindung von Thron und Altar denkt und bisweilen Frömmigkeit mit Vaterlandsliebe gleichsetzt, letztlich aber die Sache Gottes stets höher achtet als alle Politik.

1.2 Predigten aus Gumtow (1919–1925)

Die frühen Predigten Otto Haendlers aus seiner ersten Pfarrstelle in *Gumtow* (1919–1925) sind geprägt von der kollektiven Depression, die Deutschland nach dem Ersten Weltkrieg erfasst hatte. Offen thematisiert er den Umgang mit Trauer, materieller und ideeller Not und entwickelt dabei ein theologisches Konzept, das für seine weitere Predigttätigkeit leitend sein wird: der Versuch der Vermittlung von Glauben (*Glaubenshilfe*) und das Aufzeigen praktischer Wege für ein Leben des Glaubens unter den Bedingungen des Alltags (*Lebenshilfe*). Es sind somit vor allem geistliche Themen mit einer lebenspraktischen Relevanz, die seine Predigten in dieser Zeit prägen: Wie kann ich mit meiner Trauer umgehen?[9] Auf wen kann ich mich in einer Zeit weggebrochener Sicherheiten noch verlassen?[10] Wie kann ich beten?[11] Wie und wozu soll ich meine Kinder erziehen?[12] Wie kann ich eine Beziehung zu Christus in meinem Alltag leben?[13] Wie gehe ich mit Eheproblemen um?[14]

Bei der Beantwortung dieser oder ähnlicher Fragen wirbt Haendler für eine lebendige Christusbeziehung, die vor allem von zwei Grunderfahrungen getragen ist: der Erfahrung irdischer Widerstände auf der einen und der der Macht Christi auf der anderen Seite. Theologisch gesprochen sind somit Glaube und Anfechtung die durchgängigen Themen der frühen Predigten Otto Haendlers. Vor diesem Hintergrund ist es nicht verwunderlich, dass sprachliche Wendungen wie „Ringen“ und „Kampf“ sowie das Bild des siegenden Christus, der verdorbenen Welt und des erlösungs- und kontemplationsbedürftigen Menschen häufig wiederkehrende Motive darstellen. So hält er etwa den Sorgen seiner

---

7 Vgl. z. B. G 2, 5–7. Dieser Zug taucht auch in der Stralsunder Zeit noch vereinzelt auf, z. B. 1927 in K 23.

8 Vgl. G 2, 1–6.

9 Vgl. z. B. G 6.

10 Vgl. z. B. G 5.

11 Vgl. z. B. ebd. sowie G 6.

12 Vgl. z. B. G 7.

13 Vgl. z. B. G 5.

14 Vgl. z. B. G 7.

Hörer das „Sorget nicht!“ der Bergpredigt entgegen, das sich zuweilen jedoch auch in der bloßen Aufforderung zur Anerkennung eines göttlichen Determinismus[15] oder in einer sentimentalen Sprache[16] verlieren kann.

Otto Haendler versucht somit letztlich in dieser Zeit mit seinen Predigten auf das durch die Katastrophe des Ersten Weltkriegs entstandene Sinn-Vakuum zu reagieren und (ganz im Sinne der Jugendbewegung) auf einen alternativen Lebensweg aufmerksam zu machen: ein Leben in der Gemeinschaft mit Christus.[17] Darin ähnelte er einmal mehr seinem Lehrer Ernst von Dryander, dessen Predigten von keinem Geringeren als Kaiser Wilhelm II. ganz ähnlich bewertet worden sind: „Die Predigt war bei ihm von der Dogmatik befreit, die Person Christi wurde in den Mittelpunkt gestellt und das ‚praktische Christentum‘ in den Vordergrund gerückt“[18] – ein Urteil, das auch auf die Predigten Otto Haendlers aus seiner Zeit als Gemeindepfarrer in Gumtow zutrifft.

1.3 Predigten aus Stralsund (1925–1931)

Auch die Predigten Otto Haendlers aus Stralsund sind geprägt von einer grundsätzlichen Christozentrik und der Konzentration auf geistliche Themen. So hält er etwa in einer 1931 anlässlich seiner Verabschiedung aus dem Stralsunder Pfarramt gehaltenen Predigt resümierend fest: „Ich habe von Anfang an gesagt und auch im Laufe dieser sechs Jahre immer wieder tiefer und tiefer erkannt, dass in Christus tatsächlich für unsere Gegenwart die Antwort auf all ihre Fragen und die Lösung all ihrer Rätsel gegeben ist.“[19] Im weiteren Verlauf dieser Predigt stellt er schließlich die Themenfelder „Unser Glaube ist der Sieg“ (1.), „Weltüberwindung“ (2.) und „Kirche“ (3.) als Kernpunkte seiner Stralsunder Verkündigung heraus. Diesen von Haendler selbst formulierten Kriterien soll im Folgenden näher nachgegangen werden:

1. Unter dem Stichwort „*Unser Glaube ist der Sieg*“ können alle geistlichen Themen subsumiert werden, die Haendler als drängend für die Gegenwart seiner Zuhörer ansieht.[20] Dabei nimmt vor allem die Auseinandersetzung mit christentumsfeindlichen Strömungen wie den Sozialismus, Nationalismus und Atheis-

---

[15] Vgl. z. B. a. a. O., 786 oder G 5, 723: „Dass wir in jeder Schicksalsstunde, auch in der schweren, die Hand des lieben Gottes sehen, die tatsächlich darin waltet. Liebe fasst ja auch manchmal hart an, sie tut uns weh, sie nimmt, weil das ihrer Weisheit entspricht. Und wie vielfach können die Alten bezeugen, dass sie viel, viel später in einem lange unverstandenen Schicksalsschlag endlich die Liebeshand Gottes erkannten“.

[16] Vgl. z. B. G 4, 467: „Liebe Gemeinde, nun ist wieder Advent. Es geht der Weihnachtszeit entgegen, wo die Bäume wieder in den Stuben stehen und die Liebe wie ein lichter Engel durch die Häuser geht.“

[17] Vgl. besonders deutlich in G 5, 722.

[18] WILHELM II.: Ereignisse und Gestalten aus den Jahren 1878–1918, Leipzig/Berlin 1922, 180.

[19] G 12, 1.

[20] So ganz deutlich in der gleichnamigen Predigt K 21.

mus in dieser Zeit einen immer prägenderen Stellenwert ein: Wie sollen Christen angesichts dieser Verunsicherungen ihren Glauben leben? Worin besteht der Grund ihres Glaubens? Welche praktischen Umsetzungengibt es? Diese oder ähnliche Fragen werden von Haendler aufgegriffen und zu der Christuswirklichkeit in Bezug gesetzt, von der er sich letztgültige Orientierung verspricht.

2. Das von Haendler in dieser Zeit häufig angesprochene Thema der *„Weltüberwindung“*[21] macht auf den Umstand aufmerksam, dass seine Hinwendung zu einer sich an der conditio humana orientierenden Theologie zu dieser Zeit zwar bereits angelegt, jedoch bei Weitem noch nicht ausgearbeitet war. An vielen Punkten erscheinen Kultur, Menschlichkeit und das eigene Ich noch als von Christus in ihrer Gebrochenheit und Unzulänglichkeit zu überwindende Größen: „Alle echte Religion wehrt sich mit allem, was in ihr ist, gegen die Scheinreligion, die im Grunde nicht Gott anbetet, sondern den Menschen, die Kultivierung des eigenen Ichs, die menschliche Kultur und ähnliches in den Vordergrund stellt. Diese sogenannte Religiosität oder Kulturreligion, diese Selbstbespiegelung und Selbsterlösung, steht, so ähnlich sie echter Religion vor dem oberflächlichen Blick erscheint, in erbittertestem Gegensatz zu ihr.“[22] Wenngleich in diesen Worten Haendlers vor allem eine grundsätzliche Kritik an der liberalen Theologie und ihrem Programm des Kulturprotestantismus festzustellen ist, kann dennoch davon ausgegangen werden, dass Haendler die Bedeutung des Subjekts für den Glaubensprozess zu diesem Zeitpunkt noch nicht so deutlich vor Augen gehabt hat, wie es in späteren Jahren der Fall gewesen ist. Dieser Zug wird in seiner Stralsunder Abschiedspredigt besonders deutlich, wenn er fordert: „Für Christen gibt es eine Weltüberwindung nur so, dass sie mit dem Überwundenwerden des eigenen Ich durch Christus beginnt.“[23] In späteren Jahren würde Haendler weniger von einer Überwindung als vielmehr von einer Durcharbeitung des Ichs in Bezug auf seinen Christusglauben sprechen.

21 Z. B. a. a. O., 4: „Und solcher Glaube ist der Sieg, der die Welt überwunden hat! Es ist heute nicht leicht, mit der Welt fertig zu werden. Sie gärt um uns her; und sie gärt in uns. Sie bedrückt uns, sie bindet uns, sie zermürbt uns, sie verwundet uns. Ein wogendes Meer von Leid und Sünde fordert beständig unsere Abwehr, und wir brauchen, obwohl das eine ganze Kraft erforderte, doch schon alle Kraft zur Arbeit.“

22 EvChr, 77.

23 G 12, 1. Ergänzt wird dieser Befund durch eine undatierte Predigt, die jedoch aufgrund inhaltlicher Angaben ebenfalls in den 20er Jahre entstanden sein dürfte: „Alle Trostlosigkeit hat ja letztlich darin ihren tiefsten Stachel, dass wir uns zum großen Weltenplane im geheimen Widerspruch finden, weil wir glauben, unser Ich ihm gegenüber durchsetzen zu müssen [...]. Das letzte Geheimnis seiner Kraft ist die Erlösung aus dem Widerspruch unseres Ichs gegen Gott und Welt, ist die immer tiefer und immer freudigere Hingabe an das Gelöbnis: ‚Wie Gott mich führt, so will ich gehen ohn’ alles Eigenwählen‘“ (G 21, 6 f.).

3. Einen weiteren thematischen Schwerpunkt finden die Stralsunder Predigten Haendlers in der *„Kirche“*. Vor allem in seinen Katechismuspredigten wird die zentrale Stellung, die Haendler dieser Institution innerhalb seiner Theologie einräumt, besonders deutlich. Dieser Zug muss vor dem Hintergrund der Identitätskrise betrachtet werden, in die die preußische Staatskirche mit dem Untergang der Monarchie nach dem Ersten Weltkrieg gestoßen worden ist. In einem von links- und rechtsextremen Gruppierungen politisch vergifteten Klima musste die Kirche sich neu konsolidieren, verorten und abgrenzen. Mit seinen Predigten wie mit seiner Habilitationsschrift versucht Haendler einen Beitrag zu diesem Prozess zu leisten und Menschen wieder für die Kirche zu gewinnen, die ihr als Symbol des früheren Establishments den Rücken zugekehrt haben.[24] Kirche ist für ihn dabei vor allem die Kirche lutherischer Prägung, weshalb er sich in seinen Stralsunder Predigten gelegentlich auch in konfessionelle Einseitigkeiten und dem Aufbauen unnützer Gegensätze zwischen verliert.[25]

Interessanterweise fehlt in der von Otto Haendler selbst verfassten Aufzählung der Verkündigungsschwerpunkte in Stralsund ein Themenbereich, der in den Predigten aus dieser Zeit erstmalig anklingt und seine weitere Predigttätigkeit maßgeblich bestimmen wird: das Thema der *Freiheit*. Deutlich wird dies erstmals in einer Predigt über Joh 4,24, die er am Pfingstsonntag 1924 in Gumtow und 1925 in Stralsund gehalten hat.[26] Darin vergleicht er den modernen Menschen, der sich seiner Freiheit rühmt, mit einem Galeerensklaven, der sich über seine tatsächliche Gebundenheit überhaupt nicht im Klaren ist. Einer vermeintlichen weltlichen Freiheit stellt er darum die wahre Freiheit in Christus gegenüber, die nur im Glauben erlangt werden könne.[27] Gebet und Anbetung (in der Stille) können dabei nach Haendler Hilfestellung leisten, da sie dem Menschen die Möglichkeit bieten, seine Existenz zu transzendieren und mit der himmlischen Welt Gottes in Kontakt zu kommen.[28] Bereits hier sind also die für Haend-

---

24 Vgl. besonders deutlich EvChr, 90 f.

25 Vgl. a. a. O., 89: „Hier im Protestantismus, und in ihm allein, haben wir die volle Weite und volle Tiefe christlicher Glaubenserkenntnis. Hier allein ist die Erlösung ganz erfasst“.

26 G 6.

27 Vgl. a. a. O., 6 f.: „Und durch die Welt, die protzt mit der Freiheit des modernen Menschen, ziehen die Galeeren davon, die geschmiedet sind in dem Sklavendienst der Lust, und wissen nicht, wie geknechtet sie sind! Feuer läutert, Gottes Geist macht frei. Anbeten im Geist, das zerbricht die Ketten! Anbeten lernen, lässt auch die den Weg zur Freiheit finden, die ihn schon lange vergebens suchen.“

28 Vgl. a. a. O., 7: „Es gibt über dieser Erde, die so sinnfällig uns umgibt, eine Welt des Geistes, eine Welt von Wirklichkeiten, für die das Auge derer sich öffnet, die Christus anbeten lernen. Das ist die eigentliche Wahrheit, die große entscheidenste, die wir haben. Und darum heißt es: anbeten in der Wahrheit. Diese neue Welt trägt die alte, die ewige Welt, trägt die irdische, und sie, die ewige, ist die größere und reichere. In zwei Welten leben, das heißt eigentlich erst wirklich leben, oder vielmehr so lebt man in einer Welt, und ohne die Anbetung in Wahrheit lebt man nur in der halben Welt! Alle Menschen ohne Christus, alle, die nicht innerlichst Christen sind, haben nur die halbe Wirk-

lers Homiletik so wichtige Unterscheidung der Lebenswirklichkeit des Menschen und der Wirklichkeit Gottes sowie die Notwendigkeit einer Vermittlung der beiden durch die Predigt getroffen.

Weitaus deutlicher und inhaltlich ausgestalteter kommt das Thema der Freiheit schließlich in seinen 1929 gehaltenen Katechismuspredigten zur Geltung. Haendler differenziert den Freiheitsbegriff hier in eine „Freiheit von etwas" (z. B. Freiheit vom Gesetz, von einem dogmatistischen Christentum, von einer autoritären Kirche etc.) und in eine „Freiheit zu etwas". Letztere sieht er primär in einer Gottesbeziehung gegründet, die den Menschen auf seine Individualität und Verantwortlichkeit anspricht[29] und sich in einem Dienst an Gott und dem Nächsten verwirklicht.[30] Bleibt dieser Freiheitsdiskurs noch eher abstrakt und begrifflich, wird er in einer ebenfalls 1929 anlässlich einer Konfirmation gehaltenen Predigt deutlicher, indem Haendler das Gemeinte anhand zahlreicher Bilder und Erfahrungen aus seinem eigenen Leben konkretisiert.[31] Mithilfe der Fragen „Was liebe ich?" und „Wie bin ich?" versucht er die Jugendlichen auf mögliche verborgene Gebundenheiten und Selbsttäuschungen aufmerksam zu machen, die sie an einem Leben in Freiheit hindern.

In den späten Stralsunder Predigten lassen sich darüber hinaus auch erste *Bezüge zur Lebensphilosophie*[32] sowie Ansätze seines späteren *Ausgangspunktes beim Subjekt* bzw. bei der Persönlichkeit des Predigers[33] erkennen. Vor allem die späten Stralsunder Predigten zeugen damit von dem sich abzeichnenden theologischen Wandel im Denken Haendlers, der in den 40er Jahren ganz deutlich zum Vorschein kommen wird.

Einen Sonderfall stellen die Predigten dar, die Otto Haendler im Kontext *militärischer Veranstaltungen* wie Regimentstage und Fahnenweihen in dieser Zeit gehalten hat. Auf diesen Veranstaltungen fanden sich Veteranen des Ersten Weltkrieges in ihren ehemaligen Regimentern zusammen, um sich ihrer alten Verbundenheit und gemeinsamen Identität in einer Zeit zu versichern, die sich so gar nicht in ihrem Sinne zu entwickeln schien. Die von Otto Haendler im Rahmen dieser Veranstaltungen gehaltenen Predigten zeugen u. a. von seiner großen Enttäuschung über die geschichtliche Entwicklung in Deutschland. Wie viele seiner Zeitgenossen aus dem kaisertreuen, staatskirchlichen Milieu konnte er in dem Wegbruch der vertrauten Gesellschaftsordnung nur einen fort-

---

lichkeit, und sie behandeln das Leben wie einer eine Maschine, die er nur halb kennt, verdirbt! Daher so viel Torheit, Bosheit, Wahnsinn in der Welt. Und wir Christen haben die Aufgabe, uns den Blick für die ganze Wirklichkeit, die der Welt und die Christi, nicht nehmen zu lassen, nein ihn immer mehr zu gewinnen."

29 Vgl. so z. B. a. a. O., 22.

30 Vgl. a. a. O., 72: „Im Dienste Gottes werden wir ganz starke, freie, feste Persönlichkeiten."

31 K 3.

32 Vgl. z. B. G 11, 2 f.

33 Vgl. a. a. O., 8: „Immer und überall wirken wir mit allem, was wir sind, mit unserer ganzen Persönlichkeit".

schreitenden Zerfall sehen,[34] der sich in den politischen Straßenkämpfen zwischen Links und Rechts, dem schier unstillbaren Lebensdurst der sog. „Goldenen 20er“ bzw. der Weimarer Republik als Ganzer manifestierte. In seinen Predigten stellt Haendler dieser Wirklichkeitsdeutung alt bekannte Parolen wie „Pflicht und Gehorsam“ und „Für Gott und Vaterland“ gegenüber und warnt vor dem „Zerfall der Sitten“ und dem „Gift“, das langsam aber sicher in die „deutschen Häuser“ dringe.[35] Haendler präsentiert sich hier als ein Prediger, der angesichts der durch den Untergang des Deutschen Kaiserreichs ausgelösten Verunsicherungen in vertraute Denkstrukturen regressiert, um Halt zu gewinnen. Vor diesem Hintergrund wird auch verständlich, warum Begriffe wie „evangelische Sittlichkeit“ oder die Suche nach der „Idee der Kirche“ als einendes Band aller unterschiedlichen christlichen Strömungen in seiner Stralsunder Zeit eine solche Dominanz für sein pastorales wie wissenschaftliches Arbeiten erhalten konnten.

Trotz seiner auffälligen Nähe zu rechts-konservativen Kreisen redet Otto Haendler in seinen Predigten jedoch niemals einem einseitigen Nationalismus das Wort, sondern erwartet wie schon in seinen Lazarettpredigten die Erlösung aus der von ihm empfundenen Not stets von Gott: Von ihm, dem lebendigen und treuen Gott, und nicht etwa von einer Ideologie oder gar einem Führer ist nach Otto Haendler die einzige Rettung zu erwarten![36] In diesem Sinne kann er sogar vor einer andauernden Verklärung der alten Verhältnisse warnen, die den Blick für die gegenwärtigen Aufgaben verschließe.[37] Dass zudem die Predigt – ganz im Sinne seiner späteren Homiletik (vgl. Kap. I.2.8) – nicht der Ort sei, wo Politik getrieben werden sollte, und dass rechte wie linke Gruppierungen gleichermaßen das Recht besäßen, von der Kirche bedacht zu werden, wenn sie um einen Gottesdienst bitten, wird an einer 1929 anlässlich des zehnjährigen Jubiläums der Weimarer Reichsverfassung gehaltenen Predigt deutlich.[38] Es geht Haendler

---

[34] Als Paradebeispiel für diese Deutung der Geistesgeschichte darf Oswald Spenglers „Untergang des Abendlandes“ von 1918 gelten.

[35] Vgl. z. B. K 22: „Es hat kein Aufatmen gegeben nach dem schweren Ernst des Waffenganges. Der blutigen Not folgte die giftige Not. Wir stehen noch in ihr. [...] [E]s geht um Deutschlands Sein oder Nichtsein. Gift gegen Gott, Gift gegen das Vaterland spült durch deutsche Straßen und in deutsche Häuser. Zersetzung des Glaubens, Verderbnis der Sitte, Lockerung der Treue: Wir haben schmerzlich erfahren, dass sie da sind, und schmerzlich, wohin sie führen.“

[36] Vgl. ebd.: „Wir brauchen den alten Gott da droben, denn er ist der ewig junge Gott, der uns die Kräfte gegen das Gift gibt und uns mit Glauben und Treue füllt, dass das Vaterland geweihte Erde werde, wo Gottes Sonne in die Häuser und auch in ihre Winkel schauen darf. Ein echter Deutscher schämt sich nicht, zu glauben“.

[37] Vgl. ebd.: „Was diese Feier uns bedeutet, das soll sich zeigen, wenn wir wieder an unser Tagewerk gehen. Heute sehen wir Deutschland, wie wir es wünschen, dann sehen wir Deutschland, wie es ist. Dann aber soll unsere Hand die Kraft gefunden haben, den Hebel zu regieren, der einen neuen Strom des Geistes über Deutschland bringt.“

[38] Vgl. K 24: „Unsere Verfassung zu beurteilen, im Ganzen wie im Einzelnen, würde mich also sehr locken [...]. Das darf aber nicht Aufgabe der Predigt sein. Hier soll unser Inneres aufgelockert und erweitert werden, dass wir Gottes Gnade und Gottes Wahrheit

also auch in seinen Predigten aus dem militärischen Kontext letztlich nicht um die Parteinahme für eine politische Richtung (wenngleich deutlich wird, dass er mit national-konservativen Kreisen sympathisiert), sondern um die Vermittlung einer Wirklichkeit, die aus christlicher Sicht einen Halt im Leben anbietet, der sich als tragfähiger erweist als jede menschliche Regierungs- oder Gesellschaftsform.

1.4 Predigten aus den 30er und 40er Jahren

Dass sich Otto Haendler nicht dauerhaft von der Angst und der Verunsicherung im Blick auf die gesellschaftlichen Verhältnisse bestimmen ließ, wird in seinen Predigten aus den 30er und 40er Jahren deutlich. Die Regression schafft hier schrittweise immer stärker der Progression Raum, wenn etwa die im Blick auf Predigtthema und -stil in der Stralsunder Zeit zaghaft eingesetzten Veränderungen in den 30er Jahren nun immer deutlicher zu Tage treten. So präsentiert sich Otto Haendler beispielsweise in einer 1932 kurz nach seinem Dienstantritt als Predigtseminarleiter in *Stettin* gehaltenen Predigt über Lk 17,11–19 seinen Hörern erstmals ganz deutlich als psychologisch geschulter Prediger, indem er das Textmotiv des Leidens an sozialer Isolation durch Aussatz auf das Leiden an sozialer Isolation des Menschen in der modernen Industriegesellschaft überträgt.[39]

Die psychologische Auslegung und Allegorisierung bekannter biblischer Geschichten sowie eine entlarvende psychologische Kritik der Gegenwart vom christlichen Standpunkt aus kristallisieren sich ab den 30er Jahren als prägende Elemente der Haendlerschen Predigtweise heraus. Haendler beweist dabei ein gutes Gespür für drängende Probleme der Gegenwart (so z. B. im Blick auf das von allen politischen und gesellschaftlichen Seiten in dieser Zeit zu hörende programmatische „Vorwärts“) und legt den Finger treffsicher in die Wunde. Heilung und Über-windung der desolaten Zustände verspricht er sich dabei vor allem von einer Rückbesinnung auf Christus, dem Grund allen Lebens und Seins (statt „Vorwärts“ fordert er in der erwähnten Predigt eine „Rückkehr zu den Quellen“)[40] – ein Grundzug, dem er 1933 mit seinem Eintritt in die Michaelsbruderschaft praktisch Rechnung getragen hat.

Dass diese theologische Rückbesinnung Haendler trotz aller psychologischen Aufgeschlossenheit jedoch bisweilen auch zu Aussagen führen konnte, die er in späteren Jahren so sicherlich nicht mehr unterschrieben hätte, beweist

über uns sehen und unser Werk in seinem Lichte anschauen lernen. [...] Damit ist eine weitere Tatsache verbunden, dass die Evangelische Kirche sich politisch neutral verhält und über den Parteien steht. In den Kampf der Parteien greift sie deshalb nicht ein, weil sie eine Botschaft zu verkünden hat, die über allen Parteifragen, über allen irdischen Fragen überhaupt steht: die Botschaft von Gottes Gnade und Wahrheit.“

39 G 14, 2: „Wir sind alle in unserer Krankheit der Seele wie Ausgestoßene. Nicht äußerlich verbannt, wie damals. Sondern mitten in allem Leben und in Gemeinschaft in allerlei Dingen.“

40 A. a. O., 5 f.

eine 1935 in Niederrödern auf einer Berneuchener Freizeit gehaltene Predigt. Haendler bewertet hier Individualität und Autonomie als grundsätzliche Widerstände im Blick auf ein gelingendes Leben mit Gott. Unter einem Predigtmotto aus Lk 9,26 („Wer seine Hand an den Pflug legt und sieht zurück, der ist nicht geschickt für das Reich Gottes") kritisiert er die Verwirklichung eigener Wünsche sowie das Streben nach Selbstbestimmung und fordert in fast dialektisch-theologischer Weise das „Sterben des eigenen Ichs"[41]. Diese Aussagen passen so gar nicht zu der wenige Jahre später in seiner „Predigt" geforderten Selbstwerdung und zeigen damit noch einmal deutlich, dass sich Haendlers Erkenntnis erst langsam seinen Weg gebahnt hat.

Das für Otto Haendler in den 30er und 40er Jahren zentrale Predigtthema wird an seiner Einführungspredigt in das *Neuenkirchener Pfarramt* besonders deutlich.[42] Vor dem Hintergrund seiner Erfahrungen am Predigerseminar Stettin, wo er um die Gestalt der Kirche mit seinen Vikaren, Kollegen und Vorgesetzten gestritten, gerungen und diesen Kampf letztlich verloren hat, sieht er in Neuenkirchen genau dieses Thema als das für seine Verkündigung drängenste an. Im Sinne seines Konzepts der Glaubens- und Lebenshilfe versucht Otto Haendler den Menschen durch seine Predigten Orientierung und Hilfestellungen im Blick auf eine Positionierung im Widerstreit der kirchlichen Ansichten und Programme sowie Anreize zu einem Leben im christlichen Glauben zu bieten, das ihm unter den gegenwärtigen Bedingungen immer schwerer zu werden scheint. Programmatisch formuliert er deshalb: „Gott schließt uns zusammen in einer Zeit, da die Kirche um ihre Echtheit ringt und um ihre Gestalt. Es müssen wieder Gemeinden werden, die aus dem Glauben zu leben wissen und Erfolge machen in diesem Leben."[43]

Haendler geht es damit letztlich um die Vermittlung einer *christlichen Lebenskunst* (er gebraucht diesen Begriff selbst in seiner Einführungspredigt)[44] als praktische, handlungsorientierte Antwort auf die Widerstände der Gegenwart. Dabei spielen für ihn Geduld, Vertrauen, kalkulierbares Wagnis und Gehorsam eine entscheidende Rolle. Wie schon in Stralsund sieht er in der Konzentration auf die Quelle des christlichen Glaubens, Jesus Christus, das entscheidende

[41] Vgl. A 1, 10 f.: „Denn immer und immer wieder wachen unsere Wünsche, unsere eigenen, selbstsüchtigen Interessen auf. Wir wollen unser Leben erhalten und sollten es doch frei und groß dem lebendigen Gott hingeben. Wir haben Angst um uns selbst. Wer aber Christus folgen will, ist zu dem Wort gerufen: ‚Will mir jemand nachfolgen, der verleugne sich selbst und fasse den Balken des Kreuzes an, den er zur Richtstätte zu tragen hat'. [...] Du darfst kommen mit allem und sagen: ‚Mein Herr, du bist nicht ein Herr des Todes, sondern des Lebens, du führst mich durch das heilsame Sterben meines Ich in das Leben hinein, du machst mir nicht in dem dunklen Tal ein Grab, sondern führst mich durch das dunkle Tal zur Höhe, zum Licht, zum Leben'."

[42] Vgl. G 16.

[43] A. a. O., 3.

[44] Vgl. ebd.: „Eine Kunst des Leben, die ganz allein der Glaube lehrt, ist die, nicht auszuweichen."

Mittel. Die Tatsache, dass Gott den Menschen in Christus in einer Weise nahe kommt, die sie verstehen können, ist für Haendler dabei der Dreh- und Angelpunkt seiner *inkarnatorischen Theologie*: „[D]arum ist es gut, dass in der Mitte alles Feiern in der Kirche nicht die Schöpfung steht, auch nicht der Geist, in dem wir gewandelt werden sollen, sondern die lebendige Gestalt Jesu Christi, in dem ein Menschenherz schlug, das wusste, was Wachsen und Sterben ist."[45] Mit dieser Konzentration auf Christus als Mitte der Verkündigung rücken in dieser Zeit wiederum vornehmlich geistliche Themen in den Fordergrund: Wie in seiner wissenschaftlichen Arbeit reagiert Otto Haendler auch in seiner Predigttätigkeit mit einer betonten Innerlichkeit auf die pervertierte Äußerlichkeit des NS-Regimes.

Das psychologische Interesse Otto Haendlers wird in dieser Zeit vor allem in seinen Kasualansprachen deutlich. So legt er etwa in einer 1937 gehaltenen Taufansprache[46] das Märchen „Jorinde und Joringel" der Gebrüder Grimm als Gleichnis des menschlichen Lebens aus, an dessen Anfang der Täufling steht. Auffällig ist hierbei sowohl die hohe persönliche Ausrichtung der Predigt im Blick auf die Tauffamilie als auch das Verständnis Haendlers von der menschlichen Seele. Wenngleich er in einigen Punkten die allegorische Deutung des Märchens überstrapaziert, verliert er sich dennoch nicht in ihr, sondern findet in Christus die Erfüllung des Märchens: Allein in ihm werden nach Haendler die aus dem Märchen ersichtlichen Sehnsüchte, Widerstände und Lösungen vollgültig erfüllt und überwunden. Psychologie und Christologie stellen für Otto Haendler somit keine Gegensätze dar, sondern fungieren im Sinne einer inkarnatorischen Theologie als sich ergänzende Entsprechungen.

Dieser Zug wird auch an einer 1940 anlässlich der Taufe von Roland Kempff, dem Sohn seines langjährigen Freundes Wilhelm, gehaltenen Predigt besonders deutlich. Otto Haendler nimmt darin von einer bei ihm vor allem in den 20er Jahren festzustellenden deontologischen Ethik Abstand und fordert stattdessen eine subjektorientierte Interpretation der Nachfolge: „Man kann nicht einmal immer so einfach, wie manche meinen, aus dem Neuen Testament Richtlinien konkreter Art ablesen. [...] Nachfolge geschieht im Heute, und sie ist nicht Verlust des eigenen Wesens, sondern höchste Anwendung eigener Erkenntnis und höchste Verwirklichung eigener Lebensführung. Nachfolge Christi bedeutet, in intensivster Hingabe das Gesetz seines eigenen Lebens zu erfüllen."[47] In einer 1939 anlässlich einer Einzelkonfirmation gehaltenen Predigt kann er sogar sagen: „Sich selber treu zu sein, führt, wenn es gewissenhaft gelebt wird, am allertiefsten zu Gott. Es kann ja gar nicht anders sein. Denn wer sich selber treu ist, der muss sich erkennen als das, was er wirklich ist. Und da wird ihm in aller Tiefe deutlich, dass er nicht auf sich selber steht und nicht in

---

45 G 17, 4.

46 K 1. Haendler benutzt dieses Märchen, da der Name des Täuflings, Jorinde, aus ihm entnommen worden ist.

47 K 2, 3.

sich selber besteht."[48] In der Gleichsetzung des Gesetzes Christi mit dem Gesetz des eigenen Lebens bzw. in der tiefen Selbsterkenntnis, die zu einer Aneignung[49] des (allgemeinen) christlichen Glaubens unter den Bedingungen des konkreten Menschseins führt, werden die Einflüsse C. G. Jungs und der Lebensphilosophie auf die Predigttätigkeit in den späten 30er Jahren ganz deutlich.

Zusammenfassend kann in den Predigten der 30er und 40er Jahre eine zunehmend psychologische Bearbeitung klassischer geistlicher Themen (z. B. auf Gott hören,[50] stille werden,[51] Umgang mit den Kräften des Glaubens[52] etc.) als Elemente einer christlichen Lebenskunst festgestellt werden, die mit dem wissenschaftlichen und praktischen Interesse Otto Haendlers an der Psychotherapie in dieser Zeit korrespondiert.

1.5 Predigten aus dem akademischen Kontext (1949–1977)

Eine dezidiert psychologische Herangehensweise an die Predigtaufgabe kennzeichnet auch die im akademischen Kontext von Otto Haendler gehaltenen Predigten. Grundsätzlich lassen sich hier im Blick auf die Auswahl des Predigttextes (1.), auf die theologische Ausrichtung dieser Predigten (2.) und auf die angewandte Methodik (3.) wesentliche Veränderungen erkennen, denen im Folgenden näher nachgegangen werden soll.

1. Seit seinen *Greifswalder Universitätspredigten* ist ein verstärktes Interesse Otto Haendlers an biblischen Geschichten und Figuren festzustellen. Hatte sich Haendler bisher vornehmlich auf die Predigt einzelner Mottoverse konzentriert, predigt er nun erstmals zusammenhängende Perikopen wie Gen 32,22-32[53] oder Lk 5,1-11[54]. Auf den ersten Blick könnte diese Veränderung der theologisch gebildeten Universitätsgemeinde geschuldet gewesen sein, bei der Haendler vielleicht meinte, auf ein größeres Vorwissen und eine detailgetreuere Kenntnis biblischer Geschichten zurückgreifen zu können als dies in seinen Pfarrgemeinden der Fall gewesen ist. Auf einen zweiten Blick dürfte jedoch vor allem sein gewachsenes Interesse an psychologischen Fragestellungen und einer meditativen Annäherung an die Predigtaufgabe[55] den entscheidenden Anstoß für

---

[48] K 4, 390.

[49] Zur Aneignung vgl. z. B. a. a. O., 392 f.: „Wisse, dass uns der christliche Glaube nicht anfliegt, sondern dass wir ihn Stück für Stück uns nahe kommen lassen und zu eigen machen müssen."

[50] G 19.

[51] A 3.

[52] A 2.

[53] A 3.

[54] Petr, 11-21.

[55] Einen entscheidenden Hinweis gibt hier die Behandlung der Meditation im Rahmen der Aussagen Haendlers zur Predigtgestaltung in seiner „Predigt", die ganz eindeutig

diese Veränderung geliefert haben: Durch seine Beschäftigung mit Psychologie und Meditation hat Otto Haendler ein vollkommen neues Repertoire an Werkzeugen an die Hand bekommen, mit dessen Hilfe er nicht nur innerhalb der Homiletik die Rolle der Person des Predigers aus einem veränderten Blickwinkel betrachten konnte, sondern auch innerhalb seiner Predigttätigkeit die ihm seit Kindertagen bekannten biblischen Geschichten und Figuren.

Seinen Predigten aus dieser Zeit ist deutlich abzuspüren, wie lebendig ihm altbekannte Texte durch diesen neuen Zugang plötzlich wieder werden. So vergleicht er beispielsweise in einer 1948 im Rahmen der Greifswalder Universitätsgottesdienste gehaltenen Predigt über Gen 32,22–32 mit Liebe zum Detail die Szene des Kampfes Jakobs am Jabbok mit der menschlichen Suche nach Lebensglück. Zusammenfassend hält er dort fest: „Unsere Zeit sorgt für das Leben, ringt um das Leben, arbeitet weithin fast hektisch für die Lebenserhöhung – und droht eben mit alledem das Leben zu verlieren. Es wird uns geholfen sein, so weit wir mit neuen Ohren hören und mit neuen Augen sehen, was Christus der Gegenwart bedeutet: dass an seiner Gottesnähe und an seiner Unbeirrbarkeit die Seele genesen kann."[56] Im Laufe der Predigt erscheint aus diesem Grund die Beharrlichkeit Jakobs als Vorbild für den heutigen Menschen und sein Ringen als Allegorie der modernen Suche des Menschen nach Lebenssinn und Lebensglück. Den aus seinen Mottopredigten bekannten symbolischen Umgang mit biblischen Worten weitet Otto Haendler hier also auf ganze biblische Geschichten und die darin auftretenden Figuren aus und kann grundsätzlich festhalten: „Solche Sinngeschichten sind uns nicht gegeben wie historische Berichte, die das Geschehene von einst uns erhalten, sondern als Deutungen unserer Seele, die das in ihr Geschehende von jetzt klären. Wir dürfen aus ihnen unsere Situation ablesen, und lesen damit nicht hinein, was nicht in ihnen steht, sondern aus ihnen heraus, was für uns in ihnen erhalten ist."[57] Es ist somit eine existenzielle Deutung biblischer Geschichten, die Haendler zum gegenstand seiner Predigten macht. Dass er diese Predigt 1956 und 1962 nach über zehn Jahren in unveränderter Form erneut gehalten hat, zeigt, wie überzeugt er selbst von der Qualität dieser neuen Predigtweise gewesen sein muss.

Auch die unter dem Titel „Petrus. Vom Überkommenen zum Überkommenden" 1951 in einer kleinen Monographie veröffentlichten Predigten, die er zwischen 1949 und 1950 in den Greifswalder Universitätsgottesdiensten gehalten hat, sind in dieser Linie zu sehen. Mit großem psychologischen Einfühlungsvermögen und viel Liebe zum Detail zeichnet er darin die Petrusgeschichte nach und fragt nach ihrer Relevanz für gegenwärtige Herausforderungen. Neben einem immer einseitiger rational werdenden Weltbild erblickt er dabei vor allem in einem unreflektierten Umgang mit dem eigenen Glauben die größte Gefahr der Moderne. So ermutigt er seine Hörer beispielsweise: „Wer in größerer

seine persönliche Erfahrung mit dieser Methode erkennen lassen (vgl. Ders.: Die Predigt, 272–274).

[56] Petr, 9.

[57] A 3, 4.

oder geringerer Tiefe von seinem Gewissen getrieben ist, auch die letzten Grundlagen seiner Existenz kritisch zu erproben, der darf und soll diesem Trieb mit gutem Gewissen folgen. Nur die Säulen tragen, die auch dann nicht wanken, wenn wir an ihnen rütteln mit unserer letzten Kraft.“[58]

2. Vor allem in seinen *Berliner Universitätspredigten* ist darüber hinaus ein deutlicher Rückgang der christozentrischen Ausrichtung seiner Predigten festzustellen. Bestand der inhaltliche Kern seiner frühen Predigten vor allem in der Vermittlung eines lebendigen Glaubens an die Person Jesus Christus, ist in seinen Berliner Predigten wesentlich abstrakter nur noch vom „Geist des Christentums“[59] die Rede. Statt auf die Person des Sohnes konzentriert sich Haendler hier in immer stärkerem Maße auf die Person Gottes, des Vaters und Schöpfers,[60] was sich wiederum in der überproportional hohen Auswahl alttestamentlicher Predigttexte niederschlägt (vgl. hierzu genauer Kap. III.4.4).

Eine mögliche Erklärung für diese gravierende Änderung könnte ein Passus in seiner Predigt liefern.[61] Darin problematisiert Haendler bereits 1941 vor dem Hintergrund der theologischen Wahrheitsfrage eine Verabsolutierung der Christologie, die gerade modernen Menschen unnötig einen Zugang zum Christentum erschwere: Christus, der eigentlich Weg zur Wahrheit sei, werde hier einseitig zur Wahrheit selbst gemacht.[62] Es sei dagegen wesentlich leichter, dem modernen Menschen einen Zugang zur Wirklichkeit Gottes über seine eigene Geschöpflichkeit oder einen stärker philosophisch verstandenen Transzendenzgedanken zu eröffnen. Die Person Jesus Christus ist damit für Haendler vor dem Hintergrund der Bedingungen der Moderne zu problembeladen, zu wenig anschlussfähig an das gegenwärtige Denken und vielleicht auch zu konkret geworden, um Menschen einen ersten oder erneuten Zugang zum Glauben zu eröffnen. Anders formuliert: Es bedarf nach Haendler wesentlich größerer Voraussetzungen, um in Jesus Christus den biblischen Gott entdecken zu können als etwa in der Schöpfung – eine auch vor dem Hintergrund seiner am Individuum orientierten Theologie höchst problematische Einschätzung! Seit den 40er Jahren muss demnach – sicherlich auch begünstigt durch seine psychotherapeutische Ausbildung – aufgrund einer hörerorientierten Situationsanalyse von einem stärker noetischen Verständnis der Person Jesu Christi bei Haendler ausgegangen werden, das sich in seinen Predigten erst ab den 50er Jahren deutlich ausdrückt. Hier müssen dann natürlich auch die Bedingungen einer Predigt vor dem Hintergrund eines staatlich verordneten Atheismus berücksichtigt werden.

---

58 Petr, 18.

59 A 7, 1. So z. B. auch ganz deutlich in A 4.

60 Vgl. ebenfalls exemplarisch die gliedernden Überschriften zu A 7.

61 Vgl. DERS.: Die Predigt, 195–206 bzw. Berlin 1941, 167–176.

62 Vgl. DERS.: Die Predigt, 197.

Dieser Zug korrespondiert mit einer weiteren Entdeckung an seinen späten akademischen Predigten: Vor dem Hintergrund der Auseinandersetzungen zwischen der Staatsführung der DDR und den Kirchen sowie einer grundsätzlich theologiefeindlichen Haltung der sozialistischen Hochschulpolitik sieht sich Otto Haendler erneut in die Pflicht genommen, die Bedeutung des Christentums für den modernen Menschen und die moderne Gesellschaft aufzuzeigen und zu plausibilisieren. Dabei kristallisieren sich in seinen Berliner Universitätspredigten grundsätzlich zwei Fronten heraus, gegen die er antritt: a) eine moderne Gottvergessenheit, die sich entweder aus einem bewussten Atheismus oder aber aus einer unbewussten Gleichgültigkeit heraus speise,[63] und b) ein konturloses, unkonkretes, von allen Anstößen befreites Reden von Gott, das seinen Kontakt zum biblischen Kern verloren habe und aus diesem Grund den Menschen nichts mehr sagen könne.[64] Seine theologische Antwort auf diese Zeitanalyse ist genauso konsequent wie schlicht: Ohne das Christentum in seiner biblisch bezeugten Gestalt verliere der Mensch den Kontakt zu einer wesentlichen, seine Existenz im Kern bestimmenden Größe - die der Wirklichkeit Gottes. In einer 1961 gleich in vier unterschiedlichen Kontexten gehaltenen Predigt über Röm 8,15, die als Zentraltext seiner Predigtpraxis anzusehen ist, formuliert er diese Einsicht so: „Alle derartigen Grundfragen des Lebens finden ihre Lösung in dem Geist des Christentums. Er ist der Geist der Freiheit, der die eigentliche Bewältigung des Lebens ermöglicht."[65] Man beachte: Haendler spricht hier nur noch abstrakt vom „Christentum" und nicht mehr wie in früheren Predigten von einem lebendigen Kontakt zum Auferstandenen.

Noch deutlicher, als dies beispielsweise in Stralsund der Fall gewesen ist, kommt dabei der Begriff der christlichen Freiheit als tragendes, zentrales Element hinzu, in dem er die wesentliche Antwort auf die von ihm als drängend empfundenen Fragen sieht: Nur wer sich in die Hände des lebendigen Gottes begebe und sich an ihn binde, werde frei von den Mächten und Zwängen der Moderne wie Hektik, Leistungsdruck, falsch verstandene Autonomie, Vergottung von Mensch und Umwelt oder einer unorganischen Lebensweise und frei dazu, „den Juden ein Jude, den Griechen ein Grieche, den Säkularen (den Geschlossenen) ein Säkularer (ein Offener)"[66] zu sein. Die christliche Freiheit führt nach Haendler somit vor allem zur Einnahme einer vermittelnden Position im Streit der Geister, Religionen und Weltanschauungen: Wer fest in seinem eigenen Glauben gegründet ist, hat nach Haendler die Freiheit, sich in die Lage des anderen hineinzubegeben und von dort aus auf Augenhöhe mit ihm zu diskutie-

[63] Vgl. A 8, 2: „,Wieweit ist uns Gott überhaupt noch bekannt - wie weit ist Gott unserer Zeit noch bekannt?' Das ist die große Frage an die Christenheit unserer Tage, wo man die Formen verloren hat, und wir selber in der Felsenspalte stehen."

[64] Vgl. K 8, 7: „Und dann ist es in der heutigen Zeit ja wie eine Erlösung, wenn jemand klar von Gott spricht und nicht nur von den göttlichen höheren Mächten oder sonst etwas."

[65] A 7, 1.

[66] A. a. O., 4.

ren. Die Klärung und Vertiefung der christlichen Identität sowie die Herausbildung und Kultivierung einer eigenen geistlichen Existenz befreit nach Haendler den Menschen somit letztlich dazu, sich offen und ohne Verlust der eigenen Identität gegenüber Andersdenkenden gesprächs- und kontaktbereit zu zeigen: „Jesum einen Herrn heißen, das ist Freiheit, das ist Leben, Leben in Zeit und Ewigkeit.“[67]

3. Um dieses apologetisch-pädagogische Predigtziel zu erreichen, ist ab den 50er Jahren ein weiterer methodischer Wechsel in der Predigttätigkeit Haendlers festzustellen: Zu der verstärkten psychologischen Sichtweise auf Mensch und Bibel tritt eine zunehmend persönlichere Note in seinen Predigten hinzu. Hier sind es wiederum vor allem die Kasualpredigten, die durch den Gebrauch persönlicher Anekdoten zur Illustration und Verdeutlichung des Gesagten hervorstechen. Dabei kann es sich ganz rudimentär um die Erinnerung an ein mit den Hörern gemeinsam gemachtes Erlebnis handeln,[68] oder aber um den Rekurs auf die eigene Lebensgeschichte zur Verdeutlichung des soeben Ausgesagten.[69] Zwar bleiben diese kurzen beispielhaften Erzählungen und Vergleiche in der Regel in einen deskriptiven Sprechakt eingebettet, der einen bestimmten Sinnzusammenhang deuten soll, aber dennoch führen sie dazu, dass die späten Predigten Otto Haendlers eine deutlich erhöhte Lebendigkeit und Lebensnähe verspüren lassen.

Die massiven Veränderungen an Stil und Inhalt der akademischen Predigten Otto Haendlers lassen sich abschließend zum einen mit dem gesteigerten Interesse Haendlers an Psychologie und Meditation und zum anderen mit den gesellschaftlichen Rahmenbedingungen in der DDR erklären: Vor dem Hintergrund einer erneuten Feindschaft gegenüber Kirche und Theologie in Staat und Universität sah sich Otto Haendler gezwungen, den Kern des Christentums „den Gebildeten unter ihren Verächtern“ apologetisch darzulegen. Dies kann für ihn jedoch nur gelingen, wenn sich Christen ihren atheistischen Gesprächspartnern auf Augenhöhe nähern. Im Zuge seiner Forderung, „den Juden ein Jude, den Griechen ein Grieche, den Säkularen (den Geschlossenen) ein Säkularer (ein Offener)“[70] zu sein, müssen ihm dabei die für seine Predigten bis dahin grundlegende Christozentrik und Christusfrömmigkeit zum Problem werden. Um einer leichteren Anknüpfung an die Verstehensvoraussetzungen seiner Hörer willen verlagert Haendler seine Predigten auf die eher allgemein und abstrakt gehaltenen Theologumena „Gott“ und „Freiheit“. Vor diesem Hintergrund könnte man auch formulieren, dass sich Otto Haendler im Laufe seiner Tätigkeit als Hochschullehrer von einem frommen Volksprediger zu einem gelehrten Universitätsprediger entwickelt hat. Welche der beiden Predigtformen jedoch letzten

---

67 A 4, 8.
68 Vgl. z. B. K 7, 1.
69 Vgl. z. B. A 2, 4.
70 A 7, 4.

Endes für das Erreichen des auch seinen akademischen Predigten zugrunde liegenden Ziels der „Glaubens- und Lebenshilfe“ dienlicher gewesen ist, sei dahingestellt. Unabhängig von der Beantwortung dieser Frage muss die Aufgabe einer lebendigen, ehrlichen Christusfrömmigkeit in den Predigten Otto Haendlers zuungunsten einer stärker abstrakten Gottesvorstellung in jedem Fall als herber Verlust gewertet werden.

1.6 Ertrag

Die Predigten Otto Haendlers weisen thematisch und sprachlich von der kaisertreuen Kriegspredigt, die den Menschen nur als Teil eines größeren Ganzen und nur im Blick auf die von ihm zu leistende Pflicht betrachtet, bis hin zur Entdeckung der christlichen Freiheit, die versucht, Menschen unter den Verstehensbedingungen der Moderne ihr Leben aufzuschließen, auf den ersten Blick eine große Spannbreite auf. Auf den zweiten Blick entpuppt sich diese große Spannbreite bis zu einem gewissen Grad jedoch als eine bloß scheinbare, denn die 63-jährige Predigttätigkeit Otto Haendlers durchzieht ein konstantes Predigtziel: das Anbieten von Glaubens- und Lebenshilfe. Gott kommt dabei bis in die 50er Jahre hinein in der Regel in der Person des Sohnes zur Sprache (selten auch in der des Schöpfers, eine Thematisierung des Heiligen Geistes fehlt völlig), und der Mensch erscheint generell als hilfebedürftiges Wesen, das bei rechter Unterweisung jedoch zu einem Leben in Freiheit ermächtigt werden kann. Dieses Verhältnis kehrt sich in seinen (späten) Universitätspredigten deutlich um. Es leuchtet dabei unweigerlich ein, dass die Kommunikation von Glaubens- und Lebenshilfe für einen jungen Militärgeistlichen in einem Lazarett des Ersten Weltkrieges etwas anderes bedeuten musste als für einen gestandenen Hochschullehrer mit psychotherapeutischer Zusatzausbildung in einem Universitätsgottesdienst. Und es verwundert nicht, dass die Verkündigung zentraler christlicher Inhalte in einer volkskirchlich geprägten ländlichen Region der Vorkriegszeit zu anderen homiletischen Ergebnissen führen musste als im sozialistischen Ost-Berlin während des Kalten Krieges.

Ungeachtet dieser historischen Kontextualität ist vor allem in der in den späten 20er Jahren einsetzenden Beschäftigung Otto Haendlers mit der Psychologie, die in den Jahren 1935 bis 1937 ihren Höhepunkt in seiner psychotherapeutischen Ausbildung gefunden hat, der entscheidende Auslöser für eine deutliche inhaltliche Veränderung seiner Predigten zu finden. War beispielsweise in den Predigten Otto Haendlers von Anfang an ein hohes Maß an Interesse und Einfühlungsvermögen im Blick auf den Menschen und seine spezifische Situation festzustellen (hier sind vor allem seine frühen Kasualpredigten zu erwähnen), werden Mensch und Bibel ab den 30er Jahren zunehmend unter psychologischen Fragestellungen wahrgenommen und homiletisch behandelt.

Auch das für Otto Haender so zentrale Predigthema der „Freiheit“ ist in dieser Linie zu sehen: Stand in den Stralsunder Predigten vor allem ein geistliches Freiheitsverständnis im Sinne der reformatorischen Rechtfertigungslehre im

Fokus, wandelte es sich in späteren Jahren zu einem dezidiert psychologischen Verständnis. In der Darstellung der geschichtlichen Entwicklung der Predigten Otto Haendlers wurde das Hauptaugenmerk auf theologische Fragestellungen gelegt. Im Folgenden soll eingedenk der gemachten Beobachtung stärker formal nach der Umsetzung der von Haendler in seiner Homiletik für die Bereiche „Subjekt des Prediger", „Hörer" und „Predigttext" aufgestellten Forderungen gefragt werden. Dabei soll mit dem für seine Homiletik so zentralen Thema der Person des Predigers begonnen werden.

2. Kongruent Predigen – Predigen unter der Bedingung der eigenen Persönlichkeit

Die (Wieder-) Entdeckung der Bedeutung des Subjekts des Predigers für das Predigtgeschehen und die Forderung nach einer mit der Persönlichkeit des Predigers kongruenten Predigt bilden den spezifischen Ansatzpunkt der Homiletik Otto Haendlers und sollen aus diesem Grund allen weiteren Betrachtungsperspektiven vorangestellt werden. Im Folgenden soll genauer geklärt werden, ob, und wenn ja wie Otto Haendler diese für seine Homiletik zentrale Erkenntnis umgesetzt hat. Gleich zu Beginn kann dabei vorweggenommen werden, dass sich eine durchgehende explizite Thematisierung seiner eigenen Persönlichkeit in seinen Predigten nicht findet. Dies dürfte wesentlich damit zusammenhängen, dass Otto Haendler unter einer mit der Persönlichkeit des Predigers kongruenten Predigt nicht eine Predigt verstanden hat, die mittels der Schilderung privater Anekdoten, gemachter Erfahrungen oder persönlciher Stellungnahmen möglichst viel von der Person des Predigers preis gibt, sondern zuallererst eine Predigt, die mit der Art und Weise des Predigers, zu glauben, zu leben und Theologie zu treiben übereinstimmt bzw. aus ihr heraus erwachsen ist (vgl. Kap. II.4.1). In diesem Sinne kann und soll das eigentliche Thema der Predigt nach Otto Haendler niemals der Prediger selbst sein, sondern allein die Wirklichkeit Gottes vor dem Hintergrund der Wirklichkeit der Hörer. Der Prediger hat sich um dieser Aufgabe willen mit sich selbst auseinanderzusetzen und ggf. in der Predigt zum Thema zu machen, da er anders diese Aufgabe nicht erfüllen kann. Dass dabei persönliche Worte, in bedachter Weise eingesetzt, förderlich sein können, macht Haendler in einer 1951 in Quedlinburg anlässlich der Goldenen Hochzeit seines früheren Stralsunder Pfarrkollegen Schmidt gehaltenen Predigt deutlich: „Wir sind uns, mein lieber Bruder Schmidt, in den reichen, schönen Jahren unseres gemeinsamen Wirkens in Stralsund darüber einig gewesen, dass es theologisch ruhig vertretbar ist, in einer besonderen Lage eine kirchliche Rede mit einem persönlichen Wort zu beginnen.“[1] Wenn überhaupt sind persönliche Wendungen in den Predigten Otto Haendlers vor dem Hintergrund dieser Einschätzung also nur bedacht und in bestimmter Funktion zu finden. Es macht aus diesem Grund Sinn, im Folgenden zwischen einer (selteneren) *direkten* und einer (häufigeren) *indirekten Form* der Thematisierung der eigenen Persönlichkeit Otto Haendlers in seinen Predigten zu unterscheiden.

---

[1] K 7, 1.

2.1 Direkte Thematisierung: Das „Ich" auf der Kanzel

Die mit Abstand deutlichste Möglichkeit, als Person in einer Predigt erkennbar zum Vorschein zu kommen, ist die Verwendung der ersten Person Singular. Die damit verbundene Frage nach dem „Ich auf der Kanzel" ist klassisch mit der Unterscheidung von sechs Ich-Zuständen durch MANFRED JOSUTTIS verbunden.[2]

Josuttis unterscheidet: 1. das „verifikatorische Ich", das den exemplarischen Erweis der Richtigkeit einer bestimmten Predigtaussage am Leben des Predigers zum Ziel hat, 2. das „konfessorische Ich", das das eigene Erleben bemüht, um eine grundsätzliche Differenz zwischen der biblischen Verheißung und dem tatsächlichen Erleben zu thematisieren, 3. das „biographische Ich", das persönliche Erlebnisse des Predigers unabhängig von bestimmten Predigtaussagen zur Sprache bringt, 4. das „repräsentative Ich", das zwar „Ich" sagt, aber eigentlich ein allgemeines, überpersönliches „Wir" meint, 5. das „exemplarische Ich", das exploriert, was eine biblische Aussage dem Prediger als „erstem Hörer des Textes" sage, und 6. das „fiktive Ich", das allein auf der Erzählebene besteht und nicht mit der Person des Predigers identisch ist.

Contentanalytisch betrachtet benutzt Otto Haendler in nur 20 von insgesamt 78 Predigten lediglich 74-mal die erste Person Singular im Sinne einer Selbstthematisierung. An diesem Befund zeigt sich deutlich die eingangs erwähnte Skepsis Haendlers im Blick auf eine Predigt, die den Prediger zum expliziten Gegenstand ihrer Aussagen macht. Interessant ist dabei, dass sich 31 der 74 Belegstellen in einer 1916 im Rahmen der Lazarettseelsorge in Berlin gehaltenen Predigt über 1. Kor 15,17–20 finden.[3] Haendler gebraucht hier mit Formulierungen wie „ich weiß", „ich muss", „ich sehe", „ich denke", „ich wage" intensiv das „exemplarische Ich" und präsentiert sich damit bewusst als Subjekt seiner Predigt. Lange vor der Grundlegung seiner Homiletik stellt Haendler den Hörern in dieser Predigt damit seine eigene Persönlichkeit in einem Maße zur Verfügung, das man es eher in späteren Predigten vermutet hätte und das so intensiv nie wieder auftaucht. Es bleibt zu vermuten, dass sich Haendler später bewusst gegen die Verwendung des „exemplarischen Ichs" entschieden hat, eventuell um einer „Plauderei" auf der Kanzel entgegenzuwirken.

Auffällig ist darüber hinaus, dass sich Beispiele von mit „Ich glaube" eingeleiteten Sätzen in den Predigten Otto Haendlers insgesamt nur fünfmal finden lassen. Wo diese Formulierung gebraucht wird, ist sie entweder als Ausdruck des Meinens und Empfindens, oder aber als dogmatische Formel im Sinne des Credos zu verstehen. Vor dem Hintergrund der Bedeutung, die Otto Haendler der Exemplarität des Glaubens des Predigers beimisst, ist dieser Befund auf den ersten Blick überraschend. Auf einen zweiten Blick wird jedoch deutlich, dass Haendler andere Sprachformen nutzt, um seinen eigenen Glauben zu themati-

---

[2] Vgl. MANFRED JOSUTTIS: Der Prediger in der Predigt. Sündiger Mensch oder mündiger Zeuge?, in: ders.: Praxis des Evangeliums zwischen Politik und Religion. Grundprobleme der Praktischen Theologie, München ^{4}1988, 8–94. Einen guten Überblick bietet auch WILFRIED ENGEMANN: Einführung, 79.

[3] G 1.

sieren. In der Regel tut er dies (vor allem ab den 40er Jahren) vermittelt durch ein „biographisches" oder „verifikatorisches Ich" anhand von Beispielen und Geschichten:

„Ein alter erfahrener Pastor fragte mich einst, ob ich eine Bibel mitnähme, wenn ich etwa zu Taufen in die Häuser gehe. Als ich bejahte, erzählte er, er tue es oft nicht, sondern frage die Menschen nach ihrer Bibel. Und ob sie sie bereit haben oder suchen und wie sie suchen und wie sie sich entschuldigen, daraus ersehe er schon ihre ganze innere Lage. Er hat damit völlig Recht."[4]

„Wenn ich einen Weg von einem Hügel überschaue, den ich viele Stunden gehen soll unter Sonnenglut und Sommerhitze, dann sehe ich diesen Weg ganz anders vor mir liegen, wenn ich selbst schon auf dem Hügel von der heißen Sonne gequält werde oder wenn ich im Schatte eines Baumes stehe. So sehen wir den Weg des Lebens vor uns anders, wenn wir ihn nur sehen bedroht von Gefahren und unheimlichen Mächten oder im Schutze Gottes – im Schatten des Allmächtigen."[5]

Vermittelt durch das Erzählen persönlicher Erlebnisse oder beispielhafter Geschichten gelingt es Haendler, seinen eigenen Glauben auf eine Weise zum Ausdruck zu bringen, die es den Hörern erlaubt, an seinen Erfahrungen zu partizipieren. Stärker als jede Explikation wirkt hier die gut erzählte Geschichte, das wohl gewählte Bild. Es ist auffällig, dass Haendler von dieser Technik vornehmlich in späteren Predigten Gebrauch macht. Sehr wahrscheinlich haben ihm auch hier seine psychotherapeutische Ausbildung sowie seine intensive Beschäftigung mit der Meditation einen neuen Weg im Umgang mit Informationsweitergabe gezeigt.

Anstelle der ersten Person Singular benutzt Haendler dagegen in weitaus stärkerem Maße die erste Person Plural. So versucht er etwa in zahlreichen Predigten aus der Zeit um die beiden Weltkriege, sich als Betroffener und Mitleidender im Blick auf das in dieser Zeit virulente Leid zu präsentieren und seine Solidarität mit seinen Hörern zu bekunden. Sprachlich verbirgt er seine persönliche Betroffenheit dabei hinter der ersten Person Plural, so dass sie nur im Kontext der Betroffenheit der Hörer zum Ausdruck kommt.[6] Ist es während der Weltkriege häufig die materielle und seelische Not sowie die große Ungewissheit über den Ausgang der Geschichte, die Haendler thematisiert, ist es in den 60er Jahren die atomare Bedrohung sowie die sich unter dem Eindruck des Sozialismus immer deutlicher abzeichnende Marginalisierung des Stellenwerts

---

4 A 2, 4.

5 A 5, 2 f.

6 Vgl. exemplarisch G 11, 1: „Unsere Not. Sie ist eine doppelte schwere Belastung unseres Herzens: Wir stehen in der Not unseres Volkes darinnen. Wenige wissen, wie dunkel sie ist, wenige ahnen, wie sorgenvoll die Zukunft vor uns steht."; G 21, 3: „Das Leiden ist der dunkle Hintergrund unseres Daseins heutzutage, von dem sich niemand unter uns lösen kann. Kleine Tagesschwierigkeiten, die wir früher schnell überwunden und vergessen hätten, legen sich mit dem Gewicht der Lebensnot dieser Zeit auf uns."

des Christentums innerhalb der Gesellschaft. [7] Mit der „Wir-Anrede“[8] versucht Haendler zwar, sich auf eine Ebene mit den Hörern zu begeben, in letzter Konsequenz muss die von ihm gewählte Sprache jedoch das genaue Gegenteil bewirken: Durch die verklausulierte „Wir-Anrede“ wird das eigene Empfinden, die persönliche Betroffenheit Haendlers zur allgemeinen Situation der Hörer verabsolutiert. Den Hörern wird auf diese Weise eine Wirklichkeitsdeutung übergestülpt, die vielleicht gar nicht die ihrige ist. Aus der Furcht, „Ich“ zu sagen, und dem gleichzeitigen Wunsch, eine Beziehung zu den Hörern aufzubauen, wird durch die „Wir-Anrede“ eine unnötige Hürde geschaffen, die durch ein „repräsentatives Ich“ hätte leicht überwunden werden können.

WILFRIED ENGEMANN hat in diesem Zusammenhang aus semiotischer Sicht den Begriff der „Wir-Alle-Syntax“[9] geprägt und damit auf ein weiteres Problem aufmerksam gemacht: Die erste Person Plural kommt nach Engemann sprachlich einem „Generalcode“ gleich, der Aussagen universalisiert und dadurch letztlich ein Verstehen erschwert, das über die berechtigte oder unberechtigte Wahrnehmung einer Allgemeinheit hinausgeht: „Der Generalcode inszeniert die Unabweisbarkeit des ‚Wir-Alle‘ als semantisch nicht einzuholendes Postulat und läßt die Predigt im Grunde nichts anderes sagen, als daß sie gilt.“[10] Dieser Eindruck verstärkt sich in den Predigten Otto Haendlers durch den einseitigen Gebrauch diskursiver, beziehungsloser Sprache weiter, wie sie etwa durch die häufige Verwendung assertiver Sprechakte[11] des Behauptens oder Erklärens entsteht. Eine Thematisierung des eigenen Ichs, etwa in Form eines „biographischen“ oder „konfessorischen Ichs“, hätte hier leicht Abhilfe geschaffen und die von Haendler selbst in seiner Homiletik aufgestellte Forderung einer „Angleichung“ oder „Assimilation“ des Predigtinhaltes durch die Hörer (vgl. Kap. II.4.2) wesentlich besser erreicht – darauf machen vor allem seine späteren akademischen Predigten aufmerksam, die durch den bereits angesprochenen Gebrauch von Beispielerzählungen genau dies realisieren.

2.2 Indirekte Thematisierung: Die Persönlichkeitsstruktur des Predigers

Wenn eine direkte Thematisierung der eigenen Person Otto Haendlers in seinen Predigten eher selten zu finden ist, stellt sich die Frage nach den indirekten Auswirkungen seiner Persönlichkeit auf ihre Gestalt und ihren Inhalt, zumal wenn er in seiner Homiletik selbst pointiert festhält: „[D]ie Predigt ist ja nur das

---

[7] Vgl. exemplarisch G 22, 3 f.: „Unsere Zeit sorgt für das Leben, ringt um das Leben, arbeitet weithin fast hektisch für die Lebenserhöhung – und droht eben mit alledem das Leben zu verlieren.“

[8] Zum Gebrauch der ersten Person Plural in der Predigt vgl. auch WILFRIED ENGEMANN: Einführung, 19 f.

[9] Vgl. DERS.: Semiotische Homiletik. Prämissen – Analysen – Konsequenzen, Tübingen/Basel 1993, 209.

[10] Ebd.

[11] Zu der hier zugrunde gelegten Definition und Einteilung der Sprechakte vgl. DERS.: Einführung, 223–234.

in der Sphäre des Bewusstseins sich vollziehende Endergebnis eines tiefgreifenden Vorganges, in dem aus den unteren Regionen des Unbewussten unzählige Fäden emporsteigen, die erst, wenn sie in die Schicht des Bewusstseins eintreten, vom Subjekt als vorhanden erkannt werden und bewusst verwendet werden können."[12] Vor dem Hintergrund dieser Einschätzung sollen im Folgenden anhand häufig in seinen Predigten wiederkehrender Sprachspiele, stereotyper Wendungen oder dem erkennbar werdenden Menschen-, Gottes- oder Selbstbild Rückschlüsse auf die dahinter liegende Persönlichkeit Haendlers gezogen werden. Dabei können folgende Fragen eine Rolle spielen: Als wen präsentiert sich Haendler seiner Gemeinde, bzw. als was für ein Mensch möchte er wahrgenommen werden? Wie wirkt seine Persönlichkeit aus einer heutigen, rein literarischen Wahrnehmung seiner Predigten heraus tatsächlich? Welche Gottesbilder werden erkennbar? Spielt die aus seinen Schriften zu entnehmende Theologie eine praktische Rolle für die Gestalt seiner Predigten? Bei dem Versuch einer Beantwortung dieser und weiterer Fragen hat sich die folgende Analyse an den grundsätzlichen homiletischen Erörterungen zur Predigerpersönlichkeit zu orientieren.

Im Blick auf die Analyse der Predigerpersönlichkeit unterscheidet WILFRIED ENGEMANN grundsätzlich drei Ansätze oder Rezeptionsspuren: 1. die Rezeption der Struktur der Persönlichkeit nach Sigmund Freud, 2. die Rezeption des Selbst und der Ganzheitlichkeit der Person nach Carl Gustav Jung und 3. die Rezeption der Transaktionsanalyse nach Eric Berne.[13] In der Tradition der *ersten Rezeptionsspur* steht die Untersuchung FRITZ RIEMANNS,[14] der die Predigerpersönlichkeit in einen *schizoiden* (Grundimpulse: Angst vor Einsamkeit, Streben nach schützender Distanz und Autarkie, starkes Abstraktionsvermögen, jedoch geringe Empathie), *depressiven* (Grundimpuls: Angst vor Liebesentzug, Trennung und Verlust, Streben nach Bindung und Nähe, Anpassung satt Konflikt, starke Empathie), *zwanghaften* (Grundimpulse: Angst vor Strafe und Liebesentzug, starke Schuldgefühle, unterdrückte Spontaneität und zögerndes Zweifeln, hohes Verantwortungsbewusstsein, Neigung zum universalen Denken, aber auch zu Intoleranz) und *hysterischen Grundtyp* (Grundimpulse: Angst vor bindenden Verpflichtungen und Endgültigkeit, unsicheres Selbstwertgefühl, Differenz von Schein und Sein, Neigung zu Zweckmoral, starkes Geltungsbedürfnis) einteilt.

In der Tradition der *zweiten Rezeptionsspur* steht die Unterscheidung OTTO HAENDLERS[15] zwischen einem *extra-* und *introvertierten Prediger* (vgl. Kap. II.4.2.1).

Hinter der *dritten Rezeptionsspur* findet sich die Übertragung der Erkenntnisse der Transaktionsanalyse Eric Bernes auf die Predigt durch WILFRIED ENGEMANN[16], der zwischen einem *Distanz schaffenden* (Grundimpulse: „Ich bin nicht OK – Du bist nicht OK", Gefühl der Ablehnung und Suche nach Zuwendung, Distanz, Konfrontation mit sperrigen Inhalten in der Predigt), einem *umarmenden* (Grundimpulse: „Ich bin nicht OK – Du bist OK", negatives Selbstbild und tendenzielle Über-höhung anderer, Werben um Zustimmung und Harmonie, Liebe als Allheilmittel in der Predigt), einem *zwanghaften* (Grundimpulse: „Ich bin OK – Du bist nicht OK", Beharren auf vorgegebenen Regeln, starke

---

12 OTTO HAENDLER: Die Predigt, 60.
13 Vgl. WILFRIED ENGEMANN: Einführung, 44–57.
14 Vgl. zum Folgenden FRITZ RIEMANN: Die Persönlichkeit, 152–166.
15 Vgl. OTTO HAENDLER: Die Predigt, 62–66.
16 Vgl. WILFRIED ENGEMANN: Einführung, 64–74.

Moralisierung in der Predigt) und einem *schrankenlosen Prediger* (Grundimpulse: „Ich bin OK – Du bist OK", mangelnde Anerkennung von Grenzen, starkes Selbstvertrauen, Neigung, dem Hörer gerecht werden zu wollen, Freiheit als zentrales Thema der Predigt) unterscheidet.

Im Blick auf das in seinen Gemeindepredigten erkennbar werdende *Selbstbild* präsentiert sich Otto Haendler seinen Hörern in der Regel als *theologischer Lehrer und Seelsorger.* Semiotisch betrachtet entsteht dieser Eindruck vor allem aufgrund der bereits im vorherigen Unterkapitel angesprochenen häufigen Verwendung assertiver Sprechakte des Erklärens, Behauptens und Auslegens. Haendler präsentiert sich auf diese Weise als ein Prediger, der Zusammenhänge wie etwa den von Gesetz und Rechtfertigung,[17] Freiheit und Gebundenheit,[18] Glaube und Gesundheit[19] aus einer dezidiert hörerorientierten Absicht heraus verständlich zu machen versucht. Die Vermittlung von Wissen und das Fördern von Verstehen stellen bei Haendler keinen Selbstzweck dar, sondern zielen auf das Leben und den Glauben seiner Hörer (Stichwort „Glaubens- und Lebenshilfe"). Es ist somit ein dezidiert seelsorgliches Ziel, aus dem heraus Haendler sich in seinen Predigten als Lehrer präsentiert.

Kritisch ist dabei jedoch anzumerken, dass ihm das Erreichen dieses Ziels sicherlich besser gelungen wäre, wenn eine stärker auf Dialog angelegte Sprache Verwendung gefunden hätte: Transaktionsanalytisch betrachtet läuft die überwiegende Mehrzahl seiner Gemeindepredigten nach der Spielidee „Ich erkläre dir dein Leben" ab, was alle Probleme des Gefälles eines Lehrer-Schüler-Verhältnisses nach sich zieht. So gelingt es Haendler z. B. über weite Strecken nicht, trotz des bestehenden theologischen Wissensvorsprungs eine echte Begegnung mit seinen Hörern auf Augenhöhe zu realisieren. Der Hörer muss hingegen oftmals den Eindruck erhalten, in einem Hörsaal zu sitzen – nicht weil Haendler in seinen Predigten theologisches Spezialwissen traktiert oder Themen ohne einen Bezug zur Wirklichkeit Gottes oder der der Hörer abhandelt, sondern weil seine Sprache in vielen Fällen einseitig diskursiv und beziehungslos bleibt.

„Hier war einer, dem das Irdische, das uns alle gefangen hält, nichts anhaben konnte! So, wie er lebte, ist also einmal gelebt worden. Wie er Gott vertraute, ist einmal reiner ungebrochener Gottesglaube aus der Welt zum Himmel emporgestiegen. Wenn er Gott liebte, ist einmal ungekürzte Gottesliebe auf Erden gewesen. Bleibt das nicht der Welt? Ist das nicht wie eine Versicherung, dass es immer wieder so sein kann? [...] Und darum feiern wir ja heut auch nicht irgendeinen Arbeitstag Jesu oder seine Taten, sondern die Geburt des Christkindes, um ganz klar zum Ausdruck zu bringen: Hier feiern wir Gottes Tat, Gottes Gabe, das große Geschenk Gottes an die Welt. Er gab den, der ganz von ihm erfüllt war, er gab der Welt seinen Sohn."[20]

---

[17] Vgl. z. B. K 24.
[18] Vgl. z. B. A 3.
[19] Vgl. z. B. G 19.
[20] G 5, 722.

Die überwiegende Mehrzahl der Gemeindepredigten Otto Haendlers entspricht somit dem von Wilfried Engemann als „identifizierend" charakterisierten Kommunikationstyp: „Die Predigt bietet im wesentlichen nur statistische Informationen; der Hörer erhält kaum Informationen darüber, wie er diese Information verstehen, was er mit ihr anfangen soll. [...] Damit verbunden ist ein hohes Maß an Redundanz."[21] Aus semiotischer Perspektive hat diese kommunikative Schieflage nach Engemann ihre Ursache in einer einseitigen Interpretation des Signifikats (der bezeichneten Sache) mit dem Signifikant (dem bezeichnenden Zeichen), was zur Folge hat, dass die „Nähe zur Wirklichkeit [...] wesentlich als eine begriffliche Nähe" hervortrete.[22] Die Folge ist ein Insistieren auf Begriffen, das vor allem in den Stralsunder Katechismuspredigten Haendlers zu finden ist (hier vor allem im Blick auf Begriffe wie „Kirche" und „evangelische Sittlichkeit"). Aus dem Wunsch heraus, den Hörern angesichts bestimmter Alltagsherausforderungen zu einem theologischen Lehrer zu werden, entsteht bei Haendler somit u. a. auch aufgrund einer unzureichenden direkten Kommunikation der eigenen Persönlichkeit das, was Engemann eine „obturierte Predigt"[23] nennt, d. h. eine Predigt, die Verstehenswege blockiert oder verstopft.

Diese Beobachtung ist umso erstaunlicher, da sich Otto Haendler in seinen Kasualpredigten ganz anders präsentiert: Hier geht er beispielsweise aufmerksam auf die Bedürfnisse von Trauernden ein,[24] vermag sich sehr nah an der Lebenswirklichkeit von Konfirmanden und ihren Problemen zu bewegen[25] oder sehr persönlich auf den Kasus der Taufe einzugehen.[26] Präsentiert sich Haendler in seinen Gemeindepredigten primär als Lehrer und erst sekundär als Seelsorger, ist dieses Verhältnis in seinen Kasualpredigten genau umgekehrt.

Vielleicht ist dieses ambivalente Bild damit zu erklären, dass Otto Haendler nach Fritz Riemann dem Grundtyp des „depressiven Predigers" bzw. nach Wilfried Engemann dem des „umarmenden Predigers" (Lebensposition: „Ich bin nicht okay – Du bist okay") zuzurechnen ist.[27] So liest sich etwa die entsprechende Charakterisierung Riemanns wie eine Beschreibung der Grundannahmen der Predigten Haendlers: „Das Böse im Menschen ist für ihn nur Irrtum; für ihn ist der Mensch primär gut, nur irregeleitet, und er ist überzeugt von der Gotteskindschaft des Menschen. Er glaubt an einen persönlichen Gott, der Liebe ist. Irren ist menschlich, Sünden sind daher verzeihlich und können vergeben werden, und ihm ist die Reue die wichtigste Form der Selbstbesinnung. Der Weg zu Gott führt für ihn über die Liebe."[28] Im Blick auf die Gemeindepredigten

[21] Vgl. Wilfried Engemann: Semiotische Homiletik, 137.
[22] Ebd.
[23] Vgl. a. a. O., 107–110.
[24] Vgl. z. B. K 19.
[25] Vgl. z. B. K 4.
[26] Vgl. z. B. K 1.
[27] Vgl. Wilfried Engemann: Einführung, 201.
[28] Zitiert nach ders./Frank Michael Lütze: Grundfragen der Predigt. Ein Studienbuch, Leipzig 2006, 67.

Otto Haendlers führt dieser Persönlichkeitszug zum Aufbau einer größeren Distanz, im Blick auf die Kasualpredigten ist es ihm besser gelungen, Distanz abzubauen, da sich mit dem konkreten Kasus konkreter Menschen die Analyse der Hörersituation praktisch von selbst ergab. Hier konnte dann der „umarmende“ Charakter seiner depressiven Persönlichkeitsstruktur größeren Raum finden und sich etwa in dem Wunsch, Trost zu spenden, verwirklichen. Das folgende, dem Umgang Haendlers mit dem Hörer gewidmeten Kapitel wird sich dieser Beobachtung noch genauer anzunehmen haben.

Aufgrund einer so gearteten Predigerpersönlichkeit erscheint *Gott* in den Predigten Haendlers dann auch in der Regel als Schutz, Harmonie oder Liebe spendender Zufluchtsort in Zeiten des Streites und Kampfes. Diese einseitige Sicht Gottes kommt der Projektion eines depressiven Harmonie- und Liebesbedürfnisses auf Gott gleich, weshalb sich beispielsweise Züge eines kämpfenden, befreienden oder gar richtenden Gottes, der die Machtverhältnisse von Menschen grundlegend ändert, nur sehr selten finden lassen.[29] Gott ist bei Haendler eher ein Gott der Innerlichkeit, der den erhört und belohnt, der sich im Gebet an ihn wendet, weniger der Gott, der verantwortliche Taten fordert. Auch dieser Zug deckt sich mit dem Bild der Persönlichkeit Otto Haendlers, das sich aus seiner Biographie ergibt.

Neben Gott als dem Spender von Sicherheit angesichts aller Kontingenz erhält darum vor allem in seinen frühen Predigten die *Kirche* eine solch hervorgehobene Stellung. Sie ist für den depressiven Prediger die dinglich wahrnehmbare Manifestation der Wirklichkeit Gottes, ohne die sie zur bloßen Innerlichkeit reduziert werden müsste. Die Kirche ist somit für Haendler der Garant der Erfahrbarkeit Gottes.

2.3 Ertrag

Die Persönlichkeit Otto Haendlers kommt in seinen Predigten vor allem indirekt zum Vorschein. In der Regel präsentiert er sich dabei als theologischer Lehrer und Seelsorger. Je nachdem welche der beiden Rollen überwiegt, realisiert er einen stärker Distanz aufbauenden (so vornehmlich in seinen Gemeindepredigten) oder abbauenden (so vornehmlich in seinen akademischen Predigten und Kasualansprachen) sprachlichen Grundcharakter. Grundsätzlich kann dabei festgehalten werden, dass die von Otto Haendler bis Mitte der 30er Jahre gehaltenen Predigten stärker unter dem Problem leiden, dass Wilfried Engemann mit dem Begriff der „obturierten Predigt“ beschreibt. Vor allem in den akademischen Predigten der 50er Jahre findet dagegen eine zunehmende Thematisierung der eigenen Persönlichkeit Haendlers durch den Gebrauch stimmiger, zum Teil aus der eigenen Erfahrung entnommener Beispielgeschichten und Vergleiche statt, die sich positiv mit einer stärker psychologisch angelegten Wahrnehmung des Predigttextes ergänzen. Die grundsätzliche Sicht des Menschen als

[29] Eine Ausnahme bildet hier die zwischen 1948 und 1962 gleich dreimal in akademischen Kontexten gehaltene Predigt über Jakobs Kampf am Jabbok (A 3).

hilfebedürftiges Wesen und Gottes als Schutz- und Vertrauensmacht bleiben dabei genauso bestehen wie die grundsätzlich geistliche Anlage seiner Predigten.

Grundsätzlich kann der homiletische Ansatz Otto Haendlers beim Subjekt des Predigers von seinen eigenen Predigten aus besser verstanden werden: Wie bereits dargelegt (vgl. Kap. II.4.1) ging es Otto Haendler mit seiner Fokussierung auf das Subjekt des Predigers nicht um ein Plädoyer für eine Predigt, die die Persönlichkeit des Predigers en detail zum Vorschein kommen lässt, sondern um ein Plädoyer für eine Predigt, die mit dem Glauben, Denken und Erleben des Predigers übereinstimmt. Wenn Ottto Haendler sich in seinen Gemeindepredigten vornehmlich als distanzierter theologischer Lehrer präsentiert und wenige Details aus seinem Leben preisgibt, dann ist daraus nicht zu schließen, dass diese Predigten in keinerlei Beziehung zu seiner Persönlichkeit stehen: Sie sind in hohem Maße persönlich, da sie Ausdruck seines Glaubens und Denkens sind. Dieser Zug der Predigten Otto Haendlers korrespondiert mit den von Fritz Riemann erruierten Grundbedingungen eines „depressiven Predigers".

3. Priesterlich Predigen – Predigen für einen Menschen

Mit dem Begriff der „Priesterlichen Predigt" versucht Otto Haendler, wie gesehen (vgl. Kap. II.6.3), das Vermittlungsgeschehen zwischen der horizontalen und der vertikalen Dimension der Wirklichkeit zu verdeutlichen. Diese Theorie spiegelt sich deutlich in einer 1929 in Stralsund über 1. Petr 2,5a gehaltenen Predigt wider. Dort fordert Haendler: „Immer und überall wirken wir mit allem, was wir sind, mit unserer ganzen Persönlichkeit: Und es soll priesterlich sein!"[1] Im Folgenden sollen vor dem Hintergrund dieses lebendigen Plädoyers die eigenen Predigten Otto Haendlers auf die Umsetzung seiner Forderung hin untersucht werden. Dabei sollen die für die „Priesterliche Predigt" wesentlichen Paradigmen der Anthropologie und Zeitgenossenschaft sowie der Glaubens- und Lebenshilfe erkenntnisleitend sein.

3.1 Anthropologie und Zeitgenossenschaft

Wie im vorherigen Kapitel gesehen, leiden viele, vor allem frühe Gemeindepredigten Otto Haendlers an einer einseitig deskriptiven, beziehungslosen Kommunikationsform. Der Mensch kommt hier fast ausschließlich als Gattungswesen bzw. als soziologische Größe in den Blick, jedoch kaum als konkretes Individuum. Die Tendenz, ein größeres Augenmerk auf die begriffliche Nähe zum Sachgegenstand der Predigt als auf die kommunikative Nähe zu ihren Adressaten zu legen, ist das zentrale Problem dieser Predigten. Im Blick auf die diesem Unterkapitel zugrunde gelegten Begriffen ist diese Beobachtung im Wesentlichen damit zu erklären, dass Haendler seinen Predigten eine stärker grundsätzliche und weniger an konkreten Menschen gewonnene Anthropologie zugrunde gelegt hat und dadurch versäumte, seinen Hörern zum echten Zeitgenossen zu werden. So hält er etwa in seiner „Predigt" fest: „Man braucht als Grundlage nicht eine Kenntnis der Einzelnen, sondern eine Kenntnis des Menschen."[2] Diese Grundentscheidung hat sehr wahrscheinlich im Blick auf die Gemeindepredigten dazu geführt, dass Otto Haendler nur ein unzureichendes Bild von der tatsächlichen Hörersituation bekommen konnte bzw. die Frage nach der Hörersituation stärker als intellektuelle Schreibtischaufgabe („Was bewegt *den* Menschen des 20. Jahrhunderts grundsätzlich?") denn als praktische Anknüpfungsaufgabe verstanden hat („Was bewegt meine Hörer in Neuenkirchen tatsächlich?").

Dieser Zug zeichnet sich bereits in seiner Habilitationsschrift ab, wenn er in der „Idee der Kirche" eine adäquate Reaktion auf die sozialistischen und nationalistischen Gruppierungen zulaufenden Massen erblickt. Haendler erkennt hier kognitiv ein gewichtiges Problem, verhindert jedoch affektiv eine wirksame

[1] G 11, 8.
[2] Ders.: Die Predigt, 243.

Bearbeitung dadurch, dass er es einseitig intellektuell interpretiert: Die Adressaten der in seiner Habilitationsschrift aufgestellten und in seinen „Katechismuspredigten" ansatzweise umgesetzten Forderungen sind ja nicht aufgrund der intellektuellen Überzeugungskraft einer kollektivistischen Idee extremistischen Kreisen zugelaufen, sondern aufgrund ihrer scheinbaren existenziellen Relevanz. Stärker als die intellektuelle Förderung der Idee der Kirche als Gemeinschaftsidee hätte Haendler hier bei den Sehnsüchten und Nöten seiner Adressaten ansetzen sollen und den christlichen Gemeinschaftsgedanken stärker affektiv und persönlich als kognitiv und institutionell vermitteln sollen. Begriffe wie „evangelische Sittlichkeit", die zwar eine Handlungsperspektive im Blick haben, eignen sich dabei nicht, da sie wiederum im bloß Deskriptiven stecken bleiben und einer „obturierten Predigt" Vorschub leisten. In diesem Sinne ist es Otto Haendler nicht gelungen, seinen Hörern zum Zeitgenossen zu werden.

Es darf an dieser Stelle jedoch nicht der Eindruck entstehen, als ob Otto Haendler Anthropologie und Zeitgenossenschaft in seiner über 70-jährigen Predigttätigkeit niemals realisiert hätte. Neben den bereits angesprochenen Kasualpredigten zeugen vor allem seine im akademischen Kontext gehaltenen Predigten von einem tiefen Verständnis der menschlichen Seele und einer genauen Analyse der Zeit. So setzt er etwa in einer im August 1945 im Greifswalder Universitätsgottesdienst gehaltenen Predigt bei der „unheimlichen Stille"[3] an, die in den letzten Wochen nach der kampflosen Übergabe der Stadt an die Rote Armee und dem bald darauf folgenden Kriegsende zu spüren gewesen sein muss. Dass diese Stille nichts mit einer „wohltuenden Stille" zutun hat, die Haendler in vielen Predigten sonst so wichtig ist, stellt er dabei eindeutig heraus, um anschließend dieses beklemmende Gefühl geschickt mit einem Wort aus Ps 37,1 zu verknüpfen: „Seid Stille dem Herrn und wartet auf ihn." An dieser Stelle zeigt sich eine organische Verbindung von Situationsanalyse, aktiv ergriffener Zeitgenossenschaft und Textauswahl.

In der bereits erwähnten, 1948 an gleicher Stelle gehaltenen Predigt über Gen 32,22-32 präsentiert sich Haendlers darüber hinaus als Kundiger im Blick auf die menschliche Seele, indem er geschickt die Geschichte vom Kampf Jakobs am Jabbok als Allegorie für menschliche Kontingenzerfahrungen nutzt.[4] Die folgende psychologische Nacherzählung der bekannten Vätergeschichte orientiert sich dabei an dem Verlauf der Erzählung und nimmt Themen wie das Scheitern an vorgegebenen Bedingungen oder die Erfahrung von Einsamkeit und Hilflosigkeit auf und kommuniziert seinen Hörern damit die Jakobsgeschichte als Mutmachgeschichte bzw. als Aufforderung, sich im Vertrauen auf Gott und in Gelassenheit im Blick auf das Schicksal den kontingenten Bedingungen ihres Lebens zu stellen: „Was tut also Jakob als Vorbild für uns? Er nimmt das Ringen an! Er nimmt es an, obwohl die Macht unheimlich und un-

[3] Vgl. A 2.
[4] Vgl. A 3,1.

durchsichtig ist, und obwohl er nicht weiß, was wird und wie lange seine Kräfte dem Ringer standhalten werden. Jakob stellt nicht Bedingungen, sondern er stellt sich den Bedingungen."[5] Dort, wo es Haendler gelingt, Anthropologie und Zeitgenossenschaft zu realisieren, gelingt es ihm auch, sein hörerorientiertes Predigtziel, Glaubens- und Lebenshilfe zu bieten, weitaus besser zu erreichen. Darauf soll in den nächsten Unterkapiteln näher eingegangen werden.

3.2 Glaubenshilfe

Das Anbieten von Glaubenshilfe stellt von Anfang an eines der zentralen Predigtziele Otto Haendlers dar. Entsprechend seiner depressiven Persönlichkeitsstruktur konzentriert sich sein Glaubensbegriff dabei vornehmlich auf die innere, kontemplative, geistliche Dimension des Glaubens und nicht so sehr auf seine äußere, ethische, prophetische oder politische. So sieht Haendler etwa in seinem „Petrus" das entscheidende Wesen des Glaubens darin, „dass wir uns mit unserem Sein dem lebendigen Gott zuwenden, der uns beschenkt mit immer neuer Erkenntnis, der uns wandeln will zu Menschen aus seinem Geist, der durch allen echten Glauben und durch alle echte Forderung uns seine Herrlichkeit immer tiefer offenbart."[6] Ein so verstandener Glaube kann im Sinne Haendlers niemals ein bloßes Additivum zu einem auch ohne ihn funktionierenden Leben sein, sondern stellt immer die Grundlage menschlichen Lebens dar: Der Glaube ist für Haendler also eben „nicht wie eine künstliche Beleuchtung, durch die wir eine trostlose Landschaft verschönten, sondern wie Wind und Regen, die lebensspendend über die Felder streichen."[7] Darum kann Haendler seine Hörer auch leidenschaftlich aufrufen: „Lass dein Herz heiß werden für Christus, lass es brennen für Christus, wie es vielleicht in deinen Kinderjahren brannte für einen Helden"[8].

Vor dem Hintergrund dieses Glaubensverständnisses wird nachvollziehbar, warum sich Haendler durchgehend für den Typus der geistlichen Predigt entschieden hat: Erst unter der Perspektive des Glaubens wird das Leben für Haendler komplett, erst mit der Wahrnehmung der Wirklichkeit Gottes als Tiefendimension des Daseins kann davon gesprochen werden, ein zutreffendes Weltbild zu haben, erst in der glaubenden Beziehung zu Gott kann der Mensch wirklich Mensch werden und sein: „Alles Menschendasein, das über das Triviale sich erhebt, lebt mehr oder weniger aus dem Wechsel und der Spannung zwischen besonderem inneren Erleben und alltäglichem äußeren Geschehen. Der wenig geübten Seele des heutigen Menschen aber ist es eine wichtige Aufgabe, hier Einklang und Einheit zu finden. Das innere Erfahren und Erleben muss gesund und bei aller Offenheit kritisch bleiben, das äußere Tun und Geschehen soll in Glanz und Kraft des inneren Erlebens hineingenommen wer-

---

[5] A. a. O., 4.
[6] Petr, 11.
[7] A. a. O., 18.
[8] G 3, 6.

den."[9] Glaubenshilfe als Element der „Priesterlichen Predigt" hat damit im letzten Sinne keine geringere Aufgabe, als den Menschen bei seiner Menschwerdung zu unterstützen, und lässt sich aus diesem Grund nicht von der Lebenshilfe trennen: Beide ergänzen sich vielmehr gegenseitig.

Entsprechend der Aussagen in seiner Homiletik besteht auch in den Predigten Otto Haendlers das Priestertum, das der Prediger mit seiner Predigt zu übernehmen hat, vor allem in der Mittlerfunktion zwischen der biblischen Verheißung auf der einen und der Erfahrung der Anfechtung durch die Wirklichkeit auf der anderen Seite. So sieht er etwa in einer mangelnden Intensität der Glaubenspraxis (vor allem bezogen auf das Beten),[10] der Verunsicherung der eigenen Existenz durch Leid, Tod und Sterben, einer mangelnden christlichen Lebensführung (Stichwort „evangelische Sittlichkeit")[11] sowie der Aneignung der christlichen Freiheit wesentliche Felder, auf denen die Hörer der Hilfe bedürfen. Er bietet ihnen dabei eine Glaubenskultur an, die vor allem die Bindung und das Vertrauen seiner Hörer zu Gott festigen möchte:

- Wer eine intensive Gottesbeziehung aktiv lebt, hat einen inneren Reichtum, der sein Leben fröhlich macht.[12] - In der Geburt Jesu wird eine Menschlichkeit Gottes deutlich, die zwischenmenschliche Liebe und Treue erst ermöglicht.[13] - Aus der Überwindung des Todes durch Jesus Christus können Trauernde Trost gewinnen.[14] - Glaube kann durch den Kontakt mit anderen Menschen entstehen und wachsen.[15] - Gutes und Schweres kommt aus Gottes Händen und will mit Gelassenheit und Vertrauen auf Gott angenommen werden.[16]

Otto Haendler belässt es in zahlreichen Predigten jedoch nicht nur bei einer rein inhaltlichen Darstellung dieser Glaubenskultur, sondern versucht seinen Hörern praktische Handlungsmöglichkeiten aufzuzeigen, wie sie ihr geistliches Leben aktiv gestalten können. Durchgehend sind dabei Stille,[17] Gebet[18], Kontemplation[19] und Bibellese[20] entscheidenden Praktiken, von denen er sich Hilfe verspricht. Es ist somit eine Form kontemplativer, geistlicher Lebenskunst, die Haendler seinen Hörern nahezubringen versucht. Interessant ist dabei, dass die Meditation in dieser Aufzählung fehlt. Wenngleich Haendler in zahlreichen Vorträgen und Veröffentlichungen versucht hat, einer breiten Masse die Meditation als bereicherndes Element einer geistlichen Lebenskunst vorzustellen,

---

[9] Petr, 36.
[10] Vgl. z. B. G 3, 5 f.
[11] Vgl. durchgehend EvChr.
[12] Vgl. G 8.
[13] Vgl. G 9.
[14] Vgl. G 10.
[15] Vgl. G 17.
[16] Vgl. A 10.
[17] Vgl. z. B. G 6, 4; A 2; EvChr, 99.
[18] Vgl. z. B. G 4, 468; G 20, 2 f.; G 21; Petr, 32.
[19] Vgl. z. B. Petr, 38.
[20] Vgl. z. B. a. a. O., 35.

spart er dieses Thema in seinen Predigten aus. Lediglich an einer Stelle ist von einem „wiederholenden, meditierenden Gebet“[21] die Rede. Warum Haendler die Predigt nicht als Medium zur Einführung in die Technik der Meditation genutzt hat, muss letztendlich offen bleiben. Vielleicht hängt dieser Umstand mit der Tatsache zusammen, dass er in seinen Anleitungen zur Meditation stets auf eine Kombination von Information und praktischer Anleitung gesetzt hat, die in einer konventionellen Gottesdienstsituation schwer umzusetzen gewesen wäre.

In seinem Predigtband „Petrus“ wird die Vermittlung einer praktischen, geistlichen Lebenskunst schließlich deutlich um das Element der Freiheit erweitert. In ihr sieht Haendler den wesentlichen Motor für ein gesundes Glaubensleben: Wer sich in Freiheit auf Gott einlassen kann, wer sich weder abschrecken noch beschränken lässt von widerständigen Lehren, der hat nach Haendler gute Chancen, ein gesundes und gelingendes Glaubensleben zu führen.[22]

Wenngleich Otto Haendler sein Predigtziel der Glaubenshilfe mit aller Deutlichkeit umzusetzen versucht und dabei eine hohe Kreativität und Vielseitigkeit an den Tag legt, gelingt ihm dies nicht immer. Häufig liegt dies an Sprachspielen wie beispielsweise dem immer wieder anzutreffenden *„Wir dürfen!“*.[23] Mit diesem Sprachspiel möchte Haendler seinen Hörern neue Handlungsmöglichkeiten aufschließen, erreicht letztlich aber das genaue Gegenteil, da es die Aufhebung eines Verbots suggeriert, das in Wahrheit jedoch niemals bestanden hat. Wer sollte beispielsweise auf die Idee kommen, dass gegenseitige Hilfe verboten sei und aus diesem Grund durch den Prediger eigens erlaubt werden müsse? Hinter der Kommunikation des „Dürfens“ steht somit in Wahrheit die Kommunikation eines „Sollens“ - dies jedoch nicht deutlich formuliert, sondern unter dem scheinbaren sprachlichen Modus einer Befreiung verklausuliert. Das scheinbar werbende „Dürfen“ entpuppt sich somit bei rechtem Hinsehen als eine besonders perfide Hörerschelte, die mit den Grundprinzipien der „Priesterlichen Predigt“ nicht vereinbar ist, zumal dieses Sprachspiel ein echtes Problem der Hörer stillschweigend unter den Tisch kehrt: Das eigentliche Problem liegt doch gerade nicht darin, dass Menschen von der falschen Vorstellung befreit werden müssen, nach der es beispielsweise verboten sei, Jesus Christus in ihr Leben hineinzunehmen, sondern gerade darin, dass sie nicht wissen, wie dies praktisch möglich ist! Wenn Haendler somit seine Hörer zu einer stärkeren Identifizierung mit dem Evangelium Jesu Christi bringen möchte, dann hätte er dazu besser praktische Wege und plausible Gründe anführen sollen. Dies wäre dabei am ehesten durch expressive Sprechakte möglich, die von seinen eigenen Erfahrungen im Umgang mit diesem Themenkomplex zeugen. Die eigene Person stärker ins Spiel zu bringen, läge auch hier nahe und würde zudem mit dem homiletischen Grundkonzept Haendlers korrespondieren.

---

[21] G 20, 2.

[22] Vgl. z. B. Petr, 25.

[23] Vgl. hierzu auch die Ausführungen zum Gebrauch modaler Hilfsverben in der Predigt bei MICHAEL HERBST/MATTHIAS SCHNEIDER: ...wir predigen nicht uns selbst, 117–119.

3.3 Lebenshilfe

Wenn Otto Haendler in seinen Predigten nur die Dimension des Glaubens im Blick gehabt hätte, müsste er sich fragen lassen, ob sich die Predigt in ihrer geistlichen Dimension erschöpft, oder ob sie nicht auch außerhalb des Glaubens liegende Bereiche des menschlichen Lebens zum Gegenstand haben sollte. Für Otto Haendler ist diese Funktion der Predigt schon früh mit der Frage nach Lebenshilfe verknüpft. So spricht er etwa in einer 1918 gehaltenen Predigt nicht nur über die Auswirkungen der leidvollen Erfahrungen des Ersten Weltkrieges für den Glauben seiner Hörer, sondern fragt auch danach, wie Menschen angesichts der erlebten und durchlittenen Verunsicherung wieder „Herr ihres eigenen Lebens" werden können.[24] Unter den Themenfeldern „Leid", „Freude" und „Alltäglichkeit" kommt er dabei zu dem Schluss, dass es vor allem auf eine differenzierte Wahrnehmung des eigenen Lebens ankomme: Wer unter dem schweren Leid vergisst, dass er auch fröhliche Tage erlebt hat, verliere sein eigenes Leben genauso wie der, der alles Schwere ausblendet und zwanghaft von einer Freude zur nächsten eilt. Ganz im Sinne seiner Theorie der „Priesterlichen Predigt" möchte Haendler aus diesem Grund eingefahrene Alltagswahrnehmungen um eine neue Perspektive ergänzen: die Dimension der Wirklichkeit Gottes. So versucht er etwa in der erwähnten Predigt mit einem Wort aus Röm 8,28 („Wir wissen aber, dass denen, die Gott lieben, alle Dinge zum Besten dienen") seine Hörer dazu anzuleiten, das eigene Leben unter der Prämisse der Ewigkeit zu betrachten, auch im Schlimmsten auf Gott zu vertrauen, Großes von ihm zu erwarten und mit seiner Liebe zu rechnen. Haendler versucht auf diese Weise, seinen Hörern angesichts einer in dieser Zeit nachvollziehbaren, einseitig auf das Leid fokussierten Wahrnehmung von Wirklichkeit einen neuen Blick auf das Leben zu ermöglichen und Veränderungen anzustoßen. Prägnant und für seine Verhältnisbestimmung von Kontemplation und Aktivität äußerst aufschlussreich kann er darum in einer 1919 in Gumtow gehaltenen Predigt fordern: „Religion gehört nicht nur in die stillen Stuben; da in der Ewigkeit, in Gott fließt ihre Quelle, aber bewähren muss sie sich im Leben."[25]

Spätestens seit seiner Stralsunder Zeit ist dieser Zug der Predigten aufs Engste mit dem Freiheitsbegriff verbunden. Haendler versteht Freiheit hier letztlich ganz ähnlich wie Wolfhart Pannenberg als „reale Möglichkeit, ich selbst zu sein"[26]. Predigt als Lebenshilfe zur Freiheit ist damit im Letzten Sinne Lebenshilfe zur Selbstwerdung (im Jungschen Sinne). Dieser Zug wird ganz besonders in einer 1965 auf einer Ärztetagung gehaltenen Predigt über Ps 25,14 f. deutlich. Im Rahmen einer genaueren Unterscheidung von Angst und Furcht weist Haendler darauf hin, dass das Entscheidende im Umgang mit schwierigen Widerfahrnissen im Leben die innere Einstellung diesen Ereignis-

---

[24] Vgl. G 3, 1.

[25] G 4, 469.

[26] Wolfhart Pannenberg: Anthropologie in theologischer Perspektive, Göttingen 1983, 233

sen gegenüber sei und nicht so sehr die Ereignisse selbst: „Alles ist im Wesentlichen negativ. Es kommt auf das, was im Subjekt geschieht, an, nicht auf das, was im Objekt ist.“[27] Anders formuliert könnte man auch sagen: Die Dinge in der Außenwelt wie etwa Krankheit, Not und Leid sind an sich weder positiv noch negativ, weder gut noch böse, weder richtig oder falsch, sondern ganz neutral das, was sie nun einmal sind. Erst unsere Einstellung ihnen gegenüber, erst unsere Bewertung und innere Partizipation lässt sie zu dem werden, was sie für uns sind. Der rechte Umgang mit komplexen Situationen im Leben besteht für Haendler damit nicht in dem Versuch der Umkehr dieser Situationen, sondern in der Umkehr des eigenen Selbst und der Annahme des eigenen Schicksals. Eine „Priesterliche Predigt“, die Lebenshilfe zu vermitteln versucht, hat nach Otto Haendler somit nicht bei den äußeren Umständen anzusetzen, sondern bei den inneren. Mit WILFRIED ENGEMANN gesprochen geht es Haendler also im Blick auf die Lebenshilfe um die Gewinnung eines „Meta-Nous“[28] (abgeleitet von „μετάνοια“), d. h. um die Kultivierung eines neuen, gelassenen, nüchternen Blicks auf das eigene Leben und seine Bedingungen. Dieser Zug der Predigten Otto Haendlers korrespondiert mit seinen Aussagen zu einer poimenischen Bestimmung der Predigtaufgabe (vgl. Kap. II.3.2).

Vor diesem Hintergrund wird auch plausibel, warum – abgesehen von seinen in militärischen Kontexten gehaltenen Predigten – Themenbereiche wie Ethik und Politik durchgehend nicht zur Sprache kommen, sondern in der Regel nur vermittelt durch das Thema der *seelischen Gesundheit*.

Häufig in seinen Predigten im Blick auf diesen Themenbereich wiederkehrende Aussagen sind:
- Die anonyme Massengesellschaft macht Menschen krank. Um Heilung zu erfahren, müssen sie zurück zu ihrem Ursprung: Gott.[29]
- Der Glaube an Christus macht gesund.[30]
- Zu einer tiefen Erkenntnis der Wirklichkeit gehört die Dimension der Wirklichkeit Gottes, so wie sie durch den Glauben eröffnet wird, unweigerlich dazu.[31]
- Wer sich von der Welt löst und Gott hingibt, wird frei von Enttäuschung und Lebensleere.[32]

Otto Haendler rät angesichts von hemmenden Lebensumständen seinen Hörern also nicht in prophetisch-politischer Weise dazu, diese aktiv zu ändern, sondern in seelsorglicher Weise, die persönliche Einstellung ihnen gegenüber zu ändern. In der Überwindung der Welt durch den Glauben, d. h. durch eine andere Sicht auf Welt, Mensch, Leben und Leiden sieht Haendler also die entscheidende

---

27 A 10, 2.

28 WILFRIED ENGEMANN: Die Lebenskunst und das Evangelium. Über eine zentrale Aufgabe kirchlichen Handelns und deren Herausforderung für die Praktische Theologie, in: ThLZ 129 (2004) 9, 888.

29 Vgl. G 14.

30 Vgl. G 6.

31 Vgl. A 10.

32 Vgl. Petr, 30.

Lebenshilfe. An diesem Punkt wird noch einmal deutlich, wie eng Haendler Glaubens- und Lebenshilfe zusammendenkt, welche Wandlung die klassischen theologischen Begriffe der „Umkehr" und der „Überwindung" durch seine psychologische Herangehensweise bekommen haben und (positiv formuliert) wie stark oder (negativ formuliert) wie einseitig sich seine „depressive" Predigerpersönlichkeit mit ihrem Hang zu Kontemplation und Innerlichkeit auf die Hörerorientierung der Predigt ausgewirkt hat.

3.4 Ertrag

Seinem Konzept einer „Priesterlichen Predigt" entsprechend stellt Otto Haendler die Belange der Hörer in das Zentrum seiner eigenen Predigten. Er möchte die Hörer mit seinen Predigten in ihrem Glauben und ihrem Alltagsleben unterstützen, indem er diese Dimensionen mit der Wirklichkeit Gottes ins Gespräch zu bringen versucht. Dieser Ansatz wird jedoch in seinen Gemeindepredigten durch eine allzu grundsätzliche Anthropologie behindert. Eine genaue Analyse der tatsächlichen Hörersituation weicht hier anthropologischen Allgemeinplätzen wie „Angst und Glaube", „Freiheit", „Tod und Sterben". Zwar bearbeitet Haendler mit diesen oder ähnlichen Themen zentrale menschliche Konfliktfelder, versäumt es aber vor allem aufgrund einer einseitig (be)lehrenden, wenig auf Partizipation angelegten Sprache, die aufgrund seiner Predigerpersönlichkeit ohnehin bestehende Distanz zwischen Prediger und Hörer abzubauen.

Eine treffende Analyse der konkreten Lebenssituation seiner Hörer ist ihm am ehesten in seinen Kasualpredigten gelungen. Hier kommt er unter der Voraussetzung des konkreten Lebens konkreter Menschen sowohl sprachlich als auch theologisch der Erfüllung seiner eigenen Maßstäbe am nächsten. Mit der tatsächlichen und nicht der theoretischen anthropologischen Relevanz der Predigt steht und fällt jedoch das Konzept der „Priesterlichen Predigt". Eine stärker persönlich gehaltene Predigt, die mit den homiletischen Forderungen Haendlers nicht nur im Blick auf eine Übereinstimmung von persönlichem Glauben des Predigers und kirchlicher Lehre Ernst macht, hätte hier bessere Ergebnisse erzielt. Dies wird an den stärker erzählerisch gestalteten Passagen sowie an seinen tiefsinnigen Ausführungen zum Thema „Freiheit" in seinen späteren Predigten besonders deutlich. Hier realisiert Otto Haendler am ehesten die von ihm formulierte priesterliche Funktion der Predigt.

4. Schriftgemäß Predigen – Predigen mit einem Text

Der folgende Blick soll dem Umgang Otto Haendlers mit dem Predigttext gelten. Dabei müssen gleich zu Beginn zwei wesentliche Beobachtungen an seinen Predigten festgehalten werden: 1. Otto Haendler hat sich während seiner gesamten Predigttätigkeit an die unrevidierte Lutherübersetzung von 1912 gehalten und 2. diesen Text seinen Predigten stets vorangestellt. So schlicht und unspektakulär diese Beobachtung für einen Prediger des frühen 20. Jahrhunderts auf den ersten Blick zu sein scheint, lassen sich bei genauerem Hinsehen daraus dennoch gleich mehrere wichtige Grundzüge des Umgangs Otto Haendlers mit dem Predigttext ablesen: Zum einen weist die konsequente Verwendung der unrevidierten Lutherausgabe darauf hin, dass Haendler andere Bibelausgaben oder gar eigene Übersetzungen nicht benutzt hat. Nimmt man die Tatsache hinzu, dass sich in seinen Predigten an keiner Stelle Hinweise auf exegetische Probleme oder mögliche andere Lesarten des Urtextes finden lassen, kommt man zu dem Schluss, dass Otto Haendler diese Dimension des Predigttextes wenig interessiert hat. Konkreter formuliert: Die historische Genese oder philologische Mehrdeutigkeit biblischer Texte hat für die Predigten Otto Haendlers keinerlei Bedeutung. Dies ist umso erstaunlicher, da er mit seinen Lehrern Adolf Schlatter und Adolf von Harnack prägende Beispiele einer engen Verzahnung von Exegese und Systematik im Studium kennen gelernt haben dürfte.

Zum anderen weist die konsequente Voranstellung des Predigttextes darauf hin, dass Otto Haendler ungeachtet seines geringen Interesses an exegetischen Fragestellungen die Predigt stets vom Text ausgehend gedacht hat. Zwar hat der konsequente Weg der Dialektischen Theologie „Vom Text zur Predigt" bei ihm nie Anwendung gefunden, aber dennoch ist auch in den Predigten Haendlers der Text ständiger Ausgangs- und Rückbezugspunkt der Predigt. Der Predigttext muss also in einem anderen, weniger exegetischen und dafür stärker systematisch-theologischen Sinn doch eine entscheidende Bedeutung für die Predigt haben.

Wie im Unterkapitel zum Schriftverständnis Otto Haendlers gezeigt wurde (Kap. II.5.1), dürfte sich hinter dieser Verortung des Predigttextes Haendlers Differenzierung von „Erkenntnis-" und „Sachgrund" verbergen: „Die Urkunde ist Erkenntnisgrund, aber nicht Sachgrund unserer Verkündigung. Glaube entsteht nicht allein an der Beurkundung, sondern mit ihrer Hilfe zugleich direkt an den Mächten und Kräften, die von den geschehenen Wirklichkeiten ausgehen."[1] Bezogen auf die Predigten Otto Haendlers bedeutet dies: Der Text ist das noetische Vehikel, um den Menschen einen Zugang zur Wirklichkeit Gottes zu ermöglichen, nicht aber diese Wirklichkeit selbst. Dem Text als bloßes Vehikel steht aus diesem Grund auch nur die Aufmerksamkeit zu, die er für die Erfül-

---

1 OTTO HAENDLER: Die Predigt, 212.

lung seiner Aufgabe (des Transports des Sachgehaltes) benötigt. Eine Beschäftigung mit dem Text um des Textes willen wäre aus der Sicht Haendlers demnach absurd. Stattdessen traut er der Predigt zu – vor allem in ihrer priesterlichen Dimension –, ihre Aufgabe (die Kontaktgestaltung der Wirklichkeit des Menschen mit der Wirklichkeit Gottes) im Zweifelsfall auch ohne einen konkreten Predigttext zu erfüllen. Im Folgenden soll anhand der auch bei Haendler festzustellenden klassischen Predigtgenres, der Mottopredigt, der klassischen Textpredigt und der Homilie, ein genauerer Blick auf seinen tatsächlichen Umgang mit dem Predigttext geworfen werden.

4.1 Die Mottopredigt

Seiner homiletischen Grundentscheidung folgend, nach der der Text eine rein dienende Funktion im Blick auf das Predigtgeschehen besitze, ist mit 57 von insgesamt 78 Predigten (=73%) der mit Abstand häufigste bei Otto Haendler anzutreffende Predigttyp der der Mottopredigt. In ihr stellt er der Predigt ein bis maximal drei prägnante Bibelworte voran und macht sie zur inhaltlichen Grundlage und ständigem Bezugspunkt der folgenden Ausführungen. In der bereits erwähnten, 1965 auf einer Ärztetagung gehaltenen Predigt über Ps 25,14 f. rechtfertigt Haendler dieses Vorgehen indirekt mit einem Verweis auf das von ihm sog. „Spruchchristentum“:

> „Ich möchte anknüpfen an eine bestimmte prägnante Erscheinung aus der Jahrhundertwende. Es gab damals in den eigentlich kirchlichen Kreisen eine etwas lebhafte und etwas zugespitzte Polemik gegen das sogenannte Spruchchristentum. Das heißt gegen Menschen, die nicht ständig die Heilige Schrift studieren, nicht in ihr wirklich beheimatet sind, sondern aus Sprüchen leben. Es ist dieser Gegenbewegung m. E. mit Recht geschehen, dass sie keinen langen Atem gehabt hat; denn es ist außerordentlich kurzsichtig, ein Leben aus Sprüchen, d. h. doch aus knappen, prägnanten Worten zu verurteilen. Man kann im Gegenteil sagen, der eigentliche Zugang zur Heiligen Schrift, also auch der eigentliche Zugang zum Glauben für uns in unserer Zeit unter der gewandelten Weltsituation, unter dem gewandelten Weltbild kommt jedem durch seine Tore – ich sagte eben absichtlich nicht ‚durch seine Türe‘. Eine Tür führt von Raum zu Raum und bei Tor denke ich an einen lichten, durchlässigen Zaun, der zwischen dem Grundstück und dem Walde liegt. Wenn man die Pforte findet und sie öffnet und durch sie hindurchgeht, dann ist man in dem unbegrenzten Raum. Die Sprüche sind für uns der Zugang und jeder hat seine. Wenn es wenig sind, schadet es nichts.“[2]

Es ist also letztlich das Vertrauen in die symbolhafte, transzendierende Kraft biblischer Worte, die Haendler diesen Predigttyp bevorzugen lässt. Er traut einzelnen bildhaft prägnanten Worten stärker zu, Menschen einen Zugang zur Tiefendimension der christlichen Wahrheit zu ermöglichen, als einem ganzen Textkorpus, der erst schrittweise ausgelegt werden will, bevor seine Bedeutung den Hörern zugänglich wird. Mit Wilfried Engemann[3] gesprochen, dient Otto

---

[2] A 10, 1.

[3] Zum „Text als Argument der Verbindlichkeit“ vgl. Wilfried Engemann: Einführung, 109–111.

Haendler der Text in seinen Mottopredigten vornehmlich als „Argument der Verbindlichkeit“, also als Argument der Relevanz der biblischen Botschaft für das Leben der Hörer.

Exemplarisch kann der in den meisten Predigten Otto Haendlers zu findende motivische Umgang mit dem Predigttext an einer 1931 in Stralsund über Röm 8,26 f. gehaltenen Predigt veranschaulicht werden.[4] Methodisch nutzt Haendler hier den Predigttext lediglich als Lieferant des Themas („Gebet“), des zu verhandelnden Grundproblems („denn wir wissen nicht, was wir beten sollen“) und der vorgeschlagenen Lösung („der Geist hilft unserer Schwachheit auf“). Im Verlauf seiner Predigt zitiert Haendler nur selten bruchstückartig einzelne Wortgruppen des Predigttextes, etwa um zu einer neuen Sinneinheit überzuleiten, und orientiert sich ansonsten an einer rein thematischen Bearbeitung der aufgeworfenen Themenfelder „Gebet“, „Glaube“ und „Ringen“. Über weite Strecken schwingt der Predigttext aus diesem Grund nur indirekt im Hintergund mit und wird von Haendler zuweilen lediglich als „Pauluswort“[5] den Hörern in Erinnerung gerufen. Überhaupt setzt Haendler den Wortlaut des Predigttexts als grundsätzlich bekannt voraus und wiederholt ihn in voller Länge an keiner Stelle. Ein Bezug zu Vers 27 fehlt sogar ganz, so dass der ohnehin schon kurze Text nicht vollständig bearbeitet wird. Vor dem Hintergrund dieser Beobachtungen wird deutlich, dass die Mottopredigt ganz den Bedingungen der von Otto Haendler bevorzugten Themapredigt geschuldet ist: Haendler wollte im Fall der vorgestellten Predigt das Thema „Gebet“ bearbeiten und hat dazu eine klassische Bibelstelle ausgewählt und nicht umgekehrt das Thema „Gebet“ eine feststehenden Predigttextes entnommen. Der Text fungiert hier somit rein als „Argument der Wahrheit“ [6], weshalb es ausreichend ist, ihn nur rudimentär zu zitieren: Wichtig ist Haendler an dem Predigttext vor allem sein Inhalt (Gott kann Menschen selbst dann zum Gebet befähigen, wenn sie selbst es nicht vermögen), nicht aber so sehr sein genauer Wortlaut.

4.2 Die klassische Textpredigt

Trotz Haendlers Bevorzugung der Mottopredigt stellt die klassische Textpredigt mit 21 von insgesamt 78 Predigten (27%) den zweithäufigsten Predigttypus dar. Allen Predigten ist dabei gemein, dass sie sich durchweg auf erzählerische Texte beziehen. Predigten über längere Perikopen aus den paulinischen Briefen sind beispielsweise nicht erhalten. Eine durchgängige, konsequente Umsetzung dieser Praxis stellt dabei der Predigtband „Petrus“ dar. In meist nacherzählendem Stil versucht Haendler, das aus dem Text ersichtliche Geschehen nachzuzeichnen und zu vertiefen. Der Text dient ihm hier erneut in der Regel als „Argument der Wahrheit“, d. h. als autoritative Beglaubigung des Verkündigungs-

---

4 G 13.

5 Z. B. a. a. O., 4.

6 Zum „Text als Argument der Wahrheit“ vgl. WILFRIED ENGEMANN: Einführung, 104–109.

inhaltes. Haendler verfährt dabei ganz ähnlich wie in seinen Mottopredigten: Zwar bezieht er sich auf einen größeren, zusammenhängenden Textkorpus, arbeitet sich an ihm jedoch nicht schrittweise ab, sondern löst wiederum einzelne Verse aus dem Textganzen heraus, auf die er sich mottoartig bezieht. Haendler hebt in diesem Sinne Schätze aus dem Text, wobei die Predigtperikope als Ganze eher in den Hintergrund tritt und den erzählerischen Rahmen bildet. Der Text soll auf diese Weise von den Hörern vor allem in seiner psychologisch verstandenen Tiefendimension wahrgenommen werden und ihnen so zu einer Vertiefung ihres Glaubens dienen. In seinem „Petrus" versucht sich Haendler aus diesem Grund in die einzelnen Figuren der Evangeliumstexte hineinzuversetzen und fragt beispielsweise danach, was die Magd am Feuer während des Verhörs Jesu vor dem Hohenpriester umgetrieben hat (Mt 26,69 ff.).[7] Auf diese Weise möchte er den Hörern den Erlebniskern des Predigttextes lebendig werden lassen und mit ihrer eigenen Persönlichkeit in Kontakt bringen (Wie hätte ich reagiert? Kenne ich ähnliche Stimmen auch in mir?). Dieser freie, affektive Zugang zum Text scheint ihm lohnender zu sein als alle historische oder fromme Spekulation:

> „Ist die Darstellung zu sinnenhaft, so liegt darin nicht das Entscheidende; ist sie Legende, so bleibt doch der Vorgang bestehen, weil er durch seine Wirkung erwiesen ist. Andererseits hat es keinen Sinn, Vorgänge verstehen zu wollen, über die uns nichts Erklärendes gesagt wird. Mit unserem Wissen dürfen wir zu erfahren versuchen, was erfahrbar ist. Mit unserem Gewissen dürfen wir frei und unbeschwert sein, wie wir auch das Beschriebene verstehen mögen. – Und so ist es vielleicht der plastischste Weg, wenn wir an der Gestalt des Petrus nachzuerleben suchen, was sich hier ereignet."[8]

Wenn Haendler an wenigen Stellen dann doch einen historischen Blick auf die „dargestellte Welt"[9] des Textes wirft und beispielsweise das antike jüdische Rechtswesen näher erläutert, so geschieht dies stets im Rahmen seines eingangs erläuterten Textverständnisses und dient einzig dem besseren Verständnis der Perikope. Hinzu kommt der Umstand, dass sich historische Ausführungen nur in seinen akademischen Predigten finden lassen und damit einem entsprechenden Publikum geschuldet sein dürften, was erneut die grundsätzliche Hörerorientierung seines Umgangs mit dem Text in seiner geschichtlichen Gewordenheit unterstreicht.

4.3 Die Homilie

Beispiele einer klassischen Homilie, d. h. einer Predigt, die sich Versweise am Predigttext abarbeitet, finden sich nur sehr selten in den Predigten Otto Haendlers. Ein Bespiel stellt eine 1925 sehr wahrscheinlich in Stralsund über Lk 2,1–

---

[7] Vgl. Petr, 60.

[8] A. a. O., 68 f. von Haendler im Blick auf seinen Umgang mit der Pfingstgeschichte ausgesagt.

[9] Begriff nach Wilfried Engemann: Einführung, 123–126.

11 gehaltene Weihnachtspredigt dar.[10] Haendler legt darin die lukanische Weihnachtsgeschichte versweise aus, indem er jede Sinneinheit mit einem entsprechenden Bibelvers einleitet. Auf diese Weise möchte er seinen Hörern die alt bekannte Geschichte neu vor Augen führen:

„Was zu Weihnachten sich ereignet hat, ist immer wieder umkreist worden vom Denken und Bilden dankerfüllter Menschen. [...] Aber das alles lebt und webt um die *eine* Geschichte, die wunderbare, unergründliche. Aus Kindheitstagen ist sie uns verbunden. Wie im Märchen hebt sie an: Es begab sich aber zu der Zeit ... Wer aber hören kann, dem sagt ihr Erzählen die gewaltigste Wirklichkeit, die auf Erden sich ereignet hat. Wunderbare Dinge werden hier laut. Mancher vermag sie still zu glauben, weil sein Inneres die Welt Gottes noch mit Augen schaut wie Kinder, die im Wunderbild die Wirklichkeit empfangen. Wem es gegeben ist, so zu hören, der soll sich öffnen in dankbarer Freude und durchdringen zum Erfahren all dieser Wunder in seinem täglichen Leben."[11]

An dieser Predigteinleitung wird deutlich, dass Haendler auch die Homilie als Predigttyp nicht aufgrund der hohen Dignität dieses zentralen Bibeltextes bemüht, sondern allein um der Hörer willen: Um ihnen eine alt bekannte Geschichte erneut aufzuschließen, ja, damit bei ihnen Weihnachten werden kann, bedient sich Haendler der versweisen Auslegung.

Ein ähnliches Bild zeigt sich an der bereits erwähnten, 1948 über Gen 32,22–32 gehaltenen Predigt.[12] Hier ist die versweise Abhandlung jedoch der Nacherzählung der Geschichte vom Kampf Jakobs am Jabbok unter psychologischen Gesichtspunkten geschuldet. Genau genommen liegt hier somit erneut ein stärker motivischer Umgang mit dem Predigttext vor. In beiden Fällen, der neutestamentlichen Predigt zur Christvesper und der alttestamentlichen Predigt im Universitätsgottesdienst, bekommt der Predigttext auf diese Weise jedoch eine wesentlich prägnantere Bedeutung für den gesamten Predigtduktus als dies bei den beiden zuvor besprochenen Predigttypen der Fall ist. Die direkte Gegenüberstellung dieser beiden Predigten leitet darüber hinaus zu der Frage nach dem Umgang Haendlers mit alttestamentlichen Predigttexten über, der bereits bei der Darstellung seiner Aussagen zum Predigttext aufgeworfen worden ist (vgl. Kap. II.5.4).

4.4 Die Predigt alttestamentlicher Texte

Mit 18 der hier insgesamt 78 zugrunde gelegten Predigten (= 23%) sind Predigten über alttestamentliche Texte bei Otto Haendler nicht signifikant unterrepräsentiert. Es kann also auf einen ersten Blick nicht davon ausgegangen werden, dass Otto Haendler das Alte Testament auffällig selten gepredigt hat. Ein zweiter, stärker auf die Verteilung alttestamentlicher Texte auf die einzelnen Predigtgattungen fokussierender Blick lässt jedoch ein anderes Bild entstehen:

---

[10] G 9.
[11] A. a. O., 1 f.
[12] A 3.

Lediglich drei von insgesamt 35 Gemeindepredigten[13], jedoch sechs von zehn Predigten aus dem akademischen Kontext[14] sowie neun von 23 Kasualansprachen[15] beziehen sich auf alttestamentliche Texte. Bedenkt man, dass sich Haendler in lediglich fünf von 35 Gemeindepredigten (= 14%) an die Perikopenordnung gehalten hat,[16] sind alttestamentliche Predigten mit einem Anteil von ca. 9% in diesem für seinen Pfarralltag zentralen Bereich deutlich unterrepräsentiert. Im Blick auf die von Haendler in akademischen Kontexten gehaltenen Predigten kehrt sich dieses Bild um: Mit 60% findet sich hier ein deutliches Übergewicht alttestamentlicher Texte. Bezogen auf die Kasualansprachen ergibt sich mit ca. 39% ein eher ausgeglichenes Bild.

Der Mangel an Predigten über alttestamentliche Texte in seinen frühen Gemeindepredigten dürfte mit der noch in der dritten Auflage seiner „Predigt" zu findenden Problematisierung von „unterchristlichen Äußerungen" in alttestamentlichen Texten im Zusammenhang stehen. Haendler spricht sich in diesem Rahmen dezidiert dafür aus, „eine Predigt über das Alte Testament im Geiste des Neuen" zu halten.[17] Diese Sicht entspricht dem von Wilfried Engemann als „retrospektivisches Modell"[18] bezeichneten Umgang mit dem Alten Testament (Schema: „Weissagung – Erfüllung")[19] und ist als wesentliche Ursache für die Konzentration Haendlers auf neutestamentliche Texte zu sehen – zumal er sich, wie oben gesehen, kaum an die Perikopenordnung gehalten hat. Durch seine Problematisierung der Christologie ab den 40er Jahren[20] hat sich dieses Bild dann massiv verschoben (vgl. Kap. II.1.5): In seinen Berliner Universitätspredigten konzentriert sich Haendler, um seinen Hörern in einem akademischen, atheistisch geprägten Umfeld einen leichteren Zugang zur Wirklichkeit Gottes zu ermöglichen, ab den 50er Jahren stärker auf Gott, den Vater und Schöpfer, weshalb er von da an auch vermehrt alttestamentliche Texte predigen konnte.

Lagen seinen frühen Predigten über alttestamentliche Texte zudem vor allem einzelne Verse aus dem Psalter, den Sprüchen oder Jesaja zugrunde, die entweder im Blick auf eine aus dem Geist des Neuen Testaments heraus gehaltenen Predigt als leichter anschlussfähig oder im Falle von Kasualansprachen

---

13 EvChr 102–111 (Ps 145,16); G 4 (Jes 60,1 f.); G 20 (Ps 34,4 f.).

14 A 2 (Ps 37,7), A 3 (Gen 32,22–32), A 5 (Ps 91,1 f.), A 8 (Ex 33,18–23), A 9 (Ps 77,20 und Jes 38,17), A 10 (Ps 25, 14 f.).

15 K 1 (Jes 54,10), K 3 (Ri 5,31), K 7 (Spr 16,9), K 8 (Spr 16,9 und 1. Thess 5,16–18), K 12 (Ps 23), K 13 (Ps 89,2 und Ps 34,3), K 17 (Jes 43,1), K 20 (Gen 24,56), K 23 (Spr 24,10).

16 G 8, G 9, G 14, G 16, G 23. Die Angaben beziehen sich auf die von 1898 bis zur Einführung der „Ordnung der Predigttexte" (OPT) im Jahre 1958 fast durchgängig in der Kirche der preußischen Union und ihrer Nachfolgeorganisationen geltenden Eisenacher Perikopenordnung von 1896 (vgl. hierzu HERWARTH SCHADE/FRIEDER SCHULZ: Perikopen. Gestalt und Wandel des gottesdienstlichen Bibelgebrauchs, Hamburg 1978, 38–43).

17 OTTO HAENDLER: Die Predigt, 230.

18 Vgl. WILFRIED ENGEMANN: Einführung, 145 f.

19 So auch bei OTTO HAENDLER: Die Predigt, 230 f.

20 Vgl. a. a. O., 197.

zur Vermittlung von Trost und Freude als besonders geeignet zu bewerten sind (dies erklärt das eher ausgeglichene Verhältnis von Predigten über alttestamentliche Texte in dieser Predigtgattung), predigt Otto Haendler in Berlin erstmals auch längere Perikopen aus dem Pentateuch.[21] Inhaltlich sind diese Predigten dann auch nicht mehr dem „retrospektivischen Modell“ zuzuordnen. In keiner akademischen Predigt Otto Haendlers über das Alte Testament kommt ab den 50er Jahren das Schema „Verheißung - Erfüllung“ zum Tragen. Haendler bleibt hingegen ganz bei dem alttestamentlichen Predigttext und den von ihm transportierten Aussagen und Bildern und zieht aus ihnen ohne eine Übertragung auf die Person Jesu Christi Lehren für mögliche Problemfelder seiner Hörer. Es ist also letztlich einer sehr wahrscheinlich durch seine Beschäftigung mit der Psychologie angestoßenen theologischen und homiletischen Schwerpunktverschiebung zu verdanken, dass Otto Haendler einen neuen inhaltlichen (Konzentration auf Gott, den Vater und Schöpfer) wie methodischen Zugang (Predigt längerer Perikopen) zum Alten Testament bekommen hat.

4.5 Ertrag

Ganz im Sinne des Konzeptes der „Priesterlichen Predigt“ übernimmt der Predigttext in den eigenen Predigten Otto Haendlers eine dienende bzw. vermittelnde Funktion: In Analogie zum Umgang mit der Person des Perdigers (vgl. Kap. II.5.5) soll auch der Predigttext nicht um seiner selbst willen zum Gegenstand der Predigt erhoben werden, sondern einzig um einer gelingenden Vermittlung der Lebenswirklichkeit der Hörer mit der Wirklichkeit Gottes. Die Funktion des Textes als Vehikel bzw. als „Argument der Verbindlichkeit“ und der „Wahrheit“ ist damit für die Predigtpraxis Otto Haendlers entscheidend und schlägt sich in einem geringen Interesse an der philologischen Gestalt und der historischen Genese biblischer Texte nieder. Der Predigttext erscheint aus diesem Grund auf der einen Seite bisweilen beliebig und austauschbar, da über weite Strecken auf ihn überhaupt nicht Bezug genommen wird. Auf der anderen Seite ist jedoch eine durchgängige inhaltliche Kohärenz von Predigt und Predigttext festzustellen, die auch ohne einen direkten Textbezug auskommt. Otto Haendler realisiert somit in seinen Predigten einen Textbezug, der weniger in der direkten Arbeit am Text und stärker in der inhaltlichen Auseinandersetzung mit den durch den Predigttext aufgeworfenen Themenkomplexen liegt. Der Weg Otto Haendlers von Themen zu Texten mag dabei durch die auf diese Weise realisierte Hörerorientierung überzeugen, führt jedoch (auch aufgrund seiner Abhängigkeit vom Gusto des Predigers) zu einer verkürzten Wahrnehmung des biblischen Reichtums an Texten, was sich wiederum auf die Breite der in den Predigten Otto Haendlers verhandelten Themenkomplexe negativ auswirkt.

---

[21] Vgl. A3 (Gen 32,22-32) und A 8 (Ex 33,18-23).

5. Zusammenfassung

Die Predigten Otto Haendlers verdeutlichen, dass Predigten immer in die sie umgebenden *Zeitumstände* eingebettet sind. Deutlich spiegelt die Predigten Otto Haendlers aus diesem Grund den Wandel der deutschen Geschichte wieder, der auch mit einem Wandel der Theologiegeschichte und Predigtkultur einhergegangen ist. Das Konzept der Innerlichkeit, das sich in den Themenbereichen der Glaubens- und Lebenshilfen wie auch im Umgang mit der eigenen Persönlichkeit in den Predigten Otto Haendlers manifestiert, kann als Reaktion auf die massiven Veränderungen der Gesellschaft in dieser Zeit verstanden werden, erschöpft sich darin aber bei Weitem nicht.

Wenn Otto Haendler eine persönliche, priesterliche und schriftgemäße Predigt theoretisch fordert und praktisch umzusetzen versucht, zeigt sich hier ein kongruenter Zusammenhang von Theorie und Praxis. Die Predigten Otto Haendlers helfen dabei vor allem, die Bedeutung seines homiletischen Ansatzpunktes beim *Subjekt des Predigers* besser zu verstehen: Wenn sich Otto Haendler in zahlreichen Gemeindepredigten vornehmlich als distanzierter theologischer Lehrer präsentiert und wenig Details aus seinem Leben preisgibt, dann sind diese Predigten dadurch nicht weniger Ausdruck seiner Persönlichkeit. Es ging Otto Haendler bei der Herausstellung der Bedeutung der Persönlichkeit des Predigers für das Predigtgeschehen somit nicht um ein Plädoyer für eine Predigt, die in allen Teilen die Persönlichkeit des Predigers deutlich zum Vorschein treten lässt, sondern um ein Plädoyer für eine Predigt, die mit dem eigenen Glauben, der eigenen Theologie und dem persönlichen Erleben des Predigers übereinstimmt.

Die Predigten Otto Haendlers zeugen zudem von einem Prediger, der sich zeitlebens um die Verkündigung einer relevanten, *hörerorientierten Predigt* bemüht und im Begriff der „Freiheit" den entscheidenden Dreh- und Angelpunkt seiner Theologie entdeckt hat. Diesem Anspruch hat er in seiner eigenen Predigtpraxis jedoch nicht an jeder Stelle entsprochen. Dies ist vor allem darauf zurückzuführen, dass er seinen Predigten vorzugsweise eine allgemeine Anth ropologie zugrunde gelegt hat, die sich mit „dem" Menschen an sich beschäftigt. Dadurch hat er den konkreten Hörer seiner Predigten tendenziell aus dem Auge verloren. Darüber hinaus werden mögliche Verstehenswege an vielen Stellen unnötig durch eine einseitig diskursive Sprache versperrt, die er vor dem Hintergrund seines ganzheitlichen Ansatzes eigentlich hätte vermieden werden müssen.

Dass Otto Haendler schließlich den *Predigttext* weniger gewürdigt hat, als es sich Exegeten wünschen würden, weist auf sein bereits angesprochene problematische Schriftverständnis hin (vgl. Kap. II.5.1). Wie fruchtbar es sein kann, den Zauber eines biblischen Textes Predigthörern vor Augen zu führen, hat er dabei vor allem in seinen späteren akademischen Predigten bewiesen – hier vor allem mit seinem Predigtband „Petrus“. Dass Otto Haendler psychologische Kategorien dabei als Vorlage einer einfühlsamen Zeichnung biblischer Figuren dienten, macht ihn anschlussfähig an moderne Versuche einer psychologischen Interpretation biblischer Texte[1] wie auch an gegenwärtige Predigtkonzepte, die stärker eine narrative Theologie vertreten.[2]

---

[1] Exemplarisch sei hier verwiesen auf EUGEN DREWERMANN: Tiefenpsychologie und Exegese, 2 Bde., Olten u. a. 1984/85 sowie seine Auslegungen zu den Evangelien.

[2] Vgl. z. B. HORST HIRSCHLER: Konkret Predigen, Gütersloh ²1980; FABIAN VOIGT: Predigen als Erlebnis. Narrative Verkündigung, Neuenkirchen-Vluyn 2009.

IV. Kritische Würdigung und Ausblick

Das letzte Kapitel soll einem abschließenden Blick auf die Predigt in Theorie und Praxis bei Otto Haendler gewidmet sein. Nach einer Analyse wesentlicher Rezeptionszweige seiner Homiletik soll eine kritische Würdigung verbunden mit einem knappen Ausblick auf mögliche Anknüpfungspunkte an gegenwärtige Herausforderungen der Predigtpraxis gewagt werden.

1. Rezeption

Die Beiträge Otto Haendlers zur Homiletik sind in den Jahrzehnten nach ihrem Erscheinen äußerst unterschiedlich rezipiert worden. Es waren dabei durchgängig Stimmen der Zustimmung wie Ablehnung zu hören. Eingedenk dieser ambivalenten Wahrnehmung der Homiletik Otto Haendlers kann ein grober Trend erkannt werden, der von einer anfänglichen kategorialen Ablehnung in den 40er Jahren über eine erste zaghafte Würdigung in den 50er und 60er Jahren zu einem wahren Durchbruch im Zuge der Seelsorgebewegung in den 70er Jahren verläuft. Die folgende Analyse wird ihren Ausgangspunkt bei der knappen Zusammenstellung wesentlicher Rezeptionszweige der „Predigt“ bei Kerstin Voigt[1] nehmen und von ihr aus weitere Entwicklungen nachzeichnen und bewerten.

1.1 Kritik und Entgegnung – Die 40er Jahre

Ein Überblick über die Rezeptionsgeschichte der Homiletik Otto Haendlers hat mit der entschiedenen Kritik zu beginnen, der sie sich gleich zu Beginn ausgesetzt sah. Hier ist vor allem Martin Doerne (1900–1970) zu erwähnen, dessen 1942 erschienene Rezension[2] zu Haendlers „Predigt“ bei aller Würdigung des wissenschaftlichen Wertes der Arbeit als Verriss gewertet werden darf. Doerne unterstellt Haendler darin unter dem Vorwurf des „Psychologismus“ eine einseitige Verlagerung der Predigt in die Psyche des Menschen:

„Der verkehrte ‚rationale‘ Objektivismus, gegen den H. zu Felde liegt, wird nicht überwunden durch die ästhetische Subjektivitäts-Doktrin, in deren Bann H., trotz gelegentlichen besseren Erkenntnissen, steht. Die ganze Ausdruckslehre, auf die H. fußt, ist in

1 Vgl. Kerstin Voigt: Otto Haendler, 68–86.

2 Vgl. Martin Doerne: Predigtlehre als Psychotherapie, 90–103.

ihrer letzten Spitze eine Verkennung der Sinn- und Geistesbezogenheit des menschlichen Daseins, die mit der stereotypen Polemik gegen die rationale Verkümmerung des neuzeitlichen Menschen wirklich und gottlob nicht abgetan ist."[3] Auch Haendlers Forderung der Personifikation sieht Doerne vor diesem Hintergrund äußerst kritisch: „Im Übrigen muß es zu denken geben, daß der große Lobpreis des Unbewußten und der irrationalen Tiefenschichten des Seins, der sich durch dies Buch hindurchzieht, Hand in Hand geht mit dieser Erziehung zu subtilster Selbstreflexion, zu einer geradezu grellen Bewusstmachung des Verborgenen in uns."[4] Dass ferner das Selbst, also die Integration bewusster und unbewusster Seinsinhalte, an die Stelle des Ichs, verstanden als Personzentrum, treten soll, erscheint Doerne zu mythisch. Wenn dieses Selbst von Haendler darüber hinaus auch noch schöpfungstheologisch mit der imago dei identifiziert wird, wird für Doerne damit die Psychotherapie an die Stelle der Gnade Gottes gesetzt: „Der Mensch, der ‚erneuert wird nach dem Ebenbilde des, der ihn geschaffen hat' (Kol 3,10), wird hier mögliches Ziel einer entschlossenen Seelenhygiene. Erkenntnistheoretische und evangelische Kritik an diesem methodisierten Ideal werden einander Hand in Hand arbeiten müssen. [...] Aber es wäre beklagenswert, wenn die bei H. mit dem täuschenden Anschein der Selbstverständlichkeit auftretende Kombination wirklicher psychologischer Erkenntnisse mit einer romantisch-irrationalistischen Anthropologie zum Kanon christlicher Verkündigung erhoben werden sollte"[5].

Diese aus seiner Sicht einseitige Verlagerung auf die Psychologie wird nach Doerne durch eine einseitige Fokussierung Haendlers auf Jung sowie durch eine lückenhafte Bearbeitung seines Werks noch verschärft: Bei Haendler kommen nach Doerne weder andere psychologische Autoren zu Wort noch könne von einer grundständigen Arbeit am Gesamtwerk Jungs gesprochen werden. Aus diesem Grund stelle die Homiletik Haendlers ein „gefährliches Ineinander von ‚Selbsterforschung' und ‚Selbstfindung', von analytischer und therapeutisch-pädagogischer ‚Durcharbeitung' des Subjekts" dar, die Doerne vor die Frage stellt: „Darf sich der Theolog, darf sich der Erzieher so bedenkenlos in die Gefolgschaft des Nervenarztes begeben [...]? Und vor allem: trifft die Haendlersche Wiedergabe von Jungs Psychologie wirklich deren eigene Absicht?"[6]

Nach Doerne kommt jedoch nicht nur die Psychologie in Haendlers Erstlingswerk zu kurz, sondern auch und zumal die Theologie. So kritisiert er beispielsweise eine „Pädagogisierung der christlichen Buße", einen universalistischen Christentumsbegriff oder das Fehlen eines adäquaten Bezugs auf theologische Entwürfe der letzten 20 Jahre (nach Doerne erwähne Haendler lediglich Schlatter, Brunner und Müller).[7] Abschließend hält Doerne fest: „Wir sehen die Predigt- und Predigernot unserer Tage weithin ganz ähnlich wie Haendler. Aber die Folgerungen sind sehr verschieden. Der Weg der Hilfe führt im Entscheidenden nicht über die Askese einer gesteigerten Selbsterforschung und über die Disziplin einer mystagogischen Versenkungspraxis. [...] Aber die ganze Hilfe,

3 A. a. O., 99.
4 Ebd.
5 A. a. O., 101.
6 A. a. O., 100.
7 A. a. O., 101 f.

die wir brauchen, nämlich das fröhliche und befreite Predigerherz, gibt uns nur eine solche Predigtlehre, die uns selbst (mitten in aller psychologischen Unterweisung) in concreto das Evangelium zuruft."[8]

Dass diese vernichtende Kritik Doernes Haendler hart getroffen haben muss, lässt sich an seiner unter dem programmatischen Titel „Das Selbst vor Gott"[9] veröffentlichten Antwort deutlich erspüren. Er versucht darin, die Kritikpunkte Doernes Schritt für Schritt zu entkräften, macht dadurch jedoch die bestehende Kluft zwischen beiden Theologen nur noch deutlicher. Spätestens in der als Reaktion auf Haendlers Verteidigung veröffentlichten kurzen Erwiderung Doernes wird klar, dass beide Theologen von grundsätzlich verschiedenen Prämissen ausgehen und ein Miss- oder sogar Unverständnis vorprogrammiert ist.[10] So weigert sich Doerne etwa konsequent, das menschliche Sein als wesentlich vom Unbewussten mitbestimmt zu sehen: „Es ist nicht bloß existenzphilosophischer Jargon, sondern eine urmenschliche Wahrheit, daß menschliches Sein sich durchgängig in der Weise je bestimmten ‚Selbst-Verständnisses' vollzieht. Damit ist das ‚Unbewußte' keineswegs abgeleugnet. Aber die Theorie von den ‚Schichten der Persönlichkeit', die H. bedenkenlos von den Tiefenpsychologen übernimmt, wird von da höchst problematisch."[11] Zentrale Begriffe der Homiletik Haendlers wie etwa „Selbst", „Selbstwerdung" oder „Meditation" müssen Doerne aus diesem Grund als individualistische Verkehrungen des Christentums vorkommen. Er plädiert stattdessen ganz im Gefolge der Dialektischen Theologie für eine homiletische Konzentration auf das Wort Gottes.[12]

1.2 Erste Würdigungen – Die 50er und 60er Jahre

Aufgrund der grundsätzlichen Kritik an Haendlers homiletischem Ansatz von Seiten der Wort-Gottes-Theologie, die während und kurz nach dem Zweiten Weltkrieg die theologische Landschaft dominierte (vgl. Kap. I.3.5), zeichnete sich eine stärkere Rezeption seiner Gedanken erst ab den 50er Jahren ab. So sah sich Otto Haendler etwa 1949 aufgrund großer Nachfrage und veränderter gesellschaftlicher Rahmenbedingungen zu einer zweiten Auflage seiner „Predigt" veranlasst. 1950 erschien mit dem „Grundriss der Praktischen Theologie" seines theologischen Weggefährten Alfred Dedo Müller (1890–1972) schließlich

---

8 A. a. O., 103.

9 Otto Haendler: Das Selbst vor Gott. Antwort an D. Dr. Doerne, in: PBl 85 (1942/43), 310-314.

10 Martin Doerne: Antwort zu Otto Haendler, „Das Selbst vor Gott", in: PBl 85 (1942/43) 8/9, 314 f.

11 Ebd.

12 Ders.: Das Wort Gottes in der Verkündigung heute, in PBl 81 (1939/40), 169–191, 232–241.

die erste namhafte Schrift, die in der Tradition Haendlers gesehen werden kann. Wie Haendler, jedoch ohne auf ihn direkt zu verweisen, hebt auch Müller die Bedeutung der Person des Predigers für das Predigtgeschehen hervor:

„Die Unausschaltbarkeit des Menschen wird schon vom Prediger her deutlich. Alle Bindung an die Heilige Schrift, alle Hilfe des Dogmas läßt es noch nicht zur Verkündigung kommen. Diese setzt ganz persönliches Ergriffensein, persönliches Verstehen und persönliche Weitergabe des biblischen Wortes voraus. So allein wird der Prediger zum Zeugen und die Predigt zum Zeugnis. So muß die Unausschaltbarkeit der Persönlichkeit nicht als eine Not, sondern auch als eine Notwendigkeit, als ein legitimer theologischer Sachverhalt, der Verheißung und einzigartige Aufgabe in sich schließt, angesehen werden. Nur so kann das Wunder fortwirken, daß Gott in Christus Mensch geworden.“[13]

An diesem längeren Zitat wird deutlich, dass Müller mit Haendler eine beim Individuum ansetzende, der Psychologie grundsätzlich aufgeschlossene, inkarnatorische Theologie teilt. So spricht Müller etwa ebenfalls von einer „extra-“ oder „introvertierten Predigerpersönlichkeit“[14] und sieht in der Meditation einen entscheidenden Gewinn für die Predigtvorbereitung.[15] Interessant ist, dass Müller bei der sich durch seinen gesamten „Grundriß“ hindurchziehenden, eindeutigen Nähe zu Haendler nur einmal auf ihn explizit verweist. Es bleibt anzunehmen, dass die gemeinsame geistliche und geistige Heimat in der Michaelsbruderschaft so prägend gewesen ist, dass beide Denker aus ihr unabhängig voneinander Nahrung für ihr wissenschaftliches Schaffen bezogen haben und zu ähnlichen Ergebnissen gekommen sind.

Neben Müller waren es in den beginnenden 50er Jahren vor allem die *Schüler Otto Haendlers*, die an den Grundgedanken seiner Homiletik anknüpften. Bei ihnen ist die breiteste und am stärksten ins Detail gehende Würdigung der Homiletik Otto Haendlers zu finden. So führte beispielsweise HANS-HINRICH JENSSEN (1927–2003) mit seiner 1955 unter dem Titel „Die Bedeutung des historischen Jesus Christus für die Entmythologisierung der Predigt“ eingereichten Dissertation die Homiletik Otto Haendlers an der Schnittstelle zur Neutestamentlichen Wissenschaft entscheidend weiter. Er begreift darin das von Rudolf Bultmann u. a. vorangetriebene Programm der Entmythologisierung nicht als Problem für eine wirksame Predigt des Auferstandenen, sondern im Sinne der Verhältnisbestimmung Otto Haendlers von Subjektivität und Objektivität als deren größte Chance. Nach Jenssen kann die Entmythologisierung als Kampf gegen eine falsche Objektivierung der Bibel zugunsten eines stärker symbolhaften Schriftverständnisses verstanden werden, das für das glaubende Subjekt viel dienlicher sei als ein starrer Buchstabenglaube.[16] Indem die Entmythologisierung biblische Texte von ihrer späteren dogmatischen Überzeichnung be-

---

13 ALFRED DEDO MÜLLER: Grundriß, 197 f.

14 A. a. O., 198.

15 A. a. O., 206 ff.

16 Vgl. HANS-HINRICH JENSSEN: Die Bedeutung des historischen Jesus Christus, 155.

freie, ermögliche sie dem modernen Menschen einen seine Verstehensvoraussetzungen wie sein Weltbild gleichermaßen einbeziehenden Zugang zu Jesus Christus. In diesem Sinne sei das Programm der Entmythologisierung als zutiefst seelsorglich zu begreifen. Jenssen verschrieb sich darüber hinaus wie Haendler in zahlreichen Veröffentlichungen einem Dialog von Theologie und Naturwissenschaft[17] und wandte die Homiletik Otto Haendlers auch praktisch an.[18]

In ganz ähnlicher Weise führte auch Ernst-Rüdiger Kiesow (1926–2003) mit seiner 1957 unter dem Titel „Dialektisches Denken und Reden in der Predigt" erschienen Dissertation die Homiletik Otto Haendlers weiter, indem er sich einer Fragestellung annahm, auf die auch schon Haendler in seinem „Grundriss" aufmerksam macht: dem Problem der Theologensprache auf der Kanzel, genauer: dem Problem eines für die Hörer nicht nachvollziehbaren Arbeitens mit dialektischen Gegensätzen.[19] Statt einer theologisch zwar korrekten, aus der Hörerperspektive jedoch nur schwer nachvollziehbaren Predigtsprache plädiert Kiesow für eine Sprache, die die Verstehensvoraussetzungen der Hörer genauso ernst nimmt („Einfachheit, Konkretheit und Anschaulichkeit"[20]) wie die theologische Notwendigkeit, dialektisch von Gott zu reden. Kiesow setzt dabei wie Haendler beim Subjekt des Predigers an („[D]as Problem der homiletisch auftretenden Dialektik rührt immer auch an das Problem der Person des Predigers")[21] und rät ihm, sich selbst zu überprüfen, ob seine dialektische Sprache aus einer bewussten, persönlichkeitsspezifischen Notwendigkeit heraus geschieht oder aber aus unbewussten, unreflektiert übernommenen Gründen: „Hier sollte jeder die eigene Subjektivität mit ihren Möglichkeiten und Gefahren richtig einschätzen und sie beim dialektischen Denken und Reden wenigstens dort beschränken, wo er dazu durchaus in der Lage ist."[22] Die Dissertation Kiesows zeigt damit in Ansatz und Durchführung deutliche Spuren der Homiletik Otto Haendlers und ist mit ihr auf einer Linie zu sehen.

Waren die Arbeiten von Jenssen und Kiesow noch ganz auf dem Gebiet der Homiletik angesiedelt, spiegeln die folgenden von Haendler betreuten Qualifikationsarbeiten die Verlagerung seines Arbeitsschwerpunkt auf die Poimenik deutlich wieder. Da diese Verschiebung in der Verlängerung seiner „Predigt"

---

[17] Exemplarisch sei hier genannt: Ders.: Ja zum modernen Weltbild. Naturerkenntnisse im Lichte des Glaubens, Berlin ^{2}1985.

[18] Exemplarisch sei hier auf eine zum 90. Geburtstag Otto Haendlers veröffentlichte Analyse verwiesen, in der Jenssen vier Naturpredigten vor dem Hintergrund der von Haendler geforderten „Zeitnähe" und „Offenbarungstreue" analysiert (vgl. Ders.: Die Polarität, 321–338).

[19] Vgl. Otto Haendler: Grundriss, 265 f. Kiesow weist auf beispielhafte Wendungen hin wie „Doch der Weg Christi ist stets der unterste Weg, aber bei Gott ist der unterste Weg stets der oberste" (Ernst-Rüdiger Kiesow: Dialektisches Denken, 9).

[20] A. a. O., 185.

[21] A. a. O., 189.

[22] A. a. O., 191.

liegt und dieses Buch seinen Schülern auch in ihren poimenischen Arbeiten zur Grundlage wurde, soll im Folgenden ein kleiner Überblick geboten werden, auch wenn die Darstellung damit die reine Rezeption der Homiletik verlässt.

Als Erste ist hier die 1960 unter dem Titel „Dogmatische Aussagen in der neueren Theologie im Verhältnis zu den Grundbegriffen der komplexen Psychologie C. G. Jungs" von KLAUS WINKLER (1934–2000) eingereichte Dissertation zu nennen. In großer Nähe zu seinem Lehrer bestimmt Winkler darin das Verhältnis der Theologien Karl Barths („christologischer Ansatz") und Paul Tillichs („ontologischer Ansatz") zu der Tiefenpsychologie C. G. Jungs („empirischer Ansatz").[23] Unter Fokussierung auf die Paradigmen der Offenbarung und der Anthropologie begreift Winkler dabei ganz in der Tradition Haendlers Theologie und Psychologie als sich gegenseitig bedingende und ergänzende Zugänge zur Wirklichkeit. Erst in der Zusammenschau beider Perspektiven gewinne der Mensch ein zureffendes Bild von der Wirklichkeit, weshalb die Transzendenz das eigentliche Bindeglied zwischen Theologie und Psychologie sei. Aus diesem Grund fragt Winkler abschließend nach einer psychologisch wie theologisch bestimmten anthropologischen Ganzheit.[24] Die Dissertation Klaus Winklers kann damit als späte Reaktion auf die massive Kritik an Haendlers Rezeption der Tiefenpsychologie in seiner „Predigt" verstanden werden, zumal Kiesow neben den einschlägigen Aufsätzen Otto Haendlers zu poimenischen und psychologischen Fragestellungen vor allem seine „Predigt" als wesentlicher Anhaltspunkt für seine theologische Beschäftigung mit C. G. Jung dient – ein Umstand der auf die über die Homiletik hinausgehende Wirkungsgeschichte dieses Buches hindeutet.

Auch die 1964 von WALTER SAFT (1923–2010), den Haendler in den 60er Jahren als Leiter der Ev. Akademie Thüringens auf Meditations- und Ärztetagungen kennen gelernt hatte, abgeschlossene Promotion bewegt sich ganz auf dem Gebiet der Seelsorgelehre und nimmt sich unter dem Titel „Bedeutung der Meditation für die Seelsorge" einem Kernthema Haendlers an. Saft sucht in seiner Arbeit unter Aufnahme des Meditationsverständnisses Otto Haendlers vor allem im Blick auf die Seelsorge an Kranken und Ehepaaren nach möglichen Anknüpfungspunkten und findet sie in der meditativen Arbeit mit den Bildern und Vorstellungen der Ratsuchenden von Krankheit, Sünde und Schuld. Getragen von der psychotherapeutischen Erkenntnis, dass falsche Bilder und Vorstellungen krank machen können, rät Saft unter direkter Aufnahme der Aussagen Haendlers zu einer „Meditation im Alltag", mittels der einseitige Konstruktionen, falsche Vorstellungen und unbegründete Ängste aufgedeckt und bearbeitet werden können, wodurch den Ratsuchenden ein Weg zur Freiheit ermöglicht werden könne – eine Denkfigur, die in Haendlers Beschäftigung mit der Predigt ihren Anfangspunkt genommen hat.

In poimenischer Tradition steht auch die 1967 abgeschlossene Habilitationsschrift von ERNST-RÜDIGER KIESOW. Unter dem Titel „Katholizismus und Protestantismus bei C. G. Jung" fragt er nach der Wahrnehmung der Evangelischen und Katholischen Kirche durch Jung und untersucht dazu seine Aussagen zur Geschichte und gegenwärtigen Situation beider Kirchen, zur psychologischen Interpretation religiöser Symbole, zum Kirchen- und Seelsorgeverständnis beider Konfessionen sowie zum Glauben als menschlicher Erfahrung. Die Auseinandersetzung Otto Haendlers mit Jung stellt dabei den durchgängigen Anknüpfungspunkt seiner Arbeit dar und macht auf diese Weise noch einmal auf die Bedeutung dieses mit der „Predigt" begonnenen Zugs der Praktischen Theologie Otto Haendlers für die Fortführung seiner Gedanken durch seine Schüler deutlich.

---

[23] Vgl. KLAUS WINKLER: Dogmatische Aussagen, 7–16.

[24] Vgl. a. a. O., 144–153.

Neben seinen Schülern hat vor allem der spätere Hamburger Landesbischof Hans-Otto Wölber (1913–1989) mit seinem 1957 veröffentlichten Aufsatz „Die Predigt als Kommunikation" der Homiletik Otto Haendlers zu größerem Gehör verholfen.[25] Wölber reagierte mit seinem Aufsatz auf eine zunehmende Unsicherheit der Pfarrerschaft im Blick auf die Wahrnehmung der Predigtaufgabe einerseits sowie auf eine immer deutlicher werdende Kritik vieler Gemeindeglieder an der Qualität der Predigten andererseits. In seinem programmatischen Aufsatz versucht er, die Predigt als Kommunikationsgeschehen zwischen Prediger und Gemeinde ernst zu nehmen und fragt nach einer angemessenen Predigtsprache, einer stimmigen Theologie, einem überzeugenden Predigtgegenstand sowie dem eigentlichen Subjekt der Predigt.[26] Vor dem Hintergrund dieser Problemstellung untersucht Wölber die sozial- und religionspsychologische Rolle des Predigers (u. a. aus der Sicht der Individualpsychologie Alfred Adlers) und kommt zu dem Urteil:

> „Nicht die Predigt predigt, sondern der Prediger predigt. [...] Das ist doch das Wesen der Predigt im Unterschied zum objektiven Vortrag. Er predigt immer das, worin Gott mit ihm persönlich fertiggeworden ist oder nicht fertiggeworden ist. Es gibt kein reines Sagen des Wortes Gottes, weil es das Wort nicht an und für sich gibt. Dialog ist kein Wörtertausch. Wir sind in der Gefahr, um der Sicherung des göttlichen Anspruchs willen das Wort zu einer unvermittelten Hypostase zu machen und den Prediger anzuschauen wie ein himmlisches Kabel."[27]

Statt eines „Glaubenshelden" oder gar eines „himmlischen Kabels"[28] stellt der Prediger für Wölber das dar, was er ist – ein mit der Predigt beauftragter Mensch aus Fleisch und Blut: „Nicht das Referat über Seelsorgeerfahrungen, aber daß einer ein Seelsorger ist, nicht das liturgische Rezept, aber daß einer betet und lobt, ist wichtig für die in der Predigt geschehene Heilung aus der Begegnung."[29] Aus diesem Grund sei die Homiletik vor die Notwendigkeit einer neuen Verhältnisbestimmung von „Menschenkunde und Theologie"[30] gestellt, die Wölber unter dem Begriff der „Kommunikation" fasst: „Die Erneuerung der Predigt wird nicht abhängen von laufenden Veränderungen der sprachlichen Klischees. Sie ist abhängig von einer Erneuerung der Theologie: Die Richtung wurde angedeutet mit dem Schlagwort Kommunikation, d. h. der Überwindung der verschiedenen beschriebenen Formen orthodoxer Distanzierung"[31]. Die Wahrnehmung der gegenwärtigen Predigtpraxis als deffizitär lenkte somit

---

[25] Hans-Otto Wölber: Die Predigt als Kommunikation, in: Gert Hummel (Hg.): Aufgabe der Predigt, Darmstadt 1971.

[26] A. a. O., 359.

[27] A. a. O., 372.

[28] Begriffe ebd.

[29] A. a. O., 372 f.

[30] A. a. O., 376.

[31] A. a. O., 380.

Wölbers Blick auf den Prediger, dessen Wahrnehmung als Mensch ihn zu der Notwendigkeit einer Enttabuisierung der anthropologischen Dimension innerhalb der Theologie führte – ein Weg, der deutlich in der Tradition Haendlers steht.

Nach dem wichtigen Aufsatz von Hans-Otto Wölber und der Beschäftigung einer Hamburger Generalsynode im Jahre 1957 mit diesem Thema[32] erschienen in den späten 50er und frühen 60er Jahren vereinzelt Schriften, die sich mit der Homiletik Otto Haendlers befassten. So führte etwa ECKHARD ALTMANN (*1931) unter dem Begriff der „Predigt als Kontaktgeschehen" 1963 den Gedanken einer korrelativen Predigt entscheidend fort. Unter konsequentem Rückbezug auf Haendler buchstabiert Altmann sprachwissenschaftlich und pädagogisch durch, was es bedeutet, den Hörer in seiner konkreten sozialen Situation mit dem Wort Gottes in Kontakt zu bringen. Abschließend hält er dabei ganz im Sinne Haendlers fest: „Die Predigt wird nur dann zur Begegnung mit dem Worte Gottes, wenn es dabei auch zur vollen Begegnung zwischen den Menschen unter dem Wort, zwischen dem Prediger und den Hörern kommt."[33] Seit den 60er Jahren wurde darüberhinaus auch die *Meditation* als alternativer Zugang zur Predigtvorbereitung von Homiletikern unterschiedlichster Provenienz rezipiert.[34]

Neben der einsetzenden Würdigung der Homiletik Otto Haendlers in den 50er und 60er Jahren verstummte die grundsätzliche *Kritik der Wort-Gottes-Theologie* jedoch nicht. So veröffentlichte beispielsweise ALFRED NIEBERGALL (1909–1978) unter dem Titel „Der Prediger als Zeuge" 1960 einen homiletischen Gegenentwurf zu Haendler, in dem er trotz einer ausführlichen Darstellung des homiletischen Hauptwerks Otto Haendlers dessen Konzentration auf das Subjekt des Predigers zutiefst verurteilt und ihr die altbekannte Konzentration auf den Predigttext entgegenhält: „Die Predigt unterscheidet sich von allen vergleichbaren Phänomenen wie Referat, Vortrag, Rede usw. nicht nur dadurch, daß sie ihr ‚Material', nämlich den Text, von der Schrift her empfängt, sondern auch dadurch, daß sich ihr Inhalt, ihre Intention, ihr Auftrag, kurz: ihr Wesen allein vom Neuen Testament her bestimmen lassen."[35] Psychologische Fragestellungen können aus diesem Grund für Niebergall wenn überhaupt nur etwas Zweites darstellen, niemals aber den Grund für eine Homiletik legen. Deshalb geht es

---

[32] LUTHERISCHES KIRCHENAMT HANNOVER (Hg.): Die Predigt. Das Gespräch über die Predigt auf der Luth. Generalsynode 1957 in Hamburg, Berlin 1957.

[33] A. a. O., 76.

[34] In chronologischer Auswahl seien hier exemplarisch erwähnt: ERNST BENZ: Die Wiederentdeckung der Meditation in der modernen Religionswissenschaft und Theologie. Aus einem Brief von Ernst Benz, in: ZRGG 11 (1959), 262; FRIEDRICH WINTER: Die Predigt, in: Heinrich Ammer u. a. (Hg.): Handbuch der Praktischen Theologie, Bd. 2, Berlin 1974, 308 f.; WALTER SAFT: Meditation als Lebens- und Glaubenshilfe, in: WzM 34 (1982), 143–150; JOACHIM SCHARFENBERG: Strukturtheologie, Symbol und Meditation, in: WzM 34 (1982), 150–159.

[35] ALFRED NIEBERGALL: Der Prediger als Zeuge. Eine homiletische Untersuchung, Gütersloh 1960, 23.

ihm in den folgenden Ausführungen vornehmlich um die Frage, wie der Prediger mit dem Predigttext umzugehen hat, bzw. wie er am ehesten unter Ausschluss seiner Persönlichkeit zum wahren Zeugen des Evangeliums zu werden vermag. Neben der Exegese als grundlegendem Zugang zum Text räumt er dabei auch der Meditation einen gewissen Stellenwert ein, jedoch nicht im Sinne Otto Haendlers als affektiven Zugang zur Predigtaufgabe, sondern als Reflexion über die existenzielle Bedeutung des Textes für Prediger und Hörer. Im Gefolge von Karl Barth sieht Niebergall dann auch in der prinzipiellen Unmöglichkeit des Menschen, zu predigen, das entscheidende Problem der Homiletik.[36]

In gleicher Linie ist auch Hans-Joachim Iwand (1899–1960) zu sehen, wenn er etwa in der biblischen Gestalt Johannes des Täufers, d. h. genauer im Von-sich-weg- und Auf-Christus-hin-Weisen, das eigentliche Vorbild des Predigers sieht: „Wer Johannes versteht, versteht das Predigtamt."[37] Für Iwand kann ein Zeugnis in diesem Sinne nur wahr sein, wenn es ganz unter Absehung des Zeugen einzig den Sachgehalt der Botschaft wahrheitsgetreu wiedergibt: „Im Zeugnis wird die Wahrheit des Bezeugten von der Person dessen, der sie bezeugt, abgelöst, wird ‚objektiv', öffentlich gültig."[38] Aus diesem Grund wehrt sich Iwand gegen jedwede Existenzialisierung der Theologie und fordert stattdessen programmatisch: „Nur indem wir das Ich auslöschen, das Leben nicht in uns inkarniert sehen, das Wort des Lebens nicht mit unserer Verkündigung identifizieren (gerade an diesem Punkte sind größte Gefahren im Vollzug!), werden wir dem gerecht, was von Gott her für uns und alle Menschen geschehen ist."[39] An dieser Stelle wird die Differenz zu Haendlers Theologie sehr deutlich.

In ähnlicher Diktion definiert auch Hans Urner (1907–1986) den Prediger als eigentliches „Hindernis" des Predigtgeschehens und fordert aus diesem Grund eine größtmögliche Absehung von der eigenen Person bei größtmöglicher Konzentration auf den Predigttext:

> „Alles, was er mitbringt, kann hinderlich sein! Zum Prediger wird er erst durch das Wort Gottes, das ihm gesagt wird, damit er es weitersage! Er kann nur in aller Treue und mit allem Fleiß in den Text der Schrift eindringen. Der Text – als Gottes Wort! – wird die unvermeidlichen Hindernisse überwinden. Aber die Hindernisse sind da, und zwar nicht zuletzt in dem Prediger selbst [...]. Wir sind geneigt, das Thema dieses Abschnitts geradezu so zu umschreiben: ‚Der Prediger als Hindernis'"[40]

Aus sich selbst heraus könne der Mensch aufgrund seines Sünderseins nur scheitern und auf seine eigene Unzulänglichkeit im Blick auf das Predigtgeschehen zurückgeworfen werden, gerade wenn er einen tiefenpsychologischen Blick auf seine Persönlichkeit werfe. Allein die Gnade Gottes könne es ihm letztlich ermöglichen, trotz seiner mangelnden Disposition zu predigen.

---

36 Vgl. a. a. O., 25.

37 Vgl. Hans-Joachim Iwand: Predigt-Meditationen, Göttingen 1963, 422.

38 A. a. O., 421.

39 A. a. O., 330.

40 Hans Urner: Gottes Wort und unsere Predigt, Göttingen 1961, 85.

Wie Niebergall, Iwand und Urner kommt auch RUDOLF BOHREN (1920–2010)[41] zu einer grundsätzlich anderen Bewertung der Rolle des Predigers, wenngleich er die Bemühungen Haendlers um eine stärkere Hervorhebung der Bedeutung des Predigers im Predigtgeschehen grundsätzlich schätzt und teilt. Anstelle der Haendlerschen Selbstwerdung fordert er seine konsequente Selbstaufgabe:

„Wenn ich das Evangelium, wenn ich IHN selber predigen will, dann kann das nur so geschehen, daß der Fleischgewordene im Heiligen Geist gegen mein Fleisch den Krieg gewonnen, mich selbst überwunden, mich selbst versklavt hat. Nur in diesem Überwunden-Sein kann mein Wort sein Wort sein. Nur als Gestorbener kann ich predigen. Wo Gott einen zum Menschenfischer macht, da kann dieser Mensch nicht nur das Netz oder die Angel auswerfen, da ist dieser Mensch selbst ein Wurm, zappelnd über die Angel gespannt. [...] Wenn wir in der Presse Gottes uns zermalmen lassen, dann fließt das Öl. So betrachtet ist die Gestalt der Predigt Ausdruck der Heiligung des Predigers.“[42]

Dieses Zitat zeigt sehr anschaulich, wie unterschiedlich ein inkarnationstheologischer Ansatz bei der Person des Predigers ausgelegt werden kann: Bei Haendler soll die Menschwerdung Gottes dem Prediger Mut machen, selbst Mensch zu werden und zu sein sowie eine Kongruenz zwischen seinem eigenen Glauben und Leben und der Botschaft des Evangeliums zu finden. Bei Bohren steht die Menschwerdung Gottes dagegen für die größtmögliche Selbstentäußerung Gottes, der der Prediger durch die Aufgabe seiner eigenen Person zu entsprechen hat, um anschließend von Gott mit dem Heiligen Geist erfüllt zu werden. Sind die Aussagen Haendlers an Harmonie und Befreundung des Predigers mit sich selbst interessiert, ist es bei Bohren der bis in die geschmacklose Groteske getriebene Kampf des Predigers gegen sich selbst. Rät Bohren dem Prediger, sich selbst zu verlieren, um Gott zu gewinnen, ermutigt Haendler ihn, sich selbst zu finden, um Gott zu finden. An diesem Gegensatzpaar wird deutlich, wie unterschiedlich die Rolle des Predigers gesehen werden kann.

1.3 Der Durchbruch – Die 70er Jahre

In den 70er Jahren kann schließlich im Zuge der Seelsorgebewegung von einer wahren „Haendler-Renaissance “ gesprochen werden. Eine erste grundsätzliche Würdigung seines Ansatzes findet sich bei HANS-JOACHIM THILO (1914–2003), der in seiner „Beratenden Seelsorge“ die Fokussierung Haendlers auf eine subjektorientierte Theologie fortsetzt und der religiösen Lebenshilfe sowie der Freiheit einen entscheidenden Stellenwert beimisst.[43] Thilo bezieht sich dabei explizit auf Haendlers „Predigt“ und nicht etwa auf eine seiner poimenischen Schriften, was die Bedeutung der Homiletik Otto Haendlers für die gesamte Praktische Theologie noch einmal verdeutlicht. In seiner Monographie „Psyche und Wort“

---

[41] Vgl. etwa RUDOLF BOHREN: Predigt und Gemeinde, 49 f.

[42] A. a. O., 51.

[43] Vgl. HANS-JOACHIM THILO: Beratende Seelsorge, 18 f.

von 1974 bearbeitet Thilo darüber hinaus unter der Überschrift „Tiefenpsychologische Interpretation homiletischer Prozesse“[44] das Subjekt-Objekt-Problem ganz in der Tradition Otto Haendlers.

Neben Hans-Joachim Thilo nahm sich in diesen Jahren vor allem RICHARD RIESS (*1937) dem homiletischen Leitthema Otto Haendlers an. Unter dem Titel „Zur pastoralpsychologischen Problematik des Predigers“ würdigt er „Die Predigt“ Haendlers als eine bis heute wegweisende Arbeit.[45] Eine entscheidende Weiterführung des Ansatzes Haendlers erreichte Riess vor allem dadurch, dass er den Berliner Psychoanalytiker FRITZ RIEMANN (1902–1979) dafür gewinnen konnte, die in seinem Buch „Grundformen der Angst“[46] gemachten Entdeckungen auf das Problem der Predigerpersönlichkeit zu übertragen. In seinem Aufsatz „Die Persönlichkeit des Predigers in tiefenpsychologischer Sicht“ unternimmt er schließlich die bereits dargestellte Unterteilung des Predigers in einen „schizoiden“, „depressiven“, „zwanghaften“ und „hysterischen Grundtypen“ (vgl. Kap. III.2.2), die als wesentliche Fortführung der von Otto Haendler angestoßenen Rezeption der psychologischen Charakterkunde verstanden werden darf.

Auf Riemann aufbauend analysierte HANS-CHRISTOPH PIPER (1931–2002) im Rahmen der Klinischen Seelsorgeausbildung die Rezeption von ca. 120 Predigten nach kommunikationspsychologischen Gesichtspunkten. Nach einer Veröffentlichung erster Ergebnisse in „Wege zum Menschen“[47] brachte er seine Analysen 1976 unter dem Titel „Predigtanalysen“[48] mit einer eigenen Monographie zum Abschluss. Piper geht darin von einer „Krise der Predigt“ aus, die in Wahrheit eine „Krise des Predigers“[49] sei, und interessiert sich aus diesem Grund vor allem für den Konflikt zwischen einem systematisch-theologischen Verständnis der Predigt als Verkündigung des Wortes Gottes und der Wahrnehmung der tatsächlichen Predigtaufgabe durch konkrete Prediger. Piper kommt dabei zu dem Ergebnis, dass die Rezeption der Predigt seitens der Hörer wesentlich von der Persönlichkeit des Predigers abhänge, und unterscheidet vor diesem Hintergrund verschiedene Predigerpersönlichkeiten wie beispielsweise den „geängstigten“, „hoffnungslosen“, „dankbaren“ oder „fordernden“ Prediger.

Die bereits erwähnte Analyse von „Ich-Zuständen“ auf der Kanzel (vgl. Kap. III.2.1) durch MANFRED JOSUTTIS (*1936), die in der ersten Auflage 1974 erschienen ist,[50] kann ebenfalls in dieser Linie gesehen werden. Trotz der vor allem in

---

44 DERS.: Psyche und Wort. Aspekt ihrer Beziehungen in Seelsorge, Unterricht und Predigt, Göttingen 1974, 104–130, besonders 106 f.

45 RICHARD RIESS: Zur pastoralpsychologischen Problematik des Predigers, 298.

46 FRITZ RIEMANN: Grundformen der Angst und die Antinomien des Lebens, München 1961.

47 HANS-CHRISTOPH PIPER: Die Predigtanalyse in der Klinischen Seelsorgeausbildung, in: WzM 25 (1973), 355–365.

48 DERS.: Predigtanalysen. Kommunikation und Kommunikationsstörungen in der Predigt, Göttingen/Wien 1976.

49 A. a. O., 9.

50 Vgl. MANFRED JOSUTTIS: Der Prediger in der Predigt, 70–94.

seiner Auseinandersetzung mit der Dialektischen Theologie auffälligen Nähe zu Haendler ist es verwunderlich, dass Josuttis nicht ein einziges Mal auf ihn Bezug nimmt. Vermutlich liegt dies an seiner eigenen, u. a. von Max Horkheimer inspirierten politischen Begründung des Ansatzes beim Subjekt des Predigers.

Auch ERNST KOCH (*1930) wies in seinem 1978 erschienenen Aufsatz „Der Prediger und die Predigt“[51] auf die Notwendigkeit einer bei der Person des Predigers ansetzenden Reflexion des Predigtgeschehenes hin und forderte eine Kultur des Predigtnachgesprächs. Dabei sei der Prediger als „Interpret“ der biblischen Botschaft sowie als „Angefochtener“ gleichermaßen zu betrachten.

Unter dem programmatischen Titel „Persönlich Predigern“ würdigte schließlich AXEL DENECKE (*1938) den Ansatz Otto Haendlers als „herausragend“[52] und führte ihn entscheidend fort. Unter dem Leitwort „Christlich predigen heißt persönlich predigen“[53] fordert er eine bewusst unter den Bedingungen der eigenen Persönlichkeit gehaltene Predigt. Wie Haendler setzt sich Denecke dabei mit einem dezidiert inkarnationstheologischen Ansatz bewusst von der Dialektischen Theologie ab, ohne jedoch deren Anliegen aus den Augen zu verlieren:

> „Die unumkehrbare Tendenz des Wortes Gottes, sich in dieser profanen Welt mit all ihren Unvollkommenheiten einzunisten, zwingt uns geradezu dazu, persönlich zu predigen. Wenn ich von mir wegblicke auf das geoffenbarte Wort Gottes hin, dann eben traue ich dem ‚Wort Gottes‘ nicht zuviel, sondern zuwenig zu. Denn das Wort Gottes hat sich verleiblicht und will eben in dieser Leiblichkeit gefunden werden. Der konkrete Ort dieser Verleiblichung ist in der Predigt zunächst der Prediger selbst.“[54]

Ganz im Sinne Haendlers werden nach Denecke die eigentlichen Anliegen der Dialektischen Theologie viel eher durch eine bewusst auf die Person des Predigers blickenden Homiletik erfüllt. Aus diesem Grund rät er dem Prediger praktisch, sich der Grundstruktur seiner Persönlichkeit bewusst zu werden, einen konstruktiven Umgang mit seinen Ängsten zu finden, „eindeutig“, „greifbar und angreifbar“ sowie „demokratisch“ zu predigen, sich mit seinen Hörern solidarisch zu erklären und mit ihnen ins Gespräch zu kommen, „Ich“ zu sagen, ohne „privat zu predigen“ und letztlich bescheiden zu sein sowie sich an die Hörer „zu verschenken“.[55] Diese knappe Übersicht macht deutlich, dass es sich bei dem Ansatz Deneckes um einer der umfassendsten Rezeptionen des homiletischen Ansatzes Otto Haendlers handelt.

Die weiteren Entwicklungen in den 70er Jahren führten schließlich zu einer stärkeren Wahrnehmung der Person des Predigers im Blick auf seinen Umgang mit dem Hörer (so klassisch bei ERNST LANGE[56] und den in seiner Tradition ste-

---

[51] ERNST KOCH: Der Prediger und die Predigt, in: ZdZ 32 (1978), 460–464.

[52] AXEL DENECKE: Persönlich Predigen, Münster ^{2}2001, 30.

[53] A. a. O., 40.

[54] Ebd.

[55] Begriffe a. a. O., 42–50.

[56] Vgl. exemplarisch ERNST LANGE: Brief an einen Prediger, in: Predigtstudien für das Kirchenjahr 1968/1969. Perikopenreihe III, Bd. 1, Berlin 1968, 7–17.

henden „Predigtstudien") oder unter berufstheoretischen Fragestellungen (so z. B. bei Karl Wilhelm Dahm)[57]. Diese leichte Verschiebung der Frage nach dem Subjekt des Predigers hin zu einer kommunikations- und sozialwissenschaftlichen Wahrnehmung der Predigtaufgabe zeigt den Beginn einer grundsätzlichen Verschiebung der Schwerpunkte der Praktischen Theologie an.

Dass die Homiletik Otto Haendlers in den 70er Jahren immer mehr zum Standardwerk avancierte, zeigt sich auch an der Rezeption seiner Gedanken auf *katholischer Seite*, hier vor allem in dem 1970 von Bruno Dreher u. a. herausgegebenen „Handbuch der Verkündigung". Darin ist vor allem Jan Besemer zu nennen, der unter dem Titel „Der Verkünder heute" einen kritischen Blick auf die gegenwärtige Predigtsituation wirft und ganz im Sinne Haendlers festhält: „Die Notlage hat sich seit dem Erscheinen von Otto Haendlers Buch nicht verringert, im Gegenteil; die heutige Situation der Kirche, der Verkündigung und des Verkünders hat sich noch verstärkt. [...] Viele Seelsorger verlangen nach Einübung, weil sie mit ihrer blutleeren und dürftigen Verkündigung, die zuwenig Heilsansage und zuwenig Ausdruck dessen ist, was sie eigentlich sagen möchten, nicht zufrieden sind."[58] Besemer spricht sich vor dem Hintergrund dieser Feststellung vor allem für eine die Dimension der Persönlichkeit des Predigers stärker berücksichtigende pastorale Ausbildung aus. Dabei spielt für ihn die Förderung von Echtheit, einer differenzierten Wahrnehmung unreflektiert übernommener Klischees oder Projektionen der eigenen Unzufriedenheit auf die Hörer, der Einnahme klarer Standpunkte sowie einer Überwindung der Angst vor Kritik eine entscheidende Rolle[59] – Forderungen, die sich mit denen Haendlers decken. Vermittelnd kann er aus diesem Grund in großer Nähe zu Haendler abschließend formulieren: „Für die Kraft der Verkündigung ist weder eine möglichst große Anpassung an die Zuhörerschaft noch eine möglichst große Objektivität, noch rhetorische Begabung ausschlaggebend. Das alles ist wichtig, aber die eigentliche Kraft entstammt letztlich der möglichst ausgeglichenen Persönlichkeit des Verkünders selbst, durch die sein Wort nicht bloß Wörter sind, sondern Ausdruck eines lebendigen und gelebten Glaubens."[60]

Wie Besemer widmet auch Ferdinand Klostermann (1907–1982) unter dem Titel „Die Träger der Verkündigung" dem Thema der Persönlichkeit des Predigers ein eigenes Unterkapitel. In direktem Bezug auf Haendler fordert er darin eine stärkere Konzentration der Homiletik auf die Biographie und die Tiefenstruktur der Persönlichkeit des Predigers, denn „wenn der Verkündiger Zeuge,

---

[57] Vgl. exemplarisch Karl Wilhelm Dahm: Hören und Verstehen. Kommunikationssoziologische Überlegungen zur gegenwärtigen Predigtnot, in: Predigtstudien für das Kirchenjahr 1969/1970. Perikopenreihe IV, Bd. 2, Berlin 1969, 9–20; ders.: Beruf: Pfarrer, 319–321.

[58] Jan Besemer: Der Verkünder heute, in: Bruno Dreher u. a. (Hg.): Handbuch der Verkündigung, Bd. 2, Freiburg i. Br. u. a. 1970, 55.

[59] Begriffe a. a. O., 86.

[60] A. a. O., 87.

Übersetzer und Deuter der Botschaft Gottes ist, muß sich in seiner Verkündigung nicht nur die objektive Wirklichkeit des Wortes Gottes widerspiegeln, sondern immer auch die subjektive Wirklichkeit seiner Persönlichkeit."[61] Aus diesem Grund fragt Klostermann auch nach dem Werden der Persönlichkeit" des Predigers und setzt wie Haendler auf eine tiefenpsychologische Durcharbeitung als Lebensaufgabe.

1.4 Verschiebung der Wahrnehmung – Die 80er Jahre

Ab den 80er Jahren fand vermehrt eine Wahrnehmung der Leistungen Otto Haendlers auf dem Gebiet der Poimenik statt, die zu Lasten einer Wahrnehmung seiner homiletischen Beiträge ging. Diese Entwicklung wird sehr deutlich an der 1981 anlässlich des Todes von Otto Haendler veröffentlichten Sonderausgabe der „Wege zum Menschen", die bis auf einen Titel ausschließlich poimenische Beiträge enthält.[62] Dass jedoch auch die Poimenik wesentliche Impulse für die Entwicklung ihrer Theorien aus der „Predigt" Otto Haendlers bezogen hat, lässt sich beispielsweise an KLAUS WINKLER (1934–2000) und seiner Theorie des „Persönlichkeitsspezifischen Credos" ablesen, die wesentlich auf der in der „Predigt" Haendlers aufgestellte Forderung nach Kongruenz basiert.

Winkler versteht unter dem von ihm geprägten Begriff des „Persönlichkeitsspezifischen Credos" im Rahmen seiner Seelsorgelehre im Wesentlichen die Ermöglichung und Herbeiführung einer Bekenntnissituation im Seelsorgegespräch, die durch vier Punkte gekennzeichnet ist:[63] 1. *Entlastung*: Der Klient kann aussprechen, was oder wie er glaubt, kann benennen, was ihn bedrückt, wo er Fragen und Schwierigkeiten hat, und erfährt im selben Zug, dass er seinen Glauben haben darf, dass es kein an einer Dogmatik gemessenes Richtig oder Falsch in dieser Seelsorgesituation gibt. 2. *Spracheröffnung*: Dadurch, dass der Klient offen über seinen Glauben sprechen darf, ist seinerseits der Seelsorger gefordert, über seinen Glauben zu sprechen, was die Kommunikationsform bereichert und zu einem Gespräch auf Augenhöhe beiträgt. 3. *Klärung*: Dadurch, dass der Klient offen über seinen Glauben spricht, vermag der Seelsorger echte Kritik zu üben, die nicht verletzt, sondern neue Blickweisen auf den eigenen Glauben eröffnet. 4. *Trost*: Dadurch, dass der Klient offen über seinen Glauben spricht, vermag der Seelsorger das Evangelium so zu kommunizieren, dass es als situativ und persönlich passend erfahren werden kann.

---

[61] Vgl. FERDINAND KLOSTERMANN: Die Träger der Verkündigung, in: Bruno Dreher u. a. (Hg.): Handbuch der Verkündigung, Bd. 1., Freiburg i. Br. u. a. 1970, 406.

[62] WzM 34 (1982),131–177: Erinnerungsheft zum Tod Otto Haendlers, darin: HEINRICH FINK: Festakt anlässlich des neunzigsten Geburtstages von D. Otto Haendler am 18.4.1980, 132–138; ERNST-RÜDIGER KIESOW: Die prophylaktische Funktion der Seelsorge, 138–143; WALTER SAFT: Meditation als Lebens- und Glaubenshilfe, 143–150; JOACHIM SCHARFENBERG: Strukturtheologie, Symbol und Meditation, 150–159; KLAUS WINKLER: Das persönlichkeitsspezifische Credo, 159–163; HANS-JOACHIM THILO: Begegnungen mit Otto Haendler, 163–168; ADOLF KÖBERLE: Ein sensationelles Buch. Zu O. Haendlers „Die Predigt", 168–170; JOACHIM SCHARFENBERG: Religion, Seelsorge und Beratung, 171–177.

[63] Vgl. zu den folgenden Ausführungen KLAUS WINKLER: Seelsorgelehre, 274–278.

All diese Punkte ließen sich ohne Weiteres auch auf die Predigtsituation übertragen, hier besonders auf den Umgang des Predigers mit seinem eigenen Glauben sowie mit dem Glauben der Hörer als schicksalhafter, d. h. vorgegebener Größe, und machen damit auf die große Nähe Winklers zu Haendler aufmerksam.

1.5 Erneute Wahrnehmung – Von den 90er Jahren bis zur Gegenwart

In den 90er Jahren lebte die Wahrnehmung Otto Haendlers als Homiletiker durch das 1990 von Karl-Heinrich Bieritz (1936–2011) u. a. herausgegebene „Handbuch der Predigt" noch einmal auf. Darin würdigten Autoren wie Jürgen Henkys, Ernst-Rüdiger Kiesow, Jürgen Ziemer, Hans-Hinrich Jenssen, Walter Saft, Eberhard Winkler, Albrecht Schönherr und Manfred Haustein den Ansatz Haendlers beim Subjekt, seinen Umgang mit dem Predigttext sowie die von ihm erstmals mit der Predigtvorbereitung in Verbindung gebrachte Methode der Meditation.[64] Besonders hervorzuheben ist dabei der Beitrag von Jürgen Henkys (*1929), der unter dem Titel „Ansätze des Predigtverständnisses" die Homiletik Otto Haendlers ausführlich würdigt. Er macht darin auf eine bislang kaum beachtete Verwandtschaft zwischen Haendler und Rudolf Bultmann aufmerksam: So wie Bultmann mit seiner Theologie die Glaubenspraxis von denkerischen Widerständen befreien wolle, versuche Haendler sie von emotionalen Widerständen zu befreien, die vor allem durch ein nicht von der Persönlichkeit assimiliertes Dogma entstehen: „In beiden Arbeiten spürt man Leidenschaft für die Vermittlung von christlicher Verkündigung und Gegenwartsbewußtsein. Und beide Autoren greifen auf einen nichttheologischen Denker mit christlichem Traditionsfeld zurück: Bultmann auf Heidegger und seine Analyse des Daseins, Haendler auf Jung und seine Analyse der Tiefenperson."[65]

1993 erschien schließlich die bereits mehrfach erwähnte Monographie von Kerstin Voigt (*1959), die sich erstmals ausschließlich mit Otto Haendler beschäftigte. Unter dem Titel „Otto Haendler - Leben und Werk" hat sie nicht nur eine erste Biographie Otto Haendlers verfasst, sondern auch auf den Vorarbeiten von Klaus Winkler[66] aufbauend eine umfassende Bibliographie vorgelegt. Voigts Konzentration gilt dabei vor allem Haendlers Leistungen auf dem Gebiet der Poimenik, weshalb sie seine Leistungen für die Homiletik nur im Rahmen einer kurzen Einordnung seiner „Predigt" würdigt.[67] Im Ganzen stellt die Arbeit von Kerstin Voigt die bis heute umfassendste Beschäftigung mit Otto Haendler dar.

---

[64] Karl-Heinrich Bieritz u. a. (Hg.): Handbuch der Predigt, Berlin 1990. In folgenden Beiträgen wird darin die Homiletik Haendlers direkt rezipiert: Jürgen Henkys: Ansätze des Predigtverständnisses, 44–47, 49–51; Ernst-Rüdiger Kiesow: Der Prediger, 101, 105 f., 120; Jürgen Ziemer: Der Text, 232; Hans-Hinrich Jenssen: Die Predigt im Jahreskreis, 252, 256 f., 291, 293 f.; Walter Saft: Die Predigt im Lebenskreis, 335; Eberhard Winkler: Predigt und Lehre in der Kirche, 345; Albrecht Schönherr: Predigt und Fragen der Zeit, 382 f.; Manfred Haustein: Sprachgestalten der Verkündigung, 472, 474–476.

[65] Jürgen Henkys: Ansätze des Predigtverständnisses, 45.

[66] Klaus Winkler: Bibliographie Otto Haendler, 151–154.

[67] Kerstin Voigt: Otto Haendler, 67–87.

Neben Kerstin Voigt hat sich vor allem MICHAEL MEYER-BLANCK (*1954) um eine Rezeption Otto Haendlers verdient gemacht. Schon in seiner 1994 veröffentlichten Habilitationsschrift zu Wilhelm Stählin nimmt er auf Haendler Bezug und stellt Verbindungen zwischen seinem Verständnis der Praktischen Theologie und dem Stählins her.[68] Darüber hinaus würdigt er in der gemeinsam mit Christian Grethlein im Jahr 2000 herausgegebenen „Geschichte der Praktischen Theologie" das Leben und Werk Otto Haendlers mit einem eigenen Aufsatz. Wie jedoch der Titel „Tiefenpsychologie und Strukturtheologie" schon andeutet, spielt die Homiletik dabei eine eher untergeordnete Rolle, da es Meyer-Blank stärker um die Darstellung der Praktischen Theologie Otto Haendlers vor dem Hintergrund ihrer Anleihen an Tiefenpsychologie und Strukturalismus geht.[69] In seiner 2011 veröffentlichten „Gottesdienstlehre" holt er dies jedoch nach und behandelt innerhalb eines Abrisses der Homiletik des 20. Jahrhunderts Otto Haendler ausführlicher. Meyer-Blanck charakterisiert seine „Predigt" dabei als „Pastoraltheologie mit homiletischem Schwerpunkt" und kritisiert vor allem eine fehlende fruchtbare Auseinandersetzung oder Vermittlung mit anderen homiletischen Ansätzen, weshalb das Buch an einem „prinzipiell-homiletischen Mangel" leide.[70] Trotz dieser methodischen Schwäche sei die „Predigt" jedoch wegweisend für alle folgenden homiletischen Entwürfe und damit ihrer Zeit weit voraus gewesen.

Eine umfangreiche und ins Detail gehende kritische Rezeption der Homiletik Otto Haendlers findet sich ebenfalls bei HELMUT SANTER (*1963). In seiner 2003 veröffentlichten Dissertation beschäftigt er sich mit der Frage nach dem Verhältnis von „Persönlichkeit und Gottesbild". Er setzt dazu bei der von Haendler diagnostizierten Predigtnot an und fragt von da aus nach der Bedeutung der Psychologie für seine Homiletik. Santer bemängelt dabei vor allem einen unreflektierten Umgang Haendlers mit den Prämissen der Jungschen Tiefenpsychologie wie auch mit der eigenen Theologie und wirft Haendler eine Psychologisierung der Theologie sowie eine Theologisierung der Psychologie vor: „Theologie und Psychologie werden miteinander identifiziert und theologische Inhalte unreflektiert in das System Jungs eingeordnet."[71] Besonders kritisch hinterfragt Santer die Verarbeitung der Jungschen Charakterologie in der Homiletik Otto Haendlers, die nicht bei der Feststellung stehen bleibe, dass die Lebensgeschichte von Menschen Einfluss auf ihren Glauben habe, sondern vielmehr suggeriere, dass nur ein gefestigter, ausgeglichener Charakter einen echten, wahren Glauben haben könne: „Hier wie an anderen Stellen wird die Ontologie Jungs zum vorrangigen Theoriegebäude, das Haendler mit der Theologie harmonisiert."[72] Von einer reformatorischen Theologie aus seien aus diesem Grund

---

68 MICHAEL MEYER-BLANCK: Leben, Leib und Liturgie, 46–49.

69 DERS.: Tiefenpsychologie und Strukturtheologie, 405–408 beschäftigt sich dezidiert mit der „Predigt".

70 DERS.: Gottesdienstlehre, Tübingen 2011, 219–221.

71 HELMUT SANTER: Persönlichkeit und Gottesbild, 56.

72 A. a. O., 57.

nach Santer vor allem rechtfertigungstheologische Anfragen an den Ansatz Haendlers zu stellen. Die Nähe der Kritikpunkte Santers zu denen Martin Doernes ist auffällig und schließt den Kreis einer fast 70-jährigen Geschichte der Kritik.

Die deutlichste Wahrnehmung der Homiletik Otto Haendlers in der gegenwärtigen Praktischen Theologie findet sich schließlich bei Wilfried Engemann (*1959). So griff er etwa mit seiner 1989 unter dem Titel „Persönlichkeitsstruktur und Predigt" veröffentlichten Dissertation ein dezidiert in der Tradition Haendlers stehendes Thema auf und führte es durch die Rezeption der Transaktionsanalyse Eric Bernes entscheidend weiter. Auch seine Habilitationsschrift „Semiotische Homiletik" findet in Haendler einen ständigen Gesprächspartner im Blick auf das Subjekt des Predigers oder des Hörers.[73] Seine „Einführung in die Homiletik" stellt schließlich mit ihrem Ausgang beim Subjekt des Predigers die am stärksten in der Tradition Haendlers stehende Homiletik der Gegenwart dar.[74] Dabei spielen für Engemann vor allem die Auswirkungen der Persönlichkeit des Predigers für das Kommunikationsgeschehen der Predigt eine entscheidende Rolle: „Der Prediger steht also nicht vor der Frage, ob er die Rolle und Wirkung seiner Subjektivität im Predigtgeschehen bejaht oder ablehnt, sondern wie er sie berücksichtigt, ob er sie integriert oder ignoriert"[75]. Engemann kann in diesem Sinne von einer „personalen Kompetenz"[76] des Predigers sprechen und in der Tradition Haendlers zu einer aktiven Arbeit an der eigenen Persönlichkeit auffordern. Die Nähe der Praktischen Theologie Wilfried Engemanns zu der Otto Haendlers wird auch an seiner Definition der Praktischen Theologie deutlich. Praktische Theologie entwickelt für Engemann „Theorien für die Kommunikation des Evangeliums durch Personen auf der Basis von Zeichen in bestimmten Situationen zur Gestaltung von Kirche um der Zu- und Aneignung der Freiheit willen."[77] Sowohl die ausdrückliche Würdigung der Person, die deutlich über den klassischen Kommunikationsbe-griff der Semiotik hinausgeht, der ohne die Person auskommt, als auch die Zu- und Aneignung von Freiheit als Zielpunkt der Praktischen Theologie stehen in der Tradition Haendlers. Mit seinem Aufsatz „Die Person als Subjekt pastoralen Handelns" erweitert Engemann schließlich seinen Ansatz beim Subjekt auf alle weiteren Dimensionen kirchlichen Handelns. Wie für Haendler stellen dabei auch für Engemann „innere Kongruenz", „Originalität" und „Authentizität" Schlüsselbegriffe dar.[78]

---

73 Vgl. Ders.: Semiotische Homiletik, 107 f., 121, 146, 172, 186.
74 Ders.: Einführung, 14–87, im Blick auf Haendler vor allem 38–50.
75 A. a. O., 40.
76 A. a. O., 57–61.
77 Ders.: Kommunikation des Evangeliums – ein interdisziplinäres Projekt, in: Christian Grethlein/Helmut Schwier (Hg.): Praktische Theologie. Eine Theorie- und Problemgeschichte, Leipzig 2007, 140.
78 Ders.: Die Person als Subjekt, 292.

Die Nachzeichnung wesentlicher Rezeptionszweige der Homiletik Otto Haendlers in der Gegenwart muss im Blick auf eine grundsätzliche Auseinandersetzung hier abbrechen. Abgesehen von den soeben genannten Autoren findet heute in der Regel eine motivische Auseinandersetzung mit Haendler statt, die ihn vor allem als klassischen Ansatz bei der Person des Predigers zitiert.[79] In diesem Sinne haben die Gedanken Otto Haendlers Eingang in die Geschichte der Homiletik gefunden.

1.6 Ertrag

Der kurze Abriss der Rezeptionsgeschichte hat gezeigt, dass vor allem Haendlers Leistungen im Blick auf die Person des Predigers gewürdigt worden ist. Die breite Rezeption dieses wichtigen Gedankens hat jedoch auch dazu geführt, dass andere Gedanken aus seiner Homiletik tendenziell in den Hintergrund gerückt sind. Punktuell wurde, wenn überhaupt, Haendlers Wertschätzung der Meditation und seine Typisierung von Predigerpersönlichkeiten rezipiert – die ganze Breite und Tiefe seiner Homiletik geriet jedoch in Vergessenheit. Als in den 60er Jahren der Verlagerung seines Forschungsschwerpunktes entsprechend die aufkommende Seelsorgebewegung in Haendler einen ihrer Vordenker entdeckte, wurde er fast nur noch als Poimeniker wahrgenommen. Von dieser Entwicklung zeugt auch die erste zu Otto Haendler erschienene Monographie, in der Kerstin Voigt ebenfalls von einem dezidiert poimenischen Anliegen aus auf das Leben und Werk Otto Haendlers blickt. Dass der Schlüssel zum Werk und zur Theologie Otto Haendlers jedoch von der Homiletik aus zu suchen ist, wurde dabei immer weniger berücksichtigt. Die vorliegende Arbeit möchte sich in diesem Sinne als Beitrag verstanden wissen, diesem Mangel entgegenzuwirken.

---

[79] Vgl. exemplarisch: ALEXANDER DEEG: Predigt und Derascha. Homiletische Textlektüre im Dialog mit dem Judentum, Göttingen 2006, 228 f.; ALBRECHT GRÖZINGER: Homiletik, Gütersloh 2008, 122–135; GEORG LÄMMLIN: Die Lust am Wort und der Widerstand der Schrift. Homiletische Re-Lektüre des Psalters, Münster u. a. 2002, 6, 73, 75, 82, 96 f., 131; HANS MARTIN MÜLLER: Homiletik, 197–199; MARTIN NICOL: Einander ins Bild setzen, 79.

2. Kritische Würdigung und Ausblick

Die Skizzierung wesentlicher Rezeptionswege der Homiletik Otto Haendlers hat ein ambivalentes Bild ergeben. Das folgende Unterkapitel wird abschließend eine eigene Einordnung der Leistungen Haendlers auf dem Gebiet der Homiletik und der praktischen Predigtarbeit wagen und dabei versuchen, Perspektiven für eine Nutzbarmachung seiner Erkenntnisse für gegenwärtige Herausforderungen der Predigt aufzuzeigen. Methodisch soll dabei die im dritten Hauptkapitel begonnene Verschränkung von Homiletik und eigener Predigttätigkeit Otto Haendlers fortgeführt werden.

2.1 Zum Umgang Otto Haendlers mit Referenzwissenschaften

Die Auseinandersetzung mit den Erkenntnissen der Human- und Geisteswissenschaften stellt von Anfang an einen Grundzug der Homiletik Otto Haendlers dar. War es in der „Idee der Predigt" vornehmlich ein empirisch-sozialwissenschaftlicher Ansatz, der Haendlers homiletisches Nachdenken bestimmt hat, ist es in seiner „Predigt" der Dialog mit der *Tiefenpsychologie C. G. Jungs*. Die schon früh von Martin Doerne u. a. erhobene Kritik an Haendlers wissenschaftlichem Umgang mit eben jener Theorie macht auf sein nicht ganz unproblematisches handwerkliches Vorgehen aufmerksam. Gemessen an modernen wissenschaftlichen Standards lässt die Arbeit Haendlers auch aus heutiger Sicht an einigen Stellen zu wünschen übrig. So sucht man beispielsweise in seiner „Predigt" vergeblich nach direkten Belegen am Werk Jungs oder nach Auseinandersetzungen mit Literatur aus anderen psychologischen Schulen. Prämissen wie z. B. das Jungsche Modell der Persönlichkeitsstruktur, allen voran sein Postulat des Selbst, werden unhinterfragt übernommen und unvermittelt auf ein theologisches Problem übertragen.

Dieser Umstand ist sicherlich damit zu erklären, dass es Otto Haendler in seiner Homiletik weniger um eine detailgetreue Wiedergabe der Aussagen Jungs als vielmehr um die Widerlegung der grundsätzlichen Kritik der Dialektischen Theologie an einer sich an der conditio humana orientierenden Homiletik und Theologie ging. Die Psychologie Jungs diente Haendler somit als humanwissenschaftliche Untermauerung seiner theologischen Kritik. Es ging ihm vornehmlich um eine grundsätzliche Anerkennung und Würdigung der Leistungen der Tiefenpsychologie durch die Theologie im Blick auf ein besseres Verständnis der menschlichen Seele, nicht aber um eine differenzierte Auseinandersetzung mit all ihren Aussagen. Gerade im Blick auf die von Jung übernommenen Prämissen hätte jedoch ein sauberes wissenschaftliches Arbeiten dazu geführt, Zweideutigkeiten und Missverständnisse zu vermeiden, was wiederum sicherlich die zum Teil heftigen Wogen der Kritik nach dem Erscheinen seiner „Predigt" etwas geglättet hätte. Dies wird besonders an der quasiheilsbringenden Funktion deutlich, die Otto Haendler der Selbstwerdung durch ihre Verbindung mit der „imago dei“ indirekt zuschreibt. Hier überfrachtet er eine humanwissenschaftliche Theorie mit einem theologischen Inhalt, für den zu tragen sie überhaupt nicht konstruiert worden ist. Über weite Teile seiner Homiletik hinweg erhält man aus diesem Grund den Eindruck, dass eine Handlung nur dann als im christlichen Sinne gut zu bewerten sei, je größer ihre Übereinstimmung mit der Persönlichkeit des Handelnden ist. Dass ein Mensch, etwa im Sinne der paulinischen Kreuzestheologie, aber auch in einer ihm grundsätzlich fremden Art und Weise reagieren und gerade damit im Sinne Christi handeln kann, gerät Haendler dabei tendenziell aus dem Blick.

Ein ganz ähnliches Bild bietet seine Aufnahme des *Strukturalismus*. Dass Haendlers Theorie einer Praktischen Theologie als Strukturtheologie inhaltlich blass geblieben und aus diesem Grund kaum rezipiert worden ist, dürfte im Wesentlichen daran liegen, dass Haendler den Strukturalismus nur in Auszügen gewürdigt hat und sich bei ihm keine tiefer gehende Auseinandersetzung mit seinen Begriffen und Axiomen finden lässt. Bei rechtem Hinsehen konnte ihm dies auch nur schwer gelingen, da er mit dem Strukturalismus, an dem er seine Dialektik genauso schätzte wie seine begriffliche Schärfe, eine konstruktivistische Grundlehre einkaufte, die er theologisch ablehnen musste. Mit Jean-François Lyotard gesprochen ist Haendlers Denken noch ganz in der Moderne verhaftet, indem es an die eine „große Erzählung“ der Menschwerdung Gottes glaubt.[1] Der postmoderne Strukturalismus geht jedoch von der Dekonstruktion eben jener monolithischen Erzählungen zu Einzeldiskursen aus und verhält sich deshalb gegenläufig zu Haendlers Theologie. Aus diesem Grund bleibt sein Strukturbegriff blass und für eine gewinnbringende Auseinandersetzung wenig brauchbar.

Im Blick auf die grundsätzlichen Ziele und Ansätze der *Jugendbewegung* sowie der *Lebens- und Existenzphilosophie* ist ihm dies besser gelungen. Haendler hat es in zahlreichen Aufsätzen, vor allem aber in seinen beiden Monographien („Predigt“ und „Grundriss“) verstanden, das theologisch Relevante der jeweiligen Ansätze herauszuarbeiten und für eine beim Individuum ansetzende „Theologie von unten“ fruchtbar zu machen. Dabei wurden ihm neben Wilhelm Stählin und Karl-Bernhard Ritter auf philosophischer Seite vor allem Karl Jaspers und Martin Heidegger zu fruchtbaren Diskussionspartnern. Im Blick auf die beiden letztgenannten philosophischen Grundentwürfe ist es Haendler im Vergleich zur Tiefenpsychologie C. G. Jungs wesentlich besser gelungen, unter Einbezug der entsprechenden Originalliteratur aus theologischer Sicht zielführend an einer Darstellung und Rezeption dieser philosophischen Ansätze zu arbeiten. Gleichzeitig muss eingeräumt werden, dass sich auch hier nirgendwo eine grundsätzliche Auseinandersetzung mit diesen Philosophien fin-

---

[1] Vgl. Jean-François Lyotard: Das postmoderne Wissen. Ein Bericht, Wien [4]1999, 13–17.

den lässt. Inhaltlich war dabei vor allem der Gedanke der Inkarnation, dessen Sprengkraft Haendler mittels dieser Ansätze neu aufzudecken und für das 20. Jahrhundert denkerisch einzuholen vermochte, leitend für seine Auseinandersetzung. Dass eine Religion, deren Fixpunkt die Menschwerdung Gottes ist, nicht ohne erklärende human- und geisteswissenschaftliche Theorien zum Menschen auskommen kann, lag für Haendler dabei auf der Hand und bildete den Anstoß für seine interdisziplinären Beschäftigungen bis ins hohe Alter hinein. Von der Lebens- und Existenzphilosophie hat er vor allem das grundsätzliche Denken in Spannungsbögen, Entsprechungen und Korrelationen übernommen. Hier zeigt er sich anschlussfähig an die großen theologischen Entwürfe Karl Barths und Paul Tillichs, wenngleich Haendler als Praktischer Theologe andere Akzente setzen und seine Theorien auf die pastoralen Handlungsfelder fokussieren musste.

Der Umgang Otto Haendlers mit außertheologischen Referenzwissenschaften steht damit ganz in der Tradition der *Berneuchener Bewegung* und der *Michaelsbruderschaft*. Wie diese Kreise setzt auch Haendler bei dem Erschrecken über die schwindende gesellschaftliche Bedeutung der Kirche und dem immer unselbstverständlicher werdenden Bezug zum christlichen Glauben an. Mit ihrem Anschluss an das Denken ihrer Zeit versuchte die Berneuchener Bewegung zu zeigen, dass es fernab vom liberalen Kulturprotestantismus eine Art und Weise gibt, modern zu denken und doch den Kern der christlichen Botschaft und die Intensität eines wirklich gelebten Glaubens zu bewahren. Auch aus heutiger Sicht hat dieser Grundansatz nichts an Bedeutung verlorne. Vor dem Hintergrund einer in allen gesellschaftlichen Bereichen immer weiter voranschreitenden Säkularisierung und eines damit einhergehenden Relevanzverlustes des Christentums ist es für viele Prediger wichtig, Spiritualität und Geistlichkeit neu zu erlernen und zu kultivieren, denn viele Predigten leiden heutzutage gerade an dem Fehlen der von Otto Haendler geforderten vertikalen Dimension. Dabei wird es immer wichtiger werden, den Hörern eine entschiedene, plausible, aus dem eigenen Glauben erwachsene religiöse Haltung anzubieten, die inhaltlich und affektiv deutlich über das häufig zu hörende „Sind wir nicht alle Suchende?" hinausgeht. Auf der Höhe der Zeit zu denken und aus der Tiefe des eigenen Glaubens zu predigen, bleibt damit für die gegenwärtige Homiletik und ihrer Auseinandersetzung mit außertheologischen Inspirationsquellen die wesentliche, von Otto Haendler zu lernende Lektion und seine homiletischen Schriften wie auch seine eigenen Predigten eine Quelle der Inspiration.

2.2 Zum homiletischen Grundansatz Otto Haendlers

Der Blick auf die „homiletische Großwetterlage" zu Beginn dieser Arbeit hat gezeigt, dass der homiletische Grundansatz Otto Haendlers beim Subjekt des Predigers letztlich als eine Reaktion auf eine Reaktion zu bewerten ist: Schon zu Beginn des 20. Jahrhunderts hatte es im Gefolge der liberalen und positiven

Theologie eine Fülle von homiletischen Ansätzen bei der Person des Predigers gegeben, die auf unterschiedlichste Weise eine Effizienzsteigerung der aus ihrer Sicht gesellschaftlich immer wirkungsloser werdenden Predigt intendierten. Dabei bewerteten sie begünstigt durch den Machbarkeitsglauben ihrer Zeit die Möglichkeiten des Predigers in nahezu übertriebener Weise positiv. Nach der Entlarvung dieser Überzeugung als gesellschaftliche Utopie durch dem Ersten Weltkrieg nahm die Dialektische Theologie in wiederum nicht weniger übertriebener Weise Kritik an genau diesem Ansatz. Haendlers Ausrichtung der Homiletik auf das Subjekt des Predigers ist somit nicht als genuiner Neuansatz zu bewerten, sondern als eine Reaktion auf eine Reaktion – freilich unter Einbeziehung einer bis dahin von der Theologie kaum rezipierten Humanwissenschaft. Wird Otto Haendler also als Pate einer beim Subjekt des Predigers ansetzenden Homiletik dargestellt, sollte man besser von der Wiederentdeckung einer durch die massive Kritik der Dialektischen Theologie verloren gegangenen Grundperspektive sprechen, die seit jeher das homiletische Nachdenken geprägt hat. Dass Haendler schließlich jedoch seine gesamte Homiletik grundlegend vom Prediger her aufbaut und die Scheu der Theologie vor einer Selbstthematisierung des Subjekts abzubauen versucht, bleibt sein genuines Verdienst, zumal seine „Predigt" bis heute die einzige bis ins Detail konsequent von diesem Ansatz ausgehende Homiletik darstellt. Mit seiner „Predigt" hat Otto Haendler somit Pionierarbeit im Blick auf eine Ausrichtung der Homiletik auf die Anthropologie geleistet.

Vor dem Hintergrund der gegenwärtigen Homiletik und Predigtkultur muss jedoch erneut nach der Relevanz des Grundansatzes Haendlers für heutige Herausforderungen gefragt werden. Ist das Fehlen einer angemessenen Beurteilung der Rolle des Predigers im Predigtprozess überhaupt noch ein Problem der Homiletik und ist eine mangelnde Selbstreflexion des Predigers ein tatsächlich zu spürendes Manko gegenwärtiger Predigten? Im Blick auf die Homiletik stellt sich die Sachlage sicherlich entspannter dar als zu Zeiten Otto Haendlers. Sogar stärker in der Tradition Rudolf Bohrens stehende Homiletiken wie beispielsweise die von Haendlers derzeitigem Nachfolger auf dem Greifswalder Lehrstuhl, MICHAEL HERBST, heben deutlich die Bedeutung des Subjekts des Predigers für den Predigtprozess hervor, wenngleich sie natürlich andere Akzentuierungen und Begründungen setzen.[2] Der Mainstream der Homiletik teilt die von Haendler aufgezeigte Notwendigkeit einer Beschäftigung mit dem Subjekt des Predigers, weshalb hier nicht mehr von einem unerkannten, drängenden Problem gesprochen werden kann.

Im Blick auf die gegenwärtige Predigtkultur stellt sich das Bild jedoch etwas anders dar. So arbeitet beispielsweise WILFRIED ENGEMANN in seiner „Einführung in die Homiletik" an ausgewählten Predigten von Studierenden sehr anschaulich heraus, dass zumindest bei Predigtanfängern das Problem einer unreflektierten oder sogar falschen Subjektivität noch weit verbreitet ist:[3] Auf der einen

---

[2] Vgl. MICHAEL HERBST/MATTHIAS SCHNEIDER: ... wir predigen nicht uns selbst, 40–47.

[3] Vgl. WILFRIED ENGEMANN: Einführung, 15–19.

Seite bewerten viele Prediger ihre eigene Subjektivität im Blick auf eine „objektive“ Verkündigung der biblischen Botschaft immer noch als Problem, weshalb der dialektisch-theologische „Keryx“ defacto noch weitaus lebendiger sei als es die gegenwärtige Homiletik glauben lassen möchte, auf der anderen Seite bringen viele Prediger ihre eigene Persönlichkeit aber auch in einer unangemessenen Weise zum Ausdruck, die sie selbst als Alleskönner oder Gotteslieblinge darstellt. So erhalte man in einigen Predigten den Eindruck, als läge der Wille Gottes dem Prediger „morgens als Tagesanweisung auf dem Küchentisch“[4].

Im Vergleich zu den Ausführungen Engemanns bewertet Axel Denecke die gegenwärtige Predigtkultur in seiner Programmschrift „Persönlich Predigen“ weitaus positiver. Nach Denecke ist die evangelische Predigt mittlerweile viel persönlicher geworden: „Wie selbstverständlich gibt sich die Person des Predigers auf der Kanzel zu erkennen. Die Predigerin/der Prediger spricht sehr direkt von sich, von seinem Glauben und Zweifeln, seinen Ängsten und Hoffnungen, gewährt der Gemeinde Einblick auch in den innerpsychischen Prozeß des Glaubens. Hier herrscht also kein Mangel mehr. Manchmal habe ich gar den Eindruck, es wird des Guten zu viel getan.“[5] Vor allem das von Denecke angesprochene „Zuviel“ deutet auf eine Entwicklung hin, die nicht nur positiv zu bewerten ist.

Das Plädoyer Otto Haendlers für einen bewussten Umgang mit der eigenen Person kann vor dem Hintergrund dieser beiden Analysen keinesfalls als überholt bewertet werden. Vor allem der Hinweis von Axel Denecke macht auf die Notwendigkeit aufmerksam, dass sich eine heutige Beschäftigung mit dem homiletischen Grundanliegen Haendlers stärker dem gesellschaftlichen Problem der Egozentrik und des Narzissmus zu stellen hat. Was Haendler im Gefolge Jungs mit Individuation oder Selbstwerdung meint, hat nichts mit der gegenwärtigen, vor allem beruflich und sozial motivierten Zentrierung auf das Subjekt zu tun. Die von den westlichen Gesellschaften teils offen teils versteckt erzwungene permanente Selbsterfindung und Selbstinszenierung des an der scheinbar schrankenlosen Freiheit und Unbegrenztheit an möglichen Lebensformen zunehmend depressiv werdenden Menschen (Alain Ehrenberg spricht in diesem Zusammenhang von dem „erschöpften Selbst“)[6] ist nicht die Form der gesteigerten Aufmerksamkeit des Subjekts, die Otto Haendler im Sinn gehabt hat, sondern vielmehr deren Perversion. Angesichts einer „Welt des Ichs“ erhält aus diesem Grund eine „Homiletik des Selbst“ eine umso größere Bedeutung, zumal nur eine ernsthafte Auseinandersetzung mit der eigenen Persönlichkeit einer um sich greifenden Egozentrik Einhalt gebieten kann.

Ferner kann eine moderne Homiletik von dem Ansatz Otto Haendlers beim Subjekt erneut lernen, was Begeisterung für den Glauben bedeuten kann, denn das Postulat der Selbstwerdung zielt bei Haendler ja letztlich nicht auf ein rein

---

4 A. a. O., 16.

5 Axel Denecke: Persönlich Predigen, 167.

6 Alain Ehrenberg: Das erschöpfte Selbst. Depression und Gesellschaft in der Gegenwart, Stuttgart [6]2008.

persönliches Motiv, sondern steht im Dienste der Predigt: Nur wer im Haendlerschen Sinne ganz bei sich selbst ist, kann ganz bei Gott und ganz bei der Gemeinde sein; nur wer in hinreichendem Maße ein zutreffendes Bild von den Stärken und Schwächen seiner eigenen Persönlichkeit hat, geht den vielen inneren und äußeren Stimmen nicht auf den Leim, sondern vermag zu einem neuen Hören der biblischen Botschaft gelangen. Damit einher geht zwangsläufig eine neue Begeisterung für die Botschaft Gottes, so wie sie beispielsweise in den späten Predigten Haendlers durch seine Beschäftigung mit der Psychotherapie und der Meditation zu spüren ist. Wer gelernt hat, an einem realistischen Bild von seiner Persönlichkeit zu arbeiten und es mit der Botschaft der freimachenden Gnade Gottes in Verbindung zu setzen, verfügt über eine gute Ausgangsvoraussetzung, um von der guten Nachricht Gottes angesteckt zu werden und das Vermögen zu erhalten, diese „vollmächtig"[7] zu predigen. Denn genau hieran kranken doch viele Predigten heutzutage: Predigten bleiben blass und wirkungslos, weil Prediger selbst weder ihrer Predigt noch dem Heiligen Geist etwas zutrauen, weil sie theologisch nichts mehr riskieren, weil sie im Zuge von „Political Correctness" und „Everybody's Darling" konturlos geworden sind. Viele Predigten sind ohne Wiedererkennungswert, könnten in der gleichen Art und Weise auch von einem völlig anderen Menschen an einem völlig anderen Ort mit derselben Gleichgültigkeit vorgetragen werden. Wie soll jedoch ein Hörer Interesse am Medium „Predigt" oder gar Zutrauen zum Evangelium finden, wenn selbst der Prediger es nicht hat? Predigt setzt zuallererst eine echte, intensive, innerliche Auseinandersetzung des Predigers mit dem eigenen Glauben voraus, die wie jede innige Beziehung niemals kalt oder lauwarm, sondern immer nur heiß sein kann. Stärker als rhetorische Schulungen, spirituelle Einkehrtage oder Predigtwerkstätten es vermögen, kann der homiletische Ansatz Otto Haendlers zu einer intensiveren und bewussteren Auseinandersetzung mit der eigenen Persönlichkeit und dem eigenen Glauben führen, der die Grundlage für eine vom Evangelium begeisterte und Menschen für das Evangelium begeisternde Predigt bildet.

2.3 Zur Bestimmung der Predigtaufgabe nach Otto Haendler

Otto Haendler wählte im Gefolge Friedrich Niebergalls einen streng pragmatischen Ansatz zur Bestimmung der Predigtaufgabe. Sei es poimenisch, pädagogisch, geistlich oder korrelativ bestimmt: Stets bildet die Wirksamkeit die entscheidende Aufgabe der Predigt. Dieser Ansatz überzeugt auf der einen Seite durch seine Zielführung und könnte leicht zu der soeben angerissenen „vollmächtigen Predigt" nach Michael Herbst in Beziehung gesetzt werden. Auf der anderen Seite setzt sich der von Haendler aufgestellte Pragmatismus jedoch allen Problemen des Sophismus und des Utilitarismus aus: Wenn das Hauptkriterium einer Predigt in der größtmöglichen Wirksamkeit für eine größtmögliche

[7] Zur „vollmächtigen Predigt" vgl. OTTO HAENDLER: Die Predigt, 7, 91, 105, 336 f. sowie moderner MICHAEL HERBST/MATTHIAS SCHNEIDER: ... wir predigen nicht uns selbst, 17–32.

Zahl an Hörern besteht, geraten – abgesehen vom Problem der Messbarkeit dieser Wirksamkeit – das konkrete Individuum wie auch der Inhalt der Predigt tendenziell aus dem Blick. Dies zeigt sich nicht nur an dem Fehlen tiefer gehender Analysen zur Hörersituation im homiletischen Werk Otto Haendlers (die vorliegende Arbeit musste sich hier weitestgehend auf poimenische Schriften Haendlers aus dem gleichen Zeitraum stützen), sondern auch und zumal an der wenig individuell gestalteten Adressierung seiner Gottesdienstpredigten. Dies kann so deutlich ausgesagt werden, da mit den Kasualansprachen Haendlers Beispiele einer zutiefst vom Individuum aus gestalteten Predigt vorliegen. Es könnte somit seinem pragmatischen Ansatz bei der grundsätzlichen Anthropologie geschuldet sein, dass seine Gottesdienstpredigten in der Regel den direkten Kontakt zum Hörer vermeiden und in diskursiver Sprache stecken bleiben. Dies ist umso tragischer, da Haendler mit seiner poimenischen und pädagogischen Bestimmung der Predigtaufgabe selbst andere Akzente setzen wollte.

Für eine Bestimmung der Predigtaufgabe unter gegenwärtigen Bedingungen könnte dabei die Theorie der „Priesterlichen Predigt" von großem Nutzen sein, deren Potential Haendler selbst nicht ganz ausgeschöpft hat. Zwar hat er den Mittlergedanken zwischen der vertikalen und horizontalen Dimension der Wirklichkeit gewinnbringend herausgearbeitet, im Blick auf die geistliche Konnotation, die der Begriff des Priesters mit sich führt, ließe sich jedoch noch stärker nach der affektiven Wirkung der Predigt fragen, als Haendler es tut. Dem Hörer zum Priester zu werden, würde in diesem Sinne mehr bedeuten, als ihm ein bestimmtes Verstehen von der Transzendenz zu vermitteln, sondern zugleich einen Bezug zu dieser herzustellen, d. h. beispielsweise nicht nur über das Thema „Segen" zu predigen, sondern segnend zu predigen. Hier könnte auch der von Haendler vorgeschlagene Begriff des „Dynamisch-Werdens" der Predigtbotschaft für den Hörer entscheidend weiterführend sein, etwa in der Frage, wie der Raum dafür geschaffen werden kann, dass positive Dynamiken bei den Hörern einsetzen können. Die Aussagen Haendlers könnten hier gut mit den Überlegungen Martin Nicols und Alexander Deegs zur ästhetischen Dimension der Predigt in Kontakt gebracht und die Dimension des Subjekts des Predigers um die der Dramaturgie der Predigt(sprache) ergänzt werden.[8]

Dass die Predigt nach Haendler darüber hinaus die Aufgabe hat, wesentliche Inhalte des Christentums wieder als Wert erkennbar werden zu lassen, ist ebenfalls ein wichtiger Beitrag. Mit einem Blick auf die gegenwärtige Predigtkultur reicht es beispielsweise nicht aus, den Glauben auf der einen Seite als ein Geschenk darzustellen und auf der anderen Seite zu fordern: „Sie brauchen es nur auszupacken!" Gerade aufgrund einer pädagogischen Bestimmung der Predigtaufgabe sollte Menschen viel eher plausibel gemacht werden, warum und in welcher Form dieses Geschenk überhaupt einen Wert für ihr Leben darstellen kann. Geschenke zu machen, die für den Beschenkten (noch) keinen Wert darstellen, ist nicht nur im zwischenmenschlichen Umgang wenig förder-

8 Zur ästhetischen Dimension der Predigt vgl. exemplarisch Martin Nicol: Einander ins Bild setzen.

lich, sondern auch und zumal in der Predigt. Hier kann unter Umständen die von Haendler beschriebene noetische und ordnende Aufgabe weiterführend sein: Menschen bei der Erkenntnis, Bewertung und Ordnung von Wertangeboten zu unterstützen, wird gerade vor dem Hintergrund des postmodernen Wertepluralismus eine immer wichtigere Predigtaufgabe darstellen.

2.4 Zum Umgang Otto Haendlers mit dem Predigthörer

Wie gesehen, kommt der Hörer in der Homiletik Otto Haendlers weniger als Individuum und stärker als Gattungswesen in den Blick. Aus diesem Grund findet sich in den homiletischen Überlegungen Otto Haendlers auch keine Situationsanalyse im Sinne Ernst Langes, sondern mehr oder weniger allgemein gehaltene anthropologische Aussagen. Es ist somit stärker „der" Mensch, den Otto Haendler vor Augen hat, als ein konkretes Individuum.[9] „Der" Mensch erscheint ihm dabei vor allem als hilfebedürftig, weshalb Glaubens- und Lebenshilfe die entscheidenden Kriterien seiner hörerorientierten Predigten sind. In der Einseitigkeit und individuellen Sicht dieses Ansatzes liegt dann auch sein größtes Problem, denn es ist 1. naturgemäß natürlich nicht der objektive Mensch, den Haendler hier vor Augen hat, sondern sein Bild vom Menschen, das wiederum maßgeblich durch Projektion der Wahrnehmung der eigenen Person bestimmt ist, und 2. gerät ihm auf diese Weise die Tatsache tendenziell aus dem Blick, dass Menschen auch ohne ein konkretes Problem in den Gottesdienst kommen können. Bei der genaueren Analyse der Bedürftigkeit „des" modernen Menschen ergibt sich Haendler aus diesem Grund zwangsläufig in Pauschalantworten und Verallgemeinerungen. So sehr er sich bemüht hat, die Ambivalenz der menschlichen Existenz mit Begriffspaaren wie „Angst und Glaube", „Glaube und Unglaube" etc. differenziert darzustellen, so deutlich misslingt ihm dies im Nachtragskapitel der dritten Auflage seiner „Predigt", wenn er dort die grundsätzliche Situation des modernen Menschen einseitig negativ mit einem „Verlust an Wertbedürfnis", „Verantwortungsgefühl" und „Erkenntniskraft" charakterisiert.[10] Dass die Entwicklungen in der Nachkriegszeit nicht einen Verlust, sondern vielmehr eine Verlagerung und Pluralisierung des Werteverständnisses der Gesellschaft darstellen könnten, die es gerade von theologischer Seite aus genauer zu analysieren und zu beurteilen gilt, liegt nicht im Horizont seiner Aussagen. Hier zeigt sich ein deutliches Defizit der Homiletik Otto Haendlers, aber auch seiner Predigten.

Trotz dieser mangelnden situativen Analyse zeugen die Predigten Otto Haendlers von dem lebendigen Wunsch nach einer Predigt, die die tatsächliche Lebenssituation der Hörer mit der Wirklichkeit Gottes korrelativ kommuniziert und darin wahrhaft priesterlich, d. h. vermittelnd wirkt. Für eine heutige Homiletik kann dabei seine in diesem Zusammenhang getroffene Unterscheidung

---

[9] Vgl. OTTO HAENDLER: Die Predigt, 243: „Man braucht als Grundlage nicht eine Kenntnis der Einzelnen, sondern eine Kenntnis des Menschen."

[10] A. a. O., 328–334.

von „Segment" und „Sektor" (vgl. Kap. II.3.4) weiterführend sein: Eine „segmentarische Predigt" kommuniziert nach Haendler einseitig die Lebenswirklichkeit des Hörers ohne eine Verknüpfung mit der Wirklichkeit Gottes, eine „sektorielle Predigt" versteht sich hingegen als Schnittstelle zwischen beiden Wirklichkeiten und kommuniziert diese als eine Wirklichkeit. Das Konzept Haendlers kann dazu beitragen in der Predigtarbeit auf anschauliche Weise sich die Vermittlungsaufgabe der Predigt vor Augen zu führen.

Dem Hörer zum Mittler zu werden, bedeutet unter gegenwärtigen Bedingungen auch, Menschen mit einer Wirklichkeit zu konfrontieren, die breiten Teilen der Hörerschaft im Zuge der Pluralisierung von Wahrheiten, Welt- und Menschenbildern immer austauschbarer, ja unbekannter oder sogar unwichtiger zu werden scheint. Aus diesem Grund ist unter gegenwärtigen Bedingungen in immer größerem Maße auch nach der von Haendler bloß angerissenen *missionarischen* oder *evangelistischen Funktion* der Predigt zu fragen. Vielen Menschen ist es heute nicht mehr einsichtig, warum gerade das Christentum Antworten auf ihr Leben bereitstellen sollte und warum gerade Christus *den* Weg, *die* Wahrheit und *das* Leben für ihr Leben darstellen soll und nicht bloß *einen* Weg, *eine* Wahrheit und *ein* Leben unter vielen anderen Möglichkeiten. Eine missionarische oder evangelistische Bestimmung der Predigtaufgabe hat dabei in keinem Fall etwas mit dem Ausüben von Macht über die Weltbilder und Einstellungen der Hörer oder gar mit der Durchsetzung eines Absolutheitsanspruchs zu tun. Dem Hörer zum Mittler zu werden, bedeutet in diesem Sinne vielmehr, ihn in seinen Fragen und Vorbehalten ernst zu nehmen und gleichzeitig Wege zu suchen, ihm das Evangelium vom Gekreuzigten und Auferstandenen vertrauter, plausibler und relevanter werden zu lassen. Michael Herbst spricht in diesem Sinne von einer „Inkarnatorischen Homiletik"[11] und macht damit auf die große Anschlussfähigkeit der Homiletik Haendlers an die Herausforderungen gegenwärtiger Predigt deutlich. Die existenzielle Relevanz der biblischen Botschaft für das Leben der Hörer ist dabei sicherlich nicht nur kognitiv zu erreichen, sondern muss auch affektiv geschehen. Hierbei können narrative Prozesse eine erhebliche Rolle spielen, die im Sinne der Definition von Martin Nicol eher dazu geeignet sind, ein „Reden in" anstelle eines „Redens über"[12] zu praktizieren. Letztlich kann die Predigt bei der Wahrnehmung ihrer missionarischen Aufgabe jedoch nur einen Anfangspunkt darstellen. Von einer in diesem Sinne als priesterlich verstandenen Predigt aus sollten direkte Bezüge zum Gemeindeaufbau und zur Kybernetik laufen. Hier können vor allem die von Haendler im Rahmen seiner Aussagen zur praktischen Predigtgestaltung gemachten Überlegungen weiterhelfen, die dem Prediger nahelegen, den Predigttext mit in seinen Dienstalltag zu nehmen. Die am Sonntag von der Predigt aufgeworfenen Fragen und Themen könnten somit in Kleingruppen, bei Seelsorgegesprächen oder im Konfirmandenunterricht weitergeführt werden und auf diese Weise ihre priesterliche Funktion weiter entfalten.

---

[11] Vgl. Michael Herbst: Missionarische Verkündigung, 57–59.

[12] Vgl. Martin Nicol: Einander ins Bild setzen, 55.

Eine vor diesem Hintergrund verstandene „Priesterliche Predigt“ würde unter Umständen stärker *mystagogische Züge* enthalten, bei der vor allem die pädagogische Bestimmung der Predigtaufgabe durch Otto Haendler von großem Nutzen sein kann. Dem Hörer zum Priester zu werden, würde in diesem Fall bedeuten, ihm verloren gegangene oder aber niemals kultivierte Verstehensräume aufzuschließen, die die Horizontale des menschlichen Lebens um die Vertikale der Transzendenz Gottes ergänzt, und dazu Kommunikationsmittel zu benutzen, die seiner Art und Weise, zu denken, zu lieben, zu verstehen und zu glauben entgegenkommen. Der Austausch mit den Erkenntnissen der Human-, Sozial-, Natur-, und Geisteswissenschaften ist dabei für die vermittelnde Funktion der „Priesterlichen Predigt“ genauso wichtig wie der bewusste Einsatz der affektiven Wirkung von Sprache, der von Otto Haendler vor allem unter dem Begriff der Ganzheitlichkeit summiert wird. Hier ist die aktuelle Diskussion um den Begriff der „Performanz“ mit einzubeziehen: Den Inhalt der Predigt nicht nur zu hören, sondern gleichzeitig zu erleben, stellt eine entscheidende Fortführung der Predigtpraxis Otto Haendlers dar.

2.5 Zum Umgang Otto Haendlers mit dem Predigttext

Die Probleme des Umgangs Otto Haendlers mit dem Predigttext, vor allem mit seinem Schriftverständnis, wurden hinreichend erörtert (vgl. Kap II.5.1). Neben seiner Disqualifizierung vieler alttestamentlicher Texte als „vorchristlich“ liegt vor allem in seinem motivischen Umgang mit dem Predigttext ein gewichtiges Problem. Auf der einen Seite wirkt der von Haendler vorgeschlagene motivische Umgang auch für die gegenwärtige Predigtaufgabe verlockend, spricht doch beispielsweise vieles für die These Haendlers, nach der einzelne prägnante Verse den Hörern eher einen Zugang zur biblischen Botschaft aufzuschließen vermögen als lange, unübersichtliche Textkorpora. Darüber hinaus können kleinere Textkorpora unter Umständen in viel stärkerem Maße einen Bezug zur gesamten Schrift herstellen: Wird z. B. eine Mottopredigt über einen biblischen Vers gehalten, in dem das Wort „Hoffnung“ vorkommt (z. B. Röm 8,24), schwingen sofort alle Hoffnungsgeschichten der Bibel sowie die persönlichen Hoffnungserfahrungen und -wünsche der Hörer im Subtext mit. Predigtgenre wie etwa das der „Predigt als offenes Kunstwerk“[13] oder ein symboldidaktischer Zugang zur Predigt profitieren von eben diesem Zusammenhang. Darüber hinaus kranken viele Predigten oftmals an einem einseitigen historisch-kritischen Zugang zum Predigttext und zur Predigtaufgabe: Auf vielen Kanzeln wird immer noch Sonntag für Sonntag unter dem Wunsch, dem Text gerecht zu werden, einseitig exegetisches, archäologisches, philologisches oder sozialhistorisches Detailwissen präsentiert, das den Hörern bestenfalls ein Bildungserlebnis

---

13 Vgl. zum Begriff WILFRIED ENGEMANN: Einführung, 195–203.

beschert, schlechtestenfalls jedoch jedweden existenziellen Bezug verhindert.[14] Der von Haendler vorgeschlagene motivische Umgang mit Predigttexten könnte hier Abhilfe schaffen.

Auf der anderen Seite ist das von Haendler am häufigsten praktizierte Modell der Mottopredigt jedoch auch mit einem gewichtigen Problem behaftet. So sinnvoll die Reduktion der Komplexität der biblischen Botschaft auf einzelne Verse im Blick auf eine leichtere Zugänglichkeit auch sein mag, so schwierig erweist es sich im Blick auf ein tieferes und eigenständigeres Verstehen. So kann es beispielsweise für den Hörer bei der Mottopredigt um einiges schwerer sein, die Auslegung des Predigers zu hinterfragen, wenn ihm der Kontext des zugrunde gelegten Bibelwortes gar nicht präsent ist. Größere Textkorpora bieten darüber hinaus rezeptionsästhetisch gesehen wesentlich mehr „Leerstellen“[15], in die sich die Hörer auch gegen den Prediger einnisten können. Eine Mottopredigt, die wie im Falle Haendlers häufig nicht narrativ, sondern klassisch-deduktiv angelegt ist, kann hier unter Umständen Verstehensmöglichkeiten verspielen. Diesen Einwand bestätigen die Predigten Haendlers, bei denen sich der Leser (und sicherlich damals auch der Hörer) zuweilen fragt, wozu der Prediger den Predigttext eigentlich noch benötigt, wenn er einzig als „Argument der Wahrheit“ gebraucht wird.

Erschwerend kommt das von Haendler selbst angesprochene Problem der Kohärenz von Texten und Themen hinzu: Wenn Haendler in der Regel von Themen ausgeht und zu ihnen passende Texte sucht (Haendler hat sich, wie oben gesehen, in den wenigsten der Fällen an die vorgeschriebene Perikopenordnung gehalten), verspielt er die Chance der Generierung neuer Themen durch ihm vielleicht aktuell nicht präsente Texte. Dies lässt sich ebenfalls an seinen Predigten belegen, die durch die unterschiedlichsten Jahre hindurch in der Regel um dieselben geistlichen Themen und biblischen Texte kreisen. Die Komplexität biblischer Texte wurde hier zuungunsten einer inhaltlichen Redundanz ebenfalls reduziert. Eine moderne Homiletik sollte somit sowohl von dem motivischen, ja symbolischen Gebrauch einzelner Verse als auch von den dadurch aufgezeigten Problemen bei Otto Haendler lernen.

Entscheidend ist dabei der bei Otto Haendler zu lernende inhaltliche Bezug zum Text: Eine Predigt wäre in seinem Sinne nicht schon alleine, oder besser gesagt sehr wahrscheinlich gerade nicht darurch als textgemäß zu bezeichnen, wenn sei möglichst häufig den Text zitiert oder sich auf ihn bezieht, sondern wenn sie inhaltlich im Geiste dieses Textes gehalten ist, der wiederum mit dem Glauben und der Theologie des Predigers übereinstimmt.

---

[14] Vgl. hierzu a. a. O., 90–92.

[15] Vgl. zum Begriff Wolfgang Iser: Der Akt des Lesens. Theorie ästhetischer Wirkung, München ^{4}1994, 266.

Anhang

1. Deutsche Zusammenfassung

Das homiletische Werk Otto Haendlers (1890–1981) muss in enger Verbindung zu seiner *Biographie* gesehen werden. Bedenkt man, dass Haendler in einem preußischen Pfarrhaus während der Kaiserzeit aufgewachsen ist, unter dem Eindruck der liberalen und positiven Theologie im beginnenden 20. Jahrhundert studiert hat, die Schrecken des Ersten Weltkriegs als Offizier an vorderster Front sowie als Seelsorger in den Lazaretten Berlins am eigenen Leib erfahren hat, als Land- und Stadtpfarrer sowie als Leiter eines Predigerseminars den Weg Deutschlands von der Weimarer Republik in den Zweiten Weltkrieg miterlebt hat und schließlich als Hochschullehrer in Greifswald und Berlin vor die Notwendigkeit gestellt wurde, unter den Bedingungen einer sozialistischen Gesellschaftsordnung Theologie zu treiben, ist es einleuchtend, dass dieses bewegte Leben Auswirkungen auf sein Verständnis der Predigt gehabt haben muss. Als besonders prägend sind dabei vor allem zwei geistige Strömungen zu nennen – die Tiefenpsychologie Carl Gustav Jungs sowie die Berneuchener Bewegung mit ihren Anleihen an die Lebens- und Existenzphilosophie –, aber auch der Kontakt zu konkreten Menschen: Allen voran ist hier sein Vater, Wilhelm Haendler, zu nennen, dann seine theologischen Lehrer Adolf Schlatter, Adolf von Harnack, Karl Holl, Reinhold Seeberg und Ernst von Dryander, seine theologischen Weggefährten Paul Tillich, Wilhelm Stählin, Karl Bernhard Ritter und Alfred Dedo Müller sowie nicht zuletzt seine psychologischen Gesprächspartner Carl Gustav Jung, Adolf Weizsäcker und Werner Kemper. All diese Begegnungen haben dazu beigetragen, dass Otto Haendler 1941 unter dem Titel „Die Predigt. Tiefenpsychologische Grundlagen und Grundfragen" eine Homiletik veröffentlicht hat, die einen völligen Neuansatz wagte.

Die *Homiletik* Otto Haendlers ist in direkter Abgrenzung zur Dialektischen Theologie konsequent vom Subjekt des Predigers aus aufgebaut. Unter Aufnahme der Tiefenpsychologie C. G. Jungs sieht Haendler dabei im Weg des Predigers zum eigenen Selbst den eigentlichen Weg zur Predigt und plädiert mit den Jungschen Begriffen der „Selbstwerdung", „Individuation" und „Assimilation" für eine Auseinandersetzung des Predigers mit der bewussten und unbewussten Struktur seiner Persönlichkeit, die in der Herausbildung und Kultivierung einer sowohl mit den Bedingungen seiner eigenen Persönlichkeit als auch mit denen der Schrift und Tradition kongruenten Predigt münden soll. Theologisch betrachtet stellt die Predigt für Otto Haendler dabei ein korrelatives Kontakt- oder Vermittlungsgeschehen dar, bei dem der Prediger die konkrete Lebenssituation der Hörer (Horizontale) mit der Wirklichkeit Gottes (Vertikale) ins Gespräch bringt. Haendler hat dafür den Begriff der „Priesterlichen Predigt" geprägt und hebt damit, ohne ein hierarchisches Gefälle ausdrücken zu wollen, sowohl die Vermittlungsfunktion des Predigers als auch die prinzipielle Dienstfunktion der Predigt im Blick auf den Hörer hervor. Vor diesem Hintergrund bestimmt Otto Haendler die Aufgabe der Predigt vor allem poimenisch und pädagogisch: Die Predigt soll dem Hörer praktische Glaubens- und Lebenshilfe bieten und ihm einen neuen Blick auf sein Leben eröffnen. Der Predigttext erfüllt dabei eine rein dienende Funktion: Er ist das noetische Vehikel, mittels dessen das Predigtziel erreicht werden soll, niemals jedoch Selbstzweck.

Die zum größten Teil bislang noch unveröffentlichten *Predigten* Otto Haendlers stehen in vielerlei Bezügen zu seiner Homiletik. Von Anfang an bildet dabei das Anbieten von Glaubens- und Lebenshilfe das zentrale Predigtziel. Wer jedoch angesichts der Konzentration Haendlers auf das Subjekt des Predigers eine durchgehende direkte Thematisierung seiner eigenen Persönlichkeit erwartet, wird enttäuscht. Hier helfen die Predigten Otto Haendlers, seine Homiletik besser zu verstehen: Eine mit der Persönlichkeit des Predigers kongruente Predigt bedeutete vor dem Hintergrund der eigenen Predigtpraxis Otto Haendlers primär eine Predigt, die mit der Art und Weise des Predigers zu denken und zu glauben übereinstimmt, und nicht so sehr eine Predigt, die möglichst viel von der Persönlichkeit des Predigers erkennbar werden lässt. Die Gemeindepredigten Otto Haendlers leiden dabei aufgrund einer einseitig diskursiven und beziehungslosen Sprache, die ihre Ursache in einer unzureichenden Analyse der tatsächlichen Hörersituation besitzt, unter den klassischen Kommunikationsproblemen, die Wilfried Engemann im Begriff der „obturierten Predigt" zusammenfasst, also einer Predigt, die Verstehensräume unnötig verstopft oder blockiert. In seinen ab den späten 40er Jahren in akademischen Kontexten gehaltenen Predigten zeichnet sich jedoch eine Veränderung ab: Beeinflusst von seiner psychotherapeutischen Ausbildung realisiert Haendler hier aufgrund eines stärker psychologischen und meditativen Zugangs zum Predigttext sowie zur Lebenswirklichkeit seiner Hörer eine wesentlich bessere Hörerorientierung. Dies drückt sich plastisch in der Verwendung stimmiger, mit seiner Persönlichkeit verbundener Beispielerzählungen, Bilder und Vergleiche aus. Auch im Blick auf seinen Umgang mit dem Predigttext wirkt dieses Verfahren befruchtend: Stellte bis weit in die 30er Jahre hinein die Mottopredigt, d. h. ein rein motivischer Umgang mit einzelnen Bibelversen, das von Haendler bevorzugte Predigtgenre dar, entdeckt er durch seinen psychologischen Zugang plötzlich alte biblische Figuren und Geschichten ganz neu und kann inhaltlich fruchtbarer am und mit dem Predigttext arbeiten.

Im Blick auf die *Rezeption* der Gedanken Otto Haendlers ist eine große Unproportionalität festzustellen: Obwohl Haendler in der Praktischen Theologie durchgehend (ob positiv oder negativ konnotiert) als Pate einer beim Subjekt des Predigers ansetzenden Homiletik gesehen wurde, ist seine Homiletik bis auf wenige Ausnahmen in ihrer Tiefe kaum rezipiert worden (hier sind zuallererst seine Schüler Ernst-Rüdiger Kiesow, Hans-Hinrich Jenssen und Klaus Winkler, dann aber Kerstin Voigt, Michel Meyer-Blanck und Wilfried Engemann zu nennen). Die vorliegende Arbeit versucht diesem Umstand entgegen zu wirken und beschäftigt sich dafür erstmals auch intensiv mit bislang unveröffentlichten Texten.

2. English Summary

The homiletics of Otto Haendler (1890-1981) has to be seen against the background of his *biography*. Considering, that Haendler grew up in a prussian rectory during the German Empire, studied under the influence of „Liberal“ and „Positive Theology“ in the early 20th century, experienced the horrors of World War I as an officer in the front line and as a pastor in several military hospitals in Berlin, witnessed Germany's path towards the Second World War as a vicar and as a director of a theological seminary, spent the last jears of his life under the conditions of a socialist dictatorship as a professor of Practical Theology at Greifswald and Berlin, it is obvious that this eventful life affected his homiletics. For the development of his homiletics two schools – the psychology of Carl Gustav Jung and the „Berneuchener Bewegung“ with its connections to the „Lebens- und Existenzphilosophie“ – and human relationships became very important. In this context first of all his father, William Haendler, has to be mentioned, then his theological teachers Adolf Schlatter, Adolf von Harnack, Karl Holl, Reinhold Seeberg and Ernst von Dryander, his theological companions and friends Paul Tillich, Wilhelm Stahlin, Karl Bernhard Ritter and Alfred Dedo Müller and last but not least his psychological teachers Carl Gustav Jung, Adolf Weizsäcker and Werner Kemper. All these relationships culminated in Haendler's opus magnum „Die Predigt. Tiefenpsychologische Grundlagen und Grundfragen“, which was published in 1941 and which risked a complete new approach.

The *homiletics* of Otto Haendler has to be comprehended against the background of the controversies surrounding the „Dialectical Theology“ and focuses basically on the perception of the preacher as a subject. Taking up the psychology of C. G. Jung Haendler identivies the way of preaching with the preacher's way to his own personality, including his conscious and unconscious mind. With the help of the concepts of „Individuation“ and „Assimilation“, borrowed from C. G. Jung, Haendler demands a sermon, which corresponds to both the conditions of preachers's own personality and faith as well as those of scripture and tradition. Therefore the sermon apperas to Haendler as a kind of mediating element between the circumstances of listener's life (horizontal dimension) and the reality of God (vertical dimension). For this Haendler invented the term „Priesterliche Predigt“, which points out, without a hierarchical gradient, both the function of the preacher as mediator and the function of the sermon as assistance. Against this background Otto Haendler determined the task of preaching in an especially poimenical and pedagogical way: The sermon should assist the listener in his faith and open up new approaches to life. Therefore the biblical text, to which the sermon referes, has only a subservient function for Haendler: The text acts only as a vehicle, by which the task of preaching has to be achieved, but not as an end in itself.

The largely unpublished *sermons* of Otto Haendler relate to his homiletical works in many ways. For instance the main task of these sermons is to assist the listeners in their faith and life. Those who expect in view of Haendler's concentration on the preacher a continuous, direct thematisation of his own personality, will be disappointed. This is where the sermons of Otto Haendler are particularly helpful to understand his homiletics: Considering the background of his own method of preaching Haendler's focus on the preacher as a subject primarily implies a sermon, which corresponds to the preacher's faith and way of thinking, and not a sermon, which conveys details of the preacher's personality. Through a disconnected and digressive use of language, which arises from an inadequate analysis of the real circumstances of the listener's life, his Sunday Sermons are joining all the problems Wilfried Engemann links up with the term „obturierte Predigt", which implies a sermon, that unnecessarily inhibites possible comprehensions. In the sermons Haendler held in academic contexts in the late 1940s, things are changing: Influenced by his psychotherapeutic qualification Haendler finally came to a better alignment with the listener's needs because of a stronger psychological and metitative approach to biblical texts and the real circumstances of the listener's life. This is reflected in the use of coherent pictures and comparisons. Also in view of Haendler's handling of the text his new approach was successful: In his earlier sermons Haendler usually focussed on a singular Bible verse, after 1945 he began to preach longer biblical stories and was more interesded in biblical figures.

In view of his *literary reception* a great disproportion has to be noted: Although Haendler was consistently seen in modern homiletics as the (re)discoverer of the preacher as a subject (with positive or negative connotations), with a few exceptions his theory has not been received extensively (first of all his students Ernst Rüdiger Kiesow, Hans-Hinrich Jenssen and Klaus Winkler have to be mentioned, then Kerstin Voigt, Michel Meyer-Blanck and Wilfried Engemann). This paper attempts to counteract this mismatch. Therefore it deals for the first time intensively with unpublished texts.

3. Literaturverzeichnis

Alle folgenden Abkürzungen erfolgen nach SIEGFRIED M. SCHWERTNER: Internationales Abkürzungsverzeichnis für Theologie und Grenzgebiete, Berlin ²1992.

3.1 Quellen

Archiv der HU Berlin, Nachlass Otto Haendler.

Privatarchiv Kerstin Voigt (Quelle Voigt).

Akten der Theologischen Fakultät der Universität Greifswald: Archiv der EMAU Greifswald, Theol. Fak. 122.

Akten der Theologischen Fakultät der Humboldt-Universität zu Berlin: Archiv der HU Berlin, Theol. Fak. 115.

Akten der Sektion Theologie der Humboldt-Universität zu Berlin: Archiv der HU Berlin, Sektion Theologie 2202.

Memorabilienbuch der ev.-luth. Kirchengemeinde Neuen-kirchen- Gristow (begonnen 1822 von Johann Karl Balthasar).

Personalakte der Evangelisch-Lutherischen Kirche in Norddeutschland: Konsistorium der Pommerschen Evangelischen Kirche, PA Otto Haendler.

Personalakte der Universität Greifswald: Archiv der EMAU Greifswald, PA 336, Bd. 1–5.

Personalakte der Humboldt-Universität zu Berlin: Archiv der HU Berlin, PA Otto Haendler, Bd. 2.

3.2 Primärliteratur

3.2.1 Veröffentlichte Schriften Otto Haendlers

Jahr	*Titel*
1926	Die Christologie Franks, in: ZSTh4 (1926) 4, 744-776.
1928	Zeitgemäße Predigt, in: Die Innere Mission in Pommern 8 (1928), 1-6.
1933	Kirche und nationale Revolution. Gedanken zum Sonntag, den 26. März 1933 (Lätare), in: Tägliche Rundschau, 1. Beilage, Berlin 1933, 1.
1938	Zur Theologie der Erntedankfestverkündigung, in: Die Dorfkirche 31 (1938) 9, 254-262.
1940	Briefe an einen verwundeten Freund, Berlin-Steglitz 1940.
1941	Die Predigt. Tiefenpsychologische Grundlagen und Grundfragen, Berlin 1941, ^{2}1949, ^{3}1960.
1942	Das Selbst vor Gott. Antwort an D. Dr. Doerne in: PBl 85 (1942/43), 310-314.
1943	Über die Meditation des Predigttextes, in: Pfarramt und Theologie. Praktisch-Theologischer Teil (1943/44) 9/10, 74 f.
1944	Ziel und Weg der Kriegspredigt heute. Bericht über die Marinepfarrer-Arbeitstagung in Paris. 3. Referat, in: Mitteilungen für die ev. Pfarrer der Kriegsmarine 5 (1944) 7, 1-6.
1949	Denken und Glauben, Hamburg 1949.
1952	Der lebendige Gott in der Verkündigung, in: Die Kirche. Evangelische Wochenschrift 7 (1952) 7.
1952	Ungelöste Fragen und Seelsorge, in: Rundbrief für die Mitarbeiter des Instituts für Seelsorgekunde 3 (1952), 2-7.
1953	Christophorus. Die Legende als Bild des Glaubensweges, Berlin ^{3}1953.
1953	Wissenschaft und Leben in der Praktischen Theologie. Bruno Doehring zum 75. Geburtstag, in: WZ (B).GS 3 (1953/54) 4, 289-295.
1954	Angst und Glaube, Berlin ^{3}1954.
1954	Das Leib-Seele-Problem in theologischer Sicht, Berlin 1954.
1954	Praktische Theologie als theologisches Problem, in: ThLZ 79 (1954) 11, Müller: Grundriß der Praktischen Theologie, Gütersloh 1950).
1954	Praktische Theologie und offene Kirche, in: Quat. 19 (1954/55), 14-18.
1956	Meditation in der Michaelsbruderschaft in: Quat. 21 (1956/57), 159-161.
1957	Grundriss der Praktischen Theologie, Berlin 1957.
1966	Zwischen Glaube und Unglaube Göttingen 1966.
1967	Paul Tillich - der Mensch. Rede, gehalten am 16.10.1966, in: Evangelisches Verlagswerk (Hg.): Werk und Wirken Paul Tillichs. Ein Gedenkbuch, Stuttgart 1967, 61-63.

1971	Tiefenpsychologie Theologie und Seelsorge. Ausgewählte Aufsätze, hg. von Joachim Scharfenberg und Klaus Winkler Göttingen 1971.
1972	DERS./ERIK SCHMIDT: Tillich in Ostberlin – 1963, in: Paul Tillich: Impressionen und Reflexionen. Ein Lebensbild in Aufsätzen, Reden und Stellungnahmen, Stuttgart 1972, 581.
1977	Meditation als Lebenspraxis, Göttingen 1977.
1982	Dankansprache auf dem Festakt zu seinem 90. Geburtstag in der Humboldt-Universität, am 18.4.1980. Nach einer Mitschrift von D. Wegmann und H. Fink gedruckt, in: WzM 34 (1982), 137 f.

3.2.2 Unveröffentlichte Schriften Otto Haendlers

Jahr	*Titel*
1925	Die Christologie Franks. Untersuchung der Folgerichtigkeit ihrer Thesen auf Grund ihrer Voraussetzungen, Berlin 1925 (Diss. masch.), Archiv der HU Berlin, NL Haendler F 19.
1930	Die Idee der Kirche in der Predigt, Greifswald 1930 (Habil. masch.), Archiv der HU Berlin, NL Haendler F 21.
1931	Vortrag „Unsere Verkündigung im Kampf gegen die Eigengesetzlichkeit", gehalten 1931, Archiv der HU Berlin, NL Haendler B 2.
1934	Vortrag „Vom Ringen Gottes in unserer Zeit", gehalten 1934, Archiv der HU Berlin, NL Haendler F 9.
1936	Vortrag „Der kultische Charakter der Predigt", gehalten im Juni 1936 in Stralsund und Greifswald, Archiv der HU Berlin B3.
	Vortrag „Die geistliche Lage der Kirche", gehalten vom 2.–3. Juni 1936 auf einer Berneuchener Freizeit in Ballenstedt, Archiv der HU Berlin, NL Haendler B.
1948	Vortrag „Gegenwartsnahe Predigt, gehalten am 1. Dezember 1948 auf der Superintendentenkonferenz in Greifswald, Archiv der HU Berlin, NL Haendler B 54.
1951	Vortrag „Von der Zwiespältigkeit des Wiedergeborenen", gehalten am 22. Juli 1951 in der Evangelischen Akademie Meißen, Quelle Voigt.

3.2.3 Predigten Otto Haendlers

3.2.3.1 Predigtmonographien

Kürzel	*Jahr*	*Titel*
EvChr	1929	Evangelisches Christentum dargestellt aufgrund der Erklärungen D. Martin Luthers zu den fünf Hauptstücken des Kleinen Katechismus in 12 Predigten, Stralsund 1929 (masch.), Archiv der HU Berlin, NL Haendler F 24.
Petr	1954	Petrus. Vom Überkommenen zum Überkommenden, Berlin 1954 (= 9 Predigten).

3.2.3.2 Gemeindepredigten

Kürzel	*Jahr*	*Titel*
G 1	1916	Predigt über 1. Kor 15,17-20, gehalten am Freitag vor Sonntag Kantate, den 19. Mai 1916, im 10. Reservelazarett Berlin-Mariendorf und im Ev. Krankenhaus Bethesda zu Berlin sowie am Freitag vor Sonntag Rogate, den 26. Mai 1916, als Prüfungspredigt in St. Bartholomäus zu Berlin, Archiv der HU Berlin, NL Haendler C 2.
G 2	1917	Predigt über Mt 22,21, gehalten am Samstag vor Sonntag Septuagesimä, den 27. Januar 1917, im 10. Reservelazarett Berlin-Mariendorf, Archiv der HU Berlin, NL Haendler C 12, 181-185.
G 3	1918	Predigt über Röm 8,28, gehalten am 1. Sonntag nach Trinitatis, den 4. August 1918, im Ev. Krankenhaus Bethesda sowie im Dom zu Berlin, Archiv der HU Berlin, NL Haendler C 12, 380-382.
G 4	1919	Predigt über Jes 60,1 f., gehalten am 1. Advent, den 30. November, 1919 in Granzow und Döllen sowie am 3. Advent, den 14. Dezember 1919, in Gumtow, Archiv der HU Berlin, NL Haendler C 12, 467-469.
G 5	1922	Predigt über Joh 3,16, gehalten am 1. Weihnachtstag, den 25. Dezember 1922, in Gumtow und Granzow, Archiv der HU Berlin, NL Haendler C 12, 721-724.
G 6	1924	Predigt über Joh 4,24, gehalten am Pfingstsonntag, den 8. Juni 1924, in Gumtow und am Pfingstsonntag, den 31. Mai 1925, in St. Nikolai zu Stralsund, Quelle Voigt.
G 7	1924	Predigt über Joh 11,7-11, gehalten am 15. Sonntag nach Trinitatis, den 27 September 1924, in Granzow und Gumtow, Archiv der HU Berlin, NL Haendler C 12, 785-787.
G 8	1925	Predigt über Lk 12,15-21, gehalten am Erntedankfest, den 4. Oktober 1925, Quelle Voigt.
G 9	1925	Predigt über Lk 2,1-11, gehalten Weihnachten 1925, Quelle Voigt.
G 10	1928	Predigt über Joh 16,33, gehalten am Totensonntag, den 25. November 1928, Quelle Voigt.
G 11	1929	Predigt über 1. Petr 2,5 a, gehalten am 13. Sonntag nach Trinitatis, den 25. August 1929, Archiv der HU Berlin, NL Haendler C 3.
G 12	1931	Abschiedspredigt über 1. Joh 5,4, gehalten am Ostersonntag, den 5. April 1931, in St. Nikolai zu Stralsund, in: Evangelisches Gemeindeblatt Stralsund (1931), Teile 1-3.

G 13	1931	Predigt über Röm 8,26 f., gehalten am 6. Sonntag nach Trinitatis, den 12. Juli 1931, in St. Nikolai zu Stralsund, Archiv der HU Berlin, NL Haendler C 3.
G 14	1932	Predigt über Lk 17,11–19, gehalten am 14. Sonntag nach Trinitatis, den 28. August 1932, in der Schlosskirche zu Stettin, Quelle Voigt.
G 15	1932	Predigt über 1. Joh. 1,7, gehalten am 1. Advent, den 27. November 1932, in der Kreuzeskirche zu Stettin, Archiv der HU Berlin, NL Haendler C 12, 849–858.
G 16	1935	Predigt über Mt 4,1–11, gehalten am Sonntag Invokavit, den 10. März 1935, in Neuenkirchen bei Greifswald anlässlich der Einführung Otto Haendlers, Archiv der HU Berlin, NL Haendler C 1.
G 17	1937	Predigt über Joh 16,13–15, gehalten am Sonntag Trinitatis, den 23. Mai 1937, in Neuenkirchen bei Greifswald, Archiv der HU Berlin, NL Haendler C 9.
G 18	1940	Predigt über Lk 8,4–15, gehalten am 1. Sonntag nach Trinitatis, den 19. Mai 1940, Archiv der HU Berlin, NL Haendler C 18.
G 19	1935–1944	Predigt über Mt 7,31–37 und Jes 42,3, gehalten 1935–1944, Archiv der HU Berlin, NL Haendler C 20.
G 20	1964	Predigt über Ps 34,4 f., gehalten am 11. Sonntag nach Trinitatis, den 9. August 1964, in Berlin-Friedrichshagen, Quelle Voigt.
G 21	O. J.	Predigt über Jak 5,13.16, Archiv der HU Berlin, NL Haendler C 17.
G 22	O. J.	Predigt über Lk 2,14, gehalten Weihnachten, Archiv der HU Berlin, NL Haendler C 7.
G 23	O. J.	Predigt über Mt 13,24–30, gehalten am 5. Sonntag nach Epiphanias, Archiv HU Berlin, NL Haendler C 19.

3.2.3.3 Akademische Predigten

Kürzel	*Jahr*	*Titel*
A 1	1935	Predigt über Lk 9,62, gehalten am 3. Sonntag nach Trinitatis, den 7. Juli 1935, im Abschlussgottesdienst der Berneuchener Freizeit in Niederrödern, Quelle Voigt.
A 2	1945	Predigt über Ps 37,7, gehalten im August 1945 im Universitätsgottesdienst in Greifswald, Quelle Voigt.
A 3	1948	Predigt über Gen 32,22–32, gehalten am Sonntag Rogate, den 2. Mai 1948, im Universitätsgottesdienst in Greifswald, am Sonntag Quasimodogeniti, den 8. April 1956, im

		Universitätsgottesdienst in Berlin sowie am 14. Sonntag nach Trinitatis, den 23. September 1962, auf einer Ärztetagung in Weimar, Quelle Voigt.
A 4	1953	Predigt über 1. Kor 12,2 f., gehalten am Donnerstag, den 6. August 1953, anlässlich des Abschlussgottesdienstes der 22. Tagung der Lutherakademie in St. Nikolai zu Eisenach, Quelle Voigt.
A 5	1957	Predigt über Ps 91,1 f., gehalten am Sonntag Invokavit, den 10. März 1957, im Universitätsgottesdienst in Berlin, Quelle Voigt.
A 6	1960	Predigt über 1. Kor 13,13, gehalten am Drittletzten Sonntag des Kirchenjahres (Volkstrauertag), den 13. November 1960, anlässlich des 150-jährigen Jubiläums der HU Berlin im Dom zu Berlin, Quelle Voigt.
A 7	1961	Predigt über Röm 8,15, gehalten am 13. Sonntag nach Trinitatis, den 27. August 1961, in Genf, am 17. Sonntag nach Trinitatis, den 24. September 1961, in Radebeul, am 19. Sonntag nach Trinitatis, den 8. November 1961, im Universitätsgottesdienst in Berlin und am 20. Sonntag nach Trinitatis, den 15. Oktober 1961, in der Ev. Akademie Weimar, Quelle Voigt.
A 8	1963	Predigt über Ex 33,18–23, gehalten am Sonntag Okuli, den 10. März 1963, im Universitätsgottesdienst in Berlin, Quelle Voigt.
A 9	1964	Predigt über Ps 77,20 und Jes 38,17, gehalten am 18. Sonntag nach Trinitatis, den 27. September 1964, anlässlich einer Ärztetagung der Ev. Akademie Thüringen in Neudietendorf, Quelle Voigt.
A 10	1965	Predigt über Ps 25,14 f., gehalten am 14. Sonntag nach Trinitatis, den 19. September 1965, anlässlich einer Ärztetagung der Ev. Akademie Thüringen in Neudietendorf, Quelle Voigt.

3.2.3.4 Kasualansprachen

Kürzel	***Jahr***	***Titel***
		Taufen
K 1	1937	Jorinde: Eine Taufrede, in: Christentum und Leben 12 (1937) 1, 37–40 (Predigt über Jes 54,10, gehalten am Montag, den 4. Januar 1937, in Neuenkirchen bei Greifswald).
K 2	1940	Predigt über Joh 8,12, gehalten am Freitag, den 6. September 1940, anlässlich der Taufe von Roland Kempff, Quelle Voigt.

		Konfirmationen
K 3	1929	Predigt über Ri 5,31, gehalten am Sonntag Palmarum, den 24. März 1929, Quelle Voigt.
K 4	1939	Einsegnungsrede, in: Christentum und Leben 14 (1939) 6, 389–395 (Predigt über Offb 2,10 b, gehalten in der Karwoche 1939 anlässlich einer Einzelkonfirmation).
		Trauungen und Hochzeitsjubiläen
K 5	1927	Predigt über Gal 6,2 gehalten am Montag, den 10. Januar 1927, anlässlich der Trauung der Eheleute Zoellner, Quelle Voigt.
K 6	1932	Predigt über 1. Joh 1,7, gehalten am Freitag, den 30. Dezember 1932, anlässlich der Trauung von Kurt Schachtschneider und Margot Heise in St. Nikolai zu Stralsund, Quelle Voigt.
K 7	1951	Predigt über Spr 16,9 und Sach 14,7, gehalten am Montag, den 3. Dezember 1951, anlässlich der Goldenen Hochzeit der Eheleute Schmidt in Quedlinburg, Quelle Voigt.
K 8	1952	Predigt über Spr 16,9 und 1. Thess 5,16–18, gehalten am Samstag, den 16. August 1952, anlässlich der Trauung von Walther Böhme und Ingeborg Klose in St. Marien zu Salzwedel, Quelle Voigt.
K 9	1977	Predigt über 1. Thess 5,16–18, gehalten am Samstag, den 15. Oktober 1977, anlässlich der Trauung der Eheleute Beoker und Rosenberg in der Christopheruskirche zu Berlin-Friedrichshagen, Quelle Voigt.
K 10	O. J.	Predigt über Gal 6,2 anlässlich einer Trauung, Quelle Voigt.
		Beerdigungen
K 11	1914	Predigt über Hebr 13,14, gehalten am Samstag, den 30. Mai 1914, anlässlich der Beerdigung von Karl Otto in Berlin, Archiv der HU Berlin, NL Haendler C 4.
K 12	1926	Predigt über Ps 23, gehalten an Christi Himmelfahrt, den 13. Mai 1926, anlässlich der Beisetzung des Geheimrats Langemaks in Stralsund, Archiv der HU Berlin, NL Haendler C 4.
K 13	1927	Predigt über Ps 89,2 und Ps 34,3, gehalten im Januar 1927 anlässlich der Beerdigung von Frau von Harder, Quelle Voigt.
K 14	1929	Predigt über Röm 8,18–28, gehalten im Oktober 1929, anlässlich der Beerdigung von Frau Belter, Quelle Voigt.
K 15	1930	Predigt über Joh 16,33 und 2. Tim 1,10, gehalten am Donnerstag, den 22. Mai 1930, anlässlich der Überführung des schwedischen Marineattachés Arnberger auf einem Militärstützpunkt in Stralsund, Quelle Voigt.

K 16	1934	Predigt über Joh 8,12, gehalten am Dienstag, den 19. Juni 1934, anlässlich der Beerdigung von Theodor Däubler in Berlin, Quelle Voigt.
K 17	1935	Predigt über Jes 43,1, gehalten am Mittwoch, den 10. April 1935, anlässlich der Beerdigung einer Frau, Quelle Voigt.
K 18	1938	Predigt über Röm 12,12 und 1. Thess 4,17, gehalten am Dienstag, den 22. November 1938, anlässlich der Beerdigung von Wilhelm Haendler in St. Nikolai zu Berlin, Landeskirchliches Archiv der EKBO, Akte des Kirchenkreises Kölln-Land 39/341.
K 19	1947	Predigt über Offb 2,10, gehalten am Dienstag, den 13. Mai 1947, anlässlich der Beerdigung von Fedor Frentzel auf dem Alten Friedhof Greifswald, Quelle Voigt.
K 20	1952	Predigt über Gen 24,56, gehalten am Pfingstmontag, den 2. Juni 1952, anlässlich der Beerdigung von Anni Brünning, Quelle Voigt.
		Gesellschaftliche Ereignisse
K 21	1926	Unser Glaube ist der Sieg, in: Mitteilungen des Evangelischen Verbandes der weiblichen Jugend Pommerns, Stettin (1926) 24, 1-5 (Predigt über 1. Joh 5,4, gehalten am 10. Sonntag nach Trinitatis, den 8. August 1926, am Schlussabend einer Weggenossenfreizeit des Ev. Verbandes der weiblichen Jugend Pommerns auf Burg Spantekow).
K 22	1926	Der Tag der alten Soldaten. Regimentstag der 42er und 209er - Fahnenweihe der 9er, 42er und 209er, in: Stralsunder Tageblatt. Beilage (1926) 130, 1 f. (Predigt gehalten am 1. Sonntag nach Trinitatis, den 6. Juni 1926, während eines Feldgottesdienstes auf der Brunnenaue in Stralsund).
K 23	1927	Sport ist Dienst in Volkes Not! , in: Stralsunder Tageblatt (1927), 1 f. (Predigt über Spr 24,10, gehalten am 5. Sonntag nach Trinitatis, den 17. Juli 1927, anlässlich eines Sporttages der Ballei Westpommern).
K 24	1929	Predigt zur 10. Wiederkehr des Tages der Verfassung am 11. August 1929, in: Stralsunder Tageblatt (1929) 178, 1 f. (Predigt über Joh 1,17, gehalten am 12. Sonntag nach Trinitatis, den 11. August 1929).

3.3 Sekundärliteratur

A

ACHELIS, ERNST-CHRISTIAN: Lehrbuch der Praktischen Theologie, Bd. 1, Leipzig [2]1898.

AHN, GREGOR u. a.: Art. Schicksal, in: RGG[4] 1 (1998), 884–890.

ALBERT, KARL: Lebensphilosophie. Von den Anfängen bei Nietzsche bis zu ihrer Kritik bei Lukàcs, Freiburg i. Br./München 1995.

ALBRECHT, CHRISTIAN: „... klare und belebende Darstellung der gemeinsamen inneren Erfahrung“. Schleiermachers Predigtweise, untersucht an seiner Neujahrspredigt 1807, in: Albrecht Beutel/Volker Drehsen (Hg.): Wegmarken protestantischer Predigtgeschichte. Homiletische Analysen. Festschrift für Hans Martin Müller zum 70. Geburtstag, Tübingen 1999, 106–136.

ALTMANN, ECKHARD: Die Predigt als Kontaktgeschehen, Stuttgart 1963.

ANDRESEN, BERND: Ernst von Dryander. Eine biographische Studie, Berlin/New York 1995.

AUSTIN, JOHN LANGSHAW: How to do Things with Words, Oxford [2]1999.

B

BARTH, KARL: Menschenwort und Gotteswort in der christlichen Predigt, in: ZZ 3 (1925), 119–140.

- DERS.: Homiletik, Zürich 1966.

- DERS.: Die Kirchliche Dogmatik, Bd. 1/II: Die Lehre vom Wort Gottes. Prolegomena zur kirchlichen Dogmatik, Zürich [6]1975.

BASSERMANN, HEINRICH: Handbuch der geistlichen Beredsamkeit, Stuttgart 1885.

BASTIAN, HANS-DIETER: Verfremdung und Verkündigung. Gibt es eine theologische Informationstheorie?, München 1965.

BAUMGARTEN, OTTO: Predigt-Probleme. Hauptfragen der heutigen Evangeliumsverkündigung, Tübingen/Leipzig 1904.

BAUTZ, FRIEDRICH WILHELM: Art. „Ernst von Dryander“, in: BBKL 1 (1990), 1398–1399.

BENTS, RICHARD: Der MBTI. Die 16 Grundmuster unseres Verhaltens nach C. G. Jung. Eine dynamische Persönlichkeitstypologie, München 1992.

BENZ, ERNST: Die Wiederentdeckung der Meditation in der modernen Religionswissenschaft und Theologie. Aus einem Brief von Ernst Benz, in: ZRGG 11 (1959), 258–267.

BERNEUCHENER KONFERENZ (Hg.): Das Berneuchener Buch. Vom Anspruch des Evangeliums auf die Kirche der Reformation, Hamburg 1926.

BETHGE, EBERHARD: Bischof D. Dr. Schönherr zum 75. Geburtstag, in: Standpunkt 14 (1986) 8, 203 f.

- DERS.: Dietrich Bonhoeffer. Theologe – Christ – Zeitgenosse. Eine Biographie, Gütersloh 2004.

BEUTEL, ALBRECHT: Art. „Predigt VIII: Evangelische Predigt vom 16. bis 18. Jahrhundert“, in: TRE 27 (1997), 296–311.
- DERS.: Theologie als Schriftauslegung, in: ders. (Hg.): Luther Handbuch, Tübingen 2005, 444–449.

BEUTEL, ECKART: Homiletik – ein Teil der Liturgik. Christian Palmers vermittlungstheologisch geprägte Predigtlehre, in: Christian Albrecht/Martin Weeber (Hg.): Klassiker der protestantischen Predigtlehre, Tübingen 2002, 120–143.

BIERITZ, KARL-HEINRICH: Offenheit und Eigensinn. Plädoyer für eine eigensinnige Predigt, in: Erich Garhammer/Heinz-Günther Schöttler (Hg.): Predigt als offenes Kunstwerk. Homiletik und Rezeptionsästhetik, München 1998, 28–50.

BLOTH, PETER: Art. „Helmuth Moritz Schreiner“, in: RGG^4 7 (2004), 1002 f.

BOBERACH, HEINZ u. a.: Handbuch der Deutschen Evangelischen Kirchen von 1918 bis 1949. Organe – Ämter – Verbände – Personen, Bd. 1: Überregionale Einrichtungen, Göttingen 2010.

BOBERT-STÜTZEL, SABINE: Homiletische Wandlung bei Wolfgang Trillhaas. Zum homiletischen Erbe zwischen dialektischer Theologie und liberaler Predigt, in: IJPT 5 (2001), 61–81.

BOHREN, RUDOLF: Predigt und Gemeinde. Beiträge zur Praktischen Theologie, Zürich/Stuttgart 1963.
- DERS.: Die Gestalt der Predigt, in: Gert Hummel (Hg.): Aufgabe der Predigt, Darmstadt 1971, 207–231.

BONHOEFFER, DIETRICH: Gesammelte Schriften, Bd. 4: Auslegungen – Predigten. 1933 bis 1944, hg. von Eberhard Bethge, München 1961.

BOTTIER, LAURENC: Art. „Predigt V: Alte Kirche“, in: TRE 27 (1997), 244–248.

BRACKELMANN, GÜNTHER: Protestantische Kriegstheologie im Ersten Weltkrieg. Reinhold Seeberg als Theologe des deutschen Imperialismus, Bielefeld 1974.

BRÜGGER, NIELS/VIGSØ, ORLA: Strukturalismus, Paderborn 2008.

BULTMANN, RUDOLF: Neues Testament und Mythologie. Das Problem der Entmythologisierung der neutestamentlichen Verkündigung, München 1941.
- DERS.: Welchen Sinn hat es, von Gott zu reden? (1925), in: ders.: Glauben und Verstehen, Bd. 1, Tübingen ^{5}1964.

C

CASSIAN, JOHANNES: Conlatio abbatis moysi prima. De monachi destibatione vel fine (426) , in: CSEL 13.

D

DAHM, KARL-WILHELM: Hören und Verstehen. Kommunikationssoziologische Überlegungen zur gegenwärtigen Predigtnot, in: Predigtstudien für das Kirchenjahr 1969/1970. Perikopenreihe IV, Bd. 2, Berlin 1969, 9–20.
- DERS.: Beruf: Pfarrer. Empirische Aspekte zur Funktion von Kirche und Religion in unserer Gesellschaft, München ^{3}1974.

DAIBER, KARL-FRITZ: Grundriss der Praktischen Theologie als Handlungswissenschaft, München 1977.

DEEG, ALEXANDER: Predigt und Derascha. Homiletische Textlektüre im Dialog mit dem Judentum, Göttingen 2006.

DEHN, GÜNTHER: Die alte Zeit, die vorigen Jahre. Lebenserinnerungen, München 1962.

DENECKE, AXEL: Gottes Wort als Menschenwort. Karl Barths Predigtpraxis – Quelle seiner Theologie, Hanover 1989.

– DERS.: Persönlich Predigen. Anleitungen und Modelle für die Praxis, Münster ^{2}2001.

DILTHEY, WILHELM: Gesammelte Werke, Bd. 7, Leipzig 1927.

– DERS.: Der Aufbau der geschichtlichen Welt in den Geisteswissenschaften, in: ders.: Gesammelte Schriften, Bd. 7, hg. v. Bernhard Groethuysen, Stuttgart ^{3}1961, 77–188.

DOBER, HANS MARTIN: Die moderne Predigt. Über Friedrich Niebergalls Homiletik, in: Christian Albrecht/Martin Weeber (Hg.): Klassiker der protestantischen Predigtlehre, Tübingen 2002, 161–183.

DOEHRING, BRUNO: Das Domkandidatenstift zu Berlin. Ein geschichtlicher Rückblick zur Hundertjahrfeier, Berlin 1954.

DOERNE, MARTIN: Das Wort Gottes in der Verkündigung heute, in: PBl 81 (1939/40), 169–191, 232–241.

– DERS.: Antwort zu Otto Haendler, „Das Selbst vor Gott“, in: PBl 85 (1942/43) 8/9, 314 f.

– DERS.: Predigtlehre als Psychotherapie. Zu Otto Haendlers, Die Predigt, Tiefenpsychologische Grundlagen und Grundfragen, in: PBl 85 (1942/43) 3, 90–103.

DRÄGER, KÄTHE: Bemerkungen zu den Zeitumständen und zum Schicksal der Psychoanalyse und der Psychotherapie in Deutschland zwischen 1933 und 1949, in: Hans-Martin Lohmann (Hg.): Psychoanalyse und Nationalsozialismus. Beiträge zur Bearbeitung eines unbewältigten Traumas, Frankfurt a. M. 1994, 41–53.

DREWERMANN, EUGEN: Tiefenpsychologie und Exegese, 2 Bde., Olten u. a. 1984/85.

DRYANDER, ERNST VON: Das Leben des Apostels Paulus in Predigten ausgelegt, Halle 1905.

– DERS.: Predigtlehre, Bd. 2, Halle ^{7}1910.

– DERS.: Rede anlässlich der Einführung von Generalsuperintendent Wilhelm Haendler, in: Positive Union 9 (1912), 156.

– DERS.: Erinnerungen, Bielefeld ^{3}1923.

– DERS.: Unser Weg zu Gott, Berlin 1924.

E

EBELING, GERHARD: Evangelische Evangelienauslegung. Eine Untersuchung zu Luthers Hermeneutik, Tübingen [3]1991.

EHRENBERG, ALAIN: Das erschöpfte Selbst. Depression und Gesellschaft in der Gegenwart, Stuttgart [6]2008.

EISLER, RUDOLF: Art. „Haltung“, in: WPhB 1 (1904), 383.

ELERT, WERNER: Die Lehre des Luthertums im Abriß, München 1924.

ELLINGER, WALTER: Zur Geschichte der Praktischen Theologie in der Berliner Fakultät, in: Ernst-Rüdiger Kiesow/Joachim Scharfenberg (Hg.): Forschung und Erfahrung im Dienste der Seelsorge. Festgabe für Otto Haendler zum 70. Geburtstag, Göttingen 1961, 139–150.

ENGEMANN, WILFRIED: Persönlichkeitsstruktur und Predigt. Homiletik aus transaktionsanalytischer Sicht, Berlin 1989.

– DERS.: Semiotische Homiletik. Prämissen – Analysen – Konsequenzen, Tübingen/Basel 1993.

– DERS: Lebenskunst als Beratungsziel. Zur Bedeutung der Praktischen Philosophie für die Seelsorge der Gegenwart, in: Michael Böhm u. a. (Hg.): Entwickeltes Leben. Neue Herausforderungen für die Seelsorge, Festschrift für Jürgen Ziemer zum 65. Geburtstag, Leipzig 2002, 95–125.

– DERS.: Die Person als Subjekt pastoralen Handelns. Positionen und Perspektiven, in: ders.: Personen, Zeichen und das Evan-gelium. Argumentationsmuster der Praktischen Theologie, Leipzig 2003, 273–292.

– DERS.: Personen und Beziehungen. Predigt und Transaktionsanalyse, in: ders.: Personen, Zeichen und das Evangelium. Argumentationsmuster der Praktischen Theologie, Leipzig 2003, 293–319.

– DERS.: Aneignung der Freiheit. Lebenskunst und Willensarbeit in der Seelsorge, in: WzM 58 (2006), 28–48.

– DERS.: Der Text in der Predigt – die Predigt als Text. Herausforderungen für Prediger und Hörer, in: ders./Frank Michael Lütze (Hg.): Grundfragen der Predigt. Ein Studienbuch, Leipzig 2006, 111–137.

– DERS.: Kommunikation des Evangeliums – ein interdisziplinäres Projekt, in: Christian Grethlein/Helmut Schwier (Hg.): Praktische Theologie. Eine Theorie- und Problemgeschichte, Leipzig 2007, 137–232.

– DERS.: Einführung in die Homiletik, Tübingen/Basel [2]2011.

F

FENDT, LEONHARD: Grundriss der Praktischen Theologie, Tübingen 1938.

– DERS.: Buchbesprechung zu Otto Haendler: Die Predigt. Tiefenpsychologische Grundlagen und Grundfragen, Berlin [2]1948, in: ThLZ (1952) 4, 245 f.

– DERS.: Homiletik, Berlin [2]1970.

FENSKE, KARL: Art. „Karl Happich“, in: BBKL 31 (2010), 590–593.

FEZER, KARL: Das Wort Gottes und die Predigt. Eine Weiterführung der prinzipiellen Homiletik auf Grund der Ergebnisse der neuen religionspädagogischen und systematischen Forschung, Stuttgart 1925.

FINK, HEINRICH: Ekklesia semper reformanda. Bemerkungen zu einem unerschöpflichen Thema, in: WzM 17 (1965), 140–145.
- DERS.: Begründung und Funktion der Praktischen Theologie bei Friedrich Daniel Ernst Schleiermacher. Eine Untersuchung anhand seiner praktisch-theologischen Vorlesungen, Berlin 1966.
- DERS. u. a.: Wege zum Menschen, in: Standpunkt 3 (1975) 4, 109–112.
- DERS.: Auf dem Wege zum Menschen. Zu Otto Haendlers 90. Geburtstag, in: Standpunkt 8 (1980) 4, 104 f.
- DERS.: Festakt anlässlich des neunzigsten Geburtstages von D. Otto Haendler am 18.4.1980, in: WzM 34 (1982), 132–138.
FRANK, ISNARD: Art. „Predigt VI: Mittelalter“, in: TRE 27 (1997), 248–262.

G
GERHARD, JOHANN: Tractatus de legitima scripturae sacrae interpretatione, hg. von Johann Anselm Staiger, Stuttgart 2007.
GOLTZ, EDUARD FREIHERR VON DER: Grundfragen der Praktischen Theologie, Gießen 1917.
GRÄB, WILHELM: Predigt als Mitteilung des Glaubens, Gütersloh 1988.
GRAF, FRIEDRICH WILHELM: Reinhold Seeberg, in: Wolf-Dieter Hauschild (Hg.): Profile des Luthertums. Biographien zum 20. Jahrhundert, Gütersloh 1998, 617–676.
GRETHLEIN, CHRISTIAN/MEYER-BLANCK, MICHAEL: Geschichte der Praktischen Theologie im Überblick – eine Einleitung, in: dies. (Hg.): Geschichte der Praktischen Theologie. Dargestellt anhand ihrer Klassiker, Leipzig 2000, 1–65.
GREVEL, JAN PETER: Die Predigt und ihr Text. Grundzüge einer hermeneutischen Homiletik, Neuenkirchen-Vluyn 2002.
GRÖZINGER, ALBRECHT: Homiletik, Gütersloh 2008.
GUARDINI, ROMANO: Freiheit, Gnade, Schicksal. Drei Kapitel zur Deutung des Daseins, München ^{6}1979.

H
HAEBLER, HANS CARL VON: Geschichte der Evangelischen Michaelsbruderschaft. Von ihren Anfängen bis zum Gesamtkonvent 1967, o. O. 1975.
HAENDLER, GERT: Traum und Tat bei Ansgar, in: WzM 17 (1965), 151–159.
- DERS.: Kirchengeschichte – erlebt und dargestellt, in: Dietrich Meyer (Hg.): Kirchengeschichte als Autobiographie. Ein Blick in die Werkstatt zeitgenössischer Kirchenhistoriker, Köln 1999, 25–75.
HAENDLER, WILHELM: Kaiserin Auguste Viktoria. Ein Gedenkblatt zum 22. Oktober, Potsdam 1930.
HAERING, THEODOR LORENZ: Über Individualität in Natur- und Geisteswelt. Begriffliches und Tatsächliches, Leipzig/Berlin 1926.
HAPPICH, CARL: Anleitung zur Meditation, Darmstadt 1939.

HARMS, CLAUS: Der Prediger, wie ihn die Pastoraltheologie Seyn und Thun lehret, Kiel [2]1831.

HARNACK, ADOLF VON: Das Wesen des Christentums. Sechzehn Vorlesungen vor Studierenden aller Facultäten im Wintersemester 1899/1900 an der Universität Berlin gehalten, Berlin 1900.

HARNACK, THEODOSIUS: Praktische Theologie, Bd. 1, Erlangen 1877.

HARSCH, HELMUT: Die Bedeutung des tiefenpsychologischen Schuldverständnisses für die Theologie, in: WzM 17 (1965), 159–171.

HAUSCHILDT, EBERHARD: Das kirchliche Handeln des Christentums: Carl Immanuel Nitzsch, in: Christian Grethlein /Michael Meyer-Blanck (Hg.): Geschichte der Praktischen Theologie. Dargestellt anhand ihrer Klassiker, Leipzig 2000, 111–150.

HAUSTEIN, MANFRED: Sprachgestalten der Verkündigung, in: Karl-Heinrich Bieritz u. a. (Hg.): Handbuch der Predigt, Berlin 1990, 459–495.

HECK, KILIAN: Andere Dönhoffsche Orte in Ostpreußen, in: ders./Christian Thielemann (Hg.): Friedrichstein. Das Schloss der Grafen von Dönhoff in Ostpreußen, München/Berlin 2006, 117–180.

HEIDEGGER, MARTIN: Sein und Zeit, Tübingen 1949.

HEIDENHAIN, MARTIN: Formen und Kräfte in der lebendigen Natur, Berlin 1923.

HEIMBROCK, HANS-GÜNTHER: Spuren Gottes wahrnehmen. Phänomenologisch inspirierte Predigten und Texte zum Gottesdienst, Stuttgart 2003.

HENKYS, JÜRGEN: Ansätze des Predigtverständnisses, in: Karl-Heinrich Bieritz u. a. (Hg.): Handbuch der Predigt, Berlin 1990, 27–62.

HEPKE, MARIAN: Bromberg – Buch der Erinnerung, Münster 1966.

HERBST, MICHAEL: Missionarische Verkündigung in der Postmoderne, in: ders.: Wachsende Kirche. Wie Gemeinde den Weg zu postmodernen Menschen finden kann, Gießen [2]2010, 41–80.

– DERS./SCHNEIDER, MATTHIAS: ... wir predigen nicht uns selbst. Ein Arbeitsbuch für Predigt und Gottesdienst, Neuenkirchen-Vluyn 2001.

HERING, HERMANN: Die Lehre von der Predigt, Berlin 1905.

HERMELINK, JAN: Organisation der volkskirchlichen Gemeinde: Martin Schian, in: Christian Grethlein/Michael Meyer-Blanck (Hg.): Geschichte der Praktischen Theologie. Dargestellt anhand ihrer Klassiker, Leipzig 2000, 279–330.

HILDESHEIMER, WOLFGANG: Die Subjektivität des Biographen, in: ders.: Das Ende der Fiktionen. Reden aus fünfundzwanzig Jahren, Frankfurt a. M. 1984, 123–138.

HIRSCH, EMANUEL: Predigerfibel, Berlin 1964.

– DERS.: Christliche Rechenschaft, Bd. 2, Berlin 1978.

HIRSCHLER, HORST: Konkret Predigen, Gütersloh [2]1980.

HOLL, KARL: Was können wir für die Neugestaltung unseres evangelischen Gottesdienstes von Luther lernen?, in: LuJ 6 (1924), 3–21.

HOLTZ, GOTTFRIED u. a.: Wege zum Menschen, in: Standpunkt 3 (1975) 4, 109–112.

HOSSIEP, RÜDIGER u. a.: Persönlichkeitstests im Personalmanagement. Grundlagen, Instrumente und Anwendungen, Göttingen 2000.

HÜFFMEIER, WILHELM: Die Hof- und Domprediger als Theologen, in: Helmut Engel/ders. (Hg.): Der Berliner Dom. Geschichte und Gegenwart der Oberpfarr- und Domkirche zu Berlin, Berlin 2001, 138–171.

HÜNERBEIN, FRIEDRICH-WILHELM: Domgemeinde und Hofgesellschaft – zur Soziologie der Domgemeinde, in: Helmut Engel/Wilhelm Hüffmeier (Hg.): Der Berliner Dom. Geschichte und Gegenwart der Oberpfarr- und Domkirche zu Berlin, Berlin 2001, 130–137.

I

ISER, WOLFGANG: Der Akt des Lesens. Theorie ästhetischer Wirkung, München ^{4}1994.

IWAND, HANS-JOACHIM: Predigt-Meditationen, Göttingen 1963.

J

JACOBI, JOLANDE: Die Psychologie von C. G. Jung. Eine Einführung in das Gesamtwerk mit einem Geleitwort von C. G. Jung, Zürich ^{5}1959.

JÄHNICHEN, TRAUGOTT: Art. „Reinhold Seeberg", in: BBKL 9 (1995), 1307–1310.

JASPERS, KARL: Allgemeine Psychopathologie, Berlin 1913.

JENSSEN, HANS-HINRICH: Die Bedeutung des historischen Jesus Christus für die Entmythologisierung in der Predigt, Berlin 1955 (Diss. masch.).

– DERS.: Wegweisung für das Amt der Verkündigung. Zum 70. Geburtstag von Prof. D. Otto Haendler, in: Neue Zeit 16 (1960) 92, 5.

– DERS.: Anpassung als Gegenstand praktisch-theologischer Besinnung. Otto Haendler zum 75. Geburtstag, in: EPB 7/8 (1965), 111–113.

– DERS.: Die Humanität des Glaubens. Otto Haendler zum 80. Geburtstag, in: EPB 12 (1970), 54–56.

– DERS.: Die Polarität von Zeitnähe und Offenbarungstreue in der Naturpredigt. Vergleich von vier Predigten im Lichte der Strukturtheologie Otto Haendlers. Otto Haendler zum 90. Geburtstag, in: ThLZ 51 (1980), 321–338.

– DERS.: Zur Geschichte des Lehrstuhls für Praktische Theologie (in der ersten Hälfte des 20. Jahrhunderts), in: WZ (B).G 34 (1985) 7, 559–562.

– DERS.: Die Predigt im Jahreskreis, in: Karl-Heinrich Bieritz u. a. (Hg.): Handbuch der Predigt, Berlin 1990, 249–301.

JOSUTTIS, MANFRED: Die Bibel als Basis der Predigt, in: Hans-Georg Geyer u. a. (Hg.): „Wenn nicht jetzt, wann dann?". Aufsätze für Hans-Joachim Kraus zum 65. Geburtstag, Neuenkirchen-Vluyn 1983, 385–393.

– DERS.: Der Prediger in der Predigt. Sündiger Mensch oder mündiger Zeuge?, in: ders.: Praxis des Evangeliums zwischen Politik und Religion. Grundprobleme der Praktischen Theologie, München ^{4}1988, 70–94.

JUNG, CARL GUSTAV: Gesammelte Werke, Bd. 6: Psychologische Typen, Zürich/Stuttgart [9]1960.

- DERS.: Gesammelte Werke, Bd. 7: Zwei Schriften über Analytische Philosophie, Olten/Freiburg i. Br. 1971.

- DERS.: Brief an Herrn G. Krüger, Berlin-Neukölln vom 17.02.1961, in: ders.: Briefe, hg. von Aniela Jafé u. a., Bd. 3, Freiburg i. Br. 1973, 379–381.

- DERS.: Gesammelte Werke, Bd. 10: Zivilisiation im Übergang, Olten/Freiburg i. Br. [2]1981.

- DERS.: Gesammelte Werke, Bd. 9/II: Aion. Beiträge zur Symbolik des Selbst, Olten/Freiburg i. Br. [5]1983.

- DERS.: Gesammelte Werke, Bd. 9/I: Die Archetypen und das kollektive unbewusste, Olten/Freiburg i. Br. [5]1983.

K

KARLE, ISOLDE: Der Pfarrberuf als Profession. Eine Berufstheorie im Kontext der modernen Gesellschaft, Freiburg i. Br. [3]2011.

KEHNSCHERPER, GÜNTHER u. a.: Wege zum Menschen, in: Standpunkt 3 (1975) 4, 109–112.

KIESOW, ERNST-RÜDIGER: Dialektisches Denken in der Predigt. An Beispielen aus der Predigtliteratur der Gegenwart, Berlin 1957.

- DERS./SCHARFENBERG, JOACHIM (Hg.): Forschung und Erfahrung im Dienste der Seelsorge. Festgabe für Otto Haendler zum 70. Geburtstag, Göttingen 1961.

- DERS.: Katholizismus und Protestantismus bei Carl Gustav Jung, Berlin 1962 (Habil. masch.).

- DERS.: Bemerkungen zu C. G. Jungs Selbstdarstellung, in: WzM 17 (1965), 146–150.

- DERS.: Vom Überkommenen zum Überkommenden. Prof. D. Otto Haendler zum 80. Geburtstag, in: Neue Zeit 26 (1970) 91, 5.

- DERS.: Die prophylaktische Funktion der Seelsorge, in: WzM 34 (1982), 138–143.

- DERS.: Der Prediger, in: Karl-Heinrich Bieritz u. a. (Hg.): Handbuch der Predigt, Berlin 1990, 99–135.

KIRCHE DER ALTPREUßISCHEN UNION (Hg.): Nachruf Wilhelm Haendler, in: Kirchliches Amtsblatt der Kirchenprovinz Mark Brandenburg 1 (1939), 1.

KLÖNNE, ARNO: Art. „Jugendbewegung“, in: TRE 17 (1988), 423–426.

KLOSTERMANN, FERDINAND: Der Träger der Verkündigung, in: Bruno Dreher u. a. (Hg.): Handbuch der Verkündigung, Bd. 1, Freiburg i. Br. u. a. 1970, 363–410.

KNOKE, KARL: Grundriss der Praktischen Theologie, Göttingen [4]1896.

KOCH, ERNST: Der Prediger und die Predigt, in: ZdZ 32 (1978), 460–464.

KÖBERLE, ADOLF: Ein sensationelles Buch. Zu O. Haendlers „Die Predigt“, in: WzM 34 (1982), 168–170.

KÖRTNER, ULRICH HEINZ J. u. a.: Art. „Verkündigung“, in: RGG[4] 8 (2005), 1024–1028.

KRÜGER, JÜRGEN/MEYER-BLANCK, MICHAEL: Evangelisch in Rom. Der etwas andere Reiseführer, Göttingen 2008.

KUHLMANN, SEBASTIAN: Martin Niemöller. Zur prophetischen Dimension der Predigt, Leipzig 2008.

L

LÄMMERMANN, GODWIN: Zeitgenössisch Predigen. Homiletische Analysen mit Predigtbeispielen, Stuttgart 1999.

LÄMMLIN, GEORG: Die Lust am Wort und der Widerstand der Schrift. Homiletische Re-Lektüre des Psalters, Münster u. a. 2002.

LANGE, ERNST: Brief an einen Prediger, in: Predigtstudien für das Kirchenjahr 1968/1969. Perikopenreihe III, Bd. 1, Berlin 1968, 7–17.

– DERS.: Predigen als Beruf, Stuttgart 1976.

– DERS.: Kommunikation des Evangeliums, in: ders.: Kirche für die Welt. Aufsätze zur Theorie kirchlichen Handelns, hg. von Rüdiger Scholz, München 1981, 101–129.

LANGE, HEINRICH: Friedrichstein nach 1945, in: Kilian Heck/Christian Thielemann (Hg.): Friedrichstein. Das Schloss der Grafen von Dönhoff in Ostpreußen, München/Berlin 2006, 83–98.

LESSING, GOTTHOLD EPHRAIM: Über den Beweis des Geistes und der Kraft, in: ders.: Werke, hg. von Hans-Georg Göpfert, Bd. 8, München 1979, 9–14.

LÉVI-STRAUSS, CLAUDE: Die Strukturanalyse in der Sprachwissenschaft und in der Anthropologie, in: ders.: Strukturale Anthropologie, Frankfurt a. M. 1969, 43–67.

LINKE, DIETMAR: Theologiestudenten der Humboldt-Universität. Zwischen Hörsaal und Anklagebank, Neuenkirchen-Vluyn 1994.

LOCKOT, REGINE: Erinnern und Durcharbeiten. Zur Geschichte der Psychoanalyse und Psychotherapie im Nationalsozialismus, Frankfurt a. M. 1985.

LOHSE, BERNHARD: Karl Holl, in: Wolf-Dieter Hauschild (Hg.): Profile des Luthertums. Biographien zum 20. Jahrhundert, Gütersloh 1998, 321–335.

LÜTZE, FRANK MICHAEL: Absicht und Wirkung der Predigt. Eine Untersuchung zur homiletischen Pragmatik, Leipzig 2006.

LUTHER, MARTIN: Assertatio omnium articolorum M. Lutheri per Bullam Leonis X. novissimam damnatorum (1520), in: WA 7; 94–151.

– DERS.: Eodem die a prandio (31. März 1921), in: WA 9; 662–665.

– DERS.: Deutsch Bibel, Vorrede auf die Epistel S. Jacobi und Judas (1522), in: WADB, 384.

– DERS.: Von Menschenlehre zu meiden (1522), in: WA 10 II; 72–86.

– DERS.: Tischreden aus der Sammlung des Konrad Cordatus (1531–1546), in: WATR 3.

– DERS.: Predigt am Sonntag Lätare, nachmittags (16. März 1539), in: WA 47; 678–685.

LUTHERISCHES KIRCHENAMT HANNOVER (Hg.): Die Predigt. Das Gespräch über die Predigt auf der Luth. Generalsynode 1957 in Hamburg, Berlin 1957.
LYOTARD, JEAN-FRANÇOIS: Das postmoderne Wissen. Ein Bericht, Wien [4]1999.

M

MERTENS, LOTHAR: Das Einjährig-Freiwilligen Privileg. Der Militärdienst im Zeitgeist des deutschen Kaiserreichs, in: ZRGG 42 (1990), 316–329.
MEYER, JOHANNES: Grundriß der Praktischen Theologie, Leipzig/Erlangen 1923.
MEYER-BLANCK, MICHAEL/WEYL, BIRGIT: Leben, Leib und Liturgie. Die Praktische Theologie Wilhelm Stählins, Berlin/New York 1994.
- DERS.: Vom Symbol zum Zeichen. Symboldidaktik und Semiotik, Hannover 1995.
- DERS.: Arbeitsbuch Praktische Theologie. Ein Begleitbuch zu Studium und Examen in 25 Einheiten, Gütersloh 1999.
- DERS.: Tiefenpsychologie und Strukturtheologie: Otto Haendler (1890–1981), in: Christian Grethlein/ders. (Hg.): Geschichte der Praktischen Theologie. Dargestellt anhand ihrer Klassiker, Leipzig 2000, 389–432.
- DERS.: Art. „Wilhelm Stählin“, in: TRE 32 (2002), 104–107.
- DERS.: Gottesdienstlehre, Tübingen 2011.
MEZGER, MANFRED: Die eine Wirklichkeit. Vorspiel zur Freude an der Predigt, in: Dietrich Rössler u. a. (Hg.): Fides et Communicatio, Festschrift für Martin Doerne, Göttingen 1970, 215–225.
MOSER, TILLMANN: Gottesvergiftung, Stuttgart 1980.
MOSHEIM, JOHANN LORENZ VON: Anweisung erbaulich zu predigen, hg. von Dirk Fleischner, Waltrop 1998.
MÜLLER, ALFRED DEDO: Grundriss der Praktischen Theologie, Berlin 1954.
- DERS.: Aufgaben und Probleme der Praktischen Theologie der Gegenwart, in: StGen 14 (1961) 2, 86–102.
MÜLLER, HANS-MARTIN: Homiletik. Eine evangelische Predigtlehre, Berlin/New York 1996.
- DERS.: Emanuel Hirschs Bedeutung für die Predigt, in: Christian Albrecht/Martin Weeber (Hg.): Klassiker der protestantischen Predigtlehre, Tübingen 2002, 202–224.

N

NALEPKA, CORNELIA: Kalkuliertes Scheitern als biographische Maxime. Zu Wolfgang Hildesheimer: ‚Die Subjektivität des Biographen‘, in: Bernhard Fez/Wilhelm Hemecker (Hg.): Theorie der Biographie. Grundlagentexte und Kommentare, Berlin/New York 2011, 297–301.
NANKO, ULRICH: Die deutsche Glaubensbewegung. Eine historische und soziologische Untersuchung, Marburg 1993.
NEUNER, WERNER: Art. „Adolf Schlatter“, in: TRE 30 (1999), 135–143.

NICOL, MARTIN: Gespräch als Seelsorge. Theologische Fragmente zu einer Kultur des Gesprächs, Göttingen 1990.
- DERS.: Einander ins Bild setzen. Dramaturgische Homiletik, Göttingen [2]2005.
NIEBERGALL, ALFRED: Der Prediger als Zeuge. Eine homiletische Untersuchung, Gütersloh 1960.
- DERS.: Homiletik heute. Bericht über die homiletische Literatur seit 1945, in: ThR 34 (1969), 49-76, 89-120.
NIEBERGALL, FRIEDRICH: Praktische Theologie. Lehre von der kirchlichen Gemeindeerziehung auf religionswissenschaftlicher Grundlage, 2 Bde., Tübingen 1918/1919.
- DERS.: Wie predigen wir dem modernen Menschen?, 2 Bde., Tübingen [4]1920.
- DERS.: Predigttypen und Aufgaben der Gegenwart, in: ChW 39 (1925) 27/28, 578-588.
NIEMANN, HERMANN MICHAEL: Ein Mann mit Eigenschaften - Erinnerungen an Ernst-Rüdiger Kiesow, in: Heinrich Holze (Hg.): Die Theologische Fakultät Rostock unter zwei Diktaturen. Studien zur Geschichte 1933-1989, Festschrift für Gert Haendler zum 80. Geburtstag, Münster 2004, 355-360.
NITZSCH, CARL IMMANUEL: Praktische Theologie, 2 Bde., Bonn 1847.
NORDMANN, HANS: Tapferes Ja, in: EvDt 20 (1943) 9, 49.

O

OHLEMACHER, JÖRG: Art. „Eduard Alexander Frhr. v. der Goltz“, in: RGG[4] 3 (2000), 1082.
OLSCHEWSKI, JANA/RAVEN, SIBYLLE VON: Das Pfarrhaus in Neuenkirchen, in: Pommern. Zeitschrift für Kultur und Geschichte 48 (2010) 1, 20-23.
ORIGENES: Vier Bücher von den Prinzipien, hg. von Herwig Görgemanns/Heinrich Karpp, Darmstadt 1976.
OTTO, GERT: Rhetorisch Predigen. Wahrheit als Mitteilung. Beispiele zur Predigtpraxis, Gütersloh 1981.

P

PALMER, CHRISTIAN: Zur Praktischen Theologie. Andeutungen in Betreff ihres Verhältnisses zur gesamten theologischen Wissenschaft, namentlich zur Ethik, und in Betreff ihrer inneren Gliederung, in: JDTh 1 (1856), 317-361.
- DERS.: Evangelische Homiletik, Stuttgart 1857.
PANNENBERG, WOLFHART: Anthropologie in theologischer Perspektive, Göttingen 1983.
PAULI (PETTKE), SABINE: Die Theologischen Institute von 1933-1945, in: Heinrich Holze (Hg.): Die Theologische Fakultät Rostock unter zwei Diktaturen. Studien zur Geschichte 1933-1989, Festschrift für Gert Haendler zum 80. Geburtstag, Münster 2004, 35-60.

PIPER, HANS-CHRISTOPH: Die Predigtanalyse in der Klinischen Seelsorgeausbildung, in: WzM 25 (1973), 355–365.
– DERS.: Predigtanalysen. Kommunikation und Kommunikationsstörungen in der Predigt, Göttingen/Wien 1976.
PLAGNETZ, ACHIM/SCHWAB, ULRICH: Religionswissenschaftlich-empirische Praktische Theologie: Friedrich Niebergall, in: Christian Grethlein/Michael Meyer-Blanck (Hg.): Geschichte der Praktischen Theologie. Dargestellt anhand ihrer Klassiker, Leipzig 2000, 237–278.
PLANCK, OSKAR: Die evangelische Michaelsbruderschaft, in: Lydia Präger (Hg.): Frei für Gott und die Menschen. Evangelische Bruder- und Schwestergemeinschaften der Gegenwart in Selbstdarstellung, Stuttgart [2]1964, 349–385.

R

RASCHZOK, KLAUS: Homiletische Gleichnisse. Vom seelsorglichen Dienst der Predigtlehre am Prediger, in: Manfred Josuttis u. a. (Hg.): Auf dem Weg zu einer seelsorglichen Kirche. Theologische Bausteine, Festschrift für Christian Möller zum 60. Geburtstag, Göttingen 2000, 49–61.
RESE, FRIEDERIKE: Art. „Strukturalismus I. Zum Begriff, II. Philosophie", in: RGG[4] 7 (2004), 1781–1782.
RICHTER, JUTTA: Himmel, Hölle, Fegefeuer. Versuch einer Befreiung, Reinbek 1985.
RICOEUR, PAUL: Die Interpretation. Ein Versuch über Freud, Frankfurt a. M. [4]1993.
RIEMANN, FRITZ: Grundformen der Angst und die Antinomien des Lebens, München 1961.
– DERS.: Die Persönlichkeit des Predigers aus tiefenpsychologischer Sicht, in: Richard Riess (Hg.): Perspektiven der Pastoralpsychologie, Göttingen 1974, 152–166.
RIESS, RICHARD: Zur pastoralpsychologischen Problematik des Predigers, in: Dietrich Stollberg u. a. (Hg.): Praxis ecclesiae. Praktische Theologie als Hermeneutik, Katechetik und Homiletik im Dienste der Kirche, Festschrift für Kurt Frör zum 65. Geburtstag, München 1970, 295–321.
– DERS.: Seelsorge. Orientierung, Analysen, Alternativen, Göttingen 1973.
RÖSSLER, DIETRICH: Die Tiefenpsychologie als theologisches Problem, in: EvTh 21 (1961), 162–173.
– DERS.: Rezension zu Otto Haendler: Die Predigt. Tiefenpsychologische Grundlagen und Grundfragen, Berlin [3]1960, in: MPTh 52 (1963), 235 f.
– DERS.: Das Problem der Homiletik, in: ThPr 1 (1966), 14–28.
– DERS.: Art. „Ganzer Mensch", in: HWP 5 (1980), 1106–1111.
ROHLS, JAN: Protestantische Theologie der Neuzeit, Bd. II: Das 20. Jahrhundert, Tübingen 1997.
ROTH, WOLFGANG: C. G. Jung verstehen. Grundlagen der Analytischen Psychologie, Düsseldorf 2009.

RUDLOFF, HOLGER: Produktionsästhetik und Produktionsdidaktik. Kunsttheoretische Voraussetzungen literarischer Produktion, Opladen 1991.
RUHBACH, GERHARD u. a. (Hg.): Meditation und Gottesdienst, Göttingen 1989.
- DERS. u. a. (Hg.): Meditative Zugänge, 16 Bde., Göttingen 1990–1998.

S

SAFT, WALTER: Die Bedeutung der Meditation für die Seelsorge, Berlin 1964 (Diss. masch.).
- DERS.: Meditation als Lebens- und Glaubenshilfe, in: WzM 34 (1982), 143–150.
- DERS.: Die Predigt im Lebenskreis, in: Karl-Heinrich Bieritz u. a. (Hg.): Handbuch der Predigt, Berlin 1990, 303–339.
SALAMUN, KURT: Karl Jaspers, Würzburg ^{2}2003.
SANTER, HELMUT: Persönlichkeit und Gottesbild. Religionspsychologische Impulse für eine Praktische Theologie, Göttingen 2003.
SAUSSURE, FERDINAND DE: Cours de linguistique général, hg. von Charles Bally u. a., Paris 1931.
SCHADE, HERWARTH/SCHULZ, FRIEDER: Perikopen. Gestalt und Wandel des gottesdienstlichen Bibelgebrauchs, Hamburg 1978.
SCHARFENBERG, JOACHIM: Praktische Theologie zwischen Kirche und Welt, in: WzM 17 (1965), 172–183.
- DERS.: Religion, Seelsorge und Beratung, in: WzM 34 (1982), 171–177.
- DERS.: Strukturtheologie, Symbol und Meditation, in: WzM 34 (1982), 150–159.
SCHELIHA, ARNULF VON: Art. „Reinhold Seeberg", in: TRE 30 (1999), 729–733.
SCHIAN, MARTIN: Grundriss der Praktischen Theologie, Gießen 1921.
SCHILLING, WALTER: Die „Bearbeitung" der Landeskirche Thüringen durch das MfS, in: Clemens Vollnhals (Hg.): Die Kirchenpolitik von SED und Staatssicherheit. Eine Zwischenbilanz, Berlin 1996, 211–267.
SCHLEIERMACHER, FRIEDRICH DANIEL E.: Ueber die Religion. Reden an die Gebildeten unter ihren Verächtern, Berlin 1799.
- DERS.: Die Praktische Theologie nach den Grundsätzen der evangelischen Kirche im Zusammenhange dargestellt, Berlin 1850.
- DERS.: Predigten. Erste Sammlung, Reutlingen 1835.
- DERS.: Kurze Darstellung des theologischen Studiums zum Behufe einleitender Vorlesungen, kritische Ausgabe hg. von Heinrich Scholz, Darmstadt 1969.
SCHNEPF, ROBERT: Art. „Subjekt/Objekt", in: RGG^{4} 7 (2004), 1814–1816.
SCHÖNHERR, ALBRECHT: Predigt und Fragen der Zeit, in: Karl-Heinrich Bieritz u. a. (Hg.): Handbuch der Predigt, Berlin 1990, 379–407.
SCHOTT, CHRISTIAN-ERDMANN: Akkommodation. Das homiletische Programm der Aufklärung, in: Heimo Reinitzer (Hg.): Beiträge zur Geschichte der Predigt. Vorträge und Abhandlungen, Hamburg 1981, 49–69.
SCHREINER, HELMUT: Die Verkündigung des Wortes Gottes, Schwerin $^{1/2}$1936, Schwerin $^{3/4}$1938, Hamburg ^{5}1949.

SCHRÖDER, BERND: Die Wissenschaft der sich selbst erbauenden Kirche: Theodosius Harnack, in: Christian Grethlein/Michael Meyer-Blanck (Hg.): Geschichte der Praktischen Theologie. Dargestellt anhand ihrer Klassiker, Leipzig 2000, 151–206.

SCHRÖER, HENNING: Von der Genitiv-Theologie zur Adverb-Homiletik. Zu den Tendenzen gegenwärtiger Predigtlehre, in: ThPr 17 (1982) 1/2, 146–156.

SCHULZ VON THUN, FRIEDEMANN: Miteinander reden, Bd. 1: Störungen und Klärungen. Allgemeine Psychologie der Kommunikation, Reinbek/Hamburg [47]2009.

SCHUMANN, FRIEDRICH KARL: Der Gottesgedanke und der Zerfall der Moderne, Tübingen 1929.

SCHWEIZER, ALEXANDER: Homiletik der evangelisch-protestantischen Kirche, Leipzig 1848.

SCHWIER, HELMUT/GALL, SIEGHARD: Predigt hören. Befunde und Ergebnisse der Heidelberger Umfrage zur Predigtrezeption, Berlin 2008.

SEEBERG, REINHOLD: An der Schwelle des zwanzigsten Jahrhunderts. Rückblicke auf das letzte Jahrhundert deutscher Kirchengeschichte, Leipzig 1900.

SEITZ, MANFRED: Zum Problem der sog. Predigtmeditation, in: Herbert Breit u. a. (Hg.): Die Predigt zwischen Text und Empirie, Stuttgart 1969, 9–21.

SPENER, PHILIPP JAKOB: Pia desideria, oder herzliches Verlangen nach gottgefälliger Besserung der wahren evangelischen Kirche, sampt einigen dahin einfältig abzweckenden christlichen Vorschlägen (1675), in: Kurt Aland (Hg.): Die Werke Philipp Jakob Speners. Studienausgabe, Bd. 1: Die Grundschriften, Teil 1, Gießen/Basel 1996, 86–257.

SPENGLER, OSWALD: Der Untergang des Abendlandes, 2 Bde., München 1918–1922.

STÄHLIN, WILHELM: Vom göttlichen Geheimnis, Kassel 1936.

– DERS.: Berneuchen. Unser Kampf und Dienst für die Kirche, Kassel [2]1939.

STECK, WOLFGANG: Das homiletische Verfahren. Zur modernen Predigttheorie, Göttingen 1974.

STEEGE, GERHARD: Mythos, Differenzierung, Selbstinterpretation. Versuch zur erkenntnistheoretischen Grundlegung einer entmythologisierenden Theologie unter kritischem Rückblick auf die intuitive Erkenntnismethode Reinhold Seebergs, Hamburg 1953.

STEINMEYER, FRANZ LUDWIG: Homiletik, Leipzig 1901.

STOLLBERG, DIETRICH: Praktisch Predigen, Göttingen 1979.

STOSCH, ALBRECHT VON: Das Königlich Preußische 5. Garde-Regiment zu Fuß 1897–1918. Nach amtlichen Kriegstagebüchern und Mitteilungen von Mitkämpfern bearbeitet, Berlin 1930.

STRAUß, DAVID FRIEDRICH: Das Leben Jesu, kritisch bearbeitet, Tübingen 1935.

STROH, RALF: Art. „Kompetenz (Fähigkeit)“, in: RGG[4] 4 (2001), 1537 f.

T

THIELICKE, HELMUT: Der Evangelische Glaube, Bd. 1, Tübingen 1968.

THIEME, WERNER: Deutsches Hochschulrecht. Das Recht der wissenschaftlichen Hochschulen in der Bundesrepublik Deutschland und im Lande Berlin, Berlin/Köln 1956.

THILO, HANS-JOACHIM: Psyche und Wort. Aspekt ihrer Beziehungen in Seelsorge, Unterricht und Predigt, Göttingen 1974.

- DERS.: Otto Haendler zu seinem 90. Geburtstag, in: Quat. 44 (1980) 2, 113–117.

- DERS.: Begegnungen mit Otto Haendler, in: WzM 34 (1982), 163–168.

- DERS.: Beratende Seelsorge. Tiefenpsychologische Methodik dargestellt am Kasualgespräch, Göttingen [3]1986.

THURNEYSEN, EDUARD: Die drei homiletischen Grundregeln, in: ZZ 11 (1933), 473–496.

- DERS.: Die Aufgabe der Predigt, in: Gert Hummel (Hg.): Die Aufgabe der Predigt, Darmstadt 1971, 105–118.

THURNHER, REINER: Karl Jaspers, in: ders. u. a. (Hg.): Die Philosophie des ausgehenden 19. und des 20. Jahrhunderts, Bd. 3: Lebensphilosophie und Existenzphilosophie, München 2002, 166–195.

TILLICH, PAUL: Der Mut zum Sein, Stuttgart 1953.

- DERS.: Systematische Theologie, Bd. 1, Stuttgart 1955.

- DERS.: Kirche und Kultur, in: ders.: Die religiöse Substanz der Kultur. Schriften zur Theologie der Kultur, Gesammelte Werke Bd. 9, Stuttgart 1967, 32–46.

TLOKA, JUTTA: Griechische Christen – Christliche Griechen, Tübingen 2005.

TRILLHAAS, WOLFGANG: Evangelische Predigtlehre, München [2]1936, [5]1964.

TROELTSCH, ERNST: Religiöser Individualismus und Kirche, in: Gesammelte Schriften, Bd. 2, Tübingen 1913.

U

UECKER, THOMAS: Art. „Karl Holl“, in: BBKL 2 (1990), 1001–1003.

UHLIG, RALPH (Hg.): Vertriebene Wissenschaftler der Christian-Albrechts-Universität zu Kiel (CAU) nach 1933. Zur Geschichte der CAU im Nationalsozialismus, Frankfurt a. M. u. a. 1991.

UHSADEL, WALTER: Die gottesdienstliche Predigt. Evangelische Predigtlehre, Heidelberg 1963.

- DERS.: Die Lehre von der Predigt, in: Bruno Dreher u. a. (Hg.): Handbuch der Verkündigung, Bd. 2, Freiburg i. Br. u. a. 1970, 311–339.

- DERS.: Evangelische Seelsorge. Praktische Theologie, Bd. 3, Heidelberg 1966.

URNER, HANS: Gottes Wort und unsere Predigt, Göttingen 1961.

V

VOIGT, FABIAN: Predigen als Erlebnis. Narrative Verkündigung, Neuenkirchen-Vluyn 2009.

VOIGT, KERSTIN: Otto Haendler - Leben und Werk. Eine Untersuchung zur Struktur seines Seelsorgeverständnisses, Frankfurt a. M. u. a. 1993.

- DIES.: Otto Haendler - Die Innenwendung, in: Klaus Raschzock (Hg.): Zwischen Volk und Bekenntnis. Praktische Theologie im Dritten Reich, Leipzig 2000, 97-110.

W

WEBER, WERNER: Die Umwandlung des Lizentiatengrades in den theologischen Doktorgrad, in: ZEvKR (1952/53), 365-374.

WELSCH, WOLFGANG: Das Ästhetische - Eine Schlüsselkategorie unserer Zeit?, in: ders.: (Hg.): Die Aktualität des Ästhetischen, München 1993, 13-47.

WENZ, GUNTHER: Adolf von Harnack. Herzensfrömmigkeit und Wissenschaftsorganisator, in: Peter Neuner/ders. (Hg.): Theologen des 20. Jahrhunderts. Eine Einführung, Darmstadt 2002, 33-52.

- DERS.: Paul Tillich. Fraglichkeit und Sinnerfüllung, in: Peter Neuner/ders. (Hg.): Theologen des 20. Jahrhunderts. Eine Einführung, Darmstadt 2002, 109-123.

WILHELM II.: Ereignisse und Gestalten aus den Jahren 1878-1918, Leipzig/Berlin 1922.

WINKLER, EBERHARD: Ernst-Rüdiger Kiesows Beitrag zur „empirischen Wende" in der Praktischen Theologie, in: Heinrich Holze (Hg.): Die Theologische Fakultät Rostock unter zwei Diktaturen. Studien zur Geschichte 1933-1989, Festschrift für Gert Haendler zum 80. Geburtstag, Münster 2004, 361-373.

WINKLER, KLAUS: Dogmatische Aussagen in der neueren Theologie im Verhältnis zu den Grundbegriffen der komplexen Psychologie C. G. Jungs, Berlin 1960 (Diss. masch.).

- DERS.: Bibliographie Otto Haendler, in: Ernst-Rüdiger Kiesow/Joachim Scharfenberg (Hg.): Forschung und Erfahrung im Dienste der Seelsorge. Festgabe für Otto Haendler zum 70. Geburtstag, Göttingen 1961, 151-154.

- DERS.: Die Verwirklichung des heutigen Menschen, in: WzM 17 (1965), 129-139.

- DERS.: Das persönlichkeitsspezifische Credo, in: WzM 34 (1982), 159-163.

- DERS.: Predigt und Lehre in der Kirche, in: Karl-Heinrich Bieritz u. a. (Hg.): Handbuch der Predigt, Berlin 1990, 341-377.

- DERS.: Seelsorgelehre, Berlin ^{2}2000.

WINTER, FRIEDRICH: Die Predigt, in: Heinrich Ammer u. a. (Hg.): Handbuch der Praktischen Theologie, Bd. 2, Berlin 1974, 197-312.

WINTZER, FRIEDRICH: Die Homiletik seit Schleiermacher bis in die Anfänge der ‚dialektischen Theologie' in Grundzügen, Göttingen 1969.

- DERS.: Art. „Predigt IX: Evangelische Predigt im 19. und 20. Jahrhundert", in: TRE 27 (1997), 311-330.

WÖLBER, HANS-OTTO: Die Predigt als Kommunikation, in: Gert Hummel (Hg.): Aufgabe der Predigt, Darmstadt 1971.

WUNDT, WILHELM: Grundzüge der physiologischen Psychologie, Bd. 3, Leipzig [5]1903.

Z

ZIEMER, JÜRGEN: Der Text, in: Karl-Heinrich Bieritz u. a. (Hg.): Handbuch der Predigt, Berlin 1990, 209–222.

4. Personenregister

Abraham, Karl 52
Achelis, Ernst-Christian 11, 39, 119, 134
Ahn, Gregor 138
Albert, Karl 93
Albrecht, Christian 159
Altmann, Eckhard 114
Andresen, Bernd 29
Augustin 172
Austin, John Langshaw 167
Barth, Karl 39, 75–77, 81, 100, 159 f., 208
Bassermann, Heinrich 56, 100, 134 f., 206
Bastian, Hans-Dieter 83, 199
Baumgarten, Otto 8, 57, 72, 159, 160, 174
Bautz, Friedrich Wilhelm 28
Bents, Richard 143
Bergson, Henri 94
Berne, Eric 156
Beth, Karl 36
Bethge, Eberhard 51, 54
Beutel, Albrecht 157, 173
Bieritz, Karl-Heinrich 3, 170
Bloth, Peter 80
Boberach, Heinz 48
Bobert-Stützel, Sabine 78
Bohren, Rudolf 3, 81 f.
Bonhoeffer, Dietrich 25, 50 f., 54, 194
Bottier, Laurenc 172
Bovet, Theodor 67
Brackelmann, Günther 25
Brügger, Niels 95
Bultmann, Rudolf 77, 159
Cassianus, Johannes 157
Chrysostomos, Johannes 172 f.
Dahm, Karl-Wilhelm 44
Daiber, Karl-Fritz 106
Dehn, Günther 26 f., 29
Denecke, Axel 3, 75 f., 83, 278 f.
Dilthey, Wilhelm 18, 24, 93 f., 216
Dober, Hans Martin 73
Doehring, Bruno 26, 28
Doerne, Martin 9, 56 f.
Dräger, Käthe 52
Dryander, Ernst von 27–30, 44, 60
Eisler, Rudolf 183
Eitingon, Max 52
Elert, Walter 138 f.
Ellinger, Walter 61, 64, 67
Engemann, Wilfried 3, 10, 65, 129, 156 f., 163 f., 168 f., 173, 190, 199
Fendt, Leonhard 3, 61, 105, 110
Fenske, Karl 46
Fezer, Karl 76 f., 100
Fink, Heinrich 63, 66–68
Frank, Franz Hermann Reinhold 38
Frank, Isnard 36, 173
Friedrich Wilhelm IV. 26
Friedrich-Wilhelm III. 28
Gerhard, Johann 158, 173
Goethe, Johann Wolfgang von 177
Goltz, Eduard Freiherr von der 38 f., 57
Gräb, Wilhelm 3
Graf, Friedrich Wilhelm 25
Grethlein, Christian 38, 105
Grevel, Jan Peter 157
Grün, Anselm 208
Guardini, Romano 23, 50, 139
Haebler, Hans Carl von 47, 68, 86
Haendler, Erika 58
Haendler, Gert 37, 42, 48–50, 59, 61, 67
Haendler, Wilhelm 19–22, 29, 44, 58

Haering, Theodor Lorenz 182
Happich, Carl 14, 46, 87, 151
Harms, Claus 159
Harnack, Adolf von 24 f.
Harnack, Theodosius 105, 116, 119
Harsch, Helmut 67
Hauer, Jakob Wilhelm 43
Heck, Kilian 20
Heidegger, Martin 93 f., 97, 180
Heidenhain, Martin 182
Heimbrock, Hans-Günther 200
Henkys, Jürgen 3, 51
Hepke, Marian 20
Herbst, Michael 132, 167 f., 208
Hering, Hermann 80, 100
Hering, Rainer 47
Hermann, Rudolf 49 f., 67
Hermelink, Jan 74
Hertsch, Klaus-Peter 67
Heyer, Gustav 52 f.
Hildesheimer, Wolfgang 18 f.
Hindenburg, Paul von 31, 33, 42
Hirsch, Emanuel 78–80, 134, 188, 208
Hitler, Adolf 42
Hoffmann, Wilhelm 26
Holl, Karl 24, 26, 44
Holtz, Gottfried 55, 67
Hossiep, Rüdiger 143
Hüffmeier, Wilhelm 28
Hünerbein, Friedrich-Wilhelm 28
Iser, Wolfgang 179
Iwand, Hans-Joachim 81 f.
Jacobi, Jolande 92
Jähnichen, Traugott 25
Jaspers, Karl 93 f., 97, 182
Jenssen, Hans-Hinrich 61 f., 65–68
Jochheim, Martin 48
Johann Sigismund von Brandenburg 28
Josuttis, Manfred 3, 156 f.
Jung, Carl Gustav 8, 47, 53, 56, 63, 81, 84–86, 88–94, 97 f., 104, 128, 136, 140, 142 f., 151, 154, 164, 179, 181 f., 218
Kant, Immanuel 11, 152
Kehnscherper, Günther 60, 67
Kemper, Werner 52
Kempff, Wilhelm 20, 50
Kierkegaard, Sören 97, 180
Kiesow, Ernst-Rüdiger 3, 62 f., 66, 67
Kleinert, Paul 100
Klönne, Arno 85
Klostermann, Ferdinand 3
Knoke, Karl 105
Körtner, Ulrich Heinz J. 112
Kretschmar, Gottfried 67
Krüger, Jürgen 41
Kuhlmann, Sebastian 44
Lämmermann, Godwin 3
Lange, Ernst 79, 83 f.
Lange, Heinrich 20
Lessing, Gotthold Ephraim 158
Lévi-Strauss, Claude 96
Linke, Dietmar 61, 65 f.
Lockot, Regine 52
Lohmeyer, Ernst 59
Lohse, Bernhard 26
Luther, Martin 26, 133, 157, 162, 171, 173
Lütze, Frank Michael 121
Marcel, Gabriel 94
Mertens, Lothar 23
Meyer, Johannes 105
Meyer-Blanck, Michael 3–5, 12, 19, 38, 41, 46 f., 65 f., 105, 179
Mezger, Manfred 195
Möller, Christian 3
Mosheim, Johann Lorenz von 133, 174
Müller, Alfred Dedo 3, 24, 46 f., 67, 69, 105 f., 116
Müller, Hans-Martin 3, 78
Nagel, Wiliam 61, 67
Nalepka, Cornelia 19
Nanko, Ulrich 43

Neuner, Werner 24
Nicol, Martin 10, 167
Niebergall, Alfred 3
Niebergall, Friedrich 71, 73 f., 83, 100, 103, 105, 120, 126, 130, 135, 160, 169, 174
Niemann, Hermann Michael 66
Niemöller, Martin 44
Nitzsch, Carl Immanuel 11, 39, 105, 116, 159
Nordmann, Hans 48
Ohlemacher, Jörg 38
Olschewski, Jana 49
Origenes 157
Otto, Gert 83
Palmer, Christian 73, 105, 134
Pauli (Pettke), Sabine 55
Pfister, Oskar 8
Piper, Hans-Christoph 156
Plagnetz, Achim 73
Planck, Oskar 67, 86 f., 105
Raschzok, Klaus 3
Raven, Sibylle von 49
Rese, Friederike 95
Ricoer, Paul 179
Riemann, Fritz 9, 156
Riess, Richard 3, 122
Ritter, Karl-Bernhard 46 f., 53, 67, 87, 91
Rohls, Jan 36
Rössler, Dietrich 3, 11, 24, 82
Roth, Wolfgang 00, 179
Rudloff, Holger 216
Ruhbach, Gerhard 208
Saft, Walter 63, 66
Santer, Helmut 3, 228, 282 f.
Saussure, Ferdinand de 95
Scharfenberg, Joachim 1, 67
Scheliha, Arnulf von 25
Schian, Martin 74, 77, 100, 105, 106
Schilling, Walter 66
Schlatter, Adolf 23 f.
Schleiermacher, Friedrich Daniel E. 8 f., 11, 13, 39, 73 f., 100, 105 f., 113, 116, 126, 131, 133 f., 159, 174, 192
Schnepf, Robert 134
Schott, Christian-Erdmann 174
Schreiner, Helmut 55, 80, 110
Schröer, Henning 83, 218
Schulz von Thun, Friedemann 187
Schumann, Friedrich Karl 39, 74
Schwab, Ulrich 73
Schweitzer, Albert 158
Schweizer, Alexander 100, 134
Schwier, Helmut 3
Seeberg, Reinhold 24 f., 36, 44, 57, 72
Seitz, Manfred 40, 208
Spener, Philipp Jakob 133
Spengler, Oswald 74, 138 f.
Stählin, Wilhelm 46 f., 50, 67, 86 f., 112
Steck, Wolfgang 73
Steege, Gerhard 62
Steinmeyer, Franz Ludwig 100, 160
Stollberg, Dietrich 83
Stosch, Albrecht von 31–34
Strauß, David Friedrich 19, 158
Stroh, Ralf 140
Sulze, Emil 174
Thielicke, Helmut 83
Thieme, Werner 37
Thilo, Hans-Joachim 9 f., 56 f., 64, 68
Tholuck, August 28, 174
Thurneysen, Eduard 8, 10, 76 f., 81, 100, 136, 160
Thurnher, Reiner 93
Tillich, Paul 15, 20 f., 40, 46, 67, 87, 95, 139, 166, 179
Tloka, Jutta 173
Trillhaas, Wolfgang 3, 78–80, 110, 134
Troeltsch, Ernst 72

Uecker, Thomas 26
Uhlig, Ralph 57
Uhsadel, Walter 3, 10, 46, 47, 53, 67, 82, 83
Urner, Hans 67, 81, 82
Vigsø, Orla 95
Vinet, Alexandre Rodolphe 100
Voigt, Kerstin 3-5, 12, 19 f., 26, 41 f., 48 f., 51-53, 55-57, 59 f., 64, 80, 102
Weber, Werner 37
Weizsäcker, Adolf 50, 53
Welsch, Wolfgang 170
Wenz, Gunther 21, 25
Winkler, Eberhard 3, 67
Winkler, Klaus 1, 4, 9, 63, 67, 69, 149
Wintzer, Friedrich 75, 174
Wundt, Wilhelm 140
Ziemer, Jürgen 157

5. Sachregister

Adverb-Homiletik 83, 218
Akuetik 111
Altprotestantische Orthodoxie 173
Amt 102, 106, 149
Aneignung 114, 131, 137, 141, 155
- der Freiheit 10, 50, 129, 150
Angst 21, 93, 97, 142, 145, 180, 181
Anpassung 173
Anthropologie 11, 15 f., 47, 92, 96 f., 107, 126, 175 f., 182, 200
Archetyp 89-91, 136
Assimilation 140 f., 155, 159
Aufklärung 105, 133, 158 f., 173 f.
Auredit 199
Bekennende Kirche (BK) 45, 50, 54 f., 80
Berneuchener Bewegung 11, 14 f., 35, 40, 45, 47, 51, 85-88, 95, 97, 105, 107, 112, 154, 167, 177, 179, 182
Bildung 144
Christologie 16, 36, 38, 47, 117
Conditio humana 8, 16, 60, 79, 98, 118, 121
Deutsche Christen 45, 48, 54 f., 57, 80
Deutsche Demokratische Republik (DDR) 64-66, 106
Deutsche Glaubensbewegung 43
Deutsches Kaiserreich 28, 31
Diakonie 105, 115
Dialektische Theologie 7 f., 11, 51, 76-78, 80-84, 100, 112 f., 117, 119, 133 f., 136, 160 f., 175
Domgemeinde zu Berlin 28
Domkandidatenstift zu Berlin 26-28, 34
Empirische Wende 82-84, 113
Enkapsis 96, 182 f.
Erkenntnistheorie 13, 140
Erlanger Erfahrungstheologie 36, 38
Erster Weltkrieg 7 f., 86 f., 93, 138
Erweckungsbewegung 174
Ethik 184
Evangelische Kirche 25, 44, 86, 100
Exegese 77, 118, 204-206, 215
Existenzphilosophie 85 f., 93-95, 97, 180, 202
Fatum 138
Findung 165, 204-206, 215
Fluidum 142, 147, 196 f., 199, 214
Fortuna 138
Freiheit 10, 50, 139, 141, 155
Fremd- und Heimatgefühl 165, 194
Ganzheitlichkeit 85, 111
Genitiv-Theologie 83
Gesprächstherapie 137, 150, 155
Gestik 211 f., 216
Gnade 82
Gottebenbildlichkeit 92, 137, 182
Herold 82, 112, 122
Hitlerjugend 55
Homiletische Situation 73, 83, 175
Homiletisches Dreieck 73, 100, 133, 214
Hörerorientierung 75 f., 80, 154, 172-174, 192, 216, 219
Hörersituation 83, 108, 133, 135, 175, 190, 195, 205
Humanisierung der Theologie 16 f.
Idealismus 39, 100, 123
Individualismus 25, 39, 74, 123, 124
Individuation 91 f., 136
Individuum 15, 21, 38, 94 f., 100 f., 116, 123, 173

Informationstheorie (Bastian) 83, 199
Inkarnation 15 f., 21
Inkarnatorische Theologie 80 f.
Jugendbewegung 22, 47, 74, 85 f., 98, 102
Kairos 207, 212, 216
Katechetik 13, 105, 106, 115
Katechismus 40, 87
Katechismuspredigt 25, 40, 60, 86
Kirchenbegriff 116, 188
Kirchenkampf 40, 45, 48, 54 f., 65
Kollektiv Unbewusstes 88-91, 139, 164
Kollektividee 39, 100 f.
Kollektivismus 39
Kommunikation des Evangeliums 25, 83, 134, 197, 199
Komplex 91, 202
Kongruenz 137, 155, 196, 280, 283
Kontingenz 138, 141, 207
Kontingenzbewältigung 140
Korrelation 15, 21, 95, 218
Kulturprotestantismus 25
Kybernetik 11 f., 17, 39
Lebenshilfe 10, 47, 73, 203, 219
Lebenskunst 85, 129, 174
Lebensphilosophie 24, 93-95, 190, 216
Lehranalyse 51, 53, 56, 60
Liberale Theologie 74, 78, 80
Liturgik 105 f.
Lutherische Orthodoxie 158
Manuskript 199, 209, 216
Meditation 14, 46 f., 52, 88, 102, 104, 106, 109 f., 137, 150-155, 165, 177, 195, 204 f., 206-208, 210, 215
Menschenbild 24, 72, 93, 156, 172 f., 176, 183, 190
Michaelsbruderschaft 14, 45, 46 f., 52, 54, 68, 87, 151
Mimik 216
Ministerium für Staatssicherheit 65
Mittelalter 173
Moderne Predigt 71-74, 79, 103, 130, 160, 174
Moderner Mensch 16, 74, 84, 100, 139, 175, 183, 185
Modern-positive Theologie 36
Moria 138
Nationalismus 39, 99, 123
Nationalsozialismus 12, 25, 54 f., 76, 88, 124
Nationalsozialistischer Volkswohlfahrt 55
Oberpfarr- und Domgemeinde zu Berlin 28
Objektivität 14, 94, 103, 111, 118, 135
Organisches Erkennen 13
Organismus 12, 14, 95, 163, 177, 182
Originale Predigt 137, 141
Orthodoxie 105
Person des Predigers 7-9, 17, 58, 73 f., 81, 102 f., 113, 115, 116-119, 121, 133-156, 195, 206, 241-249
Persona (C. G. Jung) 90
Persönlich Unbewusstes 88, 90 f.
Persönliche Predigt 78, 134
Pfarrberuf 148, 155
Pietismus 133, 174
Poimenik 9-11, 17, 105 f.
Politische Predigt 189
Predigerseminar 41 f., 46, 48, 147
Predigertypen 104, 156, 212
Predigt
- gegenwartsnahe 64, 110, 128, 130, 192
- wirksame 193, 211
- zeitgemäße 108
Predigtaufgabe 77, 101, 103, 108-111, 123-133, 145, 218

Predigtgestaltung 75, 99, 104, 107, 110 f., 120, 134, 197, 205-219
Predigtkultur 39, 124, 154
Predigtmanuskript 208-211
Predigtort 211, 213
Predigtsituation 97, 99, 172, 175, 196
Predigtsprache 82, 126, 211 f., 215
Predigttext 82, 99, 109, 111, 120, 134, 157-165, 170 f., 204 f., 208, 219, 259-265
Predigtzweck 77
Psychotherapie 11, 90 f.
Rationalismus 24, 93 f., 96
Rationalität 46, 177, 179, 187
Reformation 158, 173
Renaissance 138, 173
Revelatio generalis 109, 117
Satzmensch 209
Schatten (C. G. Jung) 90, 155, 168
Schicksal 35, 138-141, 145, 149, 155
Scholastik 173
Schriftprinzip 157, 162, 170
Seelsorgegespräch 11
Segment 131
Sektor 131
Selbstwerdung (C. G. Jung) 56, 90, 92, 104, 128, 138, 145-148, 150, 162, 185
Semiotik 121, 283
Sensusens 200
Situationsanalyse 175, 183
Skizzenmensch 209
Soziale Frage 71
Sozialismus 12, 39, 65 f., 123
Spiritualität 14 f., 60
Sprechakttheorie 121
Stichwortmensch 209 f.
Strukturalismus 12, 85 f., 95, 97
Strukturtheologie 12 f., 21, 95, 97, 106, 145, 163
Subjektivität 14, 19, 94, 103, 111, 118, 135 f., 158
Subjekt-Objekt-Problem 77
Subjekt-Objekt-Spaltung 134
Supervision 150, 155
Symboldidaktik 179
Systemtheorie 96, 145
Theozentrische Predigt 77
Tiefenpsychologie 3, 10, 15, 47, 81, 85 f., 97 f., 105 f., 128, 134, 144, 151
Transaktionsanalyse 156
Typenlehre 92, 142
Unglaube 183-185
Vermittlungsgeschehen 203
Vermittlungstheologie 15
Weimarer Republik 44
Wort-Gottes-Theologie 8, 51, 79 f., 113
Zeitgenossenschaft 175, 187, 190, 193 f., 196, 198, 200
Zweiter Weltkrieg 79, 102, 110